教育部人文社会科学重点研究基地重大项目（05JJD790014）

中国企业
跨国经营环境与
战略研究

陈漓高　等著

人民出版社

目　录

目录

3

导　论

20 世纪 90 年代以来,随着中国经济的平稳快速增长,中国对外直接投资活动开始涌现。一直到 2001 年我国《国民经济和社会发展第十个五年计划纲要》和 2002 年第十六次党代会明确提出"实施走出去战略"后,中国政府加大了鼓励和支持国内企业对外投资的力度,不断制定完善各项对外投资制度,积极推动对外投资便利化进程,不断完善和促进服务体系,越来越多的中国企业开始走出国门,积极参与国际竞争,加快融入经济全球化步伐,中国的对外直接投资呈现出快速发展的态势,进入新的增长阶段。表 0 - 1 反映了 1990 年以来中国对外直接投资流量的变动情况。

表 0 - 1　1990～2007 年中国对外直接投资流量的变动情况

(单位:亿美元)

年份	投资流量	年份	投资流量	年份	投资流量
1990	9	1996	21	2002	27
1991	10	1997	26	2003	28.5
1992	40	1998	27	2004	55
1993	43	1999	19	2005	122.6
1994	20	2000	10	2006	212
1995	20	2001	69	2007	265.1

资料来源:《中国对外直接投资数据摘自联合国贸发会议世界投资报告》(1990～2001 年);中国商务部:《中国贸易年鉴》(2002～2006 年);商务部、国家统计局、国家外汇管理局:《2007 年度中国对外直接投资统计公报》,2008 年 9 月。

2002～2007 年,中国对外直接投资年均增长速度高达 64%,2005 年对外直接投资流量首次超过 100 亿美元,达 122.6 亿美元,2007 年达 265.1 亿美元,体现出中国对外直接投资的飞速发展。

根据中国商务部 2007 年 9 月的统计数据,2006 年中国对外直接投资流量达到 212 亿美元,位于全球国家(地区)排名的第 13 位,成为增长最快的新兴对外直接投资国。

英国《金融时报》2007 年 1 月 30 日报道称,虽然 2005 年中国的海外直接投资仅为美国的 1/50,但随着中国逐步放松金融管制、逐渐融入全球经济,中国跨国企业在未来 10 年或 20 年内,将拥有与目前美国、欧洲、日本和韩国跨国公司同样巨大的影响力。中国巨额的外汇储备、经济的持续快速增长以及人民币的不断升值趋势都将成为中国加大对外直接投资的刺激因素。

《2006 年中国对外直接投资统计公报》中的数据显示,截至 2006 年年底,中国 5000 多家境内投资主体设立对外直接投资企业近万家,共分布在全球 172 个国家和地区,对外直接投资累计净额(存量)达 906.3 亿美元。对外直接投资领域涉及商务服务业、金融业、交通运输仓储业、批发和零售业、制造业(包括通信设备、计算机及其他电子设备制造业、纺织业、电气机械制造业、交通运输设备制造业、木材加工业、通用设备制造业、黑色金属冶炼及压延业等)、房地产业以及农、林、牧、渔业等诸多领域。

但是同时,与中国的经济地位相比,我国对外直接投资水平还明显偏低,2006 年,我国的对外投资与吸收外资的比例仅为 0.23(见表 0 - 2),不但远远低于美国、英国等对外投资大国及发达国家的平均水平,也低于发展中国家的平均水平,甚至与转型经济体也存在一定差距。表 0 - 2 说明与吸收外资相比,中国的对外投资严重滞后。我国主动型对外直接投资的发展才刚刚开始。

表 0 - 2　2006 年部分国家(地区)对外投资金额与吸收外资金额比例情况

国家或地区	对外投资/吸收外资
发达国家	**1.19**
美国	1.24
英国	1.77
法国	0.70
加拿大	1.77
德国	0.54

国家或地区	对外投资/吸收外资
比利时	1.14
发展中国家(地区)	**0.46**
中国	0.23
中国香港	1.0
转型期经济体	**0.27**

资料来源:根据联合国贸发会议《2007年世界投资报告》数据计算。

以上情况表明,中国既是一个近些年来对外直接投资加速发展的国家,又是一个新兴的对外直接投资的国家。由于中国企业对外直接投资起步晚,在"走出去"的过程中,难免会存在各种问题或不足,其中,中国企业跨国经营战略问题则显得日益突出和重要。

企业跨国经营战略是跨国经营企业为了实现总体(或全球)的经营目标而制定和实施的具有长期性、全局性和系统性的规划和设计。跨国经营企业能否制定和实施正确的经营战略,对于企业经营成败具有决定性的作用。

由于中国企业跨国经营起步较晚,从总体上看,大多数企业在制定和实施跨国经营战略方面缺乏经验或认识不足。本书的宗旨是从理论和实践上总结和分析中国企业在制定和实施跨国经营战略方面的成功经验与存在问题,为开展跨国经营的中国企业提供借鉴和参考,并向国家决策部门提供政策建议,以有利于提高中国企业跨国经营的水平。

国内外环境是中国企业制定和实施跨国经营战略的客观条件和基础。因此在论述中国企业跨国经营战略之前,本书在第一章阐述"企业跨国经营的理论基础"后,紧接着对中国企业跨国经营面临的国内外经济环境、法律和制度环境以及国际的政治和社会人文环境进行了全面、系统的透视。

第一章"企业跨国经营的理论基础",对现有的发达国家对外直接投资理论和发展中国家对外直接投资理论进行了梳理。作者认为,发展中国家的对外直接投资不可能也没有必要去严格遵循一个由经典理论或别国经验所划定的路线。发展中国家如果一味恪守对外直接投资的一般规律,只利用自身现有的优势进行对外直接投资,那么只能是顺梯度型的投资,对外直接投资永远不能改变本国在全球产业分工格局中处于较低位置的窘况。发展中国家要想真正实现赶超战略,就必须有所突破,通过"跳跃性"的、"逆梯度型"的对外直接投资活动,主动获得世界最新技术,促进国内高技术产业的发展。因此作者在吸收和借鉴已有理论合理内核的基础上,形成用以指导我国企业跨国经营的统一的理论框架:"对外直接投资的内外因综合分析框架"。

第二章的论述指出,在国内经济环境方面,中国企业跨国经营是随着改革开放不断发展的条件下成长起来的。通过 30 年的经济体制改革,社会主义市场经济体制逐步形成和完善,现代企业制度全面建立,形成了各种所有制经济平等竞争、相互促进的新格局。通过对外开放、引进外资,中国本土企业在与外商投资企业的竞争中不断成长,竞争力逐步提高。许多企业已经开始具备了开展对外投资、从事跨国经营的能力。随着中国经济实力的日益增强,中国对外投资企业逐步增加。特别是 21 世纪初,我国党和政府提出"实施走出去战略"以后,国家通过不断制定和完善政策、法律制度,为中国企业开展跨国经营创造日益良好的环境,促进了中国企业对外投资的数量和金额迅速增长。

在国际经济环境方面,经济全球化为中国企业开展跨国经营提供了相对宽松的投资环境。与此同时,中国企业也面临市场全球化带来的激烈竞争。这对中国企业制定全球竞争战略提出了更高的要求。在经济信息化时代,企业的经营方式发生巨大变化,这要求中国企业适应这种变化,制定出有别于传统模式的跨国经营战略。面对国际分工深化和世界产业结构调整的新形势,中国企业必须趋利避害、扬长避短,制定出既符合世界潮流,又具有鲜明特点的跨国经营战略。

第三章概述了中国企业跨国经营的法律和制度环境,其中包括中国参与制定或参加认可的国际层面的全球性条约、中国与有关国家签署的双边或区域性的法律内容;作者选择典型国家和地区,从准入制度、外国投资的待遇、税收制度、国有化与征收制度等方面综述了国际市场上的目标东道国家对外资和跨国经营方面的政策和法律规制情况;介绍了中国针对包括企业跨国经营在内的海外投资方面的法律和政策制度,作者认为,我国针对"走出去"所制定的法律和政策制度还远未完善,这显然不利于我国企业跨国经营的健康发展和水平的提高。

第四章论述了中国企业跨国经营的政治和社会人文环境。作者认为，一个国家的政局稳定与否以及社会人文因素的差异，会给企业跨国经营活动带来重大的影响。因此，企业在进行跨国经营的过程中，必须考虑东道国政局变动和社会稳定情况可能造成的影响，以及来自东道国非政府方面的并对跨国经营企业可能构成价值损害的社会行为和文化氛围。作者分别对北美地区、欧洲地区、拉美地区、伊斯兰国家和非洲大陆的政治和社会人文环境进行介绍之后强调，企业的国际经营已经很难被单纯看做企业自身的经济行为，至少企业国际经营的绩效，不是完全的经济因素所能决定的。因此，中国政府、行业协会和企业个体，应该携手合作，只有这样才能走好我国企业的跨国经营之路。

由于我国企业缺乏熟悉东道国政治、人文、法律等的专业人才，跨国经营经验不足等原因，中国跨国经营企业大多缺乏系统、完整的战略规划。但是，也有一部分中国企业，在制定和实施跨国经营战略方面积累了成功的经验。

本书就是力图全面地、系统地对中国企业的跨国经营战略的成功经验和存在问题特别是成功经验进行科学的梳理和总结。而且，这些总结不是一般地、肤浅地就事论事的概述，而是力求具有理论深度，使之对中国企业制定跨国经营战略的实践具有很强的指导意义。

由于中国企业跨国经营战略的类型不同，本书作者在阐述不同跨国经营战略的时候，也采取了不同的方法。

对中国企业跨国经营的国际生产战略（第五章）、组织结构战略（第八章）、市场竞争战略（第九章）、融资战略（第十一章）和人力资源开发战略（第十二章）的论述，作者都是首先站在理论的高度，透视国际上的企业跨国经营战略模式的最新发展状况和特征，分析中国企业跨国经营战略选择的成功经验和存在的问题，提出中国企业跨国经营战略的目标模式和建设性建议。这些理论结合实际的研究成果，从微观层次上，对于我国企业制定和实施跨国经营战略，提高跨国经营水平无疑具有重要的参考价值和借鉴意义。

对中国企业跨国经营的区位选择与本土化战略（第六章）、产业选择战略（第七章）和技术提升战略（第十章）的论述，则体现了中国作为发展中国家对外直接投资的鲜明特征。根据传统的用以说明发达国家对外直

导论

接投资的垄断优势等理论,无法解释 20 世纪 80 年代以来越来越多的发展中国家对外直接投资,特别是发展中国家对发达国家的直接投资现象。在新的历史条件下,各种用以解释发展中国家对外直接投资的理论应运而生。实践和理论都表明,决定和影响一国(地区)对外直接投资的"优势"和因素是多样的、动态的(参见本书第一章的论述)。由于发展中国家与发达国家的企业所具有的优势不同,所处的国内环境各异,它们的跨国经营战略也有显著区别。区位选择、产业选择和技术提升战略,不仅涉及跨国经营企业微观层次的决策,而且还与企业母国的中观(产业)、宏观战略决策紧密相连。由于发达国家的跨国经营企业本身具有垄断优势的特征,其跨国经营战略往往不与国家的产业升级、技术提升战略相结合。而作为发展中国家的中国企业的跨国经营战略,特别是区位选择、产业选择和技术提升战略,则必须在国家的产业和宏观经济发展战略的指导下制定和实施。因此,本书关于中国跨国经营企业区位选择、特别是产业选择和技术提升战略的论述具有很强的创新性。例如,在第七章"中国企业跨国经营的产业选择战略"中,作者认为,我国对外直接投资的重要战略目标之一是提升我国产业竞争力和优化产业结构,因此有必要站在更高的产业层面,把国内产业战略作为对外直接投资产业选择的出发点。在本章中,作者打破三次产业传统划分法,根据产业地位划分法定量地将中国行业分为四个产业群,在此基础上分析了不同产业群对外直接投资对产业升级的作用,进而提出对外直接投资产业选择的评价基准架构,为"走出去"产业政策提供了一个分析框架。又如,在第十章"中国企业跨国经营的技术提升战略"中,作者指出,"走出去"在国际舞台上主动弥补核心技术的缺陷和不断提升技术,并形成后发优势,应成为我国企业对外直接投资中的重要战略之一。在本章中,作者通过翔实的案例,生动地说明了我国企业"走出去"通过与国际研发相结合的合资、并购和联盟等方式获取和提升技术,可以使企业的技术提升由被动变主动,并进而在学习、吸收、改进的基础上积极有效地进行技术自主创新,如此企业才能够保持或增强其持久的全球竞争能力。以上这些论述不仅对中国跨国经营企业,而且对国家有关决策部门都具有重要的参考价值。

对中国企业跨国经营的绩效进行科学的综合评价和分析,全面掌握中国企业境外投资状况,对于加强中国境外投资活动的有效监管,促进境外投资健康发展有着重要的指导意义。在"中国企业跨国经营的绩效评价体系"(第十三章)中,作者对我国现行的企业跨国经营绩效评价体系和一些学者在此领域的研究成果进行了概括性介绍和简要评析。作者认为,从总体上看,一方面,中国企业跨国经营的绩效评价工作已经取得了突破性进展;另一方面,现有的成果还存在着一些问题,综合绩效评价体系有待进一步完善。因此,作者在我国现行的企业跨国经营绩效评价体系的基础上,借鉴其他学者的研究成果,对如何进一步完善中国企业跨国经营的绩效综合评价体系,推动中国企业跨国经营的绩效评价工作提出一些新的思路和方法。这对中国政府有关部门无疑具有重要的参考价值。

对"中国企业跨国经营的风险预警和管理体系"(第十四章)的论述,作者认为,由于中国企业跨国经营仍处于起步阶段,相对于发达经济体的跨国经营企业,中资企业实力有限,公司治理机制尚不健全,企业财务管理不够规范,风险管理意识淡薄、技术落后,加之国内相关配套政策和措施滞后,中国企业跨国经营蕴涵着巨大的风险。因此,建立和完善风险管理体系,规范风险管理机制的运作,成为中国企业逐鹿域外的一项重要挑战。为此,本章构建了中国企业跨国经营风险管理的基本框架,系统分析了中国企业跨国经营治理风险、政治风险、文化风险与外汇风险的预警和管理。对中国跨国经营企业有很强的现实意义。

对"中国企业跨国经营政策制度和法律体系设计"(第十五章)的论述,作者认为我国企业在跨国经营方面仍然面临法律体系的不健全以及政策制度的不完善这两个现实问题。没有健全的法律体系的保障以及优良的政策制度的支持,我国企业的跨国经营行为不会有通畅健康的发展,跨国经营的效率和效益也会处于比较低的水平。本国的企业跨国经营法律体系也就是规范和调整企业进行海外投资的所有法律法规制度的总和。由于中国企业跨国经营涉及的行业众多,而且主管部门也不止一个,所以法律体系应该选择基本法与单行法并行的立法模式。为此,作者构建了包括《海外投资法》为基本法,《海外投资产业法》、《海外投资外汇管理法》、《海外投资保险法》、《海外投资监管法》等诸多单行法在内的我国海外投资法律体系架构;并提出了有效促进和提高我国企业跨国经营水平的政策制度设计建议。

总之,正当中国企业走向世界方兴未艾之时,在分析中国企业跨国经营国内外环境的基础上,及时总结中国企业跨国经营的成功经验和存在不足,以提高中国企业跨国经营的水平,促进其蓬勃发展,为中国改革开放伟大事业添砖加瓦,是本书的宗旨和作者的心愿。

第一章　企业跨国经营的理论基础

我国企业跨国经营活动就是企业走出国门进行对外直接投资的活动①。企业以我国为基地在其他国家或地区进行生产经营活动,实质上就是我国跨国公司②的海外生产经营活动。自 19 世纪 60 年代世界上第一家跨国公司诞生之日起,各种对外直接投资理论或跨国公司理论便悄然兴起,试图从不同视角解释和指导不同国家、不同时期和不同类型的对外直接投资行为或跨国公司活动。尽管这些理论因其产生的时代背景和立论基点的不同,都存在一定的片面性和局限性,但作为实践的产物又都有其合理性和科学性的一面。因此,这些理论便成为指导我国企业跨国经营活动的重要理论基础。

在本章我们将按照其产生的大致时间顺序对已有跨国经营理论进行梳理,重点剖析和揭示其"合理内核",并力图将这些"合理内核"吸纳到统一的分析框架之内,以期为解释和指导我国企业的跨国经营活动提供有益的指导。

第一节　传统对外直接投资理论——发达国家的对外直接投资理论

最早的对外直接投资活动始于发达国家,因此早期的国际直接投资理论或跨国公司理论③也主要是用以解释发达国家的对外直接投资行为

---

① 由于我国在统计上将对香港特别行政区、澳门特别行政区和台湾地区的直接投资列为对外直接投资范畴,所以我国的对外直接投资习惯上也称为"境外直接投资"。

② 根据联合国秘书长指定的"知名人士小组"在 1974 年提出的定义,跨国公司是指"在它们基地之外拥有或者控制着生产和服务设施的企业"。

③ 有的学者对国际直接投资理论的研究对象进行了细分,将研究不同国家对外直接投资的特点和决定因素的理论称为对外直接投资理论,而将以进行对外直接投资的主体——跨国公司为研究重点的理论称为跨国公司理论(参见冼国明主编:《国际投资概论》,首都经济贸易大学出版社 2004 年版,第 26 页)。鉴于二者之间的内在联系,我们对此不做区别,而是根据习惯交互使用。

或跨国公司活动的。因此我们将传统的对外直接投资理论定义为"发达国家的对外直接投资理论"。这些理论主要包括垄断优势理论、内部化理论、国际生产折衷理论、产品生命周期理论和边际产业扩张理论等。

一、垄断优势理论

(一)海默—金德尔伯格的垄断优势理论

第二次世界大战后,跨国公司及其对外直接投资的迅速发展引起了西方学者的普遍关注,一些观点各异的跨国公司理论开始出现。

垄断优势理论(The Theory of Monopolistic Advantage)由美国学者海默(Stephen H. Hymer)在其博士学位论文《国内企业的国际经营:关于对外直接投资的研究》[①]中提出,后经其导师金德尔伯格(Charles P. Kindele Berger)的发展而形成,是最早的国际直接投资理论,也是众多国际直接投资理论中最有影响的理论之一。

垄断优势理论是在批判传统国际资本流动理论的基础上形成的。传统国际资本流动理论的基本假设前提是市场(包括产品市场和要素市场)是完全竞争的,其主要论点是各国要素的边际产品价值或价格由各国要素禀赋的相对差异决定,因此资本流动的模式应该是从资本丰裕因而利率较低的国家流向资本稀缺因而利率较高的国家。传统的国际资本流动理论可以解释证券资本的国际移动,但显然不能解释第二次世界大战后发达国家企业对外直接投资以及发达国家之间的相互直接投资行为,例如第二次世界大战后美国企业对西欧国家的投资。究其原因,从投资目的、投资性质和资本运动形式等多方面来看,国际直接投资都不同于国际间接投资。对外直接投资以拥有海外投资企业的实际经营控制权为特征(证券投资则不然),以获取最大经营利润为目的(证券投资的目的是获取利差),因可以采取实物投资或当地融资,故投资过程并不一定伴随资本的实际流动(证券投资则不然)。

垄断优势理论在分析方法上摒弃了传统国际资本流动理论的完全竞

---

①   Stephen Herbert Hymer: *International Operation of National Firms: A Study of Direct Foreign Investment*, Cambridge: MIT Press, 1976.

争假定,而是从不完全竞争、厂商垄断优势和寡占市场组织结构来解释对外直接投资行为。其基本思想是,在市场不完全的情况下,任何关于对外直接投资和企业国际化经营的考察都要涉及垄断问题。进行海外直接投资的企业就是一个垄断者,它进行对外直接投资的根本原因就是要利用自身的垄断优势,而市场不完全则是产生垄断优势的根源。

所谓不完全竞争,是指由于规模经济、技术垄断、商标及产品差别等引起的偏离完全竞争的市场结构。正是由于不完全竞争的存在,美国企业在海外生产中才能拥有和维持各种垄断优势,取得高于当地企业的垄断利润。海默认为,美国企业拥有的垄断优势正是美国企业对外直接投资的决定因素。

金德尔伯格进一步分析了跨国公司所拥有的各种垄断优势。这些优势的来源大致有三类:一类优势源自产品市场的不完全,如产品差别、商标、销售技术与操纵价格等;另一类优势源自生产要素市场的不完全,包括专利与工业秘诀,资金获得条件的优惠和管理技能等。专利和专有技术可使企业生产的产品产生差别,企业因此可以获得对价格及销售量的控制能力。专利等还可以限制竞争者进入,维护公司垄断地位。跨国公司由于拥有较高的清偿能力,因此在资本市场上可以较低利率得到贷款,或者优先得到资金,在需要巨额资本的工业部门,跨国公司在资金来源方面便拥有一定的优势;最后一类优势源自企业拥有的内部规模经济与外部规模经济。跨国公司通过水平的或垂直的一体化经营,可以取得当地企业所不能达到的生产规模,从而可以降低成本。当一体化经营达到一定程度之后,公司对产品价格或原材料价格便有一定的控制能力,公司可通过提高产品价格,压低原材料价格来获取利润。跨国公司还可以实行国际专业化生产,利用各国生产要素价格的差异,从而合理布置生产区位来取得企业内部与外部规模经济,获得一定的竞争性优势。当然,除以上金德尔伯格所列举的三类优势之外,政府干预特别是对市场进入及产量的限制也能给企业带来优势。

(二)垄断优势理论的补充和发展

在海默和金德尔伯格的垄断优势理论提出之后的几十年里,许多西方学者沿着他们的思路,围绕跨国经营企业的各种垄断优势对垄断优势理论进行了进一步的补充和发展,典型的有:

第一章 企业跨国经营的理论基础

1. 核心资产优势

技术优势是海默—金德尔伯格垄断优势的核心内容,这里的技术包括专利技术、专有技术、商标、信息、诀窍、管理和组织才能及其他企业无形资产。其中新产品、新工艺和产品差异化的能力是形成跨国企业独有竞争优势,弥补自己与东道国当地企业竞争劣势的关键。以后的学者将核心技术优势扩展为"核心资产论"。他们认为,这些核心技术优势是专有的知识或能力,不可能完全从组织中被剥离出来,因而成为不可交易的资产,这类资产是企业的核心资产。约翰逊(Harry G. Johnson)对垄断优势中的知识资产做了深入分析。他在《国际公司的效率和福利意义》一文中指出,知识的转移是直接投资过程的关键。知识包括技术、诀窍、管理与组织机能、销售技能等一切无形资产在内,垄断优势来自企业对知识资产使用的控制。他认为知识资产的生产成本很高,但通过直接投资利用这些资产的边际成本却很低,甚至为零,这是因为企业在过去为获得这些资产已经支付了成本。而且知识资产的供给富有弹性,可以在若干不同地点同时使用。由于知识资产的这些特点,企业对它的占有能力使其在对海外直接投资中拥有优势,子公司花费很少的成本就可以利用总公司的知识资产,而当地企业获取同类知识资产却需要付出其全部生产成本。以约翰逊为代表的学者强调信息、技术、知识的专有性,认为企业对信息所产生成果的占有也是其拥有的重要优势,因此他们的论点也被称为"占有能力论"。

2. 产品差异优势

20 世纪 70 年代初,以凯夫斯(Richard E. Caves)为代表的学者提出了"产品差异能力论"。该理论强调创造差异产品的能力是跨国经营企业拥有的重要优势。为了扩大销路,适应不同层次和不同地区消费者的各种偏好,企业可以利用其技术优势使其产品发生诸如质量、包装及外形等实物形态的差异,也可以通过销售技能使产品在消费者心理上发生差别,如商标、品牌等。通过使本公司与其他公司的产品有所差别,公司便可获得对产品价格和销售量的一定控制,进而谋取利益。

3. 规模经济优势

一些学者区分了工厂层面与公司层面的规模经济。工厂规模经济是指生产过程中的规模经济,是企业通过大规模的生产,使单位产品成本递减或收益递增,从而产生价格竞争优势,使企业取得一种垄断力量。在追求规模经济的过程中,企业必须扩大销售,这成为企业向海外市场扩张的动力。公司规模经济则包括公司的所有非生产性活动在内,包括产品研究与开发的集中、大规模的销售网络、资金的统一运用和协调以及大规模的市场采购等。1977年,美国经济学家沃尔夫(M. B. Wolf)提出,应当重视非生产活动的规模经济性。他认为,当企业在发展进程中发现它的某些技术资源未被充分利用时,就会在国内以致国际市场进行多样化扩展,以充分利用现有技术优势,最终形成当地竞争者所没有的规模经济优势。

4. 组织管理优势

1972年,斯塔福德(Stopford)和威尔士(Wells)将钱德勒(Chandler)的组织理论应用于跨国公司分析。他们认为,跨国企业一般都具有优越的组织和管理技能,这种优势一方面是由于它们有受过较好训练和教育并且具有丰富经验的管理人员;另一方面则由于它们有较快并有效地做出决策的良好组织结构。在企业经营活动没有扩大到一定规模的情况下,这些管理上的潜力得不到充分利用,所以通过对外直接投资来扩大经营规模也是充分利用管理资源的内在要求。

除以上几种优势之外,1970年美国经济学家阿利伯(R. Z. Aliber)还提出了"货币差异理论",从货币差异的角度解释跨国企业对外投资的优势来源。他认为,投资企业拥有相对坚挺的货币可以使它首先在汇率上获得一个所谓通货溢价的额外收益。投资货币的不同,使投资者拥有当地竞争对手通常无法具备的特殊优势。例如,美国企业在美国资本市场借入美元,而美元由于是"硬币",实际借款利率低,于是美国跨国公司由此产生相对于东道国企业的优势。一般来说,资本价值增值比率越高、当地货币溢价的幅度越大,跨国公司所具有的比较优势就越大。

(三)垄断优势理论的合理性和局限性

垄断优势理论是早期最重要的跨国公司理论之一,它对之后的跨国公司理论的形成和发展都产生了深远影响,可以说是传统跨国公司理论中的经典之作。

垄断优势理论成功的重要原因之一在于它提出了这样一个合理的思维逻辑:跨国经营企业承担较大风险和额外成本,经过遥远路途到一个政治、经济、文化、法律、语言、宗教、风俗、习惯等方方面面都与自己国家存

第一章　企业跨国经营的理论基础

在千差万别的环境中进行投资和生产经营,与东道国当地企业相竞争,在"天时、地利、人和"等方面都必然处于劣势地位。因此,跨国经营企业只有具备某种当地企业所不具备的特有优势,才能"以己之长,补己之短",在竞争中立于不败之地①。这种特有优势便是源于不完全竞争的垄断优势。垄断优势理论成功地解释了第二次世界大战后美国一批经济技术实力雄厚的大企业进行海外扩张和从事跨国经营的动因。垄断优势理论对寡头垄断型的跨国投资具有很强的解释能力,基本上符合美国等发达国家跨国公司扩张的主要特征。该理论还可以较好地解释知识密集型产业的对外投资现象,并为发达国家之间的相互投资现象提供了理论依据。

由于历史的限制,垄断优势理论并不是完美无缺的,其缺陷或局限性至少体现在几个方面:第一,垄断优势理论对跨国公司行为的分析在于解释企业跨国经营的初始行为,所以它能解释跨国公司的产生,而不能解释跨国公司的扩大。因为当时"战略资产寻求型"的对外直接投资还没有出现,所以垄断优势理论论证的着眼点仅仅是企业如何利用优势进行跨国经营,而不是企业如何通过跨国经营来获取和维持优势②;第二,垄断优势理论过于强调垄断优势在企业跨国经营中的作用,从而把垄断优势看成企业跨国经营的"充分必要条件"。然而就当前跨国公司发展的实践来看,垄断优势既不是企业跨国经营的充分条件也不是企业跨国经营的必要条件。客观地说,垄断优势只是在一定条件下才可以引导和激发企业的海外投资和跨国经营行为。因为,一方面,具备垄断优势的企业可以选择出口或转让技术许可证的方式变现其优势,而未必进行海外投资;另一方面,不具备垄断优势的企业事实上也在从事跨国经营,如发展中国家的跨国公司和对外投资行为已经相当普遍。事实上,若将海默理论中的垄断优势动态化,那么跨国经营本身也可以成为国内企业寻求竞争优势的一种途径。产品生命周期和产业生命周期的不断缩短、知识经济的出现、世界经济形势的变化等因素使企业的竞争优势及其主要来源在不断变化。根据"资源观"理论的观点,企业也可以通过对外直接投资寻求

---

① 人们常说的"胜出必有所长"就是这个道理。

② J. A. Cantewell: *Technological Innovation and Mutinational Corporation*, Oxford: Blackwell, 1989.

"战略性资产"而获得企业竞争优势。①

二、内部化理论

从上面的分析我们知道,垄断优势理论其实并没有解释这样两个重要的问题,即具备垄断优势或特有优势的企业在什么情况下才会采取对外直接投资的方式实现其优势?当选择对外直接投资方式时其投资对象或场所又如何选择?对于第一个问题,内部化理论进行了很好的解释。

(一)内部化理论的基本内容

内部化理论也称市场内部化理论,也是当代西方较为流行、较有影响的关于对外直接投资的理论。内部化理论是英国学者巴克莱(Peter J. Buckley)、卡森(Mark Casson)与加拿大学者拉格曼(Alan M. Rugman)等西方学者,对跨国公司内部贸易日益增长的现象进行深入细致的研究后提出的一种解释对外直接投资的动机及决定因素的理论。

该理论认为,世界市场是不完全竞争的市场,现代跨国公司是市场内部化过程的产物。由于中间产品市场的交易成本过高,因此企业才选择跨国直接投资的方式,将中间产品交易内部化,即把本来应在外部市场交易的业务转变为在跨国公司所属企业之间进行,以维持垄断优势和降低交易成本。② 显然,内部化理论是以科斯(Ronald H. Coase)的交易成本理论为基础的。

内部化理论强调企业通过内部组织体系以较低成本在内部转移优势的能力,认为这是企业进行对外直接投资的真正动因。其论证逻辑其实也很简单:在不完全竞争的市场上,企业经营的目标是追求利润最大化;当中间产品外部交易市场不完善时,企业就会产生创造内部市场的动力,以降低交易费用实现最大利润;而当市场内部化的范围超越国界时就产生了跨国公司。

根据内部化理论,我们可以认为,对外直接投资就是企业通过跨国公司的方式将企业的垄断优势锁定在企业内部的过程(即垄断优势内部化的过程)。这一过程应该考虑如下三个关键的因素。

---

① 赵春明主编:《跨国公司与国际直接投资》,机械工业出版社 2007 年版,第 29 页。

② Buckley. P. J. and Kasson. M. C.: *The Future of Multinational Enterprise,* London: Macmillan Press, 1976.

第一章 企业跨国经营的理论基础

1. 内部化实现的条件

理论上讲,只要内部化成本小于市场交易成本,内部化即可实现。市场内部化过程取决于四个方面的相互关系,这四方面包括特定产业、区位、国别及企业本身。特定产业方面包括产品的特性、产品外部市场的竞争结构和规模经济等。区位方面包括有关区域内的地理和社会特点,如地理位置、社会文化差异等等。国别方面包括有关国家的政治环境、经济制度等。而企业方面是指不同企业组织内部交易的能力和内部化后所增加的管理成本等状况。在这四个方面中,内部化理论更强调产业的特定性和企业本身。寻求中间产品市场的稳定性和企业内部组织管理能力的高效性尤为重要。只有使交易的内部化成本低于外部市场的交易成本,内部化才有利可图。

2. 市场内部化的成本

内部化过程将一个完整的外部市场分割成若干个独立的内部市场,在带来收益的同时必然造成额外成本。显然,当内部化成本高于市场交易费用时,内部化将不可取。外部交易成本是指通过公开市场进行交易的成本,包括发现相对价格的成本,确定契约双方责权的成本,交易和支付风险的成本,以及交付税金等。市场内部化的成本包括:(1)管理成本。跨国公司在实行内部化后,对于遍布世界各地的子公司需加强监督管理,需要建立一整套监督管理机制,需要投入更多的人力、物力,这会加大跨国公司的管理成本。(2)国际风险成本。内部化后,势必形成对外国市场的垄断和对当地企业的控制,这些都可能对东道国经济产生不利影响,导致东道国政府的干预,以至于采取歧视性政策、规定股权份额甚至国有化等。这些使跨国公司增加了一部分风险成本。(3)控制成本。生产地点分散,语言、社会经济环境的差异会大大增加信息传递与沟通的费用。为了防止内部技术商业机密的泄露,各公司都必须建立自己的信息系统,从而加大了沟通和控制费用。(4)资源损失成本。实行市场内部化,将一个完整的市场分割为若干个独立的小市场,从全社会的角度来看,并不能实现资源的最佳配置,只能在低于最佳经济规模的水平上从事投资和生产经营活动,造成资源的浪费。

3. 市场内部化的收益

跨国公司在实行内部化时虽然付出更多的成本,但也获得更多的收益。只要收益大于成本,就是可取的。收益主要来源于以下几个方面:(1)统一协调相互依赖的各项业务带来的经济效益,可以避免市场价格信号失真的负面影响,消除生产经营活动中出现的时滞现象等。(2)利用制定有差别的转移价格来获得最大经济效益。跨国公司通过内部化建立内部市场,对内部流转的中间产品特别是知识产品运用差别性的转移价格,使中间产品市场高效运转,加上公司的一体化经营战略,更加提高了经济效益。根据跨国公司的全球战略目标和谋求利润最大化原则,由公司少数高层人士确定的转移价格可部分地逃避东道国的税收,避开外汇风险和政治风险,获得竞争优势。(3)跨国公司获得了长期稳定的供求关系,买卖双方置于同一个跨国公司内部,合同关系长期而稳定,消除了市场上买卖双方不确定性带来的风险。(4)长期保持公司在世界范围内的技术优势所带来的经济效益。技术优势是跨国公司所拥有的重要优势,产品资产在公司内部转移,避免了知识资产外溢,消除了外国竞争者的仿制,长期确保了公司的竞争优势地位,也给公司带来了更高的经济效益。

(二)内部化理论的发展

笼统地说,凡是从市场不完善角度出发研究跨国公司产生的理论都可以纳入内部化理论范畴之内。根据市场不完善的性质,研究路线可以分成两条:一条是从企业与企业之间的关系这个角度出发,强调市场不完善是指偏离完全竞争的一种市场结构,跨国经营是对寡占市场结构的内部化适应;另一条是从企业与市场的角度出发,强调跨国经营是对交易市场不完善的内部化。

在以企业理论为基础对跨国公司进行研究方面也形成了一些不同的观点。

1. 海默的内部化观点

海默在解释对外直接投资的动因时曾指出,要解释为什么一家企业可以通过控制其他国家的企业来获利,就必须将企业看做一种替代市场的实用制度机制。[①] 在市场不完善的基础上,海默对国内企业从事国际经营的动因提出了三个论点:优势论、消除冲突论和内部化。可见,海默

---

① Stephen Herbert Hymer: *International Operation of National Firms: A Study of Direct Foreign Investment*, Cambridge: MIT Press, 1976.

的理论当时已经初步具有了内部化的思想。海默考虑到交易性失效的因素,认为跨国经营能通过内部化方式消除一部分市场缺陷。他认为,大企业凭借特定优势得以维持其垄断地位,形成寡占市场结构,从而降低了市场效率,导致市场失效。大企业拥有强大的市场力量,能克服海外经营的障碍和风险,必然要向海外进行扩张。然而,大企业为什么不把所有权优势在外部市场上转让而要选择内部化呢? 海默从当时美国对外直接投资的实际情况出发,他注意到美国资本面临的是一个寡占市场,美国寡头与欧洲寡头之间难以达成所有权优势转让的交易,所以美国寡头采取直接投资建立独资或全资的子公司或附属企业,将所有权优势在内部转让。海默的观点比较适宜解释水平一体化的国际经营。

2. 威廉姆森的内部化观点

威廉姆森(O. E. Williamson)从资产专用性的角度论证了内部化的动因。所谓资产专用性是指资产只能适合某一专门用途,很难通过交易转作他用,即使可以通过交易转作他用,效率也会大大降低,从而使资产的价值大受损失,产生巨大沉没成本。高度专用性资产在公开市场上难以转让,只有通过垂直一体化,在企业集团内部转让。

3. 巴克莱和卡森的内部化观点

巴克莱和卡森主要是从中间产品的特性出发来论证市场失效的。他们认为,企业经营活动是由多个中间产品流连接而成的关联活动,由于存在中间产品的外部性,企业难以通过市场交易实现利润最大化目的,故需要利用内部化市场。

4. 汉纳特的内部化观点

美国学者汉纳特(Jean F. Hennart)认为内部化是威廉姆森"治理结构"的国际化。他认为,由于有限理性和机会主义,自由市场机制难以正确地衡量、测度和表示产出的价值,从而使提供和购买该产出的经济主体都得不到应有的报酬,产生欺诈。欺诈导致市场失效,降低经济效率。而通过内部化则既可以利用价格体系(市场对产出的衡量和评价称为产出约束),也可以通过层级体系(行为约束)来组织经济活动,通过外在的和内在的行为约束,在一定程度上缓解欺诈和市场失效。

(三)内部化理论的合理性和缺陷

内部化理论的出现是西方国际直接投资理论中的重要转折。垄断优势理论是从最终产品市场的不完善来研究发达国家企业海外投资的动机和决定因素的,而内部化理论则把分析的基点放在中间产品市场的不完善性上。内部化理论将传统的微观经济理论和交易成本理论结合在一起,从成本和收益的角度解释国际直接投资的动因,论证了只要内部化的收益大于外部市场交易成本和内部化成本之和,企业就有动力通过直接投资实现跨国经营。所以,和垄断优势理论相比,内部化理论的适用范围更广,既适用于发达国家又适用于发展中国家的对外直接投资;既能解释水平一体化的对外直接投资又能解释垂直一体化的对外直接投资。

内部化理论以交易成本理论和企业理论为基础,从制度安排的选择层面研究企业国际分工与生产的组织形式,分析了跨国公司的性质和起源。内部化理论的出现,标志着对外直接投资理论更多地成为了一种公司理论,同时也使内部化成为主流学派乃至整个对外直接投资领域最为重要的概念和方法之一。[①]

内部化理论还可以解释优势企业在出口、直接投资和技术许可证安排这三种方式之间的选择问题。但内部化理论无法解释对外直接投资的方向和区位选择,其理论框架并不能用于短期的投资行为分析,也不适用于解释较小规模企业的跨国经营行为。内部化理论在许多方面,特别是在区别哪些因素导致跨国企业对市场不完善实行内部化方面,还有待进一步发展。另外,这一理论对出口导向型和资源开发型的对外直接投资也缺乏解释力度。

三、国际生产折衷理论

第二次世界大战后,国际生产格局发生变化,国际贸易和国际投资理论日益合流,邓宁(John H. Dunning)主张用统一的国际经济活动实证分析方法来解释战后跨国公司国际生产格局的变化,建立国际生产的统一的、综合的理论[②]。国际生产折衷理论(The Eclectic Theory of International Production)是邓宁在 1977 年发表的《贸易、经济活动的区位和跨国企业:折衷理论的研究》和《国际折衷理论的实证研究》中首先提出的,在 1988 年发表的《国

---

① 赵春明主编:《跨国公司与国际直接投资》,机械工业出版社 2007 年版,第 50 页。

② 滕维藻、陈荫枋主编:《跨国公司概论》,人民出版社 1991 年版,第 340 页。

第一章 企业跨国经营的理论基础

际生产理论》中对其进行了进一步的补充,并在 1993 年出版的《跨国公司与全球经济》一书中进行了完善,最终形成了在对外直接投资理论中最有影响力的理论框架,也成为对外直接投资和跨国公司理论的主要流派。

（一）国际生产折衷理论的主要内容

国际生产折衷理论认为企业从事对外直接投资应满足三个基本条件:一是企业拥有高于其他国家企业的优势,这些优势主要采取技术等无形资产的形式,这类资产至少在一定时期内为该企业所垄断;二是企业使这些优势内部化必须比出售或出租给外国企业更有利;三是企业在东道国结合当地要素投入来利用其优势时必须比利用本国要素投入更有利。这三个条件可以概括为所有权优势（企业优势）、内部化优势和区位优势①——这就是著名的"O—I—L 三优势"。

1. 企业优势

企业优势就是所有权优势,是指一国企业拥有或能够获得的,其他企业所没有或没法获得的资产及其所有权。跨国公司所拥有的所有权优势主要包括两类:第一类是通过出口贸易、技术转让和对外直接投资等方式均能给企业带来收益的所有权优势,如产品、技术、商标、组织管理技能等。第二类是只有通过对外直接投资才能得以实现的所有权优势,这种所有权优势无法通过出口贸易、技术转让的方式给企业带来收益,只有将其内部使用,才能给企业带来收益,如产品和市场的多样化、对销售市场和原料的垄断等。

2. 内部化优势

内部化优势是指拥有所有权优势的企业,通过扩大自己的组织和经营活动,将这些优势内部化的能力。企业拥有所有权优势,还不能决定是否进行对外直接投资。因为面临着两种选择:是转让其优势还是在内部利用这种优势,市场状况是做出选择的依据。如果市场不完全,如存在竞争障碍、对供给稀缺资源的垄断、信息不对称和市场的不确定性等,就会增加交易费用,这样会促使企业把优势利用内部化,从而避免由于外部市场不完善给企业造成的不利影响。如果市场竞争是完全的,价格机制可协调企业之间

---

① J. H. Dunning: *International Production and the Multinational Enterprises*, London: Allen&Unpin, 1981.

的活动,企业内部化的动机就减小。企业将所有权优势内部化后,仍只是具备了对外直接投资的必要条件,因为出口也能发挥这两种优势。

3. 区位优势

区位优势是指特定国家或地区存在的阻碍进口而不得不选择直接投资,或选择直接投资比出口更有利的各种因素。这些优势包括要素投入和市场的地理分布状况、各国的生产要素成本的质量、运输成本与通讯成本、基础设施、政府干预与调节措施的范围和程度、各国的金融状况和金融制度、国外市场与国内市场类型的差异程度,以及由于经济条件不同形成的国内市场与国外市场的物质和经济距离或由于历史、文化、语言、风俗、偏好、商业惯例等形成的心理距离等。区位优势是个相对的概念,它的大小决定着是否进行对外投资和对投资地点的选择。只有国外区位优势较大时,企业才可能从事国际生产。而且,区位因素是动态的,各国经济发展水平及经济结构的变化均会改变区位因素,从而影响到跨国公司生产区位的选择。

对于一个拥有了所有权优势和内部化优势的企业,如果其生产的区位优势在国外而不在国内,那么企业就应该选择在国外直接投资。上述各优势的内容、特点、形式和组合也因不同的国别、行业或企业的特点而不同,但仍可解释大多数跨国企业的跨国经营行为。如果企业只具备所有权优势,而不具备内部化和区位优势,企业可进行技术转让,并在实践中摸索和取得其他优势;如果企业只具备了所有权优势和内部化优势,而暂不具备区位优势,缺乏良好的投资场所,那么企业就应该在国内生产从事出口;如果企业具有所有权优势和区位优势,而暂不具备内部化优势,企业可尝试对外直接投资,并在向一体化目标努力过程中逐渐创造内部化优势,成为职能齐全的跨国经营实体。因此,这三类优势都不能单独用来解释企业对外直接投资或从事国际生产,只有同时具备三类优势,企业才能开展对外直接投资。邓宁把国际生产分为资源开发型、制造业的进口替代、产品生产或加工的专业化、贸易和销售、服务及其他等六种类型,每一种类型的国际生产都是由不同的企业优势、内部化优势与区位优势的组合决定的。

(二)投资发展周期理论——国际生产折衷理论的发展

邓宁在其1981年发表的《投资发展周期》一文中,对自己提出的国际生产折衷理论进行了进一步的发展和完善,形成了著名的"投资发展周期理论"。该理论重点从动态的角度解释了各国在国际直接投资中的地位变化。邓宁认为,一国在国际直接投资中的地位与其经济发展存在着密切联系,因为在不同的发展阶段,各国的经济结构、工业化水平、市场规模、劳动力供给以及政府政策等是不同的,因此,各国企业的所有权优势、内部化优势与区位优势也是不同的。通过对 67 个发达国家和发展中国家 1967~1978 年直接投资流入和流出量及经济发展阶段的研究,邓宁发现当人均国民生产总值达到一定水平后,就与直接投资的流出和流入有关,他把这种关系称为投资与发展周期的关系,并全面解释了国际直接投资阶段的划分、各阶段国际直接投资的特征、国际直接投资发展阶段顺序推移的内在机制。其主要内容如下:

人均国民生产总值在 400 美元以下时是第一阶段。处于该阶段的发展中国家直接投资的流出量和流入量都很小,主要原因是本国企业还没有形成自己的所有权优势并且本国没有足够的区位优势来为跨国公司的直接投资提供足够的吸引力。

人均国民生产总值在 400~1500 美元之间时为第二阶段。处于该阶段的发展中国家由于国内市场的扩大和市场交易费用的降低以及原材料和劳动力低廉等优势的凸显,国际直接投资流入开始增加;但由于本国企业没有形成足够的所有权优势去克服进行国际生产的障碍,因此国际直接投资的流出量仍然很少。

人均国民生产总值在 2000~4750 美元之间时为第三阶段。处于该阶段的国家,由于本国企业的所有权优势和内部化优势增强,直接投资流出量上升,且速度可能超过流入量,这标志着一个国家的国际直接投资地位已经发生质的变化。这类国家多是新兴工业化国家和一些发达国家。

人均国民生产总值在 2600~5600 美元之间时为第四阶段。处于该阶段的国家经济发展水平很高,企业有着较强的所有权优势和内部化优势,并且具备发现和利用外国区位优势的能力,直接投资的流出量大大超过流入量。进入这一阶段的国家全部是发达国家。①

---

① Durning, J. H.: "Eclectic Theory of International Production", Krishna Kumar and Mcleod, Maxwell G.: Multinationals from Developing Countries, Lexington, Massachusetts; D. C. Heath and Company, 1981, p. 6.

（三）对国际生产折衷理论的评价

国际生产折衷理论在借鉴、吸收和综合了以往国际直接投资理论精华基础上形成了一个相对完备的理论框架，成为跨国公司对外直接投资理论中的"集大成者"。它综合考虑了对外直接投资的目的、条件以及对外直接投资的能力等因素，几乎对各种对外直接投资理论具有高度的兼容性和概括性。它不仅可以解释不同类型的直接投资行为，也可以解释一国不同发展阶段的对外直接投资行为。因此，它的产生标志着对外直接投资理论主流学派的最终形成。

尽管有的学者批判性地指出，邓宁的理论解释性太强，几乎囊括了其他各种直接投资理论，缺乏一个统一的理论基础和线索，且存在各种优势等量齐观，缺乏逻辑性和主次之分的缺陷，因而只是各种理论的简单归总。对此，需要指出的是，尽管该理论在分析的内容上并无多少新颖之处，但也并非是对其他理论所分析的变量的简单归纳和加总，而是将它们系统地联系起来，从跨国公司国际生产这个高度来讨论这些变量在对外直接投资中的作用。另外，邓宁将三种优势视为动态的，是随着各国经济发展水平及经济结构的变化而变化的，因而影响跨国公司对外直接投资决策的因素也是不断变化的，这样就比较系统地解释了跨国公司国际直接投资的决定因素及其动态变化对跨国公司国际直接投资行为的影响。

因此，我们认为，邓宁理论这种"折衷"或"综合"的研究范式和研究思路正是其对国际直接投资理论研究和发展所做出的创新性贡献。

四、产品生命周期理论

（一）产品周期理论的主要内容

20 世纪 60 年代中期，美国哈佛大学教授维农（Raymond Vernon）利用产品生命周期的变更，来解释美国企业战后对外直接投资的动机、时机和区位的选择。由于在他的理论中，美国企业的对外直接投资活动与产品周期有关，因此他的直接投资理论被称为产品生命周期理论，或产品周期理论。[1]

产品生命周期是指产品在市场上竞争地位的变化过程，一般可分为

---

[1] Raymond Vernon: "International Investment Trade in the Product Cycle", *Quarterly Journal of Economics*, May, 1966.

第一章　企业跨国经营的理论基础

产品创新、成熟与标准化三个阶段。维农依据美国制成品建立了产品生命周期三阶段模型。在产品创新阶段,必须具备的条件是高知识的研究开发技能、巨额的研究开发资金和高收入、高消费的市场条件。维农认为美国最具备这些条件,所以在创新阶段,美国企业应安排国内生产,不仅满足国内市场,而且出口也享有垄断地位。在产品第二阶段即成熟阶段,市场对产品的需求量急剧增加,新技术日趋成熟,产品的价格弹性也增大,虽然生产厂商可以通过新产品的异质化来避免直接的价格竞争,但降低成本、节省运输费用和关税支出已经显得越来越重要。特别是当国内生产的边际生产成本和边际运输成本超过国外生产的成本时,美国企业就应向拥有产品市场的其他发达国家投资设厂,就近供应市场。如美国的对外直接投资首先在欧洲、日本建立子公司,满足当地市场,并向其他国家出口。在新产品的标准化阶段,新产品生产已实行标准化批量生产,创新厂商需要以价格来维护其产品的国外市场。这一阶段,便宜的劳动力成本和某些资源条件日益成为决定产品竞争优势的重要因素。厂商的生产就进一步向发展中国家转移,以期获得这些分布在不同国家的区位优势。

根据产品生命周期理论,对外直接投资的产生是产品生命周期三阶段更替的必然结果。根据模型假设世界分为三种类型的国家:最发达国家、较发达国家和发展中国家。最发达国家如美国,较发达国家如欧洲各国、日本等。随着三个阶段的依次经历,其生产区位选择也依次从最发达国家向较发达国家,再向发展中国家转移。

(二)产品周期理论的发展

维农本人曾对产品周期理论进行了修正和发展。他引用"国际寡占行为"来解释跨国公司的投资行为。他将产品生命周期重新划分为"以创新为基础的寡占"、"成熟的寡占"和"老化的寡占"三个阶段。在各个阶段中,跨国公司根据不同类型的进入壁垒来建立和维持自己的垄断地位。不同的进入壁垒对跨国公司选择国内和国外生产区位具有重要意义,公司根据寡占产品的竞争情况,利用对外投资实现寡占利润的最大化。[①]

---

① 参见维农:《经济活动的选址》,载邓宁:《经济分析和跨国公司》(Raymond Vernon: "Location of Economic Activity", in John H. Dunning ed: *Economic Analysis and the Multinational Enterprises*, 1974.)

美国学者约翰逊则在维农产品周期三阶段模型的基础上,进一步分析了导致国际直接投资的各种区位因素,包括劳动力成本、市场需求、贸易壁垒和政府政策等。

(三)产品周期理论的意义和局限性

产品周期理论是维农根据美国对西欧大量投资活动进行研究的基础上得出的一种理论,它反映了当时美国在国际直接投资领域独占鳌头的事实,合理地解释了当时美国对外投资的动机。该理论把企业对外直接投资看成是产品出口方式的替代,是企业由于技术垄断地位被削弱,国内外竞争条件发生变化而采取的防御性行为。在分析美国企业对外直接投资的区位选择时,该理论采用工业区位理论中的多成本因素分析方法,对影响美国企业海外选址的因素进行考察,认为劳动力成本、企业获得市场信息的成本等是影响企业海外选址的最重要因素,这些因素决定了美国企业对外直接投资的流向。产品周期理论的重要特色在于它为当时的跨国公司理论增添了动态分析或时间因素。它将企业的技术优势及垄断视为伴随产品周期的动态变化过程,分析了技术优势变化对企业对外直接投资的影响。在分析方法上,把美国宏观经济结构的特征与美国企业创新方向联系起来,说明了美国企业技术优势的特征及海外生产的动机和区位分布格局。另外,该理论将基于比较优势动态变化的国际贸易理论和国际投资理论结合了起来,是该理论的新颖之处,对其后的理论产生了很大影响。①

由于产品周期理论是对美国制造业企业在特定时期的对外直接投资进行经验分析基础上得出的,因此,其结论缺乏普遍意义。该理论可以解释美国制造业企业的直接投资,却无法解释企业在国外原材料产地的投资以及非出口替代型等与产品周期无关的直接投资。该理论也无法解释当今许多国际直接投资行为,如 20 世纪 80 年代后,发达国家的跨国公司为了适应海外市场的需求,在国外生产非标准化的产品或直接在国外发展新产品,产品研发活动跨越国界等这些现象并不都符合产品周期理论的结论,显示出该理论有其局限性。②

---

① 滕维藻、陈荫枋主编:《跨国公司概论》,人民出版社 1991 年版,第 323～326 页。

② 赵春明主编:《跨国公司与国际直接投资》,机械工业出版社 2007 年版,第 37 页。

五、比较优势理论

（一）比较优势理论的基本内容和特点

对外直接投资的比较优势理论也被称为边际产业扩张理论，是日本的小岛清教授在 20 世纪 70 年代中期根据国际贸易的比较优势理论，在对日本厂商的对外直接投资进行实证研究基础上提出的。小岛清认为，分析对外直接投资产生的原因，要从宏观因素，尤其是国际分工原则的角度来进行。①

小岛清研究了美国的对外直接投资和日本的对外直接投资，发现两者是有差别的。美国的对外直接投资主要分布在制造业，且对外直接投资的企业是美国具有比较优势的部门，属于贸易替代型投资。而日本的对外直接投资中资源开发型投资占有相当大的比重，在制造业方面的投资则属于贸易创造型，不仅没有替代国内同类产品的出口，反而带动相关产品的出口，从而使对外直接投资与对外贸易结合起来。日本向国外投资的企业是在国内处于劣势的部门，国内集中发展比较优势更大的产业。通过对外直接投资向国外转移国内处于比较劣势而在国外转为比较优势的部门，从而形成该产业比较优势的延伸。

小岛清比较优势理论的核心是：对外巨额投资应该从投资国已经处于或即将处于比较劣势的产业（即边际产业）依次进行。这些边际产业是东道国具有比较优势或潜在比较优势的产业。从边际产业开始进行投资，投资国的资金、技术和管理经验与东道国的廉价劳动力资源相结合，可以发挥出该产业在东道国的比较优势。

小岛清的比较优势投资理论有以下几个特点：

第一，对外直接投资企业与东道国技术差距越小越容易转移。这样东道国容易吸收和利用，而投资国保持了技术优势，容易在东道国立足并占领当地市场。且多采用合资的形式，为当地所接受。

第二，较适合中小企业的对外直接投资。在同一个产业中可能一些大企业仍能保持较强的比较优势时，而中小企业已经处于比较劣势，中小企业就可能较早地寻求国外生产基地。并且，中小企业转移到东道国的

---

① ［日］小岛清：《对外直接投资论》，日本钻石出版社 1977 年版。

技术更适合当地的生产要素结构,为东道国创造更多的就业机会,而且中小企业能够小批量生产,经营灵活,适应性强。

第三,比较优势理论强调对外直接投资研究应从国际分工的角度来进行,把国际贸易和对外直接投资的综合理论建立在比较优势原则的基础上。

(二)比较优势理论关于投资的分类

小岛清从宏观经济角度出发,按照对外直接投资的动机将其分为几种类型:

1. 自然资源导向型

这种投资是向资源丰富的国家进行直接投资,扩大国内已失去比较优势或国内根本不能生产的产品的进口,属于贸易导向的投资,其结果是促进制造品与初级产品生产国之间的垂直化专业分工。

2. 劳动力导向型

这种投资是由于发达国家的劳动力成本提高,因此将标准化的传统劳动力密集型产品或密集使用廉价劳动力的新产品,转移到劳动力成本较低的国家的一种投资方式,其目的是为了建立本国或第三国出口的生产基地,而不是为了占领东道国市场,结果是加速了国家间的产业调整和资源配置,增加了投资国与东道国之间的贸易。

3. 市场导向型

这类投资又可分为两类:一类是由东道国的贸易壁垒引起的,投资国为了绕过壁垒,对东道国进行国际直接投资,在东道国生产并销售产品,从而将成品出口转变为中间产品和机器设备的输出,这类投资一般符合东道国的进口替代政策,也属于贸易导向型投资;另一类是寡头垄断性质的对外直接投资,例如,美国对外直接投资基本由新兴制造业即技术密集行业的大寡头公司控制,这种对外直接投资是反贸易导向型的。

4. 生产与销售国际化型

这类投资是由大型跨国公司的水平或垂直一体化实施的,它是否属于反贸易导向型取决于这类投资是否是垄断性质的直接投资。

(三)比较优势理论的意义和局限

比较优势理论是在国际分工的比较成本原则的基础上提出来的,其分析角度完全不同于传统的垄断优势理论。该理论指出,只有比较利益原则才是跨国公司对外直接投资的决定因素。在国际直接投资中,投资国和东道国都不需要拥有垄断市场,因而并非拥有垄断优势的企业才能进行对外直接投资,具有比较优势或者寻求比较优势的企业都可以进行国际直接投资。从这一点来看,与垄断优势理论相比,比较优势理论扩大了国际直接投资的基础。

比较优势理论的原理虽然符合日本早期大量向发展中国家投资的情况,却无法解释 20 世纪 80 年代后日本向欧美国家大量投资的现象。根据这一理论,发展中国家产业结构调整的步伐将永远落后于发达国家,只能发展那些被发达国家作为边际产业淘汰的"夕阳"产业,但事实上,越来越多的发展中国家和地区已经逐渐意识到,并试图通过吸引直接投资、利用后发优势来发展本国较高技术层次的产业结构。另外,比较优势理论也无法解释日益增长的发展中国家对发达国家的直接投资。这些局限性表明,比较优势理论仍不是一个具有广泛解释力和普遍指导意义的国际直接投资理论。

第二节　对外直接投资理论的发展——发展中国家的对外直接投资理论

自 20 世纪 80 年代开始,随着发展中国家对外直接投资和跨国公司的兴起,一些学者开始关注发展中国家的对外直接投资活动,并就发展中国家对外直接投资相关理论问题进行研究,其中较有影响的有以下几种理论。

一、小规模技术理论

最早专门研究发展中国家对外直接投资理论的学者是美国经济学家威尔斯(L. T. Wells)。他于 1977 年发表了题为《发展中国家企业的国际化》一文,对发展中国家对外直接投资的行为特征进行了分析和总结,并进行了相应的解释,并在 1983 年出版的专著《第三世界跨国公司》中做了更详细的论述。①

———————

① ［美］刘易斯·威尔斯:《第三世界跨国公司》,叶刚、杨宇光译,上海翻译公司 1986 年版。

威尔斯的小规模技术理论指出,发展中国家跨国企业的竞争优势来自低生产成本,这种低生产成本是与其母国的市场特征紧密相关的。他主要从三个方面分析了发展中国家跨国企业的竞争优势:

第一,拥有为小市场需要提供服务的小规模生产技术(特别是劳动密集型生产技术)。这可以迎合低收入国家制成品市场需求量有限的特征。因为大规模生产技术往往无法从小市场需求中获得规模效益,许多发展中国家正是由于开发了小市场需求的生产技术反而获得了竞争优势。

第二,发展中国家的民族产品在海外生产颇具优势,特别是当本国的海外移民数量较大时,这种类型的海外投资更有优势。遍及全球的华人社团在食品加工、餐饮、新闻出版等方面的需求,带动了一部分东亚、东南亚国家和地区的海外直接投资便是一个很好的例证。

第三,产品低价营销战略。由于生产成本较低,能够采取低价营销策略,凭借物美价廉的优势来抢占市场份额,是发展中国家跨国公司构筑竞争优势的重要原因之一。

发展中国家企业对外直接投资的低管理费用和原材料采购的当地化也是其竞争优势所在。威尔斯通过调查发现,发展中国家对外投资企业的管理人员和技术人员的薪金收入远远低于发达国家对外投资企业的水平。由于对其企业形象的重视程度不高,在厂房投资方面的花费也较少。另外,许多发展中国家受外汇短缺的困扰,对进口采取限制政策。发展中国家为了解决和降低原材料进口成本,采用采购当地原材料替代的策略。企业一旦掌握对一些中间产品和原材料的替代能力,就可在对其他发展中国家的投资中,避免当地的进口限制,通过在当地采购来满足生产需要,具有了发达国家跨国公司所不具有的特殊优势。

威尔斯的小规模技术理论指出,世界市场是多元化、多层次的,即使对那些技术不够先进,经营和生产规模不够大的小企业,由于具有明显的低成本优势,参与国际竞争仍有很强的竞争力。可以说,小规模技术理论为发展中国家不具备垄断优势的中小企业的对外投资提供了理论支持。

二、技术地方化理论

英国经济学家拉奥(Lall Sanjaya)在1983年出版了《新跨国公

司——第三世界企业的发展》一书,提出用技术地方化理论来解释发展中国家对外直接投资行为。他认为,发展中国家跨国公司的技术特征尽管表现为规模小、使用标准化技术和劳动密集型技术,但这种技术的形成却包含着企业内在的创新活动。① 导致发展中国家能够形成和发展自己独特的优势,主要有以下几个因素:

一是技术知识当地化是在不同于发达国家的环境下进行的,而这种新的环境与一国的要素成本和资源禀赋相联系。被当地化的技术可能是某些发达国家已经过时的技术,这种技术难以被发达国家企业重新利用。

二是发展中国家通过对进口的技术和产品进行某些改造,使他们的产品能更好地满足当地或邻国市场的需要,这种创新活动必然形成竞争优势。

三是发展中国家企业竞争优势不仅来自于其生产过程和产品与当地的供给条件和需求条件紧密结合,而且来自于创新活动中所产生的技术在小规模生产条件下具有更高的经济效益。

四是从产品特征上看,发展中国家企业往往能开发出与名牌产品不同的消费品,特别是东道国市场较大,消费者的品位和购买能力有很大的差别时,来自发展中国家的产品仍有一定的竞争力。

五是发展中国家的劳动力资源与成本优势以及民族或语言的联系使得发展中国家企业能够形成自己的竞争优势。

概括地说,技术地方化理论认为,不但生产技术上的原创性研究可以使企业具有优势,根据企业本身的生产环境,对技术进行相应的改进也可以使企业具有竞争优势。发展中国家企业在引进技术后对其进行适当的改造、消化和创新,可以使其更加符合当地的要素结构、产品质量、品质要求、消费品位、价格和购买力,从而使其产品比发达国家的产品更具有竞争优势。②

三、技术创新和产业升级理论

坎特维尔和托兰惕诺(Cantwell&Tolentino)主要从技术累积论出发解

---

① Lall. Sanjajy: *The New Multinationals*, Chichester and New York, 1983.

② 冼国明主编:《国际投资概论》,首都经济贸易大学出版社 2004 年版,第 55 页。

释发展中国家的对外直接投资行为,从而把对外投资过程动态化和阶段化。坎特维尔认为,发展中国家技术能力的提高,与其国际直接投资的累积增长相联系,技术能力的存在和累积是国际生产活动模式和规模增长的重要决定因素。[1] 根据他们的研究,发展中国家对外直接投资遵循下面的发展顺序:首先是利用种族联系在周边国家进行直接投资;随着海外投资经验的积累,种族因素的重要性下降,逐步从周边向其他发展中国家扩展直接投资;最后,在经验积累的基础上,为获得更复杂的技术开始向发达国家投资。以地域扩展为基础的阶段论,说明发展中国家的海外投资逐步从关系依赖型走向技术依赖型,而且对外直接投资的产业也逐步升级,其构成与地区分布的变化密切相关。这个理论由于比较全面地解释了20世纪80年代以后发展中国家,特别是亚洲新兴工业化国家和地区对外直接投资的现象,具有一定的普遍意义。这个理论表明,发展中国家企业从事对外直接投资,是在利用外资和技术以及积累经验的基础上,利用自身的生产要素创造某些优势,从而提高竞争力和增强综合优势来实现的。

四、投资诱发要素组合理论

投资诱发要素组合理论是经济学家提出的一个较新也是较有影响力的理论。该理论认为,任何类型的对外直接投资都是由直接诱发要素和间接诱发要素组合诱发产生的。所谓直接投资诱发要素是指投资国和东道国拥有的各类生产要素,包括劳动力、资本、技术、管理和技能等。如果投资国拥有某种诱发要素的优势,它可以通过对外直接投资将该要素转移出去,以谋取利益。如果东道国具有某种诱发要素优势,而投资国不具备该优势,这也能刺激投资国的对外投资,从而获得并利用该优势。间接诱发要素是指直接诱发要素之外的其他非生产要素,包括投资国的鼓励性投资政策及法规、政治稳定性、东道国的投资软硬环境及优惠与激励政策、世界经济环境和科学技术发展等。一国的直接投资建立在直接诱发要素和间接诱发要素组合的基础上,间接诱发要素在当今国际直接投资中的作用越来越重要。

---

① Cantwell, Tolentino: "Technological Accumulation and Third World Multinationals", University of Reading, Discussion Papers in International Investment and Business Studies, 1990.

第一章　企业跨国经营的理论基础

该理论既可以解释发展中国家的对外直接投资行为也可以解释发达国家的对外直接投资行为。该理论认为,发达国家的对外直接投资主要受直接诱发要素的作用,而发展中国家的对外直接投资在很大程度上受间接诱发要素的影响。

投资诱发要素组合理论将研究的重点从以往多数理论所强调的投资目的、动机和条件等内部因素转移到国内、国际环境等外部因素对投资决策的影响上来,是该理论研究视角上的一个拓展。

五、其他直接投资理论

除上述理论之外,美国学者波特(Michael E. Porter)在其 1990 年出版的《国家竞争优势》一书中提出了竞争发展理论,他结合经济发展、比较优势和国际直接投资三种因素,分析了一国竞争力发展的四个不同阶段(即资源要素导向阶段、投资导向阶段、创新导向阶段和财富导向阶段)的特征,并分析了国家在不同发展阶段以不同模式参与跨国投资的必要性、跨国投资的选择原则和实现步骤。①

日本学者小泽辉智(Ozawa)于 1992 年提出了国际投资的动态比较优势理论,指出任何一国的比较优势都不是一成不变的,而会随着时间和条件的变化发生转移或自然消失。当一国的比较优势发生变化后,产业结构和投资结构也随之变化,这会在很大程度上影响对外直接投资的变化。按照这一理论,使本国比较优势不断增强从而保持经济竞争力的动机,是发展中国家从纯外资进入的国家演变成向海外投资的国家的基本原因。这一演变过程可以分成几个阶段,即:吸引外国直接投资阶段、外资流入阶段向对外投资阶段的转型阶段、从劳动力导向的对外投资向贸易支持型和技术导向型的对外投资过渡阶段、资本密集型的资金流入和资本导向型对外投资交叉发生的阶段。该理论认为,各国经济发展水平具有阶梯型的等级结构,这种阶梯为发达国家创造了转移知识与技术的机会,也为欠发达国家提供了赶超机会,因此,发展中国家的跨国投资模式必须与工业化战略结合起来,建立自己的跨国公司以促进经济转型。

---

① 〔美〕迈克尔·波特著:《国家竞争优势》,李明轩、邱如美译,华夏出版社 2002 年版,第 530～549 页。

上述理论从不同的视角分析了发展中国家企业对外直接投资的动机、条件和影响因素等,这些研究的显著特点是能够从发展中国家对外直接投资的实践出发,因而对解释和指导发展中国家企业的对外直接投资活动具有了更强的适用性。但由于这些理论在研究上各有侧重,因此仍然带有明显的片面性和局限性。

第三节　中国企业跨国经营的理论基础
——一个综合分析框架

如前所述,无论是发达国家的对外直接投资理论还是发展中国家的对外直接投资理论都是从特定视角,对特定国家、特定阶段、特定类型的对外直接投资实践活动的规律和特征进行总结和升华的成果。一方面,因为这些理论在某种层面上都有其自身的科学性、合理性和某种程度的现实解释力,因此它们共同构成了企业跨国经营活动的理论基础,可以为指导一国企业的跨国经营活动提供有益的启示和借鉴;另一方面,因为这些理论都具有某种程度的片面性和局限性,因此任何一种独立的理论都无法成为指导一国(无论是发达国家还是发展中国家)企业跨国经营活动的唯一准绳和不二法则。因此,我们必须在吸收和借鉴已有理论合理内核的基础上,形成用以指导我国企业跨国经营的统一的理论框架。

一、已有对外直接投资理论对中国企业跨国经营的启示

从对发达国家对外直接投资理论和发展中国家对外直接投资理论的分析中,我们可以得到这样几点有益于指导中国企业跨国经营活动的启示:

(一)要注意各种理论都有自身的片面性和局限性

由于各种理论本身的片面性和局限性,所以无论哪种理论都只能说是"一家之言",因而解释和指导一国企业的跨国经营活动不能片面地、机械地拘泥于某一种理论。

(二)各种"优势"理论所体现出的"比较"思维具有普遍意义

在某种意义上,我们可以说,一切经济学都是进行"比较"的科学,一切经济活动也都是人类进行权衡和"比较"的活动。而"优势"则正是"比

较"的结果。跨国经营企业要面临国内外的竞争,其面临的首要问题就是对影响跨国经营决策各种因素进行权衡比较,甚至是对各种优势的进一步比较。因此,用"是否具备优势"、"具备什么优势"来衡量一个企业是否或如何进行跨国经营具有普遍指导意义。但需要指出的是"优势"的内涵非常丰富,它不仅包括现有理论已经指出的垄断优势、所有权优势、内部化优势、区位优势、小规模技术优势、技术地方化优势、比较优势、动态比较优势、竞争优势、后发优势等等,还包括其他一切尚未被学者所明示甚至是尚未被人们所认知的,但有利于企业跨国经营的优势。这些优势都可以成为影响企业跨国经营的重要、甚至决定因素。

(三)跨国经营活动是多种因素共同作用的结果,影响企业对外直接投资和跨国经营的力量不是单一的,而是多维力量所形成的合力的结果

这些力量包括直接的、间接的;正面的、侧面的;积极的、消极的;推动的、牵引的;外生的、内生的等等。这些力量在决定企业跨国经营决策(是否进行跨国经营、如何进行跨国经营等)时的作用并不是一成不变的,而是因环境而不断变化的。比如,在某一环境下,企业是否具有超越其他企业的某种优势(比如内部化优势、技术地方化优势、小规模技术优势等)是决定企业是否进行对外直接投资的决定因素,而在另一种环境下,投资国的对外投资政策或东道国的投资环境则成为诱发企业进行跨国经营的关键;在某些情况下,投资国的经济发展阶段、国内产业结构状况、国内市场格局可能是促使企业进行跨国经营的主要力量,而在一些情况下,企业本身的发展战略和竞争战略便足以成为该企业决定是否和如何进行跨国经营的关键因素。换言之,在某一环境下决定企业跨国经营的主要因素在另一环境下则有可能退居次要因素的地位,而在某一环境下起次要作用的力量当环境变化后则有可能上升为主导力量。因此,在评价各种因素对企业跨国经营决策的影响时要依环境而定,即首先要对企业所处的环境做出系统的、客观的评价,然后再运用"折衷"思维综合考量各种因素在企业跨国经营决策中的作用和影响。但需要强调的是,任何一种因素或力量都是不可忽视的。

(四)对外直接投资活动是一个动态的过程,在这一过程中竞争环境和各种优势都是动态变化的,所以不能用静态的观点看待

比如,各种优势可以增加企业跨国经营的胜算,但并不构成企业能否

进行对外直接投资的充分条件和必要条件。一个企业基于某种优势进行跨国经营,若对环境的变化反应滞后,则很可能在跨国经营过程中丧失原来的优势,导致退出跨国经营领域。相反,一个在对外直接投资开始时并不具备优势的企业,可能随着跨国经营活动的展开,通过"外溢效应"、"干中学"、各种投资活动和对环境的快速反应而无意识或有意识地积累和培育起各种优势,新培育的优势反过来又会进一步巩固和加强企业在竞争中的地位。据此,我们可以推断,尽管一国的对外直接投资和企业的跨国经营活动受国家和企业发展阶段的制约而呈现出一定的规律性,但这种规律性并不排除企业跨国经营活动可能出现的"跳跃性"。

综上,各种对外直接投资理论对包括中国在内的广大发展中国家的一点最重要的启示就是:发展中国家的对外直接投资和企业的跨国经营活动不可能也没有必要去严格遵循一个由经典理论或别国经验所划定的路线。发展中国家如果一味恪守对外直接投资的一般规律,只利用自身现有的优势进行对外直接投资,那么只能是顺梯度型的投资,对外直接投资永远不能改变本国在全球产业分工格局中处于较低位置的窘况。发展中国家要想真正实现赶超战略,就必须有所突破,通过"跳跃性"的、"逆梯度型"的对外直接投资活动,主动获得世界最新技术,促进国内高技术产业的发展。在经济全球化条件下,发展中国家完全有可能通过有意识的战略选择来配置稀缺资源,创造比较优势。一方面,通过采取适当的发展战略和政策措施,能在一定程度上创造和培育出对外直接投资所需的某些比较优势,进而利用这些比较优势参与国际投资,使其转变为现实的国际竞争力;另一方面,企业跨国经营的过程本身会使企业获得和增加新的优势。因为跨国经营不仅是企业实现优势的活动,而且是企业在更大的空间范围内寻求优势、发展壮大自己的活动。在对外直接投资中,利用东道国的要素资源和市场空间,享受东道国政府给予的优惠待遇等,这在客观上增加了跨国企业相对于国内企业原有的竞争优势。

二、中国企业跨国经营的理论基础——一个综合分析框架

既然已有的对外直接投资理论各有优缺点,那么能否把已有的对外直接投资理论再一次折衷,以形成一个适用于不同类型国家、不同类型企业、各种发展阶段的、统一的对外直接投资理论体系呢? 在此,我们试图

提供这样一种思路。

下面,我们尝试在借鉴已有对外直接投资理论的研究方法、研究思路以及已有理论合理内核基础上,将影响一国对外直接投资和企业跨国经营的所有因素和变量全部纳入到一个统一的模型中,进而形成一个统一的分析框架。希望这个分析框架能更好地解释和指导中国企业的跨国经营活动。我们暂将这个新的分析框架定名为"对外直接投资的内外因综合分析框架"。该框架如图1-1所示。

图1-1　企业跨国经营的内外因综合分析框架

在图1-1中,我们将影响企业跨国经营的所有要素划分为两大类,即内部因素与外部因素,它们共同影响企业的对外直接投资决策。

(一)影响企业对外直接投资决策的内部因素,包括企业目标和企业内部要素与能力

企业目标又可具体分为长期目标和短期目标。其中长期目标包括三个层次:最高层的目标是在全球处于支配地位;其次是寻求均势;最后是寻求生存的目标。根据长期目标的不同,对外直接投资可依次划分为:主动型对外直接投资、诱发型对外直接投资和迫动型对外直接投资。短期目标又可分为:寻求海外资源、寻求海外市场、寻求海外技术、寻求海外融资渠道等。根据短期目标的不同,企业对外直接投资又可划分为资源寻求型投资、市场寻求型投资、资金寻求型投资和技术寻求型投资等。

企业内部要素与能力包括企业拥有的资金、原材料、人力资源、市场渠道、组织管理、研究开发力量、技术诀窍、商标、品牌等有形和无形资产要素,以及对核心资产的占有能力、寻求战略资产的能力、优势内部化的能力、技术地方化的能力、产品差异化的能力、发现和利用外国区位优势

的能力以及对环境变化的快速反应等方面的能力。

企业目标是企业进行对外直接投资和跨国经营活动的主观动机，是促使和推动企业对外直接投资的内在动力，它更多地体现了企业当前在某一方面所处的劣势和企业希望通过海外投资来弥补自身劣势的主观需要。企业内部要素与能力是企业进行海外直接投资的现实条件和客观基础，它更多地体现了企业在某一方面所具有的优势和企业希望通过对外直接投资将自身优势变现的需要。

企业内部要素与能力是决定企业跨国经营决策的内部动因。对企业内部要素与能力的分析构成企业对外直接投资决策的微观分析基础。

（二）影响企业对外直接投资决策的外部因素，包括国家目标、国内环境和国外环境

国内环境包括本国的经济环境、政治环境、法律和制度环境、人文环境等。经济环境由经济发展阶段、经济增长速度、产业结构、市场规模、市场竞争格局、收益水平、要素市场和要素费用、金融资源、技术状况等要素构成；政治环境由政治稳定情况、政策体系、政府对待外国直接投资流出和流入的态度等要素构成；法律制度环境包括各种法律、法规和制度体系，特别是与外国直接投资密切相关的法律、法规和制度的完备性；人文环境是指一国影响企业跨国经营的文化背景、风土人情、宗教信仰、生活习惯以及本国与其他国家的民族、种族联系等因素。

国家目标包括一国的经济增长目标、增加就业目标、产业结构调整和升级目标、剩余生产能力转移目标、增加外汇储备或实现国际收支平衡的目标、技术进步目标和提升本国企业、产业以及国家竞争力的目标等。国家目标往往通过一定的政策或制度来实施，因此广义地说，国家目标构成国内环境的一部分。

国外环境包括东道国环境和国际环境。东道国环境和投资国国内环境的构成要素相同，但东道国在经济、政治、法律制度和人文环境方面所形成的东道国区位优势，在吸引其他国家企业到该国进行跨国经营时具有更重要的作用。国际环境包括世界范围内能够直接或间接影响企业跨国经营决策的所有变量，诸如经济全球化进程、贸易自由化和投资便利化状况、全球科技进步状况、世界经济周期波动状况、国际分工格局、世界范围内的企业竞争格局等等。

由国家目标、国内环境和国外环境共同构成的外部环境是影响企业跨国经营决策的外部力量。如果说国家目标和国内环境是本国企业对外投资的驱动力,那么东道国环境和国际环境则形成对本国企业对外资的牵引力。这些因素共同构成了企业跨国经营决策环境分析的基础。

(三)内部因素和外部因素在企业对外直接投资决策中的作用是辩证的

企业对外直接投资决策是指企业决定是否进行对外直接投资和如何进行对外直接投资,当企业决定进行对外直接投资时,它面临的决策又包括对外直接投资的时机选择、区位选择、产业选择、进入方式选择、技术选择、组织结构选择等,这些决策又是通过制定一系列战略来实现的。

企业外部环境、企业目标、企业内部要素与能力和企业对外直接投资决策之间的关系是:企业的内部要素与能力决定企业目标,企业目标和企业所处的外部环境共同决定企业的对外直接投资决策。

企业的对外直接投资决策是在综合分析所有内部因素和外部因素的基础上进行的。一般情况下,内部因素是决定企业对外直接投资决策的主要的和决定性的力量,外部因素是通过内部因素发挥作用的辅助性力量。一般来说,如果一个企业既具备内部因素的优势,又具备外部因素优势,那么这个企业就应该进行对外直接投资,这时需要考虑的就是产业选择、技术选择、区位选择、时机选择和进入方式选择这些投资决策因素,经过全面分析决定对外直接投资的战略和策略;如果一个企业只具备内部因素优势,而不具备外部因素的优势,那么这个企业就应该首选本土生产,然后出口到其他国家;如果一个企业只具备外部因素优势,而不具备内部因素优势,那么这个企业不应该盲目进行大规模的对外直接投资,但可以试探性地在国外建立一些代表机构,以及时了解国际市场动态;如果一个企业内部因素和外部因素都不具备优势,那么这个企业不应该选择对外直接投资。

但上述关系和规律并不是绝对的。在某些环境下,一些外部因素或者仅仅一个外部变量便足以成为影响企业对外直接投资决策的主导力量。因此,我们不仅应该全面地,而且更应该相对地、辩证地和动态地去评价企业对外直接投资的各种决定因素和企业跨国经营的各种战略选择。

主要参考文献

1. 李坤望主编:《国际经济学》,高等教育出版社 2005 年版。

2. 刘涛:《中国企业对外直接投资研究》,河北大学硕士学位论文 2006 年。

3. [美]刘易斯·威尔斯:《第三世界跨国公司》,叶刚、杨宇光译,上海翻译公司 1986 年版。

4. 马亚明、郑飞虎:《动态模式的对外直接投资理论评述》,《国外社会科学》2001 年第 1 期。

5. [美]迈克尔·波特著:《国家竞争优势》,李明轩、邱如美译,华夏出版社 2002 年版。

6. 滕维藻、陈荫枋主编:《跨国公司概论》,人民出版社 1991 年版。

7. 冼国明主编:《国际投资概论》,首都经济贸易大学出版社 2004 年版。

8. [日]小岛清:《对外直接投资论》,日本钻石出版社 1977 年版。

9. 赵春明主编:《跨国公司与国际直接投资》,机械工业出版社 2007 年版。

10. Buckley. P. J. and Kasson. M. C.: *The Future of Multinational Enterprise,* London: Macmillan Press, 1976.

11. Cantwell, Tolentino: "Technological Accumulation and Third World Multinationals", University of Reading, Discussion Papers in International Investment and Business Studies, 1990.

12. John A. Cantewell: *Technological Innovation and Multinational Corporation*, Oxford: Blackwell, 1989.

13. John H. Dunning: *International Production and the Multinational Enterprises*, London: Allen&Unpin, 1981.

14. Lall. Sanjajy: *The New Multinationals*, Chichester and New York, 1983.

15. Raymond Venon. : "International Investment Trade in the Product

第一章 企业跨国经营的理论基础

Cycle", *Quarterly Journal of Economics*, May, 1966.

16. Raymond Vernon: "Location of Economic Activity", in John H. Dunning ed. : *Economic Analysis and the Multinational Enterprises*, 1974.

17. Stephen Herbert Hymer: *International Operation of National Firms: A Study of Direct Foreign Investment*, Cambridge: MIT Press. 1976.

第二章　中国企业跨国经营的经济环境

第一节　中国企业跨国经营的国内推动力

一、中国企业已开始具备对外投资的竞争优势

（一）国有大型企业的竞争优势

1. 政府主导型大型企业集团的规模优势

政府主导型大型企业指的是电力、能源、电信、金融等国家垄断性行业，这些企业集团最突出的特点就是巨大的规模和融资优势。根据国家发改委产业经济与技术经济研究所课题组提供的数据，在我国前500强企业的排名中，在2004年年末国有企业和国有独资企业占总企业个数的57.6%，而企业的总资产却占到84.49%。其中垄断性行业的大型企业集团，在500强企业的排序中均位于前列。同时，一部分企业如中国第一汽车集团公司、中石化、中石油、国家电网等位于世界500强企业之列，与世界大型企业集团的差距也在缩小。

中国在1979年刚刚改革开放时建立的中信集团，已经跻身于世界100大跨国公司的行列。还有其他一些大型国有公司，不仅在国际市场的竞争中扩大了规模，也积累了许多宝贵的经验。这些政府主导型的大型国有企业的对外直接投资行为往往反映了国家的战略意图，也受到来自于国家融资的支持。

2. 国有企业的融资优势

（1）融资方式多样化

由于国有企业在我国经济发展和经济结构中的特殊地位，其融资方式相对于普通的私营企业和外资企业也较为丰富。目前，我国的国有企业主要通过发行股票、发行债券、银行贷款、职工内部集资和社会集资这五大渠道融资。国有企业可以根据自身的经营状况和不同的资金需求偏

好,选择适当的融资方式或者融资组合,实现融通资金的目标。此外,由于国有企业特有的产权关系,国家有时仍会对国有企业给予一定的政策鼓励,如促进国有企业与商业银行的合作,在必要时向其提供政策性贷款甚至财政扶持等,这些都能够在一定程度上缓解国有企业的资金供给瓶颈。

（2）银行信贷政策的倾斜

我国实行的金融体制是以中国人民银行为核心,以国有商业银行为主体,政策性银行与商业银行相分离,多种金融机构并存的分工协作的新型金融体系。由此可以看出,虽然在我国出现了很多非银行金融机构和外资银行,但现阶段国有商业银行的主体地位很难动摇,四大国有商业银行吸取到的存款资金在我国总储蓄额中占有绝对优势。而国有银行的贷款又具有较强的倾向性,存在所谓的"金融二元主义":一方面在我国金融转型过程中,国有企业和四大银行的间接联系还未完全理清,他们的融资活动在很大程度上仍然是在进行"共同财产"的分配过程;另一方面由于某些银行仍然认为政府对国有企业的债权负有清偿义务,因此宁愿放弃回报率高但具有风险的民营企业和外资企业,而将贷款的重点放在资金利用效率低但具有隐性担保的国有企业。

（3）存在预算约束的软化

如前所述,我国的金融体制转型尚未完成,很多经济主体仍然认为政府将是国有企业债务的最终负担者,因此对国有企业的信赖程度较高。同时,国有企业在进行融资过程中,如果出现财务风险,政府有时会成为支持体,帮助国有企业渡过难关,这种保障优势是其他企业难以比拟的。

通过以上的分析,我们不难看出,国有企业在融资活动中,无论是在融资规模上还是在可行性上都具有无可比拟的优势。值得一提的是,某些因素虽然属于我国在经济转型时期的某些制度弊端,应该予以改革,但他们仍然在客观上提升了国有企业的融资能力,使国有企业获得了特有的竞争优势。

3. 市场主导型大型企业集团的创新资产优势

市场主导型大型企业是中国成长起来的第二批大型的跨国公司,这些企业集团在规模上虽然没有垄断行业的企业集团的规模大,但是由于很早就引入了市场竞争机制,在竞争的过程中已经日渐成熟,拥有了较强的管理能力、技术创新能力及市场营销能力等,这些能力使企业拥有了创新技术、品牌等创新资产及其他对外直接投资的竞争优势前提。

我国轻工业、电子产品、食品加工从 20 世纪 80 年代中后期起就处于激烈的市场竞争中,正是激烈的市场竞争培育了一批知名品牌,90 年代这些企业成长为具有国际竞争力的企业集团,如"海尔"、"TCL"、"联想"、"同仁堂"、"青岛"、"燕京",都已经具有了国际生产的管理能力及其他创新资产。

在关于发展中国家企业的竞争优势的研究中,大多数学者都认为,作为产业、基础设施和技术水平都低于发达国家的发展中国家的企业,企业的竞争优势与发达国家的企业是不同的。众多的研究都强调发展中国家投资者的竞争优势来自以低价竞争为特点的低成本优势,而不是创新技术、产品的复杂性与差异性。Lall 就曾指出印度的跨国公司大都集中在技术相对简单的部门,产品需求的差异性低而且使用相对简单的劳动。①而且这也符合产品生命周期理论关于产品成熟阶段和标准化阶段的竞争特点,即竞争基础由差异竞争转为价格竞争的特点,这使得发展中国家企业投资的区位也以发展中国家为取向。

但是,20 世纪 90 年代,发展中国家的对外直接投资发生了变化,以发达国家为取向的对外直接投资不断增加。当然,技术地方化的观点仍然适用,但是发展中国家本土技术提升也引人注目。发展中国家在重大的科技进步上虽然落后于发达国家,但是企业也可以具有高于发达国家企业的所有权优势。企业利用一些同发达国家创新不同的小的创新,累积了独特的创新资产的所有权。因此发展中国家的企业同样可以具有规模、技术、商标等垄断优势。

(二)中小型企业和民营企业的竞争优势

在国际市场上并非只是大公司独占的领域,同样也有很多中小型的跨国公司活跃在这个舞台上,尽管他们不具有和大型跨国公司一样的影响力,却也弥补了大型跨国公司所不能顾及的领域。顾客的偏好是多种多样的,市场的类型是多样的,提供产品和服务的企业必然也多种多样。

---

① Lall, Sanjaya: *The New Multinationals*, Chichester, John、Wiley & Sons, 1983.

1. 小规模技术优势

在传统的国际投资理论中,技术的竞争优势往往是与大规模的生产过程以及较高的研发成本为代价的。如果从这个角度分析,民营企业由于规模小,融资渠道狭窄,很难形成自身的技术领先优势,从而会在竞争中处于绝对劣势。然而,我国的民营企业在其发展过程中形成了自身独特的技术优势。民营企业的技术成果,虽然大多都是对已有技术的应用和改造,但由此所形成的技术实用性和灵活性同样为民营企业的发展带来了勃勃生机。民营企业的小规模技术优势主要体现在以下几个方面:

(1)市场需求有限性为小规模技术的应用创造了空间

低收入国家有效需求相对较少,大规模生产技术所带来的大批量生产能力很难在这些国家得到消化,造成了生产设备利用效率的低下,而民营企业的小型技术恰好可以弥补这一空白。

(2)市场需求层次趋向于多样化强化了小规模技术的优势

20世纪后半叶,随着经济全球化进程的加快,世界经济迅猛发展。无论是发达国家、发展中国家还是转型国家,都参与到国际分工中来,获取了高额的经济效益。在这个进程中虽然存在着发展水平和增长速度的巨大差异,但是世界各国人民的生活水平普遍有所提高。现代消费者除了追求产品本身带来的效用之外,更加注重产品的个性特征,各个需求层次得到了进一步的细分。与此相对应的是,大规模生产技术的标准化生产方式很难适应现代消费理念,而个性化的小规模生产方式得到了更多青睐。例如,以往的品牌个人电脑生产往往会根据价格制定较少的固定配置方案,不能满足使用者的个性特征,导致消费者对品牌电脑的需求量锐减,转而趋向于购买预制件进行个性组装。针对这种情况,联想等电脑品牌最先实现了定制电脑的购买方式,客户可以根据自身的需求以及预算约束灵活进行组合选择,满足了消费者的个性化特征。由此可见,机动灵活的小规模生产方式将是今后生产的必然趋势。

(3)民营企业对引进技术的改造形成了特有的研发方式

大型企业在技术研发中往往追求高精尖技术的领先地位,以此在一定阶段形成垄断优势,制定垄断价格,获取垄断利润。而民营企业不具备大型的研发机构以及充足的资金支持,因此在技术创新中表现出非独立性,在初期主要依靠进口来获取生产技术。但是基于民营企业灵活的经营方式,民营企业在引进技术后往往会对技术进行地方化改造,使自身的产品更适应当地的需求,形成自身产品的鲜明个性特征;同时通过技术改造,还可以更多地应用当地的优势资源,对产品原材料中的某些部分和成分进行替换,达到降低成本的目的。

(4)发展中国家经济水平的多样性为新兴工业化国家的技术转移创造了可能

按照产品的生命周期理论和雁型范式结构,产品会依次经历产品导入期、产品增长期、产品成熟期和产品衰退期。在这个过程中,创始企业对产品的技术垄断优势逐渐弱化,产业进入壁垒逐渐消失,产品在国内会逐渐丧失竞争优势。为了最大限度地获取利润,发达国家会将某些技术和生产活动进行国际转移。而在进行技术进口的国家中,也会根据技术水平和发展状况有所分化。以亚洲为例,日本作为世界第二大经济体在技术上占有领先优势,当产品生产发展到一定阶段,会将技术转移给"亚洲四小龙"等较为发达的国家和地区,而"四小龙"在一定时期后会将这项技术转移到新兴工业化国家,再由新兴工业化国家转移到较为落后的国家。在这个过程中,日本又会进行新的科技研发,产生新的生产技术,从而重复这个周而复始的过程。正是由于发展中国家本身存在着很大的差异,使得我国的民营企业可以将一部分引进的技术经过改造后进行再转移,获取利润。并且,发展中国家之间由于经济结构具有某些共性,技术转移具有很强的适应性,便于引进国迅速投入生产。

2. 低成本优势

在20世纪80年代,私营经济实体刚刚开始出现的时候,往往将低成本作为产品的主要竞争优势,实行成本优势竞争战略,使得民营经济在国有大型企业和跨国公司的夹缝中求得发展。在我国政治经济体制逐步完善的今天,民营企业的成本优势虽然在某种程度上有所削弱,但低廉的生产成本带来的价格优势仍然是民营企业得以生存和发展的重要法宝。格兰仕、万和、联想、中成化工等企业都是我国民营企业低成本战略的典型代表。

中国民营企业的成本优势主要是以下因素共同作用的结果:

(1)劳动力成本低廉

中国的民营企业,由于规模较小,技术上没有垄断优势,往往将生产的重点集中于第二产业和第三产业,着力发展劳动密集型产业。中国人口众多,在劳动力资源上占有先天优势。在经济转型过程中出现了大量的闲置劳动力:首先是随着我国企业法规的完善和破产制度的建立,在城市出现了大量的下岗工人;在农村,随着农业生产能力的提高以及农民观念的转变,产生了大量的剩余劳动力以及进城的农民工。这些闲置人员往往教育水平较低,知识面狭窄,劳动技能缺乏,观念陈旧,难以胜任外资企业和大型国有企业对人才的需求,而民营经济的生产流程相对简单,恰好能够为这些闲置人员提供工作机会。由于我国普通劳动力供求不平衡的现状,使得民营企业职工的工资水平较低。统计表明,2001 年全国各行业职工平均货币工资为10870 元,其中国有企业职工为11178 元,私营企业员工平均货币工资为10250 元,相当于全国平均数的 94.3%,相当于国有企业的 91.7%。此外,由于我国人口众多,经济发展水平低,社会保障体系并不健全。相对于国有企业在职工福利、医疗、保险、子女教育等方面的大量支出,民营企业职工的社会保障相当有限,参加医疗保险、养老保险、失业保险以及各种补贴的比例仅为国有企业和合资企业的 3 成至 5 成,进一步降低了产品的人工成本。

(2)组织管理成本低廉

与外资企业和国有企业较为完善的组织结构不同,民营企业的内部分工较为粗放。家族式管理成为主要的管理结构,据研究表明,民营企业中 90% 左右实行家族式的简单管理模式,这种模式在不同层面降低了企业的组织成本:首先,民营企业的管理人员往往身兼数职,既管生产又管销售,在结构和人员数量上较为精简;其次,由于管理结构层次较少,降低了在管理过程中由于信息传递链过长所造成的经营风险和通讯费用;最后,民营企业管理人员的工资水平普遍较低。因此,低廉的组织成本成为民营企业成本优势中重要的组成部分。

(3)学习成本低廉

大型跨国公司以及国有大中型企业为了在技术上实行领先策略,获得垄断优势,往往投入大量的科研开发费用,保持竞争优势。而民营企业着眼于劳动密集型产业,生产工艺技术流程较为简单,不需要大量的研发投入。此外,民营企业可以通过引进国外的某些技术,再根据市场需求和资源禀赋进行改造,使之适应当地的生产和消费结构,采取尾随战略。通过这种方式,虽然在技术上不具备领先优势,但节省的大量研发资金转化为成本优势,进而制定较为低廉的商品价格。因此,民营企业的所有者虽然知识层次不高,但是其思维灵活,善于学习的特性易于发现潜在的商机。

(4)固定资产等要素投入低廉

大型国有企业以及跨国公司追求规模经济所带来的生产优势,而规模经济的实现往往伴随着较高的固定资产投入,包括大规模的厂房、设备等的有形资产,使得大型企业的资本结构灵活性较差。民营企业通过小规模生产方式,一方面对于固定资产的资金投入数量相对较少;另一方面资产的灵活性较高,易于根据市场变化迅速进行生产转移,并且降低了发生财务风险的可能性。

(5)营销成本低廉

大型公司为了扩大产品的销售渠道和产品的影响力,消耗了大量的资金用于市场营销,包括销售网络的建立、广告费用、售后服务机构的设置、营销人员的雇佣等等。而民营企业的销售方式简单,不会投入大量的广告费用。这种营销成本的节约进一步巩固了民营企业产品的成本和价格优势。

3. 体制优势

相对于外资企业和国有企业纷繁复杂的组织结构和经营体制,民营企业具有机动灵活的特征。这种灵活性使得民营企业在市场竞争中善于攫取市场的空白和商机,建立了其他所有制无法媲美的体制优势。这种体制优势集中表现在以下三个方面:

(1)灵活的决策机制

当代的市场瞬息万变,企业迅速的决策机制是企业获得持续性发展动力的重要推动因素。在国有企业中,由于传统的计划经济体制参与的影响,企业对于市场供求变化的信号反映较为迟钝。而且其组织机构的复杂性,致使经营决策的审批机制较为复杂,企业的经营人员进行市场分析后,还要报经"老三会"——职工代表大会、党代会、工会的层层审核。其经营决策具有较大的时滞性,难以适应市场经济的需要。而民营企业组织结构简单,决策机构清晰,能够迅速做出经营战略的调整,抓住赢利商机。

（2）用人机制灵活

国有企业和外资企业在人才引进过程中较为严格，但是其用人机制相对地较为呆板。特别是国有企业，在其人力资源的开发与管理过程中，不仅要进行层层考核，还要报经上级机关或主管单位的批准，其雇员规模和人员更替都有较为严格的规定。而民营企业的职工来去自由，企业的人员缩放也具有较强的灵活性。

（3）销售机制灵活

国有企业由于曾经以政府行为为主导，缺乏对市场信息的了解和分析机制，被动接受行政命令，因此营销手段比较单一、机动性差。外资企业虽然推行了本土化战略，但是由于文化的差异仍然存在局限性。我国的民营企业不仅产品适销对路，而且在亚洲范围内具有较强的影响力，在其他地区又具有价格方面的优势，因此营销方式较为灵活，可以根据东道国不同的市场状况进行营销策略的选择。

（三）世界华人的联系网络优势

中国分布在全世界的华人众多。这些炎黄子孙虽然居住在不同的地点，但是具有相同的语言和文化背景，相互之间容易沟通。依靠这种纽带，在国外侨民集中的地区进行直接投资设厂，生产特殊产品，是境外跨国公司发展对外直接投资的一种特殊优势。如福建省是著名的侨乡，福建的跨国企业因其侨民关系能够享受资金、技术和其他方面的特殊优惠，绝大多数福建海外企业是通过华侨牵线搭桥建立起来的。

自 1978 年改革开放以来，中国就出现了百万大陆居民移民潮的现象。随着我国开放程度的不断加快，世界范围内的华人华侨不断增加，遍布全球各个角落。其中，美国、加拿大、欧洲、澳大利亚、东南亚等国家成为了中国移民的热点地区。

发展中国家对外投资的民族特征较为鲜明，海外移民会使得国内企业，特别是第三产业的企业进行跨国投资，以满足移民对于国内民族产品的需求。例如，华人社团在食品加工、餐饮、新闻出版方面的投资，就是为了满足华人华侨特殊的需求。

此外，华人网络在世界范围内的遍布，也会使中国企业的对外投资活动得到诸多软性要素的支持，使整个投资活动更加顺畅。华侨特有的多元文化知识结构也为中国企业在当地的投资解决了文化上的隔阂和障碍。

(四)特殊产品企业的文化优势

中国是一个具有悠久历史的大国,拥有众多的、具有民族特色的特殊产品,这些产品里凝聚了中国的文化特色,在世界华人中有着独特的吸引力,这是生产该种产品的企业所具有的一种特有优势。

中国五千年的文明历史使得中国的很多商品都有了深刻的文化烙印,这无疑强化了中国商品的内涵与个性特征。人类在经济发展上取得的巨大成就使其消费行为逐步摆脱了原始的需求层次,开始追求个性化的消费方式。因此,中国商品鲜明的个性特征无疑满足了世界多层次的消费需要。随着我国对外开放程度的不断加深,中国这一文明古国的面纱被逐渐揭开,中国传统的东方文化对西方世界产生了巨大的吸引力,世界范围内出现了"中国热"的狂潮,带动了一批具有中国特色的民族产业的发展,包括中医药产业、中式菜肴、民族服装产业、旅游产业、武术产业、民俗产业、戏曲产业等。这些产品的文化优势使其成为了中国经济新的增长点。

如果从价值链的角度来审视我国企业的竞争优势,只有少数企业具有关键价值链的战略性资源,具有较强的价值增值能力,而大多数企业还只是停留在以低成本获得竞争优势的阶段。中国企业的竞争优势是可模仿的、可复制的,这种竞争优势缺乏持久性,中国企业参与国际竞争既要有效地利用现有的竞争优势,又要以获得持久的竞争优势作为发展目标,来巩固与增强企业的实力与竞争地位。

二、本国经济发展的要求和推动①

(一)国内经济实力的增长

根据邓宁的经济发展阶段理论,一国吸引外资和对外直接投资之间的关系可以分为几个阶段,当人均 GDP 超过 2000 美元时,对外直接投资的增长速度便会超过吸引外资的速度,从而使引进外资与对外直接投资的差额减小。由于我国地域广阔,存在着各地发展水平的不平衡,某些发达的地区人均 GDP 已经超过了这一水平,进入对外直接投资快速增长的

---

① 本书作者郑春霞同志为这一部分提供了重要观点和数据。

第二章　中国企业跨国经营的经济环境

阶段。

根据我国国家统计局的统计数据,2005 年中国国内生产总值达到 18.23 万亿元,同比增长 9.9%,这是中国经济连续三年保持 10% 左右的增长率。在世界银行公布的 2005 年主要国家的 GDP 排名上,中国超过意大利和法国,并略超过英国,成为全球第四大经济体。在人均 GDP 方面,包括上海、北京、天津、浙江、江苏、广东、山东、辽宁、福建 9 个省市超过了 2000 美元,达到 2004 年中等收入国家的收入水平,其中上海、北京人均 GDP 超过了 5000 美元,为中国企业对外直接投资提供了强大的物质支撑。

(二)外汇储备持续增长和人民币升值的影响

随着我国对外开放程度的不断加深和进出口贸易的快速增长,我国外汇储备也呈跳跃式增长。2006 年 2 月底,我国外汇储备增长到 8536 亿美元,已超过日本成为全球外汇储备最多的国家。

据中国人民银行公布的 2006 年和 2007 年金融运行情况最新统计数字显示,截至 2006 年年底,我国外汇储备余额突破万亿美元,达到 10663.4 亿美元。2007 年年底,我国外汇储备余额达到 15282.5 亿美元,再创新的历史记录,比上年同期增长 43.32%。

2007 年年底我国外汇储备余额占 2007 年年底全球外汇储备余额 63906 亿美元的 23.9%[①],居世界第一位。

在我国如此巨额的外汇储备中,这些年来美元资产占比一直在 70% 左右;而在美元资产中,美国国库券又占了相当大的比例,但其收益率只有 3% 到 5%。2007 年 3 月,中国的美国国债持有量达到顶峰,为 4211 亿美元;到 2007 年 10 月,仍持有 3881 亿美元。而美元自 2002 年以来持续 6 年贬值,至 2008 年 6 月已贬值达 30%,这无疑导致了较低的回报率和较高的风险率,外汇储备的有效利用也成为迫在眉睫的问题。

2005 年 7 月 21 日,中国开始实行以市场供求为基础、参考一揽子货币进行调节、有管理的浮动汇率制度。自此以来,人民币兑美元的汇率持续升值。在 2005 年 7 月 21 日,人民币兑美元汇率中间价为 1 美元兑人民币 827.65 元;至 2008 年 4 月 10 日,人民币兑美元汇率中间价突破 7

---

① 比例是根据中国 2006 年年底的外汇储备总额和 IMF 的 COFER 数据计算而来。

元整数关口,为 1 美元兑人民币 6. 992 元。

在人民币升值的条件下,正是中国企业开展对外投资的大好时机。

建立以国外高质量资产为目的的投资基金,加大对外直接投资的力度,以当地生产销售代替出口,既可缓解经常项目顺差的压力,也可以减少资本项目的顺差,同时还可以通过投资收益的预期流入,来减少由于引进的外资汇出投资收益而导致的国际收支风险。

在此背景下,经国务院批准,2007 年 9 月 29 日,中国投资有限责任公司在北京成立,开始运用外汇进行长期投资。①

20 世纪 80 年代,日本外汇储备的快速积累,导致了日本对外直接投资的高潮。目前中国的外汇储备出现了相似的状况。总量不断增长的中国巨额的外汇储备使得中国政府促进对外直接投资势在必行,并采用走向全球的战略和采取具体的方法来促进中国公司的国际化。在此背景下,中国海外投资的强劲增长在未来几年将会持续。2006 年我国对外直接投资流量占世界 FDI 流出流量的 1.5%,中国对外直接投资在全球的排名已从 2005 年的第 17 位上升到 2006 年的第 13 位。在不久的将来很可能成为对外直接投资的重要来源国。②

(三)缓解经济发展的资源供给瓶颈

资源是一国经济发展的重要支撑,是国家安全的重要保障之一。作为经济发展的基础,一旦资源链条断裂或缺损,将在经济、政治外交及社会稳定各方面产生一系列波动效应。我国素以“地大物博”而著称,各种资源、能源总储量比较丰富。然而由于我国人口众多,以人均计算,我国的资源却相当贫乏,以矿产资源为例,已探明的矿产资源总量较大,约占世界的 12%,仅次于美国和俄罗斯,居世界第三位。但人均占有量仅为世界人均占有量的 58%,居世界第 53 位。从这方面看,中国又是一个资源相对贫乏的国家。

据预测,我国已经探明的 45 种主要矿产资源中的现有储量,到 2010

---

① 中国投资有限责任公司为国有独资公司,公司注册资本金为 2000 亿美元,该资本金来源于 1. 55 万亿元特别国债。中国投资公司当前所从事的外汇投资业务以境外金融组合资产为主。公司实行政企分开、自主经营、商业化运作,在可接受的风险范围内,实行长期投资收益最大化。

② UNCTAD: World Investment Report 2007.

年能够保证需要的只有 24 种,到 2020 年能够保证需要的仅有 6 种。当前国际上争夺战略资源的斗争日趋激烈,我国资源的安全形势不容乐观。

中国能源供应的瓶颈主要在油、气方面,中国现有石油的储量为 25 亿吨,2000～2010 年间累计需要石油 85 亿～92 亿吨;中国现有天然气储量 5.4 亿吨,2000～2010 年间累计需要天然气 9.2 亿～10 亿吨。可见中国油、气资源的现有储量不足今后 10 年之需。为满足油、气的国内之需,到 2020 年,中国石油的进口量将超过 5 亿吨,天然气将超过 1000 亿立方米,对外依存度将分别达 70% 和 50%。据中国地质科学院《未来 20 年中国矿产资源的需求源泉供应问题》报告预测,未来 20 年,中国石油需求缺口超过 60 亿吨,天然气超过 2 万亿立方米。

不仅能源资源存在瓶颈,在铁、铜、铝等重要矿产资源上中国同样面临供给瓶颈。中国地质科学院的研究指出,2012～2014 年,中国将迎来 2.4 亿～2.6 亿吨铁的年消费高峰,21 世纪初 20 年缺口将达 30 亿吨;2019～2023 年,将迎来 530 万～680 万吨铜的年消费高峰,21 世纪初 20 年缺口将达 5000 万～6000 万吨;2022～2028 年,将有 1300 万吨铝的年消费峰值,21 世纪初 20 年国内铝供应缺口达 1 亿吨。①

人均资源贫乏,资源利用效率低下,区域之间资源能源分布不均等现象,严重影响了我国的经济发展。针对我国资源供求的现状,除了通过技术改进以及政策约束之外,将国内资本投入到资源分布更加丰富的地区,进行资源寻求型的跨国投资活动,也是解决我国资源供给缺口的重要途径。通过与中东、俄罗斯、澳大利亚等在资源上占有优势的国家和地区进行合作,将资本注入能源产业,不仅可以补充国内能源供给的不足,也可以通过生产技术和管理经验的引进,逐步改善我国的资源利用水平,提高资源利用效率,从根本上为我国的可持续发展奠定基础。

(四)产业结构调整的需要

目前,我国纺织、家电、轻工、电子、食品等行业以及生产技术成熟的劳动密集型行业随着国家产业结构的调整,出现了生产能力过剩的趋势,而开展对外直接投资可以使这些已处于或将处于边际产业的企业通过国

---

① 张岩贵:《中国资源供给瓶颈与经济发展模式的调整》,《南开经济研究》2004 年第 5 期,第 38 页。

际范围资源的合理配置,延长产品的生命周期和赢利时间。根据小岛清的边际产业扩张理论,对外直接投资遵循产业调整依次递进的原则,即从边际产业开始依次进行投资,通过对外直接投资调整国内产业结构。因此,通过对外直接投资,按照国际经营的渐进模式,将我国国内较为成熟、产品供给相对过剩的产业部门向低技术国家进行产业梯度转移,既可保证现有资产的应有价值,又可以调整优化国内产业结构,这是促进我国产业升级的有效途径。虽然相对于发达国家对外投资所具有的优势来说,半工业化国家所具有的优势是局部的、相对的,是一种有限优势,但是,必须利用这种有限优势,充分实现这类产业的转移价值,为国内高级产业的发展腾出足够的空间,促使生产要素向这类产业转移,以培育和扶持新兴产业的成长。此外,发展对外直接投资,还可以突破发达国家的技术封锁,获取先进的管理经验和技术资源,推动国内技术水平的提高和产业结构的调整。

中国从20世界90年代中期开始新一轮产业结构调整,海外直接投资作为中国广泛参与国际竞争与合作、融入世界主流的一种重要形式,成为中国产业结构升级的途径之一。

(五)国内需求不足与激烈的市场竞争

加入WTO为我国企业带来了进一步融入国际市场的机遇,全球市场的一体化,为我国企业在更大范围内销售自己的产品提供了机会。同时,在国内市场也为本土企业带来了冲击。一方面,本土企业长期以来赖以生存的国内市场被越来越多的企业占有,生存空间不断萎缩;另一方面,国际市场也被更具竞争力的国际企业分割,国际市场空间被压缩。因此如何增强自身的竞争力,扩大市场空间,成为企业必须做出的重要决策。

自从1997年以来,我国就出现了国内的有效需求不足,尽管国家采取措施刺激了投资的快速增长,但是消费一直没有得到有效的刺激。因此,在国内投资增长、GDP增加、财政收入和企业收入大幅增加的同时也导致了国内储蓄的大幅增长。同时,由于经济体制转型阶段社会保障、住房、教育体制等改革尚未完全到位,居民消费需求不发达,利率尚未完全市场化,不能真实反映资金成本,刺激了企业的投资需求,致使产能进一步增加,某些产业的产能过剩,导致市场的竞争加剧。

第二章 中国企业跨国经营的经济环境

53

同时,外商投资的进入使仅有的市场空间进一步地缩小,而且在经济全球化的背景下,跨国公司全球配置资源,中国是世界上最大的对外直接投资的流入国之一,这使得国内企业因资源禀赋和市场保护形成的比较优势逐渐丧失,难以继续维持以现有的国内资源为主的资源配置模式。顺应全球化趋势,实现资源配置的国际化,是中国企业提高市场竞争力的重要战略选择。

(六)市场经济体制逐步形成和完善

改革开放30年,中国基本上实现了由计划经济体制向社会主义市场经济体制的过渡,社会主义市场经济体制逐步形成和完善,初步建立了以混合经济为基础的市场经济体制。主要表现为:

1. 所有制改革:全面建立现代企业制度,形成各种所有制经济平等竞争、相互促进的新格局。至2005年,竞争性领域的国有企业改革已基本完成。大量原国有企业转为私营企业或混合型股份制企业。尚存的大中型国有(及国有控股)企业大部分已完成股份制改造,并逐步完善法人治理结构。一个富有活力的国有企业新体制正在形成。目前,中国工业已经形成了国有、私营、三资三种经济成分"三分天下"的竞争局面。①

2006年,全国有私营企业498万户,占全国企业总数的58%;国有企业71.7万户,占8.3%;集体企业109万户,占12.6%;外商投资企业27.5万户,占3.1%。据统计,包括个体、私营和外资在内,非公有制经济已经占全国固定资产投资的60%以上。2006年规模以上工业增加值中,国有及控股占26%、私营占20.6%、外资占28%。据对有关统计数据的总体分析,目前全部非公有制经济已占GDP比重的一半,约占GDP增量的2/3。目前我国已经涌现出一大批资产规模大、市场占有率高、公司治理结构健全、现代管理水平高、拥有自主知识产权、核心竞争力很强的私营大公司、大集团。据统计,2006年注册资本金超过1000万元的私营企业有13.7万户,超过亿元的有4245户;有股份有限公司1421户,私营企业集团5594户。②

---

① 高梁:《国企改革若干回顾和思考》,《开放导报》2008年第2期,第20页。
② 陈永杰:《论各种所有制经济平等竞争的新格局》,《开放导报》2008年第1期,第24~25页。

2. 金融体制改革:我国已经建立了一个相对健全、完善、系统、有序的金融体制。从金融组织体系来看,初步形成了一个日益多元化的金融机构体系。我国现有的银行体系不仅包括从原来的专业银行转变过来的国有独资商业银行,还包括众多的股份制商业银行以及各种外资银行。各种形式的非银行金融机构蓬勃发展,在国民经济中发挥着越来越重要的作用。证券公司、保险公司、信托投资公司正在和银行一道成为我国金融业的四大支柱。此外,农村和城市信用合作社,各种类型的融资租赁公司、财务公司以及住房和汽车金融公司也正在成为我国金融体系的重要组成部分,并成为银行体系的有益补充。

中国市场经济体制的逐步形成和完善,为中国企业提供了按照市场经济规则进行运作的环境,为中国开展对外直接投资和企业开展跨国经营奠定了微观基础。中国企业在具备适宜国内外条件的情况下,已经开始积极地对外投资,开展跨国经营活动。

(七)政府对企业跨国经营的鼓励政策

在中国对外直接投资的起始,中国对外直接投资政策还比较谨慎,主要表现在为了避免大量的资本流出仅鼓励以实物形式对外直接投资。

随着改革和开放政策的逐渐展开,中国政府对国内企业的对外直接投资的审批程序逐步放松。截至 1983 年所有对外直接投资项目的审批权高度集中在原中国对外贸易经济合作部①。1983 年以后,虽然所有的对外投资项目仍然需要审批,但是对小的对外直接投资项目和中方以实物形式投资的项目的审批逐步放宽。中国对外直接投资政策逐步放宽管制,主要体现在以下一些条例和规定上:(1)原中国对外贸易经济合作部1985 年颁布的《关于在国外开设非贸易性合资企业的审批程序和管理办法》(试行);1993 年修订颁布的《境外投资审批程序和管理办法》;(2)国家外汇管理局 1989 年颁发的《境外投资外汇管理办法》;1990 年发布的《境外投资外汇管理办法实施细则》;1995 年发布的《关于〈境外投资外汇管理办法〉的补充通知》;2003 年发布的《国家外汇管理局关于简化境

① 为适应中国加入世贸组织后,中国市场与全球市场将会融为一体,很难再继续严格地区分内贸和外贸。2003 年举行的第十届全国人民代表大会第一次会议决定,把原国家经济贸易委员会内负责贸易的部门和原对外贸易经济合作部合并成"商务部",统一负责国内外经贸事务。

外投资外汇资金来源审查有关问题的通知》和《国家外汇管理局关于进一步深化境外投资外汇管理改革有关问题的通知》等等。

近年来,为了加快企业对外直接投资的步伐,提高对外直接投资的效率,政府在审批等环节上进一步放开,给予更多的政策支持,2004年9月,为了推进对外投资便利化的进程,商务部根据《行政许可法》和《国务院关于投资体制改革的决定》,在2003年行政审批改革试点的基础上,下发了《关于境外投资开办企业核准事项的规定》,并与国务院港澳办联合下发了《关于内地企业赴香港、澳门投资开办企业核准事项的规定》。规定对我国企业非资源开发类和非大额用汇投资项目境外投资实行核准制,由商务部核准,降低了境内企业境外投资的门槛。2004年10月,国家发展和改革委员会发布了《境外投资项目核准暂行管理办法》,对境外资源开发类和大额用汇投资项目简化了审批的程序和内容、下放权限,使我国企业境外投资管理更为有序、高效。2006年6月,国家外汇管理局下发了《关于调整部分境外投资外汇管理政策的通知》,规定从2006年7月1日起,国家外汇管理局不再对各分局(外汇管理部)核定境外投资购汇额度。境内投资者的境外投资项目经有关主管部门核准后,经所在地国家外汇管理分支局、外汇管理部核准,可以自有外汇、人民币购汇或国内外汇贷款向境外支付与境外投资项目相关的前期费用。上述规定在全国范围内下放境外投资核准权限,简化手续,进一步体现了在市场化原则下国家投资体制改革的精神和政府职能转变的要求,对推动中国企业对外投资起到了积极的促进作用。2008年8月5日,经国务院修订并公布实施的《中华人民共和国外汇管理条例》取消企业经常项目外汇收入强制结汇要求,鼓励对外直接投资。这将为企业对外直接投资提供更进一步的动力支撑条件,因此,在可预见的未来相当长的一段时间内,中国对外直接投资将继续保持较高增长水平。

在修订各种审批程序和管理办法的同时,中国还实施了包括税收优惠、补贴以及为中国在海外的子公司产品进入中国市场提供优惠等措施。以税收优惠为例,中国企业的海外子公司在建成后的5年内免交所得税;5年之后,仅对其收益的20%计征。如果中国企业在电子和机械制造业对外投资,并且以实物形式投资的话,可以免征按汇出外汇资金数额的5%缴存汇回利润保证金;如果在上述行业的对外直接投资项目投资低于

100 万美元,可以免除审批手续。2004 年 10 月国家发展和改革委员会与中国进出口银行发布了《国家发展改革委中国进出口银行关于对国家鼓励的境外投资重点项目给予信贷支持政策的通知》。此外,中国政府还将中国的官方发展援助与中国企业的对外直接投资联系起来,鼓励接受中国官方发展援助的国家利用发展援助贷款以合资企业形式吸引中国企业投资。1991 年以来,中国还在非洲一些发展中国家实施了一系列的与官方发展援助相联系的对外直接投资。

与此同时,国家还加强了对境外投资的指导和服务。商务部联合外交部或商务部单独制定发布了《对外投资国别产业导向目录(一)》、印发了《在拉美地区开展纺织加工贸易类投资国别导向目录》、《在亚洲地区开展纺织服装加工贸易类投资国别指导目录》。2005 年,发布了第二批对外投资国别产业导向目录,支持信息产业、对外承包工程、对外劳务合作等有比较优势的企业有序开展对外经济技术合作;扩大境外投资外汇管理改革试点,提高境外投资购汇总额度,对境内银行为境外投资企业提供融资性对外担保实行余额管理,扩大担保银行和受益企业范围,帮助"走出去"企业解决后续融资的问题,积极引导企业开展对外投资活动,为企业境外投资创造了良好的服务环境。

此外,截至 2007 年年底,中国共与 89 个国家正式签订了避免双重征税协定,与 123 个国家签订了双边投资保护协定,为中国企业通过法律的方式维护自身合法权益提供了法律保障,并积极地与周边各国建立各种区域性经济安排。其中,包括和东盟的 10 + 3 框架,同中国香港与澳门的 CEPA 框架,都大大促进了中国同这些地区的经济往来,促进了贸易与投资的进一步自由化。

从以上分析的企业对外直接投资的各种条件来看,母国的现有条件对企业跨国经营形成了重要的推动力量,而中国企业也具备了各个层次上的竞争优势。但是,中国大多数企业的竞争优势是有限的优势,并不具备实施全球区位战略的能力,因此大规模的对外直接投资受到限制。在这种情况下,企业对外直接投资的动机主要是出于对外部环境的反应而形成的。

第二章 中国企业跨国经营的经济环境

57

第二节　东道国对中国企业跨国经营的吸引力

一、廉价、丰富和优质的生产要素

（一）丰富的自然资源

随着世界经济的不断发展,对自然资源的需求呈级数增长。然而,全球资源的地域分布又具有较强的不平衡性,例如,世界的石油资源集中分布在两个区域,即东半球的北非—中东—苏联中部以及西半球的委内瑞拉—墨西哥湾西部—美国中部—加拿大西部—阿拉斯加北部,从国家上看,沙特阿拉伯的石油储量占世界石油储量的25%,伊拉克占10.6%,两个国家的综合储量已经超过了世界总量的35%;天然气方面,俄罗斯的天然气储量占世界总量的33.3%,而伊朗占到16.1%,另外,部分亚洲国家如土库曼斯坦和马来西亚也拥有丰富的天然气资源。

南美洲、非洲和大洋洲地区拥有丰富的矿产资源。在南美,巴西已探明铁矿砂储量居世界第一;智利的铜储量、产量和出口量均居世界第一;秘鲁的铋和矾的储量居世界之首。在非洲,南非的黄金、铂、锰、矾、铬、钛和铝硅酸盐的储量均居世界第一位;刚果(金)的钻石、尼日利亚的铀、摩洛哥的磷均居世界首位。大洋洲的澳大利亚矿产资源丰富,铝、铁、镍、锌、锰等矿物的产量均居世界前列,是世界主要产金和产铀的国家之一。

对于中国来说,虽然资源总量较为丰富,但人均资源占有量仍然处于较低的水平,因此通过对外投资的方式解决我国经济发展中资源供给瓶颈也是极为必要的。目前,我国已经在中东、俄罗斯、加拿大、澳大利亚等国家进行大量资源寻求型对外投资,补充国内在资源供给上的不足。

（二）较低的劳动力成本

近些年来,中国东部沿海地区劳动力成本逐渐趋于上升,一些劳动密集型产业开始向其他劳动力成本较低的地区转移。

据统计,2003、2004年我国工资水平的增长幅度均超过10%,达到12%左右。我国劳动力价格已经高于印度、巴基斯坦、埃及、越南和蒙古等国家。例如,根据国际劳工组织和《2004年洛桑报告》统计,2003年,制造业雇员每小时工资中国为0.75美元、印度为0.33美元、巴基斯坦为

0.42 美元(2002 年)、埃及为 0.64 美元。[1] 另据统计,越南的工资水平,单纯的劳动者只有中国的 2/3,技术劳动者中国是越南的 2.2 倍。

在劳动力成本逐步上升的情况下,我国一些劳动密集型产业的劳动力成本优势正在逐渐减弱或丧失。目前我国东部沿海地区的一些外商投资企业已经开始向我国内地或东南亚国家转移,以寻求低成本优势。我国的一些本土劳动密集型产业也可以审时度势地向那些具有低劳动力成本优势的国家进行投资,开拓新的国际生产领域。

二、对外商投资的鼓励和优惠政策

一些国家特别是发展中国家,为吸引外来投资,对于投资于本国的企业都会给予一定的鼓励和政策优惠,例如,税收的减让、配套设施的完善、资源能源的供给以及一些津贴补助等。与此同时,为了使投资能够符合本国经济发展规划的需要,东道国也会建立一定的投资导向政策,例如,鼓励高科技企业在本国的投资、对特定产业的投资给予一定优惠措施等。这些都会在一定程度上加强特定行业对本国投资的吸引力。

近年来东盟各国和南亚各国在不同领域对外资实行不同程度的优惠政策。

由于以上条件以及东盟与我国地理位置相近、文化结构相似、政治经济关系密切,东盟各国成为中国企业对外投资的首选目标。截至 2006 年经商务部备案的赴东盟投资的中国企业投资额达 12.8 亿美元。中国在东盟国家投资居前三位的国家分别是新加坡、泰国和越南。在柬埔寨,近三年来中国连续成为第一大投资国。[2]

三、有利的市场条件

当前,世界上除中国以外的大市场有北美、欧盟、俄罗斯、印度、巴西等。

美国、加拿大和墨西哥组成的北美自由贸易区拥有超过 4 亿消费者

---

[1]　国家发展和改革委员会:《从国际比较看我国劳动力价格水平的优势和趋势》,国家信息中心中国经济信息网。

[2]　李桂芳主编:《中国企业对外直接投资分析报告》,中国经济出版社 2007 年版,第146 页。

的大市场。2006 年,美国人均 GDP 达到 43500 美元;加拿大人均 GDP 超过 35000 美元。北美自由贸易区规模巨大、丰富多样的市场需求,也是吸引中国企业对其开展投资的动因之一。到 2006 年,中国对美国直接投资净额已超过 3 亿美元。截至 2005 年年末,中国对加拿大直接投资存量达 10329 万美元。

欧盟经过 5 次扩大,成员国从 15 个增加到 25 个。欧盟 25 国面积为 400 万平方公里,人口 4.5 亿,GDP 约达 10 万亿欧元,经济总量超过美国,其中英国、德国和法国是欧盟中最大的几个国家。2007 年英、德、法三国人均 GDP 分别为 45575 美元、40415 美元、41511 美元,这是一个巨大的市场。非欧盟国家只要在欧盟任一成员国进行投资生产,其产品就可以销往欧盟各国。因此,通过直接投资避开贸易壁垒进入欧盟市场对中国企业也有很强的吸引力。德国是中国在欧洲投资最多的国家,截至 2005 年年底,中国对德国直接投资存量为 26835 万美元,占同期中国对欧洲直接投资存量 159819 万美元的 1/6。①

印度现在拥有 10.27 亿人口,2007 年人均 GDP 为 977.74 美元;俄罗斯人口 1.42 亿,2007 年人均 GDP 为 9075.05 美元;巴西人口 1.87 亿,2007 年人均 GDP 为 6937.91 美元。这三个国家都拥有潜在的巨大市场,是很有吸引力的投资场所。但是由于印度对中国投资的限制政策,导致中国在印度的投资甚少。而俄罗斯和巴西这些年来都采取了积极鼓励外国投资进入的政策,因此,中国企业对俄罗斯和巴西的投资有增加的趋势。2004 年在中俄总理第九次会晤中,温家宝总理明确提出,到 2020 年以前,中国对俄罗斯投资总额累计将不少于 120 亿美元。2005 年中国对巴西直接投资流量为 1509 万美元,比 2004 年增长 134.68%;截至 2005 年年末,中国对巴西直接投资存量达到 8139 万美元。

四、有利于获得技术提升

中国企业通过对外直接投资,可以获得技术提升。一方面,中国企业可以对拥有高新技术的发达国家进行技术寻求型的直接投资,通过学习

---

① 李桂芳主编:《中国企业对外直接投资分析报告》,中国经济出版社 2007 年版,第 171 页。

吸收发达国家先进的技术和管理经验,提高企业技术水平,向国内进行传输和扩散,带动国内产业升级。另一方面,中国企业可以将自己的适用技术和比较成熟的产业对其他发展中国家进行比较优势型的直接投资,通过结合东道国市场特点,不断改进和提高技术水平,增强产品的核心竞争力。

北美和欧洲等国家拥有先进的科学技术和管理水平。美国是世界上品牌资源最丰富的国家,美国企业占全球财富 500 强的 1/3,占世界品牌 500 强的几乎一半。美国还是拥有先进技术最多的国家。但是,美国一直严格限制高科技产品对华出口。2006 年 7 月 6 日,美国商务部公布了《对中华人民共和国出口和再出口管制政策的修改和澄清及新的授权合格最终用户制度》,扩大了对华出口管制商品的范围,限制 47 类高科技产品对华出口。[①] 因此,中国企业只有通过对美国的直接投资,才有机会获得美国企业的高新技术。此外,欧洲的德国、英国和法国,亚洲的日本等国都是先进的工业发达国家,是吸引中国企业通过直接投资获得先进技术和管理经验的国家。

中国在一些劳动密集型的或具有适用技术的制造业拥有成熟的技术,例如,纺织服装、家用电器、机械制造、仪器仪表、金属冶炼等,很适合于那些类似或低于中国经济发展水平的发展中国家的需要,中国对这些国家投资具有较强的比较优势。东南亚、南亚、蒙古、拉丁美洲、非洲广大地区的发展中国家都是适合中国劳动密集型或技术成熟产业进行直接投资的选择区域。中国企业通过在这些国家投资实行本土化战略,根据当地的市场需求特点改进产品性能、积累经验、推广品牌、提高技术水平,具有非常广阔的前景。

第三节　推动中国企业跨国经营的国际影响力

除了投资国与东道国经济环境对企业跨国经营具有重大影响之外,国际经济环境也成为影响企业跨国经营的重要因素。

---

① 李桂芳主编:《中国企业对外直接投资分析报告》,中国经济出版社 2007 年版,第 161 页。

一、经济全球化推动了投资自由化

20世纪80年代末、90年代初以来,经济全球化加速发展。经济全球化是指世界各国和地区经济日益融合为一个整体。经济全球化的趋势加速了商品和生产要素在国际间的自由流动。其表现之一是国际投资自由化的加速发展。国际投资自由化是指消除对资本流出、入国境的限制和歧视,实现对外国投资和投资者的公平待遇和消除扭曲。

(一)许多国家为了增强对FDI的吸引力,不断制定新的规则来改善其投资环境

2004年,全球有102个经济体共出台了271项新措施。其中235项(占87%)是鼓励或保护FDI流入的自由化措施。从地区分布看,亚洲和大洋洲地区出台的新措施占30%,以下依次为转型经济体(22%)、非洲(21%)、发达国家(14%)以及拉丁美洲和加勒比地区(13%)。在这些新措施中,最突出的变化是有20个经济体大幅度降低了企业所得税税率,其中9个为发达国家、5个为转型经济体和6个为发展中经济体。发达国家平均企业所得税税率从29.7%降到26.5%;在单个国家中,罗马尼亚的税收降幅最大,其次是乌拉圭和保加利亚。①

(二)双边、区域和多边的国际投资协定数量迅速增加

2004年,全球共缔结了73个新的双边投资协定②,这使得全球双边投资协定的总量增加到2392个。在南—南双边投资协定中,中国、埃及、韩国和马来西亚各自都缔结了超过40个双边投资协定,其中与发展中国家缔结的双边投资协定数量超过了与发达国家缔结的双边投资协定数量。2004年,在79个国家之间缔结了84个新的避免双重征税协定,到2004年年底全球共签订了2559个避免双重征税协定。

在国际直接投资迅速增长的条件下,20世纪90年代以来,与对外直

---

① 联合国贸易与发展会议:《世界投资报告2005》,中国财政经济出版社2006年版,第23页。

② 双边投资协定的主要内容涉及外国投资的范围和定义、准入和开业、国民待遇、最惠国待遇、公正和公平待遇、对征用的补偿;保证资金的自由转移及资本与利润的自由汇回、国与国以及投资者与国家之间的争端解决条款。

接投资相关的区域投资协定①的数目也在增加。从 1948 年到 1989 年的 42 年间，与 FDI 有关的区域（地区性和地区间）协定共有 34 个；从 1990 年到 2003 年的 14 年间，与 FDI 有关的区域协定为 61 个。1990 年以后的区域投资协定包括：1992 年欧共体—欧洲自由贸易区签订的《欧洲经济区协定》；1992 年加拿大、墨西哥和美国签订的《北美自由贸易协定》；1994 年南方共同市场签订的《关于在南方共同市场相互促进和保护投资的科洛尼亚议定书》；1994 年南方共同市场签订的《关于促进和保护来自非南方共同市场国家的投资的议定书》；1994 年 APEC 签订的《APEC 非约束性投资原则》；1998 年东盟签订的《东盟投资区框架协定》等。

与此同时，与 FDI 有关的多边协定的数目也在增加。从 1948 年到 1989 年的 42 年间，与 FDI 有关的多边协定共有 12 个；从 1990 年到 2003 年的 14 年间，与 FDI 有关的多边协定为 12 个。1990 年以后的多边投资协定包括：1992 年世界银行制定的《外国直接投资待遇指南》；1994 年世界贸易组织达成的《与贸易有关的投资措施协定》；2000 年联合国制定的《联合国发达国家与发展中国家征税示范公约修正案》等。②

在国际投资自由化趋势加速发展的有利国际环境下，中国企业也逐步加快了对外投资的步伐。

二、区域经济一体化诱发了跨国性投资

20 世纪 90 年代以来，在经济全球化加速发展的同时，全球范围内区域经济一体化迅猛发展，区域经济一体化协议和经济联合组织在数量上猛增、规模上不断扩大。

据 WTO 统计，区域性贸易协定的实施数量在 1950 ~ 1959 年间为 3 个，1960 ~ 1969 年间为 19 个，1970 ~ 1979 年间为 39 个，1980 ~ 1989 年间为 14 个，而在 1990 ~ 1998 年间为 82 个。截至 2006 年年底，向 WTO 通报的各种区域贸易安排已达 366 个③，还有很多协议虽然没有向 WTO 通

---

① 区域投资协定是有关区域经济一体化组织，为了促进区域内部投资自由化，保护投资者的合法权益或协调对区域外国家的投资政策，在成员国之间签订的协定。

② 联合国贸易与发展会议：《世界投资报告 2003》，中国财政经济出版社 2005 年版，第 198 ~ 200 页。

③ WTO 网站：http://www.wto.org。

报,但已经开始实施。在关贸总协定近50年历程中,共成立了124个自由贸易区。1995年世贸组织成立后,则新建立了169个自由贸易区。东亚、南亚已有14个自由贸易区,更多的正在磋商和谈判中。

同时,区域性贸易协定涉及的国家或地区日益广泛。除欧盟、北美自由贸易区、AEPC三大区域贸易集团之外,在亚洲、非洲、拉丁美洲地区,众多新的区域贸易集团正在形成,如环印度洋经济圈(包括印度,南非、澳大利亚、新西兰、新加坡、毛里求斯、阿曼等国家)、东南非共同市场、南方共同市场(包括巴西,阿根廷、乌拉圭、巴拉圭四国)等等。随着经济全球化进程的加快,越来越多的国家和地区开始积极参与和致力于推动双边和多边的自由贸易及区域经济一体化。

区域经济一体化组织的发展是促进中国企业对外直接投资的重要动力。

一方面,区域经济一体化组织在实行内部自由化的同时,却具有对外的排他性。例如,在成员国之间消除贸易壁垒的同时,对非成员国实行关税和非关税壁垒。因此,中国企业要绕开其贸易障碍,可以通过直接投资进入有关经济一体化组织内部,在其中某一成员国进行生产和销售产品,并进入其他成员国市场。例如,在对欧盟成员国进行投资的时候,不仅可以对欧盟原成员国进行投资,还可以充分利用欧盟给予中东欧新成员国的各项优惠政策。欧盟对于中东欧国家实行统一的原产地累计规则,即以整个地区而不是单个国家来确定原产地,在此加工的产品出口到原欧盟时,可享受关税减免待遇。因此,只要在中东欧国家的生产累计附加值达到60%以上,就可以免税进入欧盟其他市场。中国企业到该地区投资设厂,把它作为向西欧国家出口的生产和加工基地。就可以在巩固中东欧市场的同时,间接扩大对欧盟市场的贸易。

另一方面,区域经济一体化组织内部自由化,诱使中国企业更多地在成员国之间进行跨国投资活动。第一,区域经济一体化组织消除了成员国之间对外投资的障碍因素,从而促进了成员国之间的相互投资。第二,在区域经济一体化组织内部,成员国之间相互取消贸易壁垒,从而形成了规模巨大的同一市场。企业可以以此为契机,加大对外投资,扩大生产规模以及经营范围,从而实现区域内的规模经济与范围经济,提高经济效益。第三,通过区域经济一体化组织的建立,成员国之间竞争对手增加,企业竞争加剧,从而促进企业改进生产技术,改善经营管理,提高生产效率。当前,中国参与其中的区域经济一体化组织是亚太经济合作组织(APEC)和中国—东盟自由贸易区。APEC 成立于 1989 年 11 月,中国于 1991 年加入,至今 APEC 的成员为 21 个经济体。APEC 的宗旨是促进贸易与投资自由化和经济技术合作。1994 年的《茂物宣言》确定了发达成员在 2010 年、发展中成员在 2020 年完成贸易和投资自由化进程的时间表。但是由于 APEC 是一个非制度性的论坛,实行自愿与协调相结合的方式,因此目标的实现具有非约束性和渐进性。因此中国企业对 APEC 成员的投资与其他制度性区域经济一体化组织有所区别。2002 年 11 月中国与东盟领导人签署了《10 + 1 框架协议》,于 2003 年 7 月 1 日开始实施。该协议决定 2010 年建成中国—东盟自由贸易区,对东盟新成员越南、柬埔寨、缅甸和老挝计划 2015 年建成自由贸易区(东盟原有成员为文莱、印度尼西亚、马来西亚、菲律宾、新加坡和泰国 6 国)。由于东盟国家与中国相邻或相近,资源丰富,与中国经济有很强的互补性,在逐渐消除投资障碍以后,中国对东盟国家的投资必定会加速增长。当前中国在东盟国家的投资金额还不大,据不完全统计,截至 2005 年 11 月,中国企业在东盟 10 国的投资为 11.4 亿美元。因此,中国对东盟的投资还有很大的潜力。

三、世界经济信息化为跨国经营提供了现代化手段并改变了企业的经营方式

所谓的经济信息化,是指随着计算机的普遍应用以及网络技术的迅速发展,信息技术、信息产业对世界经济的改造和推动作用逐渐深化的过程。信息产业对我国对外投资的重要作用主要在于:

第一,创造了新的投资领域。信息产业主要包含两部分:一是计算机和网络设备的生产和销售;二是随着信息设备的应用所带来的信息服务业。信息产业不仅通过对传统的产业部门的渗透进行产业的升级和更新改造,其本身就是一个巨大的经济增长源泉。截至 2000 年年底,全球已经拥有 4 亿多台个人电脑,而在美国,平均 2.5 个人就拥有一台个人电脑,而世界互联网用户在这个阶段也超过了 1 亿。正如 200 年前工业经济对农业经济地位的取代一样,信息经济正在迅速扩散到世界经济的各个层面。随着我国联想、中兴、华为、大唐等一批具有世界级竞争力的信

息企业的产生和发展,世界市场的巨大需求缺口必将促使我国的企业更多地在信息产业进行对外投资。

第二,改变了企业的经营方式和联系纽带。世界经济的信息化彻底改变了企业的经营方式,并通过网络将企业的各个部门更为紧密地联系起来。在网络技术产生之前,企业之间主要通过信函以及人员来往的形式进行信息的沟通和互动,不仅速度慢,而且耗费了大量的人力和物力。互联网的广泛使用,使得经济主体之间的交流可以在瞬间实现,让企业可以更为迅速地面对市场状况进行经营决策;与此同时,网络交流的成本与传统方式相比几乎可以忽略不计,节省了大量的资源。总之,经济的信息化是企业进行跨国经营必不可少的技术支持。

第三,增加了经济主体之间的经济交往。在企业主体之间,传统的联络方式往往由于地理位置的局限而阻碍了企业之间的经济交往。通过网络技术的运用,企业可以在低通讯成本的基础上进行跨越区域的经济合作,从而增加了合作对象;从消费者角度,电子商务方式的普遍应用使得消费者对产品信息的掌握过程更加便利,客观上拓展了企业的销售渠道。企业交流的扩大越过国门之外就会建立跨越国界的合作组织,而与电子商务相配套的营销网络和售后机构的建立也将促使企业的投资更加国际化。

第四,获取先进技术的动机强化了企业的跨国经营行为。经济信息化往往伴随着高新产业的发展,信息技术的先进性主要体现在两个方面:一是信息产业本身就是一项科技含量极高的产业,信息产业发达的国家往往就是世界上科技实力最为强劲的国家;二是信息产业对于传统产业部门的更新改造将会大大提高传统产业的生产效率和赢利水平,并且在本行业中始终保持竞争优势。因此,拥有先进信息技术的国家对于我国这样的技术资源较为稀缺的国家来说,具有巨大的吸引力。

四、市场全球化加剧了国际竞争从而促进了对外投资

在东欧剧变之前,世界存在着两个平行的市场体系,其中,广大的资本主义国家普遍实行市场经济体制,而以苏联、中国为代表的广大社会主义国家,普遍采取了计划经济体制。两种经济体制、两种市场结构难以进行交流和融合,因此世界市场不可避免地出现了相互割据的局面。

20世纪80年代末90年代初,苏联解体,东欧发生剧变,冷战结束,

苏联和东欧地区的国家纷纷实行了私有化和向市场经济过渡的改革。中国建立社会主义市场经济体制的改革也日益深入。随着中国以及东欧国家改革进程的不断加快,世界市场开始突破地域界限,实现了全球化的市场结构。世界各国在市场全球化条件下对世界市场的争夺空前激烈,各种贸易摩擦不断,贸易保护手段层出不穷。

中国在市场全球化条件下,获得了前所未有的机遇,同时也面临了严峻的挑战:

一方面,中国作为世界最大的人口大国和最有潜力的市场,吸引了大批外商和跨国企业的投资和商品输入。虽然目前中国居民的人均收入水平和消费能力与发达国家相比还存在差距,但是快速发展的经济实力和巨大的市场潜力仍然是任何一个国家和跨国企业所不能忽视的。2007年,中国进口9558.2亿美元,同比增长20.8%;2006年,中国利用外商直接投资金额流量为695亿美元,居世界第五,居发展中国家之首。由此可见,中国已经并将继续成为各国争夺的重要市场。

另一方面,随着我国企业经济实力的不断增强和开放程度的不断提高,我国与其他国家对于世界市场的争夺也十分激烈。2007年,我国出口12180.2亿美元,首次超过1万亿美元,同比增长25.7%;顺差2622亿美元,增长47.8%。根据中国商务部2007年9月的统计数据,中国在2006年的对外直接投资流量达到212亿美元,居世界资本输出国的第13位。我国加入世界贸易组织以后,贸易摩擦数量急剧上升,2002~2005年,反倾销和反补贴、特别保障措施和纺织品特别保障措施(即两反两保)贸易摩擦案件总数为246起,其中发达国家100起,发展中国家146起,涉案金额总数为653391万美元。与此同时,各种技术性贸易壁垒不断地花样翻新,2005年,我国遭遇各种贸易摩擦涉案金额约400亿美元,其中"两反两保"调查约21亿美元、纺织品设限及调查约83亿美元、美国337调查约12亿美元、各种技术壁垒约280亿美元。①

面对剧烈的国际市场竞争,中国有条件的企业必须"走出去",通过不断加强跨国投资和经营的力度和范围,在世界有关国家和地区就地生

① 李文锋、郑乐:《我国遭遇贸易摩擦的形势及对策》,《国际贸易论坛》2007年第1期,第21页。

第二章　中国企业跨国经营的经济环境

产,就地销售,或把产品从东道国销往其他国家和地区,在国际竞争中占领更大的市场份额。

五、国际分工深化和世界产业结构调整加速促进了对外投资

第二次世界大战以前,国际分工主要表现为产业间的分工,特别是工业和农矿产业之间的分工。第二次世界大战之后,国际分工的特征发生了很大的变化:首先,以自然资源为基础的分工方式在不断削弱。广大的发展中国家更加注重自身经济实力的发展,不再沉溺于发达国家的后院和附庸,转而寻求向工业化国家的转化。而发达国家由于很多产品进入了生命周期的衰退阶段,也乐于通过产业的国际转移来获取新的竞争优势和利润增长点。因此,发达国家向发展中国家的工业转移开始增多。但是,这种转移产业往往是在发达国家已经丧失竞争优势的产业,发展中国家如果要实现真正的独立自主,还是要加强自身的研发和生产能力。其次,工业和农矿产业间的分工日益向产业内的分工深化,工业部门的分工开始向不同产品和不同工序转化。科学技术的进步不仅使产品的品种和规格更加多样化,而且使生产的流程和工序也更加复杂化。工业产品之间的分工进一步发展到同一产品的不同型号、规格的专业化分工,零部件和配件生产的专业化分工,不同加工工序的分工,再发展到研发与生产之间的分工。最后,参与国际分工的国家不断增加。不仅发达资本主义国家寻求世界范围内的国际分工,广大发展中国家也参与到国际分工中来。政治差异的弱化以及各国经济发展的需要,加快了国际分工的进程。中国改革开放以后,也加快了与世界其他国家分工的进程。

对于中国企业来说,一方面,随着产业内分工的不断深化,以国内市场为界的分工已经很难适应多样化的市场需求,与此同时,相对狭窄的分工结构也不利于发挥规模经济的作用。因此,在世界各国都开始寻求在世界范围内不同工序、不同产品的产业内国际分工的大环境下,中国企业可以通过对外直接投资,发挥比较优势,在发达国家和地区参与不同产品、不同零部件、不同工序的生产活动,争取在全球产业链占据有利位置。另一方面,20世纪90年代以来,世界产业结构调整和国际分工的特点,是发达国家加速发展高技术产业,而把劳动、资本密集型产业和高技术产业中的一些生产工序转向低成本的发展中国家;新兴工业国向后进发展

中国家转移劳动密集型产业。世界范围内出现了层次多样的分工格局。中国作为新兴工业国,在承接发达国家产业转移的同时,可以通过对外直接投资把国内成熟、过剩的产业向劳动力成本更低、技术更落后、自然资源丰富的国家转移,如东南亚、拉丁美洲和非洲等国家和地区。

第四节　中国企业跨国经营的不利环境因素

通过前面对中国企业跨国投资国内环境、国际环境以及东道国环境的分析不难看出,中国企业的国际化发展战略,既是中国企业国际竞争力不断增强的集中体现,也是中国顺应经济全球化趋势和世界经济发展潮流的必然要求,内外两方面的经济环境共同推动了中国企业的跨国经营行为。然而,事物总是具有两面性。在中国企业大力推动国际化经营战略的同时,国内外也浮现出很多不利于中国企业跨国经营的因素。

一、国内经济条件的制约

(一)国有企业的体制改革尚未完成

我国企业改革经过 30 年的历程,大量的国有企业进行了股份制改造,建立了现代企业制度。与此同时,我国金融组织体系的改造,也使得国有商业银行成为市场经济的微观主体。目前,虽然国有企业的产权关系和经营模式逐步在向现代企业制度靠拢,但是由于以往计划经济思维模式的影响,无论是企业还是公众对于国有企业的产权关系并不明确。

第一,虽然我国的公司改革已经强调了国有企业与其他微观经济主体在市场竞争中的平等地位,但国有企业与政府行政部门、国有商业银行之间仍然存在着紧密的联系。这种联系虽然能够为国有企业在国内的发展提供先天的政策倾斜和融资优势,但当国有企业的经营活动越出国门之外,参与以经济全球化为背景的世界市场的竞争活动,其在经营理念和管理体制上的滞后性就逐步显示出来,具体表现为竞争意识缺乏、市场观念缺位、经营知识贫乏、经营动力性差。一旦丧失了政府的行政保护,国有企业必然会在国际竞争中处于相当不利的地位。

第二,国有企业的现代企业制度建设仍有待完善。通过长期的摸索与实践,我国国有企业初步实现了所有权与经营权的分离,但是这种分离往往是不彻底的。虽然国有企业的管理人员很多都是通过公开招募方式竞争上岗。但这种竞争表现出强烈的倾斜性和不平等性,很多经理人员实际是由部门行政人员转化而来。这种方式不仅使很多缺乏管理技能和经验的行政人员掌控了企业的运营大权,也使得企业的机制改革留于表面。

第三,政府职能转化不彻底。在市场经济建设过程中,国家的主要职能应该从行政干预向宏观调控方向转化,主要通过经济手段和法律手段为国民经济的发展实施调节和监督。同时,作为国有企业的所有者,行政部门应当将权力更多地下放,使国有企业能够顺应市场经济发展潮流,因地制宜地进行经营活动,提高企业的自主性和灵活性。而很多行政部门的观念和方式尚未完全转变,大多以行政手段对国有企业实行全面控制。由于行政命令的时滞性等因素,容易造成企业的决策失误,错失商机。

第四,缺乏行之有效的监督管理机制。由于国有企业经营者与所有者的目标存在不一致性,且信息严重不对称,加之监督机制的不健全,使国有企业的某些管理人员易于利用职务之便以权谋私,造成了大量的国有资产流失。从 20 世纪 90 年代起,我国国有资产流失就已经呈现递增状态。根据最为保守的估计,我国每年流失的国有资产超过了 500 亿元人民币。国有资产流失不仅会对国有企业的发展造成巨大影响,也会使公众对政府产生疑虑,引起社会不和谐因素。

(二)国有企业对外投资的绩效评价和风险管理制度仍不健全

现代企业制度的核心是所有权和经营权的分离。然而由于企业的经营者和管理者存在着经济利益的不一致性,因此,建立健全行之有效的绩效评价体系和风险管理制度是十分重要和必要的。只有这样,才能通过监督机制促使整个企业沿着既定的目标发展壮大。特别是当企业的经营活动跨越国门之外,世界市场中的不确定因素和各种风险更加突出,对于风险的预防和管理就显得尤为重要。

我国企业在自身的发展过程中,逐步意识到了绩效评价和风险管理的重要作用,建立了一系列相关措施以保障企业的运营安全。

虽然企业的绩效评价和风险管理在制度建设方面有所加强,但是在具体的经营实践过程中却缺乏执行力的保证。很多相关的规章制度并没有成为企业的安全阀,而仅仅成为了没有实际操作意义的一纸空文,这也直接导致了大量的跨国经营失败案例。中国航油(新加坡)股份有限公司通过安永会计师事务所创立了《风险管理手册》和《财务管理手册》等一系列制度化的风险管理机制,然而其在其后的投机过程中亏损了5.5亿美元,世界哗然;而作为全球承包商500强第141位的中国四川国际合作股份有限公司由于乌干达欧文电站项目的失误,损失了8300万美元。这些惨痛教训无疑提示我们在绩效评价和风险管理方面,我国仍有很长的一段道路要走。风险管理不仅是一种制度安排,更应该在实践中发挥重大作用。因此,在学习国外先进管理经验的同时,我们更要注重这些方法在实践中的具体运用。只有保障了绩效评价和风险管理的现实执行力,才能充分发挥这些机制的重要作用。

(三)核心技术的缺乏制约了我国企业的跨国发展

现代的企业竞争在某种程度上就是科技实力的竞争。新兴技术不仅成为了世界经济的重要增长源泉,也在对传统产业进行革命式的更新改造。在当今的世界市场中,科技革命不断增速,产品生命周期大大缩短,产品更替速度不断提高,因此,只有拥有了领先世界的核心技术和强大的研发能力,才能在激烈的市场竞争中立于不败之地。

通过与外界的不断交流以及自身艰苦卓绝的努力,我国在生命科学、医药化工、海洋工程、新材料新能源等方面取得了举世瞩目的成就。然而,由于种种主客观条件的制约,我国企业在核心技术的掌握和运用方面尚显薄弱,主要表现在以下几个方面:

首先,企业普遍缺乏科技创新意识。在跨国经营过程中关注短期经济利益的获取,而不注重对国外先进技术的学习和掌握。因此,在我国企业的对外交往过程中,只能依靠廉价劳动力优势赚取微薄的加工费用,而不能享受到先进产品所蕴涵的巨大无形资产价值和垄断优势。这种经营方式不仅不利于我国的产业升级,也会造成我国贸易条件的恶化,使我国企业成为国外企业的附属,缺乏自主赢利能力。

第二,自主研发能力不强。我国企业虽然在很多新兴产业和高新技术领域获得了发展,但由于自主研发能力的缺失,并没有取得预计的利润。以计算机产业为例,虽然我国建立了很多计算机生产企业以及相关配套设施的供应商,其中也不乏联想等一些知名品牌,但大部分企业的诸如 CPU 等核心部件仍然要依赖于 Intel、微软等的进口,造成了收益相对较低。

第三,科研资金严重不足。科技进步必须依赖于大量的资金投入作为保障。国外很多大型企业都将利润的 10% 以上作为科研经费,以保持其在本领域的技术优势。而我国企业的科研经费仅仅占到利润的 1% 左右。没有充分的资金支持,企业难以掌握先进的核心技术。

第四,技术运用效率低下。2003 年,我国国有大中型企业在技术引进方面投入了 56.7 亿元,而在消化吸收上仅仅投入了 3.6 亿。可以看出,我国的技术引进具有盲目性:只注重技术的进口,而不注重技术向生产力的转化。技术引进与我国国情的不适应性,必然造成资金的巨大浪费。

(四)自主品牌的缺失制约了我国企业的海外市场扩张

所谓品牌,是企业通过长期的积累形成的重要的无形资产。它既是消费者区别类似商品的主要标志,也是产品质量和服务的象征。据联合国工业计划署调查表明,世界市场中的名牌产品在所有产品品牌中不足 3%,而其市场占有率却达到了 40%。可见,品牌效应在现代市场竞争中发挥着日益重要的作用。

目前,中国已经具有了中石化、首钢、中国银行、中国信托投资公司、海尔、康佳等著名品牌。然而中国品牌的国际影响力尚显不足。世界上按商标价值排在前 50 位的名牌产品中没有一个是中国产品。2004 年,中国最具品牌价值排行榜前五名的海尔、CCTV、宝钢、联想、中石化的价值总和为 3005 亿人民币,而世界前五名的价值总和为 2602 亿美元。由此可见,我国企业在品牌建设上与发达国家相比仍存在相当大的差距。造成这种现象的原因是多方面的:第一,企业品牌观念淡薄。很多中国企业无论在国内经营还是在跨国经营活动中,往往忽视品牌的重要作用,而仅关注短期的经济利益,给了外国企业以可乘之机。随着外资对于中国市场的大肆进入,碧浪、金鸡等众多中国品牌遭到收购。虽然出卖品牌可以获得巨额转让费用,但是失去了品牌就失去了企业的竞争力、失去了多年的品牌投入,更失去了向海外扩张的资本。第二,对于品牌的后续投入不足。很多企业在初始阶段为品牌投入了大量的资金,但在品牌开始具有一定影响力之后,却忽视了品牌的建设。例如我国家电产业的价格战,就是由于在品牌建立之后,不注意技术的继续更新改造,从而竞争优势不断丧失,最终只能以低廉的价格来换取市场。第三,内部竞争难以形成规模效应。中国企业的跨国经营活动,大多规模较小。由于类似企业的相互抵消作用,使中国企业不得不投入大量的营销和广告费用进行内部竞争。同时,小规模投入也难以与国外大品牌进行抗衡。第四,我国对于知识产权的保护力度不足。由于我国对于品牌的法律和政策保护存在缺陷,致使制假贩假猖獗,品牌的价值大为削弱。在跨国经营活动中,我国的品牌产品易于遭到质疑,为东道国的贸易保护提供了可乘之机。第五,国际投机行为加剧了我国的品牌劣势。近期很多中国著名品牌被一些投机者在国际机构抢先注册,最终很多企业选择了用资金赎回自己的品牌。这一方面表现了我国企业品牌意识的缺乏,也体现了国际经济的潜在风险。

(五)缺乏系统、完整的战略规划

企业跨国经营战略规划是一个复杂的策略系统,包括区位与产业选择战略、国际生产战略、市场竞争战略、品牌战略、融资战略、人力资源开发战略、营销战略、发展战略等一系列战略的有机组合。企业战略规划最大的特征在于,它必须站在企业发展全局的高度,进行具有长远性、指导性和系统性的设计和规划。

对于致力于从事海外经营的中国企业来说,进行系统完整的战略规划更为重要。企业的经营活动从国内向国际扩张,不仅实现了数量上的增长,也是质上的一次重大变革。当今的国际经济瞬息万变,只有进行有效的企业定位和战略规划,充分认清世界格局的发展趋势,充分利用企业自身的竞争力与东道国的特殊优势,才能发挥跨国经营的真正意义,为企业进一步拓展业务指明方向。

在国家倡导集中力量建设具有国际影响力的大型企业的背景下,很多企业不顾自身发展状况和东道国环境,单纯为扩张而扩张,表现出跨国经营的盲目性;某些企业将海外扩张的目标仅仅定位于出口创汇,表现出跨国经营的狭隘性;有些企业妄图利用国际市场的波动进行短期博彩式经营,表现出跨国经营的投机性。这些不成熟的企业行为正是缺乏系统战略规划的表现,而缺乏系统完整战略规划的企业也必然会在国际竞争中遭到淘汰。

（六）缺乏熟悉东道国政治、人文、法律等的专业人才

拥有通晓经济、管理、法律、技术专业知识，又能进行跨文化、跨语言交流的人才是企业跨国经营的必要条件。因此，企业在人力资源建设上的有效程度对于整个跨国经营活动的成败与否有着重要的意义。

然而，我国跨国企业在人才建设上却表现出了一定的滞后性，主要体现在：第一，人力资源观念落后。很多企业对于跨国经营人才战略的特殊性不甚明了，认为跨国人才战略仅仅是国内人力资源战略在地域上的延长，没有充分认识到跨文化沟通的重要性和复杂性。第二，缺乏系统的人才任用和考核体系。很多国际跨国公司通过多年的摸索和实践，已经建立了一整套行之有效的招募、任用、培训、考核、薪酬、轮换、淘汰制度。通过对企业自身人才需求的满足以及对雇员职业生涯的规划，达到了雇主雇员双赢的局面。而我国企业在人力资源管理上相对滞后，人员任用具有随意性和无约束性，制约了企业的发展。第三，人才的缺乏造成了对东道国环境的知识贫乏，反之引起了大量的劳务纠纷，引发恶性循环。1992年，首钢为了增进相互之间的了解，接待了来自秘鲁铁矿的工会组织。当工会领导人回国之后，提出了按照社会主义模式增加福利的要求。首钢在缺乏专业人才，不了解秘鲁法律的情况下签订了35项福利条款，并且首钢秘鲁铁矿也屡次遭到当地工人罢工。这是缺乏专业人才造成损失的典型。

（七）缺乏健全的支持企业跨国经营的法律体系和服务保障体系

企业的跨国经营活动，不仅需要自身的改革与发展，也需要相关法律与服务体系的支持。我国政府作为国家宏观调控的主体，在中国企业海外经营的相关保障机制方面还存在很多不足和缺陷，主要表现在：首先，法律法规不健全。到目前为止，我国还没有针对中国企业跨国经营的特殊状况制定一部真正意义上的海外投资法。无法可依直接导致了企业在经营活动中的混乱与盲目，难以规范企业行为；其次，缺乏专门的海外投资管理机构，国际经济交往的矛盾难以协调，海外投资活动缺乏监督；再次，缺乏专业的信息服务中介机构。信息在现代商战中至关重要，由于东道国信息的获取对于单个企业来说既繁琐又昂贵，因此建立统一的信息服务咨询机构对于跨国经营活动大有益处；最后，产业政策的指导作用还有待加强。由于对投资产业缺乏系统规划，容易造成企业行为与国家目

标的不一致性。

二、国际经济环境的制约

（一）当前世界经济增长前景具有较大的不确定性

世界经济在经历了 2005 年的高速增长之后，2006 年继续保持了较快增长的态势，据国际货币基金组织统计，2006 年世界经济增长 5.1%，从 2007 年下半年起，主要受美国次贷危机影响，世界经济增速放缓。

美国的次贷危机引起的全球金融海啸导致了全球的经济危机。2008 年以来，美国经济增长减速，根据国际货币基金组织的预测，美国经济增长率将从 2007 年的 2.2% 下降为 2008 年的 1.4% 和 2009 年的 −0.7%；受全球金融危机的影响，欧元区在 2008 年第三季度经济增速同比下降了 0.2%，其中德国和意大利经济在第二、三季度已连续下降；日本经济在第二、三季度连续出现 −0.9% 和 −0.1% 的收缩。国际货币基金组织预测，欧元区经济增长率将从 2007 年的 2.6% 下降为 2008 年的 1.2%、2009 年的 −0.5%；日本经济增长率将从 2007 年的 2.1% 下降为 2008 年的 0.5%、2009 年的 −0.2%；受主要国家经济增长减速的拖累，世界经济增长率将从 2007 年的 5.0% 下降为 2008 年的 3.7%、2009 年的 2.2%。

美国次贷危机引发的世界经济下行趋势和美元大幅贬值，对中国企业跨国经营具有双重影响：一方面，美国一些金融资产价格相对缩水，为中国企业对外投资提供了良好的机会；另一方面，由于美国和世界经济增长前景的不确定性，一些国家保护主义抬头，以国家安全为由限制外资进入，也使中国企业对外投资时机的选择面临一定的风险。

（二）一些国家和地区政局不稳使中国企业面临经营风险

冷战结束之后，各国逐步放弃了敌对政策与军备竞赛，和平与发展成为时代的主题。然而，当今的国际社会并不太平，局部的冲突与战争仍在频繁发生，使从事跨国经营的中国企业承担了现实的政治风险。

第一，传统政治风险依然存在，主要表现在很多发展中国家和转型国家仍然存在着战争的阴霾。例如，伊拉克战争、泰国的政变以及南美的委内瑞拉、非洲的刚果等都存在着激烈的政治冲突。虽然我国在这些国家投资比例不高，但这些国家很多都是资源输出大国，对于资源寻求型的跨国经营企业具有重要的战略意义，其政治的不稳定对于中国跨国企业具

第二章
中国企业跨国经营的经济环境

有直接影响。

第二,政治风险向发达国家扩张。政治风险不仅存在于发展中国家,同时也广泛出现在发达国家。德国的共和党、意大利的社会运动和民族联盟等极右翼势力严重影响了这些国家的政治稳定性。与已发生冲突的一些发展中国家相比,发达国家的政治风险对于我国企业影响更加巨大。仅就极右政党取得执政机会的德国、法国、意大利和比利时 4 国而言,2003 年其对华贸易总额为 737.0359 亿美元,相当于同年我国对 14 个存在传统战争与内乱风险国家贸易总额的 10.7 倍,占当年我国货物贸易总额(8512.0729 亿美元)的 8.7%;2004 年 1~7 月为 529.6576 亿美元,相当于同期我国对 14 个存在传统战争与内乱风险国家贸易总额的 10.2 倍,占同期我国货物贸易总额(6231.1227 亿美元)的 8.5%。①

第三,贸易保护主义和民族主义带来的政治风险时有发生。2004 年 9 月 17 日,在西班牙的埃尔切市,16 个装有中国鞋产品的集装箱遭到焚烧,造成直接经济损失 800 万元人民币。而事件的根源就在于中国产的鞋子价格是当地厂商的 1/10 左右,致使当地鞋厂大量破产,众多鞋厂工人失业。由此可见,不仅政治冲突容易造成经营风险,基于贸易保护主义和民族主义的商业摩擦也易于造成跨国企业的经济损失。

第四,东道国国家机器和行政机关的道德风险日益突出。很多国家和地区的政客和企业,为了争取选票或赢得利润,达到自身的政治和经济目的,对于发生的政治危机不但不予以阻止,甚至推波助澜。相关人员的道德风险给跨国企业带来巨大损失。如在埃尔切事件中,当地的警察竟然置若罔闻,某些政客也为这些行为进行开脱。

第五,"蚕食性"征用风险依然存在。"蚕食性"征用风险是指不适当的独断性征税、限制汇款、禁止解雇、拒绝批准进出口原材料等行为。我国企业主要面临贸易保护主义的蚕食性征用、与腐败动机相结合的蚕食性征用以及东道国政策变动的蚕食性征用三种风险。无论形式如何变化,蚕食性征用都会对我国企业的跨国经营活动带来潜在风险。例如,俄罗斯经常以我国企业"灰色清关"为借口没收大量物资,就是蚕食性征用

① 梅新育:《中国企业跨国经营的政治性风险与发展趋势》,《经济管理文摘》2005 年第 5 期,第 25 页。

的典型。

第六，第三国干预风险愈演愈烈。由于霸权主义和强权政治的存在，很多发达国家凭借自己在政治和经济上的优势，对他国经济大肆进行干预。这种第三国干预同样会给跨国经营活动带来风险。例如，美国就曾宣称如果企业在伊朗、苏丹、朝鲜等国家进行经贸往来，美国就会对其进行相应制裁，如企业不得进入美国市场，不得在美国融资，管理人员不得进入美国境内等。我国的中石油在筹备海外上市时就曾遭遇类似危机。

（三）一些发达国家以维护国家安全为由，加强了对外资的审查

发达国家历来是自由贸易的倡导者，在其商品无法通过经济渠道进入广大发展中国家的情况下，发达国家甚至采取过运用战争手段来敲开世界市场的大门。然而，出于对自身利益的考虑，发达国家在制定相应的经济政策时往往实行双重标准。一方面号召各国开放市场，另一方面又以安全为由控制进入其境内的资本。可见，在当今的国际政治经济秩序下，发达国家与发展中国家具有强烈的不平等性。

2005年3月，中国三大石油和天然气生产企业之一的中海油开始收购美国尤尼科公司，其报价也远远高于其他的竞争对手。然而美国国会以国家安全为由，最终使中海油收购计划流产。

2007年7月26日，美国总统布什正式签署了以1988年通过的《埃克森—佛罗里奥修正案》为蓝本的《2007外商投资与国家安全法案》（FINSA）。按照该新法案，将涉及美国国家安全的基础设施、能源和关键技术领域的交易项目进行审查，而且对于涉及外国国有或者国家控股的企业，以及重要的基础设施企业的并购交易将受到特别审查。这被认为将对中国国有企业的在美投资产生深刻影响。

2008年3月，中国华为公司与贝恩资本联合收购美国3Com公司的交易，因未获得美国外国投资委员会（CFIUS）批准而失败。

2008年6月17日，在第四次中美战略经济对话在美国马里兰州安纳波利斯开幕前夕，美国联邦储备委员会宣布延缓批准中国工商银行和建设银行在美国纽约设立分行的申请。其理由是因为这两家银行的最大股东由一只主权财富基金控制。

从以上事例不难看出，以美国为首的一些发达国家以国家安全为由

设置的种种屏障,客观上增加了中国企业跨国经营活动的难度。

主要参考文献

1. 陈妮娅、黄聪英:《提升民营企业核心竞争力研究》,《福建论坛(人文社会科学版)》2007 年第 9 期。

2. 陈永杰:《论各种所有制经济平等竞争的新格局》,《开放导报》2008 年第 1 期。

3. 冯涌:《规模经济与中国企业跨国经营》,《浙江经济》2003 年第 10 期。

4. 冯永利:《新时期中国企业跨国经营的几点思考》,《特区经济》2005 年第 4 期。

5. 高梁:《国企改革若干回顾和思考》,《开放导报》2008 年第 2 期。

6. 李成亮、张玉琴:《"海尔"国际化道路对中国企业跨国经营的启示》,《中小企业管理与科技》2005 年第 9 期。

7. 李桂芳主编:《中国企业对外直接投资分析报告》,中国经济出版社 2007 年版。

8. 联合国贸易与发展会议:《世界投资报告 2003》,中国财政经济出版社 2005 年版。

9. 联合国贸易与发展会议:《世界投资报告 2005》,中国财政经济出版社 2006 年版。

10. 兰晶:《中小企业技术创新优劣探析》,《大众科学(科学研究与实践)》2007 年第 17 期。

11. 林健、范佳凤:《民营经济的成本优势是否面临终结》,《经济体制改革》2004 年第 5 期。

12. 李柯勇:《是什么导致了败局? 中国企业跨国经营风险透视》,《经济管理文摘》2005 年第 5 期。

13. 李文锋、郑乐:《我国遭遇贸易摩擦的形势及对策》,《国际贸易论坛》2007 年第 1 期。

14. 李新国、俞小江:《开放经济下中国产业结构调整研究》,《武汉科技大学学报》2005 年第 1 期。

15. 穆健康:《民营企业核心竞争力培育问题研究》,《集团经济研究》2007 年第 7 期。

16. [美]迈克尔·波特:《竞争优势》,李明轩、邱如美译,华夏出版社 2005 年版。

17. 孟卫兵:《中国企业跨国经营的风险及规避策略分析》,《现代商业》2007 年第 21 期。

18. 梅新育:《中国企业跨国经营的政治性风险与发展趋势》,《经济管理文摘》2005 年第 5 期。

19. 冉宗荣:《中国企业跨国经营的障碍及对策》,《经济体制改革》2006 年第 5 期。

20. 珍妮:《2006 年世界经济、贸易与投资形势回顾与展望》,《WTO 经济导刊》2007 年第 1～2 期。

21. 张岩贵:《中国资源供给瓶颈与经济发展模式的调整》,《南开经济研究》2004 年第 5 期。

22. 郑秀杰、董丽英:《我国国有企业融资能力——演化路径与影响因素》,《工业技术经济》2006 年第 1 期。

23. Lall, Sanjaya: *The New Multinationals. Chichester*, John、Wiley & Sons, 1983.

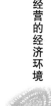

第三章　中国企业跨国经营的法律和制度环境

　　中国加入世贸组织,不仅改变了中国对外经贸关系长期受制于双边关系的被动局面,使中国可以利用多边制度来维护自己的利益,而且使中国的跨国经营国际法制也开始受制于国际贸易制度体系的制约,为中国企业跨国经营创造了良好的外部投资环境或者说为中国的企业跨国经营外部环境的改善提供了强有力的法律保证,也为中国企业跨国经营的内部法制环境的优化提供了难得的机遇和挑战。也可以说,中国企业跨国经营的法制,既离不开 WTO 法律体系及其他国际投资法律制度所营造的国际投资法律环境,更离不开中国国内有关包括企业跨国经营在内的各类型海外投资的观念与立法的支持。这是世界各国促进本国海外投资法制的成功经验的总结。因此,我们有必要系统分析中国企业跨国经营的外部和内部法律环境状况。

　　总体来看,已经"走出去"的中国跨国公司经营直面国际环境的多变和东道国发展环境变化的深刻影响,而绝大多数未"走出去"的中国企业,特别是中国企业中的新生主力军——私营企业及中小企业,与潜力无限的国际市场直接或间接地被隔离。究其原因,从客观发展环境来看,中国为企业"走出去"搭建的政策和法律制度环境平台尚未形成;从企业自身发展情况来考察,跨国企业对国际、目标国际市场上的国家关于跨国经营方面的法律法规和政策制度的充分了解和把握能力欠缺,因而在很大程度上制约了企业跨国经营的发展,特别是企业跨国经营绩效的改善。

　　企业跨国经营的法律环境主要来自本国国内、外国东道国、国际社会等各层面的引导、保护、规范、制约企业跨国经营实践活动的法律规范、法律制度、法律秩序,特别是法律、政策和监管制度的稳定性、连续性、创新性,司法机关与行政机构关系的协调性、执法的独立性,国家机关、公职人员自觉遵守法制、严格执法的情况以及人民的法治观念、法律意识等状况。因此,企业跨国经营的法律环境架构分三个层面:国内层面、典型国家和地区(外国东道国)层面、国际层面。

其中,从国际层面来看,企业跨国经营的国际法律环境主要指政府间、非政府间国际组织制定的国际统一法律标准、法律原则,包括统一的国际公约或条约、多边及双边协定[包括区域经济一体化组织(如欧盟)下的统一协定或条约、WTO 体系下的多边协定等],属国际法范畴;从典型国家和地区(外国东道国)层面来看,其法律环境主要指某国家或地区对在其境内的跨国企业进行的法律规制和推行的政策及管理制度状况,属于国内法范畴,对于中国的跨国企业而言,这些典型国家或地区也是它们的目标国际市场,它们必须对未来的东道国的法律和政策制度状况有充分的了解和把握,才能在跨国经营活动中做出准确的判断。国内层面的法律环境则主要指国内政府对从事跨国经营的企业及其从事的跨国经营活动进行的专项法律规制(也包括出现在相关法律规范中的某项具体法律规定或指引,如《企业破产法》中关于跨境破产的相关法律规定)、政策和监管方面的督导或管制。

规范或限定企业跨国经营的法律内容,无论从国际还是国内层面,通常会涉及:市场准入、外汇管理、补贴与反补贴、投资政策、税收政策、反垄断、反倾销、知识产权保护、市场退出等内容。

第一节 中国企业跨国经营的外部法律环境
——聚焦国际层面法律规制

一、国际环境下的法律制度特点差异

受历史、文化、政治及宗教等因素的影响,全世界各国和地区的法律制度被大致分成了四类:成文法、不成文法、宗教法和土著法。不成文法是英国和其前殖民地国家的法律系统,其特点是基于不成文法的原则和由习惯、惯例和以前的裁决所确定的判例。不成文法在各国的使用程度不同,因此法律在这些国家的商业运作上有不同的影响,对于不知情的跨国企业人士造成潜在的问题,比如产品缺陷在美国的惩罚就会比英国来得更严厉。①

_____

① 《国际企业——管理导向》,台湾培生教育出版股份有限公司,第 29 页。

在成文法系中,法律规范存在于法典的形式,以法典为第一渊源,主要代表国家是德国、法国、日本等。不成文与成文国家之间一项重要的差异,在于法官和律师的角色上。在不成文法里,法官扮演的是中立的裁判角色,依照双方律师的陈述裁决;律师则负责其客户的案件的发展,并站在客户的立场选择呈交的证据。在成文法里,法官则担任多项律师的职责,例如,判定呈交法庭的证据的收集范围。①

少数国家属于宗教系国家,比如沙特阿拉伯就是信奉穆斯林的信条,其穆斯林法以宗教领袖解释的《古兰经》的教义和穆斯林法 Sharia 为基础。而土著法包括部落法和不成文法。没有哪个国家属纯粹的土著法系统。

二、影响企业跨国经营的国际法律内容

企业跨国经营的国际法律环境主要是指由国际组织(政府、非政府)或多国间制定的影响或规范跨国经营活动的国际条约、协定、原则等法律内容形成的国际法律体系,及其发展和实践状况,具体可以包括法律制度的完整性、执法机构的公正性及法制的稳定性。国际层面的法律内容多表现为国际公法性质,是调整国家之间的关系、区分它们之间的管辖权、制止冲突或战争出现的一系列规定和规则。国际法产生的方法主要有两种:第一,惯例。惯例是在国际交通、通讯联系不畅,国际交往相对简单的年代产生国际法的主要方法;第二,条约。条约是两个或多个国家签订的协定,它赋予了签约国相互间的权利和义务。影响企业跨国经营的国际法律内容主要涉及市场准入及待遇标准、知识产权、税收管理、争端解决等方面。

1. 待遇标准

跨国公司同东道国打交道,进行贸易往来,必然会存在本国人员在东道国的贸易活动。这就涉及东道国对本国人员的待遇问题。现在国际上存在四种待遇标准:国民待遇:即对待外国人员像对待东道国人员一样,按美国友好通航条约所下的定义是:"缔约国一方对其境内的他方国民、公司、产品以及其他客体,在同样条件下,不低于本国国民的待遇。"最惠国待遇:即"缔约双方应始终保证公平合理地对待缔约另一方投资者的

---

① 《国际企业——管理导向》,台湾培生教育出版股份有限公司,第 31 页。

投资","缔约任何一方的投资者在缔约另一方境内的投资所享受的待遇,不应低于第三国投资者所享受的待遇"。① 差别待遇:即对不同国籍个人和公司采取不平等待遇。国际待遇:国际待遇是对国民待遇的补充,是当国民待遇未达到国际文明标准时,采用更高的国际待遇。

2. 知识产权

跨国公司在其他国家经营,东道国的知识产权保护至关重要。知识产权包括专利权、著作权、权权等一系列权利。知识产权政策与战略已成为各国尤其是发达国家政府重要政策的依据和内容,知识产权是科技、贸易发展战略中的重要组成部分之一,成为提高和保护国际科技、经济竞争力的重要手段,成为跨国公司在国际投资与贸易中的"杀手锏"。② 一些国家对知识产权保护力不从心,对跨国公司造成了很多的打击。

3. 税收协定

由于跨国公司往来于几个国家,可能注册地在一个国家,销售地在另一个国家,而总部设在第三国。这极大地造成了税收的混乱,跨国公司应该向哪个国家交税呢? 为此,很多国家都订立了税收协定,来解决企业在海外的税收抵免问题。国际税收协定的一个趋势是跨国经营的东道国的课税率最高为其母国的税率。这种政策既能最大限度地增加东道国的税收份额,又不至于增加企业的总税负。

4. 国际争端解决

参加国际事务,争议在所难免。目前解决争端的途径主要有仲裁和诉讼,这里就涉及一个适用法律的问题,其中有两种选择:其一,以签订合同所在地的法律作为依据;其二,以合同签订履行所在地的法律作为依据。一般来说,如果合同中没有写明以何地法律为准,多以签订合同所在地的法律为准。比较于诉讼来说,一般人更倾向于仲裁:因为诉讼时间跨度长,而且会给公司的名声造成不好的影响,而仲裁相对简易方便,能尽快地解决问题。

三、企业跨国经营的国际法律环境简况

图 3 - 1 显示的是与企业跨国经营相关的国际法律体系发展简况。

① 杨德新:《跨国经营和跨国公司》,中国统计出版社 2000 年版,第 178 页。
② 吴蓬生:《知识产权制助推国际化战略》,中国经济出版社 2005 年版,第 113 页。

以法律规范的制定主体和法律性质基础,我们将中国企业跨国经营需要掌握的国际法律体系划分为五个方面:国际公约、规范性协定、诸边协定、WTO 体系下的多边协定、中国参加的多边和双边协定。表 3 - 1 列出了1945 年以来,与企业跨国经营相关的国际层面的法律规范发展情况。

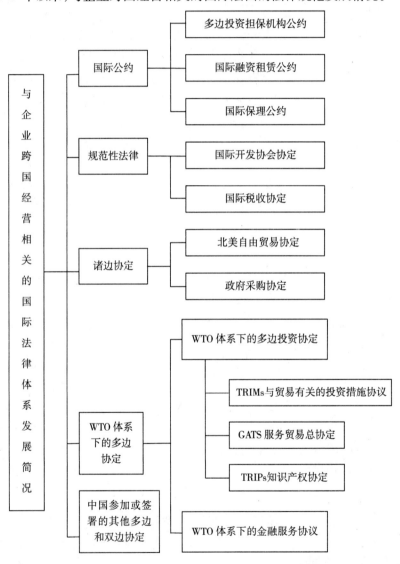

图 3 - 1　与企业跨国经营相关的国际法律体系发展简况

表 3 - 1   与企业跨国经营相关的国际法律规范

年份	名称
1945	《国际货币基金协定》
1947	《补贴与反补贴协议》
1960	《国际开发协会协定》
1965	《东道国与其他国家国民之间投资争议解决公约》
1965	《关于解决各国与其他国家国民之间投资争端的公约》(华盛顿公约)
1972	《国际投资准则》
1976	《关于国际投资和多国企业宣言》
1977	《关于多国企业和社会政策原则的三方宣言》
1977	《国际税收协定》
1977	《对于勒索和贿赂行为守则》
1985	《多边投资担保机构公约》(汉城公约)
1986	《联合国跨国公司行为守则》
1988	《多边投资担保机构公约》
1988	《国际融资租赁公约》
1988	《国际保理公约》
1992	《关于外国直接投资的待遇准则》
1994	《关税与贸易总协定》
1994	《与贸易有关的知识产权协定》TRIPs
1994	《服务贸易总协定》
1994	《与贸易有关的投资措施》TRIMs
1997	《金融服务协议》

1. 国际公约

(1)《多边投资担保机构公约》(Convention Establishing the Multilateral Investment Guarantee Agency,简写为 MIGA)

1985 年 10 月 11 日,该公约在世界银行年会上通过,于 1988 年 4 月 12 日正式生效。根据该公约建立了多边投资担保机构,属于世界银行集团的成员,但它同时又是独立的国际组织。

风险总是伴随着以追逐高额利润为目的的投资活动,资本跨国移动而形成的国际投资也不例外。跨国投资面临着诸多的风险,最令投资者担心的是诸如货币汇兑、国有化或征收、战争等与东道国政治、经济、社会、法律等因素有关的投资者无法抵御和控制的非商业性风险，或称为政治风险。

政治风险的存在严重阻碍了国际投资的发展，为了克服国际投资中的政治风险，各方主体从不同方面做出努力，以实现国际投资的安全。各国共同建立一个多边投资保证机构，向国际投资者提供非商业性风险的担保，促进国际投资，在各种总结尝试和经验之后成为了一个重要的选择。

世界银行早在 1948 年就提出了建立多边投资担保机构的设想，但是由于当时资本输出国与资本输入国在投资保护的实体问题上分歧较大，故国际上关于该机制的 10 余种提案均未获得实质性结果。

从 1981 年起，搁置多年的多边投资担保方案再次被提上议程，并于 1985 年 10 月的世界银行汉城年会上通过了《多边投资担保机构公约》（简称汉城公约或 MIGA 公约）。1988 年 4 月 12 日，公约生效。我国于 1988 年 4 月 30 日向世界银行递交了对该公约的核准书，从而成为多边投资担保机构的创始会员国。根据公约随即组成的多边投资担保机构（MIGA）也于 1989 年 6 月正式开张营业。

MIGA 实际上是一个国际性投资保险机构，具有国际法人资格，并有签订合同，取得并处理动产与不动产以及进行法律诉讼的能力。MIGA 投资担保具体要求包括：只对在发展中国家成员国领土内进行的投资予以担保。公约第 13 条规定，符合下述条件的自然人和法人均有资格获得 MIGA 的担保：自然人不是投资东道国的国民；该法人不具有相关投资东道国的法人资格或在投资东道国设有主要营业地点；相关法人的经营以商业营利为目的。

作为投资保险机构，MIGA 保障的险别包括：货币汇兑、征收或国有化、违约以及战争和内乱险。另外，条约中还对合格的投资做出了具体的规定，限于篇幅此处不再详述。

（2）《国际融资租赁公约》（Convention on International Financial Leasing UNIDROIT）

该公约于 1988 年 5 月 28 日在加拿大首都渥太华召开的国际外交会议上通过，是由国际统一私法协会制定的。制定公约的目的和宗旨是：①

坚持公正均衡原则;②主要是为了消除各国在经营国际融资租赁业务方面的法律障碍,及发生纠纷后适用统一的国际规则;③鼓励更多人利用国际融资租赁方式,促进国际贸易的发展,维护各方正当权益,而不能因有了国际公约而使其受到限制;④该公约主要调整特定的三方关系:即出租人、承租人和供货商之间的三方关系;⑤要照顾到国际融资租赁中的民事和商事法律方面的统一规则。

《国际融资租赁公约》包括序言及 3 章,共 25 条。主要内容如下:

第一章主要是对国际融资租赁交易的定义、特征、适用范围和解释原则等做了规定。

第二章主要规定国际融资租赁中各方的权利、义务,是整个公约的核心部分。

第三章是最后条款,其中规定了除该公约中明文规定许可的保留外,不得做任何其他保留。

(3)《国际保理公约》(The Convention on International Factoring),全称《国际保付代理公约》

该公约于 1988 年 5 月,由国际统一私法协会通过。国际保理是 20 世纪 60 年代发展起来的一种国际贸易结算方式。目前,国际上参加国际保理联合会的国家已有 130 多个。

1992 年中国银行在中国率先推出国际保理业务,并于当年加入了国际保理联合会,接受了《国际保理公约》、《国际保理管理规则》等国际性法律。

2. 规范性法律

(1)《国际开发协会协定》(Agreement of the International Development Association)

该协定于 1960 年 9 月 24 日由世界银行理事会通过,根据该协定成立了"国际开发协会"。该协会是世界银行集团成员,目前有 184 个成员国。

(2)国际税收协定

1977 年,经合组织正式通过了《关于对所得和财产避免双重征税协定范本》。

联合国范本的产生背景是因为 20 世纪 60 年代以后,有大量的发展中国家加入联合国。它们认为经合组织范本倾向于发达国家利益,没有全面反映发展中国家的要求。为此,联合国经济及社会理事会通过了一项决议,要求秘书长成立一个由发达国家与发展中国家代表组成的专家小组,研究制定能够广泛代表不同区域和不同税收制度的国际税收协定范本。联合国税收专家小组拥有 18 个国家的代表,其中 8 个来自发达国家,10 个来自发展中国家。这个税收专家小组于 1979 年通过了《关于发达国家与发展中国家间避免双重征税协定范本》。联合国税收协定范本的主要意义在于探索一条关于发达国家与发展中国家缔结税收协定的便利途径,并且制定适用于这些协定的指导原则。这些指导原则,要既符合发达国家,也符合不发达国家的利益。联合国范本与经合组织范本的基本不同点在于,联合国范本强调收入来源管辖权原则;经合组织范本虽然在某些特殊例子中承认收入来源管辖权原则,但强调的是居住管辖权原则,比较符合发达国家利益。

经合组织和联合国这两个国际性税收协定范本是世界各国处理相互税收关系的实践总结,它们的产生标志着国际税收关系的调整进入了成熟的阶段。

3. 诸边协定

(1)《北美自由贸易协定》(North America Free Trade Agreement,简写为 NAFTA)

1989 年,美国和加拿大两国签署了《美加自由贸易协定》。1991 年 2 月 5 日,美、加、墨三国总统同时宣布,三国政府代表从同年 6 月开始就一项三边自由贸易协定正式展开谈判。经过 14 个月的谈判,1992 年 8 月 12 日,美国、加拿大及墨西哥三国签署了三边自由贸易协定——《北美自由贸易协定》。1994 年 1 月 1 日,该协定正式生效。协定决定自生效之日起在 15 年内逐步消除贸易壁垒、实施商品和劳务的自由流通,以形成一个拥有 3.6 亿消费者,每年国民生产总值超过 6 万亿美元的世界最大的自由贸易集团。

《北美自由贸易协定》主要包括以下内容:①关税相互减免;②取消进口限制;③坚持产地规定;④政府采购协定;⑤鼓励投资;⑥扩大相互金融服务;⑦发展相互自由运输;⑧鼓励保护知识产权;⑨协商争端解决机制等。

（2）《政府采购协定》（Government Procurement Agreement，简写为GPA）

它是《建立世界贸易组织协定》附录 4 中的四个诸边贸易协定之一。目前，《政府采购协定》有 27 个缔约方，主要是发达国家和地区，另外还有 26 个观察员。中国自加入 WTO 后也已经成为《政府采购协定》的观察员。

《政府采购协定》最初于 1979 年 4 月在关贸总协定东京回合的谈判中达成，1981 年 1 月 1 日起生效。此后经过两次修改，现行的《政府采购协定》是 1994 年 4 月在乌拉圭回合的谈判中达成并于 1996 年 1 月 1 日开始生效的。

加入《政府采购协定》是中国完整履行加入 WTO 义务的标志。中国政府在 2007 年 12 月底前提交政府采购市场开放清单，并开始了加入《政府采购协定》的谈判。

4. WTO 体系下的多边协定

（1）WTO 体系下的多边投资协定

贸易与投资有着天然的血缘关系，一方面贸易政策会改变外资的流动方向和规模，另一方面一国对外资的管制或鼓励又会影响贸易自由化的程度。世界贸易组织（WTO）基于贸易与投资的这种密切关系，对于贸易有关的投资问题做出了规定，这也是国际投资法的新变化之一。

1994 年，世贸组织在乌拉圭回合的谈判中达成了《与贸易有关的投资措施协议》（TRIMs）、《服务贸易总协定》（GATS）和《与贸易有关的知识产权协议》（TRIPs）三大协议，首次对于贸易有关的投资问题做出了重要的规定。

①《与贸易有关的投资措施协议》（Agreement on Trade-Related Investment Measures，简写为 TRIMs）

它是世界贸易组织管辖的一项多边贸易协议，由序言、9 项条款及 1 个附件组成。其条款主要有：范围、国民待遇和数量限制、例外、发展中国家成员、通知和过渡安排、透明度、与贸易有关的投资措施委员会、磋商与争端解决、货物贸易理事会的审议等条款。协议的宗旨是，促进投资自由化，制定为避免对贸易造成不利影响的规则，促进世界贸易的扩大和逐步自由化，并便利国际投资，以便在确保自由竞争的同时，提高所有贸易伙伴,尤其是发展中国家成员的经济增长水平。协议的基本原则是各成员实施与贸易有关的投资措施,不得违背《关贸总协定》的国民待遇和取消数量限制原则。

协议规定在货物贸易理事会下设立与贸易有关的投资措施委员会,监督本协议的运行,磋商与本协议的运行和执行相关的事宜。

《与贸易有关的投资措施协议》是限制东道国政府通过政策法令直接或间接实施的与货物(商品)贸易有关的贸易产生限制和扭曲作用的投资措施。

对于发展中国家来说,TRIMs 的实施可能在某种程度上不利于保护一些弱势民族工业的发展,所以该协议给了发展中国家较长的过渡期,以缓冲该协议的不利影响。作为世界上第一个专门规范贸易与投资关系的国际性协议,TRIMs 协议具有极其重要的地位。它将关贸总协定中的国民待遇等原则引入国际投资领域,这对国际投资法的发展和企业跨国投资经营产生了巨大影响。

②《服务贸易总协定》(General Agreement on Trade in Service,简写为 GATS)

《服务贸易总协定》是世界贸易组织管辖的一项多边贸易协议。主要内容包括:范围和定义、一般义务和纪律、具体承诺、逐步自由化、机构条款、最后条款等,其核心是最惠国待遇、国民待遇、市场准入、透明度及支付的款项和转拨的资金的自由流动。《服务贸易总协定》适用于各成员采取的影响服务贸易的各项政策措施,包括中央政府、地区或地方政府和当局及其授权行使权力的非政府机构所采取的政策措施。根据协定的规定,WTO 成立了服务贸易理事会,负责协定的执行。

《服务贸易总协定》的宗旨是在透明度和逐步自由化的条件下,扩大全球服务贸易,并促进各成员的经济增长和发展中国家成员服务业的发展。协定考虑到各成员服务贸易发展的不平衡,允许各成员对服务贸易进行必要的管理,鼓励发展中国家成员通过提高其国内服务能力、效率和竞争力,更多地参与世界服务贸易。

③《与贸易有关的知识产权协议》(TRIPs)

该协议与跨国投资密切相关,是因为国际投资与知识产权有着紧密的联系。知识产权是可以作为一种财产权来投资的,因此加强对知识产权的保护无疑有助于规范并促进国际投资,特别是企业进行跨国经营的推进。需要注意的是,TRIPs规定的保护知识产权的标准相对于其他国际公约更高。

（2）WTO体系下的《金融服务协议》（Agreement on Financial Services）

《金融服务协议》即《服务贸易总协定》第五议定书,是世界贸易组织1997年12月13日谈判达成的协议,于1999年3月1日生效。"第五议定书"本身很简短,仅规定了生效时间等程序性事项,协议的主要内容是所附的世界贸易组织成员关于金融服务的具体承诺减让表和《服务贸易总协定》第二条豁免清单。协议要求放宽或取消外资参与本地金融机构的股权限制,放宽对商业存在(分支机构、子公司、代理、代表处等形式)的限制,以及对扩展现有业务的限制。协议不仅包括银行、证券和保险三大金融服务的主要领域,而且包括资产管理、金融信息提供等其他方面。承诺成员允许外国公司在国内建立金融服务公司并按竞争原则运行;外国公司享受与国内公司同等的进入市场的权利,取消跨边界服务的限制;允许外国资本在投资项目中的比例超过50%。同时,成员政府有采取审慎措施,保证金融体系完整和稳定的权利,如为保护投资者、储户、保险投保人而采取的措施。金融服务的范围包括:银行和其他金融服务,保险及其相关服务。

以上内容对企业跨国经营的国际法律环境做了概括描述,部分法律内容涉及企业跨国经营的法律约束和规制。中国企业需要首先根据自身情况,了解熟悉适用于跨国经营的法律条款,并结合各地区国家具体实例经验,制定一套完全属于自己的跨国经营思路。

5. 中国参加的有关企业跨国经营的其他多边协定和双边协定

从国际法层面,在关于跨国经营的国际层面法律制度环境中,中国加入的国际层面法律制度,除WTO体制下的多边协定外,还包括中国参加或认可的其他多边与双边协定。

（1）多边协定:《解决国家和他国国民投资争端的公约》

在世界银行的倡导下,一些国家于1965年缔结了《解决国家和他国国民投资争端的公约》(又称《华盛顿公约》),标志着解决投资争议的世界性法制的建立。1966年10月4日,此公约生效,同时成立"解决投资争端国际中心"（ICSID），作为实施《华盛顿公约》的常设机构。《华盛顿公约》的订立与 ICSID 的成立标志着为发展中国家和发达国家共同接受的国际投资争议解决方法产生了。中国于 1990 年 2 月 9 日签署该公约，1992 年 7 月 1 日正式批准加入。

《华盛顿公约》除序言外，共有 10 章 75 条，分别规定了《公约》的宗旨、ICSID 的组织机构、ICSID 的管辖权、调节及仲裁程序。根据《公约》的有关规定，其宗旨和目的是："创立一个旨在为解决国家和外国投资者之间的争议提供便利的机构"；以有助于"促进相互信任的气氛，从而鼓励国际私人资本更多地向那些希望引进外资的国家流入"；排除投资者本国政府介入，使投资争议的解决非政治化。可见，《华盛顿公约》是通过妥善解决投资争议这一方式来促进投资环境的改善并以此来促进国际投资的增长。

（2）双边协定

相比较于跨国经营的多边协定，双边协定更容易协调缔约国双方的利益，它在营造良好的跨国经营的法律制度环境方面也扮演了日益重要的角色，双边协定已成为谋求国际合作与配合的有效手段。

①税收协定

税收制度和水平是决定跨国经营环境的重要因素，对资本的跨国流动有着巨大的影响。由于税制、法律等方面的差异，在跨国经营中难免会产生双重征税的问题，为了促进资本的跨国流动，各国都在努力消除双重征税。税收协定就是为了协调不同主权国家间的税收分配关系的重要举措，其主要目的就是避免双重征税，以营造良好的跨国经营环境。到 2005 年年底，世界上已经签署的避免双重征税协定已达 2758 项。

截至 2007 年 1 月 1 日，我国也已与 86 个国家和地区签署了避免双重征税和防止偷漏税的协定。在我国签署的双边税收协定中，主要包括以下五个方面的内容：①协定的适用范围，也就是协定对哪些纳税人适用，对缔约国的哪些税适用，以及协定在时间和空间上的效力范围。②对税收协定基本用语的规定，如对"缔约国"、"中国"、"居民"等词语的具体定义。③对各类跨国征税对象的征税权的划分。④避免和消除在缔约双方间的双重征税的方法。在《中国与法国避免双重征税和防止偷漏税的协定》中第二十二条规定：中国居民从法国取得的所得，按照本协定在法国缴纳的税收,可以在对该居民征收的中国税收中抵免,但是,抵免额不应超过对该项所得按照中华人民共和国税法和规章计算的中国税收数额。法国居民在中国缴纳的符合协定中规定的税收,可以得到法国税收抵免,但是抵免额不应超过对该项所得征收的法国税收数额。在大多数的避免双重征税协定中都有类似的规定。⑤一些特别规定,例如无差别待遇、协商程序等。

②双边投资协定

双边投资协定(BIT)是两国政府为了保护和促进海外投资所签订的国际协议。据2006年世界投资报告显示,到2005年年底,双边投资条约已经达到2495项,而发展中国家也通过更多的南南合作参与这种规则的制定。而截至2003年,我国也与70多个国家订立了98个双边投资保护协定。

双边投资协定主要有三种形式,即"友好通商航海条约"、"投资保证协定"和"促进与保护投资协定"。友好通商协定是双边投资协定的最早的表现形式,它起源于美国,内容覆盖面较广,但对投资的规定比较抽象化、原则化。投资保证协定同样首创于美国,产生之初只是作为友好通商条约的一种补充,20世纪70年代以后则逐渐成为双边投资条约的一种主要形式。双边投资保证协定一般以换文方式进行,以缔约国一方的投资为保护对象,其特点是重在政治风险的保证,尤其侧重代位求偿权及处理投资争议的程序性规定。促进和保护投资协定从20世纪50年代末为联邦德国首先倡导,是融合前两者的一种新形式,我国签订的双边投资协定也多为这种形式。

双边投资协定涵盖的投资范围广泛,包括各类股权投资与非股权投资,一般不涉及开业权问题,其基本内容主要有四个方面:第一,投资者的待遇标准问题。一般都规定东道国应公平合理地对待外国投资者,在外国企业和本国企业之间实行非歧视性待遇。我国所签署的双边投资协定中都有关待遇标准的规定,一般与缔约方相互给予对方最惠国待遇或者国民待遇标准,如在《中国与挪威相互保护投资协定》第四条中就规定:缔约一方的国民或公司在缔约另一方领土内的投资所享受的待遇,不应低于第三国国民或公司的投资所享受的待遇。第二,关于征收、国有化的补偿问题。约定在一定年限内,对外资企业不进行征收,如给予国家利益必须征收时,应按法律程序办理并给予适当补偿。在我国与芬兰签署的保护投资的协定中,第五条规定了进行征收的条件:为了公共利益、是非歧视性的、给予补偿,并规定补偿款额的支付不应无故延迟,可以自由转移。第三,投资财产、利润和其他收益的汇出问题。外国投资者的原本、利润和其他合法利益,可以兑换成外币,汇回本国,不得实行歧视性的外汇限制。也有些东道国通过协定规定了兑换成外汇的款项范围和汇出限额。在这方面我国签署的双边投资协定中也有类似规定。第四,关于投资争端的问题,一般规定争端的性质、范围及解决的方式或途径。

实践证实,为了促使跨国公司真正走上法制运营的轨道,从根本上确保跨国经营体现效益,必须依靠国际社会的共同努力。在确保国内管制和政策引导发挥实效的基础上,加强对跨国公司的区域性和国际性的管制和规范指导是必要的。

第二节　中国企业跨国经营的外部法律环境
——聚焦典型国家和地区

法律规范着社会活动主体的行为和相互关系,制度则是影响社会和经济生活的重要力量。两者对跨国公司的跨国经营有着广泛而深刻的影响。中国公司走出国门跨国经营必然会受到东道国特定的法律和制度环境影响,能否在熟悉东道国法律与制度环境的基础上依法经营是决定中国公司跨国经营成败的重要决定因素。

本节将从国内法方面的渊源或者说一国层面上来介绍世界上典型国家和地区的法律和制度环境。从国内法渊源的层面上,来自东道国和母国两方面的法律制度影响是最直接的。因此,本节针对典型国家和地区的法律和制度环境的阐述,从东道国的角度先考察其对企业跨国经营采取的相关法律规制或措施所遵循的一般路径和方法,再从典型国家和地区的实际情况了解不同风格和特点的企业跨国经营的法律环境。

一、东道国对企业跨国经营的法律影响
中国投资者试图在海外从事企业经营,在进行决策之前首先必须考察资本输入国也就是东道国的投资环境,尤其是其法律制度环境。东道

国通过有关法律和立法所体现出来的对外国投资的一般态度,特别是对外国投资者所期待的利益可能给予的影响,就是东道国的法律制度环境,譬如,法律与政策关于外资的准入规定、税收优惠政策、对外资的保护、外资待遇等所做的规定。

概括来说,东道国对进入本国经营的跨国企业的法律制度主要包括三个方面:保护外资的法律制度、鼓励外资的法律制度以及管制外资的法律制度。

1. 保护外资的法律制度

为了有效地吸引和利用外资,许多国家对外资采取了一系列的法律保护措施,对外国资本的安全和利益给予了保护。

(1)国际投资待遇

对外国投资和外国投资者的待遇标准,是一国投资法律制度环境的基础和核心,是国际投资关系中的先决条件问题。从世界范围来看,目前最主要的三种外资待遇标准是公平公正待遇、国民待遇和最惠国待遇。

国民待遇和最惠国待遇都是相对待遇标准,有着坚实的人人平等和自由的人文思想基础,当然,东道国往往根据国家主权原则、基于合理的经济原因对本国和外国投资者进行区别对待。国民待遇,就是原则上外国企业和国内企业在相似情况下,在诸如企业设立、企业所有权和控制等方面获得同等法律保护,在税法、劳工法、消费者保护和环境保护获得贷款甚至在政府对企业的援助等方面享受同等待遇。最惠国待遇,是指东道国有义务使缔约他国的企业享有该国给予任何第三国投资者的同等待遇,或者不低于该国给予任何第三国企业的待遇,如我国与德国签订的投资保护协定中,第三条就规定互相给予最惠国待遇。

绝对待遇标准,是指不以东道国本国国民或任何第三国国民所享有的待遇标准为参照,外国投资者应当享有一种独立于东道国法律的、根据国际法最起码的待遇标准。绝对待遇标准要求苛刻,内容本身不是很清楚,并且往往会造成国家间的不平等,所以在实践中也较难操作。

(2)征收或国有化及其补偿

征收或国有化及其补偿逐渐成为了跨国投资法律制度的核心问题。资本输入国的外国投资法大多对这方面的问题做了具体规定,以保护外国企业的财产利益。大多数国家对征收或国有化的条件做了严格规定。

一些国家明确规定对外国投资不实行征收或国有化,例如,越南法律规定对外国投资不实行国有化,并将过去已收归国有的原外资企业退还给原投资者或者改为合资经营。

与征收或国有化一样,各国对征收的补偿标准同样存在很大分歧。发达国家以保护既得权和反对不当得利为依据,主张对被征收的外国资产给予全部补偿。而广大发展国家则依据公平互利原则和国家对其自然资源永久主权原则,主张适当补偿。少数前殖民地国家则根据历史上西方国家的掠夺事实主张不予补偿。

(3)外国企业原有资本和利润的汇出

外国企业原有资本和利润能否兑换并自由汇出,是跨国经营所要面对的另一个重要问题。许多国家的外资法对此做出了直接的保护规定。一些国家在外资法中对外国企业的原本及利润的汇出未做任何规定,只要符合法律规定的程序,即可自由汇出。而许多发展中国家,出于保持国际收支平衡的需要,对外国企业的投资原本及利润的汇出做出了一些条件上的规定,比如年限、额度等。

2. 鼓励外资的法律制度

为了吸引外资,发展经济,许多国家都在国内立法中规定了各种各样的优惠措施。与发达国家相比,发展中国家经济政治、法律制度不够完善,经济相对落后,投资环境远不如发达国家,却更加需要吸收外国资本发展本国经济,所以大多数发展中国家更加依赖优惠措施吸引外国资本,对外资的优惠待遇也较多。另外,部分发达国家也向外国企业提供了一些优惠政策和措施。

税收减免是在实践中被广泛采用的一种优惠措施,许多国家都为外国企业在其国内从事经营活动的所得税、关税等提供了优惠政策。可以说,资本输入国鼓励外国投资的法律规定主要就体现在税收优惠上。为了既可以吸引外国企业,又可以符合资本输入国发展经济的目标,并尽可能减少不必要的税收损失,各个国家在税收优惠措施的采用上也不尽相同。一些国家根据本国经济发展的优先顺序,对投资于优先发展行业的外国企业给予特殊优惠。各产业部门在国民经济中的地位和作用是不同的,所以,许多国家对不同的产业部门在税收上区别对待,例如,巴西、印度、墨西哥等国对投资于农业的外国企业给予特殊的优惠。有些国家则根据地区发展政策给予外国企业不同税收优惠,以达到加速特定地区发展的目的。另外,一些国家还对出口创汇企业、扩大就业企业给予更多税收优惠。

除了税收政策,东道国还采用其他措施鼓励外国企业在其国内的经营活动,如再投资优惠、信贷融资优惠、实物投资折旧优惠、简化外国投资审批手续、财政补贴等。

3. 管制外资的法律制度

对国际投资的东道国而言,跨国公司的进入,意味着新技术手段、生产方式、经营管理模式及与此相关的全新游戏规则和文化形态的引入。但是,资本的逐利性决定了跨国企业的经营活动是为了在全球范围内获取最高利润,以此为目标的经营活动必然会与东道国产生矛盾和冲突。跨国公司与东道国的矛盾主要表现在:①跨国公司损害东道国的经济。跨国公司可能采取各种手段逃避东道国的税收政策与外汇管制,还可能采取各种限制性商业惯例,限制竞争,垄断市场以牟取暴利,它们在国际间的资金流动还可能会影响东道国的国际收支;②跨国公司损害东道国政治。当跨国公司在东道国有一定发展,并取得相对的垄断地位后,就会试图干涉或操纵东道国的内政;③跨国公司损害东道国的环境,跨国公司有可能为了攫取巨额利润,降低成本,利用东道国环境法的不健全,开设重污染的工厂等,严重破坏东道国的环境。[①]

由于东道国与母国在跨国经营中所处身份不同,其对跨国公司的态度也不同,作为发展中国家的东道国,有广阔的土地、丰富的自然资源和廉价的劳动力等优势。一方面,为吸引外资,促进本国经济发展,大多数发展中国家都对跨国公司的进入制定了各种鼓励优惠措施,如税收优惠、给予国民待遇、对国有化进行限制、放宽外汇管制。另一方面,为了推动跨国公司的发展及本国经济的繁荣,抑制跨国运营而带来的消极影响,各国都通过制定一系列的法律法规来规制跨国公司的行为,防止外资过多进入会有被国际垄断资本势力侵蚀的危险,如通过立法对跨国公司的进入进行了限制,将外资的投资范围限制在关系到国家安全和重大利益及

---

① 李华:《论全球化背景下跨国公司的国内法律管制》,《集团经济研究》2006年9月中旬刊(总第206期)。

第三章 中国企业跨国经营的法律和制度环境

国计民生的行业和部门之外;建立外国投资的审查与批准制度;限定外资的投资比例,对外资利润进行外汇管制;制定反垄断法与反倾销法等来规范和约束外资企业的经营活动,这就是对外资的管制。

纵观各国法律制度,资本输入国管制跨国公司经营活动的国内立法主要有以下几方面内容:

(1)限制跨国公司的经营范围

任何一个国家,无论其开放程度如何,都保留一些不对外国投资开放的领域。一般来说,发达国家对跨国企业的经营范围限制较少,但是不允许跨国公司进入国防、军事和通讯等部门以及关系国民经济的关键行业。发展中国家主要鼓励跨国公司进入有利于国民经济发展的部门,禁止进入国防、军事以及支配国家经济命脉的部门,限制本国企业已有一定发展但需要保护的行业。

(2)建立外资审批制度

各国对跨国公司的设立都实行管理和管制,集中体现为外资审批制度。对跨国公司设立的审批内容主要包括:能否创造更多的就业机会;能否促进企业的竞争和效率的提高;能否有利于东道国经济结构的优化;能否增加政府财政及税收等等。大多数发达国家适用登记制,也有少数国家如法国、加拿大等实行专门机关审批制度。发展中国家都建立了专门的外资审批机构,部分行业主管部门也行使一定的审批职能。

(3)限制跨国公司的出资比例

外国企业的出资比例,关系到企业的经营管理权和投资者的权益,发展中国家大多对此做出了规定,一般规定外资不得超过49%,以免企业所有权被外国公司控制。发达国家则采取开放政策,除了部分不对外资开放的领域,对外资比例的要求不严,外国企业可以按任何比例以任何形式从事经营活动。

值得注意的是,东道国政策法规变动会导致中国企业跨国经营面临风险,在实践中,有时,由于东道国政策法规变动,外商不得不退出部分乃至全部投资股权。一来外商退出股权通常违背其本意;二来由于政策变动导致外商被迫集中在短时间内脱手股权,即使其资产能够找到买主,在这种人为造成的买方市场上,卖主资产的市场价格也要大打折扣;因此,这是一种蚕食式征用风险。因此,中国的跨国经营企业应了解和掌握国外东道国国家政策法规和制度环境状况,特别关注其跨国经营实践中的东道国国内法律管制方面的变化,及时应对和预防法律风险的侵扰。

二、典型国家和地区法律和政策环境

(一)北美地区的法律和制度环境状况

1. 美国

美国位于北美大陆南部,国土辽阔,全国共有 50 个州和一个直辖特区。国家权力依据宪法,实行立法权、行政权和司法权三权分立,分别由国会、总统和联邦最高法院行使,三者之间相互制约。美国地理位置得天独厚,政治制度民主合理,是世界上最大的经济体,连续多年都是吸收外国直接投资最多的国家。

(1)美国保护、鼓励外资的法律制度

美国参议院 1975 年在审议《外国投资法》法案时就指出,美国对一切外国企业给予国民待遇,允许外国企业在美国自由地进行企业活动,并给予与国内企业同等的待遇。

美国对于外资的鼓励主要是通过税收优惠来体现的。并且,这些优惠措施具有明显的针对性,目标不是扶持外资的发展,而是战略性地对美国经济中的具体地区和行业的经济结构进行相应的调整。其中,美国《内收入法(LRC)》中规定了许多鼓励外资的条款。

在美国,存在大量的影响投资的联邦政府、州政府及地方的法律,使得在对外资鼓励政策的具体执行上,各个地区有所不同。

(2)美国管制外资的法律制度

美国没有专门的外资法,外资企业适用与本国企业相同的联邦与州立法以及判例法,比如反垄断法、环境保护和劳工雇佣方面的法律。美国一直采取自由开放政策,外资进出比较容易,没有一般的审批制度。但外资在美国并不是绝对自由的,它仍然要受到制约和限制,如军事和国防工业等领域是禁止外资进入的。美国 1988 年通过贸易与竞争法案,将不符合其本国经济安全的外国投资拒之门外。"9·11"事件以后,随着国家安全意识的变化,美国在一些相对敏感的领域对外资进行限制,包括通讯业、航空业、土地和不动产以及其他涉及安全的领域。

2007 年 7 月 26 日,美国总统布什正式签署了以 1988 年通过的《埃克森—佛罗里奥修正案》为蓝本的《2007 外商投资与国家安全法案》（FINSA）。这次法案修订的背景与近年来几次外资并购美国企业的失败案例密切相关。该新法案第一次将涉及美国国家安全的基础设施、能源和关键技术领域的交易项目进行审查，而且对于涉及外国国有或者国家控股的企业，以及重要的基础设施企业的并购交易将受到特别审查。在本次修订中，很关键的变化之一就是，将能源部和国家情报总局纳入到美国外国投资审查委员会（CFIUS）成员之列。历史上，该机构成员组成曾发生两次较大变化，1993 年，将美国国家科技政策办公室主任、总统国家安全事务助理和总统经济政策助理纳入，2003 年 2 月，增加了国土安全部成员。另一个重要变化就是对审查过程的新规定，首先，在收到交易方的申报后，外国投资审查委员会（CFIUS）将进行可以长达 30 天的审查；其次，跟以往不同的是，对于涉及外国国有企业或国家控股企业，以及重要基础设施企业，外国投资审查委员会（CFIUS）还要进行为期 45 天的调查；最后，如果外国投资审查委员会（CFIUS）在上述调查结束后仍未批准该交易，总统将在 15 天内对是否批准该交易做出决定。因此，该新法案被认为将对中国国有企业的在美投资产生深刻影响。

2. 加拿大

加拿大位于北美洲大陆北部，是一个地域辽阔、人口稀少、资源丰富的国家。加拿大政府提倡自由开放、透明宽松的对外投资政策。在加拿大，主要由《加拿大投资法》来规范跨国企业的经营活动。加拿大政府制定《加拿大投资法》的目的是鼓励加拿大公民以及非加拿大公民对加拿大进行投资。加拿大工业部负责促进和审核非加拿大公民对加拿大非文化产业的重大投资，加拿大遗产部负责审核文化产业的投资。

加拿大鼓励外国投资，一般情况下外国投资不受限制，设立新的企业，法律上并不要求获得政府的批准，也不要求与加拿大企业合资经营，投资者只需履行事先向政府通知的义务。但《加拿大投资法》仍然规定了严格的提交投资通知和审查的标准，特别是对认为危害加拿大某一重要经济部门或构成严重竞争威胁的投资项目，审查尤为严格。

根据《加拿大投资法》的规定，任何一项外国投资都需要向加拿大政府备案或者通过加拿大政府的审核。政府审核的门槛比较复杂，但主要取决于投资项目及其金额。2005 年，加拿大政府规定，WTO 成员国直接并购加拿大公司所涉金额在 2.5 亿加元以上的,需要经过加拿大政府审核;所涉金额在 2.5 亿加元以下的,不需要接受审核,只需向加拿大政府备案。

为防止外资对国内的部分产业造成冲击,对经济的发展造成损害,甚至影响到国家的主权和根本利益,加拿大对外国投资进入其敏感经济领域制定了一些限制措施。这些敏感领域主要包括铀的生产、金融服务、交通服务以及文化产业。例如,对于银行业,任何一个单一的外国投资实体持有加拿大《银行法》所规定之"1"类银行的股份不能超过该银行总股份的 10%。对于铀矿业,外商在加拿大铀矿开采和加工企业中所占股份不能超过 49%,但如果确能证明企业在加拿大人的有效控制之下则可例外。

(二)亚洲的法律和制度环境状况

1. 日本与韩国

日本、韩国和中国一衣带水,地缘因素以及文化因素必然会使他们成为中国企业跨国经营的重要目的地,因此,非常有必要介绍这些国家的法律和制度环境。

(1)日本、韩国保护外资的法律制度

日本对外国企业与国内企业实行平等主义,外国企业可享受国民待遇。不过,在对方国家对日本企业不给予国民待遇的情况下,日本对对方国家来日的企业也实行同等限制,即所谓"对等主义"。韩国在《外国人投资促进法》中明确规定,外国投资者和外国人企业在经营方面与韩国公民或企业享受同等待遇。

日本与韩国在外资立法中对外国企业的投资原本和利润汇出未做限制,只要符合一定程序即可自由汇出。韩国 1984 年 7 月修改后的法律规定,外国人取得的股份或者因处分投资额而取得的价款及红利,能自由汇出;引进技术的价款,在批准的范围内,也准许自由汇出。

(2)日本、韩国鼓励外资的法律制度

日本对外国企业的优惠政策主要有:①日本《促进进口和对日投资法》对投资于被日本政府认定为特定对内投资的制造业、批发业、零售流通业、服务业等 151 个行业,出资比例超过 1/3 的外国投资者,日本政府提供优惠税率和债务担保。外资企业成立 5 年内所欠税款可延长到 7 年缴纳。②日本政策投资银行为外国投资者或外资企业在设厂、设备投资、研究开发、企业并购等方面提供融资。③各地方自治体(都道府县、市町村)制定地方性法规,减免外资企业事业税、固定资产税、不动产取得税,并给予资金补贴,帮助企业顺利开展各项筹备活动,对购置厂房建筑物、设备投资、流动资金等提供融资的便利。④日本中小企业与特定外资企业有一定金额以上的商品和劳务交易时,经当地政府确认,可获得信用保证协会的信用担保,获得2.35亿日元以内的贷款额度。

韩国为了扩大利用外资的规模,也不断推出新的优惠政策。1994年7月和8月韩国财政部分别实施和公布《外资投资改善方案》和《外资引进法》。修正草案中,就改善金融、租税、劳资关系、工厂用地和技术保护以及改善国外投资企业派驻韩国人员的生活环境等方面规定了相关措施。

韩国根据《租税特例限制法》的相关规定,向外国企业提供法人税、所得税、取得税、登录税、财产税、综合土地税等税收的减免优惠。

(3)日本、韩国管制外资的法律制度

1997年5月,日本修改《外汇及外国贸易管理法》,更名为《外汇及外国贸易法》,放宽了在日投资的申请和审批程序,并对有关政府部门审查和批准的时限做出具体规定。近年来,日本相继出台一系列放宽限制的措施,一定程度上改善了市场准入。当前,日本的市场准入改善主要体现在非制造业领域,如电力、通信、金融、零售行业等。这些举措既为外资提供了更广阔的舞台,也有利于削减各项费用,间接改善日本的投资环境。

1997年金融危机之后,韩国政府开始意识到吸引外资的重要性,于1998年11月开始实施新《外国人投资促进法》,大幅放宽了投资领域限制,允许外国企业对韩国企业进行敌对性并购,对外商在韩直接投资实行全面自由化政策。

2. 东盟

近年来,东盟(由越南、老挝、柬埔寨、泰国、缅甸、马来西亚、新加坡、印度尼西亚、文莱、菲律宾10国组合的东南亚国家联盟)国家的经济得到迅速发展,他们致力于推动东亚的经济一体化,是全球经济最具活力的地区之一。

东盟地区国家多,其经济状况和投资环境既有相似之处,又存在一定差异。2006年4月初,日本贸易促进投资局(JETRO)对东盟国家进行市场经济年度调查,公布的结果表明,越南的投资环境排名第一,其次为新加坡、马来西亚、泰国等国家。

(1)东盟国家保护外资的法律制度

东盟国家一般给予外国投资者国民待遇。马来西亚就规定,外国企业在除了资产限制以外的各方面享有国民待遇,外国证券投资者也可以在当地的股票交易所自由买卖股票和债券,并可以购买刚上市公司的新股。但外资在商业银行中最多只能拥有20%的股份。柬埔寨对外资和内资给予相同待遇,除柬宪法中有关土地所有权(只允许柬埔寨籍公民和法人购买)的规定外,所有的投资者,不分国籍和种族,在法律面前一律平等,基本实现国民待遇。

东盟国家向来推行开放自由的经济政策,对外汇管制较少,一般允许外国企业将投资原本和利润汇出。

(2)东盟国家鼓励外资的法律制度

为鼓励外国企业到本国从事经营活动,东盟国家为外资提供了一系列的优惠措施。例如,缅甸投资委员会给予所有投资者税收减免优惠:任何生产性或服务性企业,从开业的第一年起,连续三年免征所得税。如果对国家有所贡献,可根据投资项目的效益,继续适当地减免税收。泰国规定,凡经投资委员会批准的合资或独资企业可免缴所得税3～5年,而印度尼西亚则给予外国企业从正式投产开始计算享受6年的免税待遇。菲律宾外资法规定,外国企业免缴码头税费和出口税费,4年免缴企业所得税,最长可延至8年,所得税免缴期结束后还可选择缴纳5%的"毛收入税"(gross income tax),以代替国家(中央)和地方税,另外,还给予外国投资者及其家属永久居留身份。

在越南的投资法中,也有一系列投资优惠政策,比如减免所得税、退还上缴税款等。越南有关高科技园区的法令规定,自2004年起,越南对在高科技园区内的投资者享受土地、企业所得税和个人所得税等多种优惠政策。2004年的越南《企业所得税法(修订)》规定,内外资企业所得税税率统一为28%,并仍然适用20%、15%和10%的优惠税率制度。另外,给予工业园区、出口加工区、经济区以及特别鼓励投资项目的企业所得税减免优惠。自2004年1月1日起,越南对越侨和常住越南的外国人

第三章　中国企业跨国经营的法律和制度环境

的投资所得利润转出境外时免于征税。同时,降低了外国公民居民收入所得税的最高税级,并规定居住期少于 183 天的外国人为非居民,征收 25% 的固定税率。①

(3)东盟国家管制外资的法律制度

在外资进入的产业开放范围和安排方面,新加坡是本地区外资政策最开放的国家,文莱和马来西亚的外资政策开放度也相当高,而其余东盟国家的外资政策则日趋开放。在东盟成员中,经济较为发达的国家对外国跨国公司在国内投资行业的限制较少,只是对有关国防、军事、通信、大众传媒,以及经济关键行业等才有限制进入的规定。

在外资进入的限制条件和要求方面,为了使外国直接投资服务于本国经济发展的目标,发展中国家通常对外资提出各种业绩要求,东盟国家中也有类似做法。但近年来这些条件逐渐放宽,马来西亚在 2000 年取消了给予外资优惠鼓励时的当地化程度要求,新加坡政府很少对外国直接投资者提出强制性的经营业绩的要求,在投资业绩、当地含量、技术转让方面无特殊限制条件,也很少承诺反竞争性的激励保护。

随着东盟国家经济状况、投资环境的日趋完善以及丰富的自然资源和优惠的投资政策。近年来,西方各国和中国台湾、香港等地投资大量涌入东盟,竞相占领市场。中国和东盟国家作为近邻,可以充分发挥自己的优势,充分利用东盟的优惠政策和自然资源,积极开拓东盟市场,拓展中国在东盟国家的投资领域。

3. 印度

印度位于南亚次大陆,人口众多,资源丰富,有稳定的民主政治环境,司法独立,法律保护知识产权。作为经商市场,印度潜力巨大。但对中国企业界来说,对印度市场的开拓还显得不够,还没有充分发掘印度市场的潜力,因此非常有必要介绍印度的法律制度环境。

印度对外资企业持积极态度,鼓励和吸引外国企业到其国内经营,向外资提供了许多优惠政策。印度政府在一些选定的地区建立了特别经济区(SEZ),经济特区的最小规模为 1000 公顷,它可以由国有、私有、合作

---

① 中华人民共和国商务部:《国别贸易投资环境报告 2005》,人民出版社 2005 年版,第 248 页。

企业或国家来建立。在印度特别经济区经营的外国企业可以享受到更多的优惠:取消进口许可证制度;对进口资本货物、原材料及消耗品等免除海关税;从国内市场购买资本货物、原材料及消耗品等免除中央消费税;特别经济区企业必须是外汇净赢单位,不预定外汇赢利指标或最低额度要求;简化的海关手续;除少数特别部门外,特别经济区的制造业允许的外国直接投资达100%;投资利润允许自由流动,不带任何红利平衡条件。印度政府允许外国企业原本和利润、股息和利息在印度完税后经印度储备银行汇出,并允许外资的专利费自由汇出。

印度实行开放政策,对报关、投资选点、技术进出口有较大的自由。印度已取消了投资审批制度,全面向私人投资和外资开放。吸引外资政策规定,除涉及环保、国家安全、国计民生等的14个行业外,对其他行业的投资无须政府部门审批。私人和外资可投资电讯、道路、港口、发电、炼油等基础设施行业和服务业。

(三)欧洲的法律和制度环境

欧洲经济高度发达、法律制度完备、科技实力雄厚、市场空间广阔,对中国企业的吸引力越来越强,尤其在吸引技术寻求型和智力寻求型的对外投资上更具有明显优势。

1. 英国

英国能源资源丰富,在欧盟国家中居首位,工业在国民经济中占主要地位;航空、电子、化工、电气等工业部门在世界上处于领先地位;农业以畜牧业为主,机械化程度很高。

(1)英国保护外资的法律制度

英国没有专门指导或者限制外国企业经营的法律。外资企业从法律意义上讲与本国企业享有同等待遇,它们可以在英国从事多种形式的经营活动。

英国无汇兑管制,在英国设立的外国公司所获利润可自由汇出,没有时间和额度等方面的限制。

(2)英国鼓励外资的法律制度

英国政府历来十分重视引进外资,为了鼓励外国企业来英国开展业务,英国政府相继出台了一系列的优惠政策。同时,还制定了优惠的税收政策,为了吸引外资,英国政府一再降低公司税,其税率低于美国、日本、加拿大及欧盟等经济大国的税率水平。在英国,中央、地区和地方一级政府都有鼓励投资的措施,某一项目可能有资格获得多个鼓励计划下的援助。

(3)英国管制外资的法律制度

在英国,外国公司原则上和英资公司享有相同的待遇和竞争地位,只是在以下方面有所限制:第一,国有企业控制的或者说有政府控制的行业,主要是涉及国家安全的行业,例如能源产业;第二,可能在英国市场上形成垄断的行业,收购任何在英国有重要影响的企业必须进行审批;第三,金融、保险业的外资企业必须通过英国金融服务局的批准。还有,英国注册企业的经理人员原则上必须是英国公民。外国及英国投资者同样适用有关垄断与合并的规定,主要是由垄断和并购委员会负责监督实施的《公平贸易法》。

除了以上几个方面,英国政府在土地的使用、外汇的管制等方面不存在限制性的条件。

2. 德国

德国地理位置优越、经济基础雄厚、基础设施先进、法制环境完备、政府廉洁度高、市场环境开放、服务业发达,对投资者具有相当的吸引力。

在德国外国企业基本可以享受国民待遇,在经营过程中同本国人几乎没有区别。德国赋予外国企业转移利润、收回资本的权利,对此不做限制。德国有各种经济促进措施,其数量多达600多种,但没有一项措施是专门鼓励外国企业经营的。在鼓励措施方面,德国对国内外企业同等对待。

德国没有针对外国企业制定的专门法规,也没有专司外国企业管理的特设机构。德国对外国企业的市场准入条件基本与德国本国企业一样,允许本国企业进入的领域一般对外国企业也不限制。随着德国私有化进程的发展,原来禁止投资者进入的领域如水电供应、基础设施、能源、医药等领域现在也已对境内外投资者放开,但需对投资者个人的能力、经济实力和技术能力等方面进行调查,对投资项目进行审批。目前德国明确禁止投资者进入的领域只有建设和经营核电站、核垃圾处理项目。

德国政府在规制外资并购行为时,基本上实行与国内并购行为相同的规则,而对一些涉及国家利益的外资并购行为,则在相关法律中实行相应的限制。

3. 俄罗斯

俄罗斯资源丰富,市场潜力巨大,拥有世界领先的科技和教育水平。但是该国法律法规不健全、市场不规范、税务负担较重、政府官员腐败、黑社会活动猖獗。总体来说,俄罗斯投资环境较差,但是随着俄罗斯政府改革措施的不断出台,其环境的改善是值得期待的。

《俄联邦外国投资法》规定,除俄联邦法律另有规定外,为俄联邦境内的外国投资者提供的法定待遇不低于俄罗斯投资者的法定待遇。

俄联邦外国投资法为外国企业提供了政治保障,其主要内容有:(1)保障外国企业在俄联邦境内的经营活动受法律保护;(2)保障外国企业用各种方式在俄联邦境内进行经营;(3)保障外国企业的权利和义务向他人转让;(4)保障外国企业在其财产被国有化或被征用时获得赔偿;(5)保障外国企业在俄联邦境内使用和向俄联邦境外汇出其收入、利润及其他合法所得款项;(6)保障外国企业不因俄联邦法律发生变化而受到不利影响。

俄联邦给予外国企业的优惠政策规定得过于原则和笼统,优惠的种类较少,对外国中小企业更无什么优惠而言。

从外国投资法的规定来看,俄联邦为外国企业提供的优惠包括:(1)按照俄联邦海关法和俄联邦税法,对实施优先投资项目的外国企业提供关税优惠;(2)俄联邦主体和地方自治机关有权在各自管辖范围内给予外国企业各项优惠,有权为外国企业提供相应保障,并可用联邦主体预算资金和地方预算资金以及预算外资金,对外国投资者实施的投资项目进行拨款或予以其他形式的支持。

另外,有关特别经济区的联邦法(如俄联邦马加丹特别经济区法)为特别经济区的外资企业提供了专门的关税和税收优惠,俄联邦产品分割协议法及其修改和补充法为在俄境内投资寻找、勘探和开采矿物资源的投资者规定了较为优惠和便利的条件。

(四)拉美地区的法律和制度环境状况

20 世纪 90 年代以来,拉美国家纷纷采取改革措施,加大开放力度,制定较为完善和透明的法律法规,逐步对外资实行国民待遇,放宽外资进入的领域和限制,吸引了国外投资,促进经济的恢复与发展,使之成为增长速度较高的经济区域。在这里我们选择阿根廷、智利、巴西、秘鲁四个具有代表性的国家,来介绍该地区的法律和制度环境。

1. 阿根廷

阿根廷幅员辽阔、自然资源丰富、农牧业发达、社会稳定、宏观经济形势较稳定、经济持续发展市场潜力较大,总体投资环境较好。

阿根廷 1993 年颁布的 1853 号法令是 1989 年颁布的《经济自由化法》和 1993 年颁布的《外国投资法》的综合。该法令规定,国民待遇普遍适用于外国投资者。外国公司在阿根廷投资,除特殊领域外,一般无须政府事先批准;可以不受歧视地参与阿根廷的私有化项目,参与的部门主要有电讯、石油、电力、天然气、运输、自来水和污水处理等,而且与本国公司处于平等地位。

阿根廷外汇政策较为宽松,法律规定外国公司有权将其资本及其利润随时汇出国外,无须任何批准手续,进入外汇市场也无任何限制。

阿根廷对外国企业经营范围的限制较少,除军事领域和军事要地外,各国投资者可在经济的各个领域进行活动,就连一些敏感的部门如石油、交通、通讯(广播、电讯、报纸、杂志)等也允许外国投资。1994 年 1 月 1 日,阿根廷中央银行开始接受外资开办新银行的申请,实行内外平等的政策,并允许外国参与保险业。外国企业有权利用阿根廷法律承认的任何法人机构,通过企业的合并、购买或合资等形式自由进入市场。外国公司可与本国公司在当地市场平等地筹措比索或外币资金。在经济开发项目上,政府鼓励私人企业和国营企业平等地竞争。另外,根据国民待遇的原则,外国公司还可参与科研和开发项目。

由于外资企业在阿根廷享受国民待遇,阿根廷政府没有专门的外资管理机构。但阿根廷在经济部的工矿贸国务秘书处下设“投资发展署”,促进外国直接投资,为投资者提供经济、金融、税务、教育、科技和法律等诸多方面的信息,并帮助投资者解决投资项目中可能出现的问题。

2. 智利

智利宏观经济稳定,具有完善的法律体系和优惠的税收体系,颇受各国企业的青睐。智利 1974 年颁布的《第 600 号外资法》及以后的修正案是规范和引导外资流入的法律基础。《第 600 号外资法》为外国企业的经营提供了一个清晰、简单和稳定的基础,它被认为是目前世界上最现代的外资法之一,它的实施为智利带来了大量的外资。

智利的投资政策一直是开放和自由的,给予外国企业国民待遇。对外汇实行管制,规定外国企业的投资本金需在 1 年之后才能汇出国外,来自销售或投资清算所得的资本收入、红利以及利润则可以自由汇出国外。

智利政府对于投资的鼓励措施很少,目前实施的地区性鼓励措施对于国外投资者和国内投资者是相同的,没有歧视。对投资于自由贸易区、工业园区和开发区的国内外企业提供少量优惠待遇,诸如饮用水、电力、电话和其他基本服务免交增值税,对固定资产投资给予一定比例(各地区不同)的税务减免等。

智利外资管理工作由外资委员会负责,并制定相应的合同条款。对于本国和国外的投资者,智利政府要求 30% 的额外信用贷款应在中央银行存入为期 1 年的无息准备金。

3. 巴西

在巴西的外资受到 1962 年 9 月 3 日颁布的第 4131 号《外资法》和 1964 年 8 月 29 日颁布的第 4390 号法律的约束。这两部法律都受 1965 年 2 月 17 日第 55762 号法律及其修正案的约束。

(1)巴西政府对外资的鼓励政策和制度状况

巴西政府欢迎外资进入本国市场,而且采取相关措施鼓励外国企业到巴西进行投资。主要体现在以下方面:

其一,对外国投资者实行国民待遇。根据宪法,所有在巴西的外国独资或合资生产企业均被视做"巴西民族工业"。由于拥有比较完善的投资法规、良好的基础设施和 1.6 亿人口的市场容量,巴西在拉美各国中一直是国际投资者的首选。巴西对外资开放的领域越来越广泛,取得的成绩也令人刮目相看。

其二,逐步拓宽对外资开放的领域。如 1995 年,巴西政府通过修宪,逐步放松了国家对石油、天然气和矿产开采等领域的垄断,并对电信、电力业实行私营化。根据规定,外资通过参与巴西企业私有化进入巴西市场,6 年后才能撤资。另外,巴西已允许外国企业参与新闻媒体、海关保税仓库、近海航运、高速公路等领域的融资和服务。

其三,外资企业在巴西境内生产的产品,如果向第三国出口,可向巴西政府申请出口信贷和保险。如果产品增值到一定幅度,可以获得原产地证书,出口时就可享受巴西与其他国家间的贸易优惠待遇。但获得通信产品、化工产品、冶金产品和信息工业产品的原产地证,有更加严格的增值规定。

其四,为吸引外国投资,增加就业机会。巴西政府给予外国投资者许多税收优惠,优惠视投资对巴西的贡献而异。此外,巴西各州、市均有不同的税收优惠措施。例如,以优惠条件提供生产所需基础设施(土地、厂房)、水、电、燃料,减免商品流通服务税,提供低息贷款等。政府对那些贫穷、边缘的州或市提供的优惠条件会更多。

其五,为鼓励开发巴西西北部和东北部地区,巴西联邦和地方政府对外国投资实行免征 10 年企业所得税,从第 11 个年头起的 5 年内减征 50%;免征或减征进口税及工业制成品税;免征或减征商品流通服务税等地方税。另外,为保障外国投资者的利益,巴西政府与 23 个国家签订了避免双重征税的协定,其中包括中国。

(2)巴西对外资的管制——投资壁垒状况

巴西外贸委员会是巴西对外贸易政策的最高决策机构。巴西外交部及发展、工业和外贸部是对外贸易管理的主要部门,财政部、农业部和卫生部也部分参与对外贸易管理工作。巴西的投资壁垒比较隐蔽,主要反映在利润汇出、撤资和高税收等方面。[①]

①投资准入壁垒

巴西对外汇实行较严格的管制,外国企业或个人(有外交特权的单位或个人除外)在巴西银行不能开立外汇账户,外汇进入巴西首先要折算成当地货币后方能提取。

以投资形式进入巴西的所有货物均受非自动进口许可证管理。巴西法律禁止二手货作为投资进入巴西。巴西政府不允许外国投资者在以下领域投资:核能、医疗卫生、养老基金、海洋捕捞、邮政等。不居住在巴西的外国人不能购买巴西土地,居住在巴西的外国人购买农村土地受数量限制,巴西边境地区的土地不允许向外国人出售。外国企业可购买用于具体的农牧业、工业化、垦殖定居等项目的农村土地,但需经巴西农业部

---

① 中华人民共和国商务部:《国别贸易投资环境报告 2005》,人民出版社 2005 年版,第 40 页。

等有关部门批准。外国投资者不能在巴西开办独资银行和保险机构,也不能在金融机构中占多数股,除非总统从国家整体利益考虑给予特别批准。90天的电器信贷进入巴西需缴纳5%的金融交易税,90天以上的信贷则不需缴纳。巴西航天企业仅允许少量外资股份存在,外资在民航企业的股份不得超过20%。巴西在航空运输服务方面限制外国投资,在海运和空运方面都有沿海贸易权限制。①

②投资经营壁垒

巴西的外资企业外资利润汇出必须在巴西中央银行监控下进行。如果汇出金额超出注册资本的12%,超出部分被视为投资利润,需要缴纳20%的利润所得税。外资企业所有权变更时,需在巴西中央银行重新办理注册手续。注册资金以原投资额为准,与实际转让金额无关。

③投资退出壁垒

在巴西中央银行注册的外资随时可以撤回原投资国,无须事先批准。若撤资金额大于注册金额,超过部分视为投资利润需缴纳所得税。外资撤出时,巴西中央银行将依据企业的资产负债表对净资产进行评估,若企业净资产为负数,被认为投资亏损。巴西禁止将亏损企业的资产撤回原投资国。

另外,在巴西投资,必须注意的是巴西的劳工法不尽合理,雇佣和解聘雇员困难,劳资纠纷时有发生。

4. 秘鲁

秘鲁市场潜力巨大,金融体系稳定,市场经济逐步健全,实行自由贸易和鼓励投资的政策,投资前景较好。

在外国企业的经营过程中,除了那些通过证券交易机制鼓励本国公民参与的少数领域之外,享有与本国企业一样的待遇。

外国投资由国家外资与技术委员会负责。外国投资者的净利润、股份转让所得、所有权参与、公司解体的资金可以汇出国外。

秘鲁对国内外企业提供均等的权利和义务,基本没有特殊的优惠措施。

---

① 中华人民共和国商务部:《国别贸易投资环境报告2005》,人民出版社2005年版,第41页。

第三章 中国企业跨国经营的法律和制度环境

秘鲁鼓励私人（包括外国投资）投资在公共资产方面的积极参与。在此政策下，私人投资可以自由地和不受任何歧视地进入各个行业，比如矿业、银行和保险、公共通讯服务、能源，道路、港口和机场的基础设施。

（五）非洲法律和制度环境状况

20世纪90年代中期后，非洲正走向经济增长新时期。非洲经济振兴需要大量外资，随着非洲经济增长以及经营环境不断改善，将为我国企业提供愈来愈多的机会，前景看好。

目前，非洲总体形势继续趋向好转，除少数热点地区仍有动荡反复外，多数国家政局继续保持稳定。中国企业在非洲经营一般可以享受最惠国待遇。例如，在《中国与南非相互鼓励和保护投资协定》规定，缔约双方给对方国家投资者的待遇不得低于给予任何第三国投资者的投资和与投资有关的活动的待遇和保护。

在国有化或征收以及补偿方面，非洲国家为吸引外国企业，一般规定不允许国有化。埃及《投资保护、鼓励法》规定：不允许将公司、企业转为国有化或没收。刚果（布）《投资法》中也有不征收保证条款，国家对私营企业或个人投资不实行国有化和征收（符合法律所规定的条件的公共事业除外）。

目前，非洲国家为发展民族经济，都在努力改善经营环境，大力吸引外来资金，招商引资政策非常优厚。喀麦隆政府为了鼓励外国企业在本国建厂，创造就业机会，对外国企业在经营阶段免征最低公司税和公司特别税，减免法人50%的公司税和企业主50%的工商所得税，并减少经营阶段50%的流动资本所得比例税。在苏丹投资，对于策略性项目可以享受10年营业税免征的优惠，对于非策略性项目免征5年营业税，另外，对于面向欠发达地区的直接投资、有助于国家发展出口能力、致力于农村综合发展、创造广泛就业机会、利润用于再投资等类别的投资项目，则给予特别优惠待遇。利比亚为实现其经济增长、扩大收入来源的需要，一直努力创造良好的投资环境吸引外国企业到利比亚投资，于1997年出台了第5号法律《鼓励外国资本投资法》，给予外国企业诸多的优惠政策。

南非是中国在非洲最大的投资市场，据中国商务部统计，2004年，中国公司在南非完成承包工程营业额2289万美元，新签署合同额4781万美元；完成劳务合作合同额276万美元，新签合同额220万美元。2004

中国企业跨国经营环境与战略研究

年,经中国商务部批准或备案,中国在南非设立非金融类中资企业 12 家,中方协议投资额 1.1 亿美元。截至 2004 年年底,中国在南非累计投资设立非金融类中资企业 120 家,中方协议投资总额 2.4 亿美元。

南非在投资管理方面的主要法律包括:《出口信贷与外国投资、再保险法》、《外汇管制特赦及税收修正法》、《公司法》、《金融机构投资基金法》等。

南非在促进外资投资方面的政策如:南非通过一系列计划项目促进投资,尤其是国外投资。这些计划项目包括:技术支持计划、关键性基础设施计划、中小型企业发展计划、战略产业计划、外国投资补贴计划、产业发展区项目等;向外资提供技术支持计划(2000 年 9 月正式生效),对于在南非投资的企业,南非政府可以在 3 年内给予其相当于公司技术培训成本 50% 的培训补贴,但补贴总额不超过该项目总薪水额的 30%;为中小型企业发展提供更多机会和促进发展计划;专门设立了外国投资补贴,以鼓励外国投资者到南非投资等。

南非对外资的投资壁垒如:对持有一定外资资本比例的企业在向南非当地的信贷机构融资时受到限制,包括:75% 及以上的资本、资产为外资持有的公司;75% 及以上的营运收入分配给非南非居民的公司;75% 及以上的表决权、控制权或 75% 及以上的资本资产或收入由非南非居民支配或代表的公司。另外,与南非开展经贸合作,应注意两个问题:南非的社会治安形势严峻,企业的安全保卫工作需要特别注重;南非的工会力量大,处理与工会之间的关系时是需要谨慎的。①

第三节　中国企业跨国经营的内部法律环境
——国内法律和政策

上一节从国内法渊源中东道国的角度介绍了中国公司跨国经营所面临的法律与制度环境,本节将从国内法层面中母国的角度,也就是我国国内角度来介绍我国公司跨国经营的法律与制度环境,即投资者本国(母

---

① 李桂芳:《中国产业与流通系列研究报告·2007》,载于《中国企业对外直接投资分析报告》,中国经济出版社 2007 年版。

国)对跨国公司的法律管制。

随着国内外经济形势的发展,中国政府对企业跨国经营的态度也发生了根本性的变化,逐步从消极地限制管理转变为积极地引导鼓励。我国经济自 20 世纪 90 年代以来,市场供求关系由经常性的供不应求转变为供求平衡甚至供过于求,国内企业生产能力过剩,内需不足,再加上对经济与能源安全的考量,在十五届二中全会上中国政府首次提出了"走出去"战略的思想,把企业跨国经营第一次提升到经济发展战略高度。在党的十六大报告中,中国政府再次明确提出要实施"走出去"发展战略,鼓励有比较优势的各种所有制企业对外投资,跨国经营。

在中央政策的明确倡导下,各级政府从政策、管理、资金、服务等方面,对企业走出国门跨境经营出台了许多积极的支持鼓励政策及措施,支持企业"走出去"开发海外市场、开拓海外资源。

一、中国制定的有关企业跨国经营的法律法规

为了规范中国企业的海外投资经营活动,促进海外投资经营事业的健康发展,我国已制定了一些法律规范①,在这里,以表格形式做简要说明(见表 3-1):

表 3-1　中国企业跨国经营国内法律法规简表

发布时间	法律或法规名称	部门
1985 年	《关于在海外开办非贸易性合资经营企业的审批程序和管理办法》	外经贸部(现商务部)
1989 年	《境外投资外汇管理办法》	国家外汇管理局
1990 年	《境外投资外汇管理办法》实施细则	国家外汇管理局
1993 年	《境外投资企业审批程序和管理办法》	外经贸部
1993 年	《关于用国有资产实物向境外投入开办企业的有关规定》	国有资产管理局、外经贸部和海关总署
1998 年 4 月	《关于对境外带料加工装配企业有关财务问题的通知》	商务部、财政部

---

① 如本书第二章中的第一节二、(七)中已有详细叙述。

发布时间	法律或法规名称	部门
2003 年	《关于内地企业赴香港、澳门投资开办企业核准事项的规定》	商务部、国务院港澳办
2004 年 9 月	《商务部关于境外投资开办企业核准事项的规定》	商务部
2004 年 10 月	《境外投资项目核准暂行管理办法》	国家发展和改革委员会
2006 年 6 月	《国家外汇管理局关于调整部分境外投资外汇管理政策的通知》	国家外汇管理局
2007 年 7 月	《保险资金境外投资管理暂行办法》	保监会、人民银行、国家外汇管理局
2008 年 8 月	《中华人民共和国外汇管理条例》	国务院

除表 3 - 1 列出的对外投资方面法律法规内容外,在《中华人民共和国企业破产法》中,首次对"跨境破产"进行了相关规定,顺应了企业跨国经营的发展要求。

《企业破产法》中跨境破产的规定就是对大量国际资本和跨国公司进入中国,以及大量中国企业走向海外之后如何处理涉外债权债务关系的一个法律回应,这也是该条款应运而生的原因。

按照《企业破产法》的规定,跨境破产适用的对象,主要涉及在中国进入破产程序的法人企业,包括将来在中国上市的外国公司,既涉及在中国破产但在国外有财产的企业,也包括在我国有财产关联但在境外破产的企业,包括我国在海外上市公司的破产。我国的跨境破产规定是我国破产法与国际接轨的一个尝试。①

从中国关于企业跨国经营的法律制度建设实践来看,由于经济发展、国家政策等原因,相比"引进来"的外资法律内容,我国针对"走出去"所制定的法律还远未完善,我国目前尚未形成企业海外经营的规范的法律体系,目前多表现为行政规章,而且规制的范围狭小,门类不全,主要集中在海外投资审批和外汇管理方面,相互间的有机联系不足,存在相互抵触的现象,缺乏系统性和稳定性。有关对中国的企业跨国经营的国内法律制度状况的评价,详见本书第十五章的有关内容。

---

① http://mnc.people.com.cn/GB/54822/4847209.html 人民网,专访企业破产法起草小组成员李曙光教授,2006 年 9 月 22 日。

第三章　中国企业跨国经营的法律和制度环境

二、中国对企业跨国经营的政策与制度状况

从中国对企业跨国经营的政策制度建设状况来看,主要的政策制度内容表现在以下方面。

(一)跨国经营审批与管理

目前,我国采取有条件地允许企业从事跨国经营活动,企业境外投资业务必须事先得到政府主管部门的批准。主要的指导原则是进一步简化审批程序,下放审批权限,加强对企业经营状况的掌握。

我国企业从事境外投资活动,首先要和我国驻东道国使(领)馆经商参赞处联系,就在该国投资是否可行征得其书面同意,之后向政府主管部门申请境外投资立项。另外,企业还须向外汇管理部门提供关于外汇资金来源的书面材料,征得其书面同意后方可向国家有关主管部门报批。2005 年 9 月,商务部发布关于印发《境外中资企业(机构)报到登记制度》的通知,规定经批准设立的企业在东道国有关机构注册登记后,需到我国驻该国使(领)馆经商参赞处登记备案。

我国政府部门对企业跨国经营审批程序逐步得到了简化,审批权限进一步下放。2003 年 6 月商务部和外汇管理局联合发布了加工贸易项目审批程序和下放权限有关问题的通知,将地方主管部门对境外加工贸易的投资项目审批权限放宽到中方投资额 300 万美元,300 万美元以上的则由地方主管部门报商务部核准。2004 年 10 月,国家发改委发布了中国企业境外投资项目核准暂行管理办法,放宽了各级主管部门对外投资项目的审批金额权限,中方投资额 3000 万美元以下的资源开发类和中方投资用汇额 1000 万美元以下的其他项目,交由各省级发展改革部门审核。

(二)跨国经营外汇管理

外汇管制政策一直是影响中国企业海外经营活动的一项重要因素。改革开放初期,受当时外汇储备少、外汇供应紧张的限制,我国对企业境外投资的基本倾向是鼓励少,限制多,对企业用汇审批严格。而截至2007 年 6 月底,我国外汇储备已高达 13326 亿美元,另外鉴于人民币升值的压力,我国政府对企业境外投资用汇的限制也在逐步放松,用汇审批权限进一步下放,鼓励企业从事海外经营活动。2006 年 6 月,国家外汇

管理局发布关于调整部分境外投资外汇管理政策的通知,明确指出要完善鼓励境外投资的配套政策,便利境内投资者开展跨国经营,并对部分境外投资外汇管理政策做出了调整。2005 年 8 月,在国家外汇管理局关于下放部分资本项目外汇业务审批权限有关问题的通知中指出,为简化行政审批手续和程序,外汇管理局决定进一步改进资本项目外汇管理方式及行政许可程序,将部分资本项目外汇业务审批权限下放到各分局、外汇管理部,将地方分局对境外上市外资股公司回购本公司境外上市流通股份购、付汇金额的审批权限扩大到 2500 万美元(不含 2500 万美元)。

(三)关于中国企业跨国并购的政策

相比较于我国政府关于外资并购中国企业的政策而言,我国很少对中国企业跨国并购政策做出专门的法律规定,这些政策一般都包括在中国政府关于中国企业对外投资的一般政策性规定中。

根据商务部对实施"走出去"战略的主要政策的归纳总结,涉及中国企业跨国并购的内容主要包括:境外涉及企业审批制、境外投资外汇管理政策、境外投资财务管理政策、境外投资税收管理及优惠政策、境外投资统计、年检和绩效评价政策、境外投资服务政策。

关于境外投资统计、年检和绩效评价政策,2002 年 10 月,外经贸部发布了《境外投资综合绩效评价办法(试行)》,明确要求外经贸部及省(区、市)商务主管部门将境外投资分服务贸易类、制造业类和资源开发类三个类别,从资产运营效益、资产质量、偿债能力、发展能力和社会贡献等五个方面进行综合绩效评价。当月,原外经贸部和国家外汇管理局还联合发布了《境外投资联合年检暂行办法》,明确规定年检实践为每年的 4 月 1 日至 6 月 15 日,年检内容包括境外投资状况、我国驻外经商机构对境外企业的评价,投资主题及其所办境外企业遵守我国有关境外投资规定的情况。同年 11 月,原外经贸部和国家统计局联合发布了《对外直接投资统计制度》,明确要求境内投资主体向商务部统计报送境内投资主体的基本情况,境外企业的主要经济活动,境内投资主体于境外企业间的投资、收益分配及其他往来情况,境外企业与中国境内的主要经济往来等资料。

(四)政策指导及信息咨询服务

为了鼓励并引导中国企业的跨国经营活动,政府对企业境外经营的服务力度明显加强,并努力给企业更多的政策指导。

2004 年 11 月,商务部建立了中国企业海外投资国别经营障碍报告制度,由驻外经济商务机构、商会及企业等以撰写年度报告和不定期报告的形式,反映境外中国企业在东道国经营过程中遇到的各类障碍、壁垒及相关问题,以帮助我国企业及时了解境外投资政策和动态。有关政府部门加大了对企业海外经营的信息服务力度,引导企业正确地选择适合自身发展的战略规划,例如,商务部在其网站上搭建了企业境外投资意向信息库,在驻外经商机构子网站上建立了所在国投资项目招商信息库等。另外,如第二章所述,商务部还针对我国企业对外投资的主要国家,制定了相关的国别产业导向目录,指导企业的对外投资活动。

目前,政府职能逐步从管理型向服务型转变,加强了对境外投资的指导和服务,有效地帮助企业节约了信息成本,积极推动了"走出去"战略的实施。

(五)税收政策及费用补贴

向本国企业提供税收优惠是各国支持鼓励企业跨国经营的普遍做法,我国同样有这方面的措施。首先,给予从事境外经营的企业所得税优惠。我国境外投资企业自正式投产或开业之日起,5 年内对中方分得的税后利润免征所得税。其次,给予企业关税优惠政策,对在发展中国家不能获得可兑换货币的合营企业,中方以分得的利润购买或以易货方式换回我国所需要的产品,除国家限制进口的产品外,若经营有亏损,可申请减免进口关税,对中方作为投资运出的设备、器材,海关凭商务部的批准文件和经境外投资企业的合同副本予以放行,并免征出口关税。另外,向企业提供税收抵免政策,对于海外经营企业在东道国已经缴纳的税款,可以在本国的应缴纳税款中扣除。

在税收优惠之外,我国还对部分企业的境外经营活动提供一定程度上的补贴。2004 年 9 月,财政部、商务部联合下发了《关于做好 2004 年资源类境外投资和对外经济合作项目前期费用扶持有关问题的通知》,对从事资源开发类海外投资项目的中国企业在东道国注册之前的有关费用提供财政补贴,包括聘请中介机构的咨询服务费、律师事务所服务费、可行性研究相关费用等。诸如此类的财政支持对于调动企业海外经营的积极性,引导投资方向可以起到一定的刺激作用。

（六）外交努力

自从我国提出"走出去"战略以来,政府对企业海外经营给予了极大的鼓励和支持,通过外交活动支持我国企业的海外投资活动是我国政府的另一项重要措施。

首先,从维护我国海外投资和跨国经营企业的利益出发,我国政府以日益积极的姿态参与、发起了许多国际间的经贸、投资谈判,如参与 WTO 等国际经贸谈判以取得对我国企业有利的国际通行规则。通过签订双边投资协定的方式以减少我国企业境外投资的障碍,降低投资风险,减少企业的税赋负担。如前所述,截至 2005 年年底,我国已与 87 个国家和地区签署了避免双重征税协定。

其次,中国政府领导人频频出访,并对中东、拉美、非洲等石油及其他矿产资源丰富的国家展开了外交攻势。中国企业对拉美国家的非贸易性直接投资也在 2004 年首次超过对亚洲地区的投资跃居第一位。

在全球化背景下,对国际投资的主要企业形式——跨国公司进行国内法律管制和政策引导的作用是有限的,为了促使跨国公司真正走上法制运营的轨道,必须依靠国际社会的共同努力,才能助推企业跨国经营的绩效得到提高。

主要参考文献

1. 邓洪波:《中国企业"走出去"的产业分析》,人民出版社 2004 年版。

2. 杜文中:《论跨国投资——新经济结构中的国家和企业》,中国财政经济出版社 2005 年版。

3. 冯会平:《论我国海外投资法制的完善》,《社会主义研究》2004 第 2 期。

4. 郭朝先:《我国企业跨国经营面临的制度性约束》,《中国经贸导刊》2004 年第 10 期。

5. 黄若君:《越南投资法律环境分析与投资对策》,《东南亚纵横》2006 年第 10 期。

第三章 中国企业跨国经营的法律和制度环境

6. 梁开银：《论 WTO 协议对中国海外投资法制的影响》，《政法论丛》2004 年第 2 期。

7. 李强：《20 世纪 90 年代以来国际社会对拉美投资环境的评估》，《拉丁美洲研究》2007 年第 2 期。

8. 鲁桐：《中国企业跨国经营战略》，经济管理出版社 2003 年版。

9. 马超：《马来西亚资本管制的效果分析》，《国际金融研究》2000 年第 2 期。

10. 司岩：《中国企业跨国经营实证与战略》，企业管理出版社 2003 年版。

11. 田贵明：《拉美国家投资政策比较研究》，《世界经济与政治》2001 年第 8 期。

12. 王超：《跨国战略——国际工商管理》，中国对外经济贸易出版社 1999 年版，第 4 页。

13. 王明琴：《俄罗斯外国投资法律环境评价》，《东欧中亚市场研究》2002 年第 12 期。

14. 吴蓬生：《知识产权制助推国际化战略》，中国经济出版社 2005 年版。

15. 吴伟央、贺亮、邸智源：《跨国公司并购法律实务》，法律出版社 2007 年版。

16. 徐明星：《浅析对跨国公司的法律管制》，《湖南经济管理干部学院学报》2004 年 4 月。

17. 杨德新：《跨国经营与跨国公司》，中国统计出版社 2000 年版。

18. 尹海伟、徐建刚、曾尊固、龙国英：《非洲投资环境地域差异研究》，《世界地理研究》2005 年 6 月。

19. 余劲松、詹晓宁：《国际投资协定的近期发展及对中国的影响》，《法学家》2006 年第 3 期。

20. 余劲松、詹晓宁：《论投资者与东道国间争端解决机制及其影响》，《中国法学》2005 年第 5 期。

21. 赵曙明：《跨国经营与海外投资》，湖南教育出版社 1996 年版。

22. 詹晓宁：《国际投资协定的发展及影响》，《国际经济合作》2003 年第 9 期。

23. 曾忠禄:《中国企业跨国经营决策、管理与案例分析》,广东经济出版社2003年版,第9页。

24. 中华人民共和国商务部:《国别贸易投资环境报告2005》,人民出版社2005年版。

第四章　中国企业跨国经营的
政治和社会人文环境

2006 年 6 月号的美国《财富》杂志刊出了一篇名为《中国崛起,伴随风险加剧》的专栏文章。文章在专门分析了中国在尼日利亚、巴基斯坦、苏丹、伊朗等国的投资后,得出结论说:"由于同一些不稳定的国家进行贸易,中国的全球投资战略正在付出代价,而且随着中国全球姿态的提高,代价也将随之提高。"

在此之前,20 世纪 90 年代初期,最先迈向跨国并购的中国首钢集团就遭遇"秘鲁困境";2003 年年初,法国巴黎 11 个区政府工作人员多次罢工,抗议中国纺织品批发商大量购买当地店面,不讲卫生,不维护环境;2004 年 9 月,中国商人的货物在西班牙的埃尔切被焚烧,并有多家店铺被毁;2004 年年底,"中航油"在新加坡因衍生交易失控;2005 年,"中海油"对美国"优尼科"公司的收购案因政治原因失利……

如此种种的一系列事件提醒我们:中国企业若想要成功地走好跨国经营之路,需要认真考虑的绝不仅仅是经济问题本身,必须要重视对当地政治和社会人文环境的研究。

第一节　政治和社会人文环境与企业的跨国经营

在企业的跨国经营活动中,政治和社会人文环境是必须要考虑的因素。现在,许多国内进行跨国经营的企业已经开始逐步认识到,熟悉东道国的政治和社会人文环境与熟悉当地的市场一样重要。很多看似非常好的商业机会,往往由于经济以外的某些因素的变化,瞬间就消失得无影无踪,甚至变成投资的黑洞。

下面我们就先分别对政治和社会人文环境的基本内容做个简单介绍。

一、政治环境与政治风险

尽管企业的跨国经营是一种经济行为,但是任何企业都不是独立于社会之外运作的。政治环境是指企业经营活动的外部政治形势。一个国家的政局稳定与否,会给企业营销活动带来重大的影响。稳定的政局会给企业经营造成良好的环境。相反,政局不稳、社会矛盾尖锐、秩序混乱,就会影响经济发展和市场稳定,影响企业的跨国经营活动。因此,企业在进行跨国经营的过程中,必须考虑东道国政局变动和社会稳定情况可能造成的影响。

政治环境分析主要分析国内的政治环境和国际的政治环境。国内的政治环境,包括一个国家的政治制度、政党和政党制度、政治集团、党和国家的方针政策以及政治气氛等。国际政治环境主要包括:国际政治局势、国际关系、目标国的国内政治环境等。

人们一般认为,政治风险就是一种因东道国政府主权行为导致外国企业价值减少的随时可能的潜在的可能性。企业跨国经营的政治风险主要包括如下三个方面的内容:

1. 没收、征用和国有化导致的风险

没收和征用都是指政府无偿地取得财产,不给予企业任何补偿;而国有化是指政府接管企业的资产,并给予一定补偿的行为。但企业国有化时,政府的补偿通常不足以反映企业的市场价值。

一般而言,在发展中国家投资,发生这类风险的可能性要大于在发达国家的投资,以在南美发生这类风险的可能性为最高。造成这一状况的原因,主要在于某些发展中国家对私有财产与外国企业财产缺乏严格的法律保护政策,加上这些国家政治局势往往频繁变动,这就使得企业对于是否在这些国家长时间安心经营信心不足。

这类政治风险有时候不一定是由政治不稳定造成的。例如,1980年密特朗当选法国总统推行了把大产业(包括那些含有外资的工业)国有化的政策,这使得国外企业在法国的经营环境发生了根本性的变化。

而且,尽管大规模国有化的浪潮已经成为历史,但在新的全球化背景下,一些国家在举借外债、开放投资的同时,又开始通过"蚕食式征用"或者"间接征用"的办法获取外国企业资产。例如,某些东道国的中央或者地方政府,以各种理由和措施阻碍外国投资者有效控制、使用和处置企业的资产,使得外国投资者作为股东的权利受到很大程度的限制等。

2. 战争或者政变导致的经营风险

中国企业在海外经营面临的政治风险还包括战争和政变。企业一旦把自己置身于这样的环境,当地政府和相关企业就很可能实际上无法履行合同,或者以此为借口拒绝履行合同。而在东道国发生政变、内战或大规模骚乱引起政局变动,企业在很多方面都会觉得无所依托,因无法控制局势而无法履行合同。

如果东道国政府或者当地企业违约,投资者一般都无法向司法或者仲裁机关寻求正常裁决和帮助;或者即使给出裁决,也无法申请执行。

举例来说,2006 年 9 月 19 日,泰国曼谷发生军事政变。满载着军人的坦克,包围了总理府,控制了电视台,并宣布建立临时政权。

2006 年 9 月 20 日,TCL 泰国公司总经理曾春新召开紧急会议,原计划在 9 月 21 日和 9 月 24 日举行的两场酒店展会不得不暂时取消。军事政变将会对太多经济产生诸多负面影响,电视机的销量将会因受此影响而下降。此外,TCL 泰国公司还将面对政变引起的泰铢贬值带来的汇率损失。

3. 恐怖主义造成的风险

人类历史进入 21 世纪后,国际政治与经济格局都正在发生历史性的变化。2001 年 9 月 11 日,美国纽约世界贸易大厦在遭到袭击后坍塌。这一事件让"恐怖主义"一词,几乎迅速进入每一个普通人的视野。美国国务院把恐怖主义定义为:由国家组织或者隐蔽人员对非战斗目标(包括平民和那些非武装或不执勤上岗的军事人员)发动的,常常是影响受众的、有预谋的、有政治目的的暴力活动。兰德公司则认为:恐怖主义是个人或者团体为达到政治目的而使用国际暴力。

正是因为恐怖主义具有上述特征,那些从事跨国经营的企业及其雇员,往往会成为恐怖主义者袭击的重要目标。尤其是对具有国际影响的大国企业而言,防范与恐怖主义相关联的海外经营风险是必须了解必须重视的内容之一。

自 20 世纪 60 年代以来,意识形态、宗教信仰分歧、民族独立等问题在国际关系中相互交织。少数极端主义分子制造的恐怖事件成为影响企业跨国经营环境的重要组成部分。贸易商人、跨国公司、商业区则因为缺乏戒备而变成了最容易攻击的目标。

表4-1 政治风险评估总框架

类别	宏观		微观	
	社会面	政府面	社会面	政府面
国内	革命 政变 内战 派系冲突 民族或宗教骚乱 大范围闹事或恐怖主义 全国罢工、抗议、抵制 舆论转向 联合行动主义	国有化或征用 逐渐国有化 资本与利润汇出限制 领导人斗争 政体剧变 高通货膨胀 高利率 官僚政治	选择性恐怖主义 选择性罢工 选择性抗议 国际企业抵制	选择性国有化或征用 选择性当地化 合资经营压力 差别税收 地方要求或雇佣法律 某种产业管制 违约 地方竞争补贴 价格控制
国际	跨国游击战争 国际恐怖主义 世界舆论 撤资压力	核战争 常规战争 边界冲突 联盟变化 禁运与国际抵制 高外债偿还比率 国际经济不稳定	国际行动集团 外国跨国公司竞争 选择性国际恐怖主义 国际企业抵制	母国与东道国外交紧张 双边贸易协定 多边贸易协定 进口或出口限制 外国政府干预

资料来源:王超主编:《跨国战略——国际工商管理》,中国对外经济贸易出版社1999年版,第201页。

需要指出的是,许多西方学者认为,在发展中国家进行跨国经营的政治风险要高于发达国家,发展中国家的政治状况存在更大的不确定性。就某些角度来说,这个观点有一定道理。但是就总体而言,这种观点并不正确。由于政治体制的原因,外资企业在跨国经营,尤其是涉及敏感领域的收购、兼并案,在欧美等发达国家也往往成为政党政治和一些组织斗争的牺牲品,典型的例子就是"中海油"对"优尼科"的收购。当然,这一案例除涉及政治因素外,还涉及与此关系紧密的社会人文因素。

二、社会人文环境

社会人文因素指的是来自东道国非政府方面的、并对跨国经营企业

125

可能构成价值损害的社会行为和文化氛围。因为存在文化、宗教、习俗的差异,从事跨国经营活动的企业常常会遇到来自东道国民间的非政府组织(如工会、商会等)的排挤和抵制。这类民间活动有时候以较为温和的方式(如议会游说、谈判等)出现,有时也表现为游行、骚扰甚至暴力等手段,从而直接或者间接地影响跨国企业的经营活动。

一般来说,行业协会、工会为代表的非官方组织,往往更多是出于行业发展和就业等方面的原因对外资企业提出抗议。例如,一般会认为,正是外资企业的进入和发展使得国内同类企业的发展出现困境并带来工人的失业。因此,这些组织往往会向政府施加压力,推动实施保护本国企业和当地工人利益的政策,有时候甚至会采取非法的手段排挤外资企业。而东道国政府往往会对当地社会的这种滋扰行为予以偏袒,提供半公开的支持。尤其是这种氛围与东道国政治格局变化相联系起来时,外资企业可能完全失去政府的保护,从而使企业经营面临巨大压力。

社会人文因素,在很大程度上,是和不同地区人们的信仰或者"文化"紧密相关的。文化是一个我们很熟悉的词汇,而且有着不同专家的至少几十种的定义。但在跨国经营时,对文化的理解至少需要注意到这样两个层面:外在的(各种有形的标志,如行为、语言、事物)和内在的(大量无形的价值观以及对人性人生的基本假设)。

例如,一个日本经理在公开演讲的时候,可能在开始或者结束的时候向听众道歉:"我很抱歉,这次准备得很不充分……有不对的地方请大家多包涵。"他可能还会为此鞠一个躬,并且说话的声音也很小。按照西方的观点,这个经理一定是缺乏自信。西方的听众会认为这个日本经理真的没有做该做的准备,能力不够、可信度差。但是在日本,他的这种行为却不仅没有什么不合适的,而且是说话得体,受人尊重。

再比如说,中国企业与西方国家的企业在关系、合同和执行方面也存在巨大的差异。西方国家的企业一般倾向于订立详细的合同和严格遵守,这样的行为鼓励互不相识的企业进行交易,而且可以使得商业环境更为稳定并有更强的可预测性。中国的企业更加注重人际关系,企业家往往会根据此前对对方的信任做事。有时候,买卖双方通常需要某位双方都信任的人或者政府官员的引荐,中间人或者介绍人认可对方甚至为对方的资信担保。

在西方国家,大部分商业交易都是从自我介绍的信函开始的。在签约之前,合同双方通常会审查对方的资信和财务实力,审查资料包括:当地资信机构出具的财务历史说明,或债务信息供应商出具的报告,审查对方产品和服务质量的详细分析报告。交易双方在随后达成的合同通常都会非常详细,如果合同一方擅自改变合同条款造成另一方困难,那么另一方通常会宣布合同无效而提出起诉。但是在中国,买卖双方的合同往往比较简单,而且可能经常修订,而且如果交易双方已经有了基本的信任,那么就可能口头约定对某些条款的修改而不会诉诸文字。

最后,需要指出的是,在我国企业的跨国经营中,世界各国不同的政治和社会人文因素应在不同的情况下受到不同程度的看待。比如,在欧美地区,现代政治和社会文明比较发达,宗教信仰因素在企业的跨国经营活动中的影响相对较小。然而,在中东和北非等伊斯兰地区,宗教因素对企业跨国经营活动的影响则相对更大一些。如果企业在部族冲突激烈的某些非洲国家,或者是中东,企业则尤其需要注意政治因素中的战争风险问题。这些差异我们会在下文分地区的具体论述中做出区别对待。也就是说,在每一部分中我们介绍的重点会有所不同。

第二节　北美地区的政治和社会人文环境与中国企业的跨国经营

我们通常所说的北美,一般是指美国和加拿大。事实上北美洲有很多国家,墨西哥、巴拿马、厄瓜多尔、海地、危地马拉、萨尔瓦多等也属于北美洲。但是,这些地区的政治和社会人文环境与美国和加拿大存在较大的差异。因此,我们会把他们放在拉丁美洲的章节里面做出论述。

一、北美地区的政治环境

让我们直接从上文提到的一个典型案例来展开本部分的分析——"中海油"收购"优尼科"。中国海洋石油总公司(简称"中海油")是中国三大国有石油公司之一,经营业绩在中国大型国企中连续多年名列前茅。2005 年,"中海油"与美国"优尼科"公司达成收购协议,但最终收购案却由于政治原因胎死腹中。

应该说，"中海油"为此次收购做了很好的准备。"优尼科"也表现出了很大的诚意——最初公司唯一的担心是中国政府不批，对美国政府则一点也没有担心，为此"优尼科"甚至还搬来了美国前国务卿、赫赫有名的"中国通"基辛格来做中国政府的游说工作。但收购案最终还是因为美国方面的政治和社会因素而失败。

在收购过程中，部分美国人，特别是一些美国国会议员，以"可能影响美国国家安全"为由，阻挠收购案的顺利达成。当初曾经主动向"中海油"示好的"优尼科"公司，态度也开始变得犹豫。最终，"中海油"宣布撤回对"优尼科"的收购要约，主动放弃了此次高价的跨国并购。

在这个案例中，我们可以明显地看到，政治因素是如何影响企业跨国经营的。那么北美最重要的这两个国家，美国和加拿大，其基本政治状况又是如何呢？

美国是一个实行"三权分立"的国家。代表行政权的总统通过间接选举产生，任期四年。政府内阁由各部部长和总统指定的其他成员组成。内阁实际上只起助手和顾问团的作用，没有集体决策的权力。国会为最高立法机构，由参议院和众议院联合组成。

加拿大实行的是联邦政府制。在这种政体下，各种持不同政见的团体为了共同的目的而走到一起，由共同的政府领导；而地区政府则为满足各地区的特殊需要。在联邦政府机构内，由当选的官员——总理领导下的部长内阁——组成主要的决策机构。联邦政府通过与其他当选官员、省级和市政代表以及加拿大人民共同协商，领导国家的民主统治政体。

在美国的政治制度中，需要注意的是，国会发挥着无与伦比的巨大作用。国会更多地代表着美国的民意基础。因此，院外游说活动也是美国政治生活的一大特色。此外，每四年一次的总统大选是美国政治生活中的大事。总统选举时期，是政治高度的敏感时期，尤其是对中国问题。尽管从最近两年看，大选中涉及的中国敏感议题明显减少，但企业在跨国经营，尤其是在考虑在美国并购的时候，还是需要对这一敏感时期多多提起注意。很多企业就曾因为这个问题遭受挫折。

让我们以华为公司在美国曾经的遭遇为例来进行说明。2007 年 9 月份底，美国私募资本公司贝恩资本（Bain Capital）联手中国的华为公司，以 22 亿美元并购美国网络设备制造商 3com。在该交易中，华为将收购 3com 的 16.5% 的股权,其余皆归贝恩资本所有。另外,根据公司未来的业绩,华为将来可增持 5% 的 3com 股份。

网络设备是美国外国投资委员会(CFIUS)界定的"敏感领域",该消息一经公布,便触发了 CFIUS 的审查程序。在经过 2007 年 10 月 30 天的常规审查后,2008 年 1 月又追加 45 天的二期审查,延宕的局势表明,美国政届对中国在所谓的"敏感领域"投资的意见分歧仍在发酵。

在 CFIUS 宣布延长审查后,美国国会部分议员又对华为提出了新的指控,指称华为的股份不透明。美国国会众议院共和党政策委员会主席就要求美国总统布什责成有关部门阻止这一涉及 22 亿美元的并购案。

华为负责人随即给予书面回应:"中国政府并不拥有或者控制华为的任何部分或者给华为任何优待。不仅中国政府、中国军队,而且任何商业组织都不在华为拥有股份。"而且华为还表示,在 2007 年,政府合同只占其全部销售额的 0.5%。

不过,在美国政届享有盛名的亚洲协会名誉主席尼古拉斯·卜励德在纽约告诉给中国的《国际先驱导报》:"我认为中国人收购美国公司和购买美国商品是一样的,不应当成为问题。不过我要提醒中国人,今年是美国的选举年,国会议员对所谓涉及敏感领域或与安全有关的公司收购非常在意。中国公司在这样的年度需要非常耐心。"

尽管我们在上文中历数了在北美进行跨国经营需要注意的政治问题,但是有一点是毫无疑问,在北美地区进行跨国经营的政治风险相对还是较低的。无论是国有化风险、战争或政变风险,还是恐怖主义风险,北美都称得上是全世界相对安全的区域。

二、北美的社会人文环境

尽管在北美地区进行跨国经营的政治风险并不大,但是作为中国企业如果想要在这一地区做好跨国经营需要注意的社会人文环境还是比较复杂的。改革开放 30 年来,中国取得了长足的进步,但是中国毕竟还是一个发展中国家,总体的社会发展和北美地区还存在一定的差距。此外,中国有着自己独具一格的文化传统。这些文化传统与北美地区也存在很大的差异。

下面让我们以几个问题为例,来对此进行简单说明。

（一）商业文化

20 世纪 80 年代，日本开始高调收购美国资产，其中典型的案例包括收购凡世通（Firestone）和好莱坞的哥伦比亚影业公司。但是几乎没有一桩收购案能给日本买家带来预期的收益，凡世通和哥伦比亚的收购最后分别损失了 10 亿美元和 30 亿美元。日本企业遭受损失的一个重要原因就是没有能对文化差异给予足够的重视。

美国的企业比较注重营造平等合作的氛围，并根据员工的表现和创意而非职位的高低来确定奖励幅度，而日本的企业则更强调严格的等级制度；美国的企业鼓励员工发挥创造性并尊重他们的独立性，日本的企业要求员工严格遵守规章制度并无条件地执行上级的命令；美国的企业会经常调整各岗位的人员配置，员工的流动性较强，而日本的企业则喜欢培养"终身雇佣"的员工；如此等等。不同的国家文化和不同市场环境所造就的企业文化的差别就更严重，常派生出一系列难以克服的困难。

一位国外的企业家曾这样指出，在他的印象中，在中国做生意用MBA 的办法不行，得用《三国演义》和《三十六计》里的办法。他举例说，曾有一位美国商人要在上海开发一块地皮。他建议在那个地方开一家餐馆。美国商人的第一反应是"不知道政策允许不允许"，在场的另一位中国商人马上接过话头来说："可以想办法。"

在这种思维方式培养下，中国企业要想进行成功的海外经营还需要很多的改变。这里还应该指出的是，中国在进行跨国经营的企业中，有很大一部分是国有企业。国有企业的特殊性加上我们固有的商业文化，往往会衍生出许多让人震惊的案例。

有这样一个案例：一位加拿大实业界的重要人物与一位中国商人在菲律宾签署了一项房地产协议，并相互保持了长期的良好的互利关系。在一段时间之后，中国商人的其他核心业务出现了亏损，他开始从该地产投资中撤资填补亏空。加拿大人起初并没有注意，然而撤资行为逐步显现并威胁到项目运作。几个月后，加拿大商人决定采取行动。

因为工作繁忙，加拿大商人派出自己非常信任的法律顾问去弄清事实。中国商人接到该律师来自机场的电话后，非常吃惊。"我是 X 先生的法律顾问。他让我来替他解决问题。"

中国商人以前从未听说过这位律师，以至于他在向加拿大合伙人确定该律师身份后,仍然不愿意与一个他感觉和自己地位极不对称的律师谈话。因为中国商人习惯于只接受与自己地位相同的人。当律师催促他谈判时,该商人一拖再拖,最后拒绝见面。于是,律师返回加拿大,加拿大商人终止了该房产项目的合作。

（二）消费者的成熟度

西方消费者和他们的企业一样,老道精明、历经沙场。中国消费者对各种广告、宣传品、试验品尚存冲动和渴望。相比较而言,西方消费者显得更为成熟。如果产品跟不上新技术和新时尚的发展,销售就会在短期之内下降,如果产品功能不善或偶尔造成危害,那么消费者通常会把企业告上法庭,以保护和体现自己的权益。

消费者起诉商家并得到巨额赔偿的案例,在中国少之又少,而在北美地区,尤其是在美国则并不鲜见。比如,西方消费者会状告手机经销商,指控手机辐射危害自己的身体健康。消费者会因为买到的食品没有标明有效期,而把沃尔玛告上法庭,指控他们企图欺诈。还有一则报道称,在2001年6月,美国得克萨斯州的一个消费者玛琳达买了一套房子。一场大雨过后,房子内墙面出现了几处湿痕。她立即向卖家投诉,认为房子的质量存在问题,要求卖家重建住房。卖家愿意把所有的墙面重新处理,但拒绝重建住房。玛琳达决定上告,她的理由是:湿板不仅仅是质量问题,而且危害全家人特别是小孩子的健康。结果她赢得了官司,并得到了3200万美元的赔偿——这足够她在原来的地方买几十甚至上百处的房子。

还有一位极度肥胖的男士控告一家特色米制食品制造商,并提出5000万美元的巨额赔偿。该指控的理由是,食品中所含的热量为147卡路里,而不是国家检测研究所原先测定的120卡路里,而这导致了他的肥胖。该公司被迫从全国各地的商店召回所有此类食品,并花费数百万美元应诉来保护自身利益。

相比西方,中国的普通消费者比较天真可爱,随波逐流,崇尚潮流,还比较好说话。因此,一些跨国公司会把二等质量的产品/服务销售到中国,曾经有过广泛报道的例子就包括全日空、东芝笔记本、奔驰车等。

中国的中产阶级和上层消费者对于时尚和地位较为敏感。TCL某高管就曾如此解释中国和西方消费者的差异:"中国消费者喜欢通过购买高新产品显示其财富和地位,而且他们的偏好会很快改变。在中国销售的电视机必需要有更多的功能、更为美观的设计和更为超薄的造型等等,但是在美国和欧洲市场,消费者的偏好通常更多地考虑持久的质量和性能。"

(三)法律问题

企业跨国经营时,既要注意按照国际惯例办事,又要认真了解和遵循东道国的法律。如果东道国的法律和国际法不一致,就会使企业的跨国经营失去行为准则,导致法律冲突。北美地区的法制相对成熟,社会公众对法律问题的认识也与中国的传统存在差别。

与现代西方对法制的崇尚相比,中国是一个更为崇尚"关系"的社会。金山公司的高管说:"如果有什么纠纷出现,我们不会先采取法律手段,感情上这道关就过不去。"[①] 2001 年,有竞争对手曾经偷了金山产品的设计。金山公司并没有提出诉讼,而是直接到对方公司谈判,并最终获得对方一笔费用支付而结束了这场可能的官司。

格力电器的高科技管理项目经理刘彤说:"在中国,我们很少签合同。格力最大的客户和我们之间并没有签订任何合同,我们都是通过口头约定来管理客户关系。其实这个行业都这么做。我们是著名的企业,因此如果产生法律纠纷,我们会诉诸法律。"

晶辉科技(深圳)有限公司制造的面包电烤炉专门供应海外市场,产品已经占了世界 15% 的市场份额。有着长期与海外商家打交道经验的董事长张白,对西方发达国家处理供应商和消费者方式的第一印象是:"他们会严格按照行为规范做事,但他们毫无灵活性。"在中国,许多事情都是靠相互信任和心照不宣的规则相互制约的,在产生冲突的情况下,中国的企业更倾向于谈判,或许 70% 都会靠关系解决,而只有 30% 才会诉诸法律。张白的经验是:"中国的法律和监管体系还在进一步完善当中,因此企业人士必须学会见缝插针。"

而在北美地区,尤其是在美国,诉讼是一件很平常的事情。美国有近100 万律师,每年进行 3000 万次诉讼,谈论律师、诉讼、法律就像中国人

---

① 参见吴霁虹·桑德森:《下一步:中国企业的全球化路径》,中信出版社 2006 年版,第 251 页。

谈论"关系"一样是家常便饭。

对商业法律而言,它已不仅仅代表获取公平的保护,而是已经成为竞争的手段。例如 1999 年,中国第一铅笔厂因优质廉价铅笔在美国畅销引来了美国铅笔联合会的反倾销起诉。中国第一铅笔厂聘请美国律师积极应诉,并向法庭出具了铅笔生产的所有费用细节文件、证据,法官判决中国铅笔厂胜诉。不过,胜诉后第六年的第一天到来时,美国铅笔联合会再次对中国铅笔厂商提出诉讼。

与此相反,中国传统的企业文化,不喜欢诉讼而更倾向于通过谈判解决问题。中国人传统上就不认为法律是人与人打交道的好办法。也正是因为如此,大多数中国企业在面对法律诉讼时经验还显得非常不足。企业在北美运作时,经常会因此出现吃亏的情况。

第三节 欧洲的政治和社会人文环境与中国企业的跨国经营

欧洲在世界经济中享有重要地位,但是,仅从地理角度考虑,欧洲却是最小的大陆之一。欧盟 25 个成员国的陆地总面积还不到 398 万平方公里,不足中国国土面积的 1/2。欧洲社会十分复杂,各国的历史、文化、宗教、语言、种族、教育和生活水平都存在差异,每个国家都有自己的特点,甚至一个国家内部的不同地区也存在很大的差别。

下面我们将对欧洲主要国家的政治和社会人文环境做一个简单介绍。由于篇幅所限,我们介绍的重点将主要放在欧盟国家身上。

一、欧洲地区的政治环境

理解当前欧洲地区政治环境的关键是理解欧盟。在过去的 50 年中,欧盟是世界上最具雄心和最为复杂的政治试验之一。欧盟现在已经有 27 个成员国。在这些成员国之间,原来被各种边境阻隔的欧洲,随着商品、人员可以自由往来,以及欧元使用范围的逐步扩大,正在越来越紧密地连接在一起。欧盟在欧洲范围内,对各国内部事务的影响力也越来越大。

一个国家加入欧盟意味着要放弃自己的部分主权,政策和法规的许多方面都要纳入欧盟的范围之内,而不再是由自己国家的政府单独制定和执行。

欧洲理事会即欧盟首脑会议，是欧盟的最高决策机构。它由欧盟成员国国家元首或政府首脑及欧盟委员会主席组成，理事会主席由各成员国轮流担任，任期半年。

在许多政策领域，欧盟的权利对商业产生了巨大的影响。从中国的角度看，最重要的就是欧盟对贸易的影响力。欧盟代表其成员国与中国就加入世界贸易组织进行过谈判；同样地，是欧盟委员会而非具体某一个成员国负责欧盟的对外贸易政策和条款的制定，比如欧盟反倾销措施的首要目标就是中国。

乍看起来，欧洲各国的政治体系似乎都是大同小异。然而，由于复杂的历史原因，这一地区各国的政治体制之间还是存在各自的特点。这些差异有些体现在政府系统的正式框架、政治行为，而且也体现在某些思想和文化等难以明显觉察的领域。即使有很多领域越来越受到欧盟共同法规的制约，但在税收政策、国家在经济领域所扮演的角色以及社会福利等方面，各国仍存在巨大的差异。

德国政治体制在过去的 150 年里经历了巨大的变革。德意志联邦共和国，顾名思义，是一个联邦。国家的元首是总统，但是这一职位主要是形式而无实际权力。政府由总理领导，虽然内阁成员由总统正式任命，但总理有权组成内阁，并制定政府需要执行的政策。

比利时的政府系统是欧洲最复杂的政治体系之一。比利时实行的是君主立宪制，国王是国家元首，代表国家。国王有权解散议会或命令议会休会，有权任命大臣和法官，有权宣战和媾和，有权发行货币和授衔授勋。国王还是军队的统帅。根据比利时宪法，国王对议会通过的法律有否决权，但是实际上国王从未行使过这一权力。1994 年比利时议会通过决议，把中央集权制国家改为联邦制国家。

卢森堡大公国也是一个君主立宪制国家。卢森堡是世界上最发达的资本主义国家之一，人均 GDP 居世界首位。大公为国家元首、武装部队统帅，拥有立法权和行政权。实际上，议会行使立法权；政府行使行政权，并对议会负责。议会为一院制，为最高立法机构，有议员 60 名，任期 5 年。2005 年 7 月，卢森堡全民公决通过《欧盟宪法条约》。

法国现在的政治制度，是在第二次世界大战之后成立的法兰西第四共和国(1946～1958)的基础上建成的。现在法国的政权组织形式是半总统制。它是介于总统制和议会制之间的一种国家政权形式。总统由普选产生,任期7年,权力很大,是国家权力的核心。政府是中央最高行政机关,对议会负责。总理由总统任命,领导政府的活动,对国防负责,并确保法律的执行。实际上总理须听命于总统,起辅佐总统的作用。

英国是一个以国王为首的议会制国家,英国没有成文的宪法,政府体系是基于数百年来积累的法律和习俗的基础之上。英国国王如今在政府中更重要的是象征和仪式作用。总理是政府的首脑,它可以从自己的党派中任命内阁成员。

英国也是两院议会体制。上议院的成员都是由政府任命的,众议院的成员任期为5年。在英国政治体系中,保守党和工党是主要的两大政党。除了英国的议会之外,苏格兰议会、威尔士议会和北爱尔兰议会在各自的管辖范围内也拥有立法权。

二、欧洲地区的社会人文环境

中国商人在积极开拓欧洲市场的同时,应该努力融入当地社会和文化,主动缓解经济竞争导致的族群矛盾。以下我们将就几个方面的问题,对此做一个简要的说明。

(一)节假日和工作时间

许多欧洲人相信,工作只是生活的一个组成部分,应该在工作和生活的其他方面之间保持一个平衡。他们不希望工作侵犯到自己的个人生活,绝大多数雇员也会充分利用自己的法定节假日,不愿意受多余的加班和工作干扰。实际上,与绝大多数地区相比,欧洲人有更多的节假日。因此,出现在对方办公室里没有人在办公的情况,有时候就并不奇怪。

除了公共节假日外,如圣诞、新年、复活节等外,绝大多数欧洲人每年都会有几周的休假,在有些国家,人们不工作去休假是很普遍的。比如在英国,很多企业的业务在圣诞到新年这段时间,都会完全停止。不过,在比利时这样的做法则不那么普遍。在法国,每周的工作时间是35小时,而且绝大多数人是在8月份休长假,这导致8月份,几乎做不了什么事。而且,欧洲的休假高峰,通常取决于学校放假的日期,因为家庭一般只在儿童不上学的时候休假。

尽管随着竞争的增强、现代通讯手段以及办公设备的应用,在一些企业和管理人员中流行超时工作。但大多数欧洲人还是没有在工作时间以外工作的习惯。欧洲的许多人,仍然觉得把工作带回家是不正常的,并且不会认为在家庭生活中仍有人就工作事务保持联系是正常的。也就是说,对绝大多数欧洲人来说,工作和私人生活之间,存在一条明确的分界线。

（二）企业与政府的关系

对欧洲绝大多数的企业来说,培植与政府和政府官员的私人关系,并不是一件正常的事情,对企业的发展也没有特别的益处。政府机构也会主动帮助企业,指导企业如何开业,寻找合适的地点等等,甚至确保投资者能得到恰当的优惠,但是这些活动都是政府工作人员的正常职责。对于公司的活动来说,公司通常不需要寻求政府官员的特别帮助。尽管企业注册需要政府批准,但是注册程序都并不复杂,而且商业活动通常都不需要政府的批准和干预,因此企业也没有必要培植与政府的联系。政府官员也随时面临比较严格的反贿赂和反腐败的各项规章制度。

只有那些规模非常大的公司除外。这些公司,在某些问题上,经常要寻求政府的特殊支持,并且可能需要通过"游说"来影响政府的政策。

（三）区域内各国不同的企业文化

尽管同在欧洲,相互有着许多共同的历史背景和文化熏陶,但是欧洲各地的企业文化还是存在一些不同之处。比如说,德国人非常强调自己的工作效率,但是在决策上倾向于谨慎保守。在商业谈判和会议的时间管理上,他们会严格遵守计划和议程。他们期望讨论是在事实和符合逻辑的基础上进行的。即使是在双方初次碰面的会议,他们也期望能够直接进入实质的商业讨论。在讨论中,德国人会直截了当,如果他们不同意对方的观点,会非常明了地提出自己的否定意见。在不愿意接受某个条件或者不想去做某事的时候,直接说"不",并不被认为是无礼,也不会损害私人和商业关系。可以想象,私人关系在商业谈判中并不认为是重要的。

许多德国公司都非常成功,但是它们却不愿意冒风险。德国的公司,尤其是大公司,经常被认为灵活性不够、适应性不强,管理层的行动迟缓、小心谨慎。他们更看重详细的规划和仔细的执行,而不是快速的行动和灵活性。

荷兰的商业氛围与德国有些类似,他们都会直接明了地表明自己的观点,而不是说"有可能"或者答应对方自己不可能实现的目标。通常荷兰人在商业谈判中,会把讨论集中于客观的事实,社交会减少到最低程度,主观的情绪和私人的感情,也不在商业考虑的范围之内。

平等主义、尊重他人是荷兰企业文化的关键因素之一,决策通常是建立在共识的基础之上。因为要听取各种不同的意见,建立共识可能需要较长的时间,但是,一旦达成共识,各方就都要严格按照协商的结果采取行动。

比利时的企业文化就不像德国和荷兰那样正式。在这里,你更有可能和对方发展私人关系,并借此促进同行之间的信任。谈判会议在进入商业事务的讨论之前,更有可能进行一些私人谈话。比利时人通常在寻求解决问题的办法上更为务实,并愿意寻求妥协,而不是坚持僵化的立场(实际上,在它的内部,法兰德斯地区的企业文化在某些方面同荷兰的企业文化类似,而瓦洛尼亚的企业文化则更接近法国)。

同欧洲其他国家不同,法国社会更为服从官僚主义和行政常规,而且等级观念更为森严。官僚主义的规章和程序会部分地牺牲效率和灵活性,而且要确保谈判中的对话者是那些能够决策的人,这是非常重要的,通常只有等级制度的最高层才真正控制着决策的权利。

英国人则非常务实,而且也在很多方面维持着等级森严的制度,然而,他们也坚信民主和公开的价值观。英国人是典型的经验主义者,他们会倾向于怀疑宏大的理论和抽象的想法,更愿意把重点放在事实和解决问题的现实方法上。因此,介绍应该简洁,并着重于具体的事实。在英国,很多人相信,商业提案的长度不应该超过一页纸。因为坚信民主和公开的价值观,共同参与者的意见都会得到重视。而且,在英国,有效的团队工作被认为是成功的关键,团队成员之间的合作精神是很宝贵的。

英国人素有拘谨和保守的名声,尽管公司会有比较严格的管理等级制度,但英国人对过分的官僚主义和行政规章仍然会表现出不耐烦。他们会珍视实际结果,而不是仅仅遵从正式的程序和进程。然而,人们仍然期望正常的程序能够得到遵守、规章得到尊重。

在西方文化中,意大利是一个相对更注重集体主义的国家。在霍夫斯特的"个人主义与集体主义"53个国家和地区的列表中,美国排在第一位,而意大利排在第七位。在这样的地区,人们更为注重家庭和群体关系,对集体有情感上的依附,需要集体力量的支撑,并因此忠于集体。

尽管如此,在绝大多数欧洲国家中,同事之间还都是具有比较好的团队意识的。而且,人们期望同事之间如果出现问题的话,都希望问题得到公开地、直接地处理。尽管这样做有时候会导致比较激烈的冲突,但是绝大多数人还是更喜欢这种方法。只要是批评和争论不是针对个人的,那么冲突还是能够被接受的。而中国人更习惯的处理方式,在他们看来,却有可能伤害团队的团结。

第四节　拉美地区的政治和社会人文环境与中国企业的跨国经营

拉丁美洲指的是美国以南的美洲地区,它的地理范围比较广泛,包括北美的墨西哥、中美洲、加勒比海地区和南美洲。这一地区曾长期作为葡萄牙和西班牙的殖民地,西班牙和葡萄牙的语言都属于拉丁语系,所以它习惯上被称为拉丁美洲。

拉丁美洲的居民为印欧混血种人和黑白混血种人、白种人、印第安人和黑人等,还有许多华人的后裔。

以下我们也将就政治和社会人文环境两个方面,对这一地区的情况做个简单介绍。

一、拉美地区的政治环境

拉丁美洲由33个国家构成,位于北美洲的有1个国家(墨西哥),位于中美洲的有7个国家(危地马拉、洪都拉斯、萨尔瓦多、尼加拉瓜、哥斯达黎加、巴拿马、伯利兹),位于加勒比海地区的有13个国家,位于南美洲的有12个国家(委内瑞拉、哥伦比亚、法属圭亚那、苏里南、巴西、厄瓜多尔、秘鲁、玻利维亚、智利、巴拉圭、阿根廷、乌拉圭)。除古巴外,都是资本主义国家。

应该说明的是,到目前为止,这一地区仍有12个国家与我国台湾地区保持着所谓的"外交关系"。这12个国家分别是:中美洲的危地马拉、尼加拉瓜、哥斯达黎加、萨尔瓦多、洪都拉斯、巴拿马、伯利兹;南美洲的巴拉圭;加勒比海的海地、多米尼加共和国、圣基茨和尼维斯、圣文森特和格林纳丁斯。

与北美和欧洲相比,拉美地区的政治环境有两个方面的特点比较突出。

(一)政局波动大、国内外矛盾都比较突出

拉丁美洲是一个由移民组成的社会,种族齐全,民族众多,但拉丁美洲的民族矛盾没有其他大洲严重。然而,腐败和政治局势的不稳定性却是在拉美地区进行跨国经营必须要面对的问题。

仅最近 10 多年来,就有不少拉美国家的总统因腐败问题纷纷下马,比如,巴西前总统科洛尔、秘鲁前总统藤森、阿根廷前总统梅内姆、厄瓜多尔前总统马瓦德、玻利维亚前总统桑切斯以及哥斯达黎加前总统罗德里格斯等。

这一地区的政治稳定性有的时候混乱到无法想象。比如在 2001 年年末,阿根廷就曾在短短的半个多月的时间里,先后走马灯似地更换了四位总统。

传统上,美国一直把拉丁美洲作为自己的后院。但拉美国家却具有在国际舞台发出自己声音的强烈愿望。中国和拉美同属发展中国家,经济关系也具有很强的互补性,双方在近年的交往也日益频繁。

第二次世界大战之后,拉美许多国家一直致力于发展国内经济,摆脱对西方原有殖民者的依赖。提出了中心外围理论,实行内向型的进口替代政策。这种发展战略在 20 世纪 80 年代遭遇了困境。80 年代末,大部分拉丁美洲国家结束了军政权,举行了民主大选。

由于经济发展在 20 世纪 80 年代遭到严重国际债务危机的挫折,之后,这一地区很多国家接受了新自由主义的改革思路。在 2001 年出现政治经济危机的阿根廷就曾被誉为"新自由主义改革的成功样板"。在这一时期,新自由主义改革的主要措施是:(1)金融自由化。开放金融和资本市场,放松对外资的限制,取消外汇管制;实行货币的自由兑换,资本利润自由出入等。(2)贸易自由化。简化关税制度,降低关税税率,实行外向型的经济发展战略。同时,修改外资法,取消外国投资的审批制度。(3)国有企业私有化。比如阿根廷,在梅内姆上台后出台了《国家改革法》和《经济紧急状态法》等措施,对国有企业实行私有化。在不到 3 年的时间里,阿根廷的大多数国有企业就完成了私有化的进程。到 1999 年只剩下核电站、与巴拉圭合资的水电站以及一些地方国有银行没有私有化。(4)财政制度改革。实行量入为出的财政政策,给地方政府更多的税收分享份额。

自由主义导向的改革措施取得了一定的成就,但却为这一地区的发展带来了诸多隐忧。其中比较重大的问题包括,自由化的改革措施加剧了这一地区的国际风险,社会分配不公现象加剧,收入分配差距扩大。同时,在此过程中形成了特殊利益集团,他们借经济改革之机,为自己捞取好处。据称梅内姆政府出售国有资产所得的 100 亿美元中,大部分落入了政府官员的腰包,而没有用于社会服务。

腐败和贫富分化等问题严重,近年拉美出现了左派力量的迅速发展壮大。部分国家的左派人士通过合法程序参加民主大选,并获得执政地位。如委内瑞拉的查维斯、巴西的卢拉、厄瓜多尔的古铁雷斯、阿根廷的基斯内尔和乌拉圭的巴斯克。

(二)国有化风险程度较高

理解拉丁地区政治风险中的国有化风险,不仅需要从历史的角度理解,而且需要从这一地区的社会人文角度理解(比如下文我们会谈到的"卡尔沃原则")。这里我们先从历史的角度做一说明。

从世界政治的基本格局看,就像这里的经济状况一样,拉美地区从来没有能够真正进入世界政治格局的核心舞台。作为"外围"而非"中心"的拉美地区,一直没有停止反思自己在国际社会中的定位问题。他们认为,若想在世界经济和政治格局中占有一席之地,必须摆脱传统西方强权势力的干涉,自己掌握国家和民族的命运。

20 世纪 60 年代后期,拉美地区掀起了一股强烈的民族主义浪潮。这一浪潮在经济上的主要表现就是,没收或者征用外资企业,特别是美国的企业。其中,古巴、秘鲁和智利的行动最具有代表性。

1959 年,卡斯特罗领导的"七二六"运动,推翻了巴蒂斯塔的独裁统治,掌握了政权。在此之前,自 20 世纪 20 年代起,美国一直控制着古巴的经济命脉。古巴新政权成立后,采取了一系列激进的社会措施。1960 年 6 月,政府接管了 3 家美资炼油厂;7 月颁布征用美国人在古巴财产的法律;8 月,把 36 家公司收归国有;9 月,没收了美国银行;10 月,在美国宣布对古巴实行禁运后,古巴把剩下的 166 家美国企业全部收归国有。至此,古巴革命政府共将约 15 亿美元的 400 多家美资企业全部收归国有。

秘鲁政府在 1968～1975 年期间,没收和征收了 17 家大型外资企业——其中包括国际电话与电报公司、大通曼哈顿银行等;政府接管和改造了 100 多家私营企业为国有企业,收回了 3000 多个矿山和租让地,并对渔场实施了国有化。这一系列行动,使政府迅速控制了重要的经济命脉,外资在秘鲁 GDP 中所占的比重由 31% 下降到 21%。

在智利,阿连德代表的社会党政府实行了经济改革。在 1970～1973 年期间,该政府通过修改宪法把原来被美国资本控制的安那康达、特尼恩特等几家铜业公司收归国有。同时,政府还接管或征收了美国伯利恒铁矿公司等一些外资企业,并购买了美国控制的智利化学和矿业股份公司的全部股权。1972 年 11 月,总统阿连德在一次广播讲话中激动地说道:"原来掌握在外国资本手里的铜、硝石、石油、煤等各种基本财富,现在属于智利人了!"

这一时期的国有化浪潮使拉美地区打破了美国等外国资本对当地经济的长期控制。但是对西方国家的企业而言,这一浪潮却成为一次难以忘记的伤痛。这也提醒他们,在拉美这样的发展中国家和地区从事跨国经营活动,政治风险已成为不得不加以防范的基本问题。

二、拉美的社会人文环境

提起拉美地区,最先在人们头脑中出现的,可能是那里的"狂欢节"、"桑巴舞"和独具特色的音乐,那里的人们生活得无忧无虑、自由自在、无比惬意。但是,这些想法过后,人们头脑中出现的其他想法,就没有这么美好了。这里社会动荡、经济发展停滞、贫富差距悬殊……

的确,拉美文化本身的典型特色就是"杂交"或"混合"。拉美文化的多元化和多源性与中国文化的多元化起源有很大的不同,它是欧洲基督教文化、美洲印第安土著文化和非洲黑人文化等多种不同来源的文化的汇合与融合。美洲原有的土著文化的传统被欧洲殖民者的入侵所割断。由于中世纪末期欧洲殖民者对美洲的征服和殖民,打断了拉美印第安土著文化的发展,使印第安土著文化没能成为拉美文化的主体,而是以移植来的欧洲文化为主体,印第安土著文化和非洲黑人文化则成了相对次要的成分。

对于拉美地区社会人文环境的认识,特别是与企业跨国经营之间联系的认识,我们要从一个比较特殊的原则开始。

(一)卡尔沃原则

卡尔沃原则(Carlo Doctrine),又称为卡尔沃主义,属于国际投资争端解决的一种方法。卡尔沃是一名国际法学家,曾担任过阿根廷外长。1868 年,他在自己的《国际法:理论与实践》一书中提出了这一著名主张,认为在属于一国领域内的外国人,同该国国民可以有同等受到保护的权利,但是不应要求更大的保护。当受到任何侵害时,应依赖所在国政府解决,不应由外国人的本国出面要求任何金钱上的补偿。

对我们的研究目的而言,卡尔沃原则的关键在于反对投资争议的国际解决方法。卡尔沃主义诞生之际,滥用外交保护权的事例屡见不鲜,而国际仲裁制度并不成熟。当时卡尔沃主义与用尽当地救济原则确有殊途同归的效果。而在 21 世纪的今天,随着旧殖民体系的瓦解和国际法的革新,以外交保护为借口的干涉会越来越少,而国际商事仲裁在争议解决体制中的作用日趋显著。这样一来,卡尔沃主义与用尽当地救济原则的差异就显得非常突出了。

此外,卡尔沃主义与用尽当地救济原则在内容上是迥然相异的。后者只涉及外交保护,而不限制私法仲裁。迄今所有有关卡尔沃条款效力的案例,都是围绕着卡尔沃条款是否能阻止跨国投资者求诸国际商事仲裁而展开的,我们以著名的北美疏浚公司案为例做一简单说明。

1912 年,美国北美疏浚公司与墨西哥政府签订了一项合同,由该公司承包疏浚墨西哥的萨利纳克鲁斯港。合同第 18 条,即"卡尔沃条款"规定,有关合同的解释及适用,疏浚公司不得向美国政府提出任何行使外交保护权的请求。另外,合同第 1 条第 1 款还规定疏浚公司可以向本国政府提出请求的事项,对于这些事项,可以排除用尽当地救济的国际法规则。之后,北美疏浚公司向墨美两国政府依 1923 年 9 月 8 日协定设立的一般求偿委员会提出请求。

根据"卡尔沃原则"的效力问题,裁决委员会认为,北美疏浚公司的索赔请求不属于根据合同的规定可以排除适用"用尽当地救济原则"的事项之列,因此,该公司应首先请求墨西哥政府给予国内救济,只有在墨西哥拒绝司法后,才能请求本国保护。但事实却不是这样,该公司尚未用尽当地救济就强制撤除了疏浚机械,墨西哥不存在拒绝司法而违反国际法的情况,因此,合同中的"卡尔沃条款"对双方具有约束力。委员会最后裁定,它对本案无管辖权。

北美疏浚公司案在国际法中曾引起广泛的讨论。中国企业在拉美地区进行跨国经营时,也需要从这样的案例中,寻求更多对"卡尔沃"原则的理解。

（二）企业经营环境

1. 尊崇权威

拉美文化都敬重权威、重视家族、服从上级、普遍接受权利的不平等,把服从上级按上级的指示办事作为天经地义的事情。因此,如果在拉丁美洲实行和北美一样的员工管理方式就有可能产生完全相反的效果。如在北美的公司管理中营造参与、协作的工作氛围、尽量多地注意并采用员工的意见,就能调动员工的积极性、发挥他们的潜力、提高公司的工作效率。但是在秘鲁、哥斯达黎加这样的地区照搬民主管理方式,就肯定得不到当地员工的理解。民主管理方法的推行、征求工人的意见等方式会让他们认为,上司自己并不知道该做什么,反过来是在问他们。上司本来就是主人,应该对他们的生活负责,现在上司无能,公司就不会有希望,还不如早早离职。①

2. 重视社会关系

在这一点上,拉美人与中国人有些类似。他们在社会生活中,也非常看重家庭和私人关系。比如,在墨西哥的子公司,不得雇佣本公司职员的亲属这类的规定就很难得到执行。在北美文化中,对个人的定义是独立的、平等的,如果在竞争中偏袒自己的亲友,便会被视为不公平竞争,与人人平等的基本准则相悖。但是,在南美国家,人们更看重家庭,认为社会关系很重要,在工作中应该忠于自己的亲友。想办法把自己的亲友介绍到自己工作的公司会让他们更用心地工作、更加忠诚。

---

① 参见 http://app2. learning. sohu. com/education/html/article - 6648. html。

第四章　中国企业跨国经营的政治和社会人文环境

3. 工会组织力量强大

在拉美地区,工会组织在企业的经营管理中发挥着非常重要的作用,对于那些在该地区投资的企业尤其如此。对此,我们用"首钢"在拉美地区经营的案例来进行说明。

1992 年,中国首钢集团就大胆走上了海外并购之路。集团斥资近1.2 亿美元收购了秘鲁铁矿公司,成为成功并购外国公司的第一家国内企业。该并购案为首钢和中国钢铁企业的发展做出了贡献,但对当地政治社会环境的失察,使得总体来说首钢在秘鲁遇到的困难远远超过当初的预计,其境遇和教训到现在也还颇有深意。

首钢收购的秘鲁铁矿位于太平洋东岸的马尔科纳地区,该矿场在1975 年被秘鲁军政府收归国有后,由于多年经营不善,已经面临破产。20 世纪 90 年代初,藤森政府决定将其私有化,其出售意愿恰好与首钢开拓海外市场的目标不谋而合。在该铁矿的国际招标中,首钢以 1.18 亿美元投得该标,收购了该公司 98.4% 的股份和所属矿区的无限期开发和利用权。

然而,由于对当地的政治和社会状况的了解程度不够,加上对秘鲁政府意向和其他几个竞争对手调研不足,收购伊始首钢就不得不接受一种难言的尴尬和遗憾——该铁矿拍卖的底价仅为 4000 万美元,首钢的出价不仅远远超出了秘鲁政府的意料,也大大超出了其他对手的出价。

紧接着,同样是由于对当地社会文化缺乏了解,首钢又不得不面对当地"工会组织"发动的罢工潮。秘鲁的工会组织是企业的"二当家",在企业经营中的作用非常重要。

这些工会组织关心的首先是会员的工资,自然不是企业的经营。正是由于有工会组织干预的"两层皮"的管理,首钢的秘鲁矿场出现了持续十年的劳资纠纷和绵延不断的罢工。工会不断提高的待遇要求让首钢备尝苦头。后来,首钢不仅要给秘鲁工人首钢国内的福利,而且还被迫接受了当地一些特色福利,比如 70 岁退休、男子的情人或同居者经中介组织证明也可以享受首钢补贴等。尽管如此,罢工依旧不断。2004 年 6 月 1 日,矿工工会 781 名工人为加薪开始无限期罢工。紧接着,180 名以中介形式雇佣的合作社工人也开始罢工,要求同工同酬,他们封锁泛美公路通往矿区的唯一公路,以暴力手段阻止矿工上班和车辆通行,并打出了"中国人滚出去"的口号。

实际上,如果首钢在投标或者正式经营之前多做些调查就不难发现,马尔科纳矿的劳资矛盾已由来已久,并曾因此而多次让经营者铩羽而归。如果首钢对当地的政治和社会状况引起足够的重视,进行更多的了解,很大程度上它就可以避免遭受上述的诸多困境,至少在面临这些困境时做出更好的准备。

第五节　伊斯兰国家的政治和社会人文环境与中国企业的跨国经营

目前,全世界有 50 多个伊斯兰国家,它们主要分布在中东、北非和东南亚地区。伊斯兰国家穆斯林人口的总数为 10.25 亿,占世界人口总数的 1/4 强。

伊斯兰国家政治和社会人文状况的核心是宗教问题。这也是我们本章关注的重点内容。

一、伊斯兰国家的政治环境

中东伊斯兰国家在世界政治、经济中占有十分重要的地位。这不仅是因为这一地区拥有丰富的石油和天然气储量,同时还因为这一地区扼守着国际最重要的交通要道和海域。因此,自第二次世界大战以来,中东地区的伊斯兰国家一直是超级大国干涉、角逐和争夺的对象。除了外部势力的插手之外,伊斯兰国家内部也长期存在各种各样的冲突。这些因素交叉起来,使得许多伊斯兰国家处于动荡不安的状态。这些都给外部资本在当地的经营造成了不少障碍,同时也阻碍了这些地区的经济发展。

现代伊斯兰民族国家,无论是共和制还是君主制,均在不同程度上对政治制度进行了自上而下的改革和调整。沙特阿拉伯、科威特、阿联酋、阿曼等仍然是政教合一的君主制国家。约旦也在施行世袭君主制。在叙利亚和伊朗,伊斯兰教原则在国家政治和社会生活中依然强固。埃及则早在 1952 年就废除君主制实行了总统制;1975 年又实行了多党制。土耳其在凯末尔革命后,建立了第一个伊斯兰共和国,实行政教分离,按照"三权分立"的政治原则,建立了议会制度。下面我们重点介绍这一地区几个主要国家的政治情况。

沙特阿拉伯，是伊斯兰教的发源地，是政教合一的君主制王国，无宪法，禁止政党活动。国王是国家元首，又是教长，沙特王室掌握着国家的政治、经济、军事大权。内阁决议，与外国签订的条约和协议均需国王最后批准。《古兰经》和穆罕默德的《圣训》是国家执法的依据。国王兼任武装部队总司令和大臣会议主席（即内阁首相）等职务。国王行使最高行政权和司法权。副首相、大臣、副大臣、省长、副省长、驻外使节和其他高级行政官员以及军队上校以上军官均由国王任命，有权解散或改组内阁，各部大臣直接向首相负责。

阿联酋，1971 年 12 月 2 日，阿布扎比、迪拜、沙迦、乌姆盖万、阿治曼、富查伊拉 6 个酋长国组成阿拉伯联合酋长国。其最高权力机构为"联邦最高委员会"，由 7 个酋长国的酋长组成。国内外重大政策问题均由该委员会讨论决定。总统和副总统从最高委员会成员中选举产生，任期 5 年。总统兼任武装部队总司令。联邦建立后，各酋长国还保持相对的独立性，在政治、经济、司法、行政和对外交往等方面有一定自主权。联邦经费主要由阿布扎比和迪拜两个酋长国承担。

巴基斯坦，源自波斯文，意为"圣洁的土地"或"清真之国"。历史上，巴基斯坦和印度原是一个国家，在英国殖民者撤离时，印、巴根据《蒙巴顿方案》实行分治。1947 年 8 月 14 日，巴基斯坦宣布独立。1956 年 3 月 23 日，巴基斯坦伊斯兰共和国正式成立。巴基斯坦的政局不是非常稳定，但和中国有着广泛的交流和比较密切的关系。中国对该国的投资也相对比较安全。

巴勒斯坦，是当今国际社会局势动荡的一个重要来源。在历史上，这一地区先后有希伯来各部落、巴比伦、波斯、阿拉伯人等族群在此居住。1920 年英国以约旦河为界把巴勒斯坦分为东、西两部分，东部称外约旦（即今约旦王国），西部仍称巴勒斯坦（即今以色列、约旦河西岸和加沙地带）为英国委任统治地。19 世纪末在"犹太复国运动"者策动下，大批犹太人移入巴勒斯坦，与当地阿拉伯人不断发生流血冲突。第二次世界大战后，阿拉伯人与以色列人的军事冲突不断。

伊朗是文明古国，史称波斯，19 世纪初沦为英、俄的半殖民地。1979 年 2 月，宗教领袖霍梅尼结束 14 年流亡生活从巴黎返回伊朗接管政权，4

月 1 日宣布成立伊朗伊斯兰共和国。伊斯兰议会是最高立法机构,实行一院制。议会通过的法律须经宪法监护委员会批准才可生效。议员由选民直接选举产生,任期 4 年。政府实行总统内阁制。总统是国家元首,也是政府首脑。可授权第一副总统掌管内阁日常工作,有权任命数名副总统,协助主管专门事务。

伊拉克有着悠久的历史,两河流域是世界古代文明的发祥地之一。在连续两次“海湾战争”之后,经济损失严重。2005 年 4 月,伊拉克组成过渡政府。2009 年 1 月 1 日,伊拉克政府从美军手中接管首都巴格达市中心“绿区”。总理努里·马利基说,这标志着伊拉克恢复主权。2 月 10 日,马利基说美国在伊拉克的统治地位“已经结束”。

埃及历史悠久,但在漫长的历史长河中,曾多次遭受外来入侵。现在的埃及是 1953 年成立的,1971 年改名为阿拉伯埃及共和国。埃及宪法规定“以劳动人民力量联盟为基础的民主和社会主义制度的国家”;总统是国家元首兼武装部队最高统帅,由人民议会提名,公民投票选出,任期 6 年,任命副总统、总理及内阁部长,以及解散人民议会,在特殊时期可采取紧急措施;在人民议会(立法机关)闭会期间,还可通过颁布法令进行统治。人民议会是最高立法机关。议员由普选产生,任期 5 年。议会的主要职能是:提名总统候选人;主持制定和修改宪法;决定国家总政策;批准经济和社会发展计划及国家预算、决算,并对政府工作进行监督。协商会议议员中 2/3 由各阶层、机构和派别选举产生,其中一半应是工人和农民;1/3 由总统任命。根据宪法规定,协商会议是与人民议会并立存在但无立法权和监督权的咨询机构。每届任期 6 年,3 年改选一半委员,可连选连任,亦可再次任命。

二、中东地区的社会人文环境

宗教是影响跨国经营的一个重要因素,它在不同的场合、在不同程度上影响着政治和商业活动以及个人行为。阿拉伯世界的宗教尤其如此,它几乎从生活细节的各个方面都影响着人们整个的经济和社会生活方式。伊斯兰教就像是一部法典,包括了在所有情况下的价值观和行为方式,从孩子的抚养到吃饭、铺床,从对同性恋的态度到谦逊的观点,是对人们的思想和行为的一种至高的指导力量。

（一）伊斯兰教的基本信仰

对一个虔诚的伊斯兰教徒来说，"不是所有个人利益所要求的事情都是允许的，不是所有能给个人带来损失的事情都是被禁止的，且不喜欢做的"。① 在伊斯兰教中，人的所有行为都必须达到使真主愉悦这一目标而进行。如果人世的愉悦优于真主的愉悦，那么"真主至大"这一基本准则就变得毫无意义了。

伊斯兰教的基本教义主要分为信仰、义务和善行三个基本部分。

1. 信仰

即要信安拉、信天使、信经典、信先知、信末日和前定。其中，信安拉是最重要的信条。相信安拉是宇宙万物的创造者、恩养者和唯一的主宰。天使是安拉与先知和人世的中介。天使纯洁无邪；司职各异，充当安拉的差役，广布于天地。穆斯林相信，举头三尺有神灵，在每个人的一生中，左右两边总有两位天使环绕，左边的记录恶迹，右边的记录善行。信经典，即相信安拉下降给世人的一切经典都是真实的启示。穆斯林相信，安拉曾先后降下过 104 部经典，《古兰经》提到四部：《讨拉特》（旧约）、《引支乐》（新约）、《则逋尔》（诗篇）以及《古兰经》。《古兰经》是最后的启示，它证实以前的经典旧约和新约都被后人歪曲和篡改过，因而《古兰经》应被作为唯一可信仰的经典。

信先知。认为安拉曾不断遴选和派遣使者和先知降世布道。《古兰经》指明为先知的有 28 人，最主要的有犹太教和基督教中的人物亚当、诺亚、亚伯拉罕、摩西、耶稣等。其他宗教的创始人，如波斯的所罗亚斯德和印度的释迦牟尼等，也被列在先知之列。穆罕默德是安拉所派遣的最后使者和"封印先知"。信末日和前定。所谓"末日"，即认为终有一天，世上的一切都会毁灭，末日来临；每个死去的人都会复生，打开其善恶簿记，接受安拉的审判和清算：行善者上天堂，做恶者下地狱。为"圣战"而死的殉教者，直接升入天堂，不必等到末日审判。所谓"前定"，即认为世间万物皆由安拉事先安排。但这并不否认人的意志自由，不剥夺人类具有自我选择的权利。人类可以运用自己的理智判断善恶、从善惩恶。安

---

① 诺曼尼：《伊斯兰教经济制度》，伦敦，1994 年版，第 31 页，转引自王正伟：《伊斯兰经济制度论纲》，民族出版社 2004 年版，第 74 页。

拉的意愿则要求人们对自己的言行负责。

2. 宗教义务

根据《古兰经》的要求和《圣训》的规定,在信仰的基础上,宗教义务要求在行为方面履行五项功课,即表白、礼拜、斋戒、施舍和朝觐。①

念功,即念"作证词",表白信仰、赞颂安拉。穆斯林每日五次祈告时都要口颂:"我作证,万物非主,唯有安拉,穆罕默德是安拉的使者。"

《古兰经》要求信徒必须奉行礼拜。每日在固定时间,由宣礼员召唤,面向克尔白神庙方向礼拜五次:即晨礼两拜、午拜四拜、晡礼四拜、昏礼三拜、宵礼四拜。礼拜时必须保持洁净,不能接触法定的不洁之物及其覆盖物。

斋功即斋戒。穆罕默德认为,斋戒是负疚者进行忏悔和赎罪的一种方式,并规定在"莱麦丹月"(回历9月)斋戒一个月,即现在所称的"斋月"。在斋月"封斋"期间,白天禁绝食物、饮料、饮酒和房事;日落后,开斋除戒,一如既往。

课功,即施舍。《古兰经》强调乐善好施,自愿捐赠。现代伊斯兰国家通过政府的行政法规建立一套独立的付税制度,但对"天课"不加控制,一般由宗教慈善机构管理。

朝功,即为朝觐。经文规定,凡健康、有经济能力的穆斯林,不分男女,一生须到麦加朝觐一次。

3. 禁戒和善行

《古兰经》保留了古代阿拉伯部落的一些传统美德,同时又做出了重要的改革,形成了伊斯兰社会伦理规范的基本准则。穆罕默德以新的价值观要求人们戒恶行善,赋予穆斯林群体公共道德和私人道德品质以宗教性的特征。在麦加经文中,穆罕默德对一些贵族的贪婪和无耻纵欲的行为进行了愤怒的谴责,同时鼓励经商牟利,并为穆斯林公社制定了强制性的行为准则,如杀人偿命、且受来世严惩,凡谋杀、通奸、盗窃、劫掠、欺诈、诬告等都要受到现世的严惩。同时,严禁赌博、吃利息、投机、饮酒、食用不洁之物、制造偶像和画像等。

此外,先知还对古代阿拉伯部落的社会陋习予以禁止或者改良。例

---

① 中国的穆斯林称之为"念、礼、斋、课、朝",简称"五功"。

149

如,禁止活埋女婴、废除寡妇内嫁制;对于一夫多妻制加以限制,男子最多不得超过4个妻子等。

(二)伊斯兰教的经济思想

伊斯兰教具有独特的经济思想:承认私有制为合法,鼓励经商致富,但财产属于安拉,其中含有"穷人的权利",私人只有管理权和使用权。获取财富的主要途径是劳动和继承,反对劫掠、高利贷、欺诈、贿赂等非法所得。承认贫富差别,反对过分悬殊。允许合理消费,反对挥霍浪费,追求今生幸福和来世回报的两世吉庆等。

尽管存在以上一些基本原则,但是伊斯兰各个教派对这些基本原则,或者说对《古兰经》的理解还是存在非常大的差别。比如,私有产权在教义中都受到尊重,但在许多具体问题上,伊斯兰内部各个教派却有着非常不同的观点。比如,到底可以允许哪些方式来确立私有财产权;个人合法占有土地的权利有哪些,以及对私有财产的程度、范围和限制有哪些等。

根据一些教派的观点,最初财产权虽然可以通过继承、接受馈赠、偶然因素等方式获得,但是却不可以通过雇佣他人的劳动来获取。比如萨德尔就论证指出,在伊斯兰社会中不允许雇佣别人收集木材、运输生活/生产用水、捕鱼。如果有人这样做了,那么劳动的成果应该归被雇佣者所有,而不是归雇佣者所有,因为雇工的劳动是直接加之于自然资源之上的。

但是持相反观点的人则认为自然资源(如土地等等)也可以通过购买获得,购买之后的经营也不一定需要所有者的直接劳动。他们还援引说:先知也曾接受一个名为莫克希里齐的人馈赠的五个园林,先知也并没有在这些园林中工作,但却获得了这些园林的收益。实际上,大量的什叶派法学家,都明显坚持认为伊斯兰教允许雇佣劳动,甚至在最初财产权的获得方面也可以使用雇佣劳动。两种立场的争论至今没有结果。

再比如,公正和平等。《古兰经》反复提到要建立公正和平等的社会。公正和平等还一直被作为同义词交替使用,是伊斯兰社会的基础之一。在《古兰经》中,除"安拉"与"知识"之外,"公正"及其同义词出现的频率是最高的。什叶派认为,公正是五大信仰原则之一;逊尼派也把公正与平等看成是伊斯兰教的三大原则之一。但是关于公正与不公正的标准,却又是伊斯兰各个教派思想的主要分歧之一。在把公正和平等的原则,应用到社会经济领域的时候,现代主义的伊斯兰理论家也出现了意识形态上的分野。

温和的伊斯兰现代主义者把这一原则理解为,社会应该对每个人没有歧视,并为每一个人提供平等的机会,相应地,每个人也应该按照他的能力得到回报。温和现代主义者们相信,伊斯兰社会的公正概念所表达的分配的公正,绝对不是分配的平均。因为人的能力、努力程度、工作习惯和地位各有不同,人们得到的回报也应该是不同的,所以,建立在不同能力基础上的分配并不是歧视。也就是说"伊斯兰教根本没有设想要在个人之中平均分配经济资源"。①

激进的伊斯兰现代主义者,对社会公正的解释,则采取了反对资本主义制度和反对市场对资源配置的强硬立场。市场机制放任剥削,会导致拥有财富的人通过剥削他人,从而拥有更多的财富,造成社会的不公。而世间万物的真正所有权只属于真主,所以每个人都应该平等地分享真主的施舍。《古兰经》的一些提法也进一步支持了这种观点。《古兰经》清楚地宣称,穷人应分享一份富人的财富。一些阶级分析的方法在这种倾向中得到了应用,有人认为"穷人和富人之间的无休止的战争才能以对穷人和被剥夺者有利的方式结束,这样,真主唯一原则在社会经济方面就得到了实现"。②

尽管如此,伊斯兰地区的经济社会状况,还是普遍与其他地区明显不同。而且,在这些地区进行跨国经营,比在其他地区需要更加注重对当地宗教社会状况的了解和把握。让我们用伊斯兰地区银行业的例子作为结束。

伊斯兰的银行业是建立在伊斯兰教法规的基础之上的,相对于其他地区的银行业来说,它最重要的特色就在于,不收利息。《古兰经》禁止高利贷或者与利息相关的活动。但是广大穆斯林同样需要银行业提供的各种服务。而且,伊斯兰教也鼓励人们进行投资而不是将钱闲置,从投资中获益也是允许的。也有的现代伊斯兰教法学家对于银行利息给出了新

① 毛杜迪:《伊斯兰经济制度》,拉合尔,1994年版,第87页。转引自王正伟:《伊斯兰经济制度论纲》,民族出版社2004年版,第87页。

② 沙里阿蒂:《选集》,第280页。转引自王正伟:《伊斯兰经济制度论纲》,民族出版社2004年版,第88页。

的解释:银行存款是为集资用于贷款。通过贷款的开发建设和商业贸易产生的利润,与经商所得的利润具有同等的意义,因而是"合法的"。但在实践中,穆斯林总在寻求一种绕过利息的途径。1971 年,埃及成立了第一家现代伊斯兰官方银行——纳赛尔社会银行。该银行由政府投资支持,发放短期无息贷款,"盈亏共担"。随后,其他伊斯兰国家也竞相效仿。现在,股份公司、保险业务、证券交易、奖券彩票等现代金融手段也在伊斯兰经济领域出现。这也就意味着,存款人将钱存进银行,并不是为了获取利息,而是进行投资,其收益是进行利润分红;贷款不必向银行付利息,银行的贷款是一种投资,是要与企业共担风险。伊斯兰银行的另一种收益是收取手续费。正是通过这些方式,伊斯兰银行找到了与欧美地区现代银行制度的对接之处。

第六节　非洲大陆的政治和社会人文环境与中国企业的跨国经营

在人们的印象中,非洲是一块落后大陆,是动荡的、脏乱的、危险的和不受约束的地方。非洲大陆长期以来饱受殖民侵害,政治动荡,经济落后。许多全球最为贫困的国家,埃塞俄比亚、布隆迪、刚果、几内亚比绍、莫桑比克、乍得都是非洲国家。尽管非洲国家资源丰富,但许多国家的经济状况,在独立之后多年都没有出现明显的发展。尼日利亚是一个明显的例子。25 年前,这个国家的人均年收入为 913 美元,那时它只是一个农产品出口国;如今,1.35 亿尼日利亚人的平均收入竟下降至 645 美元,尽管 20 年来国家的石油收入翻了一番。

西方政治家和经济学家更是谴责说:非洲人贫困的责任首先应该由非洲人自己承担,因为"非洲人除了跳舞、相互争斗和乞求之外什么都不会"。什么才是真正的非洲? 给人们以这样印象的非洲是一个值得投资的地方吗?

一、非洲大陆的政治环境

非洲是一片古老的大陆。在殖民主义时代,这个大陆曾经沦为欧洲列强的殖民地。第二次世界大战结束以来,非洲政治最引人注目的现象就是殖民地的独立和大批新国家的产生。这里的大多数国家是在20世纪60年代获得独立的,并在独立初期实行了多党制。70年代前后,许多国家受苏联的影响又转向了一党制。到了80年代末和90年代初以来的多党制在一定程度上鼓励和纵容了种族、部族势力在政治生活中复活。一直到进入21世纪,不包括原来几个长期战乱的国家,这里有20多个国家发生了政治与社会动乱。

(一)基本状况

以下我们仅就非洲大陆几个主要国家的政治情况,做一个简单的介绍。

尼日利亚,非洲第一人口大国,尼日利亚是非洲文明古国,曾先后遭受葡萄牙、英国入侵。1960年10月1日宣布独立,并成为英联邦成员国。但之后多次发生军事政变,长期由军人执政。新宪法的主要内容包括:尼日利亚是不可分割的主权国家,实行联邦制;实行三权分立的政治体制,总统为最高行政长官,领导内阁治理国家;国民议会分参、众两院,是国家最高立法机构,议员由直接选举产生,任期4年;最高法院为最高司法机构;总统、国民议会均由选举产生,总统任期4年,连任不得超过两届。

津巴布韦共和国,曾沦为英国殖民地,20世纪60年代先后成立津巴布韦非洲人民联盟(简称人盟)和津巴布韦非洲民族联盟(简称民盟),1976年,这两个组织组成"爱国阵线"。1979年5月改名为"津巴布韦(罗得西亚)共和国"。由于国内外强烈反对,未获得国际承认。1980年2月底举行议会选举,同年4月18日独立,定国名为津巴布韦共和国。

喀麦隆,历史上曾先后受到葡萄牙、荷兰、英国、法国、德国等殖民者相继入侵。1919年,喀麦隆分成两个地区,东部地区由法国占领,西部由英国占领。1960年1月1日,东喀麦隆(法国托管区)宣布独立,定国名为喀麦隆共和国。1961年2月,喀麦隆英国托管区北部和南部分别举行公民投票,6月1日北部并入尼日利亚,10月1日南部与喀麦隆共和国合并,组成喀麦隆联邦共和国。宪法规定,喀麦隆总统是国家元首和武装部队最高统帅,有权任免总理和根据总理的建议任命政府其他成员,颁布法律和法令。总理是政府首脑,领导政府工作,负责执行法律,行使制定规章权,任命行政官员。立法权由国民议会和参议院组成的两院制议会行使。国民议会每年召开 3 次例会,主要讨论和批准国家年度财政预算,审议和通过法律草案。议员直接普选产生,任期 5 年。

埃塞俄比亚是一个具有 3000 年文明史的古国,历史上曾几度沦为英国和意大利、葡萄牙等列强的殖民地。1974 年废黜帝制,1987 成立埃塞俄比亚人民民主共和国。1988 年埃塞俄比亚爆发内战,1995 年 8 月 22 日,埃塞俄比亚联邦民主共和国成立。根据埃塞俄比亚的新宪法,国体为联邦制;实行三权分立和议会(内阁)制,政教分离。总统为国家元首,由人民代表院提名。总理和内阁拥有最高执行权力,由多数党或多党联合组阁,集体向人民代表院负责。人民代表院系联邦立法和最高权力机构,由选民直选产生的 547 名议员组成,少数民族至少占 20 席,任期 5 年。联邦院拥有宪法解释权,以及裁决民族自决或分离、各州间纠纷等权力,由大约 117 名各民族代表组成,每个民族至少有一位代表,此外每百万人口可增选一名代表,由各州议会推选或人民直选产生,任期 5 年。

最近,亚丁湾海盗猖獗。索马里再次引起人们的关注。该国曾遭英、意、法殖民主义者侵入和瓜分。1960 年,索马里独立。1969 年 10 月 21 日,改国名为索马里民主共和国。宪法规定,索马里是"工人阶级领导的社会主义国家"。实行总统制。总统为国家元首、部长会议主席和军队首脑。人民议会为最高立法机构。2009 年 1 月,索马里过渡议会批准将议席数增加一倍。

苏丹共和国,是非洲面积最大的国家,是多种族、多文化、多宗教国家。全国有 19 个种族,597 个部落。其中,黑人占 52%,阿拉伯人占 39%。阿拉伯语为官方语言,使用者占总人口的 60%,通用英语。70%以上的居民信奉伊斯兰教,多属逊尼派,主要居住在北方,南方居民多信奉原始部落宗教及拜物教,仅有 5% 的人信奉基督教。苏丹曾是英国的殖民地,1956 年 1 月宣布独立,成立共和国。自 1959 年 2 月 4 日苏丹同中国建立外交关系以来,两国友好合作关系不断向前发展,双方在各领域的合作不断加强。目前,苏丹是同中国合作最多的非洲国家之一。

(二)与传统殖民国家的关系

尽管非洲地区从政治上早已取得了独立,但是这一地区长久以来,始终面临"殖民主义"和"后殖民主义"的威胁。乔纳森曾指出:"独立后的 20 年期间,非洲成了(西方)各种秘密技巧上演的舞台,从向政党暗地提供资金到雇佣战争,再到受支持的反对现有统治者的政变……"①

让我们以英国为例做个说明。肯尼亚、乌干达、尼日利亚、赞比亚等地区都曾是英国的殖民地,独立之后的这些国家都曾经受到过英国的"特别照顾"。在 20 世纪 60 年代初,肯尼亚独立前夕,英国就致力于在其两大国内政党"卡努"和"卡杜"之间制造矛盾。在肯尼亚独立不久的1964 年,肯尼亚军队发生兵变,英国军队协助镇压了这次兵变,并通过担任农业部长的白人移民麦肯齐在肯尼亚的军事与安全事务中扮演重要角色。

乌干达是 1962 年独立的,奥博托为首任总理,穆特萨为总统。奥博托推行的是具有社会主义倾向的政策,并计划对外国在乌干达的财产进行国有化,国有化的目标就包括 80 多家英国商行。英国先是利用穆特萨与奥博托的矛盾,寻求军事干涉,在此举失败后,又与以色列一起暗中支持阿明,以军事政变方式推翻奥博托的统治。

1967 年,尼日利亚爆发内战。当时的联邦政府军队与东部的比拉夫地区发生了内战。当时国际舆论强烈批评政府军在战争中的残暴与虐待行为。英国却卷入内战,偏袒政府军一方。当时组成的一支国际观察团中的英国成员,背离了代表团应严格保持中立的原则,报告宣称政府军的行动没有违反战争原则。

1964 年,英国在南部非洲的殖民地北罗德西亚独立,国名为赞比亚。英国对该地区的行动却从未停歇。1965 年,南罗德西亚的少数白人单方面宣布独立,在罗德西亚执行白人种族主义统治,并在赞比亚进行情报活动,并力图在赞比亚引起政治与经济混乱。

二、复杂的部族冲突问题

非洲国家社会结构及分层多以部族或地域为基础。部族冲突在许多非洲国家都时有发生,有的甚至演变成种族大屠杀。在非洲,统一的国家意识和民族主义比较淡薄。种族主义、部族政治阻碍了这一地区国家共

---

① 乔纳森·布洛克、帕特里克·菲茨杰拉德杰:《1945 年后的英国情报与秘密行动:非洲、中东和欧洲》,第 143 页。转引自张顺洪、孟庆龙、毕健康著:《英美新殖民主义》,社会科学文献出版社 2007 年版,第 162 页。

同体观念的形成。

几乎所有的非洲国家都是多民族而非单一民族国家,拥有多元性的语言和文化。在撒哈拉以南非洲地区,只有索马里、莱索托、斯威士兰等极少数国家具有民族同一性概念,相比之下,刚果(金)、尼日利亚、喀麦隆等国都有 200 个以上的部族,历届政府均难以找到有效解决部族问题的办法。美国记者戴维·拉姆通过对非洲四十多个国家数年的采访认为:"部族主义是最难掌握的一个非洲概念,又是一个最基本的概念。在非洲的日常生活中,部族主义也许仍然是最强大的力量。它是战争和权力斗争的一个因素。"①

部族本应是一种文化和社会范畴,但几乎所有的非洲国家都是在部族的基础上成立政党,也即政党部族化。在一些非洲国家,总统与其说是国家元首,不如说是一个部族领袖。政党往往需依托某个或几个部族方能存在和活动,甚至成为政党争权夺利的工具。部族意识的根深蒂固,不仅使部族冲突容易发生,而且这种冲突往往对国家构成巨大冲击,甚至造成国家政权的瘫痪。以部族为基础建立的政党上台执政后往往只会使其所依托的一两个部族得到好处,其他部族得到的好处甚微,甚至遭到排挤和打击。

比如,在 2008 年年初,肯尼亚的大选结果就引发骚乱,造成近千人死亡,数十万人无家可归。表面上看,骚乱是执政的"民族团结党"与最大的反对党"橙色民主运动"之间的较量,而暗中却日益演变成肯尼亚不同部族之间的仇杀。回溯历史,肯尼亚部族关系一向较为复杂,众多小的部族历来对吉库尤等大的部族怀有戒心和不满。尤其是多党制启动前后,政治成为引发部族冲突的首要因素。政治家或政党为了争夺在新政权中的统治地位,往往利用部族间的固有矛盾,通过激发部族主义情绪,挑起暴力冲突,达到打击对手、获取政治利益的目的。部族集团之间的矛盾就变得非常尖锐。

部族主义在非洲几乎难以消除。在这里,不同部族之间很少通婚;农村地区的交通运输依然原始落后,部族鲜有成员迁出或迁入;此外非洲除了 6 种外来的非洲语言外,有多达 700 种部族语言,其中只有约 50 种语

---

① 戴维·拉姆:《非洲人》,上海译文出版社 1990 年版,第 17 页。

言被 100 万以上的人所使用。部族语言的繁多及混乱,限制了不同部族之间的交流,严重阻碍了构建单一民族国家的进程。民族是一个只有几十年历史的新概念,其含义还没有为大众所熟悉。非洲人对所属部族的忠诚往往超过了对国家的忠诚。

三、中国与非洲的特殊感情

中国与非洲有着特殊的感情。中国和非洲相距万里,远隔重洋,但中国和非洲之间的友好交往却源远流长。在当今世界,共同的利益又把中非之间的关系拉得更近。

在过去的半个世纪,中非友好合作关系也经历了风雨的考验,并得到全面的发展和巩固。中国始终全力支持非洲各国人民反帝反殖、争取民族独立的正义斗争,并在道义和物质上给予支持,为他们争取民族解放和独立做出了贡献。非洲国家与中国在国际事务上密切合作。在恢复中国在联合国中的合法席位、挫败"中国人权状况"反华议案和"台湾参与联合国提案"、支持中国加入世贸组织和中国申办奥运会等一系列重大问题上,非洲绝大多数国家都给予中国有力的支持。中国也积极关注和支持非洲和平与发展问题,支持非洲国家成立非洲联盟和实施"非洲发展新伙伴计划",并积极参与联合国在非洲的维和行动。

中国在并不富裕的情况下,努力帮助非洲国家兴建工厂、农场、水利、能源、交通、电信和文教卫生等各类经济和社会基础设施,被非洲人民誉为"自由之路"的坦赞铁路是中国最大的援非工程。中国还向非洲 43 个国家派遣了医务人员,并在力所能及的情况下,帮助非洲国家建设了很多基础设施和配套项目。

此外,中国取消了对非洲进口产品的数百种关税,2003 年勾销掉非洲国家 13 亿美元债务,2006 年还是中国的"非洲年"。中国 2006 年为非洲提供的贷款援助是经济合作与发展组织中所有成员国(欧洲发达国家)对非援助总额的 3 倍,是美国进出口银行承诺并兑现给非洲的援助的 25 倍之多。作为单个发展中国家,中国已经超过世界银行成为非洲大陆最大的贷款方。2005 年,中国向尼日利亚、安哥拉和莫桑比克三个非洲国家就贷出了 80 亿美元,而同期世界银行拨给整个非洲的贷款为 23 亿美元。2006 年,中国进出口银行拨给非洲的贷款为 125 亿美元,该数额在今年将有望超过 175 亿美元。

中国以一种不同于西方的方式改变了非洲的发展模式,达尔富尔问题就是例证。达尔富尔冲突始于 2003 年 2 月,达尔富尔地区黑人居民相继成立了两支武装力量,以政府未能保护土著黑人的权益为由,要求实行地区自治,与政府分享权力与资源,展开反政府武装活动。迄今,冲突已造成 1 万多人丧生,100 多万人流离失所。为了缓解达尔富尔地区紧张局势,联合国、非盟等国际组织和许多国家做了大量工作,但问题仍未能解决。更夸张的是达尔富尔问题成为了西方攻击中国的一个借口。

在美国政府的眼里,苏丹一直在达尔富尔地区进行种族清洗,是典型的独裁政权。由争夺农田、牧场、水源引发的部落冲突,到美国成了"灭绝人性的种族屠杀";局势渐趋稳定,到美国成了战乱逐日升级,饿殍遍野;伤亡、难民的数量也被成倍甚至十几倍地夸大。美国长期对苏丹实施经济制裁,并批评中国为石油利益而与独裁国家做交易,指责中国"支持独裁政权"、"漠视人权"、"对非洲进行掠夺性开发"等等。

在达尔富尔问题上,中国政府一直主张维护苏丹的主权和领土完整,通过对话和平等协商推动达尔富尔问题的政治解决。通过谈判早日实现达尔富尔的和平、稳定与经济重建,是中国政府处理达尔富尔问题的基本出发点。中方认为,达尔富尔问题的实质是发展问题,维和行动和政治进程应平衡推进。国际社会除继续向达尔富尔民众提供人道主义援助外,也应提供发展援助。西方国家动辄以制裁相威胁的做法,只能激化矛盾,使问题更加复杂。

《联合早报》评论指出,由于中国在非洲的角色很特殊,所以在非洲事务中,它能够发挥美国等西方国家所不能起到的作用。对于中国的指责,西方国家大半是出于嫉妒。西方给非洲提出的发展模式就是"华盛顿共识",非洲国家获得西方国家援助的前提条件就是要落实以"华盛顿共识"为指导的政治和经济改革。而中国对非洲的援助,本着平等、互利、共赢的精神,主要指向非洲国家最迫切需要而西方国家又不愿意投资的基础设施,同时通过商业投资和自由贸易获得非洲国家的能源与原材料。

另外,中国还奉行"不干预内政政策",尊重每个国家选择适合本国国情的发展道路的权利。而这种策略与西方国家,特别是美国的强硬输出改革理念和方案的态度形成了鲜明对比,因此受到了非洲国家普遍的欢迎。

第七节　小结——积极的应对措施

随着国际竞争的日趋激烈,我们需要再次强调,企业的国际经营已经很难被单纯看做企业自身的经济行为,至少企业国际经营的绩效,不是完全由经济因素所能决定的。政府、行业协会和企业个体,应该携手合作,只有这样才能走好我国企业的跨国经营之路。

一、政府:"保驾护航"的作用不可或缺

政府在企业"走出去"的过程中,起着不可或缺的作用。为此,政府首先致力于国际形象的策划,并以此为跨国经营创造良好的国际环境。

2006年9月出版的一期美国《新闻周刊》的封面文章是《谁怕中国》。该文是英国外事政策中心发表的一份名为《淡色中国》的研究报告的节选。该文指出,中国现在迫切需要重塑自己在国际上的形象。中国看待自己与世界看待中国之间存在着巨大而危险的差别,这已经变成中国亟待解决的最大问题之一。

文章作者援引了多项最新的国际调查。调查表明,中国仍被视为"地球上最后一个共产主义大国";中国的产品被认为是"没有技术含量的"、"低质的";中国企业热衷于"盗版"而非"创新";中国企业的海外扩张是"根据政府指令,更多的是出自贸易主义的贪婪";中国的工人被看做是"廉价的";中国商人是"容易上当的",同时又是"不诚实的"。而全球最大的广告集团之一 Young & Repubicam 旗下品牌资产评估公司(Brand Asset Valuator Group)对45个国家的民意调查结果显示,大多数国家仍然认为中国神秘莫测、令人恐惧。

其次,中国政府应继续积极参与国际投资框架谈判,加强区域合作,深入研究不同区域经济组织特点,同时加强双边经贸合作,政府间的双边协定,通过加强双边和多边的交流磋商,依靠外交手段,促进并保护对外投资,减少和排除企业在对外营运中的外部环境障碍。

最后,中国政府应采用外交等各种手段积极维护我国对外投资的利

益,并对此问题引起高度的重视。面对中国企业和人员在境外面临的威胁,中国政府应体现以人为本、执政为民的理念,体现维护中国利益的决心。比如,2008 年 12 月 26,中国海军从海南三亚启程,前往亚丁湾、索马里海域实施护航。这一行动,不仅为保障该海域的和平与安全发挥积极作用,还展现一个负责任大国的形象。

二、企业:练好内功、勇担责任

随着我国企业国际化步伐的加快,一大批企业已经步中兴、华为、海尔、中建之后,迅速开始了自己国际经营的进程。但是,总体而言,我国企业与西方大公司相比,在企业形象塑造、公司制度建设、社会责任意识等方面,都还存在较大的差距。对短期经济效益的过分关注,难免会造成企业与当地社会的一些矛盾和冲突。比如,我国的一些建筑承包商与当地社会社区的冲突事件,在近年接连发生。

(一)塑造良好的企业形象

任何一个国际型企业的成功都离不开国际形象的塑造。只有让当地市场了解、承认、接受企业的正面形象之后,企业才能算是成功地开展国际经营。这一点,即使对已经鼎鼎大名的跨国公司也不例外。①

瑞士的雀巢公司是世界 500 强企业,在食品领域占有非常独特的地位,全球的咖啡贸易仅此一家就占到了 20% 以上。但是,这家企业在刚刚进入日本进行经营时,其产品却受到了日本民众的抵制。原因就在于其开始的所有经营活动都忽略了日本特有的民族心理和社会习惯。居高自傲、不尊重所在国的民众,没有在日本先塑造企业的自身形象,由此导致进入日本市场的失败。

日本企业在打开许多西方国家市场的过程中,也把企业形象塑造作为一个重要手段。它们曾赞助过许多社区活动,并以此拉近同当地公众的距离。我国企业在西班牙的遭遇,在很大程度上也与我们对企业形象的重视和塑造不够有关。社会捐赠和社会赞助,在很大程度上可以加深当地民众对企业的印象,而且极大地增强该企业品牌在当地民众心目中

---

① 中汉经济研究所跨国企业研究部《中国企业跨国发展年度报告书》编辑委员会:《中国企业跨国发展研究报告》,中国社会科学出版社 2002 年版,第 1091 页。

的正面形象。

（二）加强制度建设，尤其是公司治理

企业在跨国经营时，应该考虑尽可能地适应当地的文化，并加强公司相应的制度建设，尤其是公司治理。

不同文明的冲突常常带来一些类似无法短期给出答案的问题。但是，对于要进行跨国经营的企业来说，认识到这种冲突的危害，并去虚心学习和研究当地文化，避免文化禁忌，却是企业在国际商务中取得成功的最基本的条件。

比如，与在欧洲地区的情况不同，企业如果想要在非洲顺利发展，就必须与当地的政府部门保持比较好的沟通。而与企业在欧洲和非洲都不同的是，在中东和北美地区进行国际经营，则需要更多了解伊斯兰教的情况，以及当地教派之间的关系。

此外，中国企业（尤其是国有企业）海外公司在人名和监管等公司治理制度方面，往往存在较大缺陷。成熟的跨国经营企业，一般都有一套极为清晰的海外高管人名程序和监管制度。以摩托罗拉为例，高管的任命必须经董事会批准，有一个不可或缺的"说服股东"的过程。说服的最重要的依据就是被任命者过去的业绩，而不是靠"关系"和上级对你的"感觉"。接受任命的管理者也要依照公司的章程和管理制度行事。相比之下，中国企业尤其是国企，对海外高管则有意无意地都存在"放纵"和"人治"的氛围，这就容易助长海外老总个人色彩强烈和作风独断专行的习气。而这种行为很容易形成与海外经营东道国的社会冲突，酿成不可挽回的错误。

（三）加强企业的社会责任感

2008 年 5 月 12 日汶川地震后，国内许多大大小小的网站和论坛，都出现了"跨国公司捐款排行榜"。一些网民甚至发起了"拒绝购买某些公司商品"的号召。这是一个企业社会责任的典型案例。因为，反过来，如果我国的企业在其他国家经营，在碰到以上类似情况的时候，其他国家的公众的态度又会是如何呢？

20 世纪 70 年代以前，对跨国公司社会责任的关注，很少被人提及，公司的管理者们，对此也没有太多的考虑。但是，长期的经营实践表明，由于不承担社会责任而引发的事件，常常会给企业的经济利益造成直接

第四章　中国企业跨国经营的政治和社会人文环境

161

的影响。企业的跨国经营与当地社会的利益是分不开的。冲突对立的,而非相互协调、促进的关系,只会伤害公司的长远发展机会。

此时,一些国际组织,纷纷推出各种企业社会责任的协议或约定,西方社会兴起了一系列的"公司社会责任运动"。一些国际非营利组织,也推出了像 SA8000 的企业社会责任的认证。在财经界和社会公众中有着巨大影响力的《财富》和《福布斯》杂志,在传统的企业集团的排名中,也将"社会责任"作为一个重要因素纳入考虑之内。在这种情况下,跨国公司作为全球化的主要承载者,自然再也难以逃避自己应该承担的社会责任。

况且,企业重视社会责任,已经成为社会发展的共识。企业作为社会经济生活的主体,早已超过了仅仅作为"经济人",把"股东利润最大化"作为单一的目标阶段。企业与自己所在社会环境,是一个利益共同体。跨国经营是在国际范围内配置资源的一种形式,很大程度上,东道主地区也的确是被"剥夺"了这种特定资源配置的机会。企业拿出自己收益的一部分,回馈社会,对社区、公民的慈善事业,社会公益事业,做出一些贡献,也是理所当然的。这既有利于缓解当地社会的民族情绪,又有利于树立企业在当地社会的良好企业形象,有助于企业在当地发展的良性循环。

主要参考文献

1. [美]戴维·拉姆:《非洲人》,张理初、沈志彦译,上海译文出版社1998 年版。

2. 窦卫霖主编:《跨文化商务交流案例分析》,对外经济贸易大学出版社 2007 年版。

3. [美]菲利普·罗森斯基:《跨文化教练——驾驭国家、公司和职业差异的新工具》,冯云霞、贾晓莉、王蕾译,中国人民大学出版社 2006 年版。

4. 冯绍雷、相蓝欣主编:《俄罗斯经济转型》,上海人民出版社 2005年版。

5. [德]汉斯·昆(孔汉思):《世界宗教寻踪》,杨煦生、李雪涛等译,三联书店 2007 年版。

6. 剑虹:《最后的金矿——无限商机在非洲》,中国时代经济出版社 2007 年版。

7. 李路曲:《当代东亚政党政治的发展》,学林出版社 2005 年版。

8. 李明德、江时学:《现代化:拉美和东亚的发展模式》,社会科学文献出版社 2000 年版。

9. 卢进勇、杜奇华、闫实强:《国际投资与跨国公司案例库》,对外经济贸易大学出版社 2005 年版。

10. 〔英〕尼格尔·霍尔顿:《跨文化管理—— 一个知识管理的视角》,康青、郑彤、韩建军译,中国人民大学出版社 2006 年版。

11. 〔美〕塞缪尔·亨廷顿:《文明的冲突与世界秩序的重建》,周琪、刘绯、张立平等译,新华出版社 2002 年版。

12. 〔美〕史蒂文·希亚特主编:《帝国金钱游戏》,王少国、杨永恒译,当代中国出版社 2007 年版。

13. 王超主编:《跨国战略——国际工商管理》,中国对外经济贸易出版社 1999 年版。

14. 王丽萍:《寻求繁荣和秩序:当代世界经济与政治的政治学观察》,北京大学出版社 2006 年版。

15. 王巍、张金杰:《国家风险:中国企业的国际化黑洞》,凤凰卫视出版集团、江苏人民出版社 2007 年版。

16. 王三义:《工业文明的挑战与中东近代经济的转型》,中国社会科学出版社 2006 年版。

17. 王正伟:《伊斯兰经济制度论纲》,民族出版社 2004 年版。

18. 魏昕、博阳:《中国企业跨国发展研究报告》,中国社会科学出版社 2006 年版。

19. 姚伟钧、彭长征主编:《世界主要文化传统概论》,华中师范大学出版社 2004 年版。

20. 吴霁虹·桑德森:《下一步:中国企业的全球化路径》,中信出版社 2006 年版。

21. 曾忠禄主编:《中国企业跨国经营:决策、管理与案例分析》,广东经济出版社 2003 年版。

第四章
中国企业跨国经营的政治和社会人文环境

22. 张顺洪、孟庆龙、毕健康:《英美新殖民主义》,社会科学文献出版社 2007 年版。

23. 张小冲、张学军主编:《走近拉丁美洲》,人民出版社 2005 年版。

24. 中汉经济研究所跨国企业研究部《中国企业跨国发展年度报告书》编辑委员会编:《中国企业跨国发展研究报告》,中国社会科学出版社 2002 年版。

第五章　中国企业跨国经营的
国际生产战略

第一节　中国企业实施国际生产战略的现状及问题

国际生产意味着要在全球范围内整合资源,不仅包括了生产过程中的商品创造,而且包括所有在服务行业中的跨越国界的价值增值活动。在这个过程中,跨国公司将不同的生产阶段分布在最有效率和成本最低的区位,利用不同区位上成本、资源、物流和市场的差别来获取最大利益。在这里,生产的含义被拓宽了,它指的是广义的增值过程,而不仅仅局限于制造过程。在制造业领域,增值过程包括从研发、制造、销售到售后服务的各个环节,在服务业领域,增值过程更是贯穿于服务提供的全部阶段。

国际生产体系也被称为是"以世界为工厂,以各国为车间"的全球化经营模式,它的建立意味着产品价值链中不同环节的分布不再局限于单个国家内,而是在全球范围内进行地理布局。

跨国公司国际生产体系近 20 年来的发展,尤其是在制造业,它的控制已从传统的生产制造环节向价值链的其他诸如研发、营销、品牌管理等等环节延伸。它的存在不可避免地推进了许多企业的国际化进程。中国加入 WTO 以后,市场的进一步开放使得中国企业在未出国门便已被纳入国际生产体系之中。中国企业国际生产战略的实施势必与跨国公司国际生产体系紧密地联系在一起。

一、中国企业参与跨国公司国际生产体系的现状

中国企业的跨国经营是在两个特殊条件下展开的:第一,作为发展中

国家的企业,属于后发展型跨国公司,在竞争优势、外国市场进入方式和所有权结构等方面与先发展型跨国公司有明显不同;第二,中国目前面临的是一种转型经济体制,在由计划经济向市场经济转变过程中,政府和企业都面临着逐步转变职能以适应市场需求的问题。在这两个大背景下,中国的企业面临着市场化和国际化的双重任务。

从发展方向上看,中国企业的国际生产战略呈现出内向国际化和外向国际化两种形式。内向国际化包括购买技术专利、特许经营、国内合资合作等;外向国际化包括直接出口、海外生产等。内向国际化对企业竞争能力的提高有着不同的功能;而外向国际化则是内向国际化充分发展的结果。这种情况可以通过中国制造型企业在实施国际生产战略发展中所体现的方式和功能来描述(见表5-1)。

表5-1　中国企业国际生产战略的内向国际化与外向国际化

类型	方式	功能
内向 国际化	引进国外先进设备 进口零部件和元器件 加工装配 技术合作 合资企业	提高生产技术水平; 提高产品档次和质量; 改进生产流程; 跟踪国际技术发展动向; 提高管理水平、利用外商资金、技术、市场和信息
外向 国际化	贴牌生产 直接出口 建立海外办事处 并购海外企业 海外技术合作、建立海外研究与开发中心	全面提升产品质量;改善工艺; 建立销售渠道;树立品牌形象; 收集海外市场信息;把握行业发展趋势; 获取海外资产优势;技术领先

资料来源:鲁桐等:《中国企业跨国经济战略》,经济管理出版社2003年版。

从表5-1中可以看出,在内向国际化方式中,中国企业参与国际生产体系的深度处于初级和中级阶段。从价值链的角度看,中国企业是靠分解价值链中低附加值的阶段,如加工装配、进口元件等来实施国际生产战略的;从管理控制角度看,合资形式是主要形式,企业旨在引进一些技术、资金、设备来提升自己的生产能力。但在外向国际化方式中,中国企业参与到了国际生产体系的更深层面:企业开始主动出击,积极投入海外生产的发展,从贴牌生产到产品研发,继而创造具有自主知识产权的产品来占领国际市场,甚至直接海外并购企业进行扩张。从价值链角度看,中国企业不但分解了生产(如贴牌生产)环节的增值部分,还努力融入技术、研发等增值环节;从管理控制角度看,中国企业不但对海外企业进行直接的股权控制获取优势资产(如海外并购),还利用非股权的方式将自己的价值链的增值部分分散于海外(如研发上的外源化)。可以看到,中国企业不断由内向国际化到外向国际化发展,参与全球生产体系的程度也随之加深。

具体而言,中国企业参与国际生产体系的现状如下:

(一)中国企业对外直接投资的规模快速增长,产业分布集中于服务业和采矿业

经过20多年的投资发展,中国对外直接投资已遍布于世界160多个国家和地区。我国企业总体对外投资规模快速增长,但用于海外生产(以采矿业和制造业为主)的对外投资仍占较小份额。根据商务部发布的数据(见图5-1),2006年非金融类对外直接投资额达161亿美元,同

(单位:亿美元)

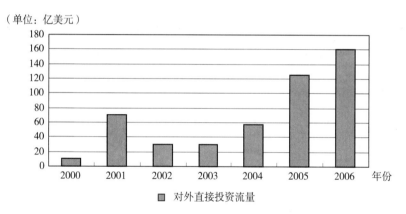

图5-1　2000～2006年中国对外直接投资年流量

资料来源:商务部历年统计数据。

比增长32%,相当于中国1982年对外直接投资流量的365倍,相当于中国1990年对外直接投资流量的19.88倍。全球排名由2005年的第17位上升到第13位,对外直接投资额在发展中国家名列前茅。

中国对外投资领域主要是工业制造、建筑、石油化工、资源开发、交通运输、水利、电力、电子通讯以及医疗卫生、旅游参观、咨询服务。总体上讲,中国对外投资存量分布较为集中的首先是服务业,具体而言是租赁和

商务服务业、批发和零售业,其次是采矿业、制造业。如图5-2所示,从2003年以来,各个行业的增长量和增长速度差距较大,增长额最大的是商务服务业,增长了45亿多美元,而增长最为迅速的是采矿业,制造业、批发零售业和交通运输仓储业的增长也比较显著,但农林牧渔业、建筑业以及居民和其他服务业等行业的对外直接投资量有所减少。

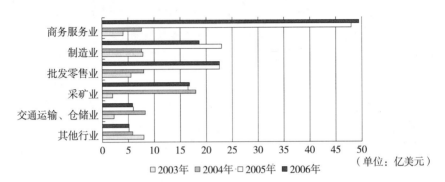

图5-2　2003~2006年中国非金融类对外直接投资行业分布

资料来源:2003~2005年度商务部统计公报。

(二)跨国经营的方式日趋多样化

当前,我国企业所采取的国际化经营方式主要有:设立海外企业、工程承包、对外劳务合作、境外资源开发合作、提供境外咨询服务、境外加工装配、跨国购并、股权置换、设立研发中心、创办工业园区、建立国际营销网络和战略联盟关系等多种手段。

一般来说,企业的跨国经营的方式安排包括股权安排与非股权安排两种,但对于目前普遍缺乏技术和品牌等“垄断优势”的中国企业来说,采取非股权的跨国经营方式(如特许经营、技术许可、连锁加盟等)还比较难,因此国内企业在对外投资中更多采用股权安排的方式(如跨国并购、新建投资等)。从所有权角度讲,企业股权安排的投资方式大体上可以分为两种,即独资企业与合资企业。目前,我国企业对外投资的最主要方式仍然是与东道国政府或本土厂商联合设立的合资企业。据统计,该种投资方式在对外生产型投资(主要是加工制造企业)中占70%左右,其次是中方的独资企业占21%左右,与第三国合资设立企业的方式占9%,且合作伙伴多以华侨居多。近年来由于我国企业的不断发展,在非贸易类海外投资中我国的独资企业比例有所提高,在合资企业中的中方投资所占比例也呈逐年扩大的趋势。另外,跨国并购也已成为我国企业跨国经营过程中的一个重要手段,如联想对 IBM 个人电脑业务、TCL 对德国施耐德电子、中海油对印尼和澳大利亚油气田股份的收购等。根据商务部数据统计,2006 年以并购方式实现对外直接投资 47.4 亿美元,占同期对外直接投资总量的 36.7%。表 5-2 是 2006 年我国重大的跨国并购事件。在采取并购方式投资的行业中,采矿业是中国跨国并购的重点,以获取资源为目标的并购占总存量的 66%;服务业领域的并购只占对外投资存量的 14%,其中电信业占并购总额的 7%、银行业占 4.8%、商品零售业占 3.8%。

表 5-2   2006 年重大跨国并购事件

所属行业	中国并购企业	海外被收购企业	并购金额或公司股份
航空业	海南航空集团	中国香港港联航空	45% 股权
采矿业	中石化集团	安哥拉海上油田	24 亿美元
海洋运输	中集集团	荷兰博格	4800 万欧元
银行业	中国建设银行	美国银行(亚洲)股份有限公司	97.1 亿港币
制造业	无锡尚德电力	日本 MSK 公司	1.6 亿~3 亿美元

资料来源:2007 年中国企业对外直接投资分析报告。

(三)跨国经营的主体日趋多元化,国有企业仍占主导地位

近几年随着我国"走出去"战略的大力实施,跨国经营主体发生了很大变化。首先体现在跨国投资主体从单一的国有企业向多元化经济主体转变,民营企业已逐步成为跨国投资的重要力量,如华源、万向等国内具有较强实力的企业集团,积极实施了跨国经营战略,这些企业数量多、规模小,灵活机动,多选择发展中国家和地区进行投资。从企业所有制的性质来看,目前中国企业的对外投资主体虽然还是以国有企业为主,但有限公司和私营企业所占的比重正不断上升。图 5-3 为 2006 年年末中国对外投资企业类型。

其次,境外企业主体的经营性质发生了很大的变化,即从以在境外设立流通领域的贸易企业和贸易机构为主,向设立境外加工贸易企业和专

第五章   中国企业跨国经营的国际生产战略

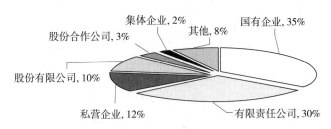

图 5-3　2006 年年末中国对外投资企业类型

资料来源:2007 年中国企业对外直接投资分析报告。

业市场等形式转变,国内大型企业集团加快了开拓国际市场的步伐,在境外生产投资中发挥了主力作用。据商务部统计,经过 20 多年的发展后,中国对外投资主体已逐步从贸易公司为主向大中型生产企业为主转变,生产企业对外投资所占比重不断增大,贸易公司所占比重逐渐减少。

(四)对外直接投资的技术含量逐步提高,海外研发机构逐步增加

近年来,中国对外新建了若干高科技企业,如中信公司在中国香港合资开设的亚洲卫星公司,赛格在中国香港建立了生产精密集成电路板的工厂,以及以联想、四通集团为代表的技术性跨国集团纷纷进军海外等。

2006 年中国对外直接投资领域进一步向技术性投资拓展,如中兴通讯 CDMA 产品全球市场成绩斐然。在亚太,中兴通讯与印度本地最大的 3 家 CDMA 运营商 Reliance,Tata,BSNL 全面合作建网;在非洲,中兴通讯已在尼日利亚、利比亚、摩洛哥等具有强大市场潜力的国家构建 CDMA 网络;在欧洲市场,中兴通讯承建了位于捷克的欧洲第一个 EV—DOR 全球网络;在美国这一最大的 CDMA 市场,中兴通讯将为 CVG 和 Cler RTAlk 两家运营商建设 GCDMA2000 网络。通讯运营商华为公司的海外研发机构遍及 8 个地区总部和 32 个分支。再例如,至 2006 年年末,华为公司的产品已进入了全球 90 多个国家,在全球排名前 50 名的运营商中,已有 22 个采用了华为的设备。华为 2006 年的海外市场销售额达到了 22.8 亿美元,增长幅度超过一倍,占到了公司整体销售目标的 50% 以上。

这一系列事实表明,中国对直接投资中的技术性投资增加,中国企业参与国际竞争的层次显著提高,企业在海外投资涉及的行业从初期的贸易、加工、工程承包、旅游及餐饮业等传统行业,发展到向信息传输、计算机和软件业在内的信息产业领域扩张。即便在制造业内部,中国对外直

接投资业从传统的纺织、轻工和普通家电业,向以计算机为代表的高技术领域拓展,在海外以独资、合资、合作等多种形式设立研发机构,设立研发中心的企业也逐渐增多。

（五）OEM 已成为中国企业实施国际生产战略的重要途径

贴牌生产(Original Equipment Manufacturer,OEM)方式作为中国企业实施国际生产战略的重要方式起始于 20 世纪 80 年代。刚开始时,主要是广东、福建沿海的一些中小型纺织企业通过 OEM 方式广泛开展初级产品的来料、进料加工贸易。到 90 年代后期,中国加工贸易已经占到出口额的 50% 以上,其中很大一部分是由外商投资企业或合资企业实现的。这一时期是中国参与国际分工、发展 OEM 战略的重要时期。在这一期间,除了欧美、中国港台地区企业移向大陆寻找 OEM 合作厂商外,中国本土企业也开始积极发展 OEM 模式。近年来,中国 OEM 生产方式迅速发展,涉及的行业日趋广泛,除纺织服装外,化妆品、鞋帽、箱包、玩具、家电、通讯设备、计算机及汽车零部件等行业也占有较大份额。

从事 OEM 生产的中国企业不仅仅限于中小企业,不少大型企业,包括一些国内有一定知名品牌的企业也选择 OEM 生产方式。国内的某些中小 OEM 厂家,把自己的全部精力都放在生产方面,专注做价值链中游,不断提高技术水平,产品质量通过国际专业水平认证,同时生产规模不断扩大,成本进一步降低,逐步和上游的国际著名品牌商形成了不可分割的关系。这些企业生产的单件产品附加值不是很高,但是整个企业的规模经济效应仍然十分明显。如哈尔滨市的海格公司,虽然规模不大,只生产电器遥控器,但其产品已经随很多国际知名品牌一起行销全球,如沃尔玛 2002 年在全球销售了近 800 万台 DVD,飞利浦在全球生产、销售的所有 DVD,这些产品的遥控器均出自海格公司。

随着 OEM 方式的日趋成熟,OEM 已成为中国企业实施国际生产战略的重要途径之一,一些在国内有一定品牌知名度的大型企业也开始青睐于 OEM 生产方式。例如,1999 年河南新飞集团与美国通用电气公司以 OEM 形式合作生产电冰箱;2001 年山东澳柯玛公司接受美国通用电气下达的电冰柜订单 22.2 万台;同年长虹还接受美国通用电气下达的 10 万台空调定牌生产的订单。另据统计,我国 90% 以上的家电企业从事 OEM 生产,如创维、康佳等国内著名企业都在不同程度上采用 OEM 方式开展国际化经营,进行国际化生产。全球最大的微波炉制造商——广东格兰仕每年生产的 1200 万台微波炉中 60% 是为国外知名厂商贴牌生产的。此外,如联想、康佳、小天鹅等国内著名企业都在不同程度上采用 OEM 方式开展国际生产战略。

二、中国企业实施国际生产战略的竞争优势分析及产生的积极影响

(一)中国企业实施国际生产战略的竞争优势分析

1. 中国具有规模巨大、高速成长的市场优势

随着中国对外开放的不断扩大,在过去 20 多年中中国经济保持了高速、持续的增长,因而中国成为世界上外商直接投资最重要的引进国之一。如此之多的著名跨国公司在如此之短的时间里集中进入一个国家投资,在世界经济是上是史无前例的,吸引跨国公司如此密集地进入中国市场的一个重要原因应该是:中国是 21 世纪具有巨大现实容量和潜力的、高速成长并逐步开放的世界最大的新兴市场,这是世界上任何一个国家都无法企及的现实。由此有理由认为,我国应有许多企业不出国门,也会享有世界市场的氛围。

2. 中国拥有无可比拟的劳动力成本优势

对于我国经济的发展,人民币的升值,平均工资水平的提高,我国劳动力成本的优势是否还会持续已经成为全球关注的热点。日本通产省的一项调查显示,目前中国劳动力的价格优势依然非常明显。这份白皮书是以劳动力成本在产品总成本中所占比重作为评价标准的,亚洲地区平均劳动力成本在产品总成本中所占比例为 4% ,而中国是 3.5% 。这说明,从亚洲整体水平看,中国劳动力成本依然处于较低的位置,大大低于亚洲平均水平。而且中国的劳动力价格优势不仅仅体现在劳动密集型产业上,在一些高端行业、技术密集型产业上,劳动力价格同样有着相当大的优势。也就是说我国不仅具有廉价的劳动力资源,而且还具有一大批具有较高技能的熟练劳动力,能够为技术密集型产业的发展提供有力的支持。此外,近年来我国还加大了教育以及人力资本的投入,劳动力水平与素质有了较高程度的提高,普遍高于其他亚洲地区。而且随着我国教育体制的不断完善,我国已经具备了很多国际知名的学府,能够为我国经济的发展输送各方面的高级人才。因此,这些都为国内企业的跨国经营

提供了支持。

3. 中国企业跨国经营具有特殊优势

中国企业虽然在整体上技术不占优势，但在某些领域仍有着竞争优势，通过组合形成具有中国特色的战略整合优势。例如，我国的航天航空、超导技术、农业领域中的杂交、育种技术，工业领域中的激光照排技术，人工胰岛素合成技术等，在世界均是领先的。同时，我国还拥有某些特有技术，如手工艺技术、中医中药技术等。而且有些在我国已经普遍应用的技术，例如，中国企业的机电成套设备制造技术、冶金化工设备制造技术，以及大型公路、桥梁、隧道工程技术等，对许多发展中国家来说也是很有吸引力的。由此我们可以将具有国际先进水平的技术、大量的实用技术、特色技术和传统技术等不同层次的技术整合起来即是中国的特殊优势。再比如，我们可以将内地企业、港澳台企业和海外华人华侨企业等全球华人经济资源进行整合，将内地的劳动力、土地、技术、人才等资源优势与港澳台和海外华人华侨企业的国际化经营管理、全球信息渠道、销售渠道整合起来，从而形成我国跨国经营的特殊优势。

4. 中国企业的国际竞争力在不断提升，为企业跨国经营奠定了良好基础

我国的工业企业中有近千家左右的骨干企业，其规模、实力都具备参与国际竞争的条件，它们也完全有可能独自或联合起来对外投资，在世界各地进行生产经营。(1)在劳动密集型产业，我国有较大优势。在纺织、服装业，我国的出口额逐年增长，出现了一些如杉杉、雅戈尔等知名品牌，这些企业在国际市场上有一定的竞争力。(2)我国的家电行业，在国内也有许多厂家如长虹、海尔等，其生产能力及质量已达到世界水平，在国际市场也有较高的声誉。(3)涉及第三产业的一些企业，也已具备在国际市场竞争的条件。在外贸、远洋运输、金融、保险等行业，我国有很多大型国有企业，规模优势也不在国外私营企业之下，也具备直接到国外经营，参与国外竞争的实力。

(二)融入跨国公司国际生产体系对中国企业的积极影响

1. 跨国公司国际生产体系在中国的发展扩大了中国的出口规模，优化了出口结构，使中国从事生产的技术含量不断提高

在跨国公司国际生产体系扩展到中国期间，中国的出口规模迅速扩

大,出口结构不断优化。其中,高新技术产品的出口迅速增长(见图5-4),跨国公司已经成为中国部分高新技术行业出口增长的支柱,不断带动着中国的出口结构优化升级。

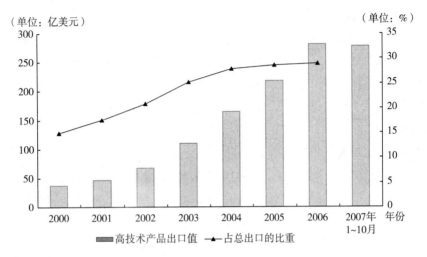

图5-4 中国高技术产品出口

注:左侧坐标轴衡量出口值,右侧坐标轴衡量出口比重。
资料来源:根据商务部相关统计数据整理。

　　一方面,从贸易结构上看,高新技术产品进出口在中国进出口中的比重逐年上升。其中,从事加工贸易的"三资"企业是高新技术产品出口的主力军。加入跨国公司国际生产体系,中国已经实现了产业技术升级,中高技术产品出口占了一半多。另一方面,随着跨国公司国际生产体系的发展,参与其中的中国企业的技术水平不断提高。跨国公司通过设立研发中心,发展与当地企业的配套协作,提高了相关产业部门的整体竞争力。通过合资合作的形式,大批国内企业与外资企业形成了技术的梯度转移,提高了竞争力。

　　2. 跨国公司国际生产体系在中国的发展增加了中国 FDI 的流入量,带动中国合同制造商的兴起

　　FDI 是跨国公司国际生产体系的重要形式之一。跨国公司将国际生产体系扩展到中国,在充分利用中国廉价的劳动力资源的同时,也为中国企业的发展创造了良好的环境。跨国公司通过在中国建立研发中心及工

厂,积极发展当地的产业集群效应,带动了中国大批供应商或合同制造商的兴起,并促进了经济的发展。由此,中国良好的基础建设和配套设施,以及趋于成熟的供应商网络也成为吸引外商直接投资的重要因素。

3. 跨国公司国际生产体系促进了融入其中的中国企业的发展

中国企业融入跨国公司国际生产体系的方式最初是加工贸易以及贴牌生产等。随着中国企业在国际生产体系中的不断发展和壮大,一些原先融入国际生产体系的中国企业开始摆脱依赖的角色,在国际市场上建立自己的品牌。比如,格兰仕公司最初是为跨国公司做贴牌生产走向海外市场,创出了一条与众不同的国际化经营之路。该模式突出了企业以低成本为核心的竞争优势,同时也弥补了国际经营能力、经验以及人才不足的弱势。在与跨国公司的合作过程中,格兰仕公司不断成长,在十年内发展成为拥有自主品牌的世界微波炉的重要生产厂商。

三、中国企业实施国际生产战略中存在的问题及原因剖析

通过以上分析我们可以发现,由于我国企业跨国经营根植于不发达的大国经济和现代化建设的进程中,其国民经济发展所要求的历史目标依次为寻求经济要素的互补、实行两种资源两种市场的利用、适应经济全球化发展、积极参与全球资源配置,从而决定了其发展行业、地域、方式的历史抉择和变化取向。因此,中国企业跨国经营虽然取得了一定成效,但还远未达到规模化与集约化程度,参与国际生产体系的程度较浅,在实施国际生产战略方面还不够全面和多样化,还存在许多问题,主要体现在以下几个方面。

(一)实施国际生产战略的中国企业自身存在缺陷

目前,中国企业实施的国际生产战略,其实主要是贸易加工,产品大多进入低端市场。企业规模小,实力弱,优势行业生产附加值低,技术水平低,技术创新意识不强,缺乏优秀人才而且经验不足,这些中国企业自身的缺陷都严重地制约了国际生产战略的实施。

1. 企业规模小,实力弱

中国企业规模小、实力弱一直是一个不容忽视的客观事实。2005 年《财富》世界 500 强企业中,我国企业只有 18 个,是美国的 1/10,而且大都是资源或政策垄断性企业。对于要融入国际生产体系的企业来说,企

业的规模和实力在一定程度上决定着企业市场竞争力的强弱,决定着企业国际生产战略实施的成败。而大多数中国企业的规模与西方大型跨国公司的规模之间存在较大的差距,进而对国际生产战略的实施造成一定程度上的影响。

2. 比较优势产业的附加值低,技术水平不高,创新能力不强

多年来,中国的科学技术有了很大的发展,但与发达国家相比仍存在很大差距,甚至同一些新兴工业化和发展中国家相比也存在一定差距。中国企业的技术水平落后,致使产品技术含量较低。此外,中国企业还普遍缺乏技术创新意识,这也在一定程度上阻碍了技术进步,最终大大降低了中国企业的国际竞争力。

另外,中国的多数企业仍以价格和廉价劳动力来塑造企业的比较优势,因此中国的比较优势产业集中在服装、纺织等劳动密集型产业,而在化工、冶金等资本密集型产业则不具有比较优势。这将导致中国企业在全球价值链中处于较低附加值的生产环节。而且当前我国企业融入跨国公司国际生产体系的最初方式大都是 OEM,即加工贸易方式,这不仅不利于企业积累财富,更不利于企业的技术升级,以及在全球价值链上提升战略的实施。就我国的家电行业来看,其企业优势主要在加工制造环节,大部分产品的核心部件仍然需要从国外进口或依靠国外技术生产。

3. 缺乏相关优秀人才

在中国企业实施国际生产战略的过程中,企业需要大批高级金融、科技、管理和法律人才。因为企业只有拥有这些能熟练运用东道国语言处理相关国际业务和纠纷的人才,才能对国际生产战略进行有效的经营和管理。改革开放以来,通过吸引外资,创办中外合资、合作企业,引进和消化吸收了国外先进技术、管理方法和营销技能,中国已培养和锻炼出一批具有国际化经营知识和经验的优秀人才,但其数量仍不能满足中国企业日益增加的需求。

4. 实施国际生产战略的经验不足,许多企业在实施国际生产战略时具有盲目性,尚未形成长期、明确的战略规划

发达国家企业实施国际生产战略已有几十年的经验积累,而中国企业在这方面则处于刚刚起步阶段,缺乏对国际市场的全面性和动态性了解。在对国际惯例、目标国市场、中外文化差异、投资所在国的法律和

法规等不熟悉的情况下，中国企业容易盲目实施国际生产战略，造成损失。而且，目前我国的许多企业在国际市场处于守势，并不是主动参与国际竞争。对于大多数中国企业来说，对于自身是否该实施国际生产战略、选择哪个地区实施国际生产战略、以什么方式实施国际生产战略普遍缺乏科学论证和战略规划，不少企业建立海外企业的目标并不十分明确，大部分海外企业不仅规模小，而且各自为政，孤军奋战，仅仅是为了"走出去"而"走出去"，因此在项目的选择上随意性很大，选择投资伙伴时也谨慎不足，造成企业资产流失，更有甚者还要依靠国内的补贴过日子。还有不少企业对外投资仍以投石问路、建立基站为目的进行试探性活动。

（二）中国企业进行国际生产的行业布局不合理和区位选择不当

在中国企业进行海外生产的行业中，一般加工项目所占比重较大，技术水平较低或一般的项目居多，属于国家产业政策鼓励发展的重要战略产业和出口导向性的项目较少。《2006 年度中国对外直接投资统计公报》（非金融部分）显示，在中国对外投资主体的行业分布中，大都集中在纺织、运输、建筑、钢铁等行业，而这些行业总的特征就是劳动力密集、成本低廉，在国际市场上才有立足之地。中国对外直接投资行业缺乏具有国际经济主流产业特征的资本、技术密集型产业和服务业，这种状况不仅与中国劳动力成本具有比较优势有关，也与中国企业研究开发水平较低、缺乏技术优势有关。

在区位选择方面，中国对外直接投资已经分布在全球的 163 个国家和地区。但是仍然以对发展中国家和地区投资为多。根据商务部的统计数据显示（见图 5－5），中国的对外投资数量上看主要集中在中国香港、中国澳门和避税地，其次是亚非地区的发展中国家，而流向发达国家的投资很少。值得特别注意的是，中国对避税地的投资大都被再次用作对外直接投资而从避税地转移出去，比如，英属维尔京群岛 2005 年的境外投资流入量为 96.2 亿美元，对外投资流出量为 159.94 亿美元，而当年其国内生产总值仅为 9.62 亿美元，这说明中国投向这些避税地的投资大部分都转移到了别处，而这样的统计方式很可能造成误解，从而扭曲中国对外直接投资的真实目的地甚至行业分布。

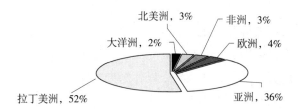

图5-5 2005年中国非金融类对外直接投资流量区域构成

资料来源:《2007年度中国对外直接投资分析报告》。

(三)中国企业实施 OEM 生产方式的负面影响

1. 中国企业可能长期处于产品价值链的低附加值环节,难以掌握核心技术

由于劳动力资源丰富且成本低廉是中国企业实施 OEM 生产战略的关键原因,中国在跨国公司国际生产体系中被作为低附加值环节生产基地的结果是显而易见的,中国所从事这一阶段价值链的生产,基本上都是劳动密集型的生产或装配活动,即使是技术或资本密集型的产品,中国从事的也是劳动密集型的工序。比如,松下冷机公司正将更多先进产品的生产从日本转移到新加坡,但在中国工厂只生产低档机型。

跨国公司的显著特征之一是对技术的独占性,跨国公司之间的竞争,其核心就是技术的竞争,谁拥有了最先进的技术谁就会在竞争中取得优势。目前跨国公司垄断了世界上70%的技术转让与80%的新技术、新工艺。中国企业采用 OEM 的国际生产战略,很难通过跨国公司国际生产体系获得核心技术。中国企业长期掌握不了核心技术,就只能在跨国公司国际生产体系中处于从属地位。

2. 技术、品牌依赖外方,阻碍了中国企业自主知识产权与品牌开发

贴牌生产能使企业在短期内就获得利益,而绝大多数企业在追求短期利益的同时,忽视了自身技术和研发能力的培养,这就阻碍了企业自主知识产权与品牌的开发。目前,中国 OEM 企业还没有走出模仿的阶段,仿制国外的产品,国内企业又相互模仿,缺乏创新能力使得"中国制造"只有屈居国际垂直分工的末端,大量低层次的出口产品处于不利的国际贸易地位,只能分得国际市场最单薄的利润份额,并且不得不频频遭遇种种非关税壁垒限制、反倾销指控和知识产权纠纷。在全球国际化产业分

工体系中,意大利和西班牙是欧洲高端品牌的工作车间,中国台湾地区成为跨国品牌的设计中心,印度凭借高素质、低价格的人才成为美国硅谷IT企业服务外包基地,而"中国制造"则成了廉价品和中间产品的代名词。

3. OEM 生产方式的运行机理使企业的经营存在着不可回避的风险

在 OEM 这种生产模式下,外包商控制着品牌和分销渠道,中国 OEM 企业缺乏分销控制权,基本处于"技术在外、市场在外、只有生产在内"的境地。这种获取规模效益的赢利模式是不安全的,它造成很多中国 OEM 企业对于跨国采购商和贸易商的过度依赖,增加了企业经营的风险,成为中国 OEM 企业的另一个隐忧。

专家一般认为,如果某个采购商的订单超过了企业生产水平的 20%,中国 OEM 企业就要引起足够的警惕。因此中国 OEM 企业的通行做法是采取与关键客户(多半是贸易商和中间商)合资、合股的方式,以维持长期稳固的客户关系,减少客户订单的流失。但是这样做的弊端也是显而易见的:与贸易商和中间商合资的同时也就限制了这些 OEM 企业开拓更多新的客户源。从长远来看,这样做对企业的发展是极为不利的。

4. 利润微薄,易引发同行业恶性竞争

OEM 厂商在国际垂直分工中处于下游,企业受到了来自上游委托方的利润挤压,赢利空间狭小。以电子信息产品为例,处于上游的美国企业生产高附加价值的芯片和软件,它们所获取的利润至少要占 60% 左右;处于中游的是日本和韩国企业生产电脑和一些电子产品中的关键器件,它们的利润要占 20% 左右;而中国企业处于整个电子产业链分工中的底层,只是进行组装和贴牌生产,赚取不到 10% 的利润。

此外,在贴牌生产盛行的行业中,往往存在产品同质化现象突出、市场集中度不高、市场势力低下、市场绩效差等问题,企业面临同行竞争对手众多的局面,为赢得外商订单,普遍展开恶性价格竞争。最后导致全行业利益受损,而掌握品牌或知识产权的外商往往利用国内 OEM 厂商众多的现状,尽量压低中国企业的要价,从生产商那里攫取更多的利润。

(四)中国企业实施国际生产战略的国内外环境不够优越

从国内宏观环境看,一方面,政策体制环境并不完善。对于初步实施国际生产战略的中国企业,国家应运用经济、法律等手段推进其进程,因

第五章
中国企业跨国经营的国际生产战略

此,宏观政策取向的重点是扶持和引导,扶持是指国家为企业提供宽松、有利的外部环境;引导是指宏观管理部门运用经济和法律手段规范企业的行为,使其按国际惯例与规则运作。但中国政府在这方面做得还很少:中国目前关于企业国际生产的法律法规还不健全,对涉外投资管理体制、涉外税收等规定不完全明确,行政审批多,干预多,企业无章可循,对海外投资项目和建立海外企业的审批手续繁多,效率低,期限长,大大制约了企业的积极性。这些都在一定程度上对中国企业国际生产战略的实施与发展产生不利影响。

另一方面,国内银行制度市场化程度不够,融资环境并不宽松。企业实施国际生产战略对资金的需求量自然会很大。一般而言,任何产业资本在达到一定规模后,对金融资本的关系会超越借贷关系走向银企联合。但这就需要一个前提,即银行制度也应是市场化的。然而我国银行制度市场化还不够,使得中国企业缺乏好的融资环境和融资政策,牵制了国际生产战略的实施和发展。

从国外环境看,在享受后来者学习成本低的优势的同时,中国企业也必须面对过于激烈的国际竞争环境。在国际市场上,中国企业作为进入者要想方设法挤占国际市场有限的甚至是已被瓜分的市场空间,其竞争对手不仅有国内同行,更有世界级高水平的跨国公司。这就对中国企业造成了以小搏大、以弱搏强的强大竞争压力,面临激烈的国际竞争。

第二节 中国企业实施国际生产战略的模式选择

通过前面关于跨国公司国际生产体系以及中国企业实施国际生产战略现状的分析,我们可以看到,作为发展中国家的中国企业,要不断地增强国际竞争力,最大程度地融入到当前以价值链为基础的国际生产体系当中,同时在实施国际生产战略时,不能完全照搬发达国家的经验,应该在当代国际生产体系的条件下重新审视大型跨国公司的国际化经验,将内向国际化同外向国际化相结合,并根据各企业在全球价值链中的位置,选择合适的国际生产模式。

一、中国企业国际生产的内向化与外向化模式

本章试图从内向国际化和外向国际化两方面着手,分析中国企业实施国际生产的可选模式。

(一)内向国际化模式

1. 加工贸易模式

加工贸易模式是指企业通过加工贸易参与制造业国际分工,拓展国际市场。当企业处于加工能力较强、设计能力和国际市场拓展能力都比较弱的阶段,采用这种战略模式是合理的。该模式的主要特征是,在制造业全球价值链中,跨国公司负责产品研发、供应原材料和零部件,并负责产成品的全球营销,而中国的制造业企业主要负责产品的加工制造出口加工。

该模式的主要优点在于:它可以发挥中国制造业企业加工能力强、劳动力成本低的竞争优势,同时可以弥补许多中国企业目前设计能力较低、国际市场拓展能力较差的缺陷,为中国中小制造业企业打入国际市场提供更大的空间。目前,中国制造业的许多中小企业,已因其较低的制造成本被世界 500 强企业相中,成为跨国公司的配套生产厂家。而从长远来看,这种合作还有利于中国企业提高设计能力,并成为跨国公司的精密设备和配件的供应商,提升在制造业全球价值链分工中的地位和国际营销绩效。加工贸易模式的高级阶段,应是中国企业逐渐由来料加工者升级为原材料、零部件和制成品的供应商,但总体上仍然属于生产车间型的供应商。

2. 中外合资合营模式

中国企业在国际化发展过程中,资金、技术、设备等要素往往成为企业的瓶颈。尤其是在一些重工业产业,如汽车制造业等,单单依靠企业自身很难走上国际化道路。通过与国外跨国公司的合资与合作,则不但能获得资金、引进技术设备,而且能通过跨国公司本身的国际生产体系网络,对整个产业链进行升级,从而在培育企业自身核心竞争力的同时,又为自己构建起一系列的供需网络,将自己的产品通过跨国公司的国际生产体系网络打入国际市场。

适合采用这种模式的中国企业具有所有权优势,但其只在国内达到

了相对规模,具有相对优势,在国际市场却缺乏竞争力,这类企业目前是我国的工业生产优势之所在,又是我国的支柱产业和国家重点扶持的高技术新兴产业。为了避免与国外跨国公司的正面竞争,从而丧失未来的发展空间,应采取补位战略,即暂时以转向配套产品的生产,配套服务的提供,或谋求合作的方式参与国际生产。在与国外跨国公司的合作中,一方面利用跨国公司内部贸易,积极吸纳他们先进的技术和管理经验;另一方面要保持自己的独立性,积极培养自己的经营管理人才,通过吸纳跨国公司投资,不断扩大自身的经营规模,运用跨国公司国际经营,将自己的经营范围逐渐扩展到国际范围中去。

(二)外向国际化模式

1. 直接出口模式

该模式的运作方式为国内筹资——国内生产——国外销售,偏重的是销售环节。根据邓宁的理论,这类企业应具有所有权优势和内部化优势,是我国企业的比较优势产业,其特点是规模小、劳动力密集、经营方式灵活、可转移性强。应注意的问题是:由于经济一体化、全球化和新技术革命的发展,既改变了市场竞争环境,又改变了企业竞争的规则,所以企业竞争的重点从产品制造转向客户服务。由此,这类企业首先应积极与外贸企业联合,在适当条件下,组成企业集团,实现优势互补;其次是打出自己的品牌,提高产品质量和增加品种;最主要的是建立自己的国际营销网络,及时了解国际市场行情,及时改变经营策略。其国际化经营适宜在保持原有的国际市场的前提下,灵活转战于与我国国内市场相似、技术水平相当的发展中国家,进行直接投资,以期实现国际经营的高级化。例如我国的纺织品服装产业,就可以利用我国的低廉的劳动力成本,国内生产,然后出口到世界各地。

2. 贴牌生产模式或合同制造模式

贴牌生产 OEM 是企业产品从国内走向国际的重要桥梁。我国工业化的水平要达到一定的实力,OEM 是一个必经的过程和手段。但是采用贴牌战略利润较薄,获利有限。该模式比较适合于我国在创新、研发、管理等方面比较落后的中小企业参与国际分工推进国际化,以便通过贴牌战略尽快提高内部管理水平、产品质量、生产技术水平。企业在做 OEM 的时候,需要时刻把握好自己的核心产品,掌握先进技术,不断进行技术更新和产品开发,不断提高自己品牌的竞争力。中国企业发展代工业务可以促进、维护和扩大自主品牌的市场,实现长期的发展目标。因此,中国企业在选择代工模式中一定要坚持既做品牌又做 OEM 的"两条腿走路"战略,即使终生代工也要有品牌。通过努力,中国会有一批企业迅速在国际市场上成功推出自己的优势产品,重新定位,从 OEM 地位升级到自主设计制造商(ODM)乃至自主品牌制造商(OBM),从而为进一步的国际化经营积累必要的基础。

合同制造模式的高级阶段,制造商可同时为不同的客户提供产品和服务,具有较高的设备利用率和效率,还可为客户开发新产品,并承担与产品制造相关的其他业务,如物流和订购、产品的售后服务等。

该模式体现了竞争战略中集中优势的思想。格兰仕是实施该模式的成功代表。自 1978 年创立以来,格兰仕一直保持稳健、向上的发展势头。定位于"全球名牌家电制造中心",专注于几种产品,建立了"全球微波炉(光波炉)制造中心"、"全球空调制造中心"、"全球小家电制造中心"三大名牌家电制造基地。1995 年以后微波炉国内市场占有率一直位居第一;1999 年成为全球最大专业化微波炉制造商;2005 年,格兰仕微波炉全球年产销突破 2000 万台,其中出口 1400 万台,全球市场占有率高达近50%。格兰仕在全球市场树立了"全球制造、专业品质"的优秀形象。

3. 企业并购模式

并购可加强企业原有的竞争优势并提高其使用价值。要获得一体化管理的成功,关键有两点:一是当被并购公司保留一些自主权而不是全部融入收购公司时,以竞争优势为主导的并购容易获得成功。尤其是被并购公司本身具有并购方所需的互补性竞争优势时更是如此。二是基于企业原有竞争优势的核心业务与其并购后所带来的新业务的协调,尽管新业务与企业原有核心业务的关联性较强,但与原有核心业务相比还是有所区别:这种变化可能包括从元件业务转为系统业务、从产品的长寿命周期变为短周期、从专用生产转变为系列生产、从专业服务转变为系列服务、从直接与客户打交道转变为通过中介人打交道。因此,我国企业在并购海外企业后要注重对资源的重新整合。

该模式可以分为以市场为导向的并购模式和以技术为导向的并购模式。以市场为导向的并购模式包括两类:一类是收购企业获得海外销售渠道,指由于市场结构、消费习惯和文化的差异,企业自建销售网络有时很难迅速融入当地成熟的市场。并购海外下游企业可以迅速获得渠道,但要经历重组整合的考验。另一类是国内领先企业并购重组跨国公司业务的全球资源整合,成为跨国公司。该模式的案例有 TCL 重组法国汤姆逊彩电业务、阿尔卡特手机业务和联想收购 IBM 的 PC 业务等。实行该模式的企业往往是所在领域的国内领先者;并购对象为国际知名跨国公司业务;目标是同时获得技术、品牌、渠道、人力资源等,全球资源整合,开拓包括欧美发达国家在内的全球市场。该模式对企业要求高,又要有市场机会,同时存在整合风险。TCL 和联想进行跨国并购的重要原因,是为获得品牌和渠道,扩大海外市场和企业规模。欧美发达国家,市场成熟,一些知名消费电子品牌市场地位稳固,且控制着当地销售渠道。因此,收购是中国企业在这些国家发展的重要手段。而一些跨国公司由于经营战略转型需要业务重组,亦可能为中国优势企业跨国并购带来机会。

以技术为导向的并购模式是指高新技术企业通过跨国购并获得技术进入新领域。企业进入新的业务领域,可以自己组织力量,从零开始做起;或是收购行业内已有企业,包括研发、生产、销售等各个类型的资产。在技术要求高、建设周期长、产品生命周期短、成长性好,尤其是技术进步快的行业,企业往往用并购的方式进入新领域。在信息产业内的计算机主要零部件、手机、互联网和软件等行业,业外企业往往会通过收购行业内已有企业资产的方式进入。这是因为这些行业技术含量高、研发周期长、更新快,业外企业很难靠自身力量在短时间内掌握技术。以这种方式进入新领域亦有较大风险,要求企业有较高的抗风险能力,包括有整合和技术消化能力及足够的资金、强大的销售网络等。

中国是信息产业大国,但非信息产业强国,国内市场大,但技术薄弱。从整个产业的价值链来看,欧美发达国家以及日本、韩国等亚太国家掌握着研发能力、核心技术和高端产品,中国、印度等新兴国家处于价值链的低端,以制造为主。国内企业要在短时间内获得最新的技术,唯一的重要途径就是通过并购、合资、联盟等方式与海外企业合作。该模式的代表是京东方。京东方 2003 年跨国并购韩国现代电子液晶部门,进入了 TFT—LCD 领域(TFT—LCD 是一种透射式显示技术)。

4. 对外投资模式

该模式可具体分为以下几种途径:

(1)海外投资建厂或买厂

这是一种国外生产、国外销售的模式,该模式有利于降低运输成本,增强产品在国际市场上的竞争力。但在海外建厂投资巨大,没有市场的情况下风险巨大。这种模式国内企业运用的还为数不多,关键是它需要企业有雄厚的实力来抵御高风险的投资和具备独特的优势在国际化竞争中确立核心竞争力。因此,不具备强大的经济实力和国际竞争力的大型企业不宜采用此战略。

海尔、TCL 等企业基本上属于这种模式。海尔在全球已建立 13 个生产基地,在美国、巴基斯坦两国分别设立了工业园。海尔的跨国经营选择的是一条"先难后易"的发展模式,欲以"城市中心论"实现产品、品牌在发达国家定位并向发展中国家的消费转移,从而实现产品的全球经营目的。2002 年,TCL 以 820 万欧元的价格收购了德国的施耐德旗下的商标、生产设备、研发力量、销售渠道和存货以及施耐德拥有的 3 条彩电生产线,可年产彩电 100 万台。TCL 的跨国经营选择了"先易后难"的发展模式,希望以"农村包围城市"的思想赢得国际化经营的成果。

(2)海外投资买店或借店

新疆德隆集团主要采取这样的跨国经营模式。德隆集团到国外不是建厂,而是买店(并非简单买一、两个零售商场,而是控股若干个拥有庞大推销网络的大型企业)。德隆集团进入沈阳合金投资股份有限公司后,一项重要的战略目标就是要掌握国外电动工具市场。资料显示,中国生产的电动工具数量已占全球的 70%,销售收入却只有 10%,利润不到 1%,原因是品牌、销售渠道和售后服务网络这三样最关键的东西在别人手里,由此,一件产品我们只能按 10 元的价格给别人,别人拿到美国市场卖 99 元或 100 元。德隆集团的做法是先进行国内整合,把国内的整个行业全部统一起来,使自己有足够的谈判地位,再和国外客商谈判。

(3)自建研发基地不断引进新技术和新产品,并开发适合当地市场产品

通过自建研发基地不断引进新技术和新产品的企业广泛,有传统行业企业,也有高新技术企业;有优势企业,也有一般性企业。设立的境外

第五章　中国企业跨国经营的国际生产战略

研发机构有信息功能,可以是与境外研发力量合作的平台,也可以利用当地资源自主进行研发。境外建立研发机构的主要方式有:自主设立研发机构;收购国内外企业的境外研发部门;与境外具有技术优势的企业、大学、研究机构等合资、合作成立研发机构。惠州侨兴2001年收购飞利浦手机在法国的研发中心、中国南车集团株洲电力机车研究所与美国密歇根大学在美国联合成立ZELRI—MSU电力电子系统研发中心都是该模式的代表。

研发国际化目前只是少数企业的国际化模式,却是中国企业在海外市场实现本地化的最终落脚点。海尔国际化发展强调研产销"三位一体本土化",自建研发基地是实现"三位一体"的重要环节。海尔的研发基地主要是面向当地市场的本土化产品设计中心,在美国,海尔将设计中心设在洛杉矶;在欧洲,海尔在法国里昂和荷兰阿姆斯特丹设立设计中心。这些设计中心与海尔当地的营销机构和生产基地相配合,充分实现本土化设计、生产和销售,成为海尔国际化的一个显著特征。

二、中国企业实施国际生产战略成功案例研究

中国企业通过参与和构建国际生产体系进行国际化的模式与路径并不能一概论之,内向化和外向化的各种模式之间也并不是完全分割独立的。企业应根据自身的实际情况以及发展阶段的不同,选择不同的国际生产战略模式。

(一)海尔的国际生产战略模式——内向国际化与对外投资外向国际化相结合模式

海尔一直作为中国企业跨国经营成功的经典案例为许多人所称道,回顾海尔这20余年的国际化历程,正如海尔掌门人张瑞敏在总结海尔国际化经验时所说,海尔运用了三个走出去,即一是产品走出去,二是品牌走出去,三是人才走出去。在这走出去的过程中,海尔经历了内向国际化阶段、外向国际化阶段、国际化战略阶段和全球化品牌阶段等四个国际化的发展阶段。

1. 内向国际化阶段(1984~1991年)

20世纪80年代初,海尔的前身青岛电冰箱总厂的经营陷入困境,为摆脱企业亏损的局面,青岛电冰箱总厂采用内向国际化生产战略,引进了

当时世界上最先进的冰箱生产技术,并在厂长张瑞敏的领导下,狠抓质量管理,实施创名牌工程,致力于专业化生产世界一流电冰箱。1988年,海尔获得了中国冰箱历史上第一枚国家级质量金牌,名牌战略初步成功。到1991年,海尔已积累了丰富的管理经验和技术人才,初步形成了海尔的管理模式。

2. 外向国际化初级阶段(1992~1997年)

在这一阶段,海尔的国际化经营主要是建立海外市场网络,并初步尝试境外建厂,实现产品设计的国际化。产品出口是海尔实现国际化经营的第一步,为此海尔首先获得了一些国际公认的产品质量认证,拿到了通往世界市场的通行证。海尔产品先后进入美国、德国、法国、日本等发达国家,在海外建立了数十家专营店,8000多个经销点,至此海尔形成了有效的海外营销网络和全方位的营销体系,为其海外建厂打下了良好的基础。1996年12月,海尔在印尼投资建厂,首次实现跨国生产。1997年,又先后在菲律宾、马来西亚、前南斯拉夫等国成立生产厂。同时为提高产品设计水平,实现本土化设计和生产,海尔坚持"市场设计产品"的经营理念,先后在日本、美国、荷兰、加拿大等地建立产品设计分部和信息中心,以及收集市场信息,使产品设计紧跟市场变化。

3. 国际化战略阶段(1998~2005年)

积累了一定国际化经营知识和经验的海尔从1998年开始,特别是进入21世纪以后,海尔实现了战略转移,即从管理方向、市场方向和产业方向三个方面实施海尔发展战略的转移,向整个国际市场提供海尔服务,并提出实现"国际化的海尔"的战略目标,即质量国际化、科技国际化、市场国际化,又称国际化发展的"三三战略"。在此阶段,海尔仍狠抓产品质量和服务,获得了一系列的国际认证,当前海尔共获得18类产品认证,产品可畅通无阻地进入近100个国家和地区。在科技国际化方面,海尔走过了"引进消化、吸收模仿、引智创新、技术输出"的四步曲,加大了人才引进力度和人才国际化步伐,先后建立了"三园一校"(即海尔开发区工业园、海尔信息园、美国海尔园和海尔大学)和中央研究院,与美、日、德等30余个国家和地区的一流公司建立了技术合作关系。在市场国际化方面,海尔基本实现了"三三战略",即国内生产国内销售1/3、国内生产国外销售1/3、国外生产国外销售1/3,走的是"创名牌、扩名牌"路线。

目前,海尔已在海外发展了 62 个经销商,3 万多个营销点,产品销往 100 多个国家和地区,在国际市场上海尔品牌已经有了一定的知名度、信誉度与美誉度。

4. 全球化品牌阶段(2006 年开始)

为了适应全球经济一体化的形势,运作全球范围的品牌,从 2006 年开始,海尔集团继名牌战略、多元化战略、国际化战略阶段之后,进入第四个发展战略创新阶段:全球化品牌战略阶段。国际化战略和全球化品牌战略的区别是:国际化战略阶段是以中国为基地,向全世界辐射;全球化品牌战略则是在每一个国家的市场创造本土化的海尔品牌。海尔实施全球化品牌战略要解决的问题是:提升产品的竞争力和企业运营的竞争力,与供应商、客户、用户都实现双赢利润,从单一文化转变到多元文化,实现持续发展。

由此可见,海尔国际生产战略的成功之处在于,在企业发展的不同阶段分别利用不同的国际生产模式。通过引进先进的生产技术,发展自主创新,强调质量,强化企业管理和人才积累,并最终以优质的品牌不断在全球范围内扩展其国际生产体系。

(二)TCL 的国际生产战略模式——以贴牌出口、对外投资与并购相结合的外向国际化模式

中国彩电业的巨头之一——TCL,是我国企业中较早开展国际化经营也是较为成功的典范。截至目前,TCL 的国际化历程主要经历了两个阶段。

1. 贴牌出口阶段

1985 年,TTK(TCL 的前身)和香港一家外资公司共同出资成立 TCL 通讯设备有限公司。TCL 在成立之初是一个以出口为导向的外向型企业。长期以来,TCL 的国际化经营主要依赖出口,而且出口主要以贴牌生产(OEM)的方式进行。1989 年,TCL 电话机销量 800 万台,占领了国内 60% 的市场,并出口到 30 多个国家。1993 年,TCL 和香港长城电子集团合作进入彩电业,利用港资的海外销售网络,在 1994 年生产的 55 万台彩电中,有 50% 出口国际市场。

2. 以品牌出口为主与对外直接投资结合阶段

1998 年,受亚洲金融危机的影响,TCL 集团订单大量流失,迫使集团

下决心开拓国际市场,建立自己的销售网络,推广自己的品牌。用集团总裁李东生的话说,就是"东南亚金融危机逼出了 TCL 的国际化"。首先,凭借其国内市场多年建设与运作销售渠道的经验,通过自建与合作相结合的方式,先后在美国、俄罗斯、新加坡、越南、印尼、菲律宾、印度和中国香港等地建立了分公司或商务机构,推广 TCL 品牌的产品。其次,进行对外直接投资,建立生产基地,生产和销售 TCL 以及其他品牌产品。1998 年,TCL 经过三个多月的市场调研和分析论证,决定收购越南的港资彩电企业 DONACO,把越南作为其国际化经营的第一站,在越南投资过亿元。经过几年的努力,TCL 在越南的市场占有率达到 12%,成功进入了越南彩电市场三甲之列(依次为 LG、三星和 TCL)。在越南站稳了脚跟、树立自己的影响力之后,TCL 趁势加大了向周边发展中国家市场的进军力度,相继在菲律宾、印度尼西亚、印度、马来西亚等东盟国家建立了生产基地,抢占市场,并取得了不菲的业绩,目前 TCL 已跻身印度家电市场十强行列。按照模式的发展要求,下一步就要向发达国家市场进军,因此 2002 年 10 月,TCL 收购了德国施耐德电子有限公司,包括它的品牌、生产设备、研发机构和营销渠道,并以此为突破口,成功地打开了欧盟市场;2004 年 1 月,又与法国汤姆逊公司合资成立了全球最大的彩电制造企业——TCL—汤姆逊电子有限公司。

(三)中石化的国际生产战略模式——以战略联盟和跨国并购为主的外向国际化模式

作为中国石油行业三巨头之一的中国石化集团公司(简称中石化)是一个集原油勘探、开发、炼油、化工、成品油销售于一体的大型能源公司。为获得稳定的石油供应,提高原油自给能力,中石化一直在积极寻求投资海外油气资源的机会。2001 年 1 月成立了国际石油勘探开发有限公司(SIPC),专门负责公司海外上游合作,这也标志着中国石化"走出去"战略的全面实施。经过这几年的国际化努力,其国际生产战略已初见成效,业务范围遍及非洲、中东、中亚等地区,产业链触角伸至全球。中石化的投资战略主要包括:

1. 建立国际战略联盟

国际战略联盟已成为跨国公司进行国际化经营和跨国投资中普遍采用的运作和发展模式。对于中石化来说,发展国际战略联盟具有增强核心竞争力、加快进入国际市场步伐、降低经营风险等多方面的战略意义，是缩短中石化国际化经营进程的一个重要战略举措。

目前中石化发展国际战略联盟的方式主要有两种：一是直接在国外与主权国合作勘探开发油气田。有些东道国的石油公司技术落后、经验不足，但这些公司有资金优势和畅通的信息渠道，且熟悉作业环境。在这种情况下，可利用技术优势和施工经验与之联合投标，组织施工。如隶属中石化的中原油田 2000 年 9 月与沙特一公司联合投标，顺利进入了世界第一产油大国，承揽了"3＋1"年钻井施工项目。这种方式不仅东道国政府乐意接受，从而可以提高中标率，而且还可掌握东道国石油公司的情况，进一步了解当地的经济环境、商业惯例、法律法规和文化习俗，有利于今后开拓市场。二是与有经验的大型跨国石油公司联合。石油企业在国际经验不足的情况下参与国际投标，尤其是在进入国际市场初期可与有经验的国际大石油公司联合投标或组织施工。这种方式既可分散风险、获得利润，又可学到国际大石油公司的技术与经营管理经验，培养锻炼自己的经营、管理和施工队伍，也有利于积累海外项目的运作经验，扩大对外影响。

2. 兼并或收购

对于中石化来说，并购的对象主要有两种：一是经营管理水平较高但人工成本也相对较高的发达国家的小型石油公司，这样可以将其整合纳入到自身体系，同时学习和利用其先进的管理经验和机制，从而带来较大幅度的成本节约，获得经济效益和规模效益的双丰收。二是直接收购业已探明但尚未开采的油气田或已开采但还有一定剩余可采储量的老油田。这种做法风险虽小，但利润也比较少，一般仅将其作为储量替补的辅助手段。

（四）格兰仕的国际生产战略模式——以贴牌生产为主的外向国际化模式

格兰仕原为一家从事纺织、印染、服装和羽绒制品的企业。凭借着"产业搬进来、产品走出去"的"格兰仕模式"梦想，格兰仕从一个不知名的乡镇企业成为全球最大的微波炉生产企业。2005 年，格兰仕微波炉全球年产销突破 2000 万台，其中出口 1400 万台，全球市场占有率高达近 50%。

目前,格兰仕将自己定位于"全球名牌家电制造中心"。为实现这一战略目标,格兰仕的主要做法是:通过受让国际知名品牌生产线的方式实现扩张。格兰仕利用自己低成本的竞争压力和其他竞争者之间的竞争压力,迫使外国企业与之达成妥协。格兰仕通过这种做法弥补了其自身资源上的不足,在公司没有巨额资金投入的情况下占据了极大份额的海外市场。

20世纪90年代末,格兰仕进入发达国家的市场时,面临着一个成熟而饱和的市场,以及有着技术优势和销售网的外国竞争者。而如果采取品牌战略,既需要巨额的广告投入,又要斥资建立销售网络,恰与格兰仕低成本的一贯战略背道而驰。如果选择以并购外国企业的方式进入,既缺少相应的资金,又要面对因文化差异太大而难以整合的局面。因此并购方式可能得不偿失。就公司产品来说,格兰仕自己的品牌影响力不大,又没有足够的资金去拓展销售渠道。所以格兰仕放弃自己的品牌,产品由对方贴牌后利用他们的销售网络在国外销售,从而获得这些企业在外国市场的份额、销售渠道和生产线。为了适应对方市场上的需求,格兰仕会积极地按照合作方的要求进行产品改良,以更好地适应当地市场。通过这种合作出口方式,格兰仕可以通过规模经济而达到成本优势进而获取利润,合作厂家可以拿到价廉物美的产品,双方各得其所。我国企业与跨国公司合作以OEM的方式为其代工生产可以利用其强大品牌,实现最初的资本积累。

(五)华为的国际生产战略模式——对外投资建立以研发机构和分支机构为主的外向国际化模式

华为技术有限公司最初只是一家代理香港某企业模拟交换机的代理商。志存高远的华为把代理所获得的微薄利润都放到小型交换机的自主研发上,逐渐取得技术的领先,继而带来利润。新的利润再次投入到升级换代和其他通信技术的研发中,周而复始,为后来华为的品牌战略奠定了坚强的技术基础。目前公司从事通信网络技术与产品的研究、开发、生产与销售,专门为电信运营商提供光网络、固定网、移动网和增值业务领域的网络解决方案,是中国电信市场的主要供应商之一,并已成功进入全球电信市场。

华为1995年将第一个海外分支机构设在美国,其目的在于跟踪国外最新的技术。随着公司规模的扩大,1996 年开始公司开始设立一些负责销售的海外分支机构,并开始成立海外地区代表部,负责市场开拓与售后服务。在全球通迅设备需求紧缩的情况下,华为在海外市场营销子公司的设立速度非常迅猛——1996 年进入独联体国家,1997 年进入拉美市场,1998 年进入南部非洲,2001 年进入欧美市场。当海外销售达到一定规模时,为扩大市场占有率,更好地开拓一些国家的市场,以销售为目的,以降低成本及加强合作为手段的海外合资公司开始成立,如在俄罗斯的贝托华为、巴西华为等。为了加强公司的核心竞争力,以充分利用海外专业人才为目的海外研究开发机构也随着公司业绩的增长开始设立。如印度的软件研究所、瑞典的射频研究所、美国的芯片研究所等。

进入 21 世纪以来,华为更将国际市场作为公司业绩增长的主要来源。至 2006 年 6 月止,华为在全球已建立 8 个地区部,85 个代表处及技术服务中心。华为的光网络、交换机、数据通售产品已经进入德国、西班牙、法国、英国、日本等近六十个国家和地区。交换机销售连续三年全世界排名第一,占全球总份额的 32%。华为在开展技术与市场方面与摩托罗拉、微软、SUN、AT&T 等世界一流的企业开始广泛的战略合作;在集成产品开发,集成供应链、人力资源管理、财务管理、质量管理控制等诸多方面也与像 HyaGroPu、BIM、FHG 等一流的管理咨询公司开展了深度的合作。

华为公司在公司发展的不同阶段采取了不同的国际生产战略,并不断调整。因此,华为公司国际生产战略的成功在于成立目的明确的海外分支机构和海外研发机构,而这些机构结构单一,职能明确,正是由于这些有力措施的保证,使其在跨国经营上走在国内其他同类企业前列。

主要参考文献

1. 程新章:《国际生产体系变革对国际直接投资理论的挑战》,《国际经贸探索》2006 年第 5 期。

2. 杜晓君:《跨国公司国际生产模式:内部化、外部化与趋势》,《国际贸易问题》2005 年第 8 期。

3. 方晓霞:《中国企业国际化经营的现状及发展趋势》,《上海行政学院学报》2006 年第 7 期。

4. 胡景岩、王晓红:《新形势下的中国企业对外直接投资》,《宏观经济研究》2005 年第 7 期。

5. 林季红:《跨国公司战略联盟新态势与国际生产折衷理论的局限》,《经济管理》2006 年第 3 期。

6. 胡浩:《论国际生产体系形成的驱动力量及其主要特征》,《河北科技师范学院学报》(社会科学版)2004 年第 3 期。

7. [美]迈克尔·波特:《竞争优势》,李明轩、邱如美译,华夏出版社1997 年版。

8. 李培栋:《加入 WTO 中国企业国际化经营模式的选择》,《南京航空航天大学学报》(社会科学版)2001 年第 12 期。

9. 凌丹:《经济全球化与中国企业跨国经营策略》,《武汉理工大学学报》2001 年第 12 期。

10. 联合国贸易与发展委员会:《1993 年世界投资报告》(中译本),中国财政经济出版社 1994 年版。

11. 吕宏芬、余向平:《OEM 方式的内在劣势及其产业链升级对策探讨》,《商业研究》2006 年第 2 期。

12. 沈瑞、赵婷:《中国企业 OEM 活动的现状与对策思考》,《特区经济》2005 年第 5 期。

13. 孙志毅、乔传福:《我国制造业企业国际化战略模式选择探析》,《中国软科学》2004 年第 8 期。

14. 王桂英:《中国企业对外直接投资现状》,《内蒙古统计》2006 年第 6 期。

15. 王三兴:《企业国际化经营与我国的战略选择》,《贵州财经学院学报》2006 年第 5 期。

16. 王季、郭媛媛、张晓松:《全球价值链理论研究综述》,《科技和产业》2007 年第 5 期。

17. 吴欣:《国内企业国际化的模式与路径分析》,《商业经济与管理》2005 年第 1 期。

18. 夏会军、张阳红、李海军:《我国企业的 OEM/OBM 之路》,《商业

第五章 中国企业跨国经营的国际生产战略

研究》2005 年第 14 期。

19. 张磊:《中国企业国际化发展战略研究》,厦门大学博士学位论文,2006 年。

20. 赵萍:《中国企业国际化经营策略探讨》,《学术交流》2005 年第 10 期。

21. 赵先进、潘文宇:《全球化条件下中国企业价值链战略》,《质量监理名牌》2007 年第 2 期。

22. 赵旭:《中国企业国际化经营存在的问题与对策分析》,《经济师》2004 年第 6 期。

23. Arndt S. , Kierzkowski H (eds): *Fragmentation. New Production Patterns in the World Economy*, Oxford University Press, Oxford, 2001.

24. Gereffi, Gary: "International Trade and Industrial Upgrading in the Apparel Commodity Chain", *Journal of International Economics*, 1999, 48, 1, pp. 37 – 70.

25. Kogut B: "Designing Global Strategies: Comparative and Competitive Value-added Chain". *Sloan Management Review*, 1985, 26(4).

26. C. K. Prahalad, G. Hame: "The Core competenoc of the Corpation", *Harvard Business Review*, 1990 68/03 pp. 79 – 91.

27. UNCTAD: *World Investment Report 2002: Transnational Corporations and Export Competitiveness*, UNITED NATIONS New York and Geneva, 2002.

第六章　中国企业跨国经营的区位选择与本土化战略

第一节　中国企业跨国经营区位分布的演变特征

一、中国企业跨国经营地区分布的演变特征

中国企业的跨国直接投资虽然遍布于世界的各个地区,但是地区间的分布并不平衡。从中国跨国直接投资的发展过程来看,无论是从企业的数目还是企业的金额的地区分布上,都呈现出相对集中的特点,但是这种集中随着我国跨国直接投资向世界各地的延伸,呈现出不同的特点。

在我国企业跨国直接投资的起始阶段,只有少数的外贸公司和经济技术合作公司开办境外企业,所以这少数的区位主要集中在进出口市场较集中的亚洲地区和非洲的一些友好关系国家和地区,如中国香港地区和亚、非的发展中国家。

经过20世纪80年代的发展到90年代初,我国的跨国直接投资活动已经分布于100多个国家和地区,但是境外投资总体规模最大的是亚洲和北美地区。以不同阶段中国企业跨国直接投资金额前30位的国家为例(见表6-1),截至1991年,在中国企业跨国直接投资金额前30位的国家中,亚洲国家占12个,分布的企业数目为343个,金额为20851.7万美元,北美国家占3个,分布的企业数为184个,金额为65562.7万美元,占到30个国家分布的企业总数的68%,金额的62%。

在20世纪90年代之后,随着中国企业跨国直接投资分布的国家更加广泛,批准的境外投资企业数目大幅度增加,在各地区之间分布的集中程度稍微有所减弱。截至2000年,在中国批准的跨国直接投资企业前30位国家中,亚洲和北美的投资仍然最多,亚洲分布的企业数目为783个,金额为72945.3万美元,北美地区的企业数目为

401 个，89351.3 万美元，占 30 个国家分布的企业总数的 61.4%，金额的 52.4%。

进入 21 世纪之后，中国企业跨国直接投资的迅速增长首先表现在批准的境外投资的企业数目和金额的快速增长。2001、2002 年近 2 年的时间，中国批准的各地区的境外投资企业和金额就远远超过了过去 10 年的累积数量（见表 6－1）。截至 2002 年，批准的境外企业为 6960 家，比截至 2000 年的 2859 家增加了 4101 家；批准的总金额为 933999.3 亿美元，比截至 2000 年的 372542.5 亿美元增加了 561456.8 亿美元。在跨国直接投资金额的流向上，此期间流向拉美地区，特别是流向拉美地区避税地的跨国直接投资增长显著。

表 6－1 1991、2000、2002 年中国批准境外投资累计最多的前 30 个国家和地区

（单位：万美元）

排序①	截至 1991 年			截至 2000 年			截至 2002 年		
	经济体	企业数	金额	经济体	企业数	金额	经济体	企业数	金额
	总计	1008	139569.3	总计	2859	372542.5	总计	6960	933999.3
	以下小计	773	131996.2	以下小计	1928	309682.2	以下小计	5415	824261.7
1	加拿大	48	36026.5	美国	310	50528.0	中国香港	2025	407431.0
2	澳大利亚	56	31270.7	加拿大	91	38823.3	美国	703	83452.2
3	美国	134	29536.2	澳大利亚	112	34108.0	加拿大	144	43594.9
4	中国香港	116	9889.7	中国香港	236	27249.4	澳大利亚	215	43095.5
5	俄罗斯联邦	99	4862.7	秘鲁	11	19646.1	泰国	234	21471.2
6	泰国	73	3835.0	墨西哥	35	14270.1	俄罗斯联邦	482	20663.5
7	智利	4	2129.5	赞比亚	14	12987.9	秘鲁	20	20122.1
8	中国澳门	24	1588.2	俄罗斯联邦	285	11724.9	中国澳门	229	18364.9
9	巴西	10	1117.4	南非	81	9846.2	墨西哥	45	16737.6
10	马来西亚	18	1028.0	柬埔寨	47	8472.2	赞比亚	18	13441.6
11	日本	53	891.9	泰国	145	7253.1	柬埔寨	61	12503.2

排序①	截至1991年			截至2000年			截至2002年		
	经济体	企业数	金额	经济体	企业数	金额	经济体	企业数	金额
12	新加坡	25	852.4	巴西	27	6359.2	巴西	67	11968.2
13	扎伊尔	4	760.2	马里	5	5812.2	南非	98	11929.7
14	法国	7	757.6	中国澳门	56	5805.4	韩国	62	10783.1
15	尼日利亚	11	673.4	印度尼西亚	43	5728.4	越南	73	8497.5
16	德国	20	663.3	蒙古	55	4866.4	日本	236	8210.7
17	土耳其	4	587.4	新西兰	15	4588.0	新加坡	172	7165.4
18	巴布亚新几内亚	5	582.5	缅甸	20	4547.7	缅甸	38	6614.4
19	菲律宾	12	547.1	巴布亚新几内亚	17	4414.1	印度尼西亚	59	6495.4
20	百慕大	2	501.2	坦桑尼亚	14	3948.2	马里	5	5812.2
21	韩国	2	450.0	新加坡	91	3265.3	蒙古	69	5660.9
22	孟加拉国	11	436.5	哈萨克斯坦	37	3276.9	德国	150	5153.6
23	阿联酋	12	426.1	津巴布韦	9	3234.7	新西兰	26	4873.0
24	圭亚那	1	431.2	马来西亚	80	3207.8	埃及	27	4851.0
25	几内亚比绍	1	420.0	越南	29	2927.8	阿联酋	70	4717.5
26	英国	6	414.9	埃及	15	2921.1	巴布亚新几内亚	20	4474.1
27	法属圭亚那	1	388.0	老挝	10	2887.1	尼日利亚	49	4427.8
28	也门	7	319.4	尼日利亚	25	2471.5	坦桑尼亚	19	4126.5
29	赞比亚	3	317.2	民主刚果	7	2424.2	哈萨克斯坦	51	3960.1
30	加蓬	4	292.0	智利	6	2087.0	老挝	18	3662.9

注:①按照金额排序。

资料来源:经贸部《对外经济贸易统计年鉴》1991、2000 和 2002 年。

2003 年以后,由于新的统计制度的执行,我国跨国直接投资的统计更加完整和准确。根据 2003～2007 年商务部对外经济统计公报的数据显示,2003 中国企业的跨国直接投资流量(非金融类)为 29 亿美元,其中亚洲 15 亿美元,占到总投资量的一半以上(见表 6 - 2),其次是拉丁美洲 10.4 美元,占总投资额的 36.5%,接下来是欧洲 1.5 亿美元,占 5.3%;北美洲 0.58 亿美元,占 2%;大洋洲 0.34 亿美元,占 1.1%。2004、2005、2006 年中国业的跨国直接投资流量(非金融类)分别达到了 55 亿美元、122.6 亿美元和 176.3 亿美元,继续保持快速增长。亚洲地区和拉美地区占中国跨国直接投资流出量的前两位。特别是在 2005 年,流向拉美地区的跨国直接投资的增长大大超过了其他地区,致使该年度流向拉丁美洲的中国跨国直接投资超过亚洲,位于第一位。2006 年,该势头仍然没有改变,拉丁美洲仍然是中国企业跨国直接投资流出额最多的地区。2007 年,中国企业跨国直接投资流量达 265.1 亿美元,其中包括金融类跨国直接投资 16.7 亿美元。从非金融类跨国直接投资的流向上分析,该年度拉丁美洲虽然是除亚洲之外吸引中国跨国直接投资额最多的地区,但是较 2006 年减少了 35.7 亿美元,同比下降 42.1%。而流向亚洲、北美洲、大洋洲和非洲的投资额都增长了 1 倍以上。

表 6 - 2 2003 ~ 2007 年中国跨国直接投资流量、存量按地区分布的情况

(单位:亿美元,%)

流存量	年份	地区	亚洲	拉丁美洲	欧洲	非洲	北美洲	大洋洲
流量	2003	金额	15	10.4	1.5	0.75	0.58	0.34
		比重	52.5	36.5	2.6	2.6	2.0	1.1
	2004	金额	30	17.6	1.7	3.17	1.26	1.2
		比重	54.6	32.0	3.1	5.8	2.3	2.2
	2005	金额	43.7	64.7	5.1	4	3.2	3
		比重	35.6	52.6	4.2	3.3	2.6	1.7
	2006	金额	76.6	84.7	5.9	5.2	2.6	1.3
		比重	43.4	48	3.4	2.9	1.5	0.8
	2007	金额	165.9	49	15.4	15.7	11.3	7.7
		比重	62.6	18.5	5.8	5.9	4.3	2.9

流存量 \ 年份	地区		亚洲	拉丁美洲	欧洲	非洲	北美洲	大洋洲
存量	2003	金额	265.6	46.2	5.3	4.9	5.5	4.72
		比重	80.0	14	1.6	1.5	1.7	1.4
	2004	金额	334.2	82.7	7.5	9	9.1	5.4
		比重	74.6	18.5	1.7	2	2.4	1.1
	2005	金额	406.3	114.8	15.98	15.9	12.6	6.5
		比重	71.0	2.0	2.8	2.8	2.2	1.1
	2006	金额	479.7	196.9	22.7	25.6	15.9	9.4
		比重	63.9	26.3	3	3.4	2.1	1.3
	2007	金额	792.2	247	44.6	44.6	32.4	18.3
		比重	67.2	20.9	3.8	3.8	2.7	1.6

注:2003～2006年流量、存量为非金融类跨国直接投资流量、存量。

资料来源:根据国家商务部2003～2007年对外经济统计公报整理。

　　截至2007年,中国跨国直接投资存量突破千亿美元,达到1179.1亿美元,亚洲和拉丁美洲仍然是中国跨国直接投资存量最为集中的地区。从存量的各地区具体分布来看,亚洲792.2亿美元,占67.2%;拉丁美洲地区存量247亿美元,占20.9%;非洲地区44.6亿美元,占3.8%;欧洲地区44.6亿美元,占3.8%;北美洲地区32.4亿美元,占2.7%;大洋洲18.3亿美元,占1.6%(见表6－2)。从目前境外企业数量的地区分布来看,1万多家境外企业有一半集中在亚洲地区,其次是欧洲占到总企业数的16.8%。

二、中国企业跨国经营国别分布的演变特征

　　同地区(洲)分布相比较,中国企业的跨国直接投资的国家(地区)分布呈现出更加集中的态势。截至1991年年底,中国批准的跨国直接投资企业分布在100多个国家和地区,前30位的国家和地区的企业数目占投资企业数的76.7%,投资金额占总投资金额的94.6%;截至2000年,两个比重分别为67%,83%;截至2002年为77%,88%。尽管在跨国直接投资的发展过程中,中国企业跨国直接投资分布较多的国家发生了些许变化,但是中国香港、美国、加拿大、澳大利亚、俄罗斯联邦等一直是中国跨国直接投资的主要流入国(地区)。这主要取决于这些国家(地区)和

贸易关系、资源及制度等原因。

2007 年中国跨国直接投资流量超过 1 亿美元的国家(地区)有 24 个,比 2006 年增加了 17 个。从资金流向来看,中国香港、开曼群岛、英属维尔京群岛、美国、澳大利亚、新加坡等是中国跨国直接投资流入存量最多的国家(地区)(见表 6-4)。近年来,中国香港、英属维尔京群岛、开曼群岛等避税地成为占中国企业跨国直接投资流量比重最大的地区(见表 6-3)。2005 年中国企业对避税地的投资流量占到总投资流量的 81%,2006 年该比重又有所上升,达到了 87%。截至 2007 年,中国企业跨国直接投资在中国香港、英属维尔京群岛和开曼群岛三地的投资存量占总的跨国直接投资存量的 78.2%。

表 6-3 2005、2006、2007 年中国企业跨国直接投资流量前 10 个国家(地区)

年份 项目 序号	2005		2006		2007	
	国家(地区)	金额(亿美元)	国家(地区)	金额(亿美元)	国家(地区)	金额(亿美元)
1	开曼群岛	51.60	开曼群岛	78.30	开曼群岛	137.32
2	中国香港	34.20	中国香港	69.30	中国香港	26.02
3	英属维尔京群岛	12.30	英属维尔京群岛	5.38	英属维尔京群岛	18.76
4	韩国	5.89	俄罗斯联邦	4.52	加拿大	10.33
5	美国	2.32	美国	1.98	巴基斯坦	9.11
6	俄罗斯联邦	2.00	新加坡	1.32	英国	5.67
7	澳大利亚	1.93	沙特阿拉伯	1.17	澳大利亚	5.32
8	德国	1.24	阿尔及利亚	0.99	俄罗斯联邦	4.78
9	苏丹	1.00	澳大利亚	0.88	南非	4.54
10	哈萨克斯坦	0.95	蒙古	0.87	新加坡	3.98

资料来源:2005、2006、2007 年中国对外经济统计公报。

表 6-4 2005、2006、2007 年年末中国跨国直接投资存量前 20 个国家和地区

年份 项目 序号	2005		2006		2007	
	国家(地区)	金额(亿美元)	国家(地区)	金额(亿美元)	国家(地区)	金额(亿美元)
1	中国香港	385.10	中国香港	422.70	中国香港	687.80

年份 项目 序号	2005		2006		2007	
	国家（地区）	金额 （亿美元）	国家（地区）	金额 （亿美元）	国家（地区）	金额 （亿美元）
2	开曼群岛	89.36	开曼群岛	142.09	开曼群岛	168.1
3	英属维尔京群岛	18.84	英属维尔京群岛	47.50	英属维尔京群岛	66.3
4	韩国	8.82	美国	12.38	美国	18.8
5	美国	8.29	韩国	9.49	澳大利亚	14.4
6	中国澳门	5.99	俄罗斯联邦	9.30	新加坡	14.4
7	澳大利亚	5.87	澳大利亚	7.94	俄罗斯联邦	14.2
8	俄罗斯联邦	4.66	中国澳门	6.12	加拿大	12.5
9	苏丹	3.52	苏丹	4.97	韩国	12.1
10	百慕大群岛	3.37	德国	4.72	巴基斯坦	10.7
11	新加坡	3.25	新加坡	4.68	英国	9.5
12	德国	2.68	蒙古	3.15	中国澳门	9.1
13	哈萨克斯坦	2.45	哈萨克斯坦	2.76	德国	8.5
14	越南	2.29	沙特阿拉伯	2.73	南非	7.0
15	泰国	2.19	赞比亚	2.68	印度尼西亚	6.8
16	巴基斯坦	1.89	越南	2.54	尼日利亚	6.3
17	马来西亚	1.87	阿尔及利亚	2.47	哈萨克斯坦	6.1
18	阿尔及利亚	1.71	泰国	2.33	蒙古	5.9
19	赞比亚	1.60	印度尼西亚	2.26	苏丹	5.7
20	日本	1.51	日本	2.24	日本	5.6

资料来源:2005、2006、2007 年中国对外经济统计公报。

从目前我国境外企业数量的国家（地区）分布来看,中国香港、美国、俄罗斯、越南、日本、德国、阿拉伯联合酋长国、澳大利亚、新加坡的聚集程度最高,截至 2007 年,这些国家（地区）集中了境外企业的 50.2%,其中中国香港占境外企业总数的 16.7%、美国占 9.6%、俄罗斯占 5.3%、越南占 3.9%、日本占 3.4%、德国和阿拉伯联合酋长国各占 3.1%、澳大利亚占 2.8%、新加坡占 2.9%。

在中国跨国直接投资国别分布的演变过程中,发达国家一直是我国企业跨国直接投资的主要目标地区。但是,近年来中国对东南亚、拉美及

201

非洲等一些发展中国家和地区的投资有所增长。特别是对亚洲地区的周边国家(地区),如巴基斯坦、新加坡、中国澳门、哈萨克斯坦、蒙古、越南等国家(地区),投资量快速增长,这反映了我国产业结构调整的需要,同时也是企业发挥自身比较优势的结果。

在中国企业走向世界进行跨国经营的过程中,香港地区起到了重要的作用。无论从跨国直接投资的起始阶段还是现在,香港都是中国海外投资最集中的地方,根据相关的调查统计,内地在港的累计投资总额到1999年已达290亿美元。许多中国内地大公司把香港作为进一步跨国投资的基地。如福建华闽公司和广东实业公司在世界各地建立的企业都是从其香港基地出发的。由于香港的地理因素、文化背景再加上香港管理的灵活性,使许多中国内地公司都愿意先在香港投资注册企业,然后再寻求进一步向海外投资发展。

中国在香港的海外投资企业中,由中央政府和省市政府管辖的企业占有重要地位。例如中国招商局,涉及交通、造船和修理、饭店、制造业和基础设施投资以及零售业、银行和保险。它属于中国交通运输部管辖。再如中国华润公司,这是中国最大的服务业企业,它属于中国对外贸易经济合作部和中国银行香港分行所有,而中国银行又是香港的第二大银行。

从20世纪90年代初期开始,中国的海外企业已开始通过香港股票交易所和各种债务工具来筹集资金。由于多数中国国有企业都不能满足在香港股票交易所的上市要求,特别是达不到会计和财务报告标准,因此有些国有企业在香港收购了已经上市的公司,或者收购了虽未上市,但已符合上市要求并随后就要上市的公司;还有一些国有企业在香港建立能够达到上市标准的股份公司。这些活动也构成中国企业向海外投资活动,当然,上市公司所筹集的资金,一部分又返回大陆投资,形成中国企业对外投资与引入外资的双向活动,使对外投资成为吸引外资进入中国的一个手段。截至2006年,累计在港上市内地企业达360家,市值60170亿港元,占总市值的48%

在我国对外开放的过程中,香港地区作为中国最大的国际化城市,起到了中国对外开放的窗口、企业的融资中介、重要的贸易伙伴和对外贸易中间人等多方面的作用。

进入21世纪后,当我国迎来跨国直接投资的高涨时期,香港仍然是中国跨国直接投资的主要目的地。2006年中国内地对香港地区的投资流量为69.3亿美元,占流量总额的39%,比2005年的投资流量增长了1倍多;2007年又增长了1倍多,流量总额为137.3亿美元,占流量总额的51.8。截至2007年,中国内地对香港地区的投资存量687.8亿美元,占总存量的58.3%。从行业构成情况看主要流向批发零售业、商务服务业、交通运输业及仓储业、金融业、房地产业、制造业等。

第二节　中国企业跨国经营区位选择的动机

区位优势是东道国所影响跨国经营的客观条件,这些因素能否构成对企业投资的吸引力,还要看是否是企业要通过跨国经营从东道国获得的要素。基于企业内部与外部条件而形成的投资动机反映了企业需要东道国所具备的基本要素,是企业跨国经营区位选择的基本导向。

一、企业跨国经营动机的一般分析

基于对折衷范式的扩展,Dunning(1988)归纳了跨国公司跨国生产的三种战略动机,即市场寻求型(Market Seeking)、效率寻求型(Efficient Seeking)和资源寻求型(Resourcing Seeking)。后来,Dunning(1993)又加入了战略资产寻求型(Strategic Asset Seeking)。

市场寻求战略动机以市场为导向,指跨国公司跨国直接投资的目的是为了满足东道国市场或相邻市场的需求,即实行当地生产、当地销售。市场战略动机主要源于企业自身规模扩张的需要,通过更深层次的国际分工来获得规模经济。也可以是受到外部环境的影响,比如竞争者的威胁、市场竞争加剧,会使企业为了保护或占领市场而对外进行投资。

资源寻求型战略动机,是以资源为导向的一种投资战略,指跨国公司跨国直接投资、参与国际生产的目的是为了寻求和获得东道国的资源优势,并以这些资源为母公司或在第三国的分支机构以及其他国际市场提供产品和服务。所以,这种战略动机有时也被称为供应战略动机。跨国公司寻求的东道国资源一般是本国所缺乏的或者在东道国较为廉价的。东道国所拥有的自然资源常常是跨国公司实行这种战略的对象,但随着国际竞争的发展,越来越多的跨国公司开始重视自然资源以外的各种经济和社会资源。

效率寻求投资动机即为降低成本导向型跨国直接投资。离岸工厂倾向于利用当地廉价资源特别是劳动力生产配件或为母公司提供装配制成品所需的中间产品。效率寻求型的战略动机是成熟产业追求规模经济和范围经济的表现,通过利用专业化生产,降低生产成本,以占领区域性和全球性市场。多数美国跨国公司投资于亚洲新兴工业国和墨西哥,就属于这种投资类型。随着亚洲新兴工业国工资水平的上升,这些离岸工厂为寻求更低的工资水平,其区位倾向于选择劳动力成本更加低廉的国家和地区。另外,对于当地政府优惠政策的寻求,也是寻求效率的一种体现。

战略资产寻求型是为了获得企业的核心能力和创新资产而进行的投资。这种投资不以投资项目的赢利为目标,而是使其为企业的长期发展服务。该类型的投资往往是为了获得能够增强企业持久竞争优势的创新技术、专利和品牌等资产。由于这些资产需要企业长期的创新和积累才能获得,通过跨国直接投资将会缩短获得这些资产的时间。

以上是企业跨国直接投资区位选择的一般战略动机,几乎所有企业跨国直接投资的动机最后都可以归纳为这四个方面。但是这些战略动机是在折衷范式的前提下提出的,也就是企业的垄断优势是这些动机形成的动力来源。并不是所有的企业都具有垄断优势,它们也可以以寻求市场、效率、资源和战略资产作为动机,只不过在具体的环境中这些战略动机的动力来源更加具体化、多样化。例如,同样是市场寻求的战略动机,发达国家的企业可能是为了进一步发挥它的垄断优势的作用,向国外市场扩张的动力来自于企业内部的优势;而发展中国家的企业则是为了使现有的市场不被侵蚀,向国外市场的拓展来自于外部市场环境的推动。

二、中国企业跨国经营战略动机的理论探究

对于发展中国家企业来讲,跨国直接投资并不是利用现有竞争优势、实现利润最大化的主动行为,而是对于外部环境冲击的战略反应,因此中国企业跨国直接投资的战略动机多表现出外部环境的要求。如鲁桐(2003)以确定中国目前在投资发展轨迹中所处的阶段为前提,认为跨国直接投资快速增长的动力来自于国内经济实力的提高。江小涓(2004)

则认为我国跨国直接投资的动力来自于我国更多地参与国外自然资源开发的需要;利用国外科技资源的需要;通过投资带动出口的需要;更好地贴近国外市场的需要;推动产业结构调整的需要。邢建国(2003)认为中国跨国直接投资成长的推动力来自于政府部门的政策推动,综合国力的增强以及对经济主体战略的调整。而王林生等人(2003)提出:国家利益的驱动是跨国直接投资发生的宏观动因;企业利益的驱动是跨国直接投资发生的微观动因。而从我国企业的角度看,主要是寻求广阔的市场、开发经营资源、追求更高的投资效率、利用国外的资金等。下面将分别从不同的视角对企业跨国直接投资的战略动机进行理论分析。

(一)宏观视角下的战略动机

在当今的国际关系中处处体现出政治经济化、经济政治化,经济政治手段相互交替,利用政治手段实现经济利益的特征。尽管跨国直接投资是企业的行为,可是政府的作用可以改变企业的初始竞争地位,使其在跨国直接投资中变得更加有利,因此政府的作用是不可估量的。中国作为发展中国家,企业的性质呈现出多元化的特征,而企业的行为也更体现出政策导向的特征,企业的战略动机会受到政府政策的影响,特别是国有企业的战略动机,有时甚至就是政治意愿的直接体现。

1. 基于能源安全的资源寻求型

能源安全对于每个国家来讲都非常重要,在世界经济发展和经济全球化的进程中,为了夺取能源、争取能源和控制能源,斗争无处不在,在这样的背景下,跨国直接投资义不容辞地承担起了实现能源战略的重任。除能源之外,其他的资源对国家的发展也都有重要的战略意义,要成功的跨国直接投资必然要政府的扶持,因此此类型的跨国直接投资是国家和政府战略意图的直接体现。在政府的驱动下,自然资源寻求是我国企业跨国直接投资最重要的战略动机之一。

2. 基于产业结构优化的效率寻求型

我国某些成熟技术的产业市场过剩和成本上升的现象,说明这些产业在我国已经处于相对劣势,不仅在国内会引起恶性竞争,不利于产业的发展和改造,还会阻碍产业结构的提升。因此应该将这些产业向具有比较优势的地区转移,以便获得更高的经济效率。

另外,我国经济今后能否持续稳定增长,在很大程度上取决于推动技术进步的能力,取决于一批高技术含量、高附加值、规模经济显著的产业能否迅速成长,例如微电子工业、汽车工业、光机电一体化工业等。发展这些产业,需要先进的技术、技能和管理方法。我们以往较多采取引进方式获取技术,但引进的技术我们没有知识产权,有时也不完全适合国内市场和产业的需求。在国内自主开发,又存在缺乏科技资源特别是技术开发人才的问题。国内有实力的企业"走出去",到科技资源密集的地方设立研发机构或高技术企业,开发生产具有自主知识产权的新技术、新产品,是利用国外科技资源的一种有效形式。

(二)微观视角下的战略动机

1. 基于交易效率的战略动机

在国际商务中,交易效率又被称为内部化优势,是解释跨国公司的支柱理论之一。内部化理论承认市场的不完全性,研究交易成本对公司治理模式的影响,即在特定的交易成本下,公司治理采用市场层级或者混合模式中哪一种最为有效。在全球市场上,企业可以通过跨国直接投资或者通过市场交易来转移或支持生产行为,当前者具有更高效率,即企业内部交易成本小于市场外部交易成本时,内部化优势就出现了。中国公司通过跨国直接投资实现内部化获得的优势有:带动出口,突破贸易壁垒、向次发达国家转移专有优势和从发达国家获得创造性资源。

(1)带动出口的市场寻求型

通过在出口国市场建立贸易型的公司,可以了解当地的市场,掌握销售环节,减少产品销售的不确定性,及时了解消费者的要求。同时可以通过公司在当地的销售网络,将产品的价格内部化,使公司的利益最大化。

(2)突破贸易壁垒的市场寻求型

改革开放以来,中国公司在生产技术、管理经验和劳动力技能上都有了较大幅度的提高,特别在劳动密集型产品和中低档技术密集型产品上过剩的生产能力迫使中国公司必须拓展国外市场。然而,这些产品的出口常常遭遇到各种贸易壁垒,如关税、配额和反倾销诉讼等。面对不断强大的地方性封锁和贸易保护,越来越多的中国公司别无选择,只有设立国外机构,通过内部化的手段,当地生产当地销售,以保证能继续进入这些市场。

（3）利用专有优势的市场和效率寻求型

在开放的过程中,某些行业的中国公司通过自身发展和"内向型"国际化手段也积累了不少相对先进的技术和经验。相应地,具有相对优势的中国公司为了克服中间产品市场的缺陷,确保其专有优势被最大限度地利用,会倾向于通过内部化,即跨国直接投资来进行国际生产活动。由于这些技术和经验适合发展中国家的生产和消费水平,这种对外投资往往表现为向次发达国家投资生产设施,利用当地低成本的投入,可以将产品提供给当地市场,也可以将产品提供给国际市场;同时还可以解决国内生产能力闲置问题并带动设备和零部件的出口。

（4）获得创造性资源的战略资产寻求型

同发达国家公司相比,中国公司通常缺乏许多资源优势,如技术、管理和市场营销技巧、世界级的知名品牌等。对中国公司来说,在国内开发这种基于知识的资源存在极大的风险,主要表现为投资大、周期长、结果不确定等。并且,这些资源也很难通过市场交易直接获得,比如,许多技术和管理知识都不可能通过简单的进口获得,尤其一些不可言传的诀窍,必须通过长期的近距离交流才能发生转移。研究发现,内部化对转移互相依赖的管理诀窍、声誉和市场等要素具有明显的作用。因此,通过跨国并购获得拥有这些资源的企业,再通过知识的内部扩散而学习、转移并应用这些资源是中国公司增强国际竞争力的重要途径。

（5）基于企业国际化发展的信息服务型

经济全球化将企业置于国际竞争的环境中,每一个企业都不可避免地要面临国际竞争,在这样的前提下,能够利用世界各地的资源为企业的生产经营服务,本身就是一种优势。因此企业如何实现国际化发展,以内部化各种优势资源,是企业迫切要解决的问题。

加入 WTO 之后,中国企业普遍都意识到了企业国际化的重要性,将国际化战略纳入到企业的长期发展战略中。这些企业在国外建立对外联系的平台,为企业提供相应的信息服务,了解当地的市场和技术状况,为国内的生产经营提供依据,寻找合适的合作者或者投资机会,便是企业实现国际化的第一步,因此在国家跨国直接投资政策的鼓励下,企业会为了获取情报进行跨国直接投资。

2. 基于企业竞争优势的战略动机

在众多关于中国企业跨国直接投资的研究中,大都提出目前我国大多数企业都不具备垄断优势,因此企业并不是以产品的差异来获得竞争优势,而是以低成本占有市场。根据我们前面对企业竞争优势的分析,这是由企业所控制和占有的资源特点所决定的。企业的竞争优势来源于企业占有和控制的各种资源与能力是企业资源论的基本观点,但是同时企业资源论还强调公司的内在能力和外部市场要求之间的相互作用,并且以内部资源的独特性和动态性来解释竞争优势的产生、保持和更新,也就是说企业的竞争优势是动态演变的。因此,根据企业资源论的观点,企业跨国直接投资既可以是竞争优势的利用,也可以是竞争优势的增强。

(1)基于竞争优势利用的战略动机

由于中国企业具有多元化的竞争优势,这些竞争优势分别适用于不同的区位环境,因此企业跨国直接投资的战略动机也是多元化的,可以是寻求市场也可以是寻求效率,也可以有多重动机。但是根据目前我国大多数企业的现状,以寻求效率和市场同时为动机的投资应该是占生产型投资的大多数。

在前面所提到的如纺织、服装、鞋类和家电等我国的成熟行业,激烈的价格战促使中国公司在生产技术、运作管理等方面不断提高以维持其低成本优势。在这种相对优势下,国内市场的饱和促使大量的中国公司向其他新兴国家直接投资以利用其过剩的生产能力。同时,因为作为东道国的新兴国家往往都不具备中国公司所需的基于知识的战略资源,如先进的技术、管理经验和知名的品牌等,这限制了中国公司对新资源的开拓。因此这种投资往往是以寻求当地的市场以及低成本为战略动机的。

(2)基于企业竞争优势增强的战略动机

在全球化的市场上,同发达国家公司相比,发展中国家的企业往往都处于竞争劣势,为了改变这种不利局面,他们必须寻求新的资源以产生自身的竞争优势。对中国公司来说,这一要求更加迫切。作为后来者,中国公司参与全球竞争的最大障碍就是缺乏基于知识的战略资产,如先进的技术、管理经验和知名的品牌等,而这些资产在国内并不丰富,从寻求战略资产的角度来看,跨国直接投资是从国外市场获得战略资产的有效方法。正是对互补资源的需求,尤其是对各种知识的需求,驱动了中国公司对发达国家的直接投资。如联想通过收购 IBM 公司的个人电脑业务获得了世界品牌、先进技术、管理团队和营销网络，极大地增强了产品的非价格竞争力。特别是对于高附加值的产品，产品的差异化和品牌优势起着关键的作用。中国向发达国家的投资很多是以寻求战略资产为动机的。

同利用既定竞争优势的跨国直接投资相比较，以寻求战略资产为动机的跨国直接投资企业往往不具备参与国际竞争的专利或专有技术等带来核心能力的战略性资源（技术、品牌、分销网络、研发能力和管理能力等）。然而，在国外经营要比在国内经营承担更大的风险，没有相对于当地企业的竞争优势就意味着亏损，这样的动机是否合理呢？对此我国的学者提出了学习型的跨国直接投资（冼国明、杨瑞，1998）。

他们利用邓宁的附加策略变量的"动态 OIL"模型构造了学习型 FDI 模型。他们认为发展中国家 FDI 是一个长期和动态的过程。从短期看，学习型 FDI 的主要目的不在于最终产品的有效生产，而是为了获取某种中间产品（主要是技术），因此学习型 FDI 短期内有可能发生亏损。但从长期看，学习型 FDI 加快了发展中国家企业的技术累积过程，因此可以与技术领先者在长期争夺世界市场。并且，加入政府的支持作为变量，认为政府的支持可以弥补企业在学习期间的损失，之后从国家的角度来看，收益是正的，以获得战略资产为动机的投资是可行的。

毋庸置疑，获取战略资产是发展中国家企业跨国直接投资的良好意愿，并且具有可行性，但这需要企业具备一定的前提条件，尽管该条件不再是和当地企业相比较的绝对竞争优势。进入新的区位进行国际生产，要面对信息成本和国际风险等多种不确定性带来的成本，而且还有筹建费用的投入，这些都会是企业跨国直接投资的障碍。同时由于企业自身的技术差距，产品缺乏成本和质量方面的竞争力，新的海外机构不仅不可以为公司带来赢利，可能需要母公司承担巨额的投入，国际生产的绩效会较差。但是一旦企业完成基本的技术积累，并形成自身生产的独特技术路线，提高了产品质量并降低了成本，这种局面就会改善。因此这要求在投资过程中要具备以下条件：首先，要具有足够的资金来支撑初始时期的运营费用，并且具有某些价值链环节上的竞争优势可以减小企业的损失；其次，要有可以把握技术发展方向的管理能力，有效地吸收当地的技术。

企业的管理能力是企业能否将外部环境因素纳入企业内部成为企业资源的关键因素。另外,企业应充分地发挥自身的比较优势,开拓企业的发展空间,提高企业的生产能力,为企业的发展创造有利条件。因此,以寻求竞争优势为动机的跨国直接投资必须谨慎。

宏观视角和微观视角的战略动机并不相互抵触,企业的战略动机受到宏观战略的指引,而宏观的战略动机包容在微观的战略动机之中,并通过企业的动机来体现。总结以上分别由宏观视角和微观视角所分析的我国企业跨国直接投资的战略动机,主要包括了信息服务型、自然资源寻求型、转移边际产业和利用企业竞争优势的市场和效率寻求型、带动出口和避开贸易壁垒的市场寻求型、提升竞争优势的战略资产寻求型。

三、中国企业跨国经营区位选择动机的相关实证

由于根据相关理论对企业投资战略动机进行的分析,只是根据内外环境做出的推论,并不直接反映企业的主观愿望。学者们通常通过调查问卷的实证方法来了解企业跨国直接投资的动机。我国的许多学者也进行了一些相关的问卷调查,如复旦大学世界经济研究所[1]、中国对外贸易大学跨国公司研究中心[2]、山东省"中国海外企业研究课题组"[3]、商务部研究课题组[4]分别在 20 世纪 80 年代末、90 年代初以及 2006 年对不同范围的中国跨国企业的投资动机进行了问卷调查。

尽管几次调查问卷中的问题设计以及调查对象各不相同,而且会影响到反映问题的效果,但仍然可以从中勾勒出我国企业在选择跨国经营区位的主要动机。根据几次不同时期的调查结果,我国企业跨国经营动机并没有太大的变化。在各问卷中,开拓市场、获得当地的资源、降低生产成本、取得先进技术等都是主要的动机。调查结果与理论分析基本相

---

① Ye Gang: "Chinese Transnational Corporation: Table 1". Transnational Corporation Journal, Vol. 1, No. 2, August, 1992.

② 谢康:《试论中国跨国直接投资的动因及措施》,《世界经济研究》1994 年第 3 期,第 44 页。

③ 谢康:《跨国公司与当代中国》,立信会计出版社 1997 年版,第 119 页。

④ 商务部研究院课题组:《我国跨国直接投资的战略选择——"跨国直接投资公司调查问卷"分析报告》,《国际贸易》2006 年第 7 期,第 50~55 页。

符。由此可见,我国企业的跨国经营主要来自于外部环境的推动,内需不足以及资源匮乏是我国企业走出去的主要原因,当然也有少数企业的动机是利用自身的竞争优势或高额的资本回报率。多元化是中国企业跨国经营动机的主要特征。

第三节　中国企业跨国经营的区位选择战略

一、总体区位选择战略

(一)多元化区位战略

鉴于中国企业跨国直接投资具有多样的条件和动机,东道国区位又具有各自独特的优势,中国企业的跨国直接投资从各自的条件和动机出发,充分和产业选择相结合,利用最有利的进入方式,实现跨国直接投资区位选择的多元化。

一般而言,发展中国家在确定境外投资区位战略时有两种选择,即上行投资和下行投资。上行投资是发展中国家对发达国家的投资,这种投资似乎与传统的国际投资理论相抵触,因为发展中国家与发达国家相比,既不具有技术优势,也不具有品牌优势,但是发展中国家的跨国直接投资却有相当比重的一部分流向了发达国家,我国同样也有大量的投资流向了美国等发达国家和地区。究其原因主要有两点:一是为了打破技术封锁,直接获取发达国家的一流技术;二是为了避开贸易壁垒,占领东道国市场或打入第三国市场。下行投资是发展中国家对其他经济发展水平相近和稍低的发展中国家的投资,这种投资符合我国目前产业结构调整的需要,可以将本国处于成熟化的产品或技术移植到较不发达国家,以便实现产品或技术的第二次或第三次生命周期。而且当地生产当地销售以及利用生产国进行出口,将会降低我国国内市场的竞争和出口压力。多元化的区位选择不仅有利于多元动机的实现,还可以充分利用全球资源。

(二)渐进性区位战略

企业跨国直接投资区位扩张要依据渐进性战略,指的是企业进入目标市场要"先易后难",也就是企业在国际化发展过程中,首先选择自己熟悉的、地理位置或风俗习惯相近的海外市场作为国际化发展的目标市场,然后选择相对陌生、地理位置更遥远或文化差异更大的海外市场作为

211

目标市场。日本及亚洲新兴工业化国家和地区的跨国直接投资一般从邻近国家开始。对邻近地区的投资可以使经营风险得到一定程度的减弱。此外,它们在跨国直接投资的发展初期,大多以发展中国家为投资重点。随着经济实力的增强,技术水平的提高和跨国直接投资的发展,投资逐步向发达国家扩展,从而体现出跨国直接投资的地区渐进性。渐进性的区位扩张战略,有利于降低我国企业跨国直接投资的风险。特别是我国企业,本身的规模有限,跨国经营的经验有限,企业的适应能力有限,企业对海外分支机构的有效控制能力有限,决定了企业对外投资应采用从周边国家或地区开始,积累经验后,逐步扩展的战略。

"先易后难"的战略是对于大多数企业来讲的,因为我国企业大部分都不存在和国外企业竞争的实力。但是这并不排除部分企业已经在某些技术上取得了领先优势,并具有一定的管理能力,直接同发达国家企业竞争的情况。海尔的国际扩张过程就是一个典型的"先难后易"的区位路线。海尔在进入国际市场时先进入欧美等在国际经济舞台上有分量的发达国家和地区,靠质量让当地消费者认同海尔的品牌取得当地名牌地位后,再靠品牌优势进入发展中国家;同时,开展海外投资的道路也是先难后易的,即先到发达国家建厂而后再向发展中国家扩展。这种先难后易的道路,适合具有雄厚的资金实力和较强管理能力的企业。

(三)动态化区位战略

1. 东道国区位优势的动态变化

国际环境的变化、东道国环境的变化以及企业自身的发展,都会导致吸引企业的区位优势发生变化,因此企业跨国直接投资的区位应该随之进行调整。

世界的经济、技术和制度发生着日新月异的变化,这种变化随时都有可能导致企业成功的关键要素发生变化,对企业的运行方式产生实质性的影响。进入知识经济时代,传统的区位优势虽然还很重要,但是其重要性已经大大降低,而诸如聚集经济等一些新的区位优势的重要性增强;另外,随着各国经济的发展,其生产要素的比较优势及经济的增长潜力和市场容量都会发生变化,同时也会改变该地区的区位优势;而且随着企业竞争优势的提高,企业的生产经营也会进入新的发展阶段,从而需要注入新的资源和力量。各种因素的动态变化,都要求企业的区位选择战略具有动态化的特点。

2. 母国的经济发展与经济政策的变化

随着母国经济的发展,经济结构和经济政策都会发生相应的调整,另外市场结构也会日益完善。相应的企业投资产业的选择要根据国内经济的需要进行调整,而投资的方式也会有更多的途径。如随着我国对外开放的深入,我国的经济实力逐渐增强,部分产业开始由增长进入衰退阶段,产业结构的调整使企业通过对更不发达国家的投资来进行转移,以优化国内的产业结构。在经过一段时间的发展之后,又会有新的产业特征出现,企业还要适当地进行调整,从而使跨国直接投资的区位发生变化。而且随着我国国际竞争力的变化,企业跨国直接投资的区位也越来越广。

3. 企业国际一体化战略的变化

跨国直接投资是企业实现国际一体化生产经营的途径,企业的国际生产的一体化水平会随着其生产经营的积累而提高。按照一体化的程度来划分,可以分成独立子公司阶段、简单一体化阶段和复合一体化阶段。不同的阶段对区位选择有着不同的要求。

(1)独立子公司

跨国公司战略的一个普遍形式是设立独立的子公司,即在东道国经济中比较独立运作的子公司。母公司与其国外子公司之间的联系主要通过所有权来控制,其他联系包括转移技术和提供长期资本。只要子公司是赢利的,母公司可能对它行使很少的控制。大的跨国公司可以控制许多独立支持的子公司,每个子公司服务于一个独立的东道国。独立子公司可以被看做母公司的缩影,必须像一个独立的单位那样运作,仿效它们母公司的生产组织。

(2)简单一体化

跨国公司主要通过分包来参与国际化生产,东道国的经济活动和母国的生产活动联系在一起。外包的主要动机是利用东道国与跨国公司价值链有关部分的区位优势,母公司通过对子公司的所有权或通过与当地公司的非股权安排,比如分包合同来控制外包生产,分包合同使跨国公司能集中于价值链的某些部分,而分包商则集中于其他部分,通常是劳动密集部分的生产,分包公司成为跨国公司生产体系的一部分。

（3）复合一体化

在独立子公司战略下,跨国公司国内外的经济活动是截然分开的,只是有一点所有权上的联系。而在一体化的国际生产体系下,跨国公司各种职能性的活动是通过母公司和子公司的协作来共同完成的。

一体化的国际生产体系是那些在企业或战略联盟内部执行复合一体化的公司战略的跨国公司职能与活动的总和。尽管国际生产的简单形式仍然很普遍,一体化国际生产体系也正在逐渐发展起来。

由于跨国公司的国际生产活动日益具有一系列的复合特性,它们也要求东道国能够相应具有一系列不同的其他区位优势,在选择一个国家作为一体化生产体系中某些子公司的国外区位时,基础设施、低要素成本、高级技术和工人适应能力等都是主要考虑的因素。因此国际一体化生产体系不仅涉及对国际直接投资和跨国公司职能活动的分解,而且涉及按特定的区位优势进行东道国选择。

中国企业的跨国直接投资由于尚处在初级阶段,大多数属于独立子公司和简单一体化的国际生产体系,各子公司及母公司之间没有形成有关联的网络,但是随着企业竞争优势的增强,将使企业有能力实行国际生产的全球一体化战略,区位的选择必然也会发生变化。

二、具体区位选择战略

在跨国经营区位选择的总体战略下,企业具体的区位选择是以投资动机为导向,比较各国区位优势,综合考虑各种因素所做的战略决策。

下面从我国企业跨国直接投资的主要战略动机出发,来分析一下企业具体的区位选择战略。前文关于我国企业跨国直接投资的战略动机的分析,仍然可以归纳为四个大的类型,即市场寻求、资源寻求、效率寻求和战略资产寻求。以上战略动机首先可以确定的是区位选择的要素指向,根据该要素指向决定了目标市场所需要具备的经济条件。但是具备此条件的目标市场并不一定都可以成为企业的投资地点。究竟如何来选择投资区位,还取决于企业的内外条件以及选择的投资产业等因素。

（一）市场寻求型跨国直接投资的区位选择战略

市场寻求一直以来都是我国企业跨国直接投资的主要动机,对于这种类型的投资,市场规模和增长潜力是东道国区位需要具备的基本要素。

论及市场规模,发达国家具有世界上最大的经济总量和消费能力,又具有各个层次的消费群体。而且一般拥有良好的投资环境,主要表现为经济发展水平高、产业门类较齐全、基础设施完善、投资法规健全、市场潜力很大、科学技术发达,而且对外商投资的限制较少,政局变动较小,这些都是我国企业进入发达国家投资市场的有利因素。其中美国、欧盟和日本是中国三个最大的贸易伙伴,也是中国产品最大的出口市场。但是,由于它们的国内市场竞争激烈,对外国资金和技术等方面的要求也较高,某些生产要素的价格也偏高,而且对外国投资很少给予特别的优惠政策。

　　根据前面的分析,我国的跨国直接投资大部分都是以出口为先导的,因此以市场寻求为动机的跨国直接投资,也大都集中在发达国家。由于我国的出口产品大都是劳动密集型的,如纺织、服装和机电产品等,其竞争优势大都来自国内劳动的低成本,导致我国的跨国直接投资并不是以加工生产为主,而主要是为了贸易服务的售前、售中、售后的服务行业,目前有越来越多的企业在尝试以出口市场为目标,进一步开拓和增加国外的销售份额。由于区域保护主义和其他发展中国家对外开放力度的加大,我国的出口市场将会受到影响,在继续拓展出口市场的同时,企业应该充分利用各方面的条件,增加生产型的跨国直接投资,占领国际市场。除了一小部分具有较强的管理能力和技术创新优势的大型企业可以全方位地进入国际市场,我国大部分中小型企业抗风险的能力较低,不具备在发达国家市场直接设立生产部门的能力,应该重点以发展中国家为投资区位。可以当地生产、当地销售,占领本地市场,也可以将其作为生产基地,把产品销售到发达国家和其他发展中国家。在区位选择时应该以市场规模较大和区位关联度较强的区位为主。

　　发展中国家市场相对狭小,各种基础设施和制度的建设也不尽完善,但是,发展中国家具有低成本的要素特别是劳动投入,而且向投资企业提供各种优惠政策,降低了企业进入的门槛。我国的中小型企业大都是以劳动密集型产品为主,生产技术要求的适度规模也并不是很大,较适合在发展中国家投资。

　　1. 亚洲地区

　　由于地缘优势,我国同亚洲的国家早已经有一定的合作基础,我国同亚洲各国的贸易往来和对亚洲地区的出口居各大洲之首。中国企业的跨

第六章　中国企业跨国经营的区位选择与本土化战略

国直接投资对象主要集中在亚洲的新兴工业化国家和发展中国家(地区),除中国香港和澳门之外,主要有泰国、新加坡、韩国、马来西亚、印度尼西亚、巴基斯坦等。目前这些国家的经济发展速度很快,对外开放程度也较高,对外国投资不歧视,且政局较稳定。亚太经合组织和东盟两大区域一体化组织的存在,使得这一地区的合作与联合日益频繁,一体化水平较高,又符合投资区域渐进化的原则。东盟自由贸易区应该成为该地区发展的重点。东盟自由贸易区扩大了东盟各国的市场边界,在区内任何一国国内建厂,都可以获得一个广阔的市场。其中,越南具有很大的吸引力。首先,低工资而高质量工人的大量存在是投资越南的一大优势。越南的熟练工人的工资要比中国便宜40%以上,且离职率低,人事管理相对容易。在越南的许多外国企业正是靠这些因素取得劳动密集型投资成功的。其次,越南与美国签订的越美通商协定已于2001年8月生效。美国同越南成为通商贸易关系,美国对越南产品的进口税大幅下调。拥有丰富劳动力的越南将成为各国投资者对美出口基地。

另外由于文化传统上的相似性和长久以来历史上的联系,我国的许多具有文化特色的产品和服务在亚洲国家都比较容易开拓市场。

2. 拉美地区

20世纪80年代,拉美大部分国家陷入债务危机以后,各国纷纷采取改革措施,加大开放力度,吸引外资,投资环境大大改善,经济得到迅速的恢复与发展,成为增长速度较高的经济区域。巴西是该地区最大的发展中国家,劳动力资源丰富,自然资源种类繁多,同时巴西拥有拉美最为完善的产业体系,经济实力居拉美首位,将是我国跨国直接投资的重要国家。此外,阿根廷、智利、墨西哥、秘鲁也是跨国直接投资的较好区位。该地区具有健全的投资法规、积极的外国投资税收政策以及宽松的外汇政策,为投资者提供了便利。其中,墨西哥是北美自由贸易区的成员,在墨西哥加工生产的电子、纺织、服装等产品,只要符合原产地规则,就可以享受优惠条件。同时美国也给予玻利维亚、哥伦比亚、厄瓜多尔和秘鲁一系列优惠关税,这些都对我国产品的出口造成了一定的影响。在这些地区设厂加工生产,便可以绕过美国的贸易壁垒。

3. 非洲地区

非洲地区经济发展不平衡,投资环境也良莠不齐,而且个别地区政局不稳。

东南部非洲包括 25 个国家和地区,政局总体稳定。东南非国家和地区经济发展极不平衡,其中南非是非洲经济最发达的国家,具有非洲最大的市场规模。其国土面积仅占非洲的 4%,人口占 6%,但国民生产总值约占全非洲的 20%,占黑非洲的 40% 左右,人均收入达 4000 美元以上,属中上等收入国家。南非是我国在非洲最重要的贸易伙伴,同时也是我国企业跨国直接投资最重点国家之一,领域涉及农业、纺织、服装、电子及矿产开发等各个行业。另外,2000 年美国通过《非洲增长与机遇法案》(AGOA),为 48 个撒哈拉沙漠以南非洲国家提供了单方面贸易优惠条件法案,理论上涉及的产品虽然有 6000 多种,但实际上真正执行的仅有纺织品服装、石油、矿产品(钻石、铂)、汽车等少数几种,其中最主要的是纺织品服装。AGOA 实施两年以来,撒哈拉以南非洲国家普遍从 AGOA 中得到了实惠,尽管程度有所不同。AGOA 确实起到了带动非洲出口的作用,撒哈拉以南非洲国家的纺织品输美两年来增长了 125%。①

20 世纪 90 年代之后,非洲内部的一体化进程也开始加快。1996 年,肯尼亚、坦桑尼亚、乌干达三国首脑会议宣布建立东非合作组织。西非 16 国也决定于 2005 年建立西非经济同盟。南非发展共同体是非洲一体化程度较强区域一体化组织,至今已经发展了 12 个成员国,地区的国内生产总值超过 2000 亿美元。

非洲地区同我国在轻工产品的出口结构上十分相似,但是中国的产品比非洲的产品更加具有竞争优势,因此 2005 年纺织产品的出口配额取消之后,非洲出口欧、美的轻工产品失去了竞争力,而且中国的纺织产品也在非洲占有了一定数量的市场份额。如果在当地投资设厂,可以降低当地工人的失业率,同时又可以促进当地的出口以及供应当地市场,既获得了市场又不会使中非关系因为出口产品的竞争而受到影响。南非等经济发展水平较高和区域一体化组织的成员国,并且政治稳定的国家应成为首选。

4. 转型国家和地区

转型国家在轻工、食品、纺织和家用电器等行业相对落后,具有这些

第六章 中国企业跨国经营的区位选择与本土化战略

产品的广阔市场,在经济结构上同我国具有互补性。并且其中不少国家与我国地理位置相近,由于历史的原因,与我国政府和企业有着长期的友好交往和联系。我国不少企业和部门对它们的技术和社会环境,有较深刻的了解,从而为跨国投资提供了条件。并且,这些国家的私有化,为并购该地区的企业提供了条件。俄罗斯是该地区最大的经济体,具有最大的市场规模,是我国重要的贸易伙伴。俄罗斯目前以及今后都将是我国跨国直接投资的重点国家。

(二)效率寻求型跨国直接投资的区位选择战略

尽管随着我国经济的发展,我国工人的工资水平有所上升,但是由于国内地区发展的不平衡,相关产业在地区之间的转移也可以起到降低成本的作用。我国大多数追求低劳动力成本的投资中,基本上也同时是为了寻求市场,因此同在发展中国家寻求市场的跨国直接投资在区位选择上十分相似。另外,还有的企业是为了获得当地的廉价原材料而进行的投资,投资地点则取决于其目标原材料的种类。例如,木浆造纸业、家具产业可以将生产工厂设在诸如澳大利亚、马来西亚、印度尼西亚、智利等林业资源丰富的国家。

除了降低生产成本之外,交易成本的降低也是企业追求效率的一种体现,这主要表现为对于各国优惠政策的寻求。流入避税地的部分投资就是受到当地相关政策的吸引。

经济合作与发展组织(OECD)把中国香港、英属维尔京群岛、开曼群岛、百慕大群岛、巴拿马、新加坡、卢森堡、瑞士等近20个国家(地区)定义为避税地,其主要特征有:税率相对较低、银行或商业保密程度高、金融业占主导地位、通讯设施现代化、不实行货币管制、无须向监管或统计部门提交财务报表等。随着跨国公司日趋成熟,通过避税地投资的做法在国际上普遍被采用,投资者以适当的组织结构使其投资的地理分布多元化,通过特别目的实体(SPE)的建立使融资可以从企业的内部和外部同时进行。这些组织结构通常有管道公司、控股公司、财务公司和地区总部等。他们将在国际经营的税收成本降低到最低的同时,还可以避免汇率风险,将货币管制降到最低水平,避免不必要的国际资本转移。因此许多国家和地区的跨国直接投资初始地或外来直接投资的来源地都集中在这些避税地。

除了可以利用避税地降低交易成本之外,还可以将其作为融资渠道和分散资本风险的途径。根据有关数据显示,香港 2004 年跨国直接投资的存量中有 27% 投资于位于离岸金融中心的没有实际业务的公司。特别是在 1997 年香港回归以后,香港本地及外来的投资者都纷纷分散其金融资本,以避免政策变动带来的损害。

利用避税地转移投资是在避税地建立特殊目的实体的另一目的。这些资本往往被投往其他国家,甚至是迂回投资于本国。根据有关数据显示,从香港迂回投资于中国内地的投资大约占到中国外资流入量的 25% 到 50%①。

避税地对跨国直接投资的巨大吸引力,主要是由于其相关的制度为企业带来了各方面的便利,从而降低了企业各种交易成本,成为吸引资本流入的特别地区。

(三)资源寻求型跨国直接投资的区位选择战略

资源寻求型的跨国直接投资,最关键的要素指向就是丰富的自然资源和资源的可得性。

亚洲、非洲、美洲和欧洲的部分国家拥有丰富的能源资源。西亚的海湾地区,北非的利比亚、阿尔及利亚和和西非的尼日利亚,美洲的美国、墨西哥和委内瑞拉,以及俄罗斯等转型国家是石油和天然气的主要集中地区,另外,同我国邻近的部分亚洲国家如土库曼斯坦和马来西亚也具有丰富的的天然气资源。

拉美和非洲地区都拥有丰富的矿产资源。秘鲁是拉美自然资源最丰富的国家之一,铋和矾的蕴藏量居世界首位,铜的蕴藏量占世界第三位,铅和锌的蕴藏量分别居拉美第一、二位。此外,还有大量的铁、金、银、水银、钨、煤、石油、天然气等矿产资源。巴西已探明铁矿砂储量 650 亿吨,为世界之最,产量和出口量也均为世界第一。铁矿砂品位较高,多数含铁 60% 以上,且为露天矿。铀矿、铝矾土和锰矿储量均居世界第三。铌矿探明储量已达 455.9 万吨,按当前全球消费量,足够供应全球市场 800 年。此外,巴西铬、镍、金、石棉等矿产均储量丰富。智利铜储量、产量和出口量均居世界第一位。另外,拉美地区还拥有丰富的农业资源、林业资源和

---

① UNCTAD: World Investment Report 2006.

渔业资源。东南非国家是非洲矿产资源最丰富的国家,多种矿产资源占世界首位。在非洲储量排名第一的矿产当中,除刚果(金)(钻石)、尼日利亚(铀)、摩洛哥(磷)之外,其他均分布在东南部非洲国家。其中南非的黄金、铂、煤炭、铬、铁矿石、锰、钒、铅、镉、钛的产量占世界首位,其他矿产产量占第一的还有博茨瓦纳的钻石、赞比亚的钴和铜。①

由于中国对世界各国资源的投资属后来者,而且面对的竞争对手是西方国家的强势群体,要想在资源领域有所作为必须花出更大的代价。特别是在能源资源领域,由于其在经济发展中的特殊作用,企业的跨国经营也面临着更大的政治风险,包括东道国的征收风险、第三国干预的风险等。由于各地的资源早已被西方石油寡头所控制,尽管众多的国家和地区都富有资源,但是我国企业今天能够找到的海外资源所在地往往是"高风险"的国家和地区,是发达国家的剩余市场。在资源型投资的过程中,尽管我国企业可以通过直接购买国外已探明但尚未开采的资源储备或全部收购一定储备的股权的方式设立子公司以取得企业的完全控制权,但是却增加了风险,因此应该适当地与东道国企业的股权联合建立合资企业,以降低风险。

进行资源型投资特别是能源投资,应综合考虑东道国的能源资源、政治、经济、法律、文化及技术风险等因素,按照"风险最小、投资最少、效益最大"的原则,确定我国未来海外能源战略的地区选择路径。积极进入亚太和俄罗斯石油市场,适当参与南美和非洲市场,密切关注中东地区石油市场的发展变化,伺机进入。到目前为止,我国石油企业在非洲、南美、中东和亚太地区取得了一些控股、参股和独立勘探开发权益。我国的能源主要还是依靠从中东国家的进口,但是我国企业至今未能实现在中东进行实质性投资,应该运用多种方式开拓中东市场;石油在苏丹的项目取得了很大的成功,今后要以苏丹为基地,努力开拓北非市场;以哈萨克斯坦阿克纠宾项目为依托,发展中亚及俄罗斯战略区;以委内瑞拉项目为依托,发展南美战略区,逐步建立起具备一定规模的海外石油生产基地和稳定多元化的石油供应保障体系,确保国家能源安全。

---

① 该部分数据均来自商务部网站。

（四）战略资产寻求型跨国直接投资的区位选择战略

获得先进的国际技术是我国寻求战略型跨国直接投资的主要目的。发达国家在技术上具有明显的优势。一些新兴的高新技术产业，总是率先从发达国家产生，成熟之后再向发展中国家逐渐转移。

在UNCTAD 2005年的世界投资报告中，对各个国家的技术创新能力进行了估算，得到各个国家的创新能力指数，并将其划分成高、中、低三个级别，高能力一组除了包括所有的发达国家之外，还包括韩国、新加坡、中国台湾和阿根廷四个发展中国家和地区，以及俄罗斯联邦和三个东南欧国家。因此发达国家并不一定是唯一的选择。而且，不同产业的顶尖技术也分布在不同的国家，因此在技术寻求的投资中区位的选择一定要有针对性。

在众多的发达国家中，美国的技术优势是最明显的，美国不仅在传统的化学、炼油、能源、食品等行业占优势，而且在高新技术行业和新兴的服务业占有绝对优势，如计算机设备与软件、电信、专业金融服务、制药与生物工程等。因此吸引了来自世界各地的研发机构。

在具有技术优势的东道国建立研发机构，是技术寻求型跨国直接投资的重要形式。在研发机构聚集的地区建立研发机构，通过获取地方化的创新资源，共享技术信息，进行合作开发并依赖区域创新系统获得创新效益，对高新技术产业显得尤为重要。高新技术产业集群所在地则日益显示出其区位优势，并逐渐成为高新技术企业跨国直接投资区位选择的新取向。高新技术企业也只有真正嵌入集群网络中，才能更好地获取集群创新资源。由于知识的特性导致知识的吸收、获取和利用变得异常困难，解决的最好方法就是嵌入集群网络以获取地方化的知识资源。因此我国企业应充分利用这些不同产业研发的聚集地，来获取所需的先进技术。

另外我国企业在进入国外市场时，往往缺乏自身的技术专利和品牌以及营销网络，通过跨国并购的方式来获得企业生产的适用技术和品牌等战略资产，是企业战略资产寻求型跨国直接投资的主要方式。

企业的跨国直接投资往往是在多种动机的驱使下进行的，东道国区位能够满足越多的战略动机，就越具有吸引力，因此具有综合优势的区位可以同时实现多种战略动机，并吸引具有不同特点的跨国直接投资。

由于我国企业目前跨国直接投资尚处在初级阶段，其跨国直接投资的区位选择并没有形成一个企业内全球一体化的完整体系。随着我国企业跨国经营经验的增加和经营实力的增强,全球发展战略会逐渐纳入到企业的发展计划中,开始向全球性的跨国公司迈进,将企业内部的生产活动依照价值链的特点分布于全球各地。根据不同国家和地区的比较优势,把研究开发、生产加工和市场营销分别分布在不同的国家和地区。如在发达国家建立研发中心、制造核心技术零部件,在发展中国家制造技术含量低的零部件和进行加工、组装等。

第四节　中国企业跨国经营的本土化战略

经营本土化即经营当地化、本地化或属地化,从众多文献①对本土化概念的界定可以看出,跨国经营本土化战略的实质是跨国公司为了适应东道国环境的变化和充分利用东道国的资源所选择的一种管理模式,是跨国公司将生产、营销、管理、人事等全方位融入东道国经济中的过程。其主要内容包括:人才的本土化、生产过程的本土化、产品本土化、营销本土化和研发本土化等。

一、全球化必先本土化

跨国公司的本土化战略是全球战略的组成部分。在全球化的进程中,企业必须首先保证在各投资地区顺利发展,才能为实现企业跨国经营的全球化铺平道路。

本土化并不是跨国公司的目的,而是一个过程,是跨国公司实现全球战略整体的一个环节,也是企业为了实现最大利润,实现全球资源合理配置的重要行为。从这个角度出发,跨国公司在东道国的本土化,是对有利于其发展的部分有选择地本土化,而很少完全地本土化。尽管跨国公司在不同的东道国都会有不同程度的本土化,但是整个跨国公司体系超然于任何一个国别的市场之外。作为一个有机的整体,跨国公司不断地整

① 赵楠:《当地化重于全球化:我国企业跨国经营之路》,《国际贸易问题》2003年第3期,第38～42页;金钢:《本土化:中国企业跨国经营的重要战略》,《国际经济合作》2003年第5期,第11～14页;李钢:《"走出去"开放战略与案例研究》,中国对外经济贸易出版社2000年版。

合全球资源,将每项生产经营活动安排在最有利的区位。因此全球化和本土化并不矛盾,而是你中有我、我中有你的关系。这正是跨国公司的"思考全球化,行动本土化"。许多跨国公司的经验表明,本土化战略是企业因地制宜,使不同地区的经营走向成功的必由之路。

在中国跨国公司全球化的进程中,本土化是不可逾越的一步。拓展国际市场,拥有全球性品牌,培育强大的全球性公司是中国企业跨国经营的总体目标。为了该总体目标的实现,中国企业应该从适应环境、资源配置和优势互补的角度出发,为了在东道国的经营取得长期的成功,采取有效的本土化战略。

二、中国企业跨国经营本土化的趋势

改革开放初期,中国海外企业大多为贸易型企业,海外资产很少,而且几乎不雇佣海外员工,贸易销售也只是为国内的出口服务。但随着中国企业跨国直接投资的发展,许多中国企业通过海外雇佣当地员工,利用当地资源,建立制造中心、销售网络和研发中心,成功地融入当地社会,在东道国开辟了一片新天地,为企业的国际化经营迈出了成功的一步。

与早期中国的海外企业只有海尔、万向等少数企业才实施本土化战略相比较,近年来我国海外企业的本土化呈现出加速的趋势。目前我国主要的跨国公司都将本土化作为国际化的重要战略。如华为已在俄罗斯设立了研究所,其独联体公司的近 300 名员工中,当地人占了八成。中远英国公司 138 名员工中,130 名是英国人;以石油和化肥交易为主要业务的中化欧洲集团以 20 万英镑的年薪聘请了当地的石油交易员,如果赚钱还有提成;中行伦敦分行 156 人中,当地人占八成,该行在英国金融界广泛开展公关活动,为融入英国主流经济而努力;中行俄罗斯分行的 14 名部门正副经理中,有 12 人是俄罗斯人,为的就是与进入当地的 20 多家外资银行一争高下。本土化战略正在我国的海外军团中发挥着不可替代的作用。

三、中国企业跨国经营的本土化战略

跨国企业采用的本土化的形式各不相同,中国企业应根据企业和东道国的环境,主要应在以下几个方面实现本土化:

223

1. 人员本土化战略

跨国公司经营的本土化过程中,企业的理念、生产技术、企业文化等都要通过企业员工才能发挥作用,因此在诸多的本土化战略中,最为重要的就是人员本土化战略。

首先,人员本地化可以利用本地人才的区域优势。跨国公司所需的人才不仅要有专业知识、技能和经验,更要精通东道国的政治、经济、法律和文化等事物,这样才能保证公司平稳的运作。母国人员由于语言障碍、文化差异、生活习惯等其他方面的影响,在和政府及客户沟通方面会遇到困难。而本地的人才在这方面具有天生的优势,他们对本国国情、市场以及客户的了解,便于为跨国公司开创新的局面。其次,可以降低成本。母国人员外派往往需要公司投入大量经费,就有关东道国的知识进行较长时间全面且深入的培养。除此之外,派外人员与东道国当地人员不同的是,他们享受高额的薪资和补贴,往返于母国与东道国之间也要支付一定数额的差旅费用,这与培养当地人员担任管理者相比较,成本明显较高。而采用本土人员,则可以从一定程度上节省成本。再次,有利于两种文化的融合。跨国公司要顺利地在东道国经营,必须使企业的文化和东道国的文化相融合,形成具有凝聚力的企业价值观。本土化有利于企业在公司的业务方面做出更加符合本地市场要求的决策,同时将本地文化融入企业,建立适合当地习惯又有利于企业发展的企业文化。

我国企业的跨国经营往往面临人才缺乏的困难。派出人员缺乏语言、法律等方面的知识,需要经过较长时期的培训后才能正常开展工作,影响了企业发展的速度。而且,我国劳动力进入第三世界国家市场并无劳动力价格方面的优势,因为大多数第三世界国家的劳动力价格远远低于我国劳动力价格,且我国普通劳动力的语言能力及在国外生活的适应能力都相对较低。随着我国跨国企业在国外市场的逐步深入,应该逐渐减少母国外派人员的比例,加强人员的本土化,增强我国跨国经营的竞争力。

2. 生产本土化战略

生产本土化指的是生产过程中使用的原材料、零部件等物料的当地化。

首先,生产本土化可以避免一部分贸易摩擦,并降低企业的生产成本。有些东道国政府,为了保护国内贸易和竞争,对跨国公司从母国或第三国买来的原材料、零部件征收高额关税,迫使企业不得不在当地采购原材料和零部件。而当地廉价的原材料可以节省企业的成本投入,增强企业的竞争力。其次,生产的本土化还可以减小企业跨国经营的风险。国际企业从当地采购原材料和零部件,势必和当地的供应商产生比较密切的联系,这种联系对东道国政府形成了一种牵制,使东道国政府不会轻易对跨国公司进行制裁。

我国跨国公司在发展中国家所设立的生产加工企业不应只片面地强调带动国内相关产品设备的出口,应该根据当地的资源状况,适当地采取生产本土化战略,利用当地的廉价劳动力资源、原材料,从而更加靠近产品的消费市场,使产品更好地为消费者所接受,还可以避开关税壁垒和非关税壁垒,更好地进入东道国市场。这都有利于降低产品的生产成本、销售费用,贴近消费市场,开拓国际市场,提高市场占有率并提高我国企业抵抗风险的能力。

3. 品牌本土化战略

品牌本土化是企业及其商品能否被消费者认同的关键。成功的跨国企业在东道国首先应该有自己的品牌、统一的企业形象,使每一个店铺的形象从外观、产品、人员组织等方面趋向一致。企业的生命在于产品,产品的形象就是品牌。如果没有品牌的本土化,企业很难在东道国获得成功。国外企业的一些做法值得中国企业借鉴。"Sprite"原是可口可乐公司的一个品牌,但是如果直译成中文就是"魔鬼"、"小妖精",显然不能给消费者留下良好的印象。而本土化后的品牌"雪碧"意为纯洁、清凉,再加上家喻户晓的中国体育明星的广告推广,市场的反应自然是十分热烈。跨国公司的产品、服务和技术特点都需要通过品牌的影响力扩展渗透到当地人们的经济生活中,而影响力必须通过品牌的本土化,才能日渐被认识和接受。

中国跨国企业在进入当地市场时,由于自身品牌在东道国的知名度不够,同时又是外资企业,通常会受到当地消费者的抵触。对品牌进行某些要素进行本土化的调整,不但使其具有局部的适应性,容易被当地的消费者接受,也有利于跨国公司全球品牌的推广和实现。

中国企业跨国经营环境与战略研究

4. 研发本土化战略

产品只有不断创新,增加技术含量,使企业紧跟国际高新技术,才能有长远的发展。由于我国国内的科技发展速度与发达国家相比还有一定的差距,高端技术人才也供不应求。那么跨国企业只有充分利用国外的高新技术和科技人才研发产品、技术创新才是一条最方便有效的途径。通过在东道国当地建立研发机构,聘任当地人才,利用先进的仪器、设备和网络信息,来解决产品研发的难题。

康佳、联想、万向、海尔等中国大型企业已经纷纷在美国等科技发达国家建立研发中心,目的就是加快技术进步,提高企业的核心竞争力。作为中国企业国际化的先行者,海尔"国际化及本土化"的做法是,当地设计、当地制造、当地销售,以及当地融资、当地融智。比如,在美国,海尔在洛杉矶建立了设计中心,在南卡州建立了生产工厂,在纽约建立了营销公司,三位一体,以形成本土化的海尔。其雇员也主要是美国人,甚至以重金聘用美国人负责销售,近年来,随着海尔跨国经营能力不断提高和经验的积累,其海外企业的经营与管理主要是依靠包括当地人员为主的外国人。

根据有关资料调研的结果,中国对外投资企业不能顺利实现跨国经营的主要原因是对当地的文化、社会、政治、法律环境一无所知而导致"水土不服"。可见,在国际经济日益一体化的今天,本土化战略是企业成功跨国经营的重要战略选择。

主要参考文献

1. 江小涓:《吸引外资、对外投资和中国的全面小康目标》,《国际贸易问题》2004 年第 1 期,第 14 ~ 17 页。

2. 李钢:《"走出去"开放战略与案例研究》,中国对外经济贸易出版社 2000 年版。

3. 金钢:《本土化:中国企业跨国经营的重要战略》,《国际经济合作》2003 年第 5 期,第 11 ~ 14 页。

4. 鲁明泓:《国际直接投资区位决定因素》,南京大学出版社 2000

年版。

5. 鲁桐:《中国企业跨国经营战略》,经济管理出版社 2003 年版。

6. 商务部研究院课题组:《我国对外直接投资的战略选择——"对外直接投资公司调查问卷"分析报告》,《国际贸易》2006 年第 7 期,第 50 ~ 56 页。

7. 王林生、范黎波:《跨国经营理论与战略》,对外经济贸易大学出版社 2003 年版。

8. 冼国明、杨锐:《技术累积、竞争策略与发展中国家的对外直接投资》,《经济研究》1998 年第 11 期,第 56 ~63 页。

9. 谢康:《试论中国对外直接投资的动因及措施》,《世界经济研究》1994 第 3 期,第 44 页。

10. 谢康:《跨国公司与当代中国》,立信会计出版社 1997 年版。

11. 邢建国:《对外直接投资:战略选择》,经济科学出版社 2003 年版。

12. 赵春明、何艳:《从国际经验看中国对外直接投资的区位选择》,《世界经济》2002 年第 5 期,第 38 ~41 页。

13. 赵楠:《当地化重于全球化:我国企业跨国经营之路》,《国际贸易问题》2003 年第 3 期,第 38 ~42 页。

14. Dunning,J. H. :*International Production and Multinatioal Enterprises*, George Allen&Uwin. London,1981.

15. Dunning,J. H. :"The Eclectic Paradigm of International Production: A Restatement and Some Possible Extension", *Journal of Internantional Business Studies*, Vol. 19,No. 1,1988,pp. 1 – 31.

16. Dunning,J. H. :*Multinational Enterprises and the Global Economy*, Addison-Wesley Pub Co. ,1993.

17. Dunning,J. H. :"The Geographical Sources of the Competitiveness of Firms:Some Results of a New Survey", *Transnational Corporations Journal*, Vol. 5,No. 3,1996,pp. 1 – 29.

18. Dunning, J. H. : " Location and the Multinational Enterprise: A Neglected Factor?" , *Journal of international Business Studie*, Vol. 29, No. 1, 1998,pp. 45 – 66.

19. UNCTAD：*World Investment Report*，1998.

20. Ye Gang：" Chinese Transnational Corporation：Table 1 "，*Transnational Corporation Journal*，Vol. 1，No. 2，August，1992.

中国企业跨国经营环境与战略研究

第七章 中国企业跨国经营的
产业选择战略

本章研究的主题是以母国产业升级为目标的对外直接投资产业选择问题。从现有理论研究成果上看,产业选择是西方众多国际直接投资理论研究中的盲点,发展中国家普遍面临产业升级的艰巨任务,产业结构高度化是对外直接投资的重要战略目标之一而不是前提条件,由此对外直接投资的产业选择也就成为发展中国家的特殊问题,而建立以产业升级为目标的对外直接投资产业选择理论对发展中国家的意义更为重大。本章以中国的对外直接投资产业选择作为主要研究对象,从产业升级的独特视角对此进行了理论和实证研究。

第一节 企业对外直接投资产业选择的条件和动机

一、影响企业对外直接投资产业选择的条件

（一）东道国的生产要素条件

1. 劳动力水平差异

在现实中,由于劳动力要素流动性限制,即劳动力在空间上远距离、大规模的移动很难,因此劳动力的质和量就成为影响企业对外直接投资产业选择的重要因素。一般来说,发达国家劳动力的技术水平、熟练程度和劳动生产率要高于发展中国家,且工资水平较高;发展中国家劳动力供给充足且价格低廉,但生产率水平较低。劳动力工资水平的差异主要集中在生产制造的生产环节,特别是劳动密集型产业生产环节对工资水平的差异非常敏感。因此,外生的劳动力空间状况成为企业对外直接投资选择劳动力密集型产业的主要考虑因素,其布局特征是在空间上移动资本以接近劳动力密集地区。对于高新产业或研发、设计等生产环节,对劳动力熟练程度和技术水平的差异非常敏感。

2. 技术创新条件

技术创新条件是推动企业竞争力提升的根本动力,而技术创新条件是与技术创新有关的各种要素相互作用而编织起来的网络。这些要素分别为:创新执行主体(企业、大学、科研院所、中介机构);创新基础设施(技术标准、数据库、信息网络、科研设施);创新资源(人才、知识、专利、信息、风险资本);创新外围支持(政策与法规、管理体制、市场与服务)。充满活力的技术创新环境,可以活化技术创新所需的各种资源,增加企业生产的灵活性,减少企业的经营风险,提高创新效率,降低创新成本。因而,完善的技术创新环境便成为知识经济时代企业保持持久竞争力的源泉,是产业选择中的关键因素。特别是注重创新性价值增值的中小企业可以利用技术创新条件实现跳跃性国际化运作。如 Coiello&Munro(1995)对新西兰 29 家软件行业的中小企业研究表明,这些中小企业通过加入该领域企业的国际网络,在不到三年的时间里完成了国际化运作。

3. 自然资源的可得性

东道国自然资源的可得性是吸引各国对外直接投资的区位因素之一。不同国家或地区在自然资源丰富程度上的差别,使得自然资源的开采、加工和贸易也成为企业对外直接投资产业选择的重要因素。

4. 产业的集聚条件

产业集聚条件指的是产业之间诸多经济活动集中于相对有限的地理范围内且存在较强的结合关系而带来的外部经济。企业在进行对外直接投资产业选择时,从成本上考虑所需要的关联产品不可能全部从母国或第三国进口,更何况东道国政府常常提出原产地规则或国产化标准,从而使企业在决定产业选择时不得不考虑配套产业的发育状况。如果配套产业已经形成空间上的产业集聚,无疑将成为吸引同行业或关联行业对外直接投资的重要吸引力。

(二)东道国的市场需求条件

市场需求条件表现在市场规模、市场的成长性、市场需求结构以及消费者偏好、市场竞争结构等方面。市场需求条件对企业对外直接投资产业选择的吸引力在于:(1)有助于直接传递企业发展所需的重要市场信息;(2)有助于企业生产出满足不同层次消费者的适用性产品;(3)提供给企业技术改进和创新的动力。

1. 市场规模

市场规模由一国经济规模、发展水平、人口数量和人均收入水平等所决定。但是市场规模还不能构成对外直接投资产业选择的条件之一,因为出口也能实现市场占有,因此只有当市场准入遇到障碍(如贸易壁垒),出口费用被人为抬高时,市场规模才会构成对外直接投资产业选择的吸引力。如发达国家的夕阳产业面对发展中国家的猛烈出口攻势而带来了频繁的贸易摩擦。发达国家对夕阳产业贸易保护的存在是企业向发达国家对外直接投资时考虑的重要条件。北美和欧洲是发达国家最集中的地区,购买力很强,市场容量很大。目前世界对外直接投资存量约有一半是流向美国、英国、德国和法国等少数国家。

2. 市场成长性

市场的成长性是由国家经济增长速度、可持续发展能力以及人口增长率等因素决定的。发展中国家或经济中等发达国家由于经济规模基数较小以及后发优势的作用,产业实现快速成长相对容易。20世纪80年代以来的东亚地区,特别是中国,吸引外资的不仅仅是劳动力还有现实的和潜在的巨大市场。90年代以后的拉美国家也开始受到重视,特别是巴西、阿根廷等南美南部共同市场国家。这些发展中国家因为经济增长十分迅速而拥有了巨大的市场潜力,已日益为众多跨国公司竞相投资设厂的"热点"地区。

3. 消费需求结构和偏好

由于研发、广告的策划与设计、营销活动、售后服务等都构成产品的差异性,而这些又非常明显地受到空间距离和地域文化的影响,有明显的地域性特征。因此,差异化程度要求越高的产品就越需要在空间上设立多个经营机构以进行品牌的设计、运营和管理等。如洗发水、食品业为了更好地接近顾客、做好广告及售后服务工作,企业必须在海外设立较多的分支机构以就地设计品牌、就地生产和销售并通过对外直接投资掌握及时、准确的东道国市场需求特征。

4. 产业组织和竞争状况

在一个产业中,潜在进入者、替代品、购买者、供应者与现有竞争者间的抗衡及其互动互补作用力六种力量都会对对外直接投资的产业选择产

231

生影响,因为它们关系到企业在东道国市场上的进入方式、定价、所担负的成本和所需要投入的资本。若企业通过对外直接投资进入东道国,由于其所带来的新产品对现有市场的分割,竞争加剧可能导致企业利润下降。激烈的竞争还可能导致广告、营销费用、研发等竞争成本增加进而导致企业利润下降。通常情况下竞争程度不同,对外直接投资的产业选择不同,对于竞争型市场结构的产业宜以贸易方式进入,而对于垄断竞争或垄断型市场结构的产业宜采用直接生产性投资等方式,实行本地化战略,提高在当地市场的竞争优势。

(三)东道国引资的产业政策

在选择对外直接投资产业时,投资者必须先弄清楚东道国哪些产业属于鼓励投资、哪些产业属于限制投资、哪些产业属于禁止投资的领域,以便有的放矢地进行选择。另外,随着时间的推移和条件的变化,东道国对不同产业利用外资的政策法规也会进行相应调整,投资者应能及时地适应这种变动。投资者应尽量选择东道国鼓励投资的产业,因为选择这类产业进行投资,投资者往往可以享受东道国对外国投资者提供的税收减免、优惠信贷等优惠政策,减少进入成本和进入障碍,从而有利于取得较好的投资效益。

(四)母国产业政策的驱动力

很多研究表明,在发展中国家(地区),政策是推动(或阻碍)企业国际化发展的强大力量。例如,韩国政府自20世纪90年代初推行"国际化"战略。1992～1994年3年内,韩国企业海外直接投资总额为420亿美元,比1992年以前全部海外投资累积总额还要多。

(五)产业国际化的主要趋势

产业国际化就是指产业内的产品生产和销售已实现高度的国际化生产,同时产业内主要企业的生产经营已不再是以一个或少数几个国家为基地,而是面向全球并分布于世界各地的国际化生产体系。产业国际化的主体是现代跨国公司,它们在建立全球信息网络系统的基础上,在世界上不同的地区,在产业内进行分工,以最高效率去安排产品价值增值链上的活动,使得产品成本最小,附加价值最大化。

二、对外直接投资产业选择的动机

发达国家的对外直接投资是在国内产业结构高度化基础上进行的,从而为其微观经济主体建立国际生产体系创造了有利条件。而发展中国家通常不具有国内产业结构高度化的先决条件,并面临国内产业结构优化升级的艰巨任务。因此产业升级也将作为发展中国家对外直接投资的结果而非前提。这种特定的宏观经济背景和条件,决定了发展中国家企业对外直接投资的产业选择动机不应仅仅局限于其微观经济主体的利益,还需要体现国家产业政策的客观要求,为国内产业升级的宏观目标服务。

从母国产业升级的各要素来看,对外直接投资企业利益和产业升级利益统一在图 7-1 所示的几个方面。

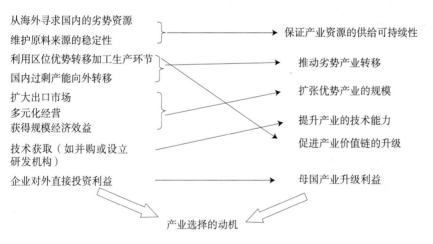

图 7-1 对外直接投资产业选择动机

(一)保证产业资源的供给可持续性

1. 从海外寻求国内的劣势资源

这主要是那些想从国外获得本国缺少的或相对不利的原料产品的企业,通过投资于海外的铁矿、铜矿、油田、煤矿等领域,开采外国的资源来补充自己的先天不足,并获得由低成本原材料带来的利益。

2. 维护原料来源的稳定性

使用进口原料的企业,随时都受到国际原料市场供给状况与价格变化的影响,面临多种不确定性:原料出口国政府随时有可能对原料出口进行限制;原料供应企业和购买同行也可能在相互竞争中采取一些不正当手段,导致原料供应量、质量、价格、供应时间等发生变动。由于这些不确定性威胁到原料进口企业的生产规模、产品质量以及在市场竞争中地位,从而促使企业开展对外直接投资。

(二)推动劣势产业转移

1. 利用区位优势转移加工生产环节

当某一企业需要进口原料生产产品供应国内市场时,经济的做法是投资原料产地,进行原料的开采和就地初加工,然后将经过初加工的原料运回国内供生产使用,以节约巨额运输成本。特别是当企业就原料进行的生产是销往原料出产国及其邻国市场的产品时,可将生产基地转移到原料产地,就地组织原料进行生产、就地或就近销售,可同时节约原料运输成本和产品运输成本,特别是对于某些不适合长途运输原料,如某些新鲜农副产品在远距离运输中易损坏变质,一些腐蚀性强的原料在运输中不安全等。

2. 国内过剩产能向外转移

高额关税、低进口配额、出口管制等都是贸易保护主义的主要手段。某些产业为了保护产品出口市场,可以通过直接投资,将生产基地转移到原产品进口国或第三国,以绕过贸易壁垒,就地生产、销售。特别是劳动密集型产品和中低档技术密集型产品常常遭遇贸易壁垒,如关税、配额和反倾销诉讼等,迫使这类企业将生产环节转移。如自 20 世纪 50 年代末期开始,美国大型出口企业为了绕过西欧国家的关税壁垒,提出了"把工厂迁到欧洲去"的战略,制定了以投资代替出口的政策,使美国对西欧的直接投资急剧扩大。在 1977 年美日两国签订了一份重要的贸易限制协议后,三菱电器、东芝、日立、本田等彩电和汽车企业均争先恐后地到美国投资设厂。

(三)扩张优势产业的规模

1. 扩大出口市场

企业为了进一步成长与扩大,即使是现有产品出口市场并没有受到威胁,也会尽力谋求原有市场的扩大和对新市场的占领。通过对外直接投资可以利用当地销售网络、了解需求变化、减少产品销售的不确定性、使得产品的价格内部化等。美国 20 世纪 90 年代以来一直是吸收直接投资最多的国家,主要是因为美国市场在数量和品种上都有世界上独一无二的容量。

2. 多元化经营

这主要是指产品生产的多元化,跨国公司在激烈的国际市场竞争中,凭借自己的雄厚实力,可以通过对外直接投资向产业上、下游扩张或者实现经营领域的跨行业扩张,这样既可以提高企业经营利润又能分散风险,做到左右逢源。

3. 获得规模经济效益

所谓规模经济效益,是指在技术条件一定的情况下,产品的单位生产成本随着生产规模的扩大而降低,企业获得更多的利润。当企业的发展受到国内市场容量的限制而难以达到规模经济效益时,企业可通过对外直接投资,将其相对闲置的生产力转移到国外,以提高生产效率。大型跨国公司通过一系列投资活动在全球范围内建立了生产、销售、服务网络和情报搜集系统,使企业变成了全球村落(Global Village),以充分获取弹性经营与规模经济的好处。

(四)提升产业的技术能力

企业对外直接投资获取技术的途径主要有两种:一是通过并购发达国家拥有先进技术的中小型研发企业;二是在技术领先的产业集聚区设立研发机构,通过雇佣当地优秀人才,利用反向技术外溢和良好的创新环境,追踪国际最新技术,进行自主技术创新。以上两种途径所获取的技术以公司内部交易将源源不断地转移到母公司,通过示范效应和波及效应,快速提高整体产业的技术水平,打破产业发展的技术瓶颈,增强产业技术能力。近年来,越来越多的发展中国家企业开始在发达国家通过投资建立生产企业、研发机构或纯粹的信息机构等从事寻求"学习效益"的投资。

(五)促进产业价值链的升级

大型跨国公司要在世界范围内配置生产基地,就要建立公司内部的水平分工与垂直分工。自 20 世纪 70 年代开始,跨国公司根据专业化协作的原则,利用其领先世界的技术,进行国际直接投资,在全球范围内最有利的地方配置专业化生产厂家,形成国际专业化生产网络。一国产业要想在日趋激烈的国际竞争中取得发展,就必须向微笑曲线两端逐步升级,逐步将附加值低的生产环节向海外转移,同时通过到发达的国家地区进行营销渠道和技术寻求型对外直接投资来主动地提升国内企业在国际分工中的地位。

三、中国企业对外直接投资产业选择导向

(一)产业地位与企业对外直接投资产业选择的联系

在各国发展过程中,由要素禀赋在各产业间分布的不平衡性导致各产业的竞争优势并不是完全与国家竞争优势的特征相符。如果观察日本不同经济发展阶段对外直接投资的特征还可以发现,特定产业发展需要超越经济发展的总体阶段性。因此在进行对外直接投资产业选择分析时,投资发展周期理论中的经济发展阶段只是国际间比较的手段,而不能作为一个选择标准。小泽辉智的动态比较优势理论认为对外直接投资的产业选择要能够将一国现有优势和潜在优势激发出来,并达到最大化程度,从而使对外直接投资作为一种资源配置和资源获取手段,其经济效果与经济发展推进过程相一致。那么,在处于各个经济发展阶段的国家内部,我们又如何去识别代表现有优势和潜在优势的"特定产业"呢?产业选择如何与国内产业结构步调相一致呢?由此本章需要进一步对一国国内产业地位做出辨析。

这里认为产业地位的判断标准包括产业的规模和潜力、产业关联程度等。产业的规模和潜力能够带来外部规模经济,外部规模经济是指随着产业而不是企业本身的规模增大而给企业带来的利益,比如成本的降低、技术的进步、管理效率的提高等。在存在外部规模经济的条件下,企业以专业化分工与合作为基础,一个企业可能仅仅承担一个零件或一个部件甚至一道工序的生产,或者仅完成一种职能,而企业又是各自独立的经营实体,企业间共同分享如信息和管理经验之类的资源,同时又相互竞争,促使企业提高效率。此时,产业的规模可能很大,规模经济很明显,而企业的规模却并不那么重要。随着国际直接投资的迅猛发展,以国际市场为基础的规模经济优势比以国内市场为基础的规模经济优势显得越来

越重要,因此,在外部规模经济明显的产业中,中小企业的对外直接投资也将成为现实。另外产业间由于存在着广泛的、复杂的和密切的技术经济联系,各产业都需要其他产业为自己提供各种产出,以作为自己的要素供给。同时,又把自己的产出作为一种市场需求提供给其他产业进行消费。产业之间的这种联系我们称之为产业关联,这种关联使整个产业间存在着产业波及效果,即某一产业由于最终需求量变化而发生的投入量的变化,将直接或间接地引致各个产业投入产出量变化的效果。正因为产业之间存在产业关联,因而一些企业对外直接投资可通过产业波及媒介发生扩散效应引起的产业传导,为所受波及和扩散范围内产业的投资创造出新的投资机会和动力,从而逐步扩大其他产业的投资。

根据产业在一国经济发展中的地位将一国产业划分为先导产业、主导产业、支柱产业和瓶颈产业四个产业群。

先导产业能最多地吸收先进技术,代表了产业发展和结构升级方向,特别是先导产业潜力系数大,即对经济增长的弹性很高,因此可以较大幅度地超前发展,带动产业尽快实现高级化。但是先导产业的技术寻求或学习型对外投资投入大、风险较高、不可测因素较多,具有较大的不确定性。因此先导产业在对外直接投资时应该着眼于国内经济发展的长远利益,通过国家产业政策的培育和扶持、引导先导产业的对外投资,使得先导产业的对外直接投资推动国内该产业发展,特别是其中的高新技术产业具有高附加值,具有巨大发展潜力的产业,是培育当今和未来国家竞争优势的核心产业,决定一个国家将来的经济实力和产业竞争力。因此,世界各国都在积极推动高新技术产业发展,使其成为高增长的产业部门,同时也是潜在增长的产业。如果忽视对先导产业的扶持和培育,可能导致下一阶段经济增长缺乏主导产业的推动。

主导产业不仅具有比较增长优势和比较规模优势,更重要的是它们具有较高的产业关联度、带动作用和新技术的扩散效应,因而是国民经济增长方式转变和提升部门结构的中坚力量。具体指当前在国民经济中产值结构比重大,产业影响力系数大,属技术和资金密集型产业,在附加值、税收、利润、就业等方面贡献率较大的产业。在主导产业中一些成熟技术行业对外直接投资能带动出口,扩大国际市场份额,起到延长该产业生命周期的目的。

支柱产业对国民经济具有战略意义,在国民经济中的规模要远远超过其他产业,但是目前我国支柱产业运行效率较低,处在不利的发展地位。对于支柱部门要通过对外直接投资来主动地优化产业内部结构、利用高技术改造,以巩固其国民经济的基础地位。

瓶颈产业在本国尽管处于劣势,但可以考虑通过对外直接投资获得国外的资源补缺,从而使得投资国与东道国双方获益。在工业化加速发展的过程中,最易呈现出衰退的产业,是那些严重依赖自然资源的矿业、能耗较大的制造业、技术含量较低的产业、环境污染严重的制造业等。要有序收缩和适时转移衰退产业,缩小其产业规模,降低其发展速度,才能保证产业层次转换过程中要素的释放。

先导产业、主导产业、支柱产业和瓶颈产业与产业升级的相互关系如图 7 - 2 所示。

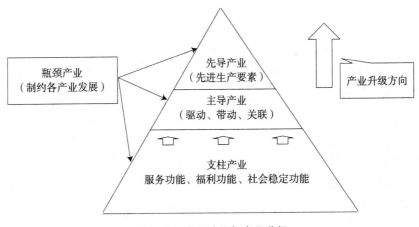

图 7 - 2　产业地位与产业升级

(二)产业地位与对外直接投资产业选择导向

根据产业在一国经济发展中的地位,对外直接投资的产业选择导向主要有跨越发展、贸易创造、技术承接和资源补缺四个方面。

1. 先导产业:跨越发展

产业升级基本上有两种方式:一是渐进式升级,即产业升级按照产业结构演进规律的要求而循序推进的模式;另一种是跨越式升级,指的是产业升级打破产业结构演进规律而跨越式推进，即采取超前配置产业或是几个发展阶段同时推进的模式。20世纪80年代末所提出的跨越发展理论指出，由于一些发展中国家在旧一代技术方面投资少，一旦这些国家具备适当的技能和基础设施，它们就可能在新一代技术发展的早期，在进入障碍较小时进入该新产业。那么在开放经济中，发展中国家要想实现这种跨越式发展，需要国家进行有效干预，以国家宏观调控政策为指导来加速产业升级的进程，可以采用的途径之一就是对外直接投资。

先导产业的企业通过对外直接投资在技术、管理知识等方面能更直接、快捷地与东道国国家进行交融、沟通和相互反馈（特别是在打破技术先进国对技术的垄断和封锁方面有更为现实的意义），再通过企业内部流动性要素流回到国内，从而极大地提高国内技术研发能力和管理水平，加快产业的发展壮大。中国一些航天、航空、电子、生物化学和机械行业的特大型企业开始通过国际经济技术合作的渠道学习国外的先进科学技术和管理经验。这样一方面可以利用所学的先进技术改进和提高国内原有的制造水平，另一方面开发和生产适合国际市场需求的新产品。

由于各国文化、社会等因素的影响，生产和需求市场会存在特殊性，先导产业在对外直接投资中可以针对东道国市场调整生产，使得产品的适用对象更趋向全球化，在该产品生产的国际分工中抢占先机和占领市场。特别是对生产创新型产品而言，在产品开发成长期，虽然国内市场尚能充分容纳产品销售，但是产品在设计和生产工艺上尚需进一步改进，需要设计人员、生产人员和消费者保持密切联系，以便及时根据市场信息改进产品。这时，企业可不失时机地将产品出口到其他国家，抢先占领海外市场。而当产品适应市场后，企业应利用自己的技术优势，迅速在国外设厂生产，就地销售或销往其他国家。领先出口和领先设厂使企业获得了领先进入外国市场的机会。银行、电信、电网、航运、旅游服务等行业具有需求方规模经济的特性，在全球一体化趋势下，有必要建立全球服务网络。

先导产业对外直接投资产业选择导向如图7-3所示。

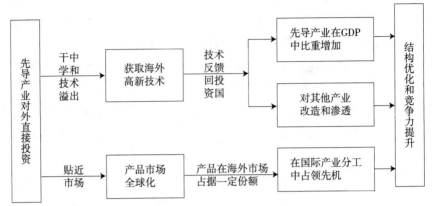

图 7 - 3　先导产业对外直接投资产业选择导向

个案列举[①]:

2001 年 9 月,杭州华立集团设在美国的子公司——美国华立通信集团公司,成功收购了飞利浦半导体集团在温哥华和达拉斯的 CDMA 手机参考设计相关业务,从而获取了飞利浦在 CDMA 无线通信方面的全部知识产权,这是一个以资本换技术的典型案例。

2002 年 1 月 28 日,上海电气集团成功收购日本秋山机械公司,这是中国国有资本第一次进入日本主流制造业企业实施兼并与收购的成功案例。中方在这次收购中不仅取得了该公司在日本的经营权,同时吸收了其属下 50 多名熟练的技术人员、接收了该公司的印刷机发明技术。通过收购,上海电气集团一举树立了其在国内单张纸胶印机领域的领先地位。

2002 年 4 月 19 日,东方通信通过收购股权方式,成为美国的 INTERWAVE公司的最大股东,东信希望借此能利用其在无线通信、无线宽带等领域的最新技术成果,提高东信的科研和开发能力。

2002 年 11 月,亚洲网通公司以约 8000 万美元的价格,收购亚洲环

---

① 从微观的企业层面对中国对外直接投资产业选择导向进行实证分析,即个案列举时,主要参考的调研资料有:第一,国务院发展研究中心企业研究所课题组:《中国企业国际化战略》,调研样本为中国 500 强企业;第二,薛求知:《中国企业海外并购的动因和模式分析——基于 29 个并购案例》;另外有作者从报刊杂志收集的并购案例。

球电讯公司账面价值约 19 亿美元的泛亚洲网络资产。这对于 2002 年 5 月刚成立的网通公司来说是迫切需要的。目前中国与海外网络连接的线路主要为中国电信所拥有,通过此次收购获得的海底电缆资产必然可以减少网通对电信的依赖。这样一来,网通公司还可以将业务拓展到中国周边地区,成为真正意义上的国际电讯商。

2002 年 10 月,上汽集团投资约 5970 万美元,收购通用汽车在韩国的新合资企业通用大宇汽车科技公司 10% 的股份。该项目将主要进行轿车、多用途车和轻型商务车的设计、制造和销售。据分析,上汽集团收购大宇,很大原因是因为此后山东大宇可能成为上汽集团的经济型轿车生产基地。

2003 年 2 月 12 日,京东方科技集团股份有限公司正式对外宣布,以 3.8 亿美元收购韩国现代半导体株式会社属下的 TFT—LCD(薄膜晶体管液晶显示器件)业务。考虑到液晶显示器是未来显示器发展的主流,并且作为生产液晶显示器最重要的部件——TFT 屏的市场前景被看好,但国内的 TFT—LCD 产业刚刚起步,各项技术还不成熟,再加上后进入的成本风险很高,因此京东方选择对韩国现代半导体株式会社进行收购,获得了其在世界范围内都属领先水平的液晶显示业务,从而避开了液晶产业要求的高额研发费用,以较低成本切入到核心技术。

2003 年 11 月,陕西秦川机械发展股份有限公司收购美国 UAI 公司的 60% 的股权,并将 UAI 三家子公司收入旗下。此次收购是希望获得 UAI 公司所具有的拉削装备的品牌与技术优势,提高该公司在机床行业的核心竞争力。

2005 年,中国南车集团株洲电力机车研究所与美国密歇根大学联合成立电力电子系统研发中心,开发新产品和新技术。

2. 主导产业:出口带动

主导产业对外直接投资的直接目的是要能够通过关联效应带动相关产业发展。虽然主导产业的增加值在国民经济中比重不大,但对外依存度很高,同时与国内其他产业的关联性很高。中国家电及其他机械、电子行业对外投资对出口带动作用较大,据一项统计表明,家电行业对外投资对出口的带动系数高达 20 ~ 30(王玉梁,2005);并且在初期的设备投资之后,后续零部件的出口将是长期的。主导产业中一些标准化、发展成熟的产业由于具有较强的比较优势,对外直接投资成功的把握也较大。在对外直接投资中,主导产业还可以获得目标国市场的信息和营销经验等以便进一步扩大市场。因此,充分发挥主导产业的对外直接投资先锋作用,可以扩大海外市场并带动相关行业配套产品出口,通过产业的海外延伸增加该产业的生命周期。在主导产业中的服装、纺织、自行车、制鞋和家用电器等劳动密集型行业,普遍存在着生产能力过剩的现象。我国出口产品仍然集中在劳动密集型和资源密集型产品。寻求海外市场也是那些国内生产能力过剩、国内市场饱和的行业和企业生存的需要。根据中国加入世界贸易组织报告书"242 段条款",直至 2008 年 12 月 31 日,进口方可在认定中国出口的纺织品产生"市场扰乱"的情况下,对中国已经取消配额限制的产品重新进行数量限制。截至目前,美国、欧盟、韩国、日本、加拿大、印度等国纷纷根据此条款进行了国内立法。由于这项规定既清晰又严厉,而且操作简便,在 2009 年 1 月 1 日该规定失效之前,包括美国在内的 WTO 成员,一旦与中国在纺织品领域发生纠纷,可能首先会采取上述方式对中国进行制裁,而不是进行反倾销调查。也就是说,国外对中国纺织品反倾销高潮 2009 年才真正开始。中国企业在国际市场上面临着更严峻的贸易壁垒,为了解决国内生产能力的过剩问题,为了规避对自己产品出口的贸易壁垒,这类企业需要加快对外直接投资。例如,中国在非洲和南亚国家投资设立的服装和纺织企业。

主导产业对外直接投资产业选择导向如图 7-4 所示。

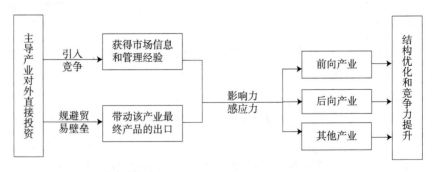

图 7-4　主导产业对外直接投资产业选择导向

个案列举：

TCL 案

TCL 的跨国并购行为有明确的战略导向,那就是绕过贸易壁垒,充分利用当地企业的品牌和营销渠道,打开当地市场。

2002 年 9 月,TCL 集团控股的旗下 TCL 国际控股有限公司收购德国施奈德电气集团的主要资产,金额约 820 万欧元。此次收购将帮助 TCL 绕过欧洲对中国彩电的贸易壁垒。同时施奈德的品牌效应、遍布全世界的营销网络和强大的技术力量将有助于 TCL 开拓欧洲乃至世界市场。

2002 年,TCL 通过在美国的控股公司莲花太平洋全资收购了美国高威达公司,试图通过这个老品牌进入美国市场。借外国品牌打入国际市场,已成为 TCL 集团海外投资和营销的策略。

2003 年 11 月 3 日,中国 TCL 国际控股公司和电子产品巨头汤姆逊(Thomson SA)共同宣布,双方将合并电视机生产及数码影像光盘播放机制造业务。通过此次合作,TCL 获得海外扩张所需的品牌认知度和专利技术,汤姆逊公司获得制造成本低廉的生产基地。根据双方协议,TCL 与汤姆逊组建的合资公司将视不同市场需求推广双方拥有的品牌:在亚洲和新兴市场主推"TCL"品牌,在欧洲市场以"Thomson"为主,在北美市场主打"RCA"(Thomson 品牌之一)①。

海尔集团

2001 年 6 月 19 日,海尔集团出资 800 万美元收购意大利迈尼盖蒂公司所属的一家电冰箱制造工厂。海尔方面称,此次收购将使海尔获得三个窗口,实现两个辐射。三个窗口是指:信息窗口——获得欧洲最新的市场信息;技术窗口——吸取欧洲最先进的技术;采购窗口——获取更好的零部件及设备供应。两个辐射指:通过意大利向欧洲其他国家辐射;通过冰箱向其他产品辐射。

----

① 事实上,随着中国彩电出口的大幅增多,世界家电生产商开始采用种种手段抑制中国彩电的出口,汤姆逊公司便是打压中国彩电企业的排头兵。无论是欧盟企业在 1998 年针对中国彩电发起的倾销诉讼,还是美国 2004 年的同类反倾销活动,发起者中都有汤姆逊公司。此外,汤姆逊公司还是向中国 DVD 生产企业索要专利费的美国企业之一。而 TCL 与汤姆逊公司的合作无疑将使 TCL 不再受技术专利问题的困扰。

第七章　中国企业跨国经营的产业选择战略

万向集团

2001年8月,万向集团成功收购美国上市公司 UAI 公司 21% 的股权。于 1994 年建立的万向美国公司,勇于创新,以"股权换市场、参股换市场、设备换市场、市场换市场、让利换市场"等多种形式,迄今已成功收购了英国 AS 公司、美国舍勒公司、ID 公司、LT 公司、QAI 公司和 UAI 公司等 8 家海外公司。现在万向的产品已经成为了美国汽车业巨头美国通用汽车公司的配套产品,万向直接或间接地成了福特、克莱斯勒、大众等汽车公司的零部件配套生产厂。仅收购 UAI 这家汽车零部件生产厂商,就将为万向每年增加 7000 多万美元的订单;同时,也为国内相关企业每年增加 2000 多万美元的订单。

海欣股份

2002年,中国最大的长毛绒面料生产企业海欣股份出资 1637.2 万美元,收购美国 GLENOIT 公司纺织分部的两家工厂和 46 个商标品牌的永久使用权。这是中国纺织业第一次以强者姿态跨国收购国际同行业知名企业。通过收购,海欣股份的目标是直接在长毛绒消费量最大的美国市场建立起销售网络。并利用 GLENOIT 公司拥有的产品设计机构,迅速提高海欣股份服装面料产品。凭借这次收购,海欣股份服装面料的生产能力提高到世界总产量的 25% 以上,成为世界最大的毛纺生产企业。

3. 支柱产业:技术承接

支柱产业在产业结构中占有重要地位,它是当前支撑整个经济运行的主要力量,也是解决我国就业的主要途径,所以对支柱产业的发展不容忽视,也不应当简单地划分为对外转移产业。对于基数庞大的支柱产业来说,本国技术提升的空间很大。如现代农业加入了技术要素变为生态农业和生技农业,增加了农业的附加值,形成了一种新型的产业。商业随着网络信息技术和管理技能的提高,呈现出众多业态,产业正不断壮大。

部分支柱产业的对外直接投资常常是由于其他产业的发展而附带产生出来的。比如,农业的对外直接投资集中在技术合作方式上;商业的对外直接投资是为了满足其他产业贸易和投资的需要。

支柱产业对外直接投资产业选择导向如图 7-5 所示。

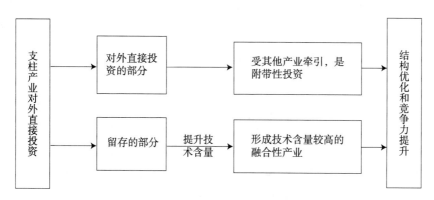

图7-5 支柱产业对外直接投资产业选择导向

个案列举：

中远集团

2001年提出做"以航运为依托的全球物流经营人"的发展战略,建立了以中国香港、欧洲、美洲、新加坡、日本、澳洲、非洲、西亚和韩国等9个区域为支点,海外400多家分支机构为分支点的全球经营网络和服务体系,为中国的对外贸易提供服务。

4. 瓶颈产业:资源补缺

在产业结构调整的过程中,某些产业的发展会受到资源短缺的制约,对外直接投资就成为获取这些资源以克服我国自然禀赋不足,支持国内产业结构调整的重要途径。以日本为例,日本是典型的自然资源短缺国家,20世纪80年代日本对燃气的进口占总进口的一半(汪琦,2004)。为了配合国内的产业结构调整,日本向加拿大、澳大利亚、东南亚等国和地区进行了大量的资源寻求型投资,以此为依托,逐渐完成了向技术、知识型产业为主导的过渡。

当前国际上对有限资源的争夺非常激烈,各资源消费大国都非常重视国际资源的开发。我国地大物博,资源丰富,但是我国人均自然资源占有量比较低,而且有些种类的自然资源国内储量和产量都较少,因而导致国内资源供需的总量和结构与经济可持续发展之间的矛盾日益突出。要保持本世纪国民经济的持续稳定增长,国内现有资源无论从质和量上都

245

难以满足经济增长的需要。而资源产品通过一般贸易进口,不仅市场供应不稳定,而且价格易受国际市场的冲击出现波动。所以,企业要通过海外投资,建立稳定的国外资源供应渠道,开发国外资源为我所用,利用国外资源弥补国内资源短缺。

通过对外投资方式,到国外合资办矿,可以有效地、合理地和经济地利用自然资源。有的海外企业取得资源后,就地生产并直接在世界市场上出售;有的是将资源运回国内,弥补国内市场某些资源的不足。我国目前以开发资源为目的的大型专业公司有:中国国际信托投资公司、中国冶金进出口公司、首都钢铁总公司、中国水产总公司、中国化工进出口公司等。有些国内结构性过剩产业,可以通过对外投资转移过剩生产能力,就地生产和销售,或者将国内其他产业所需要的资源运回国内。

瓶颈产业对外直接投资产业选择导向如图7-6所示。

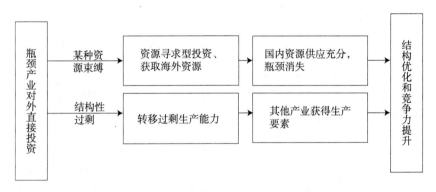

图7-6　瓶颈产业对外直接投资产业选择导向

个案列举:

中石油案

2002年4月12日,中国石油与戴文能源达成协议,中国石油出资2.16亿美元,收购其在印尼的油气资产,包括油田和天然气田,共同开发印尼油田和当地的石油资源。

2002年4月29日,其控股的公司宣布斥资2500万美元将阿曼一石油开采公司收至麾下。

2005年收购加拿大EnCana公司在厄瓜多尔的数处石油资产。

2005年10月,中石油以41.8亿美元收购哈萨克斯坦PK公司的全部股份。该公司在哈拥有12个油田的权益、6个区块的勘探许可证,已拥有证实的和可能的原油储量共5.5亿桶。通过此项收购,中石油每年将增加300万吨左右的原油产量。

2006年收购尼日利亚130号海上石油开采许可证。

中海油案

2002年1月18日,中国海洋石油有限公司在香港宣布,出资5.85亿美元收购西班牙瑞普索(Repsol-YPE)在印尼的五大油田的部分权益。通过这次收购,中海油成为印尼最大的海上石油生产商。

2002年12月20日,中海油与BP签署了资产购买协议,中海油以2.75亿美元的价格向BP收购了印尼东固液化天然气项目的部分股权。中海油通过收购Muturi产品分成合同的44%的权益和Wiriagar产品分成合同42.4%的权益,共向BP收购了东固液化天然气项目相当于12.5%的权益。

2003年5月15日,中海油与澳大利亚西北大陆架项目签署了资产购买协议。中海油斥资3.48亿美元收购了澳大利亚西北大陆架天然气项目(NWS天然气项目)的上游产品及储量权益,同时,获得了新建合资企业——中国液化天然气合资企业25%的股权,同时,公司还将享有未来在已探明储量之外的勘探的参与权。

四大钢厂案

武汉钢铁集团公司、马鞍山钢铁股份有限公司、江苏沙钢集团公司和唐山钢铁股份有限公司通过组建合资公司的方式,获得世界能源巨头必和必拓转租的Jimblebar铁矿40%的股权。这项协议价值90亿美元,为期25年,从而拥有每年购买1200万吨铁矿石的权利。这是中国钢铁制造商首次获得稳定和长期的铁矿石供给,从而有望摆脱被上游铁矿资源控制的局面。

其他案

2004年10月,兖州煤矿以3200万澳元收购了澳大利亚南田煤矿公司下属澳思达煤矿的全部资产,缓解了国内资源的不足。

(三)中国产业地位划分的实证分析

1. 指标数据的选取

对于产业升级来说,一般衡量产业地位主要有两种角度:一是根据产业发展阶段来进行产业分类(王岳平,2001;赵果庆,2006),根据产业发展阶段来定量判断产业地位时选取的指标有:产业增长率、产业产出份额、产业增长潜力等;二是根据产业关联度来划分(江世银,2004),判断指标一般公认为影响力系数与感应度系数。

从产业产出份额、产业发展潜力系数、影响力系数和感应度系数四个指标来看,先导产业的突出特征是产业产出份额较小但是产业发展潜力系数较大,该产业群正处于生命周期的成长阶段。在提升技术、技能水平的基础上,对经济增长的贡献还将不断提高;主导产业的突出特征是影响力系数和感应度系数都很高,主导产业所起的作用主要体现在对其他产业的推动作用上;支柱产业的突出特征是在 GDP 中所占的产出份额显著;瓶颈产业的突出特征为感应度系数与其他产业相比非常显著。

在判断产业地位时,产业发展水平和产业的带动作用这两种思路需要综合考虑。但是选取指标的复杂性也为定量研究带来了困难,这里尝试利用 SAS 软件中的 K—平均聚类分析法对行业进行划分。从产业发展速度、产业规模和产业间前后向关联性四个方面我们进行聚类分析,所用的指标有:

(1)产业贡献水平

在国民收入核算体系中,国内生产总值等于各行业增加值的总和,产业增加值占国内生产总值的比重越大,产业的规模就越大,在经济中占据的地位就越重要。这里用产业产出份额来表示产业对经济的贡献水平:

$$产业产出份额: AC_{it} = \frac{GDP_{it}}{GDP_t} \tag{7.1}$$

其中,GDP_{it} 为某行业期末的产出增加值,GDP_t 为期末总产出增加值。

(2)产业发展潜力

发展潜力是决定产业发展的重要因素,体现了产业的向上发展空间。潜力系数高的产业增长速度快于其他部门的增长速度,可以在新增收入中获得较大的份额支持其发展,从而具有较强的增长潜力。这里用该产业增长率除以国内生产总值增长率(各部门平均增长率)得到潜力系数。如果该系数大于1,表明该行业相较其他产业发展迅速,正在处于产业攀升阶段。

产业发展潜力系数:

$$E_i = \frac{(GDP_{it} - GDP_{i0}) / \dfrac{(GDP_{it} + GDP_{i0})}{2}}{(GDP_t - GDP_0) / \dfrac{(GDP_t + GDP_0)}{2}} \times 100\% \tag{7.2}$$

（3）产业关联水平

一般说来，影响力系数较大的行业对社会生产具有较大的辐射能力，而感应度系数较大的行业对经济发展起着较大的制约作用，尤其是经济增长过快时，这些行业将先受到社会需求的巨大压力，造成供不应求的局面。如果某些产业的影响力和感应度系数都大于1，则表示该产业在国民经济中占有重要战略地位，是提升产业竞争力和优化产业结构的关键产业。借助投入产出表分析得到感应度和影响力系数①，计算公式如下：

产业影响力系数： $\alpha_j = \sum r_{ij} / (1/n \sum \sum r_{ij})$ $(j = 1, 2, \cdots, n)$

$$(7.3)$$

产业感应度系数： $\beta_j = \sum r_{ij} / (1/n \sum \sum r_{ij})$ $(i = 1, 2, \cdots, n)$

$$(7.4)$$

r_{ij} 表示投入产出逆矩阵系数。影响力系数 α_i 越大，说明该部门对其他部门的拉动作用越大；感应度系数 β_i 越大，表示该部门受到其他部门需求的影响越大。

指标数据的选取：产业的产出份额根据《中国统计年鉴 2006》中2005 年国内生产总值和各产业增加值数据计算得出；行业的潜力系数根据《中国统计年鉴 2006》中 2004 年和 2005 年国内生产总值和各产业增加值数据计算得出，需要特别说明的是由于 2005 年各行业按照新国民经济行业分类（GB/T4754—2002）进行了重新划分，2004 年和2005 年《中国统计年鉴》中第三产业的部分行业不一致，因此第三产业个别行业的潜力系数是作者根据相关报道做出的估计值，2005 年农林牧渔业的数据多加入了农林牧渔服务业的增加值，因为农林牧渔服务业增加值相对于第一产业增加值比重较小，本章对此做了忽略。因第三产业部分行业数据缺少，本章行业部门少于 54 个。2002 年投入产出表是 2006 年刚发布的最新一期投入产出表，本章认为中国投入产出学会根据该表所进行的影响力系数和感应度系数的计算结果最为权

---

① 中国投入产出学会"2002 年投入产出表分析应用"课题组：《我国目前产业关联度分析》，《统计分析》2006 年第 11 期。

威,因此选取其计算所得的数据作为本章影响力系数和感应度系数的指标数据。

2. 聚类分析原理

聚类分析就是将具有相似性质(或距离)的个体(样本)聚为一类,具有不同性质的个体聚为不同的类。聚类分析包括几个步骤:

(1)计算 n 个样本中每两个样本之间的距离 d_{ij},得到 n * n 距离矩阵 $D = (d_{ij})$;

(2)把每一个样本(个体)看成一类,共有 n 类;

(3)把最近的两类聚为新的一类。比如,设 U、V 两个个体之间的距离最近,则把 U、V 聚为新的一类(U、V);

(4)计算新类与当前 n - 2 个其他各类的距离,从中找出最接近的两类加以合并变成 n - 2 类。以此类推,若由原来的 n 个类变成一个新类,则转到步骤(5),否则转到步骤(3),直到最后变成一个新类为止;

(5)作聚类过程的树形图;

(6)决定聚类数。

3. 聚类分析结果

对附录 A 中的数据利用 SAS 软件进行聚类分析,我们把行业分成四个产业群。根据表 7-1 聚类分析结果,分析四个产业群目前发展状况和经济地位:

表 7-1　聚类分析结果——按产业地位法划分的我国产业结构现状

先导产业群	主导产业群
非金属矿采选业、农副食品加工业、食品制造业、饮料加工业、服装及其他纤维制品制造业、皮革羽绒及其制品制造业、印刷业记录媒介的复制、文教体育用品制造业、非金属矿物制品业、交通运输设备制造业、信息传输计算机服务和软件业、住宿和餐饮业、租赁和服务业、科学研究技术服务和地质勘查业、水利环境和公共设施管理业、居民服务和其他服务业、金融业	烟草加工业、纺织业、木材加工及竹藤棕草制品业、家具制造业、造纸及纸制品业、仪器仪表及文化办公用机械制造业、石油加工、炼焦及核燃料加工业、化学原料及化学制品制造业、医药制造业、化学纤维制造业、橡胶制品业、塑料制品业、黑色金属冶炼及压延加工业、有色金属冶炼及压延加工业、金属制品业、普通机械制造业、专用设备制造业、电气机械及器材制造业、电子及通信设备制造业、燃气生产和供应业、水的生产和供应业

250

支柱产业群	瓶颈产业群
农林牧渔业、交通运输仓储和邮政业、批发和零售业、建筑业、房地产业、电力热力的生产和供应业	煤炭采选业、石油和天然气开采业、黑色金属矿采选业、有色金属矿采选业

资料来源:运行 SAS 软件得出的聚类分析结果。

目前除了住宿和餐饮业以外,先导产业在国民生产总值中的比重还较小,政府对这类产业的引导和扶持也还有待加强。目前我国主导产业也出现了两个新特征:一是部分主导产业发展潜力系数较小,其产业未来的发展将面临严重挑战;二是一部分高新技术产业已经由"十五"期间的先导产业转化为主导产业,如电子及通信设备制造业。支柱产业的产值增加值在国内生产总值中所占比重远远大于其他产业,如"十一五"期间农林牧渔业的增加值占 GDP 的 14.43%,产业产出份额最大;批发和零售业仅次于农业,2004 年在 GDP 中所占比重为 7.8%。其次支柱产业的另一个突出特征是影响力系数最低和感应度系数略高于瓶颈产业,也就是这类产业对国内消费水平和其他产业的投资变动等因素影响不大,产业的带动作用不强。观察瓶颈产业我们就会发现摆在我们经济发展面前的事实:能源类产业已经成为制约我国经济的因素。尤其是石油和天然气开采业及金属矿采选业这两个部门的感应度系数达到 2.0 以上,是社会平均值的两倍。

第二节　对外直接投资产业选择的效应及基准

从母国利益的立场看,可能会产生对外投资过量的情况,其根源在于私人和社会之间的收益率是不同的。私人企业在做出对外投资决策时,不会考虑国外新投资会降低东道国现有总投资的收益率,也不会考虑会给母国带来损失。从对外直接投资对母国经济效应的传导路径来看,表现在贸易、投资、就业方面。

一、对外直接投资产业选择与产业升级

从长期看,对外直接投资与一国持续地产业升级过程密切相关。只有一国企业通过技术引进和创新在母国发展出更高级的产业,并且国内劣势产业外移,二者协调同步进行,才能够产生正效应;否则,一国的低层

次传统产业不断移出,而具有潜在优势的新兴产业由于忽视技术创新又无法建立,就可能使该国的产业实体处于空心化。因此母国政府在鼓励产业对外直接投资的同时,还需要根据母国经济利益设定评价体系来约束企业对外直接投资行为。

不同类型的企业对外直接投资对产业升级产生不同的影响,其影响表现在进出口、就业和投资发生相应的变化(见图7-7)。

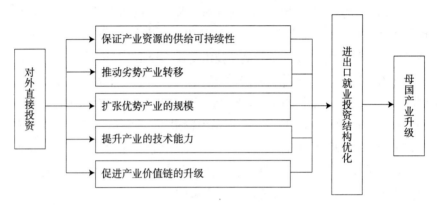

图7-7 对外直接投资对产业升级的影响机制

1. 对外直接投资与进出口

根据邓宁对企业对外直接投资动机的划分,不同动机的对外直接投资会对母国的进出口结构产生不同的影响(见图7-8)。

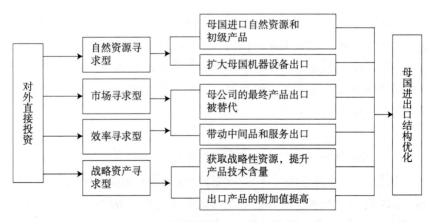

图7-8 对外直接投资与进出口结构优化

第一，自然资源寻求型的对外直接投资。这种类型的对外直接投资主要是为了获取海外自然资源满足国内生产，它所能带动的国内产品的出口可能包括相关设备的出口和相关服务的出口，因为资源的开发和获取离不开相应的配套设备。总体来说，这种类型的对外直接投资是进口初级产品而出口工业制成品，将有利于进出口结构优化。

第二，市场寻求型的对外直接投资。这种类型的对外直接投资主要是为了绕开贸易壁垒，开拓国外市场。企业进行对外投资，在海外市场上生产和销售原先在国内生产出口的产品，直接影响就是导致了对国内该种产品的出口起到替代作用，从而减少母国此种产品的出口量。但同时企业在国外生产该产品的时候，可能需要从母国进口其投资企业所需的各种资本品、零部件及相关服务，而可以直接地利用国外的廉价原材料，由此可能会对国内设备以及服务形成需求，从而扩大母国的总体出口（特别是服务贸易的出口）并改变制成品内部出口结构的变化。

第三，效率寻求型的对外直接投资。这种类型的对外直接投资是成熟产业为了降低成本、追求规模经济和范围经济的表现。企业在最优区位进行专业化生产和布局，如随着亚洲新兴工业国工资水平的上升，企业为降低成本选择到劳动力更为低廉的国家和地区开展组装等环节的生产。其影响类似于市场寻求型的对外直接投资，即：海外的子公司可能会向母公司进口中间产品，带动母国相应产品的出口；同时海外子公司可能替代母公司的最终产品出口。

第四，战略资产寻求型的对外直接投资。该类型对外直接投资是为了获得创新资产或提升企业的核心能力而进行的投资。从这个意义上，这种类型的跨国公司不以短期赢利为目标，而是使其为企业的长期发展服务，因而它不会刻意地进口母国的中间品、原料等。例如，一些创新技术、专利和品牌等战略资产往往需要企业长期的创新和积累才能获得，而通过对外直接投资企业可以在较短时期内获取到世界不同区位的战略性资产。由于战略资产在企业内部共享，其流入母国非常容易，一旦流入母公司就会加强母公司的竞争力，间接提升母国出口竞争力，母国其他企业也可能获得资源的溢出效应，提高出口竞争力，进而扩大高科技、知识密集型产品的出口。这样将会提升母国出口商品结构中这类产品所占

第七章
中国企业跨国经营的产业选择战略

比例。

2. 对外直接投资与国内就业

(1)从就业数量来看,对外直接投资对投资国的就业效应分为两种:替代效应和刺激效应

从替代效应的角度讲,对外直接投资将会缩减投资国国内就业。替代效应是指由于生产活动向海外的转移,从而造成本可以在母国本土进行的生产活动所带来的就业机会的丧失。它包括海外子公司在海外市场销售本可以在国内生产而后出口的商品所导致的就业机会损失,也包括海外子公司将商品返销到母国所引起的母国工作机会的牺牲。如果考虑海外子公司以第三国的出口会替代母国对第三国的出口,则海外投资对母国就业的替代效应会更为明显。

从刺激效应的角度讲,对外直接投资将会增加投资国的就业机会。刺激效应是指对外直接投资所导致的国内就业机会的增加,它包括:向海外子公司出口资本品、中间品及辅助产品的所带来的额外就业机会;母公司向海外子公司提供服务所产生的工作机会;以及国内其他公司向跨国公司及其子公司提供服务所带来的新增就业机会。

显然,当替代效应大于刺激效应时,海外直接投资将导致投资国就业机会的减少;反之,则会导致就业机会的增加。

(2)从产业升级意义上讲,对外直接投资作为国内生产扩张的主要力量,对外直接投资对投资国的就业效应不仅在于就业数量的增减,更在于就业结构的改进以及相应的就业质量的提高

坎普贝尔(Campbell)认为,跨国公司海外直接投资对投资国在就业数量、质量及区位方面均具有直接以及间接的积极和消极效应(见表7-2)。从长期看,随着产业结构调整,对外直接投资对母国的就业效应具有结构性:一方面,一些效率或战略资产型的对外直接投资将促进行业的发展,导致国内该产业或部门的生产扩大而需要注入新的劳动力;另一方面,通过对外直接投资将一些劳动密集型产业或生产环节转移,于是国内生产将采用资本密集型技术来吸引和消化剩余劳动力。这样对外直接投资可以通过转移和新增一部分劳动力就业的方式来调整国内就业,使国内的劳动力市场在一个更高的水平上达到均衡。如实证研究表明,1977~1986年美国对外直接投资使美国制造业的工人失去了

约270万个就业机会。但由"替代效应"所导致投资国的就业机会的丧失大多发生在传统工业部门。"刺激效应"的作用增加了新兴工业部门和第三产业部门的就业机会，提高了科技人员和企业管理人员在就业人数中所占的比重。因此可以说，对外直接投资优化了美国的就业结构。

表7-2　对外直接投资对投资国就业的潜在效应

影响领域 影响表现		就业数量	就业质量	就业区位
直接效应	积极	创造或维持母国就业,如那些服务于国外附属企业的领域	产业重构时技能提高,生产价值也提高	有些工作可能移至国外,但也可能被更高技能的工作所弥补,从而改善劳动市场状况
	消极	如果国外附属企业替代母国生产则会产生重新定位或"工作出口"	为了维持母国就业保持或降低工资	"工作出口"可能恶化地区劳动力市场状况
间接效应	积极	为承揽国外附属企业任务的母国供应商或国内服务性产业创造和维持就业	刺激多种产业发展	"蓝领"工作的减少能被当地劳动力市场对出口或国际生产领域高附加值工作的更高需求所弥补
	消极	与被重新定位的生产或活动有关的企业或产业就业损失	供应商受到工资和就业标准方面的压力	暂时解雇工人引起当地劳动力市场需求连锁性下降,从而导致母国工厂的裁员

资料来源:联合国跨国公司与投资司:《1994年世界投资报告》,对外经济贸易大学出版社1995年版。

3. 对外直接投资与国内投资

国内投资是产业产出增长、产业壮大的最主要来源和基础,因此国内投资是衡量对外直接投资对产业升级影响的最一般基准。海默较早地在其垄断优势论中论述了对外直接投资与融资的关系,他认为尽管对外直接投资企业可能出于节约成本的需要,会在东道国筹集一部分资金,但是由于对经营控制权的需要,不可能在东道国当地筹集全部资金,一部分也将来自于母国(包括股权投资与借贷资本)。

从对外直接投资与国内投资效率的关系来看,当母国国内的资源已充分利用时,国内多余资本将会构成通货膨胀的压力,因而这时资本转移出境是有好处的;当母国国内资源尚未充分利用,但发生结构性剩余时,这时的对外直接投资还要取决于国内外的投资利润率大小,但资本投资于外国不管获益多少,都将影响本国相对劣势产业的投资,在这种情况下,投资转移的长期效果甚至将会造成该产业的消亡,以进口替代国内投资,显然有利于产业结构的升级和改善。发展中国家国内存在闲置资金和大量的居民储蓄,但由于一方面国内某些产业的投资收益率已经很低,另一方面国内的资本市场还不发达,因此储蓄在国内转向投资存在一定的障碍。如果这些国内的储蓄能有效地转化为对外直接投资,寻求海外更高的投资收益率,那么发展对外直接投资就不存在挤占或替代国内投资的问题,也就是说存在结构性剩余,因此对外直接投资还能够提高资本的投资效率。

二、对外直接投资产业选择的基准

(一)对外直接投资产业选择的评价基准

　　对外直接投资产业选择不当还会造成产业空心化问题,如失业效应和出口替代。因此在对外直接投资的产业选择中,有必要考察对外直接投资所产生的产业结构效应,进而建立评价体系来趋利避害,根据对外直接投资的产业效应本章建立三个基准。

1. 国内投资/就业的引致基准

　　在对外直接投资的过程中,可能对国内某产业投资/就业产生两种不同的结果:促进国内该产业投资/就业的增加,或者导致国内该产业投资/就业的缩减。根据弹性系数定义对外直接投资对国内该产业投资/就业的替代弹性。其中,$OFDI_{0i}^f$、$OFDI_{ti}^f$分别表示某产业部门计算期起始年度和终止年度的对外直接投资额;$OFDI_0^f$、$OFDI_t^f$分别表示全部产业部门计算期起始年度和终止年度的对外直接投资总额;、NI_{0i}^f、NI_{ti}^f分别表示某产业部门计算期起始年度和终止年度的国内投资额/就业数量;NI_{0i}^f、NI_t^f分别表示全部产业部门计算期起始年度和终止年度的国内投资总额/就业数量。分别计算该产业国内投资额/就业数量相对于全部产业国内投资总额/就业数量的变化率、该产业对外直接投资额相对全部产业对外直接投资总额的变化率,然后将二者相比,就得到投资的替代弹性系数。该系数小于1表明该产业对外直接投资的相对增长速度要快于国内投资/就业的相对增长速度,即对外直接投资的快速扩张引起国内投资/就业的收缩,相反,该系数大于1表明对外直接投资扩张没有减少而是促进了国内投资/就业增加。

投资/就业的替代弹性系数:

$$
IE_i = \frac{(NI_{ti}^f - NI_{0i}^f)/(NI_{ti}^f + NI_{0i}^f)}{(NI_t^f - NI_0^f)/(NI_t^f + NI_0^f)} /
$$

$$
\frac{(OFDI_{ti}^f - OFDI_{0i}^f)/(OFDI_{ti}^f + OFDI_{0i}^f)}{(OFDI_t^f - OFDI_0^f)/(OFDI_t^f + OFDI_0^f)} \tag{7.8}
$$

2. 贸易创造基准

贸易创造基准是形容对外投资建立的海外企业与国内企业的贸易关系,指两者之间进行的某类产品生产过程中初级产品、中间品以及最终消费品的贸易。此基准体现了海外企业与国内企业的相互市场扩张的关系,任何一方的市场扩张,都为另一方生产的发展带来直接的关联效应。可以看出,贸易创造的实质在于充分发挥中国对外直接投资对国内相关产业成长的关联波及效应,这种关联效应的波及力越大,意味着国际生产对于母国产业成长的"外溢效益"越大,海外投资对国内产业发展的传递作用和辐射能力就越强。每个产业由于自身特点的不同,所带来贸易创造效应也就有所差异。这里定义贸易的创造弹性系数衡量对外直接投资的贸易创造效应:

贸易的创造弹性系数:

$$
TE_i = \frac{(Trade_{ti}^f - Trade_{0i}^f)/(Trade_{ti}^f + Trade_{0i}^f)}{(Trade_t^f - Trade_0^f)/(Trade_t^f + Trade_0^f)} /
$$

$$
\frac{(OFDI_{ti}^f - OFDI_{0i}^f)/(OFDI_{ti}^f + OFDI_{0i}^f)}{(OFDI_t^f - OFDI_0^f)/(OFDI_t^f + OFDI_0^f)} \tag{7.9}
$$

$$
TE_i = \frac{(Trade_{ti}^f - Trade_{0i}^f)/(Trade_{ti}^f + Trade_{0i}^f)}{(Trade_t^f - Trade_0^f)/(Trade_t^f + Trade_0^f)} /
$$

$$
\frac{(OFDI_{ti}^d - OFDI_{0i}^d)/(OFDI_{ti}^d + OFDI_{0i}^d)}{(OFDI_t^d - OFDI_0^d)/(OFDI_t^d + OFDI_0^d)} \tag{7.10}
$$

其中,$Trade_{0i}^f$、$Trade_{ti}^f$分别表示某产业部门计算期起始年度和终止年

257

度的贸易流量,Trade_0^f、Trade_t^f 分别表示全部产业部门计算期起始年度和终止年度的贸易总流量,OFDI_{0i}^f、OFDI_{ti}^f、OFDI_{0i}^f 和 OFDI_{ti}^f 的定义同上文,OFDI_{0i}^f、OFDI_{ti}^f 分别表示某产业部门计算期起始年度和终止年度的对外直接投资存量,OFDI_0^f、OFDI_t^f 分别表示全部产业部门计算期起始年度和终止年度的对外直接投资存量。此弹性系数大于 1 表明贸易的相对增长快于对外直接投资的相对增长,该产业在东道国的对外直接投资是贸易创造型;相反,如果该系数小于 1,则表明该产业在东道国的对外直接投资是贸易替代型。

3. 产出结构同质性基准

产业结构同质性基准要求对外直接投资产业选择方向与国内产业结构高级化发展趋势相符合,这也是对外直接投资产业选择的基本要求和核心问题。由于对外直接投资各产业的动机、门槛高低、比较优势等不同以及企业战略取向、投资方式的不同,对外直接投资的产业结构与产业结构调整的方向可能不一致。这里定义产业部门结构的弹性系数来比较二者的同质性,针对这一基准可以减少对外直接投资由于短视而带来的效率损失。计算方法是将某产业增加值相对于国内生产总值的变化率与该产业部门对外直接投资存量相对于总对外直接投资存量的变化率相比较,得到结构的弹性系数。若该系数小于 1,说明投资存量结构的变化率大于国内产出结构变化率,则存在该产业对外直接投资过快,对国内产业发展的促进作用不充分;反之,若该系数大于 1,即投资存量结构变化率小于国内产出结构变化率,说明该产业由于国内发展快,其对外直接投资还有进一步扩张的空间。

结构的弹性系数:

$$SE_i = \frac{(GDP_{ti} - GDP_{0i})/(GDP_{ti} + GDP_{0i})}{(GDP_t - GDP_0)/(GDP_t + GDP_0)} / \frac{(OFDI_{ti}^d - OFDI_{0i}^d)/(OFDI_{ti}^d + OFDI_{0i}^d)}{(OFDI_t^d - OFDI_0^d)/(OFDI_t^d + OFDI_0^d)} \tag{7.11}$$

指标定义同上文。

(二)对外直接投资基准的立体架构

不同产业在不同的经济发展阶段地位和作用不同,因此选取的基准也是动态变化的。按照各产业群对外直接投资产业选择导向不同这一思

258

路,有必要针对不同产业的对外直接投资采取相应的基准和对策来趋利避害,考察四种产业群基准见表7-3。

表7-3 现阶段我国产业对外直接投资的基准

产业群	适用的基准
先导产业	结构同质性、就业引致基准
主导产业	贸易创造
支柱产业	国内投资促进
瓶颈产业	国内投资缩减

1. 先导产业:产出结构同质性基准和就业引致基准

先导产业能最多地吸收先进技术,代表了产业发展和结构升级方向,特别是先导产业潜力系数大,即对经济增长的弹性很高,因此可以较大幅度地超前发展,带动产业尽快实现高级化。但是先导产业的技术寻求或学习型对外投资投入大、风险较高、不可测因素较多,具有较大的不确定性。因此先导产业在对外直接投资时应该着眼于国内经济发展的长远利益,通过国家产业政策的培育和扶持、引导先导产业的对外投资,使得先导产业的对外直接投资推动国内该产业发展,如果忽视对先导产业的扶持和培育,可能导致下一阶段经济增长缺乏主导产业的推动。因此在以上四个基准中,适用于产业结构同质性基准和就业引致基准,通过对外直接投资,来塑造和增强产业竞争力,加快产业发展使得该产业规模在整个产业部门中的比重更大,并达到优化就业结构的目的。

2. 主导产业:贸易创造基准

主导产业不仅具有比较增长优势和比较规模优势,更重要的是它们具有较高的产业关联度、带动作用和新技术的扩散效应,因而是国民经济增长方式转变和提升部门结构的中坚力量。对外直接投资若选择主导产业中一些成熟技术行业的最终产品进行国际生产,则可以通过生产由国内向国外的转移在全球寻求低廉的劳动力和自然资源,从而降低生产成本并扩大国际市场份额,起到延长该产业生命周期的目的。因此,贸易创造基准是主导产业对外直接投资的重要基准。

3. 支柱产业:促进国内投资基准

支柱产业对国民经济具有战略意义,在国民经济中的规模要远远超过其他产业,但是目前我国支柱产业运行效率较低,处在不利的发展地位。对于支柱部门要优化产业内部结构、利用高技术改造,以巩固其国民经济的基础地位。在对外直接投资中适用于国内相对投资扩张基准。

4. 瓶颈产业:缩减国内投资基准

瓶颈产业在本国尽管处于劣势,但可以考虑通过对外直接投资获得国外的资源补缺,从而使得投资国与东道国双方获益。对于这类产业对外直接投资所采取的基准就是国内相对投资缩减和退出。

我们从立体架构来理解以上四个产业群对外直接投资的适用基准。这四个基准是从不同方面来判断对外直接投资产业选择的合理性,各个基准间还有本质区别。从本质上说,基准是对外直接投资产业选择会产生的宏观外部效应,是经济发展对"走出去"产业选择的外部要求,同时也是产业转移的约束条件。如图7-9所示,企业竞争优势、企业国际化发展阶段和本国产业地位是对外直接投资产业选择的内在力量;产业结构同质性是对外直接投资产业选择的宏观最终目标;在这两极之间,企业对外直接投资会产生国内投资、就业和贸易的替代和关联效应。由此可

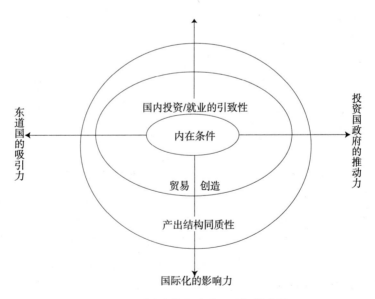

图7-9 对外直接投资产业选择基准圈

260

见产业所处基准圈的不同,那么对外直接投资所需要的外部拉动力度和约束条件就会有所不同。处在内圈的企业对外直接投资所需要的外部力量最小,这是因为这些企业自身的外张力就可以引致对外直接投资。相反,处在最外圈结构同质性基准线的企业需要的外力最大,这类企业对外直接投资的基准最高,外部要求胜过内在自身的发展现状,因此所需外部力量也就最大。

任何产业对外直接投资行为的发生都是内在条件和外部条件两种力量组合的作用下才能够发生的。就对外直接投资的可行性来讲,上文所定义的内在条件只是诱发因素之一,而不能作为产业对外直接投资的必要条件。一些暂时不具备内在条件的企业在外部条件的力量作用下也可能发生对外直接投资。而政府干预作用的发挥就在于协调企业对外直接投资产业选择的内、外在条件、培育对外直接投资产业选择的企业主体以增强内在条件、增强企业对外直接投资产业选择的动机使之满足基准的指向。第三节将是对以上所述政府干预作用的深入分析。

第三节　中国企业对外直接投资产业选择战略

由前面各节的分析表明,对外直接投资产业选择具有双重目标,能够推动国内的产业升级步伐,根据企业对外直接投资的动机和产业选择导向,政府对不同层次的产业选择给予或指导或扶持等不同程度的干预,以达到对外直接投资对产业升级效应的最大程度的发挥。

一、总体战略

(一)产业选择的渐进性战略

发展中国家企业通过对外直接投资获取技术等,其能力是随着对外直接投资过程而逐渐增长起来的。进入方式的渐进性思想来源于企业国际化理论。瑞典经济学家 Johanson 等是研究企业国际化过程理论的先驱,通过对瑞典四家制造商国际化历史的实证研究证明,一般企业国际化方式的演变最常见的类型是:纯国内企业——通过中间商间接出口——直接出口——海外销售机构——海外生产。林毅夫(2002)对区位选择提出了"地区渐进原则",强调一国对外直接投资应当首先从那些经济技

中国企业跨国经营的产业选择战略

第七章

术发展水平相近或稍微落后的国家或地区开始,随着投资国经济实力的增强,技术水平的提高和对外直接投资能力的扩张,投资区位逐步向发达国家扩展。但由于一国产业的不平衡性,特别是中国东西部地区差异大,在实际中这种区位选择的渐进性仅仅适用于部分产业的区位选择思路,还不能作为中国对外直接投资普遍的区位选择原则。

企业对外直接投资的产业选择也同样存在着局部"渐进性"特征。Sea Jin Chang(1995)基于资源和能力理论指出了企业在对外直接投资过程中选择何种产业也存在着渐进次序。他分析得出 20 世纪 70 年代后期和 80 年代日本企业进入美国的方式具有渐进性特征,也就是日本企业多首先选择投资于拥有较强国际竞争力的产业项目上,经过一段时间的学习后,企业熟悉了东道国的经营条件和管理模式,选择具有较少优势的产业进行后续投资。这种产业选择的"渐进性"适合于发展中国家向发达国家的逆向投资。西方企业凭借垄断优势通常采取的是短时期内大规模投资的进入方式,例如并购,而发展中国家对发达国家的投资,除了在于发达国家市场的市场规模巨大、多样化消费需求等特点外,其市场所特有的技术创新、全球性竞争氛围是更为重要的,因此在发展中国家企业所拥有优势不显著的情况下,企业可以倾向于采取渐进式进入方式——小规模的长期投资,首先就核心业务开展小规模的初始投资,如果投资效益好则逐步扩大该项目投资规模,获得海外投资和生产的经验后再展开投资领域多样化的对外直接投资。

从进入方式的配合上来说,企业在实施这种"渐进式"产业选择发展规划时,可先采用合资的方式实现进入具备核心竞争力的产业,再在适当的时机来扩大股权比例,向控股或独资经营转变,实施阶段战略性进入。这种投资在初期,通过少部分入股的合资方式,了解当地的风俗民情、市场状况、政治法规等投资环境,随着在东道国市场经验的增加,就出现了产业选择和进入方式的动态转变。如果经营的业绩很好,则逐渐扩大该产业项目的股权份额,同时可以展开其他产业项目的投资。若业绩不好,市场不景气,东道国政局不稳定,则逐步撤出股份或降低股份占有。由此可见,中国企业在投资环境不熟悉或企业竞争优势不显著的情况下,适合于采取渐进性战略。

(二)产业选择的动态性战略

企业面临的竞争环境要求企业对外直接投资是一种不断谋求生存

的、非常具有活性的动态过程。产业组织理论认为,企业应采取积极的竞争策略,来降低落后于其他企业、丧失竞争优势的概率。如在掌握产品垄断优势情况下,企业采取领先进入市场策略,较迅速地在国外设厂生产,就地销售或销往其他国家,争取获得领先进入外国市场的机会;或者在寡头行业中,当寡头同行前往海外,特别是产品出口销售地投资设厂、从事生产经营时,企业为了防止海外市场被竞争者独吞,往往采取跟随策略。

企业的对外直接投资产业选择还应当考虑东道国区位优势、母国的经济发展与经济政策的动态变化。随着各国经济的发展,其生产要素的比较优势及经济的增长潜力和市场容量都会发生变化,同时也会改变该地区的区位优势;而且随着企业竞争优势的提高,企业的生产经营在新的阶段也需要新的资源和力量;随着母国经济的发展,经济结构和经济政策都会发生相应的调整,相应的企业投资的产业选择会根据国内经济的需要进行调整。如随着我国经济实力逐渐增强,部分产业开始由增长进入衰退阶段,产业结构的调整促使企业通过对更不发达国家的投资来进行生产转移,以释放衰退产业的生产要素。

二、具体战略

(一)政府协调下的主导性选择:劳动密集型和成熟适用技术产业

从我国企业竞争优势分析,我国生产的纺织品、服装、电视机、洗衣机、电冰箱、日用工业品、木材加工及家具制品等类型企业的国外市场前景看好;具有适用技术和市场规模优势,技术设备和生产能力较为成熟。其中一些企业已经拥有雄厚的资金和较强的经营管理能力,拥有具有一定影响和知名度的品牌,同时还配备长期从事出口贸易而熟悉国外当地市场情况的专业人才。从企业国际化阶段分析,纺织业、服装皮革羽绒及其制品业、木材加工及家具制造业企业处于国际化的较高阶段,产业具备较强竞争力,在国际化过程中更多地表现为对出口的依赖,例如,纺织业、服装皮革羽绒及其制品业、木材加工及家具制造业的产出对出口的依赖度分别为27.89%、38.89%和16.09%。并且从国内产业的地位来看,这些产业尽管还并没有成为衰退产业,但是这些产业部门规模较大,由于产品主要依赖出口,当面临国际市场上越来越严峻的贸易壁垒,开始出现了总供给过剩而国内市场相对饱和的情况。从技术、资本密集型产业整体

263

水平来看,我国企业的国际化阶段较低。但是其中一些劳动密集型生产环节也具备了一定的国际化能力。从家用电器产品的特点来看,中国在一定程度上已经从低端产品的生产加工环节成长壮大,现在已经逐步在许多高端产品领域建立从研发到生产,从品牌创造到全球营销的竞争力,可以说家电业已经初步走出技术密集型产业低技术劳动密集型分工的局限,因此技术、资本密集型产业如家用电器产业可以利用适用性技术的优势对外直接投资于劳动密集生产环节。因此从内在条件来看,以上四类产业完全有能力也有内在动力开展对外直接投资。

在纺织品、服装和木材加工及家具制造业中,外资带给中国经济最大的影响并不在资本和技术,而在于带来了先进的经营理念和一批迅速成长的国内企业。从企业数量来看,2002 年国有企业、民营企业和外资企业的占比分别为 9.9%、34.78% 和 19.20%,到 2004 年,这一比例演变为 4.37%、50.44% 和 20.53%。[①] 同样我们可以从服装和木材加工及家具制造业也发现与此完全一致的特征,即国有经济和外资经济已经在上述产业中逐步退出,而民营企业成为该类产业的主体,也成为该类产业对外直接投资的主力军。

从外部条件来看,发展中国家之间的产业级差提供了中国向发展中国家和地区实行"梯度转移"的条件。劳动密集型产业或生产环节的适用性技术符合发展中国家经济发展水平、技术水平、生产结构和消费水平。目前大多数发展中国家和地区还处于低层次的技术结构上,与发达国家的高技术结构相比技术梯度比较小,可通过对外直接投资实现产业与技术的国际转化。根据发展中国家间的产业级差和东道国劳动力供给成本条件,该类企业海外投资适用选择在亚、非、拉和苏联东欧国家等发展中国家和地区建立最终产品的加工基地。由于中国企业在该领域有一定优势,其中相当一部分产品技术性能和质量稳定,很适合国外市场特别是发展中国家的市场需求,甚至可以通过该加工基地转而出口至发达国家。

从中国企业实际情况来看,进行跨国经营存在两方面制约因素:一方

---

① 郭克莎、贺俊等著:《走向世界的中国制造业——中国制造业发展与世界制造业中心问题研究》,经济管理出版社 2007 年版,第 165 页。

面缺乏对海外市场,尤其是海外市场竞争情况的了解;另一方面资金实力不足以及海外经营人力资源匮乏。而渐进式的进入方式有利于在实践中沿着学习曲线逐步积累跨国经营经验,逐步深入了解目标国市场信息,锻炼海外经营人才。更重要的是,能有效控制海外经营中的巨大风险,提高成功率。从总体上看,我国该类企业海外投资,大多都是渐进式的,即按销售、技术转让和直接投资三步曲,循序渐进地发展。首先进行产品出口,通过贸易了解国外市场、经营法规及环境,在商品贸易达到一定规模后,再在境外投资建厂。这种渐进式经营方式比较适合我国该类企业境外投资现阶段的国情。

从国家发展战略的高度看,根据比较优势原则所进行的产业国际分工,我国非熟练劳动力资源丰富,由此导致纺织、服装、鞋帽、皮革、家具等劳动密集型行业在我国经济中占据主导地位。由于其生产可能性边界的扩张幅度大于资本密集型行业的扩张幅度,随着人均收入的增长,国内居民的恩格尔系数将进一步下降,这些劳动密集型产业或生产环节对海外市场的依赖会逐步加大,进而可能导致贸易条件恶化,甚至出现贫困化增长。因此在经济全球化时代,单纯地强调劳动力丰富或资本缺乏对中国经济发展并无实际意义,自然资源或非熟练劳动力的比较优势不能帮助中国培育产业竞争优势,甚至成为竞争的阻力。例如,国外纺织服装业跨国公司在中国开展加工贸易,其产品与中国本土企业拥有同样的低劳动成本优势,但由于国外纺织服装业企业包含更多的技术创新成果(如专利、品牌),使其在国际市场上成为中国本土企业强大的竞争对手,因此劳动力优势不应再成为中国产业参与国际分工的依据。进一步从对外直接投资的战略意义来看,充分利用现有劳动密集型产业或生产环节对其他产业的关联效应,及时转移该类产品的低附加值生产环节,不仅能够释放部分生产要素,更重要的是带动设备、零部件等高端产业或生产环节的出口,进而提升我国的对外贸易竞争力。

劳动密集型产业或生产环节的投资规模较小、该类企业多为中小型企业,因此政府干预主要在于发挥协调作用,积极引导企业利用外在条件。我国应制定政策,对技术成熟的过剩产业的对外直接投资,从项目审批、信贷资金供应、产品返销税率、融资政策等方面给予积极的鼓励和优惠,扩大上述产业的对外直接投资。并且为中小企业提供畅通的信息渠道,这类服务包括东道国宏观经济与企业成本要素、与外国投资相关的法律框架和管理程序等基本资料的提供。除此以外,还可为可行性研究提供一些支持,在一般情况下,政府可为最终投资决策前可行性论证提供一半的资助。一些投资促进计划还特别为中小对外投资者提供启动支持,这类支持包括帮助筹措项目资金、准备法律文件、根据东道国具体条件调整技术和培训当地人员等。例如,荷兰开发融资公司1989年制定了一个对外直接投资促进计划,为可行性研究和项目规划提供资助,培训经营管理人员和一般员工,为特定对外直接投资促进研讨会和代表团提供资金。

(二)政府主导下的预防性选择:资源开发型产业

从产业地位来看,中国的一些资源开采业已成为瓶颈产业,资源供给成为制约经济发展的重要因素。随着中国经济的快速增长以及全球制造业向中国转移,一些重要自然资源的对外依赖性越来越强。中国自1993年成为原油净进口国以来,原油进口连年递增,净进口量由2000年的0.60亿吨增长至2006年的1.39亿吨,六年间净进口量增长了2.3倍。由于中国对汽车的需求刚进入增长期,对石油的需求还将大幅度增长。进口依存度过大的不仅仅是中国的原油,近年一些高耗能产品也越来越依赖进口。

长期以来,我国一直依赖进口满足能源供给,这种方式:一是受国际市场价格波动的影响大,不利于国内经济的稳定发展;二是能源的供应受国际政治等多方面的影响难以保证稳定的来源;三是能源类行业无论在国内还是国际,上游利润远比中下游要丰厚。因此像石油这样重要的资源,多元化的资源供给不仅是企业战略的问题,也是国家能源战略的问题。

我国虽然地大物博,但人均自然资源比较短缺,同时经济的快速增长需要以资源为后盾,因此利用其他国家和地区的资源优势,以重要资源开发为导向的对外直接投资应是我国跨国经营选择的预防性产业。联合国贸发会议的《2007年世界投资报告》指出,中国由于正在经历一个资源密集型的增长阶段;在过去的10年里,中国的经济增长是世界平均水平的3倍多,因此已经成为世界矿物需求增长的主要发动机:2005年,中国在石油、铜和镍的需求增长上所占的比重分别为29%、66%和25%,占世界总需求的比重则分别为8.5%、22%和16%。主要是基于国家能源安全的考虑,政府通过国家能源公司来主导能源类投资,特别对满足国内市场需求的能源收购。对我国来说,对外直接投资的资源开发重点应放在石油上,通过对境外石油的勘探开发,既能保证我国的能源需求,也将减少因国际油价波动而造成的经济风险,并取得良好的经济效益。我国石油储存量并不是十分丰富,人均可采储量只有 2.4 吨左右,是世界平均的10%。而事实上,我国石油工业经过多年的开采,已经不同程度地出现了枯竭的现象,我国石油工业的后继发展问题比较严重。另外,天然气、金属和非金属矿、林业等,我国人均拥有量低于世界平均水平,存在较大的供需缺口,也应是对外直接投资重点开发的资源。通过对外直接投资建立资源稳定的供应基地,可以降低通过市场转移资源的交易成本,有利于规避世界市场资源价格大幅波动的风险,也防止受制于他人的被动局面。对于资源寻求型的企业来说,自然是投资资源丰富的国家了,一般是发展中国家,因为大多数发展中国家资源丰富,开采成本低,且发展中国家的技术、资金缺乏,而我国的资源密集型行业正好有这方面的优势,投资于国外的这些行业,不仅可以保证资源的持续供应,还可以带动相关的劳务、技术、设备等的出口。

我国当前进行能源类投资的企业包括国家能源公司:中石油、中海油和中石化,以及资源型企业如钢铁和电力行业企业。这些企业通常不具备海外石油开采和海外销售的能力,因此主要通过收购的方式来获得能源。投资国外的资源业是我国对外投资比较集中的行业,企业涉足较早,有许多成功的案例,像中国国际信托投资公司在加拿大投资木浆场,中国冶金进出口公司投资在澳大利亚的恰那铁矿,中国水产总公司在 20 多个国家的渔业投资等,都产生了良好的效益,为缓解我国资源紧张局面做出了贡献。

目前,我国对外直接投资呈现出战略资源投资的趋势,2002 年中石油在印度尼西亚所进行的一系列油田和天然气田收购,中国化工总公司20 世纪 90 年代在美国佛罗里达州的磷矿投资均表现出了我国企业的这一趋势,2003 年中国石油总公司在俄罗斯里海油气田收购受挫和俄罗斯安加尔斯克到我国大庆的跨国石油管道迟迟不能动工,说明了一些国家对我国的发展仍存有戒心,因此中国在资源寻求型的对外直接投资中面临的挑战是如何把保护主义影响降至最低。由此,政府采取的措施主要

第七章　中国企业跨国经营的产业选择战略

有:(1)积极开展资源外交工作。即通过与典型紧缺资源所处国家间开展强调"共赢"的外交活动,为我国经济发展拓宽出稳定、安全性高的资源供给渠道。(2)建立专门机构支持对外资源寻求投资。学习一些资源贫乏的发达国家的做法,通过组建专门机构,大力推行"技术援助、经济援助及合作计划",为企业的跨国经营提供全方位支持。

（三）政府扶持下的战略性选择:研究与开发型技术产业

改革开放以来,中国以技术进口和引进外资的方式引入了大量技术,在较短的时间内迅速提高了主要技术密集型产业的技术水平,但发达国家往往只把成熟产品或标准化产品作为出口产品进行技术贸易,把低于世界水平的设备和技术进行直接投资,导致我国企业缺乏赖以生存和发展的核心技术,自主创新能力不足。

而在经济全球化进程中,人们强调的是企业的核心竞争力,"核心技术"是企业核心竞争力的关键因素。为此,企业不得不重视对"研究与开发"的投资。近年来跨国公司研究与开发投资所占其销售额比重的不断提高就印证了这一事实。我国要不断提高自身的国际竞争力,实现产业结构的优化与不断升级,离不开技术创新的支持。我国重视对研究与开发型技术产业的对外直接投资具有重要意义:一是通过在发展中国家投资于研究与开发型技术产业,可以进一步拓宽投资技术的适用性和竞争能力,并可根据当地市场需要开发新产品,更多的占领当地市场;二是通过在技术资源与智力资源密集的发达国家进行研究和开发型技术产业的投资,充分利用海外企业接近当地技术资源的优势,进行先进技术的跟踪,可更好的开展技术获取工作。

先导产业的跨越发展需要高新技术,其中电子信息产业是高新技术产业的一个主体。主导产业和支柱产业同样需要投资于研发产业来改造传统技术,延长产业寿命或扩大产业规模。通过对外直接投资先进的技术,主要有在发达国家收购或联合开发等形式。中国已经有不少的企业迈出了对外投资开展研发的步伐。

事实上,中国企业虽然进行了一些技术获取型的对外直接投资,比如说海尔集团在北美和欧洲的投资,联想集团的海外扩展等,但是投资额和企业数量还比较小,而且一些项目的实际效果也存在问题。首先,中国的高新技术产业虽然是发展速度最快的产业,但由于它的成长时间短,尽管产业增长速度很快,但产值的绝对数却远远低于世界先进水平;而且高新技术产业的风险性较大,许多企业寿命短,这也是造成数量较少的原因;其次,就一些海外并购而言,国内企业缺乏国际运营经验,往往导致实际可以得到的技术并非核心技术且技术使用受到限制。目前国内企业在国外设立的一些研发机构更大的作用只是收集技术和行业信息,真正承担研发职能的较少,最重要的一个原因是国内企业设立的海外研发机构特别是新设的独资研发机构,由于公司文化、管理风格以及薪酬制度方面的差异,很难在国外雇到顶级人才。

中国当前的促进政策主要倾向于发展中国家的劳动密集型产业或生产环节,从我国企业的竞争优势来看,现在尽管还没有发展到企业大规模对外直接投资的阶段,但是企业的对外直接投资应更多地注重战略资产,特别是技术创新资源的获取和积累。我国尚未实行国际上常用的一些鼓励措施,如财政政策中的海外投资亏损提留、所得税减免等。政府的信息服务与技术援助力度、金融支持也不能满足企业的需要。因此政府部门应加大对研发型的海外投资的信贷额度、贴息总额,对设立海外研发机构或收购海外研发部门的企业对其可行性研究、海外考察与调研提供部分资助;引入海外亏损提留、税收减免等财政措施。

(四)政府引导下的策略性选择:服务业

广义的服务业包括了除第一产业和第二产业之外几乎所有的社会经济部门和行业,主要有:交通运输、仓储和邮政业,信息传输、计算机服务和软件业,批发和零售业,住宿和餐饮业,金融业,房地产业,租赁和商务服务业,科学研究、技术服务和地质勘查业,水利、环境和公共设施管理业,居民服务和其他服务业,教育,卫生、社会保障和社会福利业,文化、体育和娱乐业,公共管理和社会组织,国际组织。服务业投资的特点之一是不需要太多的机器设备等固定资本的投入,主要依靠特定人员能动的经营服务能力和一定数量的流动资金,就能取得相当可观的利润和其他收益。正因为如此,国际直接投资向服务业集中和倾斜已成为当代国际资本运动一个十分引人注目的新趋向。

我国服务企业的跨国经营活动始于 20 世纪 80 年代,在 90 年代呈现良好的发展势头。由于我国企业海外经营的初衷是为了便利国际贸易,所以贸易类的服务型企业海外经营活动最为频繁。此外,海外工程承包

第七章
中国企业跨国经营的产业选择战略

和金融业也是中国海外扩张的重点,占海外投资总量的很大比例,如中国银行截至 2000 年已在境外设立营业机构 68 家。在发展较快的一些服务出口行业中,中国已有一批具有一定国际知名度和竞争力的大企业,例如中国化工进出口总公司、中国粮油食品进出口总公司、中国工商银行、中国建设银行、中国电信集团、中国国际信托投资公司、中国五金矿产进出口总公司等,它们有的已经进入美国《财富》杂志评选的世界 500 强之列,有的则被收录到了联合国贸发会议《世界投资报告》所选出的发展中国家最大的 50 家跨国公司之中,其中绝大多数已列入 120 个国家大型试点企业集团和 1000 家国家重点联系企业。这些企业管理科学、经营机制先进、信誉好、产品有出口,已经有了一定的跨国经营和海外投资办厂经验,成为中国企业海外经营的领头羊。

就我国而言,服务业的国内开放程度、竞争力要远远低于制造业,对外直接投资的能力也较弱。应该说,服务业是我国未来对外直接投资的热点,也是大力发展我国对外直接投资的策略选择。为了正确引导我国的对外投资,使我国服务业企业的海外经营走上健康协调的发展道路,政府必须采取以下几个方面的措施:对有较大宏观效益和涉及国家长远战略意义的服务业企业境外投资,要在可能范围予以鼓励和支持。财政支持可以赠款、贷款和股权投资、税收抵免和税收优惠等多种方式提供。这样的财政支持可对整个投资项目提供,或针对海外投资项目实施进程中的某个特定阶段提供,如可行性研究、项目开发或启动阶段。政府在财政支持方面,还可以有差别地对不同产业领域的对外投资或其他跨国经营,提供直接的税收抵免和税收优惠等鼓励。

主要参考文献

1. 白明:《论开放经济下中国在国际市场竞争中的优势定位》,《世界经济研究》2005 年第 10 期。

2. 方爱华、谭力文:《台湾地区对外投资产业选择策略的演变》,《中国软科学》2000 年第 7 期。

3. 国务院发展研究中心企业研究所课题组著:《中国企业国际化战

略》,人民出版社 2006 年版。

4. 郭克莎:《工业化新时期新兴主导产业的选择》,《中国工业经济》2003 年第 2 期。

5. 郭克莎、贺俊等著:《走向世界的中国制造业——中国制造业发展与世界制造业中心问题研究》,《经济管理出版社》2007 年第 2 期。

6. 何帆、张明:《中国国内储蓄投资和贸易顺差的未来演进趋势》,《财贸经济》2007 年第 5 期。

7. 江世银:《区域产业结构调整与主导产业选择研究》,上海三联书店 2004 年版。

8. 江小涓:《"十五"我国对外直接投资的规模与重点选择》,《中国经贸导刊》2003 年第 2 期。

9. 李桂芳:《2007 年中国企业对外直接投资分析报告》,中国经济出版社 2007 年版。

10. 林毅夫:《发展战略,自生能力和经济收敛》,《经济学》2002 年第 2 期。

11. Roach S.:《中国经济是非常脆弱的》,《国际经济评论》2007 年第 1 期。

12. 冉光和、李敬、万丽娟:《中国企业对外直接投资动机与绩效评价体系研究》,《世界经济研究》2006 年第 7 期。

13. 石建民:《引进外资与对外投资:韩国发展高新技术产业的经验及启示》,《亚太经济》1996 年第 5 期。

14. 王玉梁:《中国:走出去》,中国财政经济出版社 2005 年版。

15. 王岳平:《中国工业结构调整与升级:理论、实证和政策》,《中国计划出版社》2001 年版。

16. 王岳平:《开放条件下的工业结构升级》,经济管理出版社 2004 年版。

17. 汪琦:《对外直接投资对投资国的产业结构调整效应及其传导机制》,《世界经济与政治论坛》2004 年第 1 期。

18. 邢建国:《我国现阶段对外直接投资产业选择初探》,《中国软科学》1998 年第 2 期。

19. 项本武:《中国对外直接投资决定因素与经济效应的实证研究》,

社会科学文献出版社 2005 年版。

20. 赵果庆:《我国产业部门群结构与战略性调整研究》,《财经问题研究》2006 年第 1 期。

21. 赵乃康:《中国对外直接投资产业选择的基准》,《统计与决策》2005 年第 24 期。

22. 赵伟:《中国企业"走出去":政府政策取向与典型案例研究》,经济科学出版社 2005 年版。

23. 中国产业海外发展和规划协会:《中国海外投资年度报告 2005～2006》,社会科学文献出版社 2006 年版。

24. 中国投入产出学会"2002 年投入产出表分析应用"课题组:《我国目前产业关联度分析》,《统计分析》2006 年第 11 期。

25. Sea Jin Chang:"International Expansion Strategy of Japanese Firms: Capability Building through Sequential Entry",*The Academy of Management Journal*,Apr. ,1995,Vol. 38(2):pp. 383 – 407.

26. UNCTAD:World Investment Report,1991～2006.

附录 A　本国产业地位的指标数据

表 7-4　聚类分析所依据的指标数据

编号	产业	产出份额%	潜力系数%	影响力系数	感应度系数
1	农林牧渔业	13.4	0.6	0.7849	0.79217
2	煤炭采选业	0.9	2.5	0.8358	1.34707
3	石油和天然气开采业	2.0	1.2	0.6918	2.15374
4	黑色金属矿采选业	0.1	2.8	0.6918	2.15374
5	有色金属矿采选业	0.1	1.7	0.9757	2.14035
6	非金属矿采选业	0.1	1.4	0.9447	1.19477
7	农副食品加工业	1.1	2.0	1.0149	0.68570
8	食品制造业	0.5	1.8	1.0149	0.68570
9	饮料加工业	0.7	1.1	1.0149	0.68570
10	烟草加工业	1.3	1.3	1.0149	0.68570
11	纺织业	1.5	1.5	1.1981	0.92320
12	服装及其他纤维制品制造业	0.7	1.3	1.2304	0.56401
13	皮革羽绒及其制品制造业	0.4	1.7	1.2304	0.56401
14	木材加工及竹藤棕草制品业	0.2	1.7	1.1529	0.93170
15	家具制造业	0.1	2.0	1.1529	0.93170
16	造纸及纸制品业	0.5	1.7	1.0859	1.16738
17	印刷业记录媒介的复制	0.3	1.3	1.0859	1.16738
18	文教体育用品制造业	0.2	1.4	1.0859	1.16738
19	石油加工、炼焦及核燃料加工业	1.0	1.5	1.0446	1.45968
20	化学原料及化学制品制造业	1.8	1.8	1.1748	1.42024
21	医药制造业	0.8	1.5	1.1748	1.42024
22	化学纤维制造业	0.2	1.4	1.1748	1.42024

第七章　中国企业跨国经营的产业选择战略

编号	产业	产出份额%	潜力系数%	影响力系数	感应度系数
23	橡胶制品业	0.3	1.6	1.1748	1.42024
24	塑料制品业	0.6	1.6	1.1748	1.42024
25	非金属矿物制品业	1.4	1.6	1.0735	0.98437
26	黑色金属冶炼及压延加工业	1.9	2.3	1.1748	1.46790
27	有色金属冶炼及压延加工业	0.7	1.9	1.1748	1.46790
28	金属制品业	0.8	1.6	1.2445	1.09759
29	普通机械制造业	1.1	2.0	1.2083	1.00365
30	专用设备制造业	0.8	1.8	1.2083	1.00365
31	交通运输设备制造业	2.1	1.9	1.2583	0.99085
32	电气机械及器材制造业	1.5	1.7	1.2608	1.07782
33	电子及通信设备制造业	2.5	2.1	1.3954	1.16294
34	仪器仪表及文化办公用品机械制造业	0.3	2.2	1.2846	1.16331
35	电力热力的生产和供应业	3.0	1.4	0.8732	1.34634
36	燃气生产和供应业	0.1	1.8	1.1415	0.87766
37	水的生产和供应业	0.2	0.8	0.8860	1.16588
38	建筑业	6.2	1.0	1.2011	0.41225
39	交通运输、仓储和邮政业	5.8	1.5	0.9174	1.09779
40	信息传输、计算机服务和软件业	2.6	2.2	0.9037	0.99277
41	批发和零售业	7.8	1.4	0.8546	0.95759
42	住宿和餐饮业	2.3	1.4	0.9536	0.75500
43	金融业	3.4	0.6	0.7326	1.19299
44	房地产业	4.5	1.7	0.6569	0.57761
45	租赁和商务服务业	1.6	1.0	1.0884	1.15498
46	科学研究、技术服务和地质勘查业	1.1	1.1	1.0069	0.56884

编号	产业	产出份额%	潜力系数%	影响力系数	感应度系数
47	水利、环境和公共设施管理业	0.5	1.0	0.8188	0.74265
48	居民服务和其他服务业	1.6	1.0	0.9772	0.69049

资料来源:产业的产出份额根据《中国统计年鉴2006》中2005年数据计算得出,潜力系数根据《中国统计年鉴2006》中2004年和2005年数据计算得出,其中第三产业中个别行业的潜力系数是作者根据相关报道做出的估计值。[本表行业分类为按新国民经济行业分类(GB/T4754—2002)划分,农林牧渔业包括农林牧渔服务业。因第三产业部分行业数据缺少,本章行业少于54个。影响力系数和感应度系数的数据来自中国投入产出学会"2002年投入产出表分析应用"课题组:《我国目前产业关联度分析》,《统计分析》2006年第11期。]

第七章
中国企业跨国经营的产业选择战略

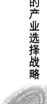

第八章　中国跨国经营企业的 组织结构战略

　　企业的组织结构形式既取决于经营战略,又会促进战略的实施。并不存在适于所有跨国经营企业的最佳组织结构形式,中国的跨国经营企业应根据自身发展的需要和企业内外部环境等因素,选择合理的组织结构和管理形式,来确保国际化经营战略的实施。由于影响跨国经营企业组织结构选择的诸多因素具有复杂性和动态性,因此中国跨国经营企业的组织结构和控制管理也要随之不断调整,来适应激烈的国际竞争。

第一节　中国大型企业跨国经营组织结构战略

　　国有及民营大型企业既是我国国民经济的支柱,也是中国实施"走出去"战略的主要力量(见图8-1),这些企业对内起着保证宏观经济平稳运行、增强综合国力的作用,对外肩负着为"中国制造"开拓国际市场、提升我国商品国际竞争力的重任。近年来,中国进入世界500强企业的数量在迅速增加(见表8-1),表明中国企业对全球经济的影响力正在上升。但是,中国企业距离成熟的跨国经营企业还有很大差距。真正的全球性企业必须具备对全球业务的管理能力和在国际市场上的持续竞争力,而进入世界500强的中国企业绝大部分是国有垄断行业企业,国际销售收入所占比重很小,一些企业即使确定了国际化经营战略,在国际化发展中却屡屡受挫,其中重要原因之一是企业没有适当的组织结构战略来确保国际化战略的实施。目前,已有大批企业认识到,随着全球经济环境的变化,企业必须积极调整和升级组织结构,以求得在国际市场中的生存和发展。

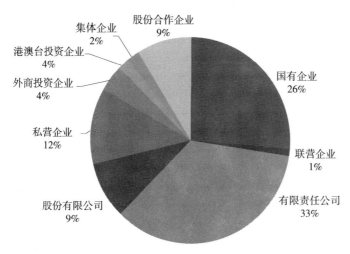

图 8 - 1 　2006 年末对外投资企业按企业类型分类

表 8 - 1 　《财富》世界 500 强中国企业(包括中国香港、台湾地区)数量

年份	2003	2004	2005	2006	2007	2008
企业数量(家)	12	18	18	23	30	35

一、中国大型跨国经营企业的组织结构现状

（一）国有大中型企业组织结构特点

国有企业改革 30 年来,为了增强企业活力和效率,理顺国家与企业之间的关系,政府采取了一系列措施。第一阶段,通过扩权让利、两权分离等,规范了国家与企业之间的委托经营关系;第二阶段,通过制度创新、战略调整等,规范了国家与企业之间的出资关系,对部分企业进行股份制改造;第三阶段,成立国有资产监督管理委员会(简称国资委),通过体制改革、建立出资人制度等,落实政府层面国有资产(本)出资人代表职责。国企改革实现了对资源的整合、权益的明确,并且通过缩减层级、精简机构、改革人事制度等措施改善了企业的组织结构。目前,大部分国有企业已经建立起了现代企业制度,从高度集权的职能型结构转变为分权式的事业部制结构。但是,国有大型企业在国际化进程中要直接面对国际市

场的激烈竞争,跨国经营企业的组织管理要比国内组织管理复杂得多,在这种背景下,国有大型企业采用的组织结构战略就暴露出一些问题,主要表现在以下几点:

1. 以传统组织结构形式为主

国有大型跨国经营企业多数采用传统职能制的组织结构类型,权力集中于最高领导层,形成严密的金字塔形垂直控制系统,企业在各管理层次都有职能机构,各机构间职责分明,但较少横向沟通。这种结构有利于集中决策,在面对国内单一的竞争、环境稳定的市场的时候能够发挥提高决策效率的优势,有力控制市场,但在复杂多变的国际市场上,传统结构不能适应企业国际化经营战略的需要,反而会在很大程度上阻碍企业的国际化进程。

第一,传统组织结构使母公司缺乏对子公司的有效支持与控制。复杂的层级体系、严格的审批制度、决策流程过长等问题已经严重制约着国有企业"走出去"的经营绩效。面对激烈的国际竞争,海外子公司仍然受国内总部的体制约束,缺乏自主权,难以对市场变化做出灵活反应,也缺乏相应的激励机制,导致子公司缺乏积极性,企业国际化发展缓慢、业绩差、效率低。同时,由于纵向层级过多,母公司对于海外子公司缺乏实际有效的监管,容易导致境外资产流失。

2004年,中国航油(新加坡)股份有限公司由于投机期货导致了集团5.5亿美元的巨额损失,除了人为因素,企业组织结构老化也是造成损失的重要原因。国内总部起初对新加坡分公司疏于监管。2000年,该公司曾经由于2名员工未经批准开展投机衍生交易而遭受870万新元亏损,但却没有引起集团总部的注意,没有采取有效的措施加以防范,直到子公司再次出现危机并且严重恶化才开始研究补救办法。危机发生后,繁琐的层级制度又拖延了决策的制定与执行效率,甚至在关键时刻无法联系到集团高层领导,分公司也无人能够决策,导致多次错失减少亏损的机会。①

---

① 在中航油事件发生后,世界著名风险评估机构标准普尔曾发表评论认为,在危机显露之初,其实新加坡公司只需5000万美元即可解围,中航油新加坡公司原总裁陈久霖在法庭的陈述也提及本可将亏损控制在1亿美元以内。

第二,传统组织结构不利于知识和信息的共享。传统组织结构下的信息传递方式是中层管理者向高级管理者逐级上报,高层决策再以命令的方式层层下传,在"一对多式"的逐级纵向控制体系下,企业呈现金字塔式的组织形式,具有明显的集权特征。这在市场环境稳定的情况下能够高效传递信息,但却不能适应国际化经营企业在复杂竞争环境下处理海量信息的要求。

在市场和资本全球化的背景下,企业创新和管理知识与信息的能力至关重要,甚至有学者提出企业是专门从事知识的创造和内部转移的社会团体。[①] 企业的组织结构要尽量促成知识与信息在母公司与分公司之间、子公司与子公司之间和公司内部各职能部门之间的共享。这就要求扁平化的平行的组织形式,而等级严格、缺乏横向沟通的传统组织形式恰恰阻碍了信息的有效传递。

2. 结构臃肿、组织僵化、官僚作风严重

第一,大型国有跨国经营企业普遍存在职能划分过细、结构层次过多、机构庞杂等问题。这些都分散了企业资源,降低了组织效率,使企业难以形成统一的国际化战略。以 2008 年位列世界 500 强第 16 位的中国石油化工集团为例,集团分为国有独资的石化集团和国有控股的上市公司石化股份,实行"一企两制"。集团下属企业大多采取三级或四级管理模式,纵向链条过长;职能部门重复设置,一项职能多个部门负责,职能交叉、界限不清;下属企业产权关系复杂、制度不一、管理分散。

臃肿的结构增加了企业成本,严重制约了大型国有企业的国际竞争力。2007 年,中石油在世界 500 强中排名第 24 位,人均销售额 6.6 万美元,但其员工总数是位列第 26 位的意大利同行埃尼集团的 15 倍,[②]埃尼集团在 2006 年的人均销售额为 74 万美元。组织结构复杂化还导致人浮于事、形式主义。在中海油事件中,新加坡公司为了控制投资风险,本来设立了风险管理委员会,聘请安永会计师事务所制定了《风险管理手册》及《财务管理手册》,然而,后来正是由于该委员会的错误判断和管理者

① 黄卫伟、王丙乾:《知识转移、企业边界与中国企业的跨国经营》,《中国人民大学学报》2007 年第 3 期,第 78 页。

② 2008 年,中石油排名第 25 位,埃尼集团排名第 27 位。

的错误决策,导致了5.5亿美元的国有资产流失。

第二,庞杂的结构导致组织僵化,缺乏灵活性和生命力。许多企业内部制度完善,但是管理过于按部就班,出现总部职能政府化、内部管理行政化、企业组织官僚化的倾向。在全球化背景下,实施跨国经营战略的企业组织必须能够迅速适应变化的环境,甚至是引领国际市场竞争环境的变化,这就要求企业的组织结构是柔性的、动态的,但是中国的大型国有企业却是一种刚性的组织,缺乏组织变革的内在机制。企业的中层管理者严重依赖上级指令,缺乏积极性和革新意识,组织对市场反应迟钝。一些中高层管理者作为既得利益者反对企业做出必要的精简,组织缺乏改革动力,难以推陈出新。

总的来说,大型国有跨国经营企业目前的组织结构具有集中决策、层级清楚、职责清晰、制度完善等优点。但是,在国际市场风云变幻的竞争条件下,这些优势不能弥补结构庞杂、组织僵化所导致的管理失灵、信息障碍、灵活性丧失等缺点,最终使得企业内部交易成本与管理成本提高,经营效率下降,国际化经营战略受挫。

(二)大型民营企业组织结构特点

这里的民营企业是指非国有和非国家控股的经营性企业(不包含外商投资企业),主要包括个体工商户、私营企业、集体企业等。1999年以来,我国逐步放开了对非公有制经济进出口经营权的限制,民营企业通过商品出口、直接投资、跨国并购等多种方式迅速开始了国际化进程。经过国际市场竞争的洗礼,一些大型民营企业脱颖而出,一些则遭遇了挫折,不论成败都与企业的组织结构战略密切相关。

1. 以国际流行的事业部制为主

与国有大型企业不同,民营大型企业的组织结构以按产品分类的事业部制为主,并且结合企业自身特点,不断调整(见表8-2)。这主要与企业在行业中的地位和国际化战略有关。为了获得全球研发、生产的规模经济效益和对当地市场的灵活反应能力,很多知名跨国企业都选择了产品或地区集团式的事业部制组织模式。如表8-3所示,民营大型跨国经营企业大多属于国内行业领先者,战略目标定位在全球化和树立全球品牌,为了在进军国际市场时增强竞争优势,他们也纷纷模仿国际同行业企业建立了类似的组织结构模式。

表8-2 国有与民营大型企业组织结构比较

国有企业		民营企业	
中石油	职能制	海尔	按产品分类事业部制
中石化	职能制	联想	矩阵式
首钢	职能制	TCL	事业部制为主的混合结构
神华	职能制	华为	按地区分类事业部制

表8-3 中国企业国际化战略与市场竞争地位

行业地位	代表企业	战略目标	战略重点	市场进入方式
国内行业领先者	华为、海尔、格兰仕、联想、远东	全球化品牌战略	建立全球生产体系;树立全球品牌	直接投资、兼并与收购、战略联盟
国内行业跟随者	波导、海信、康佳、京东方	国际化战略	以中国为基地向海外市场延伸	战略联盟、兼并与收购、贴牌生产
跨国经营初始者	东艺鞋业、方太、海通、星海	海外战略	提高海外业务比例	间接贸易、直接贸易

资料来源:鲁桐:《论跨国企业海外投资的成功之道》,《世界经济与政治》2007年第3期。

但是,模仿不等于生搬硬套或简单的复制,大批民营企业都在国际化过程中经历了调整、革新甚至重组等结构变动。2005年,联想整合了原IBM的电脑业务,改变以往的"联想中国+联想国际"的横向架构,建立起以生产流程为基础的"全球产品部门+全球供应链部门+全球销售部门+全球研发"的纵向子集团结构。2007年,为了实现新的国际化战略目标,华为将地区部升级为欧洲、南非、中东/北非、东太平洋(日、韩等)、亚太(东南亚、南亚等)、拉美及中国本土七大片区总部,下设包含几个国家的地区部,根据市场规模,每个国家设立一个或多个销售代表处。海尔则经历了三次重大组织变革以适应新战略的需要。与国有大型企业相比,民营企业面临更激烈的国内、国际市场竞争,组织结构也更接近国际趋势。

2. 注重权威的同时保持较强的灵活性

国有大型企业大多采用单一的职能结构,注重决策效率与对下级的控制,与之相比,民营企业的组织结构在重视权威与控制的同时更加柔性化,对市场的反应更灵敏。民营企业的创始人在公司内部通常被视为"英雄"和权威,核心领导层和公司总部对各子集团有较强的控制,子集团的自主权受到限制,这与中国的企业文化有一定关系。但是,由于民营企业大多是经历了国内市场的淘汰与竞争脱颖而出之后才开始实施国际化战略,因此格外注重企业对市场变化的迅速反应能力,一直积极不断地调整组织结构使之与经营战略相协调。

以 TCL 为例,企业的多媒体和通信两个上市公司已经形成较大市场规模,因而按照生产流程设立了全球研发中心、全球制造中心、全球运营中心等部门最大程度实现规模经济,同时还按地区设立分部,以便满足本地化的需要。对于家电子集团和物流与服务业务群则分别设立海外事业部和进出口公司配合企业的国际化战略。

在结构追随战略方面,深圳艾美特公司的例子也非常典型。该公司不满足于 OEM 模式,而将企业定位在"虚拟工厂"战略,要实现从工业设计、模具开发、金属冲压、组装生产到终端测试,所有流程全部由艾美特完成,客户只需贴上自己的品牌,就能对外销售。为此,企业汇聚了全球工业设计和技术研发的专业人士,建立了 500 人的工业设计团队,每年为艾美特开发出 200 件新产品,规模远超竞争对手。成功的组织战略使企业销售业绩获得了快速增长,1997~2006 年,销售额从 5000 多万元达到 60 亿元人民币,产品打入全球 100 多个国家和地区,并占据了欧洲电风扇市场的最大份额。

此外,民营大型企业的国际视野也比较开阔,非常重视与经验丰富的国际咨询公司合作,联想和 TCL 都曾在组织结构设计上参考麦肯锡的方案,华为则同 IBM、合益集团(Hay Group)和普华永道(PwC)等世界一流管理咨询公司合作,在集成产品开发、集成供应链、人力资源管理、财务管理和质量控制等方面进行深刻变革,建立了基于 IT 的管理体系。

二、中国大型跨国经营企业组织结构现有问题及原因

通过以上的分析不难看出,中国大型跨国经营企业的组织结构主要存在组织结构僵化、组织战略落后于国际化经营战略的需要、结构刚性、对市场反应不灵敏、子集团或分公司缺乏自主权等问题。存在这些问题

的原因主要有以下几方面：

（一）对组织结构战略的重要性认识不足

中国的大型跨国经营企业，特别是国有企业，往往更重视能够直接提高企业经济效益的管理要素，如投资融资渠道、生产流通环节、市场营销策划等，而忽视了组织结构战略重要性。实际上，适当的组织结构使企业的管理能够协调地展开，实现对企业资源的有效规划、整合和控制，是企业实施全球战略的一项重要工具。企业的各种竞争优势要通过组织机制体现出来，甚至卓越的组织结构战略本身也能够形成一种竞争优势。因此，组织结构战略对企业来说不是可有可无，而是确保公司战略实施的关键一步。但是，组织结构对于企业效益的贡献难以量化，而且在国内较稳定的市场环境中表现得并不明显。然而，要进军国际市场，组织战略的重要性就显现出来。没有与企业国际化战略相适应的组织结构，企业的战略就难以执行，必将阻碍企业的国际化发展。

（二）缺乏成熟的国际化战略

钱德勒在比较分析了许多著名美国公司后，在1962年出版的《战略与结构》一书中提出了"结构追随战略"的理论，这一方面是指企业的组织战略必须与经营战略相协调，另一方面也说明企业必须在发展跨国业务之前就拟定完整的国际经营战略，才能据此进行合理的组织结构设计。然而很多中国的大型跨国经营企业尚未确立成熟的国际化战略，因此组织结构战略目的性不明确，海外子公司或组织机构缺乏宏观意识，管理不够规范。

从国有大型跨国经营企业来看，大多从事能源、自然资源等国家垄断行业，国内市场对企业具有决定性意义，国际销售额所占比例很小，企业实施国际化战略更多是响应国家"走出去"战略的指引，缺乏经济利益驱使的内在动力。多数管理者没有在战略的高度意识到企业国际化的必要性，对于开展国际业务的手段与方法也缺乏经验。

就民营大型跨国经营企业而言，主要涉及家电、个人消费品等制造业领域，近年来国际竞争日趋白热化，各大公司都在向竞争对手的本土进行渗透，实施国际化战略已经不仅是企业成长和扩张的需要，而是保住全球成本优势和竞争优势，使企业得以生存和延续的关键。绝大部分中国企业已经意识到组织战略是企业国际化经营战略的重要一环，然而如何进行恰当的组织设计来配合整体战略的实施仍然是一个难题。

（三）国际管理人才匮乏

拥有领先的管理和专业技术水平是企业开展国际化经营的前提，任何组织结构战略的实施，最终都要落实到具体岗位上的员工来承担相应的职责。在进行海外扩张时，企业急需具备高水平的语言和业务能力、德才兼备的管理者和专业人才。业务能力过硬的海外机构部门经理很可能带动团队为公司打开局面，而设计再完美的组织结构，如果在核心位置没有适当的人选，也是形同虚设。目前，中国的大型跨国经营企业普遍感到国际管理人力资源的匮乏。

国有大型企业的高层管理者往往具有从政经历，难免把官僚作风带入企业的组织文化和组织建设中，导致组织僵化，在中层管理者的任命上缺乏灵活性。目前，国有企业海外分支机构的员工本地化比率很低，还不能把当地人力资源融入企业的组织战略，一些企业甚至把海外机构的管理职位作为"犒赏"，指派给不具资格或即将离退的高管人员，在一些关键性的技术岗位上也没有安排合适的人选，导致企业经营绩效低下。

民营大型跨国经营企业的组织战略同样面临人才瓶颈。国家统计局企业调查总队 2003 年 10 月的一份调查数据显示，全国 31 个地区的 2434 家民营企业的总经理，文化程度在大学本科以上的比重不到 1/3，在经济相对发达的上海，民营企业专职外贸人员平均每家企业仅 2.8 人。[①] 为了解决关键岗位的人才缺乏难题，一些企业大胆在全球范围内招揽管理精英，并积极推动海外子公司员工本地化，联想就先后聘请了两位外籍 CEO。但就目前而言，这样做的企业只是少数，而且也不能满足企业大量需要国际业务骨干的缺口。

三、解决问题的几个途径

要解决当前中国大型跨国经营企业在组织结构战略上存在的问题，企业首先要采取以下措施：第一，在思想上重视组织结构战略对企业全球战略实施的重要作用，摒弃组织结构战略不能迅速转化为直接经济效益

---

① 国家统计局企业调查总队课题组：《民营经济发展和民营企业成长研究》，《经济研究参考》2004 年第 22 期，第 2 页。

的狭隘观念。第二,建立明确的国际化经营战略,并从全球视角出发构建企业的组织结构战略。企业应在综合分析自身成长阶段、行业特征、竞争优势等因素的基础上,确定合理的整体战略目标。这一方面是为了避免盲目扩张,降低投资风险;另一方面也有利于企业制定包括组织结构战略在内的各分战略。第三,改革用人机制,建立现代企业人力资源管理制度,确保组织结构战略的有效实行。

在此基础上,国有和民营大型跨国经营企业的组织结构战略改革有以下几个方案可供选择:

(一)促进企业组织结构的扁平化

要解决组织结构臃肿、官僚化倾向严重等问题,大型跨国经营企业有必要进行组织结构扁平化改革。所谓组织扁平化,就是通过破除公司自上而下的垂直高耸的结构、减少管理层次、增加管理幅度、裁减冗员来建立一种紧凑的横向组织,达到使组织变得灵活、高效,富有柔性、创造性的目的。扁平化的组织结构强调系统、管理层次的简化、管理幅度的增加以及分权。

具体可以采取以下措施:第一,围绕有明确目标的几项"核心流程"建立起更精练的组织结构,用以工作流程为中心的组织结构取代以部门职能为中心的传统结构,逐渐淡化职能部门的职责。第二,压缩垂直管理层次,减少中层管理者,简化繁琐的管理层次,尽量缩短企业命令链。第三,把资源和权力下放到基层,变企业高层命令驱动为顾客需求驱动。鼓励基层员工与顾客直接接触,使其拥有部分决策权,避免顾客反馈信息向上级传达过程中的失真与滞后。改善服务质量,快速响应市场变化,真正做到"顾客满意"。第四,充分利用现代信息技术。大型国有和民营企业应充分利用自身的资源优势,促进本部与分支机构之间的沟通,通过使用互联网、办公自动化系统、管理信息系统等网络信息化工具,提高管理幅度与效率。第五,实行目标管理。在下放决策权给员工的同时实行目标管理,以团队作为基本的工作单位,员工自主决策并为之负责,让员工真正成为企业的主人。

(二)促进企业组织结构向网络化转变

随着经济全球化向纵深发展,跨国经营企业面临的市场环境趋向于高度不确定性,在此背景下,组织结构的网络化成为大型跨国经营企业组织变革的重要趋势。其优势在于可以大大提高企业内部各部门之间以及

285

企业与外界信息交流的效率,有利于扭转中国大型跨国经营企业信息传递效率低下的现状。

网络式组织结构由两部分组成:一是由总部管理和控制的集合战略管理、人力资源管理、财务管理等功能的经营管理核心;二是根据产品、地区、研究和生产经营业务的管理需要而形成的组织的立体网络。网络上的各个节点,即分中心,具有充分的自主权,其功能类似于一个小企业,它们又与其他网络保持经营业务上的关系。从发展历程来看,网络式组织结构由矩阵型组织结构发展而来,但是这种结构在内部关系处理上要简单得多,它保持了单向的责任链,一个核心控制点只有一个经理,从而保证整个系统运行的效率,避免了矩阵型结构每个节点由两个经理控制所导致的信息传递效率与人际关系问题。

中国大型跨国经营企业在向网络式结构转变过程中,应更加强调有效的管理过程而不是结构上的设计,从全球竞争视角制定企业发展战略,着眼于建立有感召力的公司远景目标,注重发展员工的能力,使之与企业长期愿景相结合。特别是对于等级过多、结构臃肿、官僚化倾向严重的大型企业而言,这种新的网络化关系有利于企业各部门之间、员工与管理层之间信息的有效传递。在市场环境变化莫测的情况下,网络化结构使各部门之间能够及时有效的交流,增强部门之间的协同能力,有利于企业高层对众多分散的信息资源加以整合利用,实现迅速而准确的决策。

(三)选择适当的合作伙伴建立战略联盟

1. 国际战略联盟的特点

国际战略联盟(International Strategic Alliance)是指来自不同国家的两个或两个以上的公司,为了特定的战略目标以某种形式建立的合作性协定,其合作内容可能涉及从研发到制造、销售、服务的任何价值链活动。根据联盟成员之间参与程度的不同,国际战略联盟可以分为两大类,即股权国际合资企业和非股权联盟(国际合作联盟),后者又分为正式和非正式的国际合作联盟。国际合资企业是由来自不同国家的母公司所拥有的独立的法律实体。合作伙伴的资金、技术、信息、人才等各种资源优势都可以作为参股形式。非正式的国际合作联盟仅要求参与公司签订不具有法律效力的协议,并且可以随时终止,成员间的很多信息仍是保密的。正式的国际合作联盟对每个公司对联盟应做出的贡献进行了明确规定,联盟内部可能共享技术专家、信息或资金等。为了从联盟获得靠自身能力难以得到的利益,企业必须让渡自己拥有的某些对合作伙伴有价值的资源,这一形式在研发成本高、风险大的高技术产业十分普遍。表8-4对三种类型的国际战略联盟特点进行了总结。

表8-4 国际战略联盟的类型与特点

联盟类型	成员参与范围	分离难易	法律地位
非正式的国际合作联盟	参与范围和时间有限,成员之间的了解也很有限	容易,可由任何一方提出	有一定形式的协议,没有正式合同,不具有法律效力
正式的国际合作联盟	成员间要交换一定的互利资源	较难分离,在合同到期前要履行法律承诺	有正式合同,没有具备法人地位的法律实体
国际合资企业	深度、广泛参与,母公司之间会交换财务状况、技术知识、管理资源等	很难,各母公司对新成立的公司投入大量资源并对其拥有所有权	有正式的合同,新公司拥有独立的法人地位

2. 中国企业跨国经营中的战略联盟

目前,部分中国"走出去"的企业,即使是大型跨国经营企业,在规模上尚不能与行业中的西方跨国巨头相比,在战略上缺乏统一的长期发展规划,在组织结构上也缺乏科学、有效的管理和控制系统,因此中国企业在国际化经营活动中,往往会受到规模、资金、技术、组织等各方面的约束,不少企业迫切需要进行组织结构的调整和更新。在此背景下,与适当的跨国公司建立战略伙伴关系既是中国企业发展全球战略较为迅速有效的途径,也有利于促进中国企业组织结构的合理化调整。在共同的战略目标下,通过发挥中国企业的所有权优势,与跨国公司拥有的技术、管理、品牌等优势形成互补,可以在新产品研发、生产、市场营销等各环节展开合作,实现国际性战略联合,共同开拓国际市场。

在建立国际战略联盟方面,中国大型跨国经营企业已经积累了一定的成功经验。从1997年开始,华为邀请IBM为其提供流程变革、员工股计划、人力资源管理、财务管理和质量控制方面的专业咨询,使华为可以随时了解行业的最新动态。2000年和2004年,华为分别与3Com和西门子成立了合资企业,2005年又与英国Marconi公司签署了互助商品代销

287

协议。华为的企业管理者认为,战略联盟的建立有助于实施该公司的全球发展规划。

建立联盟的战略伙伴选择对企业来说至关重要,需要慎重考虑,有时企业可以借助国际化的平台来寻求理想的战略伙伴。2008 年,联想集团借助成为奥运赞助商的契机,积极推动了与其他国际奥委会全球合作伙伴的战略合作,与全球最大的国际银行卡组织 VISA、通用电器子公司 NBC、可口可乐等全球著名企业在战略、品牌、技术、营销等领域展开了广泛合作。

此外,战略伙伴的选择不仅局限于国际知名跨国企业,中国的跨国经营企业也可以在国内寻找合作伙伴,联合开展境外资源合作、承接大型项目和成套设备等业务,共同实现国际化经营。2002 年,上海实业集团(上实)联合上海工业投资、上海仪电和上海化学工业投资有限公司对日本上海国际株式会社实施了产权的多元重组,净资产从 722 万美元扩大为 3000 万美元。2004 年,上实又联合上海百联集团、锦江集团、工投集团、绿地集团,共同组建了"上海海外联合投资股份有限公司",拟对俄罗斯圣彼得堡市投资 12.4 亿美元,建设大型综合社区。通过将各企业的互补优势相结合,中国大型跨国经营企业可以形成强大的企业集团,增强综合优势,这样不仅能够实现产品"走出去",还可以带动优势产业的国际化。

第二节　中小型企业国际化经营组织结构战略

中小型企业以民营经济为主,其地位不同于大型国有或民营企业的国民经济支柱作用,但是中小型企业代表了我国经济发展的基本面,是改革开放以来经济发展中最具活力的部分。随着民营经济法律地位和政治地位的不断提升,中小企业正在获得更广阔的发展空间。在经济全球化逐渐深化的过程中,中小型企业既面临国际市场的激烈竞争也得到了向外扩展的良好机遇,在新的竞争环境下,不少中小型企业已经启动了国际化进程。为了在国际市场中确立竞争优势,中小型企业必须具有明确的国际化发展战略,并且制定不同于大型企业的有效的组织结构战略,能够充分发挥企业的独特优势,保证企业国际化进程的顺利推进。

一、中小跨国经营企业组织结构现状及问题

2004~2007年,商务部、国家统计局和国家外汇管理局三部委联合发布了《中国对外直接投资统计公报》。① 官方数据显示,我国对外直接投资主体正在趋向于多元化。2005年,国有企业比重由32%下降到29%;2006年,私营经济对外投资主体的数量达到12%。国有企业投资主体的单项投资额一般数额较高,私营经济多为中小型投资主体。虽然投资额较小,但是中小型企业的国际化已经成为企业成长的必然发展趋势,即使是中小型企业也要从全球视角出发,考虑企业资源的最优配置与获取,中小型企业的国际化组织结构战略不容忽视。总的来说,目前我国中小型跨国经营企业的组织结构主要有以下特点:

(一)规模较小、结构简单

中小型企业的组织结构形式一般比较简单,层级少、部门少、命令链短,信息传递与反馈比较直接。这一方面是因为受到经营规模、人力资源和管理经验的限制,另一方面是为了对市场和环境变化保持高度的灵活性和反应能力。但是,过于简单的组织结构也会有组织机制、组织功能和组织制度等不健全的问题,企业管理存在一定的随意性。

此外,由于我国中小型企业的国际化进程仍处于起步阶段,其组织结构大多从国内结构上发展而来,并不是从一开始就从全球战略出发构建企业的组织结构,因此开展跨国经营的中小型企业大多采取较为简单高效的组织结构模式,主要形式有:设立隶属于销售部门的出口部;在国内结构的基础上增设独立的出口部或者国际部;母子公司结构;初步的全球性产品结构或者全球性地区结构。前两种形式都不会根本改变企业的基本组织结构形式,只是在保留企业整体框架的基础上增设管理和控制海外业务的部门,这样可以保持企业的灵活性,同时也体现出大部分中小型企业还没有把国际市场作为企业发展的战略重点。随着企业的成长和国际化程度的加深,中等规模的跨国经营企业会向全球性产品结构或全球性地区组织结构形式转变,这通常需要企业组织结构上的变革,也说明企

---

① 其中,2004~2006年为商务部和国家统计局联合发布,2007年为三部委联合发布。

第八章 中国跨国经营企业的组织结构战略

289

业的战略重心向全球战略转移。

（二）家族式组织模式

企业组织的家族式组织模式是指企业的所有权与经营权合一的一种组织管理模式,企业家及其家庭成员既是企业的所有者,又是企业的经营者和管理者。我国的中小型企业在创业初期,由于资金、人员、技术、市场等各种资源条件的限制,往往依赖血缘、亲缘、地缘关系和社会关系构建起企业组织,采取松散的、非正式的组织结构,以伦理道德而不是明确的企业制度来约束和激励企业成员的行为。这也是我国儒家文化在企业文化上的一种体现。

1. 家族式组织模式的优势

在企业创业初期,所有者与经营者的双重角色可以激发企业所有者家族的高度责任心,抓住市场机会,提高企业的经营效率。在我国目前市场机制尚不健全、社会信任体系未完善、交易风险和不确定性仍然较高的情况下,家族式企业组织模式可以依靠家族纽带关系快速建立信任机制,共同的家族利益使企业整体很容易达成一致的目标和组织认同。组织成员间的家族关系还可以在一定程度上降低管理和控制成本。因此,家族式组织模式是我国不少中小型企业度过艰难的创业期、进行企业资本的初期积累的重要手段。

即使在企业成长到中等规模之后,家族式组织模式仍然具有一定的优势:一是决策效率高,没有冗长的会议和讨论过程,保持企业对市场反应的高度灵敏性;二是人员流动性低,降低了企业的人力资源培养成本和雇佣员工的不确定性;三是组织内部人事关系融洽,员工地位类似于"家庭成员",对企业有较强的凝聚力,较少产生劳资纠纷;四是保密性强,员工受到伦理道德约束,能有效地防止企业商业秘密的泄露。

2. 家族式组织模式对企业国际化的限制

尽管具有以上优势,家族式组织模式也存在一些弊端,有些已经阻碍了我国中小型企业的进一步成长和企业国际化战略的实施。

第一,企业的发展严重依赖于"家长"决策的准确性,即企业管理者的决策水平决定了企业的命运。家族企业的管理者通常是复合型人才,在技术、管理、公共关系等方面都有较高才能,通常是企业的权威,但是面对复杂多变的国际市场,管理者的决策也会有局限性,甚至出现重大失误,仅靠其个人能力难以带领企业实现大的发展,而一旦领导人缺失,长期以来依赖"家长"决策的企业将陷入无组织危机。

第二,家族式组织模式往往强调"人治",而忽视了企业的制度建设和管理。虽然避免了臃肿的管理机构设置造成的决策低效率,但是随着企业的成长,家族成员之间、家族成员与非家族成员之间可能产生错综复杂的矛盾冲突。融洽的组织内部关系就会转变为帮派之争,企业的整体利益和统一战略不复存在,以亲缘为纽带、以伦理道德为约束的管理机制将失灵,组织目标难以实现。因此,必须以客观公正的标准建立统一明确的制度,对全体员工行为加以规范,才能形成有效的管理机制和良好的组织秩序,使企业的国际化战略得以执行。

(三)组织结构集权化

中国的中小型跨国经营企业由于经营规模较小、经营范围趋向于专业化、部门设置简单等原因,企业的组织结构呈现明显的集权化特征。在企业国际化的初始阶段,具有灵敏的反应能力对中小企业开拓市场是至关重要的,而集权化的好处就是使企业在信息沟通、战略决策和组织运行等方面保持更高的效率,具有大企业所不具备的灵活优势。

但是集权化的组织结构对于企业实施跨国经营战略也存在一定问题。首先是集权化管理容易造成"一言堂",管理者无论大小决策事必躬亲,难免出现重大决策失误,并且压制了下属的成长,造成企业人心涣散。其次是企业缺乏足够的组织协调性。对于大部分跨国经营的中小型企业而言,国内市场的销售额仍占较大比重,很少有企业能够站在全球视角构建企业的组织框架,国际部或出口部的设置仅是附属于国内结构,在企业战略决策上很少有发言权,容易挫伤海外员工的积极性与创造性,企业的海外部与国内各部门缺乏沟通与交流,往往各自为政,企业组织整体协调性差,制约了国际化战略的实施。

(四)创业者地位问题成为组织发展瓶颈

企业的组织结构设计要受到企业人力资源的限制,由于中小型企业的创业者担当了促进企业成长和发展的重要角色,因而往往不仅拥有企业股权,还是企业的高层管理人员。创业者的素质往往对中小型企业的国际化发展起到至关重要的作用。

在企业的创业阶段,即幼年时期,企业一般专注于为单一市场提供商品或服务,组织规模较小,通常由一个或几个高层管理者(创业者)负责企业决策,企业能否生存发展完全取决于高层管理者的素质和能力。此时企业的组织结构相当不正规,对协调的需要还很低,只存在着非正式的信息沟通。随着组织成长,雇员数量增加,擅长创造和技术性工作的创业者面临着管理问题。技术型创业者更注重制造和销售产品或发明新的产品和服务,由此可能会引发管理危机。这就需要创业者必须调整组织结构以适应企业不断的成长,或者向组织外寻求更有才干的管理者。

随着业务逐步扩大,企业继续成长是组织的主要目标。企业人员逐渐增多,组织不断扩大,决策量增多,创业者必须成长为管理专家或让位给能干的职业经理人。中等规模的企业虽然建立了规范制度,但沟通与控制基本上仍是非规范的,仍然需要有权威的管理者为企业提供目标和方向。此时,当高层管理者确定了企业发展方向,中层管理者会希望在其权责范围内能够拥有更大的自主权,而不愿受到来自上级的诸多束缚,但创业者带领企业打下市场,很可能不想下放权力,此时就会发生企业的自主权危机。有不少企业都是在度过艰难的创业期后,已经占领了一定市场地位的情况下,却由于创业者与其他管理者对企业未来发展战略存在意见分歧,最终导致企业组织四分五裂,走向衰败;或者被排挤的创业者带领自己的团队成为原企业的竞争对手。这些都会妨碍企业成长为真正的全球性公司。

二、中国中小型跨国经营企业组织结构战略选择

(一)传统组织结构形式

对于大部分中小型跨国经营企业而言,企业资源和经营管理能力有限,因而传统的出口部、国际部或简单的全球性地区/产品结构仍然是潜在有效的组织结构。但是,企业需要根据自身特点加以革新完善,使之成为能够促进实施企业战略的有力工具。

1. 出口部与国际业务部

在产品进入国际市场初期,中小型企业可以在不改变企业基本结构和增加人员的情况下,将出口业务委托专业贸易公司代理完成,或以许可方式转让公司技术来获利。当出口达到企业销售额的相当比重时,则有必要在原有组织结构的基础上增加设立独立的出口部或国际业务部,更

好地开展出口业务。

设立国际业务部不同于出口部主要在于,前者具有较大的规模,拥有更多自主权也承担更大责任,是企业初步实施国际化战略的表现。出口部通常附属于国内职能部门结构之下,但是国际业务部与国内诸部门在行政上并列,不仅管理出口和销售业务,还要负责制定国际经营策略。国际业务部对于人力资源的要求也比出口部更高。因此,该结构适合中等规模具有比较明确的国际化战略方向和一定人力资源储备的跨国经营企业。

小型企业受到自身规模的限制,不宜采用全球性产品/地区结构。对于中等规模的跨国经营企业而言,当国际业务部具备了丰富的跨国管理经验,企业必须获得规模经济或对当地市场的灵活反应能力以实现进一步的发展,企业就有必要建立起全球性产品/地区结构,实施完整的国际化经营战略。

2. 对传统结构的适当调整

中小型跨国经营企业在选择传统组织结构战略的同时还应当结合企业和市场情况考虑必要的革新,特别是我国企业的家族式组织结构和创业者地位问题对企业国际化发展形成的阻碍。为了避免家族管理对企业发展的不利影响,企业可以设立相应的制度,尽量避免家族成员在企业里担任管理职位,由非家族成员的技术管理专家担任企业高层管理者,并加以平等对待。对于创业者角色问题,企业应不断建立、完善绩效考核制度,在企业内部形成公平健康的竞争环境,约束在位者权利的同时,对有突出贡献的新员工加以足够的激励和培养,形成企业与员工的良性互动。

(二)创建中小企业集群

中小型企业的优势主要在于组织灵活、管理高效,但是面对大型跨国公司等国际竞争对手还是存在规模小、实力弱的劣势,在产品研发、市场营销、客户推广等方面缺乏资金与经验。为了兼具小企业和大公司的优势,中小型企业可以走集群式发展的道路。

1. 集群式发展的优势

第一,在保持灵活性的同时获得规模经济。集群内企业可以利用地理位置上的便利,以合资、合作或联盟等形式共同进行研发、生产、销售等活动;可以更容易地获得原材料、人力资源、信息资源等专业资源,并在一

293

定程度上实现资源共享;能够推广行业标准与规则;此外,集群内企业在与国际、国内供应商或销售商的谈判中可以获得更有利的地位。

第二,降低交易成本。在对外投资中,企业可以通过并购来实现纵向或横向一体化,从而降低交易成本。但是,对于中小型企业而言,大规模的并购显然不现实。在集群内部,企业间建立相对稳定的合作关系,加上地缘优势,同样可以有效降低谈判、合同执行、要素获取等交易成本,提高企业的国际竞争力。

第三,促进企业创新。集群内企业会形成激烈的竞争,成为企业创新的压力和动力,实现差异化竞争;人力资源在集群内企业间的流动也有助于促进企业发展和保持活力;集群内企业间的互补性使得企业可以从竞争者、供应商、销售商获取知识,产生集群学习效应。

2. 形成对外投资企业集群的条件

形成对外投资企业集群的条件主要有:一是各中小型企业是独立的经济组织,自主经营、自负盈亏,单个企业具有自主经营权和决策权,进入与退出集群都是在自愿的基础上;二是集群内企业间存在竞争性和互补性,各企业在投资项目上具有自己的专业技术优势,企业间根据自身特点进行分工合作;三是能够在相互信任的基础上共享原材料采购、市场信息、新技术研发等要素资源,形成规模经济。

(三)融入大型跨国公司的虚拟组织

1. 大型跨国公司的虚拟组织结构

随着经济全球化的不断深化和国际分工专业化的深入,大型跨国公司为了保持灵活性和规模经济优势,形成了创新形式的虚拟组织(Virtual Organization),其特点是由两个以上的独立企业为了抓住市场机会而结成的临时性的动态联盟。这种组织结构形式不具有法人资格,没有固定的组织层次和内部命令系统,而是一种开放式的组织结构,每个独立企业成员拥有各自的核心竞争力和独特资源。为了共同的市场机会,这些独立的企业突破传统的企业边界,形成一个企业群,相互合作、共享能力和资源,通过虚拟组织整体价值的最大化实现各自的战略目标。虚拟组织的建立依托于互联网和其他信息技术,在拥有充分信息的条件下,虚拟组织可以通过竞争招标或自由选择等方式选择合作伙伴,通过外部资源整合,形成各专业领域中的竞争优势,以成本优势和组织的灵活性,实现单个公司难以达到的战略目标,包括产品的研发、生产、市场扩张、售后服务等。

2. 虚拟结构的优势

虚拟组织与传统意义上多层次、垂直管理体系的组织结构有根本区别。在传统的组织结构体系当中,公司拥有各种职能部门分别负责从研发、生产到销售、服务等经营活动,为此公司必须雇佣大批财会、销售、后勤、人力资源管理等人员。与此相反,虚拟组织要求企业向外寻求资源,而把设计、生产、销售、宣传等各种职能外包出去,自己仅保留最具有竞争力的核心业务,其他环节都交给在其专业领域最具能力的企业去做。例如,总部位于芬兰的诺基亚公司在进军美国电脑展示市场时仅雇佣了5名员工,而将技术支持、后勤、销售等全部外包给遍布全国的专业人士;Topsy Tail 是一家经营时尚饰品的公司,该公司并没有自己的生产线,而是与多家铸模公司签订委托加工协议,请设计机构进行包装设计,通过由独立的商店、分销商和销售代表构成的销售网络进行产品的配送和销售。虚拟组织结构正在汽车和飞机制造、航运、零售、金融、软件等行业迅速发展。

中国的中小型企业可以通过企业群的形式融入大型跨国公司的网络结构,为对外投资扩展更广阔的市场,获取原材料、人力资源、技术和信息等专业资源,学习先进管理经验,促进企业快速地向国际化公司转变,在竞争与合作中提高企业在国际市场竞争中的地位。

3. 融入大型跨国公司网络结构的条件

第一,企业拥有与其他成员互补的核心竞争力。企业的核心竞争力是企业生命的源泉,在虚拟组织中,成员之间一般具有互补的知识与资源优势,是一种强强合作形式。通过对各成员核心竞争力的整合,虚拟组织比单个企业更具人才、信息、技术、资本等各方面优势,能够达到降低经营费用和风险、优化组织的各项职能和全部流程的目的,因此具备任何单一企业所不能达到的市场能力。虚拟组织这种整体绩效大于个体之和的效果也被称为协同效应,在中小型跨国公司组成的虚拟组织中,其成员间优势互补所形成的协同效应甚至可以对行业领导者构成挑战。

第二,企业拥有高科技信息沟通能力。虚拟组织必须以信息网络为依托,互联网技术使遍布全球的跨国公司能够快速进行业务联系,使企业得以建立外包网络,同时也使虚拟作业相对更有效率、成本更低。中国的中小型企业必须处于同样的信息沟通平台才能融入大型跨国公司的虚拟结构。

第三,能够与成员企业建立信任。虚拟组织成功的关键在于成员间的相互信任。虚拟组织的成员因为共同的市场机会走到一起,应具有相似或互补的战略目标。成员间需要分享资源与能力,形成相互依赖的关系。一旦成员企业具有竞争性的战略目标,彼此的依赖关系严重不对等,或者组织成员的企业文化存在很大差距,就难以形成相互信任,此时中小型企业将难以融入国际企业的虚拟组织。

三、促进中小型企业组织革新的措施

(一)适合中小型企业的组织革新形式及组织设计原则

1. 中小型企业的组织革新

企业的组织变革是指对企业的组织结构、职权层次、沟通渠道、企业与外界之间的关系等,进行有目的和系统的调整与革新,目的是适应企业所处的内外环境、技术特征和国际战略等方面的变化,提高企业组织效能。随着中小型企业的成长和国际化战略的推进,企业的组织结构应适时进行调整以不断适应新的需求,保持企业的竞争力和生命力。

适合中小型企业的组织变革形式有三种:改良式变革、激进式变革和规划式变革(见表8-5)。改良式变革是渐进式地对组织进行小幅度的局部调整,适合组织结构比较合理,能够有效推动企业跨国经营战略的实施,但是需要针对新的市场情况进行调整的企业。激进式变革是力求在短时间内,彻底打破原有组织模式并迅速建立起目标组织模式,适合组织结构与企业战略严重脱节,迫切需要转变原有模式强化核心竞争力的企业。激进式变革往往涉及企业组织结构的重大改变,可能会导致原有高层管理人员离职并引进新的管理者。规划式变革是在对企业现有组织结构系统研究的基础上制定出改革方案,并结合企业经营战略有步骤、有计划地加以实施的过程。规划式变革是企业整体经营战略的一部分,也应当成为中小型企业长期的、组织不断自我更新的过程。

表 8 - 5　组织革新形式比较

变革形式	优点	缺点
改良式	阻力较小,易于实施,有利于维持组织的稳定性,而且可以经常性地、局部地进行调整	缺乏总体规划,带有权宜之计的性质,容易产生路径依赖,导致企业组织长期不能摆脱旧机制的束缚,当企业组织结构老化时不能从根本上解决问题
激进式	成功的变革将给企业带来彻底转变,形成新的核心竞争力,爆发企业的潜能	一旦变革失败将导致企业陷于混乱,甚至瓦解、崩溃
规划式	有战略的规划实施,适合公司长期发展的要求,员工有较长时间的思想准备,阻力较小	对管理者素质要求较高,要求企业各部门有相应的人员培训等规划相协调

2. 中小型企业组织设计原则

中小型跨国经营企业在进行组织结构设计时应遵循以下原则:一是与企业的国际化战略相结合,企业的组织结构是实现企业战略目标的有机载体,企业构建组织结构、体系、过程等应围绕企业战略进行,并形成全球化企业文化,促进国际化战略的实施。二是精干高效原则,要确保中小型企业与大型企业相比在组织效率上的优势,既要保证组织结构形式有利于实现公司的经营战略目标,又要尽量降低组织管理成本,实行有效的分工合作,以最小的管理成本,取得最大的经济效益。三是适应创新原则。中小型企业成长较快,组织结构设计应综合考虑公司的内外部环境、企业理念与文化价值观、企业拥有的技术及其发展,特别是企业未来的发展战略,要保证随着企业的成长与发展,企业的组织结构有充分的拓展空间。

(二)中小型企业组织革新应采取的具体措施

1. 提高管理者素质、注重人才培养

由于中小型企业的创业者和管理者对于企业的战略发展具有决定性作用,企业组织中的管理者应当有意识的提高自身管理水平,实现从高技能专业人才到高水平管理人才的转变,带领企业逐渐发展壮大,由非正式的组织结构成长为具有全球视角的正式的、规范的组织。一般而言,在人力资源状况上,中小型企业与大型企业相比处于不利地位,特别是家族企业的继承人选择问题,不应仅限于家族内部,而应从企业的长远利益出

第八章　中国跨国经营企业的组织结构战略

发,实现所有权与经营权相分离,因此中小型企业更要重视对于后备管理人才的培养,为员工提供自我发展的空间和环境,不仅能够吸引人才还要留住人才,使企业的组织结构更加严密、有效。

2. 发展全球性企业文化

中小型企业的国际化战略需要基于全球视角的组织结构得以具体实施,而全球性企业文化环境是构建企业组织结构的重要影响因素。全球性企业文化将有利于促进企业建立扁平化、网络化的组织形式,促进各部门之间和上下级之间的信息沟通,同时增强企业与外部环境的交流,淡化企业内部各部门的界限以及企业与外部环境的边界,使企业能够更有效地实施国际化战略。

3. 增强企业核心竞争力

在国际市场竞争日益激烈的情况下,中小型企业必须加强自身核心竞争力才能在国际市场上立足。无论是创建中小企业集群还是融入大型跨国公司的虚拟结构,都要求企业自身具有一定优势,才能在竞争与合作中不被淘汰,并且占据有利的谈判地位。因此,中小型企业的组织结构再造应以建设和加强核心竞争力为目标,两者相辅相成,核心竞争力的发挥也将推动企业国际化战略的实现。

主要参考文献

1. 陈永丽:《中国大型企业组织结构战略性再造研究》,《商业研究》2002 年第 3 期。

2. 邓荣霖、吴欣、郑平:《组织文化、组织结构与绩效:中国企业的实证研究》,《商业研究》2006 年第 22 期。

3. 邓小龙:《民营企业国际化管理模式的思考》,《商业研究》2004 年第 13 期。

4. 况继秋:《民营企业组织结构及其管理问题》,《昆明理工大学学报(社会科学版)》2007 年第 10 期。

5. 黄卫伟、王丙乾:《知识转移、企业边界与中国企业的跨国经营》,《中国人民大学学报》2007 年第 3 期。

6. 胡国光等:《中国石化组织结构探析与研究》,《石油化工管理干部学院学报》2006 年第 6 期。

7. 李长书:《新联想组织调整与企业跨国经营的结构选择》,《上海管理科学》2006 年第 5 期。

8. 李长书、冯德连:《双网络组织——中小企业国际化的结构选择》,《华东经济管理》2007 年第 3 期。

9. 李长书、冯德连:《中国中小企业国际化的组织结构选择》,《经济与管理》2006 年第 12 期。

10. 刘刚:《动态组织能力与企业组织的创新和演进》,《南开学报(哲学社会版)》2006 年第 6 期。

11. 刘松柏、李姝、顾小明:《北京市企业跨国经营的现状、问题及对策研究》,《北京社会科学》2004 年第 4 期。

12. 刘晓峰、马晓敏:《民营企业国际化组织结构应变机制的构建与完善》,《学术交流》2004 年第 11 期。

13. 刘秀琴、李作战:《中国大型企业组织结构现状实证研究——以钢铁行业为例》,《现代管理科学》2006 年第 1 期。

14. 鲁桐:《论跨国企业海外投资的成功之道》,《世界经济与政治》2007 年第 3 期。

15. 鲁桐:《发展中国家跨国公司理论及其思考》,《世界经济与政治》1998 年第 1 期。

16. 鲁桐:《中国企业海外经营:对英国中资企业的实证研究》,《世界经济》2000 年第 4 期。

17. 鲁桐、李朝明:《温州民营企业国际化》,《世界经济》2003 年第 5 期。

18. 任佩瑜、陈永丽:《试论中国大中型企业组织结构战略再造》,《四川大学学报(哲学社会科学版)》2001 年第 5 期。

19. 孙利娟、冯德连:《我国民营中小企业外向国际化方式研究》,《商业研究》2006 年第 17 期。

20. 王海芳:《组织控制与企业知识结构关联性研究》,《新疆财经学院学报》2007 年第 3 期。

21. 谢光亚、王宇:《中国企业国际化成长组织结构的现状、问题及对策研究》,《科技管理研究》2008 年第 4 期。

22. 于静涛:《我国民营企业集团组织结构中存在的问题与出路》,《平原大学学报》2000 年第 2 期。

23. 张冰、金戈:《浙江省民营家族企业国际化经营研究》,《北方经济》2007 年第 3 期。

24. 张菀洺:《竞争与共赢:中国民营企业与跨国公司合作前瞻》,《学术月刊》2007 年第 2 期。

25. 赵伟:《民营企业国际化:几个基础而现实的论题》,《学习与实践》2007 年第 3 期。

第九章　中国企业跨国经营的
市场竞争战略

　　国际市场竞争是指不同国家的商品生产者之间、经营者之间以及商品生产者与经营者之间,为了占有更多的国际市场份额、实现自身的经济利益而进行的争夺。竞争战略是指导企业如何投入并取得竞争优势的战略途径;"是企业为之奋斗的一些终点(目标)与企业为达到他们而寻求的方法(政策)的结合物"①,其目的是寻找在某一特定产业或市场中建立竞争优势。跨国经营的市场竞争战略则是针对在海外进行直接投资、从事跨国经营的企业而言的。它是指跨国经营企业对如何进入和拓展国际市场、采取何种手段进行国际市场竞争、以何种竞争策略取胜、如何正确有效地配置企业资源并获取竞争优势等问题的构想、谋划或计策。

　　企业的成功从根本上说是战略的成功。对于从事跨国经营的企业来说,国际市场竞争战略是公司全球战略的重要组成部分和具体体现,是其国际化经营的核心,决定了企业在国际市场竞争中的命运和未来。因此,我国跨国经营企业国际市场竞争战略的选择与制定,要充分考虑自身的技术水平、资源状况、经营管理能力和经济实力,以使企业能够在激烈的国际市场竞争中充分利用和发挥自身优势,以最少的投入获取最大的利益。

第一节　中国企业跨国经营的国际市场进入战略

　　所谓国际市场进入战略,是指企业将其资金、产品、技术、工艺、管理及其他资源投放到其他国家(地区)市场的一种规范化的部署。② 跨国经

---

　　①　迈克尔·波特:《竞争战略》(中译本),华夏出版社1997年版,第4页。

　　②　Franklin, R. Root: *Entry Strategies for International Markets*, New York: Lexington Books, 1994, pp. 1 – 29.

营企业的国际市场进入,通常是指企业直接投资的进入方式。投资式进入是指企业通过契约或者股权方式投资海外目标市场,并通过在国外建立生产性、销售性或服务性企业实现企业的经济目标。

对外投资方式的选择,是跨国经营企业国际市场竞争的关键性决策,是企业海外投资战略的重要部分,它不仅关乎企业的经营状况,甚至影响企业未来的决策。因为每一种进入方式都要求相应的要素和资源的投入,如果中途转换进入方式,将使企业付出高昂的代价,甚至被迫退出东道国市场。因此,企业在异国的经营成败在很大程度上取决于其进入方式。在特定的国外市场选择正确的进入方式,是跨国经营企业顺利进入和开拓国际市场的起点,是企业在自身条件的基础上更好地利用资源且迅速形成和发挥竞争优势的基础,也是企业更快地获取收益的保障。从一定意义上说,国际市场投资进入方式的正确选择具有事半功倍的效果。

随着对外开放的不断深入和中国参与国际市场程度的加深,我国企业国际化经营的方式也由单纯的进出口贸易逐步向直接面对国际市场的直接投资方式转变,对外直接投资数量急剧增长,投资业务领域不断扩大,且在国民经济中发挥的作用越来越大。据商务部、国家统计局、国家外汇管理局的数据显示,截至 2006 年年底,我国累计批准设立非金融类境外企业 10675 家,遍布全球 172 个国家(地区),对外直接投资存量 906.3 亿美元。[①] 2005 年,有 16 家中国企业进入世界跨国公司 500 强。[②] 中国企业不仅对外直接投资领域不断拓宽,从贸易、航运和餐饮等逐步拓展到生产加工、资源开发、农业合作、研究开发和咨询服务等众多领域,且对外投资方式多样化。随着我国国际化经营进程的推进和企业跨国经营优势和经营能力的增强,除早期的许可证、技术专利等契约方式和独资经营、合资经营等传统的股权式进入方式外,跨国并购、股权置换、收购销售网络、战略联盟、建立研发中心和工业园区等也成为近年来中国企业跨国经营中常采用的对外直接投资新方式。

从整体看来,我国企业在境外投资中,投资方式以新建为主,营运方

---

① 中国企业国际化战略课题组:《中国企业国际化战略报告 2007 蓝皮书》2007 年 11 月。

② 商务部、国家统计局、国家外汇管理局:《2006 年度中国对外直接投资统计公报》2007 年 9 月。

式以合资经营为主。我国企业在进行海外投资时采取新建进入方式的比例高达48%，其次是战略联盟方式占39%，收购兼并约占13%。在所有权比例和控制权决策上，大多选择合资企业的方式。据有关统计，我国包括贸易型企业在内的境外企业中，中方独资经营约占34%，同国外合资、合作经营的企业占66%，如果仅考虑非贸易性企业，这一比重接近80%。[①]

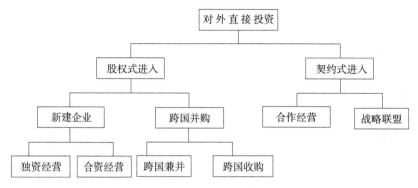

图9-1　中国企业跨国经营投资进入模式

一、股权式投资进入方式

股权式投资进入方式，是指企业以在国外建立生产性实体的对外直接投资方式进入目标国市场，即跨国经营企业在别国的工厂或其他形式的生产实体拥有所有权和控制权。按照股权参与程度的不同，可分为全部股权参与（独资企业）和部分股权参与（合资企业）两种方式，按照组建的时间又可分为创建新企业和购并当地现有企业。

（一）独资经营

独资经营是指根据有关法律规定在东道国境内设立的全部资本由我国投资者出资并独立经营的一种国际直接投资方式。这种投资方式具有以下特点：一是企业全部资本由我国投资者承担，即该企业拥有被投资企业的全部股权，独立经营，自担风险；二是不参与投资与经营的东道国不

　　① 付清照：《中国企业跨国并购的现状与趋势分析》，《中山大学研究生学刊（社会科学版）》2004年第1期，第109～114页。

能分享收益,只能获得税收、土地使用费、公共基础设施管理费等政策性费用和行政型费用。这种投资方式属于全部股权参与式投资,且一般采取新建的方式。

从一般意义上说,跨国经营企业选择在东道国拥有全部股权式的投资进入方式,可以使独资企业拥有彻底的话语权,减少决策的干扰度,有利于全面推行和贯彻跨国公司完善的经营管理机制,并从机制上根本改善公司的运营效率,提高投资收益。同时,设立独资公司便于将母公司最新的技术、管理方法与经验加以利用而减少泄密的可能。此外,设立海外独资企业,可以更贴近市场和原材料供应地,拓展产品销路,扩大辐射范围,同时可以有效地绕开关税壁垒,提高产品竞争力。但是较之于合资企业,独资企业的风险较大,其风险不仅由于资本全部来自投资国一方,而且来源于东道国不同的环境变化因素。

随着企业国际竞争力的提升和对国际市场适应能力的不断提高,在海外进行独资经营,已成为我国跨国经营的重要选择方式,约占我国对外直接投资方式的34%,特别是一批国内知名的实力企业以此方式走向国际市场,且取得了较好的业绩。如我国西部最大的乳制品和肉食品企业新希望集团,在国内的肉食品、蛋、奶市场供过于求、厂商利润率不断下滑、企业持续发展面临严重挑战的情况下,大胆地走出国门,在国外兴办独资企业,扩大海外经营空间。集团围绕其核心竞争力,将海外投资的重点放在饲料加工和农产品生产与营销上,在越南、菲律宾、孟加拉国等地设立海外加工基地。正确的国际市场进入战略和成功的市场运营,为企业的辉煌业绩做出了贡献。新希望集团被国家农业部等部委评定为农业产业化国家重点龙头企业,成为中国民生银行第一大股东和民生保险的主要发起股东,并连续3年入选中国500强。

再如海尔集团早在20世纪90年代就开始进军海外,推出了3个1/3的战略,即国内生产国内销售1/3,国内生产国外销售1/3,国外生产国外销售1/3。海尔以独资或合资方式在美国、意大利、巴基斯坦、孟加拉、伊朗、尼日利亚等国家和地区建立了20多个生产企业(包括在建工程),在国外发展了50多个经销商,销售网络达3万多个,产品出口到102个国家和地区。目前,海尔已经能够与在全球排列前位的惠而浦、伊莱克斯、通用电器、松下、西门子、夏普、东芝等这些百年巨子并肩而立。

此外,海信集团、春兰集团、TCL、长虹等国内著名企业均在许多国家设有独立控股的海外公司,此举为中国催生了一批家电业跨国公司。近年来,这种情况又在摩托车和汽车行业上演,金城集团、重庆力帆轰达、隆鑫、宗申等企业纷纷到其他国家安家落户。2006 年,长城汽车股份有限公司斥资 8000 万美元在俄罗斯投资设厂,大幅度降低了长城汽车海外运作成本,并已经形成了明显的竞争优势。

(二)合资经营

合资经营是指我国的跨国经营企业在境外与国外投资者共同投资创办企业,共同经营,共担风险,按照股权比例共负盈亏和分享收益的一种投资方式。投资各方既可以资金作为投资股本,也可以设备、厂房、基础设施、技术、商标等知识产权折价作为投资股本。这种投资方式属于部分股权参与式投资。

相对于在国外设立独资企业,合资经营除可通过市场内部化以降低其交易成本外,还可获得前者所不能获得的其他收益。这些收益主要来源于以下几个方面:首先,合资伙伴对当地市场的熟悉与了解,对进入者来说无疑是一种财富。我国对外投资企业可以通过合资方迅速获得目标国市场结构与消费水平、原材料供应、经销代理机构、当地居民消费习惯和偏好等重要的市场信息,从而使企业制定出准确、适宜的市场开拓战略和营销策略。其次,可以利用合资方与当地政府的关系,较快地通过初期审查和验证等手续,并可减少以后的行政麻烦,快速进入正常生产,早获收益。再次,可以利用合资方先进实用的生产技术和有效运行的管理体系,充分调动当地人员积极性,改进产品,提高生产效益。同时,还可以利用合资方已有的销售渠道和知名品牌将产品迅速引入国际市场。此外,合资减少了竞争者,使市场占有率增大,并由此带来收益的增加。因此,跨国经营企业在对外投资的起步阶段大多采用合资方式。但与此同时,合资企业也存在着沟通不畅、运营成本高昂、效率低下,以及品牌使用、技术垄断和管理摩擦等问题。

在我国企业"走出去"的过程中特别是对外投资的初期,为了降低海外经营的风险成本,弥补资本不足,同时达到利用外国资本和有利的"东道国"优势迅速进行海外扩张的目的,我国很多生产性企业采取了合资经营进入国际市场的方式。如中国电信市场主流供应商之一的华为技术有限公司,从 21 世纪开始将战略重心转向海外,2003 年与美国通讯设备提供商 3COM 建立了合资公司。3COM 提供 1.6 亿美元现金,华为提供产品、技术、员工和包括 LAN 交换机、路由器、销售资源、相关 IP 等在内的企业网络资源,华为与 3COM 公司分别占有 51% 和 49% 的权益。2005 年华为又与德国西门子建立了合资企业——鼎桥通讯技术有限公司,西门子持股 51%,华为持股 49%,合资公司主要从事 TD - SCDMA 技术及产品开发、生产、销售和服务等。2006 年华为与加拿大北电签署合作备忘录,合资公司将由北电持有多数股份,总部设在渥太华。合资公司将聚焦于华为现有宽带接入产品的持续改进及开发新的超级宽带产品,主要业务是面向全球开发超级宽带接入解决方案。华为还先后在巴西和俄罗斯等国投资建立合资企业。借助合资企业这个平台,目前华为已成功地进入全球电信市场,在德国、西班牙、法国、英国、日本、埃及、泰国、新加坡、韩国等 40 多个国家和地区建立了市场分支机构。

此外,我国许多著名的成功企业都曾有过在国外建立合资企业的经历。如海信集团在南非投资 374.5 万美元建立合资工厂,在印尼投资 100 万美元合资建设电视机生产厂;深圳康佳集团在印度投资 900 万元组建合资企业,生产彩电、冰箱、视听和通信产品,此外还在墨西哥和印尼投资建厂等。

我国服务行业利用合资方式进行海外扩张的成功企业也不乏其数,这方面的典型当数内蒙古小肥羊餐饮连锁有限公司。内蒙古小肥羊餐饮连锁有限公司是以小肥羊特色火锅连锁为主业,兼营调味品加工及小肥羊羊肉业开发加工。2004 年 11 月 12 日,"小肥羊 LITTLE SHEEP"被国家工商行政管理总局商标局认定为"中国驰名商标"。为了克服缺乏对海外市场的了解以及扩张所需资本不足等制约公司海外发展的因素,公司决定采取和外资共同组建合资公司的跨国经营方式。继 2003 年年底小肥羊第一家境外连锁店在美国洛杉矶开业之后,2006 年 3 月小肥羊又与美国广洋国际投资公司、奥卡公司等共同出资在美国旧金山兴办了小肥羊旧金山连锁店。在 50 万美元的投资总额中,小肥羊公司出资 34.5 万美元,占 69%,广洋国际投资公司出资 10 万美元,占 20%,奥卡公司出资 5 万美元,占 10%,自然人王芳出资 0.5 万美元,占 1%。2005 年 3 月,小肥羊加拿大分公司成立,小肥羊占 60% 的股份,加拿大一家公司占

40%的股份。2005年10月,小肥羊北美地区第一家直营店(北美一号店)多伦多分店开业。2006年9月8日,小肥羊第二家直营店于多伦多康山金贸中心开业。此外,小肥羊还与Webcrew株式会社进行合资合作,2006年9月小肥羊日本株式会社在东京开业,该公司总投资44万美元,其中小肥羊公司出资占62.7%。小肥羊进入国际市场的成功运作,为中式餐饮"走出去"填补我国服务业国际品牌的空白树立了典范。

(三)跨国并购

跨国并购(Cross-border Merger & Acquisition)是跨国收购(Merger)和跨国合并(Acquisition)的统称。跨国收购是指跨国经营企业购买另一国企业的部分或全部股份,以实现对另一国企业资产和经营的部分或全部的控制权和管理权。被收购企业的部分或全部资产和业务由收购企业接管,债务和责任也由收买企业承担。跨国合并是指原属两个不同国家的企业通过转移企业所有权的方式合并成一家新企业,新企业接管参与原有企业的全部资产、债务和责任,各参与企业将不复存在。二者的区别在于:在跨国企业收购中,企业资产和经营的控制权从当地企业转移到跨国经营的外国公司,前者成为后者的子公司;而在跨国企业合并中,原来属于两个不同国家企业的资产被结合成一个新的法人实体。① 在全球的跨国并购中,跨国收购占绝大部分,合并仅占不到3%。② 在我国以跨国并购方式进行的对外投资中几乎全是跨国收购。因此,实际上本章所讲的跨国并购更主要的是指跨国收购方式。

近年来,跨国并购越来越成为国际直接投资的首选,也成为中国对外直接投资的重要方式。这是因为跨国并购有诸多优势:一是并购可以节约时间、精力与成本,使一国企业迅速进入他国市场并扩大其市场份额;二是通过跨国并购可以有效利用目标企业的各种现有资源,包括客户关系网和完善的销售网络、既有的专利权、专有技术、商标权和商誉等无形资产、稳定的原材料供应保障体系和完善的管理制度及既有的人力资源等,从而使并购方绕开初入东道国市场的壁垒,迅速投入生产,减少竞争

---

① 联合国贸易与发展会议:《2000年世界投资报告》(中译本),中国财政经济出版社2001年版,第115页。

② 联合国贸易与发展会议:《2000年世界投资报告》(中译本),中国财政经济出版社2001年版,第116页。

307

压力;三是跨国并购还可以充分享有对外直接投资的融资便利,可以廉价购买资产或股权,从而降低新行业的进入壁垒和企业发展的风险与成本。

由于并购方式的上述优点,近年来跨国并购在中国对外直接投资方式中所占比重不断上升,且已成为中国实力企业对外直接投资的重要方式。据联合国贸发会议统计,从 1988 年到 1996 年,中国跨国并购年平均只有 2.61 亿美元,而 2003 年一年就达到 16.47 亿美元,占当年对外直接投资总量的 55%。2005 年,我国通过收购兼并实现的直接投资 23 亿美元,占当年对外直接投资总量的 56.5%;2006 年,通过跨国并购实现对外直接投资 47.4 亿美元,占当年对外直接投资总量的 36.7%。① 在我国近几年的跨国并购案中,大规模并购事件频频发生,交易增加,分布行业广泛,并取得了骄人的成绩,出现了如联想集团收购 IBM 的 PC 业务、中石油收购哈萨克斯坦石油公司、中石化出资 1.05 亿美元收购阿拉伯联合酋长国部分天然气资源等有影响的大规模跨国并购案。

作为中国最大的电脑生产企业,2000 年联想的 PC 业务已占据了中国市场 30% 的份额,发展的空间受到了限制。从 2001 年开始,联想进行了 3 年的多元化尝试,在手机、互联网、高性能服务器、手持设备以及 IT 服务等多领域进行战略布局,希望获得更大的成长空间。但这些均没有实现预定的战略目标,反而演变成了战略失误。因此,到国际市场谋求发展成为联想当时的必然选择。

2004 年年底,联想集团与美国 IBM 签署协议,以 12.5 亿美元成功收购美国国际商用机器公司,即 IBM 公司全球的个人电脑和笔记本电脑业务,包括台式机和笔记本电脑,以及与个人电脑业务相关的研发中心、制造工厂、全球的经销网络和服务中心。收购完成后,联想集团成为仅次于戴尔和惠普的全球第三大电脑制造商;联想集团的业务规模从 30 亿美元一夜之间扩大到 120 亿美元,全球市场占有率从 2% 上升到 8% 左右。同时,联想集团拥有 IBM 公司先进的笔记本电脑研发技术,可以使用 IBM 公司著名的"think"商标,获得 IBM 品牌 5 年的使用权,拥有 IBM 公司 PC 业务遍布全球 160 个国家庞大的营销网络。

---

① 商务部、国家统计局、国家外汇管理局:《2006 年度中国对外直接投资统计公报》,2007 年 9 月。

除联想之外,其他许多有实力的企业也纷纷尝试以跨国并购方式进行对外直接投资,如 TCL 并购法国汤姆森公司的彩电业务、上汽集团收购韩国双龙、京东方集团收购韩国现代显示技术株式会社(TFT)的薄膜晶体管液晶显示器件业务、首钢集团收购美国麦斯塔工程公司的股份和秘鲁铁矿、万向集团收购美国上市公司 UAI、海尔集团并购意大利迈尼盖地公司的冰箱厂、中石油收购哈萨克斯坦石油公司(简称 PC 公司)、中海油在国外收购油气资源、上工申贝(集团)股份有限公司(前身是上海工业缝纫机股份有限公司)收购德国杜克普公司,以及中国国际海运集装箱(集团)股份有限公司购买英国 Clive-Smith Cowley Let(CSC 公司)60%的股权并购买美国 HAP Monon 公司资产,成为其第一大股东等。这些知名企业以跨国并购方式在海外进行的直接投资,均取得了较好的业绩。

二、契约式投资进入方式

契约式投资进入方式是指在不涉及股权或产权的条件下,跨国经营企业与当地企业共同出资开展经营活动,或是通过与国外企业结盟而进入目标国的投资方式。这里主要是指合作经营和战略联盟方式。

(一)合作经营

合作经营又称契约式合资经营(Contractual Joint Venture),也是投资式进入的一种方式。它是指两个或两个以上国家的投资者通过签订契约(或合同、协议),共同投资、共同管理、共担风险所组成的合作企业。在这种方式下,合作双方的权利、义务和责任等,不是以股权比例而是以契约为基础,即根据契约规定的投资方式和分配比例享受收益或承担风险。这种投资方式也被称为非股权参与式投资(Non-equity Joint Venture)。

契约式合作经营与前述股权式合资经营(Equity Joint Venture)的主要区别在于其合作的基础是契约而非股权比例,同时它又有别于纯粹的契约式进入方式。合作经营是通过直接投资的方式进入目标国市场,而纯粹的契约方式则是通过非投资性的无形资产的转让(许可证合同、特许经营、交钥匙工程、销售协议、技术协议、服务合同、管理合同等)进入目标国市场的。

在合作经营中,往往由东道国合作方提供场地、厂房、设施、劳动力等,投资国可以利用合作伙伴的原有销售渠道和市场,享受东道国政府的相关优惠政策,因此可以投入较少的资金和管理资源,迅速进入目标国市场。同时,由于不受股权比例的约束,因此双方在收益分配、风险承担、资产处置等一些重大问题的决策和处理上较为简便灵活,又可以有效避免当地的国有化和所有权等政治风险。但由于存在文化背景、经营理念、经营目标等方面的差异,合作经营中也会产生种种矛盾和冲突。

(二)战略联盟

国际战略联盟(International Strategic Alliance)也称跨国公司战略联盟,是一种合作性安排,是指由两个或两个以上有着共同战略利益的跨国公司,为达到共同拥有市场、共同使用资源等战略目标,通过各种协议和契约而结成的优势互补、风险共担、生产要素双向或多向流动的一种松散的合作模式。① 波特则认为,联盟是指企业之间进行长期合作,它超越了正常的市场交易但又未曾达到合并的程度,联盟的方式包括技术许可生产、供应协定、营销协定和合资企业。在跨国联盟这种合作中,联合是自发的、非强制的,合作各方仍旧保持着本公司经营管理的独立性和完全自主的经营权。与独资、合资及跨国并购相比,战略联盟不涉及所有权结构变化,而是基于产权关系以外的合约性关系,因此具有关系松散、机动灵活和运作高效等特点。跨国公司战略联盟有以下几个特征:一是战略联盟只局限在某个或某些特定领域,合作目标明确,合作方式灵活,在合作领域共享利益、共担风险;二是在合作之外的领域及公司的整体活动中仍保持各自经营管理的独立性和原有的核心技术及其垄断优势;三是以技术联盟为主要内容,其战略目标指向高新技术领域;四是以契约或协定为合作的基础,组织关系松散,对合作伙伴控制力弱。

正像"战略缺口"理论所描述的那样,在国际竞争日益加剧、企业压力越来越大的全球经济背景下,许多企业在分析其所处环境和评估自身竞争力与资源时发现,在客观环境要求他们所取得的战略目标与依靠自身竞争力和资源能达到的目标之间存在着一个缺口。这个"战略缺口"在不同程度上限制了公司走一切靠自身资源和能力的自我发展道路,而企业间的有效合作能够帮助企业在充分发挥核心竞争优势的同时充分利

---

① 陈佳贵等:《现代国际化经营》,经济管理出版社 2006 年版,第 255 页。

用外部资源,于是战略联盟的形式应运而生。跨国公司间的战略联盟或战略合作体现了新时代合作竞争的理念,使企业间的竞争由零和博弈(Zero-sum Game)转向正和博弈(Positive-sum Game),由你死我活或两败俱伤变为共同获益的双赢结局(Two-wins Game)。正因为如此,20 世纪90 年代以来,通过战略联盟进入国际市场的方式,受到许多跨国公司的青睐,并迅速在全球推广和发展。据统计,在世界大型跨国公司中,以不同形式结成战略联盟的高达90%。① 近年来,这种方式也成为中国企业进入国外目标市场的重要选择。对于在经济、技术、资源、人力等各方面实力都比较雄厚的国内大企业来说,同国际知名的跨国公司建立包括技术、供应、生产、营销等方面的广泛战略联盟和合作,是企业构建核心竞争力、迅速进入和开拓国际市场的捷径。这方面的成功案例当数海尔对日本市场的开拓。

　　日本是世界家电产业中大企业密集的国家,同时也是产品质量高、国际知名品牌林立的国家,以海尔迈向国际市场初期阶段的实力,要在日本自行建立一套完整的销售体系是不现实的,只有借助大公司现有销售体系才能顺利打入日本市场。经过周密的市场调研和反复的思考与比较,海尔选择了与三洋电机的合作。2002 年 1 月 8 日,海尔集团与日本著名的三洋电机公司正式签订了合作意向,建立起营销联盟——“三洋海尔株式会社”。海尔与三洋电机的合作内容主要涉及三个方面:一是海尔集团利用三洋电器公司在日本的销售网点在日本全国范围内展开海尔电器的销售业务;二是三洋电器为海尔提供液晶技术,海尔成为其部件的加工商;三是三洋电器利用海尔集团在中国的销售网点在中国国内进行其产品的销售,同时通过海尔在中国的服务网点对其产品进行修理以及部件的更换。海尔与三洋通过优势互补、资源共享,达到了双赢发展的目的。2002 年 5 月,三洋海尔株式会社经销的海尔品牌家电全面进入日本家电市场,并以与日本名牌家电相当的价格初步树立起海尔品牌的美誉度,提高了海尔在世界市场的知名度,成为第一个真正被日本消费者接受的非日本品牌。与此同时,三洋电池通过海尔强大的营销网络在中国市场亮相,并朝着中国进口电池销售量第一的目标迈出了坚实的一步。通

　　① 　王广信、赵丽娜:《当代世界经济》,人民出版社 2002 年版,第 134 页。

过双方的这次战略合作,三洋公司利用中国最大的销售网实现了其产品在中国的销售,三洋电器公司的高新技术也在中国市场得到了进一步的推广;海尔集团的产品打入日本市场,同时成为三洋公司稳定可靠的产品部件提供厂商,并为海尔制定日后在日本乃至全球的经营方针提供了有益的尝试。此外,海尔还同爱立信、东芝、三菱重工、飞利浦、德国迈兹、摩托罗拉等国外的家电生产厂商建立了技术联盟,这些都为海尔全球市场的扩展打下了坚实的基础。

在同国外跨国公司进行不同形式、不同环节、不同领域、不同内容的合作和战略联盟方面的成功案例还有很多,如小天鹅同东芝、松下、NEC、宝洁、摩托罗拉等建立技术合作,新飞冰箱同通用电气建立技术联盟,TCL 同日本松下和飞利浦签订销售合作协议,海信同日本住友建立市场合作,天士力集团与澳大利亚 BAKER 研究所、马来西亚 INS 公司、日本东京都医疗法人社团医进会以及小田医院集团等签署的医疗合作和生物医疗技术的研究合作等。

表 9 - 1　对外直接投资进入方式比较

投资方式	优点	缺点
独资经营	①母公司可以直接控制子公司的生产经营活动 ②技术秘密和商业秘密不易泄漏 ③避免合资中与对方合作者在诸方面的不协调	①资金投入大、筹建时间长、回收久、难撤离 ②面临比较大的政治和经营风险 ③市场开发具有较大不确定性
合资经营	①能更快地进入和适应东道国市场 ②降低经营风险及政治风险 ③充分利用合作伙伴的各种资源和营销网络 ④享受东道国的各种优惠及国民待遇	①不能有效地控制子公司的市场经营活动 ②公司的技术秘密和商业秘密有可能流失 ③公司经营的协调有时候出现困难,容易同合资方发生矛盾与冲突
合作经营	①可以投入较少的资金和管理资源 ②迅速进入目标国市场 ③避免所有权问题和当地政府的国有化	①合作双方利益联系较为松散 ②容易同合作方发生矛盾与冲突

投资方式	优点	缺点
跨国并购	①能迅速进入目标市场 ②能有效利用原有销售渠道,降低营销成本 ③获得并利用原有技术、管理资源和人力资源 ④经营的不确定性和风险性相对较小	①管理成本高,并购后的整合难度较大 ②需要雄厚的财力和经营能力 ③难以准确评估被并购企业的真实情况 ④受东道国法律和政策限制因素较多
战略联盟	①不涉及所有权结构变化,合作方式灵活,选择性强 ②合作目标明确,运作高效 ③在合作以外的领域仍保持各自经营管理的独立性和原有的核心技术及其垄断优势	①组织关系松散 ②对合作伙伴控制力较弱

第二节　中国企业跨国经营的国际市场竞争战略选择

企业跨国经营面临的是复杂多变的国际政治环境、经济环境和经营环境,要在激烈的国际市场竞争中立于不败之地,并保证其全球目标的实现,企业就必须制定一套完善的有利于其优势发挥的国际市场竞争战略。企业的成功,从根本上来讲是企业战略的成功;企业国际市场竞争的失败,从根本上说是企业国际市场竞争战略的失误。因此,国际市场竞争战略对于跨国经营企业意义深远。除迈克尔·波特在其《竞争战略》中提出的总成本领先、差异产品和目标集聚三种基本的市场竞争战略外,我国跨国经营企业还应该结合自身的经营状况和发展潜力,积极探索,大胆尝试,制定和实施更多符合企业自身特点、有利于企业优势充分发挥的国际市场竞争战略,走出一条符合中国特色的跨国经营之路。

一、品质领先战略

产品品质是产品内在质量与外观形态的综合。同国内对产品质量的传统理解不同,在国际市场上,产品品质既包括产品的物理和机械性能、化学成分、生物学特征等内在属性,又包括产品造型、结构、色泽等外在特性。因此,品质领先战略不仅包含提高产品内在质量的本身,也包括对与产品相关的外在特性的改善,即所谓的"质量好、适销对路"。

在国际市场竞争日益激烈、利润或成本空间越来越小的情况下,产品品质成为非价格竞争的重要手段,是产品竞争的灵魂和在国际市场立足的"杀手锏",是企业获取客户和市场信誉的无声广告,也是创造企业品牌的基础。拥有优质的产品已经成为企业参与国际市场竞争的根本,为企业在竞争中取胜奠定了基础。可以说,中外所有成功的企业、所有被消费者认可的品牌,无一例外地都具有上乘的产品品质。成功企业的一个显著特征就是能够提供更高的、可信赖的产品质量;优势产品的一个共同特点就是体现在产品中的质量优势。没有产品的品质,就没有消费者和市场,也就没有了企业。因此,无论企业性质如何、规模大小,也无论产品种类如何,只要企业想进入海外市场,就必须树立起品质领先的理念,采取各种措施提高产品质量,增加产品的功能,改善产品的性能和外观,加强售后服务,摆脱和扭转"中国制造"在国际市场上是低质量、低档次、低价格的代名词的不利局面。

要提高产品品质,生产出满足国际消费者需求的产品,企业首先要从市场调查做起,要充分了解和分析消费者的需求,根据市场需求,以最低成本、最好质量开发出消费者满意的产品。其次,产品设计要合理。企业要根据市场调研的资料,结合目标市场的消费水平和消费偏好等,设计出令消费者满意的在工艺、结构、特性、时效性等方面均为合理的产品。三是不断开发高品质的新产品。消费者需求是不断变化的,特别是国际市场的消费者,不仅对产品质量要求苛刻,而且追求新颖与时尚。如果虽有好的质量,但却总是老的面孔,在竞争对手快速翻新产品的激烈国际市场竞争中,消费者就会另做选择,企业也会由此失去一部分市场。因此,企业不能只满足于保持产品的高品质,还要不断开发新产品。高品质加新产品,或者说是高品质的新产品,是企业战胜竞争对手的王牌。此外,在国际市场竞争中,售后服务也是不可忽视的重要环节,企业应注意收集用户反馈信息,改进产品,在提高品质的基础上进行新一轮营销活动。

二、市场渗透战略

市场渗透是指企业设法在现有的市场上扩大其产品的销售量和市场

占有率。市场渗透战略则是指企业通过扩大生产规模、提高生产能力、增加产品功能、改进产品用途、拓宽销售渠道、开发新市场、降低产品成本、集中资源优势等单一策略或组合策略,逐步实现国际市场扩张的竞争战略。该战略主要通过两种方式来实现:一是利用现有产品开辟新市场实现渗透;二是向现有市场提供新产品实现渗透。在具体操作上往往采用以下几种具体方法:鼓励现有顾客更多地购买本企业的现有产品;设法吸引竞争对手的顾客,使他们转而购买自己的产品;设法在现有市场上把产品卖给那些从未购买过本企业产品的新顾客。

市场渗透战略是建立在现有产品优势或市场优势基础之上的,由于企业未来产品市场组合与现有产品市场组合之间的差异较小,且具有一定的可预测性和可预见性,风险小,所需资源投入也较少,因此是跨国公司国际市场扩展和竞争的基本战略,同时也应该成为我国跨国经营企业的国际市场竞争战略。因为无论我国企业以何种方式扩大国际市场规模、提高国际市场占有率,实施何种市场竞争战略,都不可能完全脱离原有产品或原有市场。企业或者是利用现有产品开辟新的市场,或者是向已经进入的现有市场提供新的产品。因此,我国跨国经营企业应认真进行目标国市场调研和国际市场调研,对企业现有产品进行优选,尽力增强和维持现有产品市场组合的竞争地位,开发现有产品市场组合赢利的潜力,利用现有的产品资源和市场资源进行国际市场渗透,在其臻于成熟时,适时地扩展其规模、增加赢利,从而避免由于盲目进行产品开发、市场开发或多角化经营而造成的损失。企业在实施市场渗透战略时,可以通过产品和市场两个方面同时进行,也可以根据自身条件只侧重于其中的一个方面。

(一)产品渗透

产品渗透是指企业通过产品的某些变化向市场进行渗透。可采取的主要方法有:一是延伸产品系列,即以企业的主营产品特别是品牌产品为龙头,不断推出新产品,通过补充产品的家族成员,增强产品向国际市场渗透的能力;二是改进产品功能,即对原有产品进行改进,提高其品质、功效、性能等;三是扩大产品组合,即在不改变现有产品品质和特性的基础上增加花色品种,提高产品的市场渗透性。

（二）市场渗透

市场渗透是指企业通过市场营销手段的不同组合或变化而进行的国际市场渗透,主要包括渐进式渗透和组合式渗透两种方式。渐进式渗透是指企业选择竞争对手实力薄弱的区域为突破口,待渗透到一定程度时再转向其他地区,直至占领整个目标国市场。组合式渗透则是指企业根据不同的市场环境,综合运用定价、促销、品牌、服务等竞争手段,以达到占领市场的最终目标。

三、产品差异化战略

所谓差异产品(或异质产品)是指企业向市场提供的同类产品或服务具有不完全的可替代性,以便与其他企业的同类产品或服务相区别。根据产业组织理论,产品差异化有水平差异化和垂直差异化两种形式。水平差异化是指同类产品具有相同的质量和档次,但在规格、款式等外在特征上存在差别;垂直差异化则是指同类产品在质量、档次等性能上的差异。差异化的途径和表现多种多样,如产品设计、品牌形象、技术特性、销售网络、用户服务等。产品差异化突出的是产品非价格方面的产出特性,强调了对顾客消费偏好的尊重与对客户需求差异的关注和满足,能够使客户在选购、使用企业产品过程中感受到的与众不同的特性,体现的是人情化的实质与内涵。

差异化战略则是指企业为了使其产品与竞争对手产品有明显的区别,形成与众不同的特点而采取的提供差别化的产品或服务的战略。差异化战略的重点是创造被全行业和顾客都视为独特的产品和服务以及企业形象,从而在特定领域形成独家经营的市场。差异化战略通过利用顾客对产品特色的偏爱和忠诚,降低了顾客对产品价格的敏感性和讨价还价能力,使企业避开价格竞争,同时使企业可以在利润增加的同时而不必追求降低成本。此外,顾客对企业或产品特色的这种偏爱和忠诚,无形中对其他企业形成了强有力的进入障碍,并成为企业国际市场竞争的无形优势,其他欲进入该行业的企业则需花很大气力去克服这种忠诚性。因此,凭借着顾客对差异产品的这种忠诚性,企业在同其他同类企业的国际市场的较量中处于更有利的地位,因而实行差异化战略的跨国经营企业能够赢得更大的市场份额和利润。差异化战略被迈克尔·波特认为是国际市场竞争的基本战略之一,同时也是一种有效的市场竞争战略,这一点也已被海尔等我国许多知名跨国经营企业的成功实践所证实。

在成本优势和价格优势逐渐削弱的现代竞争中,以差异化战略参与国际市场竞争,俘获目标市场顾客并迅速占领其市场,已经成为投资国企业的重要决策。跨国经营企业可以通过实施产品差异化战略扩大产品的非价格特征,并同其他的竞争替代品拉开距离,避免价格战给企业造成的损失,从而赢得竞争的持续优势。在同具有地域优势的东道国企业的竞争中,中国跨国经营企业要克服在文化、理念、价值观、产品设计等方面对当地消费者较为陌生的屏障,就应积极实施产品差异化战略,无论是从水平方面还是从垂直方面,大胆地开发和推出独具特色的产品,并以此为竞争优势,在赢得顾客信任和偏爱的基础上,不断扩大国际市场占有率,并迅速在特定领域形成独家经营的市场。我国企业可以通过以下两个方面创造产品的差异化,从而提高我国产品的国际竞争力:

(一)通过技术创新扩大水平差异

技术创新是提高产品质量、增加产品性能、改变产品外观、增强企业产品水平差异的基础,企业应该通过促进技术创新来扩大我国产品与竞争对手产品的水平差异。但新技术层出不穷,创新永无止境,受到企业人力资源、技术水平和物质资本等限制,企业产品的创新也会有一定的局限性。因此,企业应将产品创新建立在对现有产品和产业以及未来发展趋势充分了解的基础上,培育“产业先见”,把握创新的主动权。

所谓产业先见是指生产者在现实的基础上,对于未来技术发展、生活方式、消费偏好、产业前景等的认知,是对未来产业发展趋势的科学预测或先见之明,并依此进行研究和开发,且不断推出为消费者欢迎的产业领先产品,使本企业的产品在质量、档次或者功能等某一个方面胜出一筹,从而确定在未来市场的竞争优势。

(二)利用错位竞争制造垂直差异

所谓错位竞争是指企业错开竞争对手的锋芒,以己之长击彼之短而确立相对优势竞争地位的一种战略。国内外许多企业的经验表明,错位竞争战略使用得当,可以迅速进入目标国市场,并获得事半功倍的效果。错位目标市场竞争战略的形式主要有“顺错位”竞争和“逆错位”竞争两种。“顺错位”竞争,是指企业以自己的实力地位,在竞争对手不如自己的目标市场上进行渗透和拓展。其特点是避开竞争对手的锋芒,以自己的长处或优势专攻对手的薄弱环节。"逆错位"竞争恰恰相反,其特点是弱势企业选择强势企业的薄弱点进行攻击,即一个实力不强的企业,选择实力较强企业的某个薄弱环节进行攻击,从而把总体劣势变为个体优势而占领市场的战略。这方面最为成功的例子是我国海尔对日本家电市场的错位竞争。

日本是世界上经济最发达的国家之一,国民的生活水平和消费水平都很高。若仅从家电产品在家庭中的普及率来分析,日本的家电市场似乎已经达到饱和状态。要进入这样的市场,难度可想而知。但海尔却坚持"没有淡季的市场,只有淡季的思想"的市场开拓理念,认为无论什么样的企业所生产的产品也不能满足所有消费者的所有不同需求,只有对消费者的消费意向进行深层次的分析,对市场进行细分,设计出适合不同消费层次的产品才能够拥有自己的市场。通过长期对日本市场和消费者的调查,海尔发现日本的单身贵族占了相当大的比例,而这些单身贵族用户拥有的洗衣机容量一般在 4kg～6kg 之间,但这样的容量往往得不到充分利用。于是海尔以此为突破口,向日本市场投放了洗涤脱水容量为 2.3kg 的小型全自动洗衣机。该产品的特点是减少容量并将功能减少到必要的最低限度,从而在不降低需求满足度的基础上大量地节省了用水量和用电量。除基本功能以外,该机还配备了可以在 13 分钟内完成洗涤的快速模式,并按照日本消费者的消费偏好设计了白色、粉红和蓝色 3 种颜色的款式。这些对于单身族用户都具有相当的吸引力。此外,海尔还专门针对日本单身贵族开发了 130 升以下的"坦克冰箱",受到消费者的喜爱。在日本第二大百货超市连锁店,海尔冰箱的市场总份额占到了 60.9%,成为该连锁超市销售的第一冰箱品牌,而闻名世界的日本三洋、松下、夏普、三菱四大冰箱品牌的市场份额总和仅占海尔冰箱市场份额的一半。由此可见,是差别化战略使海尔成为日本这个全球最成熟且挑剔、苛刻市场上的佼佼者。

四、品牌竞争战略

品牌是企业为自己的产品或服务确定的一个名称、术语、标记、符号或图案设计,或是它们的不同组合,目的是将自己的产品或服务与其他生产者的产品或服务相区别。品牌能够反映产品的质量和特性,是一个产品的标志,是一系列有形资产或无形资产的体现,也是一个企业的象征。随着科学技术的进步和国际市场竞争程度的加剧,产品之间的物理差异越来越小,品牌资产的优越性越来越明显。

在"指牌购买"的现代消费时代,企业间的竞争已由价格竞争转变为品质竞争,并进一步表现为建立在品质基础上的品牌竞争。品牌信誉的影响力具有长效性和扩散性,企业可凭借良好的"品牌效应"获得丰厚的回报。在这种现代竞争中,企业原有的劳动力成本、资源获得和政策保护等传统竞争优势难以为继。因此,品牌经营战略成为跨国经营企业在激烈国际市场竞争中立于不败之地的重要举措。但目前我国跨国经营企业中拥有一定影响力的品牌为数不多,称得上世界名牌的更是寥寥无几。由"世界品牌实验室"、《世界经理人周刊》和世界经理人网站联合发布的"世界最具影响力的 100 个品牌"排名榜中,我国只有海尔作为唯一的品牌入选,但也排在较靠后的位置。而由《商业周刊》随后推出的"全球最具价值品牌百强"排行榜中,包括海尔在内的中国企业无一人选。[①] 国际性知名品牌的不足,说明我国跨国经营企业对品牌意识的淡漠,同时也给我国跨国经营企业的国际市场竞争力造成负面影响。"品牌之痛"不仅是我国企业发展的"软肋",更是我国跨国经营企业国际市场竞争的制约因素。

包括品牌知名度、品牌认知度、品牌美誉度、品牌偏好度、品牌占有率、品牌满意率和品牌忠诚度等在内的品牌影响力和品牌优势的确定,依赖于消费者对企业产品持续的信赖,是一个长期积累的过程,往往需要几十年甚至上百年。因此,跨国经营企业应通过系统化、科学化的管理和差异化的竞争使企业对于其品牌的经营知识和经验成为企业独具的积累性知识,并以其塑造的品牌形象和建立的品牌资产在国际市场竞争中建立持久性的竞争优势。企业应采取多种措施塑造和维护产品与企业的品牌,通过多种途径扩大品牌的市场份额,提高品牌的市场领导能力(Brand Leadership)、品牌的稳定性(Stability)和品牌的国际竞争力。首先,跨国

① 魏昕、博阳主编:《中国企业跨国发展研究报告》,中国社会科学出版社 2006 年版,第 119 页。

经营企业要充分认识到品牌对于企业发展重要、深远的战略意义,充分认识国际市场消费者对企业品牌的认知与理解,树立强烈的品牌竞争意识。其次,选准市场定位和产品定位。企业的品牌战略是企业总体规划的重要组成部分和具体表现,其确定的品牌应该代表企业产品的总体形象。因此,企业应经过周密的市场调查,根据市场的消费需求以及目标顾客的个性偏好,选准市场定位,确定能够突出产品个性的品牌实施战略。再次,重视产品开发,坚持产品技术和质量上的发展与创新,并不断调整和升级企业的品牌战略。像海尔那样,由以中国为基地向全世界辐射的名牌战略尽快向在每一个国家的市场创造本土化品牌的全球化品牌战略过渡,着力创造世界性的品牌竞争优势,成为"世界多一个海尔,地球就多一分安全"的消费者满意和信赖的产品,使消费者成为其忠实的购买者。最后,充分利用互联网、广告、媒体等综合信息网络,实施组合经营。在强手如林的竞争中,对于初涉国际市场的中国跨国经营企业来说,可考虑采取以下几种策略和措施,以尽快打响自己的品牌:

(一)打造民族品牌

我国一些民族产品,如丝绸、茶叶、中药等具有明显的民族特色优势,且在国际市场上受到普遍欢迎。但由于受到来自发达国家新贸易壁垒的限制,不能大规模进入国际市场。因此,民族特色产品生产企业,应该加强对国际市场的调研和相关预警机制的建立,针对国际市场需求,提高技术标准和检疫标准,提高产品的科技含量和附加值,增强特色产品的国际市场竞争力。例如,北京同仁堂股份有限公司从 20 世纪 90 年代进入国际市场后,一直在摸索一条以"品牌为主"的跨国经营之路,发挥同仁堂在医药行业的品牌优势,以绿色药品为切入点,坚持特色发展,实现了在美国各大超市销售的目标。

(二)品牌定位从低端向高端过渡

对国际市场经验不足的我国跨国经营企业,可以把中低端市场作为进军国际市场的突破口,通过中低端市场积累经验,以具有优势的中低端产品为基础,逐步推出高档产品,发展高端品牌,树立起品牌信誉和品牌形象。这是因为:一方面,同实力强大的跨国公司相比,企业的技术水平、生产水平、工艺水平等决定了目前我国企业的大部分产品只能处于中低端市场;另一方面,由于国际分工的细化,许多发达国家将劳动密集型的产品生产转移到其他国家,而自己则成为中低端产品的进口国,这就为中国企业以中低端产品拓展国际市场提供了空间。因此,企业应充分发挥和利用我国产品在中低端市场质量好、价格低的竞争优势,开展同实力强大的国际跨国公司的错位竞争。同时,在竞争中必须充分认识到,产品的中低档并非质量的中低档,对于技术含量不高、一般企业都能做的中低档产品,企业更应把质量视为其生命和灵魂。只有这样,企业才能在强手如林的中低端市场突破重围,创出自己的品牌。

五、主业经营与核心优势战略

主业经营与核心优势战略,是指跨国经营企业为提高自身的国际市场竞争能力和地位,采取多种方式将其经营重点集中到核心业务或最具竞争优势的产品上,以谋取更大的竞争优势的市场竞争战略。它要求企业根据内部资源和能力以及外部环境状况确定符合公司发展的战略,选定企业目标产品、目标市场、组织结构和业务发展模式。该战略强调企业核心竞争力的培育、维护和发展。

主业经营与核心优势战略不同于产品多元化经营战略,它是许多国际知名跨国公司成长经验(教训)的体验与总结。在经历了 20 世纪 20～60 年代非相关性多元化战略的失败之后(跨国公司 500 强中 97%的企业都曾经采取过多元化经营战略),20 世纪 70 年代到 80 年代以来,进入了跨国公司对市场发展战略的反思阶段。自 Markides 博士 1990 年在其论文中明确提出"归核"(Refocusing)①问题之后,国际上著名的跨国公司先后放弃了非相关的多元化战略,而采取了调整和向主业回归(Back to the Basics)的相关多元化战略或称归核战略。

对于缺少国际市场竞争经验的中国跨国经营企业来说,为了顺利起步,少走弯路,应尽量避免在国外市场上盲目采取与主业毫不相干的多元化经营战略,避免投资于互不相干的多个领域,而应采取主业经营战略,并在主业经营具备一定基础时,向与主业关联的相关多元化市场战略过

---

① Markides, C. C.: *Diversification, Refocusing, and Economic Performance*, Cambridge, MA: MIT Press, 1995.该书整个围绕归核化问题,书的题目中就有此种表述,书中记录地方均出现此词,不知此问题该如何处理。

321

第九章 中国企业跨国经营的市场竞争战略

渡。例如,海尔从企业最具竞争优势的核心产品冰箱做起,在此基础上,逐步向冰柜、空调、洗衣机等关联性的家电产品扩展。以此有效配置企业的有限资源,降低经营风险,避免不必要的损失,培育核心竞争力,从而迅速占领国际市场。

潜心主业,并不意味着只专注于主导产品的成本控制、品质提高和品牌创造等方面,还应在这一过程中同时注意开发企业在经营管理、技术开发、产品销售、服务网络等诸多方面与同行的差异,逐步形成企业独特的、有利于提高消费者特殊效用的技术、方式、方法和手段,并使其成为构成今后公司核心竞争力的重要要素。

六、本土化战略

本土化战略是指跨国经营企业为了在目标所在国或地区获得最大化的市场利益,利用当地的经营人才、市场资源和经营资源等,研发、生产和销售适应特定地域的产品和服务而实行的一系列生产、经营和决策活动的总和。

本土化战略的实施可以收到事半功倍的效果。这是因为:第一,跨国经营企业实施本土化的重要依托是当地资源,包括当地的人力资源、物力资源、生产经营资源和组织资源等。因为本地的各种资源对本区域具有天然的适应性和市场信息的充分性,这是非本地区人力资源、物力资源与组织资源无法比拟和无法达到的,从而能够顺利地实现以最低的成本、最为方便的形式进入本地市场的目标。此外,实施本土化战略,还能使跨国经营企业充分利用本地研究开发能力、投融资渠道和手段,开发出适合本地市场需要的商品和服务,有利于更快地占领本地市场。第二,在经济全球化迅速发展、市场消费主体选择机会不断增加的情况下,缺乏区域市场文化对区域消费行为深刻影响的了解与认识,就无法在区域市场竞争中处于有利地位。而本土化战略为跨国经营企业学习、吸收本地优秀传统文化提供了机会,对企业经营理念、企业文化的丰富、发展和完善具有重要作用,同时促使企业更快地了解和适应当地的消费习惯和消费心理,从而为其在本地市场上拥有稳定的消费市场创造了条件。第三,跨国经营企业实施本土化战略,可以充分利用本地经营渠道和营销网络进行经营和扩张,从而有效规避市场风险,绕过东道国政府的一些经济制裁、地方保护主义和贸易壁垒对企业跨国经营的不利影响,获取更大化的市场利益和规模效益。第四,实施本土化战略,可以使跨国经营企业有效地规避所在国政府对外资企业控股方式、经营的产业领域等方面的限制,提高与当地企业进行市场竞争的能力,为跨国经营企业扩大市场规模、提高市场占有率争取了良好的制度保障与文化环境。此外,本土化经营战略还可以降低向其他国家或地区经营扩张的时间成本、机会成本和运输成本,从而获得良好的规模扩张效益。

(一)生产制造本土化

中国企业跨国经营的步骤,最初往往是从对外贸易的产品出口形式开始的,随着销售的扩大,同时出于降低成本、绕开贸易壁垒等因素的考虑,跨国企业开始在海外进行投资、生产,首先实现生产制造的本土化。这样,一方面可以充分利用当地的生产要素和各种资源,迅速占领本地市场;另一方面可以获得降低生产经营成本、原产地生产及避税方面的好处。

(二)经营管理本土化

经营管理的本土化是指在企业经营管理方面实行一系列当地通行的做法。生产的本土化要求经营管理的本土化。因为只有实现经营管理的本土化,才能真正贴近东道国市场,才能制定出适合于企业当地发展且能与当地企业竞争的"本土"战略。由于国外市场经济发展早且较成熟,因而当地企业已经形成了一套适应市场经济环境的经营方式和经营手段。我国的跨国经营企业要在成熟的市场环境中与有着成熟管理经验的国际企业抗衡,就应尽量采用当地或国际通行的企业制度、企业决策与管理方法、企业财务管理制度和会计方法、人事管理制度、营销策略、审计制度和方法等,同时实施工资分配当地化。本土化的经营管理制度,加上中国文化中特有的人性化管理理念,可以使我国的跨国经营企业在经营管理上胜人一筹。

(三)研究与开发本土化

研究与开发本土化是指跨国经营企业将研究与开发活动扩散到母国以外的东道国,利用东道国的科技资源,跨国界地开展研究与开发活动。对于我国的跨国经营企业来说,在东道国特别是发达国家东道国设立研究与开发分支机构,是获取先进技术与经验、增强产品竞争力的最直接、最重要、效果最显著的一种形式。这是因为,首先,许多前沿知识、高端技术和与其相关的资源是跨国界存在的。跨国经营企业要获取新知识或从国外竞争者手中得到先进的研究成果,就必须在接近新知识源的竞争者的区位上进行研发活动。其次,市场在国际范围内的竞争促使跨国公司加快从新产品开发到推向市场的速度。跨国经营企业在国际范围内建立研究与开发网络,既有利于有效利用当地科技人才,从知识中心获取信息,又有利于在国外市场实现科研产品的商品化。最后,不同的民族有不同的文化、风俗习惯和消费偏好,在当地设立研发机构,更有利于根据当地消费者的需求设计和研制出适销对路的产品,使产品更贴近东道国市场。

（四）人员本土化

人员本土化并不是指对外投资企业要百分之百地聘用当地人员,这些企业的高级管理人员和技术人员仍然可以从母公司派遣,但应大胆地、尽可能多地聘用包括一般工作人员和中高级管理人员以及会计师、律师等专业人员在内的当地人员。大量资料表明,由于与当地雇员、群体（政府、供应商、顾客）等存在沟通上的障碍以及派遣母国人员的成本过高等因素,跨国公司外派人员的失败率普遍较高。尤其是我国的外派人员往往缺乏英语和法律方面的知识,被派到海外后通常是第一年学英语,第二年学专业,第三年工作刚熟悉就要准备回国。因此,人才本土化对于我国跨国经营企业来说尤为重要。此外,实行人员本土化政策,还可以通过有效利用当地的人力资源,为我国跨国经营企业的发展注入活力。

（五）资金本土化

在投资海外的同时,中国企业应积极争取在海外上市,募集当地资金。这样做,一方面可以解决企业资金不足的问题,另一方面可以使我国的跨国经营企业更容易得到当地消费者的认同和关注。

七、从 OEM 到 ODM 再到 OBM 的国际市场竞争战略

我国跨国经营企业在国际市场上与国外实力强大的跨国公司竞争,无论在产品技术含量、产品附加值、品牌效应上,还是在销售渠道、销售市场上,都存在着很大差距。特别是对于那些规模不大的中小企业,如果采取自己创牌直接打入国际市场的战略,不仅需要克服耗费大量人力财力

和时间精力的重重困难,而且可能会由此错过进入国际市场的最佳时机。而通过境内的 OEM 加工到 ODM 再到 OBM 的过渡,利用国外知名企业的品牌和销售渠道最终将自创的品牌打入国际市场的逐步升级方式,可以降低风险、发挥优势、节约资源,不失为我国企业特别是中小企业进行国际市场竞争的有效战略。

（一）以 OEM 作为企业通向国际市场的桥梁

OEM 是英文 Original Equipment Manufacturer 的缩写,中文为"原始设备制造商",含义是制造商根据客户所提供的设计和要求,为其生产或加工产品和产品配件,并将其提供给具有自有品牌的公司销售,亦称委托生产、委托加工、代工生产或贴牌生产、定牌制造、生产外包等。

在 OEM 过程中,存在着合作的双方:品牌提供者和产品供应商。品牌所有者除提供品牌外,还提供销售渠道、生产技术和市场资源。供应商则根据品牌商提供的产品规格、产品设计和其他要求进行产品的委托加工或组装。供应商可以自己生产产品,也可以将业务再外包给合同制造商。由于 OEM 既发挥了供应商劳动力成本的优势,又使品牌商节约和更好地利用了资源,具有双方共赢的契合点,因此发展迅速,已经成为一种国际通行的生产方式,这种方式尤其在服装、IT、家电、汽车配件、玩具和日化等行业取得了巨大的发展。

OEM 经营模式之所以在国际上运作多年并行之有效,是因为它实际上代表的是一种分工思想,其核心是企业充分发挥自身优势,"做自己最擅长的"。这种方式恰恰符合且能够充分利用和发挥我国劳动力成本低的优势。以我国制造业为例,85％的企业属于中小企业,而在这些中小企业中,又有 85％属于劳动密集型企业。此外,我国在机械、电子、汽车、航空航天、船舶、医疗设备及轻工纺织等领域有着相当强的生产加工能力,这些企业在制造技术、工艺装备、生产管理、质量管理和保障、产品质量等方面已接近或达到国际先进水平。外国企业正是看中了我国劳动力成本低和加工能力强的优势,大量地同我国进行 OEM 合作。例如,在家电行业,越来越多的世界著名厂商将生产转移至中国,从 GE 到 LG,从松下到东芝,从西门子到伊莱克斯,从飞利浦到惠而浦……当今世界几乎所有的家电名牌都有在中国生产的产品,中国的家电企业有 90％在做 OEM。我国企业应该抓住为国外品牌商做 OEM 的机会,并以此为推进跨国经营战略的契机,顺利进入国际市场。

OEM 国际市场竞争战略之所以可以被我国跨国经营企业所利用,是因为它符合我国许多企业特别是中小企业的特点和实力。首先,OEM 方式能够充分发挥我国供应商现有的生产能力和廉价劳动力优势,挖掘企业生产潜能,盘活闲置设备,安置富余人员,降低生产成本,给企业带来可观的经济效益并创造社会效益。其次,企业可以把 OEM 方式作为了解和进入国际市场的窗口和通道。企业可以为一家外国公司也可以同时为几家外国公司做 OEM,在做 OEM 时,企业应该选择在该领域有优势的企业或是具有国际品牌的国际先进企业作为合作对象,同时有意识地寻找那些自己想进入但目前尚不了解或没有完全把握的领域和市场,以此增进企业对未来将直接投资进入的目标国市场的熟悉和了解,减少不必要的损失。再次,通过在 OEM 中与外国公司的合作,可以更多地接触、了解和学习国际先进企业的新技术和新工艺。通过学习和吸收他们的先进技术、管理体制、质量保证体系等,提高自身产品的档次和技术含量,培养自己的专家及技术工人队伍,为早日摆脱"贴牌生产"和早日推出"自有品牌"打下基础。最后,对中小企业来说,要完成资金和管理经验的积累,贴牌生产是一个较好的选择。目前,我国很多中小型企业在创新、研发、管理等方面比较落后,尚不具备自创品牌的能力,因而可以通过 OEM 积累经验,逐步发展和壮大。

然而,OEM 也是一把双刃剑,在给中国企业带来发展机遇的同时,也使中国企业面临着丧失核心竞争力的危险。因为 OEM 的典型特征是技术在外、资本在外、市场在外,只有加工生产在我国境内。因此,企业为别人代加工的成分越多,自有的品牌就会越少。如果我国企业仅仅停留在国际生产价值链最低端的 OEM,满足于为国外做委托加工赚取少量的加工费,那么,长此以往,将会使我国企业在以知识产权和品牌为代表的现代国际市场竞争中,丧失战斗力和竞争力。因此,OEM 只是我国跨国经营企业国际市场竞争战略的起点,是以更高级形式参与国际市场竞争的契机,而绝对不是也不应该是企业的最终目标。

(二)从 OEM 向更能体现竞争价值的 ODM 升级

ODM 是英文 Original Designing & Manufacturer 的缩写,中文为"原始设计制造商",含义是供应商根据国外公司的规格和要求自行设计和生产产品但使用客户品牌的一种合作方式。在 ODM 方式下,我国厂商不再像 OEM 那样只是按照别人的设计制造产品,而是根据对方的要求由自己完成设计,并按照自己的设计生产产品。虽然仍然贴上国外客户的品牌,但已反映出国外品牌提供者对供货商能力的认可和信任。虽然仅一字之差,但从 OEM 到 ODM 代表了企业在垂直价值链上活动范围的扩大和国际分工地位的提高,是企业经营升级和国际竞争力增强的表现。这种升级能够给企业带来更多的利润和参与国际市场竞争的机会。因此,我国企业应在 OEM 的基础上,早日实现向 ODM 的升级,并不断强化自身运用 ODM 策略的能力。

(三)从 ODM 到以自主品牌进行国际市场的直接竞争

无论是 OEM 还是 ODM,无论是按照对方的设计进行生产还是自己设计生产,都是贴牌生产的方式,都只是企业直接参与国际市场竞争的过渡阶段和一种手段,而不是企业的最终目的。培育自己的品牌(OBM)、创造自己的国际知名品牌,并以对外直接投资的方式在国际市场上直接销售,才是企业的最终目标。

OBM 是英文 Original Brand Manufacturer 的缩写,中文为"原始品牌制造商",含义是生产商自行创立产品品牌,生产销售拥有自主品牌的产品。在这一阶段,企业已经完全具有了自主研发能力,拥有了自己的品牌和自主知识产权。在 OBM 方式下,企业赚得的不再仅仅是加工费和设计费,而是产品的全部利润;企业不再是为他人打工、为他人创牌,而是完完全全地为自己竞争。显然,无论从哪个方面和角度,这种形式的国际市场竞争都优于前述两种形式。因此,我国企业不能只埋头和满足于贴牌生产和为国外打工的维持生存状态,而应学习格兰仕的成功经验,以 OBM 为企业的最终目标,在由 OEM 到 ODM 再向 OBM 的升级递进中,处理好 OEM 贴牌生产与培育自有品牌的关系,在做 OEM 和 ODM 的同时,不断进行技术更新和产品开发,适时地推出具有独特优势的自主品牌。企业还应根据其不同的成长和发展阶段调整国际市场竞争战略,在积累了必要的国际化经营经验和产品信誉的基础上,积极进行海外直接投资,由国内做他人的加工基地尽快过渡到利用自主品牌直接在国际市场竞争,从而真正融入主流国际市场,实现企业的长远发展目标。

八、资本经营与产品经营相结合的反向 OEM 战略

所谓反向 OEM 战略是由我国跨国经营企业先在国外投资控股一家公司,再由自己给这家国外公司做贴牌生产。自己既是国外这家公司的股东和控制人,又是这家公司的贴牌供应商。与一般 OEM 相比,这种方式有以下几个特点:一是企业不仅参与了产品的经营,而且参与了资本的经营。在一般 OEM 方式下,国内的贴牌企业只能根据要求将生产与加工的产品提供给国外品牌商,而与国外品牌公司的资本和股权无任何关系。二是以资本经营带动产品经营。一般的 OEM 是先利用给国外企业做贴牌的渠道,逐步将产品打入国际市场,并在此基础上进行国际直接投资。而反向 OEM 则是先在国外进行直接投资进行资本运作,控股某国外企业,然后再为其进行贴牌生产,带动企业的产品打入国际市场。三是资本经营与产品经营相结合。在传统的 OEM 方式下,只有产品经营而无资本经营;在传统的投资方式下,又只有在国外直接投资在当地进行生产。而反向 OEM 则把这两种方式有机地结合在一起,资本经营与产品经营互相促进,良性互动。

反向 OEM 战略是浙江万向集团创造的一种新的国际市场竞争模式。万向集团成立于 1984 年,以生产汽车万向节起家,1984 年产品开始以 OEM 的方式大规模出口。美国纳斯达克上市的 UAI 公司是一家成名已久的汽车零部件系列产品制造商,客户涵盖了美国各大汽车零部件连锁店。但由于经营不善,2000 年被美国证监会威胁除牌。浙江万向集团抓住这一时机,以 280 万美元收购了该公司 21% 的股权,成为公司的第一大股东。作为对美国 UAI 公司注册的条件,万向提出 UAI 必须每年从中国万向购买 2500 万美元的产品(制动器)的"强制性采购条款",且万向可以拒绝其向其他中国厂商购买同类产品。这样,万向可以借助 UAI 的品牌和销售渠道,在美国市场上销售中国的万向节和轴承等产品。

万向独创的这种资本经营与产品经营相结合的反向 OEM 竞争模式,虽然问世时间不长,但已显示出独特的国际市场竞争优势。首先,变被动为主动。在一般的 OEM 模式中,虽然存在着品牌提供者和产品供应商双方的合作关系,但在合作中,提供产品的贴牌企业往往处于被动地位,且有随时被替换和抛弃的可能。但在反向 OEM 中,由于贴牌企业本身就是

品牌企业的控股股东,即产品的贴牌生产商又是品牌的提供者,是"你中有我、我中有你"的联体关系或一体关系,因此这种提供品牌与加工产品的关系是主动的、长期的、稳定的。其次,可以更好地发挥我国企业的优势。中国企业国际市场的竞争优势主要是劳动力成本低的优势,但是当跨国经营企业脱离本土直接到海外投资建厂特别是劳动力资源本土化以后,这一优势则无法发挥。对于那些在发达国家投资的企业来说,高昂的劳动力成本已成为企业海外发展的制约因素,同时也是我国许多跨国经营企业不敢轻易涉足发达国家市场的重要原因,万向创造的反向 OEM 方式则较好地解决了这个问题。因为贴牌生产实际上是利用我国劳动力资源的优势,但与传统 OEM 不同,反向 OEM 中劳动力资源输出的对象不是与我们毫不相干的国外企业,而是我们有着最大控股权和利益的企业。通过这种方式,大大降低了国外控股企业的生产成本。据估计,同等质量的产品,在中国生产的成本比在美国生产的成本约低 30% ~ 40% ,从而提高了产品的国际市场竞争力。最后,可以获取双重利益。在反向 OEM 中,由于资本运营和产品运营方式的同时存在,因此资本利益和产品利益也同时存在。一方面,由于国内的跨国经营企业是国外品牌企业的大股东,因此可以从该企业中获得资本运作的丰厚分红;另一方面,由于存在贴牌生产,企业又可以从加工生产中获得相应的利益。可以说,反向OEM 为企业提供了双重利润源,因此值得我国跨国经营企业认真思考、酌情采纳和大胆尝试。

第三节　中国企业跨国经营的国际市场竞争模式

改革开放至今,中国企业的跨国经营先后经历了初步兴起、渐进成长、加快发展和迅速增长四个阶段,无论是在投资规模、投资方式上,还是在经营范围上,我国的跨国经营都有了很大发展,其渗透力强、覆盖面广的特点,更是引起了国际经济界的高度关注。在"走出去"谋求发展、不断壮大的过程中,我国跨国经营企业逐渐认识到战略的重要性,并摸索出一套适合企业自身优势和发展的国际市场竞争战略和开拓模式,收到了较好效果,并以此形成了一批在国际市场上具有一定影响力的中国的跨国企业。

一、以 TCL 为代表的"先易后难"的国际市场开发模式

TCL 集团公司创办于 1981 年,前身是广东惠州的一个叫做 TTK 的生产录音磁带的公司。1985 年,TCL 通讯设备有限公司成立,并迅速在中国彩电生产上崛起,成为中国彩电业的领头羊。20 世纪 90 年代末,受东南亚金融危机的影响,以加工出口为主要海外业务的 TCL 的订单大量流失,这促使 TCL 痛下决心,"走出去"在国外市场直接投资。在跨国经营的进程中,TCL 将大规模进军国际市场的目标首先锁定在东南亚国家,选择先从与中国文化背景相近的周边国家做起,然后逐步向发达国家扩张和渗透的先易后难的国际市场开拓战略。

越南是 TCL 对外直接投资的第一个市场。1999 年 10 月,TCL 集团注册了 TCL(越南)有限公司,在越南投资建立了有 50 万台年生产能力的彩电生产工厂。由于当时 TCL 在国际市场上并没有知名度,加之越南市场的不规范,TCL 的第一次海外投资困难重重。为此,TCL 采取多种措施,在品牌、渠道、产品和服务等方面全面出击,如建立营销渠道,强力分销 TCL 产品,并设立 TCL(越南)优秀青年奖励基金,对营销业绩好的越南青年进行奖励等。经过努力拼搏,一年后,TCL 在越南的企业便实现了盈亏平衡。目前,产品已占越南市场份额的 19%,仅次于三星。此后,TCL 拓展亚洲市场的战略顺利推进:TCL 在印度合资建厂,产品占当地 7% 的市场份额;在菲律宾,TCL 彩电已跻身三强之列。随着战略目标的不断提升,TCL 在中东、俄罗斯、南非、拉美等市场的开拓步伐也明显加快。

在发展中国家投资成功的基础上,为了有效避免欧美等发达国家对中国彩电反倾销的贸易壁垒,TCL 开始把目光瞄向了发达国家的市场。2002 年 10 月,TCL 收购了德国施耐得的品牌资产和部分固定资产,成立了新的施耐得电子有限公司。2004 年,TCL 又收购了法国汤姆逊公司的彩电业务和阿尔卡特移动电话业务。通过这两次收购,TCL 成为全球最大的彩电供应商和全球规模领先的移动电话供应商。

显然,在国际直接投资的切入点上,TCL 选择的是先易后难战略,这不仅使其前期开发相对容易,而且有效地规避了各种风险。与海尔的先难后易战略相比,TCL 的先易后难战略更符合我国大多数跨国经营企业的发展路径,其成功经验也是我国许多初涉国际市场的跨国经营企业的成功之道。事实上,我国许多企业的对外直接投资,都是将正在进行经济结构调整、增长潜力大、投资机会多的发展中国家作为主流市场,并以此为练兵场,在积累了一定的国际市场经验的基础上,成功地向发达国家市场扩展。

二、以海尔为代表的"先难后易"的国际市场开拓模式

美国是个非常成熟的市场,也是世界上名牌荟萃、竞争激烈且最难进入的市场。但由于海尔确立了适合发挥本企业优势的国际市场竞争战略,因此成为直接在美国制造和销售产品的第一家中国公司。

作为国内最早进行国际化经营的企业之一,20 世纪 90 年代,海尔开始启动国际化发展战略,但与其他制造企业不同,海尔没有采取低价拓展国际市场的竞争战略,而是把战略重点放在了地域选择上,采取了一般企业较少采用的"先难后易"战略。海尔一开始即把目标对准了美国、意大利等欧美发达国家市场,希望通过在这些高难度市场的成功带动发展中国家市场的开发。

海尔之所以敢于实施"先难后易"这一颇具风险的国际市场竞争战略,是因为其"先有市场再建工厂"策略的成功铺垫。20 世纪 90 年代初,海尔品牌成为首批中国驰名商标,并连续多年蝉联中国最有价值品牌榜首。在国内市场获得成功的基础上,海尔首先以产品出口的形式拓展国际市场。海尔产品以其高品质和高信誉先后通过了美国 UL、加拿大 CSA、欧共体 CE 等 15 个种类、48 个国家的各种认证,并通过了国际标准化组织的 ISO9001 国际质量体系认证和 ISO14001 国际环保体系认证。

1990 年,海尔选择当时堪称全世界冰箱水平最高的德国向其出口了第一批冰箱。1993 年,德国权威质量检验机构"商品检验基金会"对进入德国市场的冰箱进行抽检。在该机构公布的检测结果中,海尔冰箱在冷冻能力、温度回升、储藏温度、耗电量、门体密封性五项指标上,获得 8 个"+"号,是被抽检的几个品牌中获得"+"号最多的冰箱。1995 年,海尔以 OEM 方式向美国出口冰箱。1996 年,海尔获得美国优质科学协会颁发的"五星钻石奖"。在积累了丰富的市场经验并逐步确立起品牌和产品信誉的基础上,1997 年 6 月,海尔首先在受美国影响较深的菲律宾进

行探索性投资,成立了菲律宾海尔—LKG 电器有限公司。产品市场经验和信誉的积累、资本运作的尝试以及充分的市场调研,都为海尔减少决策风险、成功进行发达国家的对外直接投资奠定了基础。

1999 年 4 月 30 日,海尔在美国南卡罗来纳州投资 3000 万美元,举行了其海外第一个工业园的奠基仪式。2000 年 3 月,第一台带有"美国制造"标签的海尔冰箱下线。在美国市场的直接较量中,海尔并没有与国际大品牌厂商在主流家电市场进行直面竞争,而是选择了市场空隙,以小冰柜和冷藏柜为主,在局部领域取得突破并建立优势。海尔产品很快顺利入驻沃尔玛等美国排名前十大的连锁集团,并获得"最佳供货商"、"免检供货商资格"等荣誉。2000 年 6 月,经美国权威机构 DOE 检测,海尔冰柜提前一年达到次年才将实行的美国能源部能耗标准,被美国环保署授予 2000 年度"能耗之星"的称号。在美国著名杂志 TWICE 对全美最畅销家电进行的统计中,海尔冰箱同 GE、惠而浦等世界名牌一起成为美国最畅销产品,其中以海尔为代表的各类小型冰箱销售量增长最快。到 2000 年年底,海尔两款小冰箱的销量已在美国市场分别占据第一位和第二位,并于 2003 年荣获全美产品设计"金锤"奖。

继美国之后,海尔在欧洲又推出了设计、制造、营销"三位一体"的本土化市场竞争战略。2001 年 6 月 18 日,海尔集团与爱立信公司联盟,率先推出了"蓝牙"技术。2001 年 6 月 19 日,海尔集团斥资 700 万美元,收购了意大利迈尼盖蒂公司一家冰箱厂,创造了中国白色家电企业跨国并购第一案。2002 年 3 月 4 日,海尔集团在美国纽约曼哈顿黄金地段购买的海尔大厦举行揭牌仪式。2003 年 3 月 10 日,海尔集团海外第一家欧倍德"海尔店中店"在德国杜塞尔多夫市的欧倍德店内开业。在国际著名信息公司 Euromonitor 2002 年发布的全球白色家电产品品牌占有率排序中,海尔冰箱跃居全球冰箱品牌市场占有率榜首,成为全球冰箱第一品牌;在美国独立式冰箱的市场份额排序中,海尔以 35% 的份额高居榜首,同时海尔的空调、冷柜在美国市场份额上都荣进三甲。

在以质量、价格和本土化优势成功挤进欧美等发达国家市场后,海尔利用其在发达国家成熟市场确立的国际声誉和品牌效应,开始了其向发展中国家和其他地区扩展的战略。2001 年 4 月 10 日,海尔在巴基斯坦建立了全球第二个海外工业园;4 月 12 日,在孟加拉国举行海尔工厂开工仪式。2002年1月8日,海尔集团又与日本三洋电机株式会社联合在日本大阪新大谷酒店举行新闻发布会,宣布成立"三洋海尔株式会社"。2003年10月6日,随着第一台约旦本土制造的海尔洗衣机在HMA(海尔中东电器有限公司)的洗衣机生产线上顺利下线,海尔集团第十三个海外工厂正式投产,同时这也标志着本土化的中东海尔全面启动。

由于海尔的骄人业绩、良好信誉和突出贡献,2005年8月30日,海尔被英国《金融时报》评为"中国十大世界级品牌"之首。2006年,在《亚洲华尔街日报》组织评选的"亚洲企业200强"中,海尔集团连续四年荣登"中国内地企业综合领导力"排行榜榜首。2007年,海尔集团被美国《商业周刊》评为"亚洲最受尊敬的企业"。中国海尔已跻身世界级品牌行列,其影响力正随着全球市场的扩张而快速上升。目前,海尔已在美国、意大利、德国、巴基斯坦、孟加拉国、伊朗、尼日利亚等30多个国家和地区建立了本土化的设计中心、制造基地和贸易公司,在全球各地发展了50多个经销商,销售网络达3万多个,产品出口到100多个国家和地区,全球员工总数超过5万人。海尔已经发展成为颇具竞争实力的大规模跨国企业集团,成为世界第四大白色家电制造商。

由以上可以看出,海尔国际市场扩张的特点是率先攻克发达国家市场,再由发达国家市场向其他国家市场渗透,或者用张瑞敏的话来说,是"先在发达国家创出名牌,再以高屋建瓴之势进入发展中国家"的战略。这种"先难后易"的国际市场竞争战略的优点在于,一旦在发达国家建立了品牌形象和市场地位,可以较为容易地向其他国家市场进行扩张。事实上,海尔在发达国家形成的高质量的卓越形象和品牌效应,为其在其他国家的投资起到了无形的强化作用。例如,"海尔集团是世界著名的家电企业,他们已在美国建厂,因此我们相信与海尔合作也能取得成功"!这是在巴基斯坦海尔工业园的奠基仪式上、在孟加拉国海尔工厂开工仪式上所能听到的当地官员的赞美之词。这说明海尔在美国投资建厂的成功已经成为其他国家的合作者信任海尔的重要标志,也在一定程度上证明了海尔国际市场竞争战略的成功。此外,在发达国家设立据点和信息窗口,能够及时了解国际市场需求发展趋势、最新科技动向和不断变换的消费理念,有利于新技术、新产品开发。但同时,此战略模式的实施也存在一定的风险,主要是发达国家消费者品牌意识强,市场门槛高,新品牌进入难度大,这就在客观上要求企业必须具备雄厚的资金实力和良好的品牌信誉,要能承受得起暂时的挫折乃至一定时期内的亏损。

三、以格兰仕为代表的从贴牌生产到自主创新的市场竞争模式

与以上两种方式不同,格兰仕的发展是以贴牌生产起家的。格兰仕首先引进国外先进技术,在国内进行贴牌生产,利用国外的品牌和现有渠道迅速打开产品外销渠道,逐渐在国外建立企业信誉。在学习和掌握了国际竞争规则的基础上,当生产技术、工艺流程、企业管理、质量控制、生产效率等方面均达到国际同行业的要求和水准之后,加大自主品牌的推广工作,并以此为跳板,由贴牌生产向自主创新转变,从"世界工厂"变为"世界品牌",从"中国制造"走向"中国创造"。

格兰仕(集团)公司的前身是 1978 年成立的广东顺德桂州羽绒制品厂,1992 年转产微波炉。当时看准了国内市场的潜力,格兰仕不惜血本拿出 14 年的所有积累,从美国、日本、意大利和德国引进全套具有 20 世纪 90 年代国际先进水平的生产设备,并采用当时最先进的东芝微波炉生产技术及部件进行贴牌生产。但企业一直坚持贴牌生产和自创品牌两条腿走路的方针,在做 OEM 的同时坚持加大自主品牌的推广工作。通过利用国外的先进技术与发挥本地劳动力优势相结合,格兰仕的生产规模和产品的影响力不断扩大,自主品牌不断增加。贴牌生产之初,其绝大部分产品要被贴上众多世界知名的微波炉品牌销往其他国家,仅有少量产品贴上"格兰仕"自己的品牌。1997 年,在格兰仕的出口产品总量中,自有品牌与贴牌产品总量之比是 1:9。随着技术水平、产品质量和企业知名度的提高,自由品牌的比重不断提高。到 2003 年,自有品牌与贴牌产品总量之比上升到 3:7。目前,自有品牌的出口比重已超过 50%,且这一比例还在不断地上升。

除在中国进行贴牌生产、海外销售外,借助 OEM 的平台,集团公司已成功迈出国门,在美国、加拿大、法国等地设立了分公司,实现了在国外直接生产,就地销售。2006 年,美国分公司实现的微波炉销售总量中自有品牌比重占到 55%,加拿大分公司实现的销售数总量中自有品牌比重占到 54%。同时,格兰仕在法国开设了 5 家"GALANZ"品牌专卖店,并在进一步扩大。

格兰仕不仅在国外直接投资进行生产,而且在国外建立研发机构,实施全球研发、全球布局的战略。1995 年和 1997 年,格兰仕集团分别在中国本部和美国设立了"家用电器研究所"和"格兰仕美国研究中心";2006年,格兰仕又分别在中国总部及韩国首尔建立了"博士后科研工作站"和"格兰仕韩国研发中心"。格兰仕微波炉实验室获得了 TUV 认可实验室证书和美国 UL 的 WTDP(目击测试数据程序)测试资格。2005 年,技术实验室再次通过国家认可,表明实验室的检测能力基本达到国际先进水平。目前,格兰仕已获得 600 余项科研成果,格兰仕产品获得了德国 GS、欧盟 CE、莱茵 TVU、美国 UL 以及阿根廷、挪威等国的认证,还建立了EMC、UL 认证实验室。公司累计申请专利超过 1000 多个,申请国际专利10 多项,经授权有 700 多个专利技术。目前,格兰仕在日本也成立了研发中心。①

目前,集团公司已拥有遍布全球的 1000 多家海外经销商,产品销往全球 200 多个国家和地区,几乎所有世界名牌的光波炉都在格兰仕生产。格兰仕不仅打着 200 多家跨国公司的品牌把首创的数码光波微波炉推向世界 100 多个国家,而且自有品牌的比重越来越大。在全球如美国、英国、加拿大、日本、俄罗斯、中国香港等 70 多个国家和地区注册了近 100件"格兰仕 Galanz"商标,占领了 70% 的国内市场和 30% 的国际市场。格兰仕已经从一个名不见经传的羽绒制品厂发展为世界最大的微波炉生产商和名副其实的世界微波炉生产和销售中心,实现了从"世界工厂"向"世界品牌"的转变。

格兰仕国际市场竞争的成功经验表明,从事贴牌生产可以利用成本低、环境熟等现有竞争优势,弥补企业产品知名度低的劣势,充分利用国际品牌的利润空间。此外,从事贴牌生产还能使企业在尽可能短的时间内缩短与国际企业之间的差距。因此,对于那些对国际市场比较陌生的发展中国家的跨国企业来说,贴牌生产在其进行海外扩张的初期阶段具有重要意义,是企业产品走向国际市场的重要桥梁。事实上,联想集团、万向集团、TCL、康佳、小天鹅等国内著名企业,都曾在不同程度上采用过OEM 方式开展国际化经营。

① http://www.galanz.com.cn.

四、以春兰集团为代表的重点控制销售网络的国际市场竞争模式

春兰集团的前身是由江苏省泰州市的两家集体小厂和一家国营小厂合并而成的江苏泰州制冷机厂。经过近20年的艰苦努力,春兰已发展成为集制造、科研、投资、贸易于一体的多元化、高科技、国际化的大型跨国企业集团,成为中国企业跨国经营的成功典范。目前,春兰的总资产已达140亿元,净资产80亿元,是中国最大的50家企业集团之一,其主导产品有家电、自动车、机械、电子信息等。在美国、日本、法国和新加坡等国设立了十多家海外分公司,在俄罗斯、西班牙、伊朗和巴西等九个国家建立了生产基地,并在日本、美国、法国等国建立了研究院,形成了欧洲、美洲、中东、东南亚和东亚五大经营区域,产品遍布世界84个国家和地区。研究春兰成功迈向国际市场的进程,可以发现其明确的市场竞争战略和与之相适应的国际市场开拓模式。

20世纪90年代初,春兰在国际上没有知名度,只能通过代理商品牌出口产品。与其他跨国企业不同的是,春兰将跨国经营的突破口放在了全球营销网络的建立上。春兰集团国际销售网络的建立主要通过以下途径:一是直接投资建设,如趁1997年的东南亚金融危机,春兰以低价在东南亚和日本购买了一批房地产,用以建立营销网点。二是通过收购当地企业组建营销网络,如1998年春兰通过在欧洲收购几家公司,在欧洲建立了第二个零售网,从而拥有了完全属于自己的销售网络,空调出口市场随之由南欧、西欧迅速扩展到东欧、北欧。三是通过战略联盟的方式组建海外营销网络。春兰以各种形式的联盟发展了1200多家海外经销商,初步建成了春兰产品销售国际网络和春兰科研信息国际网络。20世纪初,春兰加紧实施采购与供货"全球对流"战略,运用"矩阵式管理",将全球有能力的企业纳入到春兰的全球采购与供货体系中,并逐步建成了庞大、高效的全球采购供货网。通过全球销售网络的建立,春兰的规模不断扩张,综合实力大大增强,品牌优势不断扩大。在全球营销网络高效运营的同时,春兰集团也不放过在国外直接投资建厂的机会。1999年,春兰集团与俄罗斯国有机械制造厂共同投资建设年产20万台空调的项目,随后,又与西班牙一家公司在马德里共同投资建设大型摩托车工厂。目前,春兰新增投资的1/3是在海外,春兰已经真正成为具有国际影响力的跨

国企业集团。

主要参考文献

1. 李桂芳:《中国企业对外直接投资分析报告》,中国经济出版社 2007 年版。

2. 李弘、董大海:《市场营销学》,大连理工大学出版社 1998 年版。

3. 刘松柏:《开创性战略》,中国经济出版社 2006 年版。

4. [美]迈克尔·波特:《竞争战略》,李明轩、邱如美译,华夏出版社 1997 年版。

5. 宋亚非:《中国企业跨国直接投资研究》,东北财经大学出版社 2001 年版。

6. 唐晓华、王伟光:《现代国际化经营》,经济管理出版社 2006 年版。

7. 商务部、国家统计局、国家外汇管理局:《2006 年度中国对外直接投资统计公报》2007 年 9 月。

8. 王林生、范黎波:《跨国经营理论与战略》,对外经济贸易大学出版社 2003 年版。

9. 王广信、赵丽娜:《当代世界经济》,人民出版社 2002 年版。

10. 魏昕、博阳主编:《中国企业跨国发展研究报告》,中国社会科学出版社 2006 年版。

11. 中国企业国际化战略课题组:《中国企业国际化战略报告 2007 蓝皮书》2007 年 11 月。

12. 蔡亚南:《海尔进入日本市场的经营战略》,《山东经济》2005 年第 2 期。

13. 付清照:《中国企业跨国并购的现状与趋势分析》,《中山大学研究生学刊(社会科学版)》2004 年第 1 期。

14. 康荣平:《中国企业走出去的重要方式——跨国并购》,《经济界》2005 年第 3 期。

15. 梁能:《企业持续竞争优势的断想》,《中外管理导报》2001 年第 8 期。

16. 钟朋荣:《中国企业走出去的十五种模式》(上),《对外经贸实务》2006 年第 10 期。

17. 钟朋荣:《中国企业走出去的十五种模式》(下),《对外经贸实务》2006 年第 11 期。

18. Franklin, R. Root: *Entry Strategies for International Markets*, New York: Lexington Books, 1994.

19. Markides, C. C.: *Diversification, Refocusing, and Economic Performance*, Cambridge, MA: MIT Press, 1995.

第十章　中国企业跨国经营的
技术提升战略

第一节　中国企业对外直接投资
技术提升的动因和内涵

一、中国企业对外直接投资基于技术提升的动因分析

（一）学习和获取核心技术

哈耶克（Friedrich Hayek）认为，核心技术能力是具有企业特性的专有知识、信息和技术，而学习是核心能力提高的重要途径，学习能力是核心能力的核心。[①] 通过"做"和"用"来获得知识和企业发展所需的能力，"干中学"、"用中学"和"学中学"成为企业获取、保持核心能力和维持其生命力的重要方式。

对于发展中国家企业而言，在预期投资利润率较差的情况下，同样可能战略性地进行对外直接投资。学习跨国经营经验，利用东道国的人才优势、技术优势，获取或开发新技术，已成为发展中国家对外直接投资的重要战略和动机。

邓宁（Dunning，2001）在《国际生产的折衷范式：过去、现在和未来》一文中提到，折衷范式作为分析国际生产的决定因素的理论框架仍然是最好的，但它并不适合作为跨国公司的预测理论。邓宁认为，对外直接投资已经由传统意义上利用公司已经存在的所有权优势或竞争优势的一种产权，转变为跨边界经济活动的一种日益重要的形式。这种跨边界的活动不仅能够获得公司在多个国家经营所形成的技术市场协同效应，而且更为重要的是可以利用与获取国外竞争者、供应商、顾客、国家教育和创

[①] 〔英〕冯·哈耶克：《个人主义与经济秩序》（诺贝尔经济学奖获得者著作丛书），贾湛译，北京经济学院出版社 1989 年版。

新体系所提供的创造性资产。

一般来说,企业在跨国经营之前获取技术的传统方式有两种:一是"追赶式",二是"换取式"。

"追赶式"主要是依靠自己的力量,加大在研究、开发中的投入,自主创新。"换取式",即通过某种合作的方式,与其他企业进行资源互换,获得自己所需技术。

仅仅采用"追赶式"对我国显然不现实。首先是资金实力的差距,其次是时间成本太高。所以,单靠封闭地进行自主创新是不行的,在科学技术高度发展的当代世界经济中,没有一个国家能够在所有领域都独立地发展自己的技术。

"换取式"获取技术常常是引进外资"以市场换技术"的一种方式。但是,这种"换取式"方式,往往得不到先进技术。首先,跨国公司为保持其核心竞争力,不会将核心技术转移到东道国,东道国一般只能得到国际上二三流的技术,生产的产品自然也很难在国际市场与他国一争高低。其次,这种"换取式"方式很可能造成技术依赖,导致技术创新能力的退化。

所以,作为技术追赶型的中国企业要想突破外国跨国公司的技术垄断,只有主动走出国门,才能真正了解国际市场,跟踪世界技术发展动态和发展趋势。

当前我国很多高新技术产业的关键技术都被外国跨国公司垄断,国际跨国公司牢牢控制"核心技术",中国企业缺乏足够的拥有知识产权的核心技术产品。通过对外直接投资的方式引进国外先进技术,可以在一定程度上打破西方发达国家对高新技术的相对垄断。

发达国家技术资源比较丰富,而且基础性理论向应用性理论转化的成功率也明显高于发展中国家。在市场机制下,这些技术资源按照利润最大化规律流动,为我国企业提供了较好的获取机会。同时,一些发展中国家的高新技术地区也拥有较好的技术资源。

到发达国家新技术的发源地进行直接投资,学习、吸收和获取先进技术,以及在对发展中国家的对外直接投资过程中不断提高和改进技术水平,能够为中国跨国企业在全球化的国际竞争中建立新的更高附加值的技术优势。

（二）迅速增强国际竞争力

企业获得国际竞争力的关键是培育企业自身独特的、别人难以模仿的核心能力，技术、品牌、人才和管理能力都是构建国际竞争力的基础。

波特（Porter，1990）认为，企业不应被动地接受其经营所在国要素禀赋所决定的命运，可以主动地利用战略和投资来培育自己的动态能力，最终获得国际竞争力。

邓宁（1998）在《区位和跨国企业：一个被忽视的因素？》一文中指出，在过去的10年中，跨国公司对外直接投资动机的最显著的变化就是创造性资产寻求型FDI的快速增长，这时FDI较少地强调利用既有的所有权特定优势，而更加关注通过并购新的资产或与外国公司建立合作伙伴关系来扩展自身优势。在某种程度上，这种创造性资产寻求型FDI与早期的自然资源寻求型FDI有相似之处，但它们在区位选择上却有很大的不同。部分原因是由于它们可以利用的创造性资产，如技术知识、学习经验、管理专长和组织能力主要集中在发达国家。

来自发展中国家的部分对外直接投资与发展中国家跨国公司在发达国家中的战略资产寻求型活动有关。诸如技术、技能、研发设施、品牌和分销网络等资产的收购使得发展中国家跨国公司在高附加值产品和服务的生产方面跳跃前进，从而增强了它们的竞争力。这有助于它们在国际市场上提升价值链（从制造、研发到品牌和分销）并建立声誉（UNCTAD，2006）。

全球化的国际经济环境使中国企业存在着无论身处何地都无法逃避国际企业竞争的压力，中国企业必须面对日益加剧的全球竞争。在技术高速发展的今天，对外直接投资是发展中国家企业提升技术、品牌和国际竞争力的快速方式。通过对外直接投资，发展中国家企业可以从技术源头获取重要的和前沿的技术知识，可以在世界一流跨国公司聚集的地方学习到先进的管理技术和经验。

发展中国家跨国企业通过到科技资源密集的地方设立研发机构或高技术企业，或并购拥有某一领域先进技术的企业，或在发达国家与拥有先进技术的公司合资、合作开发技术，可以充分利用和学习国外的技术资源、人力资源、信息技术和管理模式，从而迅速增强企业的国际竞争力。

目前，我国的很多技术落后于国外，由于基础设施、技术设备、人力资

341

源的限制,对新技术、新产品的开发和研制远远赶不上发达国家技术进步的步伐。总体来说我国跨国企业在国际市场上竞争能力不强,技术水平较低。"走出去"可以为我国跨国企业提供学习全球跨国公司技术和管理经验、增强自身实力的机会,使企业能迅速跟上世界前进的步伐或超越现有的被动模式。

对外直接投资是我国企业学习先进技术的有效途径,同时我国企业还可以通过与全球具有先进技术和管理经验的跨国公司合资、合作,学习与掌握一些先进的管理经验和管理方法,在国际环境下培育管理能力。

在经济全球化条件下,我国企业直接在东道国投资设厂,建立研发机构,利用全球优势资源,在国际市场中寻求核心技术资源来弥补核心技术缺位,寻求管理经验以弥补管理上的缺陷,同时充分利用全球的人才优势,可以有效地增强国际竞争力。近年来,海尔等企业在美国硅谷设立研发机构,开发新产品,有力地推动了企业产品的跨国发展,迅速增强了企业的国际竞争力。

总之,"走出去"充分利用国际市场资源,积极获取优势、弥补劣势,是我国企业培育自身国际竞争力,进而有更大的实力进一步提升技术的重要方式。

(三)积极参与全球化技术体系

以跨国公司为主的国际投资者不仅开创了具备现代化效率的生产国际一体化,而且还组织形成了服务于生产国际化和生产要素资源自由流动的技术研发的全球化体系。

全球研发体系的建立是依据跨国公司国际化生产体系而建立的,前期多以与生产规模化相适应的应用性和生产研发性技术为主。但是,随着信息社会的来临,基础性研究和创新性研发也正在逐渐走向国际化,各国之间通过交流和协作,正逐渐形成同领域内的技术研发体系。

技术正在以前所未有的速度发展,如果不能建立使自己能够参与全球知识创新网络的能力,那么这样的发展中国家无论在竞争力方面还是在经济和社会发展方面,都会面临越来越落后的危险(UNCTAD,2005)。

对于发展中国家而言,经济的可持续发展要求一国不能仅限于简单的对外开放和消极地等待新技术的流入,它需要企业积极有效地主动利用新技术并进行自主创新,融入到全球化的技术体系中去。

企业要想更快地发展,需要进入国际的知识和技术系统,并将其与自身的学习能力、创新能力和技术战略相结合,加入到全球技术体系就有可能获得全球范围内的技术并建立与增强自身的技术能力和国际竞争力。而对外直接投资或许是与其他国家的知识和技术中心建立联系的最直接的方式。

对于我国企业而言,一方面,我国的科技服务网络和创新制度还需要完善,企业在国内进行创新的动力还不足;另一方面,我国企业应当主动投入到全球技术研发一体化当中去,从某些领域的先进技术源头去学习和吸收适合于自身发展的知识和技术,增强自身的竞争力。

中国的跨国企业要想在国际上积极地竞争,就不能使自己游离于国际研发体系之外,如果与国际研发技术体系隔绝,企业与发达国家跨国公司的技术差距必然会越来越大。

我国跨国企业充分利用经济全球化的有利条件,通过开展对外直接投资,积极融入到世界研发和技术的主流中去,与世界先进的技术研发体系进行互动,可以缩短新产品开发的时间、不断提升企业技术能力并加速培养创新实力。

(四)国家整体利益最大化

在影响国家竞争力的诸多因素中,技术能力和人力资源最为根本(UNCTAD,2006)。

企业是国家竞争力的主要载体和创造者,政府需要创造一个具备良好的要素市场和产品市场、稳定的经济、社会和政治条件、合理的规章制度(包括税收、规制、责任和知识产权政策及其执行),以支持企业的发展。

"走出去"战略是顺应中国经济发展形势、作为国家发展战略提出来的,体现的也是一种国家意志,考虑的是国家整体上的利益。

对外直接投资对于一国宏观经济的可持续发展具有重要意义。一国企业进行对外直接投资,对母国的经济也会有广泛的影响,国家会获得实际的或潜在的收益。

企业对外直接投资可以通过不同的方式,直接或间接地对母国经济及其发展做出贡献。无可置疑的是,母国从对外直接投资中所能获得的最重要的收益就是所涉及企业与行业竞争力和业绩的提高(UNCTAD,

2005)。跨国公司向国内母公司与其他子公司的技术返流和传递,也会促进母国产业和国家整体技术的提高,提升母国在世界分工体系产业链中的地位。

国家的收益通过增值活动的升级、产业的转型、出口业绩的改善和国民收入的提高,可能转化为母国更广泛的经济利益和竞争力——定义为在开放条件下持续增长的能力的增强(UNCTAD,1999)。

所以从国家发展战略出发,国家会对进行对外直接投资的企业进行调控,引导企业为实现国家整体利益最大化服务,以符合国家利益,这一点对于发展中国家表现得尤其突出。大多数发展中国家的对外直接投资都有政府有形之手的作用。

同时,对于我国而言,建设创新型国家是我国当前国家发展战略的核心,我国构建使自身参与到全球知识创造网络的能力也是一种在学习、借鉴基础上的创新能力,而中国的跨国企业则是国家参与全球创新网络的重要主体。

所以,国家的战略支持、政策环境支持、服务系统支持以及建设创新型国家的宏观发展战略,推动着中国企业走向国际市场,为中国企业"走出去"及在"走出去"过程中的技术提升和技术创新提供了动力。

二、中国企业对外直接投资技术提升的内涵

随着中国经济在世界经济地位的不断提升和"走出去"战略的不断深入,我国企业的对外直接投资既是挑战,更是机遇,我国应从战略的角度思考和规划中国企业对外直接投资中的技术提升,使中国企业的跨国经营得到更长远和更迅速的发展,并带动国家整体技术水平的提高。

对发达国家的对外直接投资是我国获得国外先进技术的重要捷径。第一,我国企业通过直接投资的方式在发达国家并购高新技术企业或研发机构,或者与高技术企业合资设立技术开发公司,可以直接吸收许多在国内难以获得的先进技术;第二,我国跨国企业在信息资源集中地建立国外分支机构或研发机构,还可以将从东道国获得的大量技术市场信息和技术"返流"到国内企业,通过产品内部转移和产品技术的关联性,把先进技术和前沿信息向国内母公司与其他子公司传递和扩散,有助于国内

企业及时了解世界前沿技术动态和国际市场行情,学习吸收技术,刺激技术创新,从而促进国内母公司、其他子公司和关联企业的发展,进而促进国内企业、产业和国家整体技术水平的全面提高;第三,企业可以在对外直接投资过程中与国际跨国公司竞争、学习和合作,更好地培养自主创新能力。

同时,中国跨国企业对其他发展中国家的对外直接投资也是我国提升技术水平的重要方式。通过对其他发展中国家的直接投资可以不断加强我国对外投资企业的技术积累、改进和创新,提高改进企业的技术水平并加强国际竞争力。我国跨国企业还可以利用其他发展中国家的大学城、科技园、高新技术开发区等设施和条件,与其他发展中国家的高科技资源进行合作或联盟,共同提升技术。

技术的提升一般需要企业长期的积累和创新才能实现,而我国企业可以通过对外直接投资,通过在东道国本土上对国际优秀跨国公司主动的"零距离"的技术学习、技术改进,以及在学习改进基础上的自主创新,缩短开发先进技术和技术提升的时间。"走出去"在国际舞台上主动弥补核心技术的缺陷、不断提升技术,并形成后发优势,应成为我国企业对外直接投资中的重要战略之一。

所以,中国企业对外直接投资技术提升的内涵在于:在知识经济和全球化时代,中国企业在国家政策支持下,主动"走出去"通过国际研发、并购、合资、合作等方式在国际市场上快速提高技术水平。在企业自身不断进行技术学习、改进和自主创新的同时,促进行业和国家整体技术水平的提高和发展,并提升我国在世界产业链中的层次和地位。通过对外直接投资进行技术提升应成为我国企业对外直接投资发展中的重要战略。

第二节　中国企业不同对外直接投资方式下的技术提升

中国企业在不同对外直接投资方式下的技术提升有所不同。本章把中国企业的对外投资方式分为绿地新建型投资方式、跨国并购型投资方式和战略联盟型投资方式三种类型,它们的特点和技术提升方式也不尽相同。同时，三种对外投资方式都可以同时进行国际研发的投资，而企业进行国际研发的投资同样也可以分为新建、并购和战略联盟几种方式。

一、绿地新建型投资方式的技术提升

（一）绿地新建型投资方式的特点

联合国贸发会议对绿地新建投资的定义是：新建办事处、建筑物、工厂和厂房以及移动无形资产（主要在服务业）（UNCTAD，2006）。

绿地新建型（Greenfield）[①]投资方式的特点是企业通过对外直接投资在外国建立子公司的方式，形成新的经营单位或生产能力，跨国经营企业独立地或部分地直接进行项目的策划、建设并实施其经营管理运行。绿地新建型投资方式的一个显著优点是决策者能在较大程度上把握其风险性，并在较大程度上掌握项目策划各个方面的主动性。

与其他投资方式相比，新建投资方式有其有利方面和不利方面（见表 10 - 1）。

表 10 - 1　新建投资方式的有利方面和不利方面

有利方面	不利方面
①东道国法律和政策上的限制较少 ②在东道国新建企业尤其是合资公司，常会享受政策优惠 ③投资的成功率一般要高于并购方式 ④后续整合工作比并购简单	①建设周期较长 ②需新建销售渠道，进入当地市场慢

资料来源：作者整理。

相对于并购方式而言，拥有最新技术、垄断性商标等重要专有资源的跨国公司和倾向于较小风险的跨国公司往往采取绿地新建投资方式。

而绿地新建型投资又可以分为独资（Wholly-Owned）和合资（Joint-Venture）两种方式。对 FDI 企业来讲，新建独资公司和新建合资公司也各有其利弊（见表 10 - 2）。

---

① 　如果是第一次进入目标国投资设厂，常称为草根式进入（Grass-root Entry）。

表 10-2　新建独资公司与合资公司的利弊对比

新建独资公司		新建合资公司	
利	弊	利	弊
①母公司拥有对子公司的全部经营权,可以保证子公司经营活动符合母公司战略利益 ②可以对无形资产如专利技术、商标资源等进行垄断 ③子公司与母公司在经营目标、经营手段、管理思想上的协调统一	①子公司的费用由本企业独自承担 ②东道国给独资公司往往比合资公司较少的优惠 ③独资子公司易遭东道国排斥,面临的国家风险较大 ④对东道国的政治经济环境不熟悉,处理纠纷时困难较多	①可以降低投资风险,获得多方面优惠 ②有利于对当地市场特点较快把握,在东道国迅速打开局面 ③费用分摊,负担较小 ④可以向合作伙伴学习技术、管理的技能,提升经营水平	①合资入股的无形资产很难准确评估 ②合资者之间在经营战略和管理手段等很多方面难以协调统一 ③管理效率没有独资公司高 ④技术等无形资产容易被合作方掌握

资料来源:作者整理。

对外直接投资在海外新建企业,可以根据自身的条件和东道国的投资环境来选择独资还是合资的方式。

如果企业在技术、产品和市场营销等方面有自己独特的优势,希望对独有资源进行控制和垄断,同时东道国对外国独资和合资公司的优惠差别不大,那么企业一般选择建立独资型子公司;如果企业希望合资伙伴能提供一定的技术、人才、资金、销售网络、当地市场情况等资源,那么企业一般选择建立合资型子公司。

(二)绿地新建型投资方式的技术提升分析

1. 绿地新建型投资的技术提升方式

进行绿地新建型投资方式可以通过两种途径进行技术提升:一是融入当地创新集群进行技术提升,二是通过与国际跨国公司合资合作进行技术提升。

第一,科技发展聚集效应推动企业技术创新进步。

由于科学技术的发展存在聚集效应,各国的科学技术发展逐步专业化,使不同国家或地区形成不同产业或领域技术发展的集中地,如美国信息产业基地硅谷、加州的遗传工程学术网络。绿地新建型投资企业介入这些国家和地区,参与当地的技术创新网络,能够获取这些集中的技术资源,雇佣更多的国际人才,正确把握前沿技术发展趋势,提高企业技术创新的效率。因此,绿地投资型对外直接投资能够推动技术学习和创新,进而增强技术优势。

第二,在东道国通过合资合作产生的技术发展融合效应推动绿地投资型企业技术提升。

企业对外直接投资的过程也是区位优势的发挥过程,对外直接投资的企业可以通过与东道国企业进行合资合作,充分利用东道国优势,在合资合作过程中培育新优势。绿地投资型企业在东道国尤其在发达国家,能够与当地先进技术、不同产品和工艺生产技术以及其人才资源相结合,利用其技术的基础设施和特有的科技发展优势,并根据当地市场需求在融合中推进技术提升。同时,国外分支机构对国内母公司和其他子公司的技术返流,能够使公司的整体技术能力和水平提升。

纵观世界,发展中国家绿地新建型投资和再投资扩展项目数量从2002年的近800项增加到2003年的近1600项。2005年,发展中国家和转型经济体的绿地与扩展项目数量在全球绿地和扩展项目数量中所占比重为15%(UNCTAD,2006)。

中国在世界各地绿地新建投资项目数量从2002年以来呈不断上升的趋势,虽然项目数量还不是太多,但是2006年的数量已是2002年的近4倍(见表10-3)。

表10-3 中国企业在全球的绿地投资项目数量

2002年	2003年	2004年	2005年	2006年
36	108	101	138	132

资料来源:UNCTAD:World Investment 2007 附表数据。

2. 海尔模式与技术提升

海尔是中国企业自主品牌国际化的典型代表。海尔在一开始进行国际化时就确立了自主品牌国际化的战略。正是由于这一战略使其采取了投资新建和渐进式国际化模式。①

---

① 倾向于以渐进方式进行跨国经营的企业一般也更倾向于采用绿地新建型投资方式。

海尔是中国企业对外直接投资绿地投资型经营方式的代表者,是中国企业进行海外"绿地投资"的先驱。海尔的海外投资采取了以绿地新建为主的方式。从1996年的初次海外投资至今的十几项海外投资,只有2001年6月在意大利是以并购方式进入当地市场,所有其他的海外投资都是以绿地新建方式进入的(见表10-4)。

表10-4 1996~2003年海尔集团的海外投资

年份	地点	进入方式	功能	股权
1996	印尼	新建	生产销售冰箱	合资
1997	菲律宾	新建	生产销售冰箱等	合资
1997	马来西亚	新建	生产销售洗衣机	合资
1997	南斯拉夫	新建	生产销售空调	合资
1999	美国	新建	销售家电	合资
1999	美国	新建	生产冰箱	独资
1999	伊朗	新建	生产销售洗衣机	合资
1999	突尼斯	新建	生产销售家电	合资
2000	越南	新建	生产销售冰箱	合资
2000	孟加拉	新建	生产销售家电	合资
2000	乌克兰	新建	生产销售空调	合资
2001	意大利	新建	销售家电	合资
2001	巴基斯坦	新建	生产销售洗衣机	合资
2001	尼日利亚	新建	生产销售冰箱等	合资
2001	意大利	并购	生产冰箱	独资
2003	约旦	新建	生产销售洗衣机	合资

资料来源:鲁桐等:《中国企业海外市场进入模式研究》,经济管理出版社2007年版,第105页。

海尔作为中国企业渐进方式国际化的代表,在经过5年并积累了多项绿地新建的经验后才进行首次海外并购。

同时,海尔作为国际家电行业的一个后来者,在海外发展高度重视合资合作方式。除了1999年在美国生产冰箱的企业是独资以外,海尔的绿地新建投资都采取了合资或合作的方式以充分利用东道国的优势资源。

在产品设计环节上,海尔实行"本土化"设计,产品设计紧随市场变化,同样采取了合资合作的方式。从20世纪90年代中后期开始,海尔在世界各地寻求可以合作的家电产品设计机构,由海尔控股,双方以利益共享的合资方式组建设计中心。这样的海尔设计中心目前在全球已有近20个,分布在美国、英国、法国、日本等国家。

海尔坚持技术研发目标国际化、技术研发课题市场化、技术研发成果商品化的原则,构建国际化技术研发网络。从一开始引进德国的冰箱生产技术,逐步培植自己的技术研发能力,并与国内众多科研院所建立合作关系,形成自己的研发体系。在海外,与许多大公司、技术中心建立交流、合作、协作网,建立洛杉矶、东京、蒙特利尔、悉尼、汉城、里昂、阿姆斯特丹以及中国香港等信息中心;建立东京、蒙特利尔、里昂等设计分部,根据国际市场信息,跟上国际技术潮流,开发本土化的产品。海尔进入美国市场时,曾专门针对美国大学生及年轻单身者的需求,设计了带活动台面的小冰箱和全塑料迷你型洗碗机,这两款产品让海尔很快在美国市场站住了脚。

国际化的海尔是具备当地融资、融智功能的本土化企业,融设计中心、制造中心、营销中心三位一体。目前,海尔已建有设计中心18个,工业园10个,海外工厂13个。海尔产品已进入欧洲15家大连锁店的12家、美国10家大连锁店的8家。在美国、欧洲初步实现了设计、生产、销售"一条龙"(鲁桐,2007)。

1998年以来,海尔集团明确提出"国际化的海尔"这一战略目标。

在质量国际化方面,质量保证体系认证、产品国际认证以及检测水平的国际认可是海尔集团使其产品质量水平与国际接轨的重要内容。目前,海尔集团共有冰箱、冷柜、空调、洗衣机、微波炉、热水器六大产品经过ISO9001认证,是国内通过该项认证产品最多的企业。在国际上,海尔产品获得德国VDE、GS、EMC、TUV,美国UL、ETL、DOE,加拿大CSA、EEV,美洲NRTL/C,澳大利亚SAA,日本S-MARK,欧盟CE,沙特阿拉伯SASO,俄罗斯GOST,国际CB,南非SABS,菲律宾PBS,韩国安全认证等共18种产品认证,产品可畅通无阻地进入87个国家和地区。同时,海尔的检测水平也进入国际先进行列,是国内同行业首家获得加拿大EEV、CSA"分享认证"、CSA"全权认证"和美国UL用户测试数据认可的企业。

在科技国际化方面,海尔集团的科技国际化走过了"引进消化、吸收模仿、引智创新、技术输出"的四部曲。消化吸收和技术创新是海尔实现技术领先的关键环节。变频空调是海尔消化国外技术的典型。海尔的变频技术是从日本引进的。针对中国电力紧张、电压不稳的特点,经过反复的研究和实验,海尔开发出适合中国市场使用的变频一拖二空调,既具有一般变频空调的优点,还可以进行单机能量的叠加,双机能量合理分配,节约用电,对发展中国家的市场有较强的适用性。

海尔的"引智工程"是培养技术和管理人才的又一举措。为了培养人才,海尔集团每年选派大量管理人员和技术骨干出国培训。同时,海尔先后实施了 11 项引进外国技术、管理专家项目。这些项目已不是单纯地将国外成熟的技术成果直接引进,更多的是利用外国专家的知识和经验,对产品、技术、市场动态及时、准确的把握。

海尔集团每年为科研开发投入的资金占销售收入的 4% 以上。1998年 8 月,海尔作为中国家电行业唯一一家企业入选中国首批 6 家技术创新试点企业。技术创新体系为海尔的发展提供了充分的技术支持。

1998 年年底,海尔集团成立海尔中央研究院。该研究院是海尔集团联合美国、日本、德国等 28 个国家和地区的一流公司,通过技术合作建成的综合性科研基地,主要功能是开发超前 5 ~ 10 年的技术及新领域技术。中央研究院还设立了环境参数测试、IEC 安全测试、数字技术等 12 个具有国际一流水平且国内最先进的技术实验室。通过这些实验室,海尔集团能够完成欧洲 GS/CE、美国 UL/DOE、加拿大 CSA/EEV、中国 CCEE 等15 种国际认证。

海尔比较成功地实现了国际技术合作,标志着该公司开始以技术优势参与国际竞争,在产品开发上与国际水平同步,增强了产品竞争力。在产品的高质量和个性化设计上赢得了国际声誉,从而成为全球增长最快的家电企业。

综上所述,海尔在对外直接投资过程中的技术提升的经验是:坚持自创品牌,重视研发,注重技术和质量,在自主创新的同时,在全球范围内建立合资合作关系,建立设计中心和工业园,密切追踪世界领先技术并进行产品技术更新,充分利用东道国的优势资源和人才资源,从而不断提升产品技术,提高产品的国际竞争力。

二、跨国并购型投资方式的技术提升

(一)跨国并购型投资方式的特点

并购(M&A)是指企业兼并与收购的统称。兼并是指两家或两家以上的独立企业、公司合并成一家企业,通常由一家占优势的公司吸收一家或更多企业,被兼并企业的法人地位不复存在,兼并企业续存法人地位。收购是指获取特定财产所有权的行为,强调通过该行为,一方获得某项资产,获得实质上的所有权。

跨国并购(Cross-border M&A)则是由来自其他国家的跨国公司接管或合并某国现有企业的部分或全部资本、资产及负债。并购一般涉及现有资产和公司的买卖,而被出售或被合并的目标公司要受到公司所有者发生改变的影响(UNCTAD,2006)。

跨国并购又可分为横向并购(Horizinal M&A)、纵向并购(Vertical M&A)和混合并购(Conglomerate M&A)三种基本模式。横向并购是指从事同一行业的企业之间所进行的并购,如两家航空公司的并购、两家石油公司的结合等,它可以清除重复设施,提供系列产品;纵向并购是指从事同类产品的不同产销阶段的企业之间所进行的并购,如对原材料生产厂家的并购、对产品使用用户的并购等,它可以带来生产经营成本的节约;混合并购是指与企业原材料供应、产品生产、产品销售均没有直接关系的企业之间的并购,它是为了扩大经营范围或经营规模而实施的。

并购投资方式与新建投资方式相比,有其有利方面和不利方面(见表10-5)。

表10-5　跨国并购投资方式的利弊

有利方面	不利方面
①可以获得现成的生产能力、技术和品牌,迅速生产产品,增强企业能力 ②可以利用现成的销售渠道较快进入当地目标市场,获得市场势力 ③获得一定程度的规模效应和经营管理、财务等协同效应 ④跨行业并购可迅速扩大经营范围和区域	①难以准确评估被并购企业的真实情况,往往导致并购支出超出预期 ②受东道国法律和政策的限制较多 ③并购后的整合往往难度较大

资料来源:作者整理。

同行业的国际化后来者从战略的角度,往往偏爱并购进入方式,以争取时间追赶先行者;一般成长比较迅速、增长率较高的跨国公司比历史悠久、成长率较低的跨国公司更倾向于采取并购方式,跨国并购方通过并购能迅速解决对东道国技术、人力资源、经验、现成生产能力和品牌的需求,同时在对资源的可控性方面比合资或联盟占有一定的优势。

但是,各东道国一般都有对外国企业收购行为的管制规定。特别是发达国家对收购本国企业的并购行为有程度不同的限制,发展中国家也大概如此。

对于并购与新建的一般选择标准,托宾曾用他的 Q 理论进行分析,其表达式为:Q = 企业的赢利率/筹措资本的利率。若 $Q>1$,即现有企业赢利率大于新建同规模企业的资本筹措率时,则选择并购为优,反之则选择新建方式。

将 Q 理论运用于国际直接投资领域,可以得到一个跨国并购与新建投资的选择标准(见表 10-6)。

表 10-6　国际直接投资的三种类型及其 Q 值

类型	I	II	III
	跨国公司实施跨国并购,对被并购企业保持原状,继续使用	跨国公司实施跨国并购,对被并购企业注入优质经营资源,使之与原有经营资源融为一体	跨国公司在国外新建企业
Q 值	$Q_1 = R_1/C_1$	$Q_2 = R_2/C_2$	$Q_3 = R_3/C_3$

注:R_1、R_2、R_3 为预期收益流量现值,C_1、C_2 为并购费用,C_3 为新建企业的费用。
资料来源:李东阳:《国际直接投资与经济发展》,经济科学出版社 2002 年版,第 38 页。

第一,比较 Q_1 和 Q_2,假设两种类型的并购费用相等($C_1 = C_2$),如果 $R_2 > R_1$,则选择并购 II,反之选并购 I。

第二,比较 Q_1 和 Q_3,若 $Q_1/Q_3 < 1$,则选新建方式,反之选择并购 I。

第三,比较 Q_2 和 Q_3,若 $Q_2/Q_3 > 1$,则选并购 II,反之选择新建方式。

(二)跨国并购型投资方式的技术提升分析

1. 跨国并购投资的技术提升分析

跨国并购是跨国企业获得国际技术资源的有效手段。与技术相关的跨国收购能够获得知名的品牌价值、知识产权和完善的分销渠道。

从 20 世纪 80 年代后期到现在,跨国并购数量和所涉及的交易价值与以往相比都有迅速增长,更多的跨国并购案例涉及通过并购获取被并购方的技术和研发能力以增强并购方的技术实力。近年来,由技术寻求推动的跨国并购无论在规模上还是数量上所占的比重都越来越大,作为跨国公司技术全球化战略的一部分,技术寻求和技术提升日益成为促进跨国并购的一个重要动因。

从企业层面讲,绕过对外贸易壁垒(Hesey and Caves,1985)、增加获取现代技术的机会(Alexander,1986)、技术转移即获取被收购公司的技术优势或知识资本(Harris and Ravenscraft,1991)等都是促进跨国并购的因素。

跨国并购的投资方式可以使跨国公司获得大量技术,使其技术研发的数量和质量都有所增长,提高跨国公司技术研发的质量、水平和研发能力,同时也可以通过跨国并购取得各种现有研发成果,使跨国公司加快开发、创造新产品和新技术的进度和速度。

在科学技术迅速发展和国际竞争日趋激烈的全球化背景下,跨国并购为企业提供了获得不同国家有形资产和无形资产的最迅速的途径,通过并购发达国家研发密集型的高科技企业是进入技术水平较高的发达国家的有效形式,可以在较大程度上学习其先进技术,提升自身研发能力。企业还能够对现有经营业务在全球范围内重组,以利用协同效果并获得战略优势。

跨国并购是迅速扩张企业知识基础的有效手段,跨国并购的关键原因经常是获取目标公司的技术,并将技术转移到企业的各个部分。跨国并购对于企业核心能力的提升和战略缺口的填补具有战略意义。尽管跨国并购的初始成本可能相对较高,但是通过跨国并购,企业的知识基础得以拓展,企业的组织惰性得以降低,长远来看,可能会有利于提高企业的能力基础和经营业绩。

对于以获取战略资产为目的的跨国并购来说,最为重要的不是一般资产的获取,而是获取被收购企业的专利技术,以及可以使技术持续与完善下去的研发团队和专业人才。以获取技术等战略性资产为目的的跨国公司可能会通过跨国并购快速地获得与本企业核心业务相关的上、下游技术以及新技术,通过取得的技术资源与自身要素相结合,实现技术的跨越和企业核心技术的升级。

跨国公司通过跨国并购可能获得以下三类技术：

第一，核心技术及与核心技术相关的上、下游技术。

核心技术都是跨国并购的首选目标。同时，上游技术的获得，可以使企业节省与拥有相应技术企业之间的交易成本；获得与核心技术相关的下游技术，则有利于企业拓展现有的业务范围，开发更多的新产品和新技术。上、下游技术的获得，有利于企业产品生产的价值链的稳定，有利于企业在全球范围内配置技术资源并更好地进行一体化的国际生产。

第二，新技术。

新技术的获得不仅可以使企业节省相应的研发投入成本，而且可以使企业取得相应的研发资源以及与本企业互补的研发能力。这在以技术创新和研发能力为核心的日趋激烈的技术竞争中，对增强企业技术优势和竞争实力尤为重要。

第三，非相关技术。

一个企业出于发展的需要，欲进入一个全新的或关联不大的技术型产业领域时，可以采用技术并购。采用这种方式，将目标企业及其拥有的技术、市场、人员和组织管理全部接受下来，可以比较容易地突破技术型产业通常存在的很高的技术进入壁垒，顺利进入新领域。获得非相关技术往往是企业多元化经营战略的选择，但随着全球竞争加剧和技术加速发展，企业更加集中于核心业务，通过收购非相关技术以进入与核心业务无关的行业领域，这一动因在目前的跨国并购中并不多见（李蕊，2003）。

2. 发展中国家特别是中国的跨国并购近况

2005年，以发展中国家和经济体（不包括离岸金融中心）跨国公司为并购方，分别以发达国家和发展中国家为并购目标的跨国并购交易按价值算几乎相当。2000年以来，南—北之间的跨国并购交易出现了显著的快速增长，表明发展中国家的企业获取发达国家的战略性资产的需求或者在这些发达国家市场中快速扩张的需求不断增加。南—北跨国并购交易（不包括涉及离岸金融中心的交易）从2003年的90亿美元增加到2005年的430亿美元（UNCTAD，2006）。

发展中国家和经济体在1987~2005年期间，每年的并购额呈总体上升趋势，并在2005年达到了900亿美元这一创纪录的水平（UNCTAD，2006）。

355

如果把离岸金融中心注册的跨国公司排除出去,对 1987～2005 年期间来自发展中经济体和转型经济体的跨国公司实施的大型跨国并购按照交易方进行排序,在 1987～2005 年期间最大的并购方(按照交易额排序)是新加坡电讯公司,排在第二位和第三位的是和记黄埔有限公司(中国香港)和 Weather Invesrment 公司(埃及)(见表 10 - 7)。

表 10 - 7　1987～2005 年按照累计实施的跨国并购交易价值排列的
发展中经济体并购方公司 15 强

排名	交易价值 (百万美元)	并购方公司	母国经济体	交易数量 (次)
1	36457	新加坡电讯公司	新加坡	49
2	15205	和记黄埔有限公司	中国香港	58
3	12799	Weather Invesrment	埃及	1
4	12484	Cemex	墨西哥	40
5	9098	星展集团控股有限公司	新加坡	44
6	8152	美洲饮料公司	巴西	5
7	6925	Saudi Oger Ltd	沙特阿拉伯	2
8	6325	Metro Curtainwall & Cladding	马来西亚	2
9	6209	Investcorp/BSC/EC	巴林	29
10	5634	America Movil SA	墨西哥	19
11	5567	中国中信集团公司	中国	22
12	5540	新加坡能源公司	新加坡	8
13	5469	伟创力国际集团有限公司	新加坡	50
14	4567	中国石油天然气总公司	中国	5
15	3824	移动电信公司	科威特	3

资料来源:UNCTAD;World Investment 2006。

另外,对 1987～2005 年来自发展中经济体和转型经济体的跨国公司实施的大型跨国并购交易,按照交易规模进行排序[①],前 25 位的大型跨国交易有 18 起是在 2000 年以后发生的,这证实了近年来来自发展中经济体和转型经济体的跨国公司实施的大型并购的频率正在上升。同时,

----

① World Investment Report 2006 Chapter 3 Table Ⅲ 2.

亚洲公司占据主导地位,在前 25 位中占了 60%(UNCTAD,2006)。

中国企业的跨国并购在 2004 年以后得到较为迅速的发展。2004 年以前,中国企业的跨国经营方式以绿地新建为主①,2004 年以后中国企业加快了国际化的步伐,跨国并购得到快速发展。

2004 年中国企业进行了大量的跨国并购,使并购占当年中国海外直接投资总额的比重,从 2003 年的 18% 上升到 31.8%,2005 年并购比重首次超过了新建的比重,达到 56.5%(鲁桐,2007)(见表 10 - 8)。

表 10 - 8　中国企业对外直接投资中的新建与并购比例　(单位:%)

年份	新建比重	并购比重
2003	82.0	18.0
2004	68.2	31.8
2005	43.5	56.5

资料来源:鲁桐:《中国企业海外市场进入模式研究》,经济管理出版社 2007 年版,第 200 页。

根据《2006 年度中国对外直接投资统计公报》,2006 年我国通过收购、兼并实现的直接投资占到当年流量的近四成。通过收购、兼并方式实现的直接投资 82.5 亿美元,占当年流量的 39%。其中,非金融类 70 亿美元,金融类 12.5 亿美元。

中国企业跨国并购活动的全球区域呈明显的技术导向、市场导向和资源导向。在技术导向方面,技术资源为目标的并购主要集中在发达市场经济国家和新兴市场经济实体,如中国网通收购亚洲环球电信公司、京东方收购韩国现代显示技术株式会社的 TFT - LCD 业等;在市场导向方面,市场资源为目标的并购集中在贸易壁垒较高的区域,如海尔收购意大利一家电冰箱厂;在资源导向方面,石油行业的并购发生在东南亚、俄罗斯等地,矿产并购发生在澳大利亚、拉美等地。

中国开展以技术导向为主的跨国并购可以体现在以下两点:其一,针对广大发展中国家市场。中国有大量适用的成熟技术,通过跨国并购将其转到国外,为解决国内生产能力过剩问题、实现产业结构的调整和产业

———————

① 根据鲁桐(2007)的估计,1979~2003 年,新建方式在中国海外直接投资中占 80% 左右。

357

第十章
中国企业跨国经营的技术提升战略

素质的提高提供了契机;其二,我国企业在技术水平上与发达国家的跨国公司存在较大差距,除了少数企业能够在本行业的局部领域达到世界先进水平外,我国绝大多数企业都未能掌握本行业的核心技术,而跨国并购国外企业特别是发达国家拥有先进技术的企业,是获取核心技术和相关技术的捷径。

3. 联想模式与技术提升

2004 年 12 月 8 日,中国联想以 17.5 亿美元并购了 IBM 的 PC 业务,其中包括 IBM 的 PC 海外市场和近万名员工(见表 10 - 9)。

表 10 - 9 联想的支付与收购

联想支付	联想收购
17.5 亿美元,其中包括 ①6.5 亿美元的现金 ②6 亿美元的证券(联想集团 18.9%的 IBM 股份) ③为 IBM 支付的 5 亿美元债务	①IBM 的 PC 业务 ②IBM 的品牌价值 ③IBM 的海外市场 ④IBM 的人力资源

资料来源:作者整理。

在 PC 业务方面,联想收购 IBM 的 PC 业务资产包括:IBM 所有笔记本、台式电脑业务及相关业务,包括客户、分销、经销和直销渠道,IBM 深圳合资公司(不包括其 X 系列生产线);ThinkPad 品牌及相关专利,以及位于日本大阪与美国罗利的研发中心,分布在世界各地的一百多个分支机构以及近万名员工。

在品牌价值方面,根据有关收购协议,新联想集团在 5 年内有权使用 IBM 品牌①,并获得商标的使用权。联想集团通过这次并购,制定了品牌过渡管理战略,即在并购后的最近 18 个月内,联想集团继续使用 IBM 品牌,18 个月后采用 IBM 和联想的双品牌,5 年后再打联想的品牌。这一战略的实施能借助 IBM 的品牌价值,提升联想的品牌知名度。同时,享誉全球的战略伙伴和极具号召力的国际品牌将为联想在国际市场上的发展赢得难得的发展机遇。

2003 年,联想集团 PC 销售额为 30 亿美元,IBM 的 PC 业务为 90 亿美

---

① IBM 全称为美国国际商用机器有限公司(International Business Machines),于 1914 年创建。

元。以双方2003年的销售业绩合并计算,此次并购意味着联想的PC年出货量将达到1190万台,销售额将达到120亿美元。这笔交易使联想集团成为全球仅次于戴尔电脑、惠普电脑的第三大个人电脑制造商(徐加,2005)。

在海外市场方面,联想并购IBM的PC业务,涉及研发、采购、生产和销售等多个部门。在此并购之前,联想还没有海外渠道,通过这次并购,联想获得了海外渠道,打通了分布在160多个国家的海外市场,为其自身的国际化经营提供了销售渠道和市场保障。

根据协议,联想和IBM还将建立广泛的、长期的战略性商业联盟,IBM的全球金融部和全球服务部以其现有的强大企业级渠道,分别成为联想在租赁和金融服务、授权外包维护服务方面的首选供应商,联想也成为IBM的首选PC供应商。

在人力资源方面,并购IBM的PC业务后,原联想1.1万名员工与9000多名IBM的员工之间的合并形成了一个人力资源规模达2万多人的新联想集团。联想集团在这次收购之后做了相应的人员调整,未采用降薪和裁员的策略,即原IBM个人电脑部门的员工将继续留在新联想,其中40%的人已经在中国工作,在美国工作的员工总数不足25%,同时,联想还会选派一部分管理人员到美国总部赴任。IBM的高级副总裁史帝芬·沃德出任联想集团新CEO,杨元庆改任集团董事局主席。并购涉及行政、供应链、研发、IT、专利、人力资源、财务等多个部门的人员整合,联想通过此次并购获得了极具竞争力的人力资源(周伟,2006)。

联想向IBM支付了6.5亿美元的现金和6亿美元的证券(联想集团18.9%的IBM股份),并为IBM支付5亿美元的债务,但是联想集团获得了IBM PC业务的国际市场份额、品牌效应和全球范围的经销网络,更重要的是得到了数百项专利,使联想电脑的技术含量大大提升(国务院发展研究中心企业研究所课题组,2006)。

联想后续的整合工作初见成效,客户稳定,销售量增加,赢利增长,成功实现IBM PC业务的扭亏为盈,实现了并购的协同效应目标(鲁桐,2007)。

但也有学者认为(王海,2007)①,联想的成败目前尚无最终定论,尤其被寄予厚望的全球化供应链整合仍然未见成效,在一系列整合风险中,市

---

① 王海:《中国企业海外并购经济后果研究》,《管理世界》2007年2月,第103页。

场、竞争对手、战略选择、文化、管理与成本能力、投资者压力、政治7个维度的困难最大,危及联想生存的隐患也最为突出。现在,联想距离世界级企业的目标已经如此之近,但仍要面对国际化规模扩张的副产品,即成本上升与利润下滑的棘手难题。但同时王海也认为,尽管整合面临很大的挑战和风险,但中国企业仍不会停止海外并购的尝试,全球化已经成为中国企业必须面对的事实,为规避并购负面经济后果,中国企业需要分析与平衡国际化的方向和节奏,彻底抛弃规模扩张进程中的急躁而陷入经营困境。

本章认为,联想技术提升的经验是:收购技术较为先进但计划整合业务、正寻求新的投资者的老牌国际著名企业,迅速获得技术的提升。联想将 IBM PC 部门的核心技术成功内部化为联想集团的一部分,对联想集团后期的技术创新非常重要。首先,可以学习 IBM 的核心技术,对其多项技术有一个初步的了解和掌握。其次,将联想的研发技术与 IBM PC 技术进行优势互补,进一步推动技术创新。这是联想保持技术领先并在国际国内市场上与竞争对手抗衡的关键。

在国内市场上,联想也正在遭受戴尔和惠普的有力挑战。通过技术的提升和创新增强品牌的附加价值,以面对日益激烈的国际竞争,将 IBM PC 核心技术内部化对联想来说显得尤为重要。

事实证明,通过跨国并购在空间上和时间上赢得技术发展的速度,获得相应的技术性战略资产,以价值链的国际专业化实现跨国公司的技术跨越是可能的。“走出去”通过跨国并购来获取核心技术,是实现发展中国家企业跨越式发展的有效途径。

根据罗兰·贝格咨询公司的分析报告,与技术相关的收购表明中国领先企业已经开始意识到战略性的兼并收购能够带来多重利益,如中国的首钢公司收购有 90 年历史的美国麦斯塔工程设计公司。这一举措不仅获得了美国先进的轧钢和浇铸设备设计技术,而且还可以直接使用850 份图纸和微缩胶片、16 个软件包、41 项专利技术和 2 个注册商标,一跃跨入世界冶金设计的先进行列。2002 年,上海电气集团收购破产的日本秋山印刷机制造株式会社、德隆集团收购德国仙童多尼尔飞机公司的728 小型客机项目等也都获得了相关的技术。

但同时,跨国并购需要并购双方事先进行充分地考虑和全面地权衡,并购后的整合也十分关键。

事实表明,跨国并购也存在巨大的失败风险,如我国 TCL 集团跨国并购所遇到的挫折。在技术获取方面,TCL 所获得的大多数只是过时的技术。TCL 获得了汤姆逊的研发机构,但并未取得汤姆逊在彩电领域所掌握的 34000 多项专利。而且,汤姆逊在彩电领域的产品也是一个即将过时的产品,TCL 即使获得了这些专利,用处也不大。与阿尔卡特的联姻,TCL 获得了阿尔卡特在手机业务上的全部知识专利权及与手机业务相关的交叉知识产权使用许可,同时也获得了阿尔卡特的全球手机研发力量,但所有的这些产权只限于 2G 或 2.5G,TCL 没有获得与 3G 相关的技术与专利,因此 TCL 跨国并购后业绩并不理想。所以,中国企业在并购热潮面前也必须谨慎对待,避免因为注重"大"而忽略了并购的实际效益。企业跨国并购前的市场调查、市场定位、深入研究、综合权衡和并购后有效的整合十分重要。

三、战略联盟型投资方式的技术提升

（一）战略联盟型投资方式的特点

战略联盟型投资方式是指两个或两个以上具有一定的竞争优势和经营规模的企业(主要是大型集团化企业),为实现某一战略目标而建立起来的合作伙伴关系。

美国战略管理学家迈克尔·波特说,战略联盟是"企业之间达成的既超出正常交易,可是又达不到合并程度的长期协议"①。

国际战略联盟最早由管理学家罗杰·奈格尔提出,认为是指由两个或两个以上有共同战略利益和对等经营实力的国际企业(或特定事业和职能部门),为达到拥有市场、共同使用资源等战略目标,通过各种协议、契约而结成的优势互补或优势相长、风险共担、生产要素水平式双向或多向流动的一种松散的合作模式。

本章所指的战略联盟主要指国际战略联盟,是指某个企业的结盟对象超越了国界,在世界范围内与自己发展有利的企业结成合作伙伴。这些企业的联盟,是为了资源共有、风险共担、利益共享。

国际战略联盟的特征和战略伙伴选择标准可见表 10-10。

① 迈克尔·波特:《竞争战略》中译本,华夏出版社 2005 年版,第 198 页。

表 10 - 10   国际战略联盟的特征和战略合作伙伴选择标准

国际战略联盟特征	战略合作伙伴选择标准
①所有权的独立性。参与战略联盟的各个企业,仍保持着各自企业的独立所有权,公司间的结合是松散的 ②行为的跨国性。战略联盟所确立的经营活动跨越了特定的国际边界。企业经营活动的内容和范围体现出国际性特征 ③战略目标的相似性。在合作企业目标相似的前提下,追求一种长期、稳固、互补的合作关系 ④资源的共享性。联盟成员在一定范围内共享技术资源、生产资源、市场资源等	①先进的技术标准、新产品以及生产技术方面的优势。技术开发联盟是国际战略联盟的主要内容 ②强大的品牌和声誉。借助另一家公司的品牌和声誉有助于发展中的企业形成强大竞争力 ③价值链不同环节的关键性资源和能力。将资源和能力聚合起来,帮助企业开发全新的市场 ④隐含性的资源和能力。有此特性也是一个有吸引力的合作伙伴

资料来源:作者整理。

自 20 世纪 80 年代以来,跨国公司纷纷联手结盟,以合作方式快速发展,成为当今世界颇为流行的一种企业现象,这种跨国公司组织设计的新战略,被国际经济专家称为"国际战略联盟",它是跨国公司全球化的产物。

作为现代企业组织制度的创新形式,国际战略联盟已成为现代企业加强国际竞争力的重要方式之一,被誉为当代最重要的组织创新。

国际战略联盟在各方平等的基础上结成网络状的国际协作关系。国际战略联盟的成员都是有一定规模的跨国公司,在各自领域内都具备一定的优势,在此基础上,再在全球范围以分工方式配置生产要素,可谓全球资产配置最优化。

国际战略联盟的动因,概括起来为:优势互补、提高企业竞争力、促进研究与开发、开拓世界市场、开拓经营领域、降低经营风险、实现规模经济、实现战略目标等。

对国际战略联盟的分类,可谓多种多样。从股权关系上看,企业战略联盟可分为股权联盟和非股权联盟。① 其中,股权联盟包括合资与股权参与,非股权联盟则包括发放许可证、授予特许经营许可权、技术合作伙

① 有人认为,战略联盟应不涉及股权,但从当今国际战略联盟发展的态势看,国际战略联盟包含股权合作和合资企业已成为一种普遍现象,但股权合作和合资企业并不影响合作双方母公司的独立性。

伴关系、R&D合作、项目合作、供应商协议、营销协议等。

从产业链的角度看,国际战略联盟可分为水平战略联盟和垂直战略联盟。水平战略联盟是指行业竞争对手或合作企业之间的横向联盟,联盟双方模糊了竞争和合作的差别,以共同应对全球性的市场竞争。水平战略联盟又包括技术联盟、生产联盟和销售联盟等。而垂直战略联盟是企业之间在行业价值链不同位置上的技术和能力的联盟,纵向战略联盟的企业在同一市场上几乎没有相同或类似产品和服务,但相互之间具有共同的利益。垂直战略联盟一般以长期供货协议、许可证转让等形式出现。

由于技术创新是现代企业提高竞争力的主要手段,因此当代国际战略联盟双方在合作项目上,往往以技术联盟为主,特别是信息技术、新材料、生物工程技术等领域的高科技联盟。在各种形式的战略联盟中,以实现共同技术创新为目的的技术战略联盟成为人们研究企业国际战略联盟的关注焦点。

(二)战略联盟型投资方式的技术提升分析

1. 战略联盟投资的技术提升分析

在经济全球化和科技发展迅猛的当代世界经济环境中,产品生命周期缩短,技术创新及其推广速度加快,企业必须不断拓展新的技术领域,才能在市场竞争中占有一席之地。一方面,企业受多种因素的限制,很难长期垄断一切技术;另一方面,新技术、新产品的研究开发费用昂贵,风险巨大。因此,企业通过建立战略联盟,不仅可以从联盟方获取自己急需的互补技术,而且可以避免风险,减少不必要的重复投资,共同开发先进的技术。由英、美、法、意、日的七家公司组建的"空中客车"集团,充分发挥各自的技术优势,开发生产的"空中客车"客机取得全球民用飞机市场30%的市场份额,就是成功战略联盟的典型例子。

就国际技术战略联盟的形式来说,与其他国际联盟一样,一种是企业之间涉及产权的合作,如建立合资企业或联合所有的研究开发公司;另一种是合约联盟,如联合研制协约、交互技术许可等;而更为松散的合作伙伴性质的技术战略联盟越来越成为一种发展趋势。

从技术创新的角度看,企业通过联盟进行协同性创新可以以共同创新为目的,也可以以相互交换创新的成果为目的,还可以以实现创新成果

363

从一方向另一方扩散为目的。当联盟是高技术企业与高技术密集度企业或一般传统企业间围绕着扩大高技术成果的应用范围而展开时,这种联盟对实现高技术成果的快速产业化是十分有益的。

跨国企业可以在技术提升的不同阶段建立不同的技术联盟,从而在不同的阶段进行技术提升。

第一,在技术研发阶段建立合作开发联盟,以联合研制协约和研发部门的联合为主,这也是技术联盟的主要形式。这种联盟的目的,一方面是加快技术开发的速度,争取自己的技术比竞争对手早进入市场,以建立尽可能大的安置基地,促进技术成为产业标准。欧美企业在开发多媒体技术时,常采用与本地区或周围同行建立战略性技术联盟的方式来与其他国家的竞争对手竞争。另一方面是尽量减少单独进行研发带来的不兼容性风险。在研制阶段的合作可使各方有机会发展共同的技术标准,这为随后的产品设计和技术发展的兼容性打下了基础,避免或者全赢或者全输的局面,既减少了分割市场的竞争对手,又减少了在市场上的竞争标准。

第二,在技术扩散阶段建立技术转让联盟,一般采取技术转让协议和交换许可协议形式。例如,企业的技术开发已取得初步成功,为了尽可能比竞争对手多占领市场份额,锁住众多的顾客,使自己的技术尽快成为行业标准,企业便通过技术转让联盟来扩大技术的生产规模,加大用户基础,使有关技术以最快的速度流行起来,并以此来影响其他用户的购买预期。

第三,在标准化竞争中建立动态的技术联盟网络。任何企业都只能在价值链中的某些环节拥有优势,而不可能拥有全部优势。企业结成国际联盟,彼此在各自价值链的优势环节上开展合作,可以求得整体收益的最大化。①

因此,跨国公司之间在技术创新等方面开展技术战略联盟,可以进行技术优势互补,加快研究与开发的节奏,迅速实现产品的更新换代,不断

---

① 如 20 世纪 90 年代 IBM 为了迎接 Unix 联盟的挑战,先后与日本的 NTT 建立合作开发规模网络设施的联盟,与罗姆公司结成数据传输和声音通信联盟,在远程通信方面与MCI 进行合作研究开发,从而保持了技术的提升态势和领先地位。

提高企业的核心竞争力。

2. 长虹模式与技术提升

我国最大的电视机生产企业长虹集团是实行国际化联盟战略的代表。

长虹先后与日本、韩国、美国、法国、德国、荷兰等多家著名的跨国公司建立了技术开发战略同盟。通过建立跨国技术联盟,形成企业在研发方面的竞争优势,提高企业的国际竞争力。

长虹集团跨国经营的突出特点就是与国际跨国公司结成技术战略联盟。通过与国际跨国公司联合进行研究与开发,有效地整合和利用国际上的先进技术,长虹得以一直保持在电子行业的领先地位。

从表10-11可以看出长虹国际技术联盟和技术提升的一些进程。

表10-11　长虹的国际技术联盟进程

1986 年	从日本松下公司引入彩电技术和生产线
1989 年	长虹自行建造第二条自动化流水线
1991 年	开始自定义芯片,与多家国际著名企业开始联合研发
1996 年	投资 4 亿元建立技术开发中心
1996~1999 年	与 8 家跨国公司建立了联合实验室
1999 年 8 月	世界上最薄的 PDP 电视诞生于长虹中外联合实验中心
1999 年	在美国获得 FCC(电磁兼容)、FDA(电离辐射)、UL(安全标准)认证,在德国通过 DSE(安全标准)、MC(电磁兼容)认证
2002 年	成功推出第四代多媒体背投彩电
2002 年	与柯达结成数码网络联盟
2004 年 4 月	与中、港、日合资企业华润三洋结成战略联盟
2004 年 6 月	与美国微软签署技术战略合作协议书
2005 年	与半导体制造商 AMD 结成技术战略联盟
2006 年	电视业务连续 17 年全国销量第一

资料来源:作者整理。

1999 年 9 月以前,四川长虹已与 8 家跨国公司建立了联合实验室,联手开展技术创新。这些跨国公司分别是荷兰的飞利浦、日本的三洋、东芝和三肯、德国的 MI、美国的陶氏化工、斯高柏及法国的 ST。长虹为这些公司提供办公和实验场所,而这些跨国公司则提供先进的设备、技术和科研人员,中方和外方人员共同开展技术创新,并共同享有新成果。这些联合实验室建立以来,已在一些领域取得重大突破。

长虹在加快整机或部件技术创新的基础上,一直注重走联合开发的道路。一方面,能减少高科技投资带来的风险,大大降低设计成本,从而使整机成本下降,保证产品链上的每一个环节更加专业,更为规范;另一方面,能使中国企业更快捷地由加工制造型向技术创新型升级,实现与全球新技术同步发展,缩小差距。

2004 年 6 月,四川长虹与美国微软签署长虹微软战略合作协议书,双方利用各自在硬件和软件方面的优势,在多媒体领域正式开始全面合作。

长虹通过与微软的全面合作,引入了微软在世界领先的 IT 技术和软件产品,巩固和开拓在中国多媒体终端这一新兴领域的市场主导地位,提升技术开发能力,使长虹的全球竞争能力进一步增强。多媒体领域是长虹和微软锁定的合作领域。该领域长虹业已布局多年,不但集合优势研发终端产品,还涉足核心集成电路、新型显示器件、系统软件等领域。与微软的战略结盟,长虹意欲在数字变频控制这一产业升级机遇中抢得先机。与微软的跨国技术战略联盟,长虹进一步加大了国际化运作,在产品研发、品牌等方面带来了积极影响。

近年来,长虹对其研发机构进行了战略调整,又成立了数字电视研究所和信息多媒体研究所,还派出高级开发人才,在美国硅谷的实验室全面开展数字、信息及多媒体技术的研究和产品开发,取得了多方面的突破。

长虹认为,在硬件、软件、人才方面,通过建立联合实验室和加强技术战略联盟与合作,可以在核心技术、关键技术、应用技术等领域得到提升,共同研发世界前沿产品,规避技术壁垒。而长虹所走的国际技术战略联盟的道路是长虹保持市场领先地位的重要因素。

长虹集团国际化发展的突出方面就是注重技术的国际化合作,积极组建跨国技术战略联盟。长虹走过了技术提升的三个重要阶段:引进消化、与国际跨国公司的技术联盟、技术的自主开发创新。依靠不断的技术合作和自主创新,长虹保持了在电子行业的领先地位。

跨国战略联盟为中国企业实现全球化战略目标提供了一条促进技术开发、技术提升、技术创新和增强企业竞争力的新途径。

四、国际研发中的技术提升

（一）全球跨国公司国际研发的新动向

在当前世界经济中，研发国际化是企业对外直接投资中的一个十分突出的现象。

在上文提到的绿地新建型投资、跨国并购型投资和战略联盟型投资三种投资方式中，企业都可以同时进行国际化研发的投资。

而企业进行研发国际化的投资同样可以分为新建、收购和战略联盟等几种方式。与收购当地的研发公司相比，新建投资方式更为普遍，同时跨国公司也越来越多地采取战略联盟的国际研发方式，近年来发达国家的研发外包也在迅速增长。全球跨国公司相对于本国国内研发而言，在国外的研发比重在不断增加。同时，跨国公司的国际研发也出现了一些新动向：

首先，发达国家跨国公司在发展中国家的研发活动不再仅仅是为了使技术适应当地条件，而是越来越涉及创新性研发。部分发展中国家拥有大规模的科技储备人才、较多的科技园区、较低的研发成本和部分政府激励措施，所以发达国家跨国公司都把在这些发展中国家进行的研发视为增长技能甚至是新技术的来源。

其次，发展中国家跨国公司也开始越来越多地投资于国外研发活动，并且发展中国家跨国公司的国际研发正在迅速扩大。尽管迄今仍有大部分发展中国家没有参与到国际化研发之中，但是发展中国家更多地参与跨国公司国际研发活动的趋势可能会加速发展（UNCTAD，2005）。

最后，近年来在研发领域的跨国战略联盟和合作也在增长。而且研发领域的跨国战略联盟在向应用的方向发展（Narula，2003）。

战略联盟安排中非股权的伙伴关系所占的比重增长很快。非股权研发联盟的数量由 1991 年的 265 个增加到 2001 年的 565 个（在当年联盟总数中占 90% 以上）。在 1991～2001 年期间，国际研发联盟的产业构成也在发生重大变化，从信息技术产业（所占份额从 54% 下降到 28%）转向医药和生物技术产业（所占份额从 11% 上升到 58%）（UNCTAD，2005）。

（二）中国企业的国际研发与技术提升

跨国公司国际研发的目的正发生转变。其目的不再是仅仅为了适应当地的需要或是接近已建立的知识中心,而更是为了获得外国的研究开发资源、降低研发成本,加速其技术提升。

在发达国家进行国际研发是发展中国家企业在对外直接投资中进行技术提升的一个重要方面,其主要目的是获取发达国家的先进技术和研究能力,以提升自身的技术水平和增强国际竞争力(UNCTAD,2005)。

根据 2005 年世界投资报告的数据,中国 2002 年跨国企业国外子公司的研发支出为 21 亿美元,占商业性研发支出的 22%;2003 年跨国企业国外子公司的研发支出为 27 亿美元,占商业性研发支出的 24%。

从 20 世纪 90 年代以来,中国企业开始逐渐在国际上建立研发机构,其中研发地点主要分布在发达国家和地区,并且以独资新建为主,行业则主要分布在电子、电器、通信、IT 和汽车等(见表 10 - 12)。

表 10 - 12　中国企业在海外设立的 R&D 机构

母公司	R&D 机构	成立时间	成立地点	设立方式	行业
上海复华	中和软件株式会社东京支社	1991 年	东京	合资设立	电子
联想	联想硅谷实验室 联想大和实验室 联想北卡实验室	1992 年 2005 年 2005 年	硅谷 神奈川 美国北卡罗来纳	独资新建 并购设立 并购设立	IT
华为	华为硅谷研究所 华为达拉斯研究所 华为瑞典研究所 华为俄罗斯研究所 华为印度研究所	1993 年 1999 年 1999 年 1999 年 1999	硅谷 达拉斯 斯德哥尔摩 莫斯科 班加罗尔	独资新建 独资新建 独资新建 独资新建 独资新建	通信
北大方正	日本方正株式会社 方正加拿大研究所	1996 年 2001 年	东京 多伦多	独资新建 独资新建	软件
海尔	海尔日本技术中心 海尔硅谷研究所 海尔洛杉矶设计中心 海尔法国设计中心 海尔荷兰研究所 海尔加拿大研究所	1994 年 1996 年 1999 年 2000 年 2000 年 2000 年	东京 硅谷 洛杉矶 里昂 阿姆斯特丹 蒙特利尔	独资新建 独资新建 独资新建 独资新建 独资新建 独资新建	电器和通信
中兴通讯	中兴美国研究中心 中兴韩国研究所 中兴巴基斯坦实验室	1998 年 2000 年 2005 年	圣地亚哥 首尔 伊斯兰堡	独资新建 独资新建 独资新建	通信

母公司	R&D 机构	成立时间	成立地点	设立方式	行业
格兰仕	格兰仕美国研究中心 格兰仕美国微波炉研究所	1997 年 1999 年	硅谷 硅谷	独资新建 独资新建	电器
康佳	康盛实验室	1998 年	硅谷	独资新建	电器
轮胎橡胶	阿克隆轮胎设计研发中心	1995 年	阿克隆	合资设立	轮胎
长安汽车	长安汽车海外研发中心 长安汽车日本研发中心	1999 年 2008 年	都灵 东京	独资新建 独资新建	汽车
创维	创维数字技术研究室	2000 年	硅谷	独资新建	电器
海信	海信数字电视实验室	2001 年	硅谷	独资新建	电子
华立	美国华立通信集团	2001 年	硅谷	并购设立	通信
万向	万向集团北美技术中心	2001 年	芝加哥	独资新建	机械
京东方	京东方现代显示技术会社	2002 年	韩国	并购设立	电子
首信	Mobicom 公司	2002 年	新泽西	独资新建	IT
TCL	TCL 德国研发中心 TCL 美国研发中心 TCL 新加坡研发中心	2003 年 2004 年 2004 年	德国 印第安纳 新加坡	并购设立 并购设立 并购设立	电器
大连机床	英格索尔生产系统公司 兹默曼公司	2002 年 2004 年	美国 德国	并购设立 并购设立	机械
南车集团	ZELRI - MSU 研发中心	2005 年	密歇根	独资新建	电子
上汽集团	上汽欧洲研发中心	2006 年	英国雷明顿	并购设立	汽车

资料来源:作者整理。

中国企业的跨国研发逐渐提高了国际竞争力。表 10 - 13 是本章的不完全统计,但在一定程度上表明了近年来中国部分积极进行国际研发的跨国企业所取得的绩效。

表 10 - 13　中国部分企业的跨国研发及绩效

企业名称	取得的绩效
格兰仕	自主开发出上百种新型微波炉,在微波炉领域拥有世界领先地位
康佳	康盛实验室在 8 个月时间内研制出第一台高清晰数字电视

第十章　中国企业跨国经营的技术提升战略

企业名称	取得的绩效
海尔	在全世界拥有近 20 个设计中心,数 10 个合作伙伴,建立绿地型合资企业,整合全球技术资源,成为全球增长最快的家电企业
华为	广泛开展技术和市场方面的合作,跟踪世界最新数字技术与移动通信终端技术,专利数量国内领先
联想	及时控制和反馈世界计算机市场的最新技术动态,在中国和世界计算机行业确定了强大地位
长虹	与世界著名跨国公司组建联合实验室和全球技术联盟,获得了包括微软在内的跨国公司的技术支持,电视业务连续 17 年全国销量第一
万向	完善了万向集团的全球化制造体系
华立	掌握了 IT 产业核心技术
创维	率先在全国推出拥有自主知识产权的 V12 数字引擎技术和六基色技术
中兴通讯	2007 年年底拥有的中国发明专利超过 1 万件
长安汽车	开发出具有自主核心技术的自主品牌微型车
大连机床	跻身世界机床 10 强

资料来源:作者整理。

  2005 年,在国内申请专利的企业中,华为公司共申请专利 1231 件,是当年中国国内申请专利最多的企业。若将国外企业一并排名的话,2005 年华为递交专利申请的数量排名第四,仅次于日本的松下电器产业株式会社(1634 件)、韩国三星电子株式会社(1505 件)和荷兰的皇家飞利浦电子股份有限公司(1325 件)。华为能够在国内外市场上取得良好的业绩,主要依靠积极进行国际研发和加强自主创新。它与 TI、摩托罗拉、英特尔、AT&T、ALTERA、SUN、微软等多个世界一流企业都开展了包括技术与市场方面的广泛合作,在国外的研发机构为华为跟踪世界最新数字技术与移动通信终端技术、在合作的基础上实现自主创新,提供了很好的平台(盛亚、单航英,2006)。

  在中国企业进行技术提升的国际研发进程中,选择与本企业技术密切相关的发达国家技术密集地区设立 R&D,或在发展中国家的一些大城市科技园进行 R&D 投资以进行技术优势互补,是适宜和可行的方式和途径,而同时在技术跟踪、技术学习基础上加强自主研发以及培养高素质的跨国研发人才也十分重要。

中国企业跨国经营环境与战略研究

370

第三节　构建中国企业对外直接投资
技术提升的框架体系

一、国家对企业对外直接投资技术提升的政策环境支持

（一）完善国家创新体系

英国技术创新研究专家弗里曼首次在 1987 年提出国家创新体系（National Innovation System）的概念,它的基本含义是"由公共、私有部门和机构组成的网络系统,它们之间的相互作用及其活动促成、创造、引入、改进和扩散各种新知识和新技术,使一国的技术创新取得更好的绩效"。美国经济学家纳尔逊也认为国家创新体系的主要功能是优化创新资源配置,协调国家的创新活动。

充足的人力资源、良好的基础研究和设施、快捷的信息与技术交流,以及有效率的法律、金融和管理体系乃至政策制度的协调连贯都是国家创新系统的基础。

发展中国家从企业的国际化研发或对外直接投资中获益的能力主要取决于技术吸收能力和自主创新能力,一国国家创新体系的实力越强,技术吸收和自主创新能力就越强。

1. 人力资源的培育

国家创新体系的完善首先是加强人力资源的培育,人才是创新的关键。

人力资源对于发展的重要性已经被广为接受。例如,东亚不同经济体经济成功的一个共同特征就是它们对各个层次人力资本的高度重视（World Bank,1993）。

而人才的素质和专业化最为关键。我国的政策制定者必须确保教育系统能够提供最需要的人才类型。国家应该成为"人才协调者",准确把握各领域急需的人才类型,使人才需求趋势与大学、研究院、技术学院的教育目标相结合。

教育政策也要随着产业需求变化和国家发展而与时俱进。韩国的情况就是一个例证。20 世纪 60 年代,韩国建立了技术培训体系,旨在提高科技基础建设;20 世纪 70 年代,韩国将重化工业的技术和工程教育作为

重点;20 世纪 80 年代,转向技术密集型产业,并下大力气吸引在国外工作的韩国科学家回国效力;20 世纪 90 年代以来,韩国政府将更多的注意力放在促进创造力上;最近,为了促进大学重视科研导向、淡化教学导向,韩国政府提供了专项激励措施(UNCTAD,2005)。

而教育和技能的更新同样十分重要。我国政府应该重视人才技能的更新和再培训、鼓励企业家提升其战略谋划能力、培训有经验的经理人员、激励大学与企业的互动等。

同时,引进人才也是重要的内容之一。我国应创造更多的有利于人力资源回流的条件,这样最初的海外人才流失就可以转化为对国家创新体系有积极意义的人才流动。

2. 企业与公共研究

企业是创新的主体,而公共部门的研究应该成为企业创新的良好支持和辅助。一般来说,企业进行应用技术的研发,公共部门进行基础研究、公益性技术与部分工程开发的研究,二者应该很好地联系和结合起来。

在很多发展中国家,大学和公共研究机构承担了大部分的研发活动,但这些研发活动常常与企业部门脱节(UNCTAD,2005)。

为了使公共研发活动产生溢出效应并推动企业创新,我国应推动和鼓励企业研发活动与公共研发活动建立积极的联系,在企业发挥研发能动性的同时,也使公共研究机构发挥有效和良好的作用。[①]

3. 知识产权的政策

一个定义准确、全面并且能够有效执行的知识产权制度是国家创新体系的重要组成部分(UNCTAD,2005)。知识产权制度为知识的创造提供了激励。没有对知识产权的保护,整个国家最终会失去创新的动力。

保护知识产权是国家和政府的责任,不仅要有法可依,而且执法要严。我国除了需要不断完善知识产权的法律框架以外,还需要提高执行能力。

完善和执行知识产权制度,可以使我国更好地同跨国公司在研发领域进行合作,而这也需要更好地了解许可证以及知识产权与竞争法和政

---

① 印度的措施是政府限制对公共研究机构提供资助的幅度,要求其向产业部门出售科研成果和技术服务,以获得40%的经费。结果是公共研究机构收入增加近两倍,专利数量大幅增加。

策之间的关系。

4. 竞争政策与创新

竞争和创新的关系比较复杂。经验表明,竞争程度与创新产出之间呈正相关的关系(Geroski,1994;Blundell 等,1999)。

最近的研究表明,在发展中国家,比较严谨的竞争法律以及较好地执行这些法律可以对竞争政策产生积极影响(Clarke,2005)。

我国在考虑提高本国企业创新能力的同时,应制定和执行严格和公平的竞争政策以推动创新的发展,也可使我国企业在对外直接投资中和在本土与国际跨国公司的竞争中能够更好地应对。

(二)政策服务支持系统

1. 完善"走出去"的法律法规

在鼓励和支持企业"走出去"方面,我国应进一步完善系列法律法规,尤其应尽快出台《对外直接投资法》,以保证法律的完整性、系统性和长期性。《对外直接投资法》应对我国海外投资的主体行为、各相关主体之间的关系以及海外上市、兼并、收购等国际通行投资方式有明确的说明。同时,应加快制定产业海外投资基金、海外投资保险法等法律法规,完善我国"走出去"的法律体系。法律法规应为我国对外直接投资企业提供最大程度上的保障和支持,尤其应扶持中小企业和民营企业的对外直接投资行为。此外,也应制定对"走出去"企业的监管体系法律法规,以防止国有资产流失和对外投资企业逃税漏税等违法行为。

2. 提供高质量的政府服务支持系统

我国应进一步提高境外投资审批手续的简捷度、透明度和规范性,降低企业的审批成本;加大对跨国企业的融资支持,为企业提供完善的金融、信贷服务和税收、保险优惠政策;成立对外直接投资信息部门,为对外直接投资的企业提供技术信息和投资信息的发布和咨询服务,帮助企业进行风险预警、防范和应急处理;还可成立"走出去"的专门综合协调和管理机构,并培育熟悉各国法律和国际惯例的中介服务机构。

3. 对海外直接投资企业进行适当的引导

政府可对企业对外直接投资的可行性、合理性和前瞻性进行引导,引导企业在合适的地方投资合适的产业。例如,引导高科技产业向发达国家进行对外直接投资,鼓励高科技企业在发达国家建立研发机构;引导企业增强对技术吸收能力的重视,引导企业在对外直接投资过程中,在自主创新的基础上不断吸收和提升技术;引导企业加大对发达国家技术聚集区或发展中国家高科技园区的技术寻求型对外直接投资,并充分利用反向技术溢出和逆向技术转移向国内返流;引导企业加强对跨国技术联盟的参与合作等。

二、中国企业对外直接投资技术提升的战略选择

(一)规范生产管理流程

企业是研发与创新的主体,我国企业要在跨国经营中不断提升技术,必须首先建立规范的生产管理流程。

规范的生产管理流程可以使我国跨国企业与产业链的核心供应商、核心零部件供应商和国外顾客保持长期的联系和合作,可以逐步进入到跨国公司的国际生产和技术网络中去,逐渐实现由模仿、改进到自主创新的转变。规范的生产管理流程也是企业具备学习吸收能力、技术提升和创新能力的保证,是企业形成并不断加强核心能力的必要条件。

在规范的生产管理流程基础上,我国企业应积极参与国际标准认证体系。国际标准认证体系是经济全球化下的一个国际趋势,标准认证体系对于企业参与全球化来说既是"门槛"又是"门票",企业不应因标准认证问题而处于被动地位。积极的参与有利于我国企业保持和增强国际竞争力,推动企业的生产和管理同国际惯例接轨。

同时,规范的生产管理流程离不开充足和高素质的人力资本。

在国际化经营中,我国企业应积极吸引、培养和保留国际型人才,积累充足的人力资本,这可以从两方面着手:一是吸纳①和培训培养②一批懂外语、技术、法律、财务和管理的高素质人才,担当公司海外经营的顾问或骨干;二是借鉴国际经验,大力实施海外机构人员本土化战略,利用东

---

① 韩国三星电子聘请海外的韩裔科学家和工程师的做法值得借鉴。三星聘请了十几位科学家和大批曾在英特尔、IBM 等大公司工作过的工程师,他们带来的先进技术知识通过培训、共同研究等方式传播给韩国工程师。例如,三星电子请来 IBM 设计神童汤姆·哈蒂,在美国、欧洲和日本新开发了 4 家设计所,引发了三星设计革命,连续多年获得美国工业设计师协会颁发的各类工业设计大奖,这些都迅速提高了三星的整体技术水平,大大缩短了三星技术学习的时间。

② 如我国的海尔集团于 1998 年在全国首创了定向专门培训复合型跨国经营人才的"海尔西点军校"。

道国的技术人才和管理人员,能更快地提升技术和更好地开辟当地市场。如研发人员本土化策略,不仅可以使企业产品开发与当地市场营销紧密结合起来,还可能会研发出具有东道国前沿技术水平的产品,使企业更好地提升技术和技术创新。

(二)多种途径提升技术

1. 通过"走出去"合资、并购和联盟等方式提升技术

在经济全球化背景下,我国企业"走出去"通过合资、并购和联盟等方式获取和提升技术,可以使企业的技术提升由被动变主动。

合资、并购、联盟、项目合作和技术使用许可证等对外投资的方式对我国企业进行技术提升来说各有利弊(见表10-14),企业可以根据自身的经营投资能力、东道国的投资环境以及适当的投资合作机会等选择不同的投资方式。

表 10-14 中国跨国企业与国际企业合作模式比较

合作模式	优势	劣势
合资	资源互补、分担风险	控制权问题可能引起争端,组织管理不好协调
跨国并购	迅速增强技术实力和市场占有率	并购后的整合是考验并购成功与否的重要环节
战略联盟	结构松散、资源共有、风险共担、利益共享	对联盟成员控制力不强
项目合作	任务、利益、时间明确	不适合基础研究和研发等需要长期积累的环节
技术使用许可权	迅速取得技术	缺乏技术创新资源的积累

资料来源:作者整理。

旨在资源互补、利益共享、分担风险、共同经营、迅速打入东道国市场的企业可以选择合资的方式;而一些技术较为先进但计划整合业务、正寻求新的投资者的老牌国际著名企业,或一些拥有先进技术的中小科技型企业和成长型企业,则可以成为我国一些资金充裕的跨国企业并购的对象;倾向于在合作中结构松散、合作灵活、资源共享的对外直接投资,企业可以选择战略联盟的方式;而项目合作和技术使用许可权也可以使企业根据自身的需要迅速购买或获得技术。企业可灵活运用各种方式获取本

企业所需的关键性知识和技术。

2. 重视通过国际研发提升技术

我国企业应重视通过国际研发提升技术。国际研发可以使企业充分接近东道国前沿技术资源,跟踪、学习和获取先进技术和适用技术。同时,还可充分利用国际研发的逆向转移和知识溢出,进行向国内的技术转移和扩散,带动母公司、其他子公司及行业技术水平的提高。

在海外设立或并购 R&D 机构是我国企业跟踪世界研究开发最新成果的窗口,以及引进新技术、新产品以及进行技术学习吸收的重要途径,可以获得研发人才和最新技术、信息的动向,强化对相关产业领域的研究力度及对新技术的快速反应能力。另外,中国跨国企业还可通过参与研发领域的跨国战略联盟或参与国际技术和研发合作项目等方式,与海外研发机构紧密互动,提升研发能力和技术水平。

同时,我国企业还应重视将海外研发机构的研究成果在国内迅速转化并投入生产,实现"研发在外、应用在内"的格局。

3. 在发达国家和发展中国家市场的技术提升

从技术提升的角度而言,我国企业在发达国家市场进行技术寻求型直接投资无疑更接近技术的前沿,尤其是在发达国家技术密集地区如美国的硅谷设立研发机构,可以密切跟踪世界先进技术和最新研究开发成果,在技术的源头学习和吸收技术,能够加速技术的提升。我国企业应从战略的眼光和思维出发,融入国际技术创新集群网络,不断加大对发达国家的创造性资产寻求型直接投资。

但同时,我国跨国企业也不能忽视在其他发展中国家直接投资中的技术改进和技术提升。企业可以在对发展中国家直接投资的技术积累中不断进行技术创新,结合当地市场实际来进行技术的改进与提高,还可以与发展中国家的一些科技园、大学城或知识密集地区的技术资源进行合作促进技术提升。

总之,中国企业在对外直接投资的进程中,可以根据自身的情况和需要,根据国际经济和技术发展的形势,在全球范围内选择与本企业技术密切相关的、与本企业发展阶段相适应的区位和市场,多层次、多角度、多途径地进行技术提升。

中国企业跨国经营环境与战略研究

（三）自主创新重中之重

中国企业在对外直接投资的技术提升中，虽然技术的学习、吸收、借鉴、改进十分重要，但是自主创新仍是重中之重。在学习、借鉴基础上的持续自主创新是企业技术实力提升的源泉。

学习和吸收的根本目的是为了更好地创新，中国跨国企业应该以学习和借鉴来促进技术创新，把创新置于企业战略的最重要地位，在学习、吸收、改进的基础上积极有效地进行技术自主创新，如此企业才能够保持或增强其持久的全球竞争能力。

在全球化的市场竞争中，中国跨国企业必须树立危机感，只有进行技术的自主创新，中国企业才能提高核心竞争力，更好地发挥后发优势和在国际市场上赢得竞争优势；只有真正拥有自主创新能力，才能摆脱过多依赖国外技术的被动局面，"中国制造"才能变为"中国创造"，才能形成具有自主核心技术的名牌产品。

中国大部分企业仍然居于世界产业链的下游，我国只有紧跟世界前沿技术，通过对外直接投资获取、学习先进技术，在此基础上进行改进和创新，并保持持久的自主创新能力，才能最终进入世界产业链的上游。

中国企业在对外直接投资过程中对技术的学习吸收、改进完善和自主创新缺一不可，三者应有机结合，而自主创新是重中之重。

图 10－1 勾画出中国企业对外直接投资技术提升战略的总体框架体系。

以上国家对中国企业对外直接投资技术提升的战略支持和企业的战略选择应该结合起来，共同形成我国企业对外直接投资的技术提升战略。同时，行业协会①作为政府和企业之间的桥梁纽带，也应进一步发挥协调、调研和政策建议等作用。我国跨国企业在对外直接投资中不断进行技术提升的同时，将促进行业和国家整体技术水平的提升以及国家的产业升级，从而提高我国在世界产业链中的地位，在知识经济和全球化背景下，实现与其他国家在国际竞争中的共赢。

---

① 我国海外发展与规划协会于 2004 年年底成立。

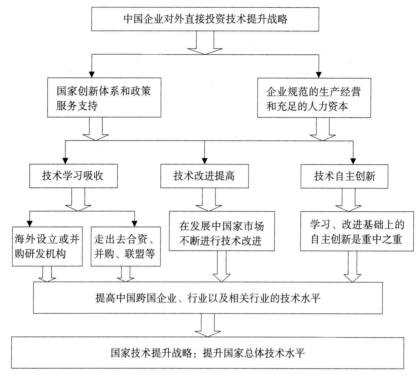

图 10－1 构建中国企业对外直接投资技术提升战略的总体框架体系

主要参考文献

1. ［美］多恩布什、费希尔、斯塔兹:《宏观经济学》(第七版),王志伟译,中国人民大学出版社 2000 年版。

2. 国务院发展研究中心企业研究所课题组:《中国企业国际化战略》人民出版社 2006 年版。

3. 郭庆旺、贾俊雪:《中国潜在产出与产出缺口的估算》,《经济研究》2004 年第 5 期。

4. 甘子玉:《中国海外投资年度报告 2005~2006》,社会科学文献出版社 2006 年版。

5. 匡跃平:《知识经济时代跨国公司的科学技术管理》,《科研管理》

2000 年第 2 期。

6. 江小涓:《理解科技全球化——资源重组、优势集成和自主创新能力的提升》,《管理世界》2004 年第 6 期。

7. 鲁桐:《中国企业海外市场进入模式研究》,经济管理出版社 2007 年版。

8. 李东阳:《国际直接投资与经济发展》,经济科学出版社 2002 年版。

9. 李蕊:《跨国并购的技术寻求动因解析》,《世界经济》2003 年第 2 期。

10. 盛亚、单航英:《中国企业跨国研发的策略研究》,《甘肃社会科学》2006 年第 1 期。

11. 王海:《中国企业海外并购经济后果研究》,《管理世界》2007 年第 2 期。

12. 王小鲁、樊纲等:《中国经济增长的可持续性——跨世纪的回顾与展望》,经济科学出版社 2000 年版。

13. 王志乐:《静悄悄的革命:跨国公司向全球公司转型》,《经济导刊》2008 年第 3 期。

14. 冼国明、严兵:《FDI 对中国创新能力的溢出效应》,《世界经济》2005 年第 10 期。

15. 徐加、付建彬:《联想收购 IBM 全球 PC 事业部案例分析》,《经济论坛》2005 年第 22 期。

16. 2003 ~ 2006 年《中国对外直接投资统计公报》。

17. 1982 ~ 2007 年《中国统计年鉴》。

18. Alexander, R. J. : "Is the United States Substituting a Speculative Economy for a Productive One?" *Journal of Economic Issues*, 1986, 1.

19. Blundell, R. , Rachel G. : "Market Share, Market Value and Innovation in a Panel of British Manufacturing Firms", *Review of Economic Studies*, 1999, 66.

20. Clarke, G. : "Do Government Policies that Promote Competition Encourage or Discourage New Product and Process Development in Low and Middle Income Countries?" *World Bank Policy Research Paper*, No.

3471, 2005.

21. Dunning, J. H. : "The Eclectic Paradigm of International Production: A Restatement and Some Possible Extensions", *Journal of International Business Studies*, 1988, 19(1) Spring: 1 ~ 31.

22. Dunning, J. H. : "Location and the Multinational Enterprises: A Neglected Factor?", *Journal of International Business Studies*, 1998, 29(1) .

23. Dunning, J. H. : "The Eclectic (OLI) Paradigm of International Production: Past, Present and Future", *International Journal of the Economics of Business*, Vol. 8, No. 2, 2001.

24. Geroski, P. A. : *Market Structure, Corporate Performance and Innovative Activity,* Oxford and New York: Oxford University Press and Clarendon Press, 1994.

25. Harris, R. J. , Ravenscraft, D. : "The Role of Acquisitions in Foreign Direct Investment: Evidence from the U. S. Stock Market", *Journal of Finance*, 1991, 46(1) : 825 ~ 844.

26. Hesey, K. B. , Caves, R. E. : "Diversification Strategy and Choice of Country: Diversifying Acquisitions abroad by U. S. Multinationals 1978 − 1980", *Journal of International Business Studies*, 1985, 16: 51 ~ 64.

27. Porter, M. E. : *The Competitive Advantage of Nations*, Free Press: New York, 1990.

28. UNCTAD: *World Investment Report*, 1994 − 2007.

29. World Bank: *The East Asian Miracle: Economic Growth and Public Policy*, New York: Oxford University Press, 1993.

30. World bank: *World Development Report*, Washington, D. C. , 2005.

第十一章 中国企业跨国经营的融资战略

第一节 中国企业跨国经营的融资现状

一、中国企业跨国经营融资与中国市场化进程的一致性

所谓融资,就是融通资金,指资金在持有者之间的融通,以调剂余缺。融资可以包括货币持有者之间的融通、实物资金持有者与货币资金持有者之间的融通。根据融资是否涉及其他国家(或地区)的资金持有者,可以分为国内融资与国际融资。国内融资是指资金的融通发生在本国资金持有者之间,而不涉及其他国家(或地区)的资金持有者;国际融资则是指资金的持有者涉及其他国家(或地区)。根据资金在融资人(资金提供者)和筹资人(资金需求者)之间是否通过中介,可以把融资分为直接融资和间接融资。直接融资是融资人与筹资人通过直接的交流实现资金融通;间接融资是指通过金融中介人、机构,如银行、保险公司、投资公司等进行的资金融通,融资人和筹资人不直接发生联系。根据融资人和筹资人之间是形成传统的债权关系还是股权关系,可以分为债权融资和权益融资。债权融资指筹资人到期必须归还本金,并对融资人支付固定回报的资金融通,融资人不享受筹资人收益,也不承担筹资人风险;权益融资指筹资人通过发行权益性有价证券与融资人(亦称为投资人)签订合营契约,实现资金从融资人向筹资人的流动,并因此而形成共同承担投资风险、共同分享投资收益的投融资关系。

对于跨国经营的企业来说,有着更多的资金来源,其最主要的资金来源有以下四个方面:一是企业集团内部的资金来源。跨国经营企业在日常经营活动中都可能产生或获得大量的有效资金,这些资金都有可能成为其某一海外分支企业发展所需要的资金来源。二是母公司本国的资金来源。母国往往是企业经营的坚强后盾,跨国经营企业从母国获得资金

的渠道主要有三种:从母国银行或其他金融机构获得商业性贷款,从母国资本市场直接融资,从母国官方或半官方金融组织获得为鼓励出口或国际直接投资而设立的各类专项贷款。三是子公司东道国的资金来源。东道国资金来源是跨国经营企业资金的重要来源。四是国际的资金来源。指从第三国金融机构或资本市场筹资、从国际金融市场筹资以及向有关国际经济组织借款等。同国内企业相比,跨国经营企业在融资方面具有更多可选的融资方式和更强大的融资优势。

中国企业的跨国经营起步于 1979 年,其发展进程与中国的市场取向转轨的改革开放进程是一致的。中国跨国经营企业的融资随着人们对跨国经营认识的深入和我国经济向世界经济的融合,其融资进程也与这个进程是一致的。我国从 1982 年开始涉足国际资本市场,并且是从发行国际债券开始的。1982 年,中国国际信托投资公司经我国政府批准,在日本东京国际债券市场以私募形式发行了期限为 12 年、利率为 8.7% 的100 亿日元国际债券,由此开创了中国企业在国际资本市场筹集资金的先河。随着中国市场取向的改革进程的确立,中国企业开始在海外进行股权融资。1993 年,青岛啤酒股份有限公司在香港联交所成功挂牌上市,开了国内企业海外上市的先河。1993 年共有 9 家企业在海外上市融资。此后,随着我国企业规模和国际知名度的扩大,越来越多的中国企业在国际资本市场上进行债权融资和权益融资。

二、中国企业跨国经营主要融资方式

(一)公司内部融资

跨国公司是由分设在两个或两个以上国家的经济实体组成的企业,这些经济实体可以具有不同的法律形式和活动范围,但它们的业务是通过一个或多个决策中心,根据既定的政策和共同的战略来经营的。由于所有权或其他因素,在企业内部的各个实体中,有一个或一个以上的经济实体能够对其他实体的活动施加重要影响。跨国公司为了降低融资成本和加强内部的财务管理,通常在跨国公司内部进行资金的融通。因此,跨国公司不仅存在贸易内部化的倾向,而且存在融资内部化的倾向。从资金融通的角度来看,跨国公司可以选择两个金融市场:一个是外部金融市场,即跨国公司系统之外的金融市场;另一个是内部的金融市场，即跨国公司内部融资所形成的市场。跨国公司选择从外部市场融资还是在内部市场融资，取决于这两个金融市场的成本和效率。跨国公司的内部融资方式主要有两种类型：一种是从外部金融市场取得资金，然后在跨国公司内部进行融通；另一种是在跨国公司内部进行统一的资金融通。

对于中国企业的跨国经营来说，内部融资占相当的比重。根据商务部公布的中国对外投资统计报告显示，2003 年，中国对外直接投资总额为 29 亿美元，扣除对外直接投资企业对境内投资主体的反向投资，投资净额为 28.5 亿美元，同比增长 5.5%；截至 2003 年年底，中国累计对外直接投资总额为 334 亿美元，扣除对外直接投资企业对境内投资主体的反向投资，累计对外直接投资净额为 332 亿美元；2003 年，以收购方式实现的对外直接投资占 18%，股本投资占 14%，利润再投资占 35%，其他投资占 33%。2004 年，中国对外直接投资总额为 55.3 亿美元，扣除对外直接投资企业对境内投资主体的反向投资，投资净额为 55 亿美元，同比增长 93%；截至 2004 年年底，中国累计对外直接投资总额为 449 亿美元，扣除对外直接投资企业对境内投资主体的反向投资，累计对外直接投资净额为 448 亿美元；2004 年，股本投资占 31%，利润再投资占 52%，其他投资占 17%。2005 年，中国对外直接投资净额为 122.6 亿美元，同比增长 123%，其中：新增股本投资 38 亿美元，当期利润再投资 32 亿美元，其他投资 52.6 亿美元。公报显示，2005 年中国对外直接投资流量首次超过 100 亿美元；通过收购、兼并实现的直接投资占到当年流量的一半；境内投资主体对境外企业的贷款形成的其他投资在直接投资中占 43%。2006 年，中国对外直接投资净额为 211.6 亿美元，其中：新增股本投资 51.7 亿美元，占 24.4%；当期利润再投资 66.5 亿美元，占 31.4%；其他投资 93.4 亿美元，占 44.2%。截至 2006 年年底，中国 5000 多家境内投资主体设立对外直接投资企业近万家，共分布在全球 172 个国家（地区），对外直接投资累计净额为 906.3 亿美元，其中：股本投资 372.4 亿美元，占 41.1%；利润再投资 336.8 亿美元，占 37.2%；其他投资 197.1 亿美元，占 21.7%。非金融类对外直接投资流量的五成来自境内投资主体对境外企业的贷款。

表 11-1　中国对外直接投资的流量资金构成形式

年度＼项目	新增股本		当期利润再投资		其他投资	
	流量（亿美元）	比重（%）	流量（亿美元）	比重（%）	流量（亿美元）	比重（%）
2003	4	14	10	35	14.5	51
2004	17	31	28.6	52	9.4	17
2005	38	31	32	26	52.6	43
2006	51.7	24.4	66.5	31.4	93.4	44.2

资料来源：根据商务部发布的 2003 年、2004 年、2005 年、2006 年《对外直接投资统计公报》整理而成。

(二)信贷融资

1. 国内信贷融资

国内金融机构是中国企业进行跨国经营的一个主要融资渠道。

一是商业银行机构融资。在我国对外投资仍以国有企业为主,虽然民营企业发展势头良好。据统计,在中国对外投资总额中,国有企业境外投资额占 43%,混合所有制的有限责任公司、股份有限公司等占 34%,私营企业则占到了 10%。① 而我国国有企业的一条主要融资渠道是银行间接融资。国内几家大型国有商业银行也有"两大"的倾向,即面向大型企业和大型项目提供融资。

二是政策性银行金融机构融资,如政策性银行——中国进出口银行。中国进出口银行成立于 1994 年,是以促进国际经济发展与合作为目标的国家政策性银行。进出口银行是支持进出口、海外承包工程和海外投资项目的主要融资渠道,是唯一的优惠贷款承贷银行。中国进出口银行是支持我国开放型经济发展的国家出口信用机构,该行主要把支持高技术含量、高附加值的机电产品和高新技术产品扩大出口作为融资重点,综合运用多种政策性金融工具,支持我国有比较优势的企业走出国门,开展对外承包工程和包括境外加工贸易、境外资源合作开发等形式在内的境外投资业务。2001 年,中国进出口银行批准对外承包工程和境外投资贷款

---

① 《中国企业国际化战略报告 2007 蓝皮书》,中国发展门户网,http://cn.chinagate.com.cn/reports/2007-11/21/content_9268281.htm。

达 157 亿元人民币,比 2000 年增长了 1 倍。2002 年,中国进出口银行与中国石油化工集团公司签署了总额为 80 亿元人民币的《出口卖方信贷一揽子授信额度框架协议》,主要用于支持该集团在未来 5 年内的海外油气勘探开发、对外工程承包,以及机电产品、成套设备及高新技术产品出口等项目。根据进出口银行公布的数据,截至 2004 年年末,中国进出口银行国内外资产总额达到 3058.7 亿元,累计提供出口信贷 3283 亿元。其中,支持出口机电产品和高新技术产品总达 1656.5 亿美元,支持对外承包工程和境外投资项目贷款为 234 亿元。截至 2006 年年底,进出口银行共批准各类贷款 2081 亿元,发放贷款 1315 亿元,分别比 2005 年增长 60% 和 11%,共支持了 667 亿美元的机电产品和高新技术产品出口、对外承包工程和境外投资项目。

1998 年,中央政府开始允许私有企业进行海外直接投资,私有企业也开始走出国门。中国进出口银行于 2006 年 12 月 25 日在北京与中华全国工商业联合会签署金融合作框架协议。该协议旨在运用政策性金融资金进一步鼓励、支持和引导民营企业对外投资和跨国经营。根据协议,全国工商联将向进出口银行推荐具有一定实力的民营企业和境外投资项目,进出口银行将据此为企业提供进出口信贷、境外投资贷款和贸易融资等方面的政策性金融支持。重点支持的领域包括高科技产品出口、对外承包工程、技术装备产品进口、农产品出口以及中国企业跨国并购等。

2. 国际信贷融资

国际信贷是指一国贷款银行或国际贷款银团在国际市场上向另一国的借款人或国际机构提供的货币贷款,包括国际商业银行贷款和国际金融组织贷款等。国际商业银行贷款按期限长短可分为短期信贷和中长期信贷。中长期信贷具有使用较自由、借取方便,但利率水平高和限制性条款较严等特点。其贷款方式有双边银行贷款和银团贷款两种。国际金融组织贷款包括世界银行集团贷款和区域性开发银行贷款。世界银行集团由世界银行、国际开发协会、国际金融公司(IFC)组成。区域性开发银行有亚洲开发银行、美洲开发银行、欧洲投资银行、非洲开发银行等。据国际金融公司网站发布的信息看,中国企业从 1985 年至 2007 年年底,通过 IFC 贷款、IFC 股本、银团贷款三种方式共获得资金 32.7848 亿美元。

（三）股权融资

1. 国内招股上市融资

国内招股上市融资有 A 股和 B 股。除了发行 A 股融资外，我国目前以国内招股上市方式吸引外资是发行人民币特种股票即 B 种股票。所谓 B 股是指一种向境外发行的只供中国境外的外籍及中国港、澳、台的自然人和法人用外币直接参与投资，并要在中国股票市场上上市的人民币特种股票。我国 B 股的创新不仅开创了利用股权证券吸引外资的先河，而且也是我国证券市场国际化的一大举措，特别是我国在实行较严的外汇管理制度、人民币还没有实现完全自由兑换的条件下，通过发行境内上市外资股，既吸引了大量的外资，又避免了因利用外资而受到国际游资的冲击，可以稳定地利用这部分外资。

2. 海外上市融资

海外上市是指国内企业向境外投资者发行股权或附有股权性质的证券，该证券在境外公开的证券交易所流通和转让。企业进行境外上市的主要目的有以下几点：拓展融资空间、改善资本结构、转换治理机制和扩大国际影响。

众多国内企业（尤其是民营企业）海外上市原因众多，主要是由他们现在所处的环境决定的。一是国内因素。由于国家正处于产业、金融政策调整期，在交易所门口排队等着上市的企业数量众多。在这种情况下，更多的企业选择了境外上市的途径。二是国外因素。由于中国经济持续高速发展，越来越多的外国公司看准中国市场，都想到这来分得一块蛋糕。同时，国际资本竞争的激烈性加速了其进军中国市场的步伐。很多国内企业海外上市可看到国外风险投资的身影。另外，海外上市效率较高、上市条件比较灵活、有较好的退出机制、可以设计期权激励方案等优势也吸引着国内企业。三是跨国经营企业自身原因。企业所面临的不仅仅是国内这个市场，而且更要适应国际这个大环境，企业的生存与发展一定要适应国际市场的游戏规则。因而，更多的企业希望通过海外上市这条路，扩大企业知名度、学习国外企业先进的管理经验、转换企业治理结构等以提升其国际市场的竞争能力。另外，很多的优秀民营企业很难在国内金融市场融到企业进一步发展所需要的资金，所以选择到海外进行融资。四是中国政府的态度。对于国有大企业，政府是支持、鼓励他们到海外上市的,如建设银行、交通银行、中国移动、中国电信、中国石油等,他们都是借海外上市,到国际市场融资,吸收跨国公司的先进的企业管理经验,以提升其国际竞争力。另外,政府也不愿看到的局面是大量高科技民企海外上市。其主要原因是:企业的专利技术外移,资本外流,易被国际资本控制,规避中国政府监管等。

企业海外上市主要有三种模式:一是IPO上市模式,包括海外直线IPO和海外曲线IPO;二是买壳上市模式;三是其他上市模式,如存托凭证上市模式及可转换债券上市模式。

IPO上市模式。IPO（Initial Public Offering）,亦称首次公开发行股票,是指股份公司委托投资银行等中介机构第一次公开在股票市场上向潜在的广大投资者发售股份,为项目投资募集权益资本。在海外上市中,IPO上市模式可分两种:一种是海外直线IPO,另一种就是涉及境内权益的海外公司在海外曲线IPO。

海外直线IPO,亦称直接上市,是指直接以国内公司的名义向国外证券主管部门申请发行的登记注册,并发行股票（或其他衍生金融工具）,向当地证券交易所申请挂牌上市交易。也就是我们通常所说的H股、N股、S股等。如上海石化、青岛啤酒、中国石油、中国石化、中国移动等就是以这种方式上市的。直接上市方式路径安排相对简单,可以直接进入外国资本市场,节省信息传递成本,企业可以获得大量的外汇资金和较高的国际知名度。但是由于涉及两个国家的政治、经济、文化等因素,因此也存在着一些困难,如两个国家之间的法律不同、国家之间的会计准则上的差异、审批手续繁杂等。因此,很多企业不能选择直接IPO方式上市。

涉及境内权益的海外公司在海外曲线IPO,亦称造壳上市,是指一国企业在境外注册一家公司,由该公司对国内企业进行控股,再以境外控股公司的名义申请上市,筹集的资金投向国内,从而达到国内企业境外间接上市的目的。其本质是通过将国内资产注入拟上市壳公司的方式实现国内企业上市融资的目的。

造壳上市按境内企业与境外公司关联方式的不同,又可细分为控股上市、附属上市、合资上市以及分拆上市。控股上市,是指国内企业在境外注册一家公司,然后由该公司建立对国内企业的控股关系,再以该境外控股公司的名义在境外申请上市,最后达到国内企业在境外间接挂牌上市的目的。附属上市,是指国内欲上市企业在境外注册一家附属机构,使国内企业与之形成母子关系,然后将境内资产、业务或分支机构注入境外附属机构,再由该附属公司申请境外挂牌上市。合资上市,适用于国内的中外合资企业,在这类企业境外上市的实践中,一般是由合资的外方在境外的控股公司申请上市。分拆上市,适用于国内企业或企业集团已经是跨国公司或在境外已设有分支机构的情况。它是指从现有的境外公司中分拆出一子公司,然后注入国内资产分拆上市,由于可利用原母公司的声誉和实力,因而有利于成功上市发行。

买壳上市亦称为反向收购(Reverse Merger),是指非上市公司以现金或交换股票的手段收购另一家已在海外证券市场挂牌上市公司的部分或全部股权,然后通过注入母公司资产的方式,实现母公司海外间接上市的目的。

企业海外上市的其他方式主要有存托凭证和可转换债券两种,这两种上市方式往往是企业已经在境外上市,再次融资时采用的方式。存托凭证(Depository Receipts,简称DR)是指一国证券市场流通的代表外国公司有价证券的可转让凭证,它是股票的一种衍生产品。在中国,以这种方式上市融资的多以国有大中型企业为主。存托凭证按其发行范围可分为:美国存托凭证(American Depository Receipts,简称ADR),向美国投资者发行;全球存托凭证(Global Depository Receipts,简称GDR),向全球投资者发行;其他国家存托凭证(如新加坡存托凭证SDR)。

可转换债券(Convertible Bond)是公司发行的一种债券,它规定债券持有人在债券条款规定的未来某一时间内可以将这些债券转换成发行公司一定数量的普通股股票。可转换债券是一种信用债,不需要用特定的抵押去支持可转换债券的发行。发行公司用其信誉担保支付其债务,并以契约形式作为负债凭证。

海外上市地点主要是 NASDAQ、纽约证券交易所、新加坡主板、香港主板、香港创业板、东京证券交易所创业板等。其中香港和纽约是中国企业上市的两个主选地点。

从中国证券监督管理委员会网站公布的信息来看,从 1993 年至2006 年年末,共有 147 家企业在海外上市进行融资,其中有 42 家进行了增资发行,另有 5 家发行了可转换债券,共筹集资金 948.92 亿美元(如表

11－2 所示）。

表 11－2 中国企业海外上市筹资情况统计

年度	家数			筹资额（亿美元）
	首次发行	增资发行	可转换债券	
1993	6			10.49
1994	12			22.34
1995	2	1		3.79
1996	6	1	1	12.12
1997	17	2	2	46.85
1998	1	2		4.57
1999	3			5.69
2000	5			67.90
2001	8	1		8.82
2002	16	1		23.23
2003	18	3	2	64.92
2004	18	8		78.26
2005	12	12		206.47
2006	23	11		393.48
合计	147	42	5	948.92

资料来源：中国证券监督管理委员会网站，http://www.csrc.gov.cn。

　　另据大中华区著名创业投资与私募股权研究、顾问及投资机构清科集团所属的清科研究中心发布的《2007 年第二季度中国企业上市研究报告》，在 2007 年 4～6 月期间，合计共有 21 支中国概念新股在 NASDAQ、纽约证券交易所、新加坡主板、香港主板等海外市场上市，融资总量为114.95 亿美元。

　　根据该报告的统计数据，2007 年第二季度海外上市的中国企业相对集中地分布在传统行业和服务行业。有 8 家来自传统行业和 5 家来自服务行业的中国企业通过海外 IPO 分别成功融资 51.65 亿美元和 46.84 亿美元，两个行业合计上市企业数量占所有海外上市中国企业数量的61.9%，而合计融资额占其所有行业融资总额的 85.7%。

第十一章　中国企业跨国经营的融资战略

389

表 11 - 3　2007 年第二季度中国企业海外 IPO 情况统计（按市场类别）

资本市场	简称	IPO 数量（家）	融资额（百万美元）
香港主板	HKMB	9	9035.35
纽约证券交易所	NYSE	5	1294.28
新加坡主板	SGX	4	904.38
纳斯达克	NASDAQ	2	219.40
东京证券交易所创业板	MOTHERS	1	41.79
合计		21	11495.20

资料来源：清科研究中心。

（四）债券融资

公司债券是资本市场的一种基本金融工具，通常是指实行有限责任制度的公司依照发行法定程序发行，约定在一定期限内还本付息及履行其他附加条件的标准化债权凭证。

除了在国内证券市场发行公司债券外，发行国际债券也是中国企业进行跨国经营的融资渠道之一。与银团贷款和股权融资方式相比，国际债券融资运用比较灵活（不受贷款协议限制），而且不稀释控制权。但国内企业发行国际债券融资的方式受到国家政策比较多的限制。

国内是从 1984 年开始发行企业债券，发行国际债券是从 1982 年开始的。虽然经过 20 多年的发展，企业债券的融资功能有了一定程度的发挥，但是融资规模和融资比例还是偏低。中国企业外部融资的资金规模呈现"银行贷款＞股票＞公司债券"的局面，这与融资优序理论中的"内部融资＞公司债券＞股票"的融资顺序存在着明显的反差。造成这种偏好的原因主要是：在中国特定的条件下，股权融资成本较低；不合理的制度和政策是深层次原因。

三、中国企业进行跨国经营融资中存在的问题

（一）中国跨国经营企业融资难

我国企业在跨国经营中可以获得的资金来源主要有银行融资、财政融资、证券融资、商业融资和国际融资 5 类。但资金短缺一直是制约我国跨国企业发展的一大瓶颈。据统计，我国 90% 以上的境外投资项目投资

金额在300万美元以下,境外加工贸易项目平均投资金额为220万美元,其中一半以上在100万美元以下,而发达国家对外投资项目的平均投资金额在600万美元左右,发展中国家在450万美元左右。国内企业的境外投资规模普遍偏小,说明企业普遍面临资金短缺的问题,这已成为国内企业扩大境外投资的最大制约因素。

(二)中国跨国经营企业的海外融资能力低下

国际融资是跨国公司非常重要的一条融资渠道,但现在我国国际金融资本在世界资本总额中所占的比重还不足2%。由于我国跨国公司起步较晚,向国际金融市场融资的时间不长,实践不多,因此长期以来我国跨国公司国际融资呈现出以下特点:跨国公司内部融资率不足,而外部融资中间接融资占绝对优势。虽然,从动态看,直接融资的比重在不断提高,但"股热债冷",在国际股票融资迅速发展的同时,国际债券融资严重滞后。具体表现为:第一,内部融资与外部融资比例不合理。我国跨国公司内部融资比例较低,不利于公司平均资本成本的降低以及企业市场价值的提升。我国跨公司在国际上要面临国际竞争,过度依赖外部融资将导致跨国公司经营风险激增。而且,内部融资比例偏低也会极大地影响我国跨公司在国际金融市场上的资信水平,不利于在国际金融市场上的外部融资。第二,直接融资与间接融资比例不合理。我国跨国公司外部融资以银行信贷为主,国际证券融资比例较小。跨国公司的资本成本得不到有效降低,因此严重阻碍了我国跨国公司市场价值的成长。第三,股票融资与债券融资的比例不合理。在国外成熟的资本市场体系中,由于债券融资有利于企业降低平均资本成本、提高融资效率及公司经营管理决策和理性,因此债券融资已成为发达国家企业融资的主要手段。但在我国,跨国公司直接融资的方式偏重于股票融资,其债券融资与股票融资比例严重不协调。

(三)中国企业在进行跨国经营活动时,缺少同中国跨国银行的密切联系

在西方发达国家,跨国公司在国外设立分支机构,开展业务,就会有跨国银行相跟随,为跨国公司的融资、存储等金融业务服务。我国海外银行的发展实际上并没有对跨国公司的成长起到应有的促进作用。具体表现在:企业和银行在跨国业务的发展战略上不协调;我国银行提供的跨国

服务还局限于一般的常规银行业务,自身投资参股工商业生产经营活动很少;由于受传统体制的束缚,我国的银行还不可能对我国跨国经营企业的海外融资起到足够的支持作用;跨国银行的海外分支机构一般不愿支持我国海外企业的融资。根据最新发布的统计,截至 2006 年年末,中国国有商业银行共在 29 个国家设有 47 家分行、31 家附属机构和 12 家代表处,总投资 123.36 亿美元。[①] 但是中国非金融类企业的投资,则已经覆盖了 172 个国家和地区,并且海外不少中资银行都分布在口岸城市,以贸易结算服务为主,无法满足企业投资的需求。

第二节 中国企业跨国经营融资战略分析

我国跨国公司进行融资时,应从全球范围内考虑、权衡和选择融资的方式,在世界范围内进行融资,以实现其全球经营战略目标。其主要采取以下几种战略:

一、优化企业资本结构战略

对于在全球范围内配置资源的跨国公司,资本结构优化是十分重要的,它有助于指导跨国公司科学合理地利用国内外各种融资渠道,并确保国际化资本运营的顺利开展;更重要的是,资本结构优化有利于跨国公司实现市场价值最大化的目标,提高跨国公司的国际竞争力。因此,我国跨国公司在进行融资时,重视其资本结构优化是非常重要的,这对其生存和发展具有十分重要的现实意义。但是在现实中,最优资本结构的数值是不存在的,因为资本成本中的很多项成本如代理成本等是无法精确计量的。因此,我国跨国公司在进行资本结构优化时,应致力于寻求最优的资本结构"范围"。我国跨国公司在进行融资时,应从控制成本出发,科学选择融资工具,主动调整各种融资方式的组合比例,使其资本成本处于最优的"范围"内。其具体战略如下:

---

① http://www.cnglobal.net/news/news_show.asp?id=11&ClassID=3,《中国对外投资首超 200 亿美元——邢厚媛称中国企业"走出去"将进入一个新的时期》。

（一）内部融资战略

内部融资作为一项权益资本,其融资成本低,风险小。而且对于跨国公司来说,以留存收益融资可避免普通股融资可能带来的所有权与控制权稀释,以及债券融资带来的财务危机风险增大、代理成本增大等问题。在发达市场经济国家,内部融资不仅是企业生存、发展、壮大的基本源泉,也是企业外部融资的基本保证。跨国公司通过有计划地协调各子公司的资金流动,可以大大减少公司的资金成本和风险。因此,充分利用公司内部资金调度系统,对跨国公司融资战略起着举足轻重的作用。原因在于:首先,偏低的内部融资比例非常不利于公司平均资本成本的降低以及企业市场价值的提升;第二,参与国际竞争的跨国公司,面临着各种经济变量极大的不确定性,特别需要强调经营风险的控制,而过度依赖外部融资将导致跨国公司经营的风险激增;第三,内部融资比例偏低也会阻碍跨国公司国际融资渠道的拓展,不利于其获得低成本的外部资金。

我国跨国公司在进行内部融资时采用的融资策略归纳起来主要有以下几种:

第一,公司内部贷款。跨国公司子公司所在国如果对资金转移不加限制,则母公司可直接贷款给子公司,贷款货币可以使用任何一方或第三方货币,而贷款利率实际上则是资金的内部转移价格。如果处于外汇管制或可能管制国家的子公司需要贷款,对跨国公司来说,直接贷款的风险太大,成本太高,则可采用平行贷款或背对背贷款方式。

第二,对子公司的股权投资与子公司股息策略。母公司对子公司进行初始投资决策时,根据公司的总体融资战略和东道国类似公司的财务结构确定股权资本与债务资本所占比例。如果子公司财务结构中股权资本比例不至于小到令东道国政府大为不满的地步,则母公司采用贷款形式向子公司提供资金,这样做的优点有:一是通过偿还贷款本金和支付利息,母公司可以较方便地收回投资,且偿还本金不需纳税。二是由于东道国政府的资本管制措施,股权投资的收回甚至股息的支付都会受到限制,而贷款本金的偿还和利息支付则可回避这点。且利息费用还具有抵免子公司税赋的作用。另外,子公司在制定股息支付政策时需考虑以下几方面因素,以使股息的发放起到内部资金调度的作用:母公司与子公司对资金的相对需求;东道国货币的汇率变动趋势;股息对跨国公司全球税负水平的影响;东道国政府及市场对股息支付水平的看法及东道国有关股息发放的法律规定;东道国的政治风险。

第三,提前或延迟支付货款或债务。提前与延迟支付货款或债务可以为跨国公司有效转移内部资金提供很大的灵活性。但是,政府外汇管理机构一般不愿允许进口提前和出口延迟,常对此制定一些限制性规定。因此,我国跨国公司在运用提前或延迟方式时,应从公司角度与政府角度两方面进行权衡。

第四,公司内部支付管理费、技术转让费、专利或商标使用许可费等。管理费、技术转让费、专利或商标使用许可费等实际上是公司内部的资金流动,其管理原则是以公司总体利益最大化为准。但是上述费用的内部支付,东道国政府往往实施较严格的限制和监控措施,所以我国跨国公司在最初制定公司总体费用标准时应从公司总体利益出发确定费用标准,并一贯保持,以防范东道国政府的相关限制。

(二)债券融资战略

相对于股票融资而言,债券融资更有利于资本结构的优化。原因如下:第一,债券融资较股票融资具有成本优势。在债券融资中,债务利息计入成本,具有抵税效应;并且债券融资风险小于股票,债券投资者的要求报酬率比股票投资者的要求报酬率低,因此债券融资成本低于股票融资成本。第二,债券融资不存在控制权稀释问题。通过增募股本方式融资,公司现有股东的控制权会被稀释,公司的管理结构将因新股东的增加而受到较大影响,而债券融资就不存在这种问题。第三,债券融资能传递企业经营良好的信息,根据信息不对称理论的解释,投资者会将企业的融资方式作为一种信息传递的工具,企业以债券融资表明其经营能力和发展前景良好;相反,投资者会将企业发行股票融资看做其经营暗淡的信号。美国跨国公司的外部融资中有2/3是通过发行公司债而获得的,世界上其他发达国家跨国公司的外部融资中,债券融资的比重也越来越大。1993年以来,我国开始允许企业进入国际债券市场,我国部分跨国公司以企业信用为基础开展国际债券融资。

(三)适应国际资本市场证券化趋势,积极开展国际股票融资

在国际资本市场中,中长期信贷融资期限长、金额大、风险大,借贷双方需签订严格的贷款协议。对于我国大部分跨国公司来说,由于很难获

得国外权威信用评级机构授予的较高级别的信用等级,通过这一方式在国际资本市场上融资难度较大。因此,我国跨国公司抓住国际资本市场证券化这一机遇,从优化资本结构、实现企业市场价值成长的战略高度出发,积极开展国际股票融资,以降低资本成本,满足跨国经营的大量资金需要。从另外一个角度看,发展国际股票融资可促进我国跨国公司按照国际规范运作,有利于提高我国跨国公司在国际资本市场上的知名度,为进一步拓展国际融资渠道做好准备。

二、公司总体融资成本最低化战略

当今的国际资本市场,由于各国政府各种各样的行政干预以及某些社会、经济、技术等方面的因素,使得国际资本市场仍可分为众多的差异化市场。这样,来源于这些差异化市场的资金,其成本不仅因风险不同而呈现出差异,而且还受不同国家(或地区)资本持有者之间资本要求报酬率差异、税率差异以及汇率变动等的影响。所有这些都为我国跨国公司进行全球融资实现总体融资成本最低化的战略提供了良好的机会。我国跨国公司为实现这一战略主要采用以下三种方式:

(一)减少税负

由于各国的税制、税率有很大差别,即使在同一国家,不同的纳税对象所承受的税负也各不相同。目前,几乎在所有的国家,跨国公司子公司支付国外债务的利息,即使是支付给母公司,都可享受税收抵免。但股息由于是从税后利润中支付,因此股息发放不能抵免税赋。我国跨国公司可通过融资方式的选择、融资货币的选择、融资地点的选择来降低税赋。

一是通过融资方式的选择来降低税负以降低融资的税后成本。例如,我国跨国公司在进行内部融资时,母公司以债务融资为主而非股本注入为主的形式向其国外子公司提供所需资金,将使公司的总体税赋得到某种程度的减少。我国非金融类对外直接投资流量的五成来自境内投资主体对境外企业的贷款(见表11-1)。

二是通过融资货币的选择来降低税负以降低融资的税后成本。利息享受税收抵免优待进一步影响到跨国公司融资货币的选择。由于国际资本市场并非完全有效运行,加之各国税收因素以及对外汇损益课税规定的差异,不同的融资货币将会给跨国公司的经营成本带来比较重大的影响。因此，我国跨国公司融资时参考以下这个具体的基本目标取向：即如果（1）国际费雪效应理论在现实中基本成立，（2）对外汇损益不加课税或实行税收优惠待遇，（3）利息支付享受部分甚至税收抵免，那么，成本最低的融资方案应该选择名义利率最高的货币（软币）。目前，世界上有许多国家（如澳大利亚、印度尼西亚、南非等）都不对外汇交易或债务带来的外汇损益课税，但也有一些国家（如英国、瑞典等）规定对外汇损益课税，而且，这些国家关于外汇损益的具体课税方法也不尽相同。

三是通过选择融资地点来降低融资的税后成本。例如，许多国家的政府对本国居民或在本国经营的公司向国外支付的股息、许可费和利息等征收一定比例的税收，即称预提税。预提税可用来抵免税赋。尽管从名义上说，预提税由国外债权人或股东承担，但是，国外债权人或股东常会因此而要求较高的税前收益率作为补偿。当然，筹资人可以拒绝提高债务利息或股息，但这样就会使其相对于少征或不征预提税的国家的筹资人在国际资本市场上融资时处于不利的竞争地位。为了既能避免过度的纳税负担，又能在国际货币市场上处于较佳的融资地位，我国的跨国公司就把融资地点设在一些不征或少征预提税的国家，如新加坡、中国香港等国家或地区。通过这种方式的操作就可减少公司整体的融资成本和纳税负担。

再如，在中国香港创业板、新加坡主板、NASDAQ、国内主板等市场其融资费用差别比较大，中国香港创业板合计费用约占融资总额的10% ~ 15%，NASDAQ约为18% ~ 20%。因为国内上市程序比较繁琐，加上受资本市场发展速度的制约，所以很多企业选择在香港上市，以降低融资成本。

表11－4　上市成本一览表

	中国香港创业板	新加坡主板	NASDAQ	国内主板
入市费	10万~20万港元	N/A	约27.2万~76万人民币	3万人民币
年费	10万~20万港元	2000~3000新元	8万~40万人民币	0.6万~3万人民币

	中国香港创业板	新加坡主板	NASDAQ	国内主板
中介费	保荐人顾问费 100万~200万港元;包销(发行总股数的2.5%~4%);上市顾问费120万~150万港元;保荐人法律顾问费70万~150万港元;估值费(不含境外资产估值)10万~40万港元;公关顾问费25万~40万港元;收款银行收费10万~20万港元;中国法律顾问费为10万~20万港元,合计需要1000万港元左右	主要包括牵头管理费、承销手续费、法律费用、报告会会计师费、中介费等。如果筹集资金锁定在1500万美元,承销费用与分销费用在2%~4%,咨询费费在80万美元~100万美元	中介费用(证券律师费、会计师费、财务顾问费、包销费等)、推广及其他费用(印刷、申请、宣传、调查费费用等)合计2000万人民币左右	承销费为募资总额的1.5%~3%(现一般底线为1000万元人民币);律师费用40万~80万元人民币不等,会计师事务所费用80万~200万元人民币不等
合计	一般合计费用为,1000万~1500万港元左右,占融资总额的10%~15%	费用在800万~1000万人民币	合计费用占融资总额的18%~20%,一般在2000万元人民币左右	合计费用在1000万元人民币以上

资料来源:叶新江、石正化等:《民企上市怪状背后》,《中国工商》2004年第4期。

(二)绕过信贷管制,争取当地信贷配额

当前,各国政府都在一定范围内和一定程度上对本国的融资市场实施干预。干预的原因多种多样,或是处于闲置信贷资金的增长,或是为了诱导投资方向做某种战略性的转移,或为了使利率或汇率稳定在低水平,以保证政府能够以较小的代价从货币市场取得资金,弥补财政赤字。当一国政府限制外国公司进入当地资金市场筹措资金时,一般的情况是当地资金利率处于绝对低的水平上(即低于风险调整后的利率)。因此,争取更多的当地政府信贷配额是十分有利的。当一国处于外资渗入过渡状况时,该国政府就可能规定新借外国资金的一部分必须存入政府指定的某一机构或采取类似措施,以提高国外融资的实际成本,抑制外来资金;当一国发现资金流出过度时(通常说来,此时当地的利率处于过低的状态),其政府便可能对外资企业在当地金融市场筹措资金实施信贷配额管理。对于拥有多种融资渠道和灵活的内部资金调度能力的跨国公司来说，就可以绕过当地资金信贷管制，既可满足当地子公司的资金需要，又可以降低或避免由于当地政府资金信贷管制而带来的融资成本。

（三）利用优惠补贴贷款

各国政府为了鼓励本国产品出口、优化产品结构、扩大劳动力就业等目的，往往提供一些优惠补贴贷款。例如，大多数国家的政府为了扩大本国出口和改善国际收支，都设置了专门的金融机构（如进出口银行），向本国境内的出口企业提供低息的长期贷款。这种优惠信贷也可给予境内生产出口产品或购买本国商品的外国企业。我国跨国公司可充分利用其全球经营网络，做出适当的投资与购销安排，以充分利用这些优惠信贷。

三、风险规避战略

融资风险可以分为融资直接风险和融资引致风险。融资直接风险是指每一种特定的融资方式或融资类型自身直接蕴藏的风险，融资引致风险是指各种融资间接引起的风险。我国跨国经营公司通常采取四种战略，即降低外汇风险、避免或降低政治风险、东道国融资战略、保持和扩大现有融资渠道来规避融资风险。

（一）降低外汇风险战略

外汇风险是指由于不确定的汇率波动而导致公司资产或收益遭受损失的可能性。主要有三类外汇风险：交易风险、换算风险和经营风险。其中，交易风险和换算风险主要源于公司经营中出现的未加抵补的外币净资产（或净负债）头寸。这种未抵补的头寸通常称为外汇暴露。降低外汇风险，就是通过事先采取一定的措施，避免外汇汇率变动给企业造成的可能的损失，或将这种损失减至最低。当前国际金融市场上外汇汇率变动频繁，企业必须在深入研究外汇风险的各种防范措施的基础上，有针对性的选用，才能避免外汇风险，减少损失。我国跨国公司通过配对的融资安排来消除或减少存在于某种货币上未抵补的净头寸，其主要方式有：一是公司内部实行平行贷款和货币互换。货币互换的优点是完全消除了外汇风险。平行贷款的优点是满足了各自子公司的货币需要，同时又避免了母公司自己进行直接投资而发生的外汇风险，减少了借款成本。二是慎重选好计价货币。选择可以自由兑换的货币，即那些实行浮动汇率制又有人民币汇价的货币,如美元、欧元等。在利用外资时,争取使用软货币,避免使用硬货币,以便减轻债务负担,在还款时可得到好处。在实践中,根据实际情况,权衡利弊得失,制定出相应的货币选择策略,即使外汇风险降至最低,又考虑为了保值而承担的机会成本。三是提前或延期结汇。如果估计未来一段时间内汇率将上扬,那么,融资企业应争取时间,提前支付所筹借款;如果预测未来汇率呈下跌趋势,那么,筹资企业在不违反合同相关条款、以免引起争议的前提下,应尽可能推迟还款时间。

(二)降低政治风险战略

政治风险是指东道国或其他国家政府的政治、经济政策的变化所导致的企业经营风险。政府行为、负面性和不确定性构成了政治风险的三个基本要素。政治风险主要有被征用和被冻结资金。征用是政治风险的一种极端形式,它是指东道国依法占有国外资产。征用是为国际法所认可的,任何主权国家都可以行使的权力。但是,依照国际法,实行征用的国家应根据被征用实体的要求给以充分和即刻的补偿。冻结资金是东道国政府对跨国公司子公司将资金汇回母公司或其他子公司行为的一种限制性措施。这种限制可能包括子公司的全部资金,也可能是针对其部分资金;可能是暂时的,也可能是较长时期的。

我国跨国公司在进行国际融资时,主要采用以下两个途径来降低政治风险:一是尽可能选择政治稳定的国家进行投资。在政治风险较高的国家投资时,尽可能利用公司外部资金。如果东道国政府或其他方面特别要求母公司必须提供内部资金,则应尽量以贷款的形式进行融通。二是以子公司或外国投资项目的赢利作为偿还贷款的资金来源。这样就促使债权人出于自身利益来关心该子公司或投资项目的进展情况,关注东道国对项目合同的履行情况,从而将子公司或投资项目的利益与国际性金融机构、客户甚至其他国家的政府的利益紧密地联系在一起。一旦东道国采取任何外汇管制或征用没收等行为,利益关系网上的各方面便会协力反对,从而使东道国政府投鼠忌器,不敢对该子公司或投资项目采取过激的行为。

(三)东道国融资战略

在东道国国内寻求股票和债务融资渠道。这样做既可以使东道国的相关部门受益,又使东道国政府不情愿做出对公司不利的行为,因为东道国对外国公司的干预将会使东道国政府或其金融机构遭受经济上的损失。另外,如果投资所用资金来自在东道国的融资,则海外投资资产与负债币种相同,货币错配①风险将大大降低;在实践中,为了降低货币错配风险,从事跨国经营的发达国家企业都相当重视在东道国和国际金融市场融资。1995年,日本企业海外子公司融资流量的45%来自东道国。1996年,美国跨国公司海外子公司外部资金存量中有47%来自东道国。

(四)保持和扩大现有融资渠道战略

跨国公司的融资战略需要具有两个特点,即全球性和长远性。在追求低成本低风险融资来源的同时,跨国公司还要放眼长远利益,保持和扩展全球范围的融资渠道,以确保稳定的资金来源和融资灵活性。

我国跨国公司具体采取以下两种方式:一是使资金来源多样化。我国跨国公司通过拓宽融资的选择范围,不过于依赖单一或少数几个金融市场。这样,既减少公司融资总体的风险,又通过融资活动,与全球各地金融机构建立联系,增加金融和经济信息来源,从而增加全球资金融通的灵活性。此外,通过到国际金融市场上以发行股票方式来筹措资金,还可提高公司的知名度,扩大公司产品在销售市场上的影响力,可谓一箭双雕。二是以超量借款保持现有资金来源。跨国公司为了保持现有资金来源或融资渠道,有时在并不急需资金的情况下向银行告贷。因为大多数跨国公司为了便利营运资金的周转,都在一些银行里保持透支限额。在限额内,公司可随时去贷款,贷款利息要低于普通和短期贷款;而低于未能利用的透支余额,则常需要向银行支付承诺费。大部分银行为了避免不必要的资金闲置,常会定期检查每笔透支限额,看客户的借款水平是否与其一致。如果银行以为客户的借款水平经常低于其拥有的透支限额,便可能减少给予该客户的透支限额。鉴于此,我国跨国公司在资金充足的情况下仍应定期向银行借款,以保持透支限额不被消减,在资金紧缩时可以获得应急之资。不过,这种借款的代价较高,因为这部分过剩资金在

---

① 一个经济主体的收支、资产负债由不同币种构成,导致其净值或净收入对汇率变动极为敏感,汇率变动导致其净值或净收入波动过大,此即所谓货币错配。从存量角度来看,货币错配指的是资产负债表(即净值)对汇率变动的敏感性;从流量角度来看,货币错配指的是损益表(净收入)对汇率变动的敏感性。净值或净收入对汇率变动敏感性越高,货币错配的程度也就越严重。

存入银行后所得的利率要低于透支利率。不过,以短期的利率损失来获得长期资金的灵活性是值得的。

第三节　中国企业跨国经营融资创新

一、跨国经营企业融资创新的必要性

在市场经济条件下,企业已完全转入资本经营,生产经营的所有要素都资本化了。因此,企业对要素的需求也就转化为对货币资本的需求,具体地说,这些需求主要包括:一是企业为了扩大生产经营规模,增加产量,就必须追加投入各种生产要素,转化为对追加资本投入的需求。二是企业实行国际多样化经营,就必须开拓新的领域,进入新的产业。为此,企业就必须要进行各种大规模的投资活动,特别是以项目为依托的国际直接投资活动,成为推动跨国公司国际化和多样化经营的重要形式。这些大规模的直接投资活动,形成对投资资本的需求。三是伴随着日益一体化的国际经济的发展,跨国公司的某些具有战略性意义的经营活动也日益高涨。例如,20世纪90年代的并购浪潮和跨国公司的国际证券投资。这些战略性经营活动的进行需要巨大的先期资本投入,形成对增加经营资本投入的需求。四是在超强竞争的经济中,技术竞争成为最集中的经济形态,技术基础越来越成为最重要的竞争源泉。跨国公司为了获得技术竞争的优势和领先性,纷纷大规模地开展技术研究与开发,技术投资因此而成为跨国经营的关键。这些日益增加的技术投资形成对技术投资资本的需求。

随着跨国经营规模的日益扩张,跨国公司对货币资本的需求不断增大。这些需求不仅数量巨大、涉及多种经营,而且比较集中、周期相对较长。对于这样一些需求,完全依靠跨国公司自有资金已很难满足。这就促进了跨国公司国际融资活动的发展,从而从外部渠道筹措大量资金,以解决自有资金不足的问题。从某种意义上说,在当代这样一个高度市场化、社会化和国际化的大生产条件下,通过外部市场的途径获取资源,比纯粹依靠自己的内部积累获取资源更具有经济意义和效率;从另一角度来看,发达的国际资本市场和金融市场也为跨国公司的国际融资提供了便捷的条件。

二、中国跨国经营企业融资创新的形式

(一)跨国公司与跨国银行融合

跨国银行自身也是一个跨国经营企业,它是以跨国经营货币信贷业务和国际融资业务、国际资本经营业务等为主的大型国际性金融机构,是当代国际资本运动的主要承担者。

跨国经营企业与跨国银行的相互融合与合作,表明在他们之间相互依赖、相互渗透和相互交织的增加。他们的融合表现在资产的交织和职能关系的加强。例如,银行拥有跨国经营企业相当多的股票控制额,有权决定和参与公司的经营业务;有银行组建的控股公司,再由控股公司掌握跨国经营企业的股票。

因此,中国商业银行要加快"走出去",大力发展中国的海外金融机构。充分发挥我国跨国银行在企业境外融资中的作用。目前我国金融业国际化进程比较缓慢,跨国企业与跨国银行之间的内在联系不尽如人意,为了改变这种状况,充分发挥我国跨国银行在企业境外融资中的作用,须采取以下对策:一是积极推进金融国际化,实现我国跨国企业与跨国银行的协同发展;二是充分发挥跨国银行的作用,为我国跨国企业境外融资提供全方位服务;三是创造条件构建中国银企集团,提高我国跨国企业的资信及融资能力。中资银行基本上是 20 世纪 80 年代末才开始走出国门的,不过最近几年发展得非常快。由于历史和业务发展的原因,中国银行是目前国内银行中最早国际化的商业银行,先后分别在中国香港、中国澳门、伦敦、大阪、新加坡、纽约、曼谷、东京等地设立海外分支机构。中国银行将"走出去"与综合经营战略相结合,通过在中国香港的子公司整体收购了新加坡飞机租赁公司作为参与国际金融租赁业务的平台。截至2006 年年底,中国银行已经拥有海外分支机构超过 600 家,海外员工 1.8万人。截至 2006 年年底,中国工商银行在中国香港、中国澳门、新加坡、东京、首尔、釜山、法兰克福和卢森堡设有分行;在香港、伦敦、卢森堡和阿拉木图设有控股机构;在纽约、莫斯科和悉尼设有代表处。截至 2006 年年末,中国工商银行境外机构达 98 家,与 117 个国家及地区的 1266 家境外银行建立了代理行关系;境外分行和控股机构的资产总额达 267.2 亿美元。2006 年 12 月 30 日,与印度尼西亚 Bank Halim Indonesia 股东签署

了收购协议,收购该行90%的股份。这次收购是中国工商银行完成的首次跨国银行收购,也是第一次以收购方式进入国外市场。建设银行有5家海外分行。不过由于自身实力所限,中资银行海外分支机构大多只能办理传统的国际结算、国际贸易融资、外汇买卖、中长期信贷、信托租赁等业务,没有或者很少能够提供金融创新服务,而且它们大多集中在亚洲的日本、新加坡、中国香港等国家和地区,随着我国加入 WTO 效应的不断深化,这些传统经营模式已经很难适应中资企业跨国经营融资发展的多元化需求。

在国际资本市场中,西方发达国家跨国公司的业务开展到哪里,其国内的金融机构几乎都会跟随着在相应的东道国就地提供金融服务支持,良好的互动关系促使本国金融业和跨国公司都获得了很好的国际市场发展机遇。据世界银行 2000 年度报告显示,1990 ~ 1997 年国际直接投资、国家股票投资、国际债券投资和国际银行贷款年均增速分别达 50.3%、16.4%、15.2% 和 11.7%。产业资本与金融资本的渗透与联合是一国企业跨国经营走向成熟、走向较高发展阶段的重要标志。纵观近 20 年的跨国经营历程,我国跨国金融机构和跨国企业的发展并没有很好地结合,反而出现了相互脱节、各行其是的问题。而同样是发展中国家的韩国却在这方面为我们提供了榜样。

为此,目前我国需要大力推进产业资本与金融资本的渗透与联合,给企业的跨国经营提供强有力的融资支持,具体的形式便是组建银企财团。银企财团是以银行为核心,以工业为主体,以贸易为纽带,集多种功能为一体的巨型、综合企业集团,它是跨国经营企业发展过程中的一种高级组织形态。我国应以银行业的国际化发展,推动企业的跨国融资,通过企业与银行之间的股权渗透,使金融业和实业协同发展,相得益彰,最终形成银企财团,从而以强大的实力和规模跻身于国际市场,为我国领先企业提供强有力的资金支持。

国际金融市场对融资者的资信要求很高,规模小、资金实力弱的公司融资比较困难。因此,我国跨国经营公司应该借鉴国际上跨国经营公司的成功经验,积极探索产融结合,借助于中国银行等金融机构在国际上信誉较高、整体实力较强的优势,以银行的国际化发展,推动企业的跨国投资,组建集生产、金融、贸易和科研为一体的大型中国银企集团,达到金融资本和产业资本相联合、相渗透。可采取设立财务公司或控股、参股等股权互相渗透的方式达到产业资本与金融资本的紧密结合。这样能有效地提高我国跨国经营公司的资信水平,使之在全球范围内顺利地开拓融资渠道、灵活地调整和优化资本结构,从而增强其在国际市场上的竞争力,提升公司的市场价值。

(二)加大力度发行国际企业债券

企业面向国际债券市场发行一定期限和一定额度规模的债券,是当代跨国经营企业国际融资最重要的融资形式之一。费希尔(Fisher,1998)和米什金(Mishkin,2003)认为,积极参与金融全球化,发行国际债券,可以使新兴国家的企业充分利用国际成熟的金融市场,获得大量流动性较好的长期融资,而且这个过程有助于这些国家发展国内的金融体系,国内资金紧张的压力也能够得到缓解。托雷(Del la Torre)和 Schmukler(2005)指出,在海外金融市场上发行债券,审查体系和信息披露制度比较健全,债券合约履行职责的监察制度较为严格,降低了购买债券者的投资风险,也使得发行者可以获得长期资金。Schmukler 和 Vesperoni(2004)研究发现,刚刚进入国际金融市场的新兴国家公司通常能在国际市场上借到期限较短的债券,而随着金融自由化的推进,这些国家公司发行债券的期限会变得越来越长。随着中国的外汇与资本项目管制的逐渐放开,中国跨国经营企业应借机加大力度发行国际企业债券进行融资!

发行国际企业债券通常包括欧洲货币市场融资、国际债券市场融资、国际金融机构融资。我国政府要创造更为宽松的政策环境,继续鼓励经济效益良好、偿债能力强的大企业到海外直接发行国际债券,也可由我国资信良好的商业银行和国际信托投资公司代理发行国际债券。

(三)融资工具创新

现代金融工具及其衍生工具同时也是融资工具,因此现代金融工具的创新同时也是融资工具的创新。在当代国际金融中,最基本的金融工具主要有:远期、期货、期权和互换。企业为了减少国际融资风险,利用这些金融工具来创新融资形式和策略。从当代跨国经营的实践来看,所使用的主要融资工具创新包括:远期套期保值、货币期货合同交易、货币期货套期保值、货币期权合同、货币互换合同等。

（四）套利性融资

由于国际交易中的各种障碍以及资本市场的不完善性，跨国经营必然面临货币币值和汇率变化的风险。为了降低这些风险，企业必须充分利用各种金融工具，挖掘市场机会，进行套利性融资。套利性融资主要采取以下几种方式：

利用金融市场、税收以及管理制度等进行套利性融资。金融市场套利，即通过在联属经营单位之间转移资金，绕过外汇管制，使过剩资金带来更高的风险调整收益，降低借入资金的风险调整成本。税收套利，即将利润从高税负国家单位转移到低税负国家单位，或者是从应税单位转移到亏损单位，以减轻公司总体税负。管理制度套利，即利用不同国家和地区政府对经济干预和管理的不同制度安排，为企业创造更好的制度环境，使这些企业在当地有更大的讨价还价的余地。例如，若某子公司利润水平高，当地政府要求增收其他费用，工会也要求提高工资，那么，企业可以通过内部转移方式，将该子公司部分利润转移到其他子公司，以降低该子公司的账面赢利水平。

其他方式，如绕过资本控制、提前或迟延结账以及内部贷款等。绕过资本控制，即东道国实施信贷限制或管制时，通过国际资金转移，使该子公司的融资需要得到满足。例如，如果东道国政府限制当地借款，国际资金转移就可以使企业获得国外资金来源，这不仅有利于短期利润水平的提高，而且有利于加强企业的长期市场地位。提前或迟延结账，是一种国际企业内部资金转移手段。提前结账就是在应则或应付款到期之前结账；迟延结账则是应收或应付账款推延到到期日之后结账。提前或迟延结账是收付单位之间信用条件的改变，为国际企业有效转移内部资金提供了很大的灵活性。内部贷款，是国际企业内部资金供应的有效手段，也是进行国际资金转移的有效途径。只要信贷配额、货币控制和不同国家税率有差异存在，公司内部贷款就比公平价格交易对跨国公司经营更有利。内部贷款有许多形式，最常用的形式有：直接贷款、背对背贷款、平行贷款、货币互换和贷款互换等。

（五）积极利用国际金融市场的资金

伦敦、纽约、东京、苏黎世、巴黎、法兰克福、香港等国际金融中心，在国际资金的借贷、外汇头寸的调拨和买卖、国际债券和股票的发行推销等方面具有重要作用,能为我国跨国企业提供数额巨大、来源广泛的国际资金。我国企业应充分利用全球性或区域性国际金融中心进行融资活动,这对解决我国境外投资缺口具有重要意义。值得一提的是,我们应将香港作为我国境外融资的重要据点。香港是一个完全开放、以跨国银行分支机构为主、各类金融市场齐全的国际金融中心。目前,香港拥有的外资银行等金融机构总数仅次于伦敦和纽约,居世界第三位。由于香港通信网络发达,资金进出自由,税收低廉及交易费用合理,使得其已成为国际资金的聚集地。我们应进一步加强内地与香港的金融合作,利用香港这一成熟的国际金融市场及其在国际上的知名度,力争吸纳更多的海外资金,满足我国企业跨国经营的资金需要。

（六）海外融资应"因地制宜"

由于东道国经济和金融环境不同,因此在融资战略上应因地制宜。在美国和加拿大,由于存在高度发达的证券市场,使得直接融资成为主要的融资手段;在欧洲,由于传统的银行业比较发达,银行成为主要的资金来源;在日本,由于银行和证券市场的融资职能不同,企业不同的资金需求必须由不同的渠道获得。

（七）充分利用金融创新

国际金融市场的创新始于20世纪60年代中期,到80年代发展到高潮。在这一过程中,出现了许多新的金融工具。这些都为我国跨国公司在美国以及欧洲市场上筹集相应的资金提供了非常有效的途径,如国际融资租赁、BOT等项目融资方式。

1. 项目融资

项目融资作为融资的一种新形式,为解决资金短缺问题提供了一条新思路,受到各国特别是发展中家的日益重视。一方面,在跨国经营中,经常会碰到一些单纯的项目融资问题。管理层也许会认为,这些项目由于过高的不确定性所引起的风险,已经超过了公司整体的平均风险水平,如果由公司自己独立融资进行开发,其风险承受已经超过公司的界限。但另一方面,因为这些项目本身所具有的潜在利润能力和巨大的成长性,以及对促进公司未来增长的作用,又使得管理层在可能的条件下,不想轻易放弃这些项目。这种情况之下,公司管理层认为,如果能够通过引入风险投资机制进行融资,则是最好的决策。基于上述意识,当代跨国经营企业在涉及重大或关键项目融资时,便纷纷采用风险融资这一新的融资方式,通过与风险投资公司或风险投资家的战略合作,获得项目的投资资金注入。中国企业跨国经营的资金短缺也可以利用和发展项目融资这种方式。

对项目融资的概念,有多种定义,英国和美国对项目融资的两个定义具有代表性:一种是总部设在英国伦敦的国际著名法律公司 Cliffor Chance 编著的《项目融资》一书中的定义:"项目融资"用于代表广泛的但具有一个共同特征的融资方式,该共同特征是:融资不是主要依赖项目发起人的信贷或所涉及的有形资产。在项目融资中,提供优先债务的参与方的收益在相当大的程度上依赖于项目本身的效益,因此他们将其自身利益与项目的可行性,以及潜在不利因素对项目影响的敏感性紧密联系起来。另一种是美国财会标准手册中的定义:"项目融资是指对需要大规模资金的项目而采取的金融活动。借款人原则上将项目本身拥有的资金及其收益作为还款资金来源,而且将其项目资产作为抵押条件来处理。"原国家计委与外汇管理局共同发布的《境外进行项目融资管理办法》①中的定义是:"项目融资是指以境内建设项目的名义在境外筹措外汇资金,并仅以项目自身预期收入和资产对外承担债务偿还责任的融资方式。"

以上定义的表述各有不同,但是从以上定义可以看出,项目融资具有以下两点基本内容:第一,项目融资是以项目为主体安排的融资,项目的导向决定了项目融资的最基本方法。第二,项目融资中的贷款偿还来源仅限于融资项目本身,即项目能否获得贷款完全取决于项目未来可用偿还贷款的净现金流量或项目本身的资产价值。

项目融资有四个特点:一是至少有项目发起方、项目公司、贷款方三方参与;二是项目发起方以股东身份组建项目公司;三是贷款银行为项目公司提供贷款(或投资者购买项目债券);四是贷款银行(债券投资者)主要依靠项目本身的资产和未来的现金流量作为还款保证,而原则上对项

---

① 原国家计委与外汇管理局于 1997 年共同发布了《境外进行项目融资管理办法》。2003 年国家外汇管理局发布《关于取消部分资本项目外汇管理行政审批后过渡政策措施的通知》,通知中指出"项目融资借款资格的审核"的法律依据是 1997 年发布的《境外进行项目融资管理办法》。

407

目发起方项目以外的资产没有追索权或仅有有限追索权。

与传统的贷款融资方式相比,项目融资一般可获得较高的贷款比例,根据项目经济效益状况可以获得60%～75%的资本需求量,有时候甚至为100%融资(如融资租赁),而贷款期限也比一般的商业贷款期限长。

项目融资的适应范围主要有:资源开发项目,如能源资源和金属矿资源;基础设施建设项目;制造业项目。上述项目共同的特征是属于资金密集型项目,而且对它们的产品需求价格弹性很小,项目未来的现金流入能够得到相当的保证。

项目融资的方式很多,常见的几种有:一是产品支付(Production Paymant)。产品支付是针对项目贷款的还款方式而言的。借款方在项目投产后,不是以项目产品的销售收入来偿还债务,而是直接以项目产品来还本付息。在项目贷款偿还以前,债权人拥有部分或全部产品的所有权。二是远期购买(Forward Purchase)。远期购买是在产品支付的基础上发展起来的一种灵活的项目融资方式。三是融资租赁(Finance Lease)。这种融资方式特别适用于购买飞机和轮船的项目。由于租赁资产的所有权没有发生转移,降低了债权人的风险。四是BOT(Build-Operate-Transfer)。BOT是"建设—经营—移交"的简称。在这种融资方式中,通常是由项目东道国政府或它的某一个机构与项目发起方或项目公司签署协议,把项目建设营运的特许权授予项目公司,项目公司在项目经营的特许期内,利用项目的收益偿还投资及营运支出,并获得项目投资利润。特许期满后,项目全盘交给东道国政府或下属机构。五是ABS(Asset-Backed-Securitization)模式,即资产证券化融资方式。ABS是一种以项目所属的资产为支撑的证券化融资方式。即它是以项目所拥有的资产为基础,以项目资产可以带来的预期收益为保证,通过在资本市场发行债券来募集资金的一种融资方式。六是设施使用协议(Tolling Agreement)。设施使用协议在工业项目中称"委托加工协议",指在某种工业设施或服务性设施的提供者和这种设施的使用者之间达成的一种具有"无论提货与否均需付款"性质的协议。七是黄金贷款。黄金贷款的基本形式是在项目建设初期由贷款银行将一定数量的黄金借给项目的投资者(借款人),以满足某项目建设的资金需要,而在项目的生产期间,项目的投资者再以生产出来的黄金分期归还贷款。

项目融资的资金来源有商业银行、国际金融机构、租赁公司、政府出口信贷机构、公共基金机构、项目发起方的贷款和预付款,或者项目所在国政府、原材料供应商、产品或服务的购买者、承包商、设备经营商等。贷款方在决定是否发放贷款时,通常不把项目发起方现在的信用等级作为重要因素来考虑,而是着重关注项目本身的资产和现金流量的情况。项目融资的这种"信用隔断机制"可以使项目超越项目发起人信用等级的限制,用更低的成本、更优惠的条件在国际资本市场上筹集资金。这点对于中国很多资金不足的中小企业而言是很有利的一条融资途径。

对跨国经营企业来说,采用项目融资的方式,可以获得两个方面的好处:其一是不用或少出资而获得项目投资,保证了项目的开发;其二是分散或减少了项目的融资风险。正因为如此,项目融资成为当代跨国经营企业,特别是发达国家跨国经营企业对那些具有高成长性的高新技术产业或搞技术研发项目进行融资的重要方式。目前,这些国家的项目融资采用风险融资形式的比例一般都在70%以上。特别是美国,自20世纪80年代中后期以来,由于新技术革命的兴起促进了知识资本和知识经济的巨大发展,其风险投资事业也发展得如火如荼。从这种意义上说,正是风险投资催生了美国高新技术产业的发展,包括微软公司、英特尔公司、苹果公司和数字设备公司等,这都曾经得益于风险投资的支持。

进行项目风险融资的关键是对项目的选择。它要求项目必须是具有可预期的利润前景或相对较高的成长性。因此,只有那些具有战略性意义的项目,才能获得风险投资公司或风险投资家的支持。一般性项目、无关紧要项目或低利润、低成长性项目,绝不可能获得风险投资公司或风险投资家的青睐。因此,从这一意义上说,项目融资能否获得成功的前提,是项目的利润前景和高成长性对风险投资公司或投资家的可预测的投资回报。

2. 国际租赁融资

国际租赁融资是指分别属于不同国籍的承租方和出租方以实物(如大型工程设备等)租赁方式进行的一种融资行为,一般有承租方向出租方提出设备等租赁要求,出租方根据承租方的要求与供货方订立买卖合同,购得指定设备给承租方使用,出租方按期收取租金。国际租赁方式特别适合于中小企业,也同样适合于生产和经营需要设备投资非常巨大的

第十一章 中国企业跨国经营的融资战略

公司。

国际租赁融资的主要方式有:跨国直接租赁融资、跨国转租赁融资、跨国杠杆租赁融资等。

(八)大力发展海外上市股权融资

进行海外上市有利于企业降低企业资本成本。Foesretr 和 Karoly (1999)提出,股权的国际发行与上市扩大了企业的股东基数,使企业的风险被更多股东分散,从而降低了企业的资本成本,使得海外上市企业能够从中获益。所以公司的经理非常愿意把公司的股票放到国外的交易所进行交叉上市,以此来扩大公司的投资者基数,从而达到降低企业资本成本的目的。表 11－5 显示了 1986、1991 和 1997 年末欧洲 9 国与美国股市的相互交叉上市情况。

表 11－5　跨大西洋的交叉上市汇总

交易所 \ 原始国	欧盟 9 国		美国	
	外国上市	外国公司	外国上市	外国公司
欧盟 9 国股市	206	147	465	284
	339	182	418	234
	309	180	316	184
美国股市	53	52		
	90	89		
	207	206		

注:欧洲 9 国包括:荷兰、比利时、德国、意大利、英国、西班牙、法国、瑞典和奥地利。这 9 国之间也存在着相当多的交叉上市。表中欧盟 9 国下面的外国上市意思为 9 国中不在本国上市而在其他 8 国的上市情况。

资料来源:转引自王增业:《企业股权融资偏好与成本研究》,中国财政经济出版社 2003 年版,第 140 页。

中国企业海外上市有利于企业产权流动,促进企业国际化进程。中国企业海外上市融资一般有四大步骤,首先是上市规划,其次是引进策略投资者,再次是申请上市,最后是招股挂牌。目前海外上市有以下方式:境外直接上市、境外间接上市、境外买壳上市、A 股发行 H 股,H 股、S 股、ADR/GDR 发行 A 股、红筹股发行 A 股、多重上市(多地上市)、存托凭证(DR)和可转换债券(CB)。中国企业谋求在海外拥有上市公司,中国香港和新加坡资本市场应该成为内地企业的首选市场。前香港特首董建华先生在第二届香港特区政府就职仪式上明确指出,香港会采取各种积极措施,鼓励和吸引包括内地民营企业在内的公司来香港上市,推动香港资本市场的发展。但企业在做出要不要到海外上市决策之前,必须弄清楚上市有什么好处,必须明白自己为什么要上市。企业在海外上市首先要遵照和符合当地政府的政策、法规、会计准则,由于与国内上市的法则有一定的区别,企业在操作时的难度相对较大。在上市过程中,企业还会面临着上市失败的风险、运作过程被收购的风险以及摘牌的风险。对于企业尤其是中小企业自身来说,一定要仔细分析自己有没有驾驭这些风险的能力,有没有进一步成长的潜力。所处的行业有没有被国外资本市场接受的可能性,去海外上市是否符合企业长远发展的需要。否则海外上市不仅不能给企业带来发展契机,反而可能成为企业发展的障碍。

(九)战略性私募

战略性私募是指通过非公共市场的手段定向引入具有战略价值的股权投资人。战略性私募可以帮助企业改善股东结构,同时建立起有利于上市的治理结构、监管体系、法律框架和财务制度;战略性私募可以通过引入战略资本帮助企业迅速扩大规模,从而在未来上市的时候更容易获得投资银行的调研支持和投资者的追捧;战略性私募相对于普通私募的好处在于战略投资人所拥有的市场视野、产业运作经验和战略资源可以帮助进行私募的企业更快地成长和成熟起来,同时战略性私募更有可能产生立竿见影的协同效应,从而在比较短的时间内改善企业的收入、成本结构,提高企业的核心竞争力,并最终带来企业业绩和股东价值的提升。中国大多数企业(特别是国有企业)面临的最主要的问题其实不是资金的问题,而依次是产权结构、治理结构、运营机制以及产业运作经验的问题。战略性私募恰恰在这几个方面都能够为企业带来直接的助益。

在现阶段,战略性私募是中国企业改善股东结构、获取产业经验、增强资本实力、迅速形成规模的有效途径。在进行战略性私募的时候有几个原则应遵循:一是"靓女先嫁"。也就是说企业从自身的利益出发,应该把自己比较成熟的资产和业务拿出来作为私募的基础,再以融通到的资金发展相对来说不那么成熟的业务。这样,有利于最大限度地降低融资成本。二是"量出为入",需要多少融多少钱,融资不是越多越好,在降低金融风险和保证资金效率之间必须找到一个合适的平衡点。三是"制造竞争"。想获得好的价格就必须制造竞争,所以有必要通过一个高效的流程制造买方市场上的竞争。四是"利益重于价格"。虽然对于任何卖方来说价格都是一个非常重要的考虑因素,但它不是唯一的因素,在价格之外还有很多其他重要的有价值的东西需要全面考量,如投资人的声誉、产业资源、未来能够产生的协同效应等。

（十）跨国并购融资分析

世界经济发展到今天,跨国公司通过并购方式进入市场的很多障碍正在逐步取消,跨国公司投资从新建为主转向侧重并购,并购成为国际投资的重要方式。跨国公司通过并购可以节省异地投资成本,同时可以盘活现有资产。中国跨国公司在全球扩张时,亦应该把握并购投资机会。基于近几年中国企业跨国并购的典型案例分析,中国企业借助跨国并购"走出去",至少有五个方面的利益是可以预料的:一是借助跨国并购,实现企业制度转换。二是借助跨国并购,拓展中国某些"边际"的发展空间。三是借助跨国并购,绕过贸易壁垒以减少贸易摩擦。这方面,在服装纺织业中,已有企业进行了较为成功的尝试。四是借助跨国并购,获取国外较为先进的生产技术或生产工艺。五是通过跨国并购,获取中国制造业发展所需的战略性资源。

并购能够更快地形成生产能力,从而更快地抢占市场。作为转型与发展中的中国经济,借助跨国并购实施"走出去"战略,选择跨国并购的行业应该具有以下几种特征:一是行业具有较好的成长性,而且外资相对弱少。二是集中度比较高或者进入壁垒比较高的行业。因为在位企业通常比较强大,并购现有企业是外资进入的较好方式。三是竞争激烈或者供给远远大于需求的行业:如果想迅速获得生产能力和市场份额,常常采用并购方式。四是关税或非关税壁垒较高的行业,如汽车、石油化工行业(特别是燃油)明显属于这一类,其他的行业包括保险、通信等。五是中国企业借助"绿地投资"难以挤进的国外产业与行业。此外,中国政府在企业借助跨国并购实现国际化扩展中应掌握竞争政策的松紧程度,调节并购活动的规模,借助具体政策工具,影响跨国并购资本的流向以及金融系统对于并购活动的金融支持程度。

企业跨国并购需要强有力的资金支持,尽管并购企业一般都有较强的资金实力做后盾,但庞大并购资金的筹集在很大程度上要依赖于有效运用融资渠道。在我国企业的跨国并购中,融资渠道不畅通,并购企业融资能力不强,这在很大程度上阻碍了企业跨国并购的进一步发展。因此,应采取切实措施,拓宽企业在跨国并购中的融资渠道,提高企业跨国并购的融资能力。首先,积极推进银企"联姻"。京东方收购韩国现代TFT－LCD 业务依靠韩国的三家银行①和一家保险公司②提供的抵押信贷和卖方信贷,就是一个成功的例子。其次,积极开拓国际化的融资渠道。设立海外投资基金,争取国内金融机构海外分支的融资支持,利用海外融资渠道。最后,积极应用并购融资新途径,如信托融资和委托贷款等。信托融资相比其他的并购融资方式,原则上没有法律上的障碍。在中国,由于金融业实行较为严格的分业经营和管理,信托成为目前唯一可以横跨证券市场、货币市场和产业市场的金融行业。可以由信托投资公司设立资金信托,获得资金,再借贷给并购企业进行并购。民营资本可以采用委托贷款的方式,通过银行这一中介,合法地进入并购融资的领域。因为委托贷款可以由委托人和受托人约定贷款的用途,不受银行贷款不得用于权益性投资规定的限制。

主要参考文献

1. 阚璇:《我国跨国公司融资问题分析》,《时代经贸》2007 年第10 期。

2. 慕刘伟主编:《国际投融资——理论和实务》,西南财经大学出版社 2004 年版。

3. 裴长洪、彭玉榴:《实施"走出去"战略提升开放经济水平》,《中国社会科学院院报》2007 年第 9 期。

4. 商务部:2003、2004、2005、2006 年度《中国对外直接投资统计公报》。

———————————

① 三家银行指韩国发展银行、韩国汇兰银行、Woori 银行。
② 一家保险公司指的是现代火灾和海上保险公司。

5. 史燕平:《国际融资学教程》,中国对外经济贸易出版社 2000 年版。

6. 王增业著:《企业股权融资:偏好与成本研究》,中国财政经济出版社 2003 年版。

7. 王冉:《中国企业的战略性私募之路》,《中国企业家》2002 年第 4 期,第 108～109 页。

8. 易宪容、黄瑜琴:《中国机构海外债券融资研究》,《管理世界》2005 年第 8 期,第 17～29 页。

9. 于斌著:《跨国管理》,南开大学出版社 2004 年版。

10. 朱启铭:《企业跨国经营的国际融资行为》,《经济问题探索》2006 年第 6 期,第 103～106 页。

11. Chowdhry, B. and Nanda, V. : "Financing of Multinational Subsidiaries: Parent Debt vs. External Debt", *Journal of Corporate Finance*, No. 1, 1994, pp. 259～281.

12. De la Torre, A. and Schmukler, S. : "Coping with Risk through Mismatches: Domestic and International Financial Contracts for Emerging Economies", *International Financial*, Vol. 7, No. 3, 2005, pp. 1～42.

13. Fisher, S. : "Capital Account Liberalization and the Role of IMF, in S. Fisher et al, "Should the IMF pursue the Convertibility?" *Essays in International Financial*, No. 207, Department of Economics, Princeton University, May, 1998.

14. Foerster, S. R. , Karolyi, G. A. : "The Effect of Market Segmentation and Investor Recognition on Asset Prices: Evidence from Foreign Stocks Listing in the United States", *Journal of Finance*, Vol. 4, 1999.

15. Lee, Kwang Chul and Kwok, Chuck C. Y. : "Multinational Corporation vs. Domestic Corporation: International Environment Factors and Determinants of Capital Structure", *Journal of International Business Studies*, Vol. 19, No. 4, 1988, pp. 41～58.

16. Myers, S. C. : "Determinants of Corporate Borrowing", *Journal of Financial Economics*, No. 5, 1997, pp. 47～55.

17. Mishkin, F. : "Financial Policies and the Prevention of Crises in

Emerging Market Countries", in M. Feldstein ed. , *Economic and Financial Crises in Emerging Market Countries* , University of Chicago Press: Chicago, 2003.

18. Schmukler, S. and Vesperoni, E. : "Financial Globalization and Debt Maturity in Emerging Economies", *Journal of Development Economics,* 2004.

第十一章
中国企业跨国经营的融资战略

第十二章　中国企业跨国经营的
人力资源开发战略

在全球化竞争中,国家之间和企业之间的竞争日益表现为人才的竞争,跨国企业在全球化竞争中克敌制胜的重要"杀手锏"就是成功地运用人力资源开发战略,并使之成为支撑公司总体发展战略的强大支柱。由于跨国经营覆盖不同的国家,涉及不同的文化环境和法律制度,因此跨国经营人力资源开发不仅包含国内人力资源开发所涉及的内容,还包含其他方面的内容,涉及的面更广,考虑的问题更加复杂。

如何站在国际战略或全球战略来考虑中国跨国企业人力资源开发战略? 中国企业跨国经营人力资源开发现状如何? 还存在哪些问题? 以及中国企业跨国经营如何制定详细的人力资源甄选、配置方法、培训和绩效管理办法? 搞清楚上述问题对中国企业跨国经营参与激烈的全球化竞争意义重大。本章的主要内容就是围绕上述问题进行逐一分析。

第一节　中国企业跨国经营人力资源
开发现状及其模式选择

一、中国企业跨国经营人力资源开发的现状分析

从中国实际国情来看,中国企业总体上还处于转换机制、学习和适应国际化经营的阶段,与发达国家的跨国企业相比,中国企业无论在经济技术实力还是在国际竞争经验上,都处于幼稚和弱势地位。因此,中国企业参与跨国经营与国际企业竞争还处于初级探索阶段,在人力资源开发方面存在不少挑战和问题。

(一)面临的挑战

1. 人才流失是当前中国跨国企业面临的首要挑战

人才短缺是跨国企业面临的一个普遍问题,无论是中国企业、欧洲企

业还是美国企业、日本企业都存在这方面的问题。中国企业跨国经营有赖于吸引优秀的人才为企业所用,而在现实中最让企业头痛的是发现人才和留住人才。从跨国经营的角度看,企业拥有具有一定专业技能、熟悉国外法律法规、懂外语、富有创造力和管理能力、能够对企业忠心耿耿的职员,尤其是优秀的管理人才和项目经理至关重要。

过去企业在跨国经营过程中,注意培训年轻人,使其担当重任,为公司服务。如今随着人才市场的放开以及新兴产业的不断涌现,促使跨国经营人才流动更加频繁,人员流动也更加便利。由于信息产业、计算机、网络等行业因工资待遇大大高于传统的工业和外经贸部门,导致中国一些传统工业和外经贸行业部门的人才向这些产业"跳槽"。数据显示,加入 WTO 以来,中国国有企业中的科学家、工程师每年以上万人数的速度流向外企。而中国的传统产业和外经贸部门企业正是中国企业跨国经营的主力军,人才的流失对于中国企业跨国经营能否聘用到优秀的外派人员无疑产生了巨大影响,因此如何解决传统产业和外经贸部门人才流失问题是中国企业跨国经营首先要考虑的问题。

2. 在国内面临国外跨国企业争夺人才的挑战

改革开放以来,尤其是中国加入 WTO 后,国际跨国企业纷纷进入中国市场,世界 500 强企业已有 480 多家在中国设立分公司、子公司或办事处,中国已经连续 16 年成为发展中国家吸引外资最多的国家,而且这种趋势还将延续。与此同时,近几年来,中国企业跨国经营也在加速发展,平均每年以 300 多家的速度递增,截至 2007 年年底,中国有近 7000 家境内投资主体设立对外直接投资企业超过 1 万家,共分布在全球 173 个国家(地区),对外直接投资累计净额达 1179.1 亿美元。① 中国企业"走出去"和国际跨国企业"走进来"形成了对中国国际性人才的激励竞争。

国际跨国企业每年都投入大量的财力物力来争夺中国优秀人才,如壳牌、宝洁、联合利华、IBM、微软、诺基亚、三星等近百家国际知名企业都在中国一些高校设立奖学金,并向校园提供各种赞助,不惜重金宣扬本公司形象,并以优厚的薪酬待遇来吸引中国优秀人才。在北大、清华等名校毕业生中,许多优秀人才被 IBM、微软等著名跨国企业一网打尽。在中资

---

① 商务部、国家统计局、国家外汇管理局:《2007 年度中国对外直接投资统计公报》。

第十二章 中国企业跨国经营的人力资源开发战略

企业与外资企业竞争的过程中,中方企业屡屡败北在很大程度上被解释为外资企业雇佣到的中国人比中资企业雇佣到的人员素质高。

造成中国企业人才吸引力差的主要原因是,外国跨国企业其管理机制科学,激励机制灵活,员工待遇高,在人才争夺方面具有很大优势,而国内企业报酬明显偏低,同类员工的薪酬甚至只有外企的几分之一,越是关键岗位的高级人才差距越大。因此,如何与国际企业在争夺国内优秀人才方面展开竞争是中国企业参与跨国经营的另一个挑战。

3. 在国际上面临能否雇佣到优秀人才的挑战

中国跨国企业参与跨国竞争在争夺国际人才上也面临一些挑战,主要表现在以下三个方面:

首先,中国跨国企业整体规模偏小。海外企业平均投资额在 110 万美元左右,大大低于发达国家平均 600 万美元的投资水平,同时也低于发展中国家平均 450 万美元的水平,投资规模偏小限制了企业规模经济的充分发挥,同时在吸引国际优秀人才方面相对大型跨国企业来说也逊色不少,不少企业存在支付不起高工资而难以吸引到国际优秀人才的问题。另外,跨国经营企业实力薄弱对人力资源的挖掘和培养也起到制约作用,企业实力薄弱对现有人才缺乏合理的利用和保护,使得海外企业的人力资源储备不足,导致海外企业现有人员中熟悉国际市场经营惯例、通晓国际经贸知识、富有竞争意识的人才偏少,最终使境外企业难以在目标市场的激烈竞争中发挥人力资源的优势。

其次,中国企业由于在管理机制、绩效考核等方面与国外存在差异,尤其是文化方面的差异常常导致国外人员不适应中国企业的工作环境而离开。例如,2005 年 5 月联想完成对 IBM 个人电脑业务收购后,本以为收购后能够利用 IBM 优秀的员工资源,尤其是利用美国本土环境的营销人员和优秀的 IT 技术人员,但是由于美国文化与中国文化的差异,美国文化崇尚个人主义,企业重视个人利益和个性,中国企业文化则较注重尊重和服从上级的领导,正是由于这种中美企业管理文化的差异最后导致很多原 IBM 优秀员工不习惯联想工作管理方式而离开联想,影响了联想美国公司的业绩。

最后,一些政治因素也影响中国企业跨国经营人力资源的开发。2005 年,华为欲以优越的条件收购英国电信巨头马可尼,但在英国政府干预下以失败告终;同年,印度内阁安全委员会也以影响国家安全为由,拒绝批准华为在印度投资建厂的要求;2007 年年底,华为联合美国贝恩资本收购 3COM 公司也遭到美国财政部最严格的审查。同样,2005 年,中海油收购优尼科石油公司也因遭美国政府干预以失败告终。如此等等一系列的正常商业活动都因政治因素而夭折,这种因素也会反映在人力资源方面,外国人员由于一些政治因素是否愿意到中国跨国企业工作是个问题,因此中国企业面临树立国际形象来克服这些政治因素雇佣外国人才的挑战。

(二)存在的问题

1. 在人员派遣方面,存在外派人员难以胜任海外工作的问题

跨国经营涉及面广、业务性强,对从事跨国经营人才的知识结构要求比对只从事国内经营的知识结构要求要复杂得多。企业在国外经营,不仅从事生产,而且要开拓国际市场,不仅要从事国内贸易,而且还要从事国际贸易。因此,跨国企业海外经营对外派人员的素质要求较高。但是,中国跨国企业外派人员存在的问题是往往不能胜任跨国经营的重担,主要表现在以下三个方面:

第一,由于国内企业在生产型企业、贸易型企业及外贸型企业区分上比较明确,造成国内企业的经营人员知识结构比较单一,往往出现外派经营管理人员和技术人员不懂外语或外语水平较低,而懂外语人员又不懂经营和技术的情况,导致外派人员综合素质达不到要求,从而引起一系列问题,如专利、交易纠纷和决策管理上的失败。

第二,目前不少中国企业的人力资源管理者要么是政工干部出身,要么是技术干部出身,缺乏系统的专业知识训练,谈不上是从事人力资源管理的专业人员。导致的结果是无法科学地制定出同企业全球战略和企业经营计划相适应的人力资源管理计划,使企业人力资源得不到充分发挥和利用。甚至有的国内母公司干脆对境外企业人员按"外事人员"的办法管理,2~3 年定期轮换,造成境外企业干部难以熟悉国外环境,浪费了人力物力。

第三,由于外派人员相对国内人员可以享受较高的待遇,不少国内母公司在人事管理上机制不健全,缺乏有效的监督和透明度,从而导致外派人员的甄选由少数人"黑箱操作",存在任人唯亲、任人唯私的现象,因而

派驻境外企业的母国人员不乏平庸无能之辈,使境外企业长期不能打开局面。

2. 在"以人为本"方面,多数中国跨国企业还缺乏深刻的认识

中国企业长期处在传统计划经济和小农经济的影响下,现代企业制度建立的时间还不长,企业管理机制还不够成熟,企业管理过程中不能做到"以人为本"来管理企业,不少中国跨国企业主要依靠对人的控制来管理企业,把人视为为公司赚取利润的工具。在实践中,未认识到以人的创新能力为核心内容的人力资本的价值,在调整人才政策、完善用人机制、提高员工绩效等方面还缺乏有效措施,造成中国企业在国际经营中出现大量人才流失或招聘不到东道国优秀员工等现象。

这种不重视"以人为本"的管理方式在跨国经营中还表现为,中国企业常常因担心失去对国外人员的控制而不敢放开雇佣东道国当地人员,尤其是东道国中高级管理人员和技术人员,也不敢放开与东道国企业的合作。中国企业已经习惯于对人的控制来管理企业,对员工的要求是遵从领导和服从安排,这种管理模式常常在国外受到挑战。

在中国,许多跨国企业都是与一个个创业者或管理者的名字联系在一起的,如海尔和张瑞敏、联想和柳传志、TCL 和李东生、华为和任正非、海信和周厚健……他们经过自己多年的努力,缔造出了知名的品牌和企业,可以说他们和他们经营的企业已经在国内取得了成功,但这些企业的国内管理模式能否适应国外经营仍然是个未知数,在很大程度上企业能否成功还取决于企业能否根据东道国的情况突破中国企业不适宜的管理模式。

3. 中国企业海外经营存在对人力资源整合的问题

随着中国企业发展的壮大,"走出去"的企业越来越多,"走出去"的方式也呈现多样化,从近年发展来看,中国企业跨国经营海外并购越来越常见,如中海油收购印尼油气资产、中国网通收购亚洲环球电讯、联想收购 IBM 全球 PC 业务、华为收购马可尼、TCL 收购 Thomson SA 的电视机业务、上汽集团收购韩国双龙汽车等。但是,中国海外投资企业的经营管理水平还比较低,这些采取并购式国际化的企业还将经受严峻的考验,其中重要的一条就是人力资源整合的挑战,人力资源能否整合好往往是决定海外并购能否成功的关键一环,也是当前中国企业跨国经营面临的首

要问题之一。

2004年4月,中国TCL集团与法国阿尔卡特组建从事手机研发销售的合资公司,TCL占55%的股份,另45%的股份为阿尔卡特所持有,但是合资公司正式运营仅8个月后,其下属企业SAS财务状况就十分严峻,SAS公司2004年及2005年一季度分别亏损约2.89亿和3.09亿港币,这笔巨额亏损导致了TCL手机业务从两年前的净利润12亿元(人民币)大幅下滑至2004年的亏损2.24亿港元。TCL此举海外运营不成功的主要原因之一就是两个公司的社会及文化背景差异太大,人力资源整合不成功造成的。自新组建的公司成立以后,无论是国内市场还是海外市场仍旧延续原来TCL公司和阿尔卡特的两套人马、两套运行体系,人员之间难以融合,再加上基于法国的劳工协议,这些人员的人力费用成本极高,人员裁减的法律程序也极繁琐,中外人力资源整合的不成功成为TCL海外经营的一块绊脚石。

4. 中国企业跨国经营人才资源开发还面临体制方面阻碍的问题

中国外经贸人才主要集中于国有外贸公司,而工业企业、新兴非国有企业外贸人才匮乏。一方面许多拥有外经贸理论知识和实践经验的人才在近年效益不佳的国有外贸公司荒废岁月;另一方面许多工业企业、新兴非国有企业急需外经贸人才却求之不得。在理论上,如果能够实现外经贸人才的合理流动,将有助于缓解人力资源问题。但是,外经贸人才的流动牵涉到经济、社会许多方面的变革,并非易事,面临多种问题,如业务人员流动造成原工作单位客户、商业秘密流失,损害原单位利益,对这种问题,迄今未能很好解决;社会保障制度残缺,人才流向非国有企业担心自己的利益得不到保障等。凡此种种,无不构成阻碍人才合理流动、缓解人才结构性短缺的障碍。

另外,目前对经商人员的出国外事管制较多。中国实行改革开放政策已有30多年的历史,各类企业经营人员和外派劳务人员的出国管理制度却变动较小。公有制企业领导出国审批手续繁杂,时间也较长。近来,一些地方对外派劳务人员出国审查不仅没有放宽,反而增加难度,搞预政审,耗费了外派劳务人员的劳务时间。有的地方对企业驻外人员和临时出国人员只发放一年有效护照,致使企业成本增加,跨国人力资源开发难以形成体系,影响了业务发展。

二、中国企业跨国经营人力资源开发模式选择

跨国企业人力资源开发的模式很多,其中按照跨国企业人员的配备方法不同可以分为四种模式:民族中心式、多中心式、全球中心式和区域中心式。具体四种模式的人员配置及其优缺点如表 12－1 所示。

表 12－1　跨国企业人力资源开发模式及其优缺点

	人员配置模式	优点	缺点
民族中心式	关键的管理、技术岗位由母国人员担任,当地雇员仅占据低层次和辅助性的职位	①能与公司总部保持良好的沟通、协调和控制等方面的联系 ②母国人员更能够胜任工作,同时可以培养国际性母国人才	①外派人员的维持费用很高 ②外派人员的社会文化、环境的不适应性 ③易引起东道国员工的不满
多中心式	母国人员在母国总部任职,而海外子公司则由当地东道国人员管理	①不存在母国人员调动适应问题 ②聘用当地员工的费用比较低 ③避免一些敏感的政治风险 ④可以保持子公司管理的连续性	①母公司和子公司沟通存在困难 ②母公司对子公司控制力降低 ③母国和东道国经理人员的职业生涯发展存在问题
全球中心式	在全球范围内选择最合适的人选担任公司的关键职位,而不考虑其国籍	①母公司和子公司都易获得高素质、国际经验丰富的管理人员 ②更容易调整整个公司的全球战略 ③具有较好的员工晋升激励机制	①东道国对第三国公民的聘用可能有一定的限制 ②实施国际标准薪酬费用较大 ③员工调动频繁,安置困难较大
区域中心式	经营按地理区域划分,管理人员在区域内流动	①促进地区子公司之间以及与母公司之间的人员互动 ②是由纯粹民族中心式或多中心式向全球中心式转变的途径	①可能在地区内形成"联邦主义",限制了组织的全球立场 ②把东道国经理人员的职业生涯障碍限制在地区层面上

根据国际经验,跨国企业国际经营阶段不同,其所采取的人力资源开发模式也不同。因此,分析中国企业跨国经营人力资源开发模式,首先要搞清楚中国企业跨国经营所处的阶段。

按照 Adler 和 Ghadar 提出的国际化经营阶段划分,国际化经营可以划分为国内生产阶段、国际化阶段和多国经营阶段。此外,他们根据国际市场和国际企业经营的发展趋势,还创造性地提出了国际企业经营的第四阶段——全球经营阶段,根据这一阶段的划分,企业在不同的国际化经营阶段,会从产品国际发展的角度将企业战略和结构与人力资源开发结合起来分析。①

这里将他们的研究结果以图 12-1 表示。

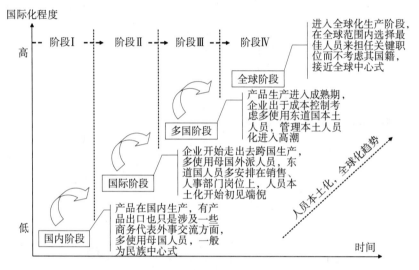

图 12-1　国际化经营阶段和国际人力资源开发

阶段Ⅰ:国内生产阶段。这个阶段产品生产和设计都在国内,市场也主要由国内导向,涉及国外市场较小,国际人力资源开发涉及的内容最多也就是商务代表外事交流和谈判,因此这个阶段主要是民族中心式的人力资源开发模式,较少考虑文化差异,外派人员也较少。

阶段Ⅱ:国际化阶段。企业出于开拓市场或成本方面的考虑,开始从出口转向国外生产从事跨国经营,这一阶段,企业才开始"走出去",一般

---

① Adler, N. and Ghadar, F.: "Strategic Human Resource Management: A Global Perspective", in R. Pieper(ED.), *Human Resource Mangement in International Comparison*, Berlin: de Gruyter, 1990, pp. 235-260.

423

在管理、技术等核心岗位上大量使用母国外派人员,同时出于生产成本控制和文化差异等因素方面的考虑,在生产、销售和人事管理岗位上使用东道国人员,人员本土化开始初见端倪。

阶段Ⅲ:多国经营阶段。这一阶段,企业产品生产进入成熟,标准化生产阶段,企业往往会出于成本控制因素的考虑而减少外派人员,考虑多使用东道国当地人员,人员本土化进入高潮阶段。

阶段Ⅳ:全球经营阶段。这一阶段,企业从全球角度考虑企业的设计、生产和销售,人力资源的开发主要从公司全球利益出发,一般不分人员国籍来选择最适合的人员,尤其是高层管理岗位往往由国际性人才担任,接近全球中心式人力资源开发模式。

根据 Adler 和 Ghadar 的研究结果,可将国际化经营阶段和国际人力资源开发模式的选择方法概括为(如图 12－2 所示):在第Ⅰ阶段(国内

国际化经营阶段	国际人力资源开发模式			
	民族中心式	多中心式	地区中心式	全球中心式
Ⅰ 国内阶段				
Ⅱ 国际阶段				
Ⅲ 多国阶段				
Ⅳ 全球阶段				

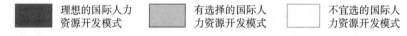

理想的国际人力资源开发模式　　有选择的国际人力资源开发模式　　不宜选的国际人力资源开发模式

图 12－2　国际化经营阶段和国际人力资源开发模式的选择

阶段)一般只能选择民族中心式;第Ⅱ阶段(国际阶段)理想选择也是民族中心式,但也可以备选多中心式;第Ⅲ阶段(跨国阶段)理想选择为多中心式或地区中心式,备选全球中心式;进入第Ⅳ阶段(全球阶段)理想选择为全球中心式,多中心式或地区中心式可作为备选。

中国企业对外投资起步较晚,根据国务院发展研究中心企业研究课

题组对中国最大500家企业调研结果:中国有海外经营,包括有海外投资活动的企业,基本上还处于初步国际化阶段,少部分企业步入多国跨国经营,其中少数企业开始进入全球化经营的初级阶段。① 从企业跨国经营产业分布来看,处于国际化或初步国际化经营阶段的企业产业分布最广,各个产业外向程度较高的企业多数都处于这个阶段,此类型企业占中国跨国经营企业的绝大多数;开始进入跨国经营部分的中国企业,主要分布在国际化程度高、中国企业又有一定比较优势、竞争力相对较强的产业,如 IT、电子、机电、建筑等产业中实力较强的部分企业,在海外业务活动比重已经较大,在海外有主要面向当地市场的销售服务和生产网点,这类企业主要在较成熟的海外中低档市场有较强的竞争力;而一些竞争力较强的龙头企业,如联想、华为、TCL、海尔、万向等企业,从海外网点部局的数量和深度看,已经处于或开始处于全球化经营阶段,这些企业主要在生产成本上具有较强的竞争优势,但在组织制度、全球资源运用以及跨国人力资源整合上还欠实力,因此只能算是从跨国经营开始起步进入全球经营阶段。

由此可见,中国企业跨国经营整体上还处于起步阶段,多数企业还处于第Ⅱ阶段,只有少数企业进入第Ⅲ、第Ⅳ阶段。因此,根据图12-2的分析方法,对多数规模较小、"走出去"时间不久的中国企业来说,由于处于国际化经营开始阶段,在人力资源开发模式选择上一般采取"民族中心式",其中部分企业根据自身情况不同可将"多中心式"作为备选;而对于产品已进入成熟期、本土化经营要求较高的中国企业来说,可以选择"多中心式"或"地区中心式";而对于实力足够强、追求全球化战略的少数中国企业来说,可以选取"全球中心式"。

另外,除了根据企业国际经营阶段来选择国际人力资源开发模式外,还可根据企业本身组织与产品的发展周期来选择国际人力资源开发模式。例如,在导入阶段,企业是在本国和有限的海外市场经营,一般在人力资源开发上采取"民族中心式";在成长阶段,海外业务开始成为企业的重要组成部分,一般采取"多中心式";在成熟阶段,企业强调生产率的

① 国务院发展研究中心企业研究课题组:《中国企业国际化战略》,人民出版社 2006年版,"序言"第 14 页。

第十二章
中国企业跨国经营的人力资源开发战略

提高和成本的降低,在企业经营的地区范围内谋求规模经济和人员的整合,一般采取"地区中心式";在全球化阶段,国内和海外市场的竞争促使企业将自己在世界各地的业务看做一个整体,可以采取"全球中心式"。

第二节　中国企业跨国经营人力资源甄选和配置方法

一、中国企业跨国经营人员甄选策略

中国企业跨国经营人力资源开发的一项重要内容就是人员配备,由于跨国经营覆盖不同的国家,跨国企业的人员构成呈现多样化的特征,因此在跨国经营人员配备政策上涉及一个重要选择,即对具有不同国籍和文化背景的雇员的选择,这主要包括三类人员:中国母国外派人员、东道国人员与第三国人员。

（一）跨国经营人员甄选的类型

1. 中国母公司外派的员工

母公司所在国员工指的是跨国企业子公司中来自母公司的员工,此类员工一般拥有母公司的国籍,往往是母公司派出管理和经营海外子公司的技术专家和管理者。

中国企业跨国经营由于处于起步阶段,加上外国人员中会说中文的并不普遍,中国企业跨国经营一般选择民族中心式的人力资源开发模式,海外企业的核心管理和关键技术职位基本上由中国母公司人员去担任。因此,母公司外派人员在中国企业跨国经营中具有重要的战略地位,同时在中国企业"走出去"战略中也起着非常关键的作用。中国跨国企业多选择母国人员主要出于以下几个方面的原因考虑:

首先,选择母公司外派的员工有利于对海外子公司的控制。由于中国企业传统文化讲究下级服从上级,企业通过对人的控制来实现对企业的管理,因此中国企业管理者一般认为,使用母国外派人员更加放心,可以减少海外经营中的信任危机,降低海外经营风险。

其次,选择母公司外派员工有利于海外子公司与母公司之间的沟通,可使母公司迅速掌握海外子公司的经营状况。外派人员可以迅速了解东道国消费者和中间商对本公司产品或服务的反应,将海外市场的变化及

时反映到母公司,有利于母公司对全球市场的把握。同时,外派人员与母公司之间的沟通不存在语言方面的障碍,这也大大提高了信息传递的速度和质量。

最后,由于中国外派人员的薪酬待遇相对国内人员的待遇要高出许多,一般高出 3~5 倍,高额的薪酬待遇以及有海外工作背景的光环也吸引了不少中国员工主动申请去海外工作,而中国母国企业管理方考虑到员工外派有利于培养国际性的管理人才,可以将优秀的国外管理经验带到国内,也愿意使用外派人员。

当然,使用外派人员也带来了一些不利的方面。例如,相对使用东道国员工尤其是发展中国家东道国员工来说,外派人员的管理费用成本较高,因为使用外派人员除了高工资外,公司还必须提供高额的人员安置费、生活津贴以及其他一系列福利待遇(外派员工住房、子女入学、配偶工作、员工保险等)。另外,母国外派人员往往由于对东道国的文化、法律制度环境的不熟悉,造成决策上的失误从而给公司带来重大损失,同时如果大量使用外派人员会限制东道国员工的职业发展空间,损害他们的工作积极性,不能给东道国增加就业机会也会招致当地政府的反对。

2. 东道国员工

东道国员工指的是跨国企业海外子公司东道国当地的员工,他们一般具有东道国的国籍。

随着中国企业海外经营的深入,也加强了对东道国员工的使用。中国企业使用东道国员工主要是因为东道国员工更加熟悉当地经济和人文环境、精通当地语言、了解当地市场,这在中国企业在发达国家经营更为明显。如联想在美国的公司就是大量使用美国当地的员工,在美国基本上实现了人员的本土化管理。中国企业使用东道国的员工也有出于使用国际人才方面的考虑。如华为在印度的公司,充分考虑印度 IT 人才的优势,雇佣当地 1000 多名软件开发科研人员。另外,中国企业使用东道国员工更多是出于成本方面的考虑,据商务部统计,中国对外直接投资中采矿业增长迅速,2006 年中国企业对外投资非金融类达 176.3 亿美元,其中流向采矿业的投资额达 85.4 亿美元,主要是石油和天然气开采业。采矿业投资主要流向发展中国家,发展中国家劳动力成本相对便宜,这些行业大量使用当地东道国员工可以节约成本,对发展中国家来说,中国企业

427

使用当地员工解决了东道国的就业问题,也会受到当地政府的支持和欢迎。

利用东道国员工也有一些不利之处。首先,由于文化和观念上的差别,东道国的员工可能对中国跨国企业的经营策略不能够完全理解,同时在沟通上也会存在语言和认知方面的障碍,往往导致子公司员工不能融入中国企业跨国经营管理方式和企业文化;其次,招聘过多东道国员工可能促使"联邦主义"而非全球发展战略的形成,各个子公司可能只考虑到本子公司局部利益的发展,而很少能从全局角度考虑,甚至有可能出现对中国母公司或中国的忠诚出现冲突,给中国企业带来巨大损失;最后,招聘东道国员工也限制了母国人员获得海外工作经验的机会,对中国企业培养国际性的人才不利。

3. 第三国员工

第三国员工指的是跨国企业子公司所在国和母公司所在国之外的第三国员工,他们一般具有除母国与东道国之外的第三国国籍。

例如,一位英国管理人员在一家中国跨国企业设在美国纽约的子公司工作,这位英国管理人员就是典型的第三国员工。当前,国际性人才流动日渐频繁,跨国企业基于全球战略高度考虑,越来越多地考虑雇佣、开发和保持具有国际经验和全球观念的国际性人才,而不太考虑他们的出生国、国籍或居民身份,这样,第三国员工也日渐频繁地被跨国企业聘用。

聘用第三国员工的好处主要有以下两点:首先,第三国员工通常能够用多种语言进行交流,且具有较强的文化敏感性,能够在东道国与母国人员之间建立更有效的人际关系;其次,第三国员工往往具有国际工作经验或具备了解东道国丰富知识等方面的优势,因此第三国员工往往比母国外派人员更能适应东道国的环境,管理有效性更强。

当然,聘用第三国员工也有一些不利的方面:首先,聘用第三国员工与东道国文化、中国文化存在双重差异,这样协调起来也可能出现更多的麻烦;其次,可能会受到东道国政府的抵制,东道国仍然将其视为"外国人",认为其占用本国员工的潜在职位而不欢迎;最后,聘用第三国的员工成本较高,中国是发展中国家,一般来说,聘用第三国国际性人才成本不仅会高于东道国员工,同时也会高于母国外派人员成本。

（二）跨国经营人员甄选策略

由于跨国企业的人力资源配置选择受企业跨国经营阶段、产业类型、东道国发达程度和政策以及人力成本等多种因素的影响,因此中国企业在跨国经营时,每个企业会根据自身的特点选择适合企业自身发展的人力资源配置策略,不同企业所采取的人力资源配置策略可能不同。企业在选择人力资源配置策略时,不仅要考虑上述三类人员各自所具有的优缺点,还要充分考虑到企业自身的特点和战略目标等因素,做出正确的跨国人力资源配置策略。

根据国际跨国企业发展的经验,中国企业跨国经营人力资源配置选择,可以参见图 12－3 所示的方法,即高层管理职位由母国外派人员担任,中层管理人员由东道国人员或第三国人员担任,低层管理和普通职位由东道国员工担任。这种策略具有许多好处,因为,高层管理由母国公司外派人员担任有利于母公司对海外子公司控制,双方沟通交流也便利,同时也有利于母公司对海外市场情况的反应。中层管理者则可以选择最合适的人员来担任,是出于对东道国市场了解以及便于管理等方面的考虑。低层员工一般是较低层次的劳动力,出于当地劳动力低成本方面的考虑,一般雇佣东道国员工。

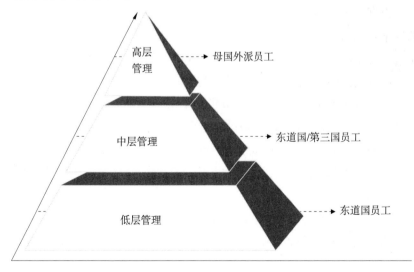

高层管理 ┈┈► 母国外派员工

中层管理 ┈┈► 东道国/第三国员工

低层管理 ┈┈► 东道国员工

图 12－3　跨国经营人员配置选择方法

以上是发达国家跨国企业发展的经验，对中国跨国企业来说不一定完全适用，但有一点应该是肯定的，母国和第三国员工聘用成本较高，一般应安排在管理或专业技术岗位上，不应安排在低层次的劳动岗位上，而处于企业管理低层次的员工由于数目较多，出于成本控制考虑一般就地使用东道国员工。具体对三种人员的比较总结如表 12 - 2 所示，三类人员各有利弊，企业可以根据自身的目标以及企业发展侧重点加以选择。

表 12 - 2　跨国经营三种人员比较

比较内容	中国母国人员	东道国人员	第三国人员
母公司沟通	有效	需要磨合	一般
对子公司控制	很强	较弱	一般
国际人才培养	有利于母公司	有利于东道国	不确定
熟悉东道国环境	较差	很好	不确定
与东道国关系	较差	很好	较差
人员素质	一般	不确定	较高
人事成本	高	较低	高

根据国务院发展研究中心企业研究课题组的调研,中国企业国际化的基本目标有四类:获取市场、获取自然资源、获取技术和海外上市。在所调查的中国最大 500 家企业中,有近 80% 实施国际化战略是为了获取海外市场,有些企业兼有获取市场和获取资源的目标。[①] 因此,对于大多数中国跨国企业来说,出于海外市场开拓的需要,在选择人力资源配置时,应多选择较熟悉东道国环境的东道国人员;而对于想获取海外资源的中国跨国企业来说,由于要和东道国建立良好的关系,也要注重对东道国当地员工的使用,也就是说,中国跨国企业海外经营方式要注重"本土化"。

但中国跨国企业存在的问题是,常常不敢大胆雇佣东道国员工,外派较多的母公司人员,担心失去对国外子公司控制。如中国远洋运输

---

①　国务院发展研究中心企业研究课题组:《中国企业国际化战略》,人民出版社 2006 年版,第 3 页。

（集团）总公司外派的 400 多人在国外大部分担任海外合营公司的高层，其目的是增强中方的控制力，保证国有资产的安全。康佳集团在印度合资控股的彩电生产厂，从控股公司的董事长、总经理到其他关键岗位管理人员均由康佳集团委派，目的是通过占有董事会中的绝大多数投票权和总经理班子中的关键岗位实现对重大事项决策的控制。

再如作为中国通信制造企业领头羊的华为，在最初开拓国际市场时，其员工基本来自国内市场，这些来自母国公司的员工在国内市场个个都是骁勇善战的销售精英，可到了国际市场才发现自己工作了一段时间，连客户在哪都摸不着。有许多销售人员半年多基本上没有见到一个客户，有时候好不容易弄清客户是谁却根本无法见面，更不用说拿到标书，进入招标范围了。后来，华为通过当地代理商或招聘东道国员工来开拓当地市场，这种做法取得了很好的效果，促使华为认识到依靠国内销售人员个人能力打市场的传统做法在国际市场上行不通，国际市场注重的不仅仅是成本和折扣，更注重新业务和渠道，Sales（销售）和 Marketing（营销）不是一个概念，由此华为开始更加注重东道国本地人才的雇佣，人员本土化战略在全球得到推广。目前，华为人员本土化策略不仅在销售领域得到体现，而且在技术领域也得到加强。如考虑到印度是全球软件外包生产基地、俄罗斯在数学和航天科技存在人才和技术领先、北欧在移动通信制造居全球领导地位、美国在芯片设计和 CDMA 技术上居全球领先地位，华为就先后在印度班加罗尔、俄罗斯莫斯科、瑞典新斯德哥尔摩、美国达拉斯和硅谷等全球多个地区建立研发合作项目或中心，华为的这种全球战略充分利用了东道国当地 IT 人才，可以说，华为目前的人力资源配置战略是其所取得显著成绩的保障。

二、中国企业跨国经营外派人员甄选策略

由于外派人员在企业跨国经营过程中扮演着重要的角色，外派人员如果选择不当，不仅给企业带来诸如支付外派人员培训、派遣、薪酬、福利费用等各种直接损失，而且还会在企业形象、与东道国政府客户关系、海外市场、员工士气等各方面给母公司带来间接损失，因此，各国跨国企业对外派人员的甄选都相当重视。根据 Tung 对美、欧、日外派人员的研究表明，外派人员成功与否很大程度取决于是否经过科学和严密的选拔，选拔与外派人员成功之间的相关系数达 0.63,呈显著相关。①

中国企业国际化经营的过程中,不少企业苦于找不到合适的外派人员。如何选择外派人员、选择外派人员的标准有哪些是中国企业国际化经营过程中所要考虑的重要问题。这里先介绍外派人员的选拔标准,然后进一步介绍影响这些选拔标准的因素以及国内外跨国企业选拔外派人员的经验和策略。

(一)外派人员的选拔标准

跨国企业为海外甄选外派人员是一个大的决策过程,通常这一决策会根据国际甄选标准而做出。图 12-4 给出了跨国企业外派人员的甄选标准。

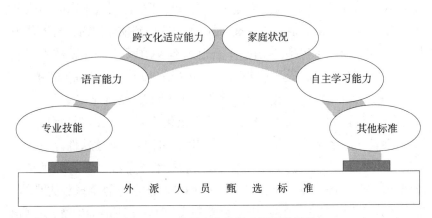

图 12-4　跨国企业外派人员甄选标准

1. 专业技能

外派人员必须具有必备的专业知识、管理能力和行政技能。因为外派人员到远离母国的地区工作,没有国内工作时的咨询和顾问环境,加上国外工作的复杂性,所以具备较强的专业技能对于外派人员的选择是必不可少的考虑因素。跨国企业在甄选外派人员时普遍的重视其具有的专业技能,但是,这一点也不能过分强调,Tung 通过对美、日跨国企业调查

---

① Tung, R. L.: "Selection and Training Procedures of U. S., European, and Japanese Multinationals", *California Management Review*, Vol. 25, No. 1, 1982, pp. 57-71.

中国企业跨国经营环境与战略研究

后发现,美国企业相对日本企业外派人员成功率较低,其中一个重要原因是美国人过多地考虑了专业技能,而日本人较多考虑个人行为或人际关系技能,如该外派人员和客户、上级、同事及下级之间相处的能力。[1]

2. 语言能力

能够使用东道国语言是外派人员能够成功的另一个关键因素。语言能力常与跨文化适应能力相联系,有良好语言能力的外派人员,通常也会较多地懂得当地文化和环境,从而会更好地运用他们的技术和管理技能与当地同事、下属和客户打交道。语言能力对于外派工作极其重要,但其也不是万能的。Fisman对多个不同类型跨国企业研究发现,语言技能在国际管理成功因素中并不起主要作用。[2] 国内跨国人力资源管理专家赵曙明也提醒中国跨国企业甄选外派人员时,要注意不要为语言流利程度所迷惑,一个候选人能讲流利的东道国语言并不意味着他或她就是这份工作的最好人选,候选人必须有足够的技术和管理技能。[3]

3. 跨文化适应能力

不同国家具有不同的文化背景,跨国企业在选择外派人员时必须考虑各个国家不同的文化背景。例如,麦当劳在印度就不能采用牛油炸薯条;在日本,一般员工不会将工作的事情带回家做,日本人认为那样是懒惰的表现,他们会在办公室采取加班的办法完成工作;而美国人则到了五点就下班回家,如果遇到没做完的事情通常都带回家去做。中国人在沟通方式上,讲究在友好和相互尊重的基础上建立关系,表达意见比较含蓄,而美国人则喜欢直接切入正题,一开始就表达清自己的目的,这种沟通方式的差异如果解决不好则会导致工作的不顺畅。因此,跨国企业选择外派人员时,必须考虑其适应东道国文化的能力,一般来说,外派人员在任职初期比较兴奋,但几个月后,随着文化冲突的出现,他们在新环境中开始遭受挫折并感到有些困惑,如果处理不当则会导致整个外派工作

① Rosalie L. Tung, "Human Resource Planning in Japanese Multinationals: A Model for U. S. Firms?" *Journal of International Business Studies*, Fall, 1984, p. 141.

② Fisman, C. : "The Foreign Language Needs of U. S. -Based Corporations", ANNALS. AAPSS, Vol. 511, September, 1990, p. 25

③ 赵曙明:《企业人力资源管理与开发国际比较研究》,人民出版社 1999 年版,第194 页。

失败。Caligiuri 在研究外派人员适应东道国环境时发现,如果外派人员具有某种开放的性格特征,那么和东道国人员的广泛接触有助于跨文化适应,有效的适应能力和社会交往能力直接相联系。①

4. 家庭状况

家庭,尤其是配偶对跨国企业外派人员是否支持直接影响外派工作是否能成功。一项对 46 个国家的跨国企业 324 名外派人员失败的原因调查分析发现,外派管理人员失败的首要原因是其配偶不能适应国外物质和文化环境。② 因此,跨国企业在选外派人员时要充分考虑一些家庭因素:其配偶愿意到国外生活的程度、外派对员工配偶工作和子女教育的影响以及配偶的交际和承受压力的能力等。在筛选外派人员时与甄选人员的配偶进行沟通是必要的,这一点常常被中国跨国企业所忽略。通常一个成功的外派人员的家庭特征是:单身或小型家庭、配偶支持、家庭和睦团结、没有小孩或孩子长大成人、国内没有需要照顾的亲属、家庭支持外派职位等。

5. 自主学习能力

由于外派人员在国外很少能得到咨询和指导,在国外所接触的人、所处理的事直至所接触的法律、政治环境都和国内不一样,这就要求外派人员不仅要有独立自主的处事能力,还要有学习新知识、新方法的能力,只有这样,外派人员才能胜任国外工作,处理、解决好海外子公司所遇到的问题。判断外派人员是否有自主好学的品质,一般通过其在国内公司任职的表现就可以判断出。另外,丰富的国内或国外实地工作经验、特殊项目或任务组经验、勤学好问的品质甚至大学时的课程成绩以及课外活动表现等也可以作为参考标准。

6. 其他标准

其他标准包括外派人员的年龄、经验、受教育水平、健康状况等,这些

---

① Caligiuri, Paula M.: "Selecting Expatriates for Personality Characteristics: A Moderating Effects of Personality on the Relationshiip Between Host National Contact and Crosscultural Adjustment", *Management Internationan Review*, Vol. 40, No. 1, 2000, pp. 61 – 80.

② Shaffer, Margaret A., Harrison, Dabid A., Gilley, K. Matthew and Luk, Dora M.: "Struggling for Balance Amid Turbulence on International Assignments: Work-Family Conflict, Support, and Commontment", *Journal of Manngement*, Vol. 27, 2001, pp. 99 – 121.

因素往往有时也是甄选外派人员所要考虑的因素。另外,外派人员的领导水平和社交能力也是要考虑的因素,判断在国内有效领导或交际能力强的人员在海外环境中能否依然有效领导或有效交流是非常困难的,因此中国跨国企业在选拔外派人员时不能采用单一选拔标准,也不能过分偏重某一种标准,要把各种标准综合起来考虑。

(二)外派人员选拔标准的影响因素和国内外经验

对于不同的外派任职来说,外派甄选标准不是同等重要的。每个标准的重要性取决于四大任职特征(Tung 1981):任职时间的长短、文化相似性、与当地居民的沟通程度以及工作的复杂性和责任。表12-3总结了外派人员的任职特征和甄选标准重要性之间的关系。虽然这是根据国外跨国企业研究总结出的结论,但对中国企业跨国经营也有借鉴意义,中国企业可以根据外派人员的任职特征,根据表中所示各标准的重要程度来进行选择。

表 12-3　外派任职特征和甄选标准重要性关系

甄选标准	外派人员任职特征			
	任命时间长	文化差异大	与当地居民交往需求大	工作复杂、责任大
专业技能	高	不确定	中	高
交际能力	中	高	高	中
国际动力	高	高	高	高
家庭情况	高	高	不确定	中
语言技能	中	高	高	不确定

资料来源:Cullen, John B.: Multinational Management: A Strategic Approach, International Thomson Publishing, 1999.

另外,不同的外派职位对人员素质要求不同,其所考虑的甄选标准也不一样。如首席执行官必须具有良好的沟通能力、管理能力且能较快适应环境,所以语言技能、跨国适应能力和领导能力要求较高。部门经理与当地人打交道较多,要成熟稳重且要具有一定的专业知识,故交际能力和专业知识要求较高。而对于技术人员则必须具有较高的专业技能,并有动手实践解决问题的能力。

从国际跨国企业外派人员业绩表现看,不同国家跨国企业外派成功

率不尽相同。日本外派人员成功率较高主要是因为,日本公司外派员工平均任职时间比较长,较长的年限使外派人员有更多的时间来适应国外环境,一些日本公司仅把那些工作时间很长且能与日本高层管理者进行有效沟通的员工派到海外任职,有时做法是派遣一位有潜力的年轻继任者跟随高级管理者,后者作为年轻经理的导师。英国外派人员比美国外派人员成功率高主要是因为,英国经理更具有国际流动性,或英国跨国企业在外派人员职业生涯规划方面做得更好。而美国外派人员失败率高主要原因是,美国员工一般不太愿意去国外工作,尤其是艰苦地区工作,因为国内的生活条件优越,外派人员及其配偶较难适应国外的环境,且外派工作经验对其回国后职业生涯的发展是否有利还是个未知数。

中国是发展中国家,目前来说,有国际管理经验的人很少,去海外工作一般来说对外派人员职业生涯发展有利,加上公司给予的待遇和补贴比较好、外派时间一般不会太长,所以中国跨国企业面临的主要问题不是外派员工不想去海外工作的问题,而是关注外派人员能不能完成任务的问题。在甄选外派人员时不同公司注重的标准也不一样,例如,TCL选择外派人员时以业务优先,就是将国内综合素质表现较强的人才派驻目标市场,迫使其在语言不通的外国市场迅速实现语言本土化,如派驻越南的员工,在一年后大部分都学会了越语;而中远集团选择外派人员以语言为先,在甄选外派人员过程中,通常没有业务能力、领导能力的集中测试,但对语言的要求却相当严格,中远的主要业务是国际航运,面对全球化的业务,中远早年就专门招聘了一批"小语种"的外语人才,为外派经理做储备工作。

中国跨国企业也可以借鉴国际著名跨国企业的经验。例如,韩国三星每年都会派出有潜力的年轻经理到其他国家学习;可口可乐公司专门选择500名中高级管理人员成立全球服务项目,每年约有200人调动工作岗位;高露洁公司设立全球强化培训项目,除了培训基本的商务和产品知识外还培训员工语言和跨文化知识。诺基亚在选拔外派经理到中国来工作之前,会为经理候选人和其配偶安排中国"一周行",了解在中国的工作、生活环境,并由跨文化管理咨询公司评估候选人是否适合在中国的文化环境中工作、生活。

三、中国企业跨国经营人员本土化战略

当前,根据国际跨国企业国际化经营发展趋势,越来越多的跨国企业在人力资源配置上实行本土化战略,这里首先分析人员本土化战略成为跨国企业战略趋势的原因,然后再分析中国企业实行人员本土化战略的特殊性及具体策略。

（一）人员本土化已成为跨国企业人力资源战略趋势

根据学者们的研究以及国内外跨国企业的实践,近20年来,虽然各个国家跨国经营在人力资源开发战略的选择上各有特点,但仍有一个共同而明显的特征,即人力资源本土化。

跨国企业实行人员本土化战略,首先,是由实施人员本土化战略所具有的优势决定的。

人员本土化战略具有文化适宜、节省成本、就近招聘等天然优势。如果跨国企业一味追求区域中心式或全球中心式,虽然能够招聘到高素质人才,但操作起来成本太高,且招聘到的人员未必适应东道国环境。如果采用传统的民族中心式,虽然能够实现对子公司的控制,但母国外派人员往往难以适应东道国环境,实施成本较高,也与东道国要求人员本土化希望相矛盾。正是出于以上原因,越来越多跨国企业逐渐放弃纯粹的民族中心模式,向人力资源本土化战略靠拢。即使是民族中心式导向明显及外派人员成功率较高的日本企业也积极推进人员本土化。例如,松下电器(中国)有限公司,开始进入中国时实行的是典型的民族中心式,各个中国分公司总经理全部由日本人任职,即使是中国人担任副总经理以上的职位,也是股东派来的。但是,自1995年开始,松下在北京成立了人才培训中心,为企业培养本土化人才,2004年和北京大学光华管理学院举行高级经营人才开发的项目合作,2006年又和清华大学合作成立"领导力研究开发中心",目前松下已在北京、大连、上海、广州、杭州等地设立了多所人才招聘中心。松下各分公司人员任免机制也改为从公司内部选拔提升,使中国员工不断进入公司高层管理岗位,逐渐向人员本土化过渡。

其次,是由跨国企业国际化经营实践经验总结得出的。

跨国企业一开始也不一定采取人员本土化战略,但在国际化经营过

程中逐渐改用人员本土化战略,主要原因是要么采取其他战略以失败告终,要么是在人员本土化战略中尝到了甜头。

肯德基进军香港先败后胜就是一例。1973 年,肯德基家乡鸡的第一家分店在香港开业,可是到 1975 年 2 月,首批进入香港的肯德基全部关门停业,原因在于中国香港的肯德基由肯德基母国管理人员直接策划,他们对香港的风土人情不了解。8 年后,肯德基改变营销策略卷土重来,其中最重要的是放手将特许经营权交给香港太古集团的一家附属机构,利用本土的人才进行策划经营,由于本土人才了解香港的文化背景,采取了一系列措施,包括更改广告词、增设店内座位等,结果实施本土化经营后,中国香港迅速成为肯德基全球的一个大市场,并与麦当劳、汉堡包和必胜客并列为香港四大快餐食品。

再如,美国 IBM(国际商用机器公司)就从人员本土化战略中尝到了甜头。IBM 公司虽然对海外子公司一般坚持 100% 的持股权,但子公司的经营管理者则几乎 100% 雇佣当地员工。在中国,IBM 基本实现了人本管理,IBM 公司通过构建文化、价值观体系将进入 IBM 公司的中国员工塑造成 IBM 人来管理公司,目前中国 IBM 公司已经成为不少北大、清华优秀 IT 人才毕业首选的就业雇主。同样,在民族意识很强的法国和日本,不少美国公司通常难以站稳脚跟,而 IBM 公司却取得了巨大成功,这主要归因于其实行的人员本土化战略,IBM 所采取的策略是尽量雇佣当地人,可能的话,将经营权都交给当地人,并注重法国、日本人的民族性和传统观念,必要时实施利益均沾,分出一部分股份给当地人。

又如,东京迪斯尼和法国迪斯尼分别于 1983 年和 1992 年年初开放,而经营的状况是前者赢利能力已超过美国母公司,后者却负债累累,举步维艰。造成两个迪斯尼业绩差别的原因有很多,但其中一个重要的原因就是迪斯尼在两个市场采取的人力资源配置策略不同。东京迪斯尼几乎所有高层和绝大部分员工都是日本人,美国人只留下一个小型的管理团队充当参谋和顾问,以保持乐园的原汁原味。而在法国,为了与公司治理结构相匹配,乐园几乎沿袭了整套美国管理体系,管理团队是清一色的美国人。另外,迪斯尼乐园在招聘员工时为了保持迪斯尼的全球形象,对员工做出了很多规定,如 20 出头、脸上没有瑕疵、牙齿整齐、身高超出平均值、体重低于平均值等要求。这对以认真、驯服和任劳任怨著称的日本人来说,没有任何问题。但这种"全美国式的外貌"对于热衷于独立主义和"文化纯粹性"的法国人来说无疑是个极大的冒犯,这自然会遭到具有反抗传统和成熟工会机制的法国人的反对。是否实行人员本土化策略是迪斯尼在两个市场经营结果不同的原因之一。

(二)中国企业跨国经营人员本土化战略的特殊性和具体策略

中国跨国企业人力资源配置策略可以通过实行人员本土化战略在全球范围内实现人力资源的最佳配置,充分利用当地人员就地招聘、培养,使人力资源以最有效的方式促进企业的发展。但是需要注意的是,中国跨国企业在充分重视人员本土化战略的同时,还必须结合中国企业本身特殊性并采取相应对策才能更好地发挥作用。

1. 中国企业国际化人才缺乏,必须大胆实行人员本土化战略

受中国文化的影响,中国跨国企业往往不敢大胆使用东道国人员,常常过多使用母国外派人员以防失去对海外子公司的控制。但是,中国最短缺的就是国际化的人才,很多中国跨国企业苦于找不到合适的外派人员,即使勉强找了个外派人员但又难以适应海外工作环境,因此虽然近年来中国企业在海外建立各种类型的分支机构为数不少,但真正效益可观的并不多,其中一个重要原因就是外派的人员素质不高,能力有限,妨碍了企业的国际化经营。

在国际化经营过程中,中国跨国企业应该借鉴西方跨国企业成功的经验,结合自身的特点和优势,不失时机地大胆进行人员本土化战略。只有这样,中国跨国企业才能在全球化竞争中扬长避短,更加有效地利用当地人力资源实现国际化经营战略。这方面中国也有不少企业做出了典范。

例如,中国万向集团1994年进入美国设立公司时,在用人策略上就实行了人员本土化战略。万向认为:中国本土外派经营人员,单过语言关就要一年或半年时间,此外,还要学习美国法律、文化,考美国驾照,适应美国生活习惯,结交人脉关系等,总共要花上好几年的时间才能真正独立工作。而在当地招聘的美国本土人员,熟悉美国国情,有经验,有客户等人脉关系,只要按照美国的法律同他们签订合同就可以了。万向在美国的销售中心除一名中国董事长外,其余一律是有多年工作经验的美国当地人员,企业的运作完全按照美国当地同行业的通行做法。不仅在美国实现人员本土化,在欧洲公司、南美公司,包括总经理在内,都是委托当地

439

中介机构向社会公开招聘。自 1984 年万向获得美国舍勒公司第一笔出口业务订单开始国际化之旅后，截至 2007 年 9 月万向海外并购或控股的公司已发展到 31 家。可以说，万向在国际经营上能够胜人一筹，海外经营能够迅速发展，其中实行人员本土化战略功不可没。

再如，中冶（中国冶金建设集团公司）在国际化经营过程中也非常注重本土化。目前，中冶在海外矿山资源投资达到 10 亿美元以上，海外 29 个企业，75% 以上的人员是当地人。中冶集团董事长、党委书记杨长恒认为：本土化做得不够，是导致中国一些企业在海外失利的一个重要原因，中冶要努力避免这一失误。由于企业本身从事冶金业务，企业国际化投资项目常常在发展中国家，当地管理技术水平和人员素质都不高。针对这一难题，中冶采取的措施是对分包商和工人进行培训，而一些高科技仪器操作由中国派专家进行现场技术指导，这样不仅解决了技术难题，实行人员本土化也解决了东道国就业问题，从而缓和或改善了与当地政府之间的关系。中国近年来采矿业对外直接投资增长迅速，采矿业企业以及以获得其他海外资源为目的的中国企业可以借鉴中冶的人员本土化战略经验。

2. 发达国家人员成本高，但实行人员本土化战略利仍大于弊

中国企业国际化经营从区位分布上看，也有不少企业进入欧美等发达国家及一些新兴工业化国家或地区，这些国家或地区具有良好的投资环境，有先进的生产、管理技术和丰富的营销经验，市场需求也十分广阔。因此，中国企业到发达国家或地区投资不仅是开拓海外市场的要求，同时也是学习发达国家管理经验、技术的必然环节。

国际跨国企业的实践经验表明，为了尽量利用当地资源，最好是在东道国实行人才本土化。但是，中国是发展中国家，很多企业必然会考虑一个问题，中国企业在发达国家或地区采用人员本土化战略，可能会引起经营成本的增加。人员本土化一般来说可以降低成本，但这通常是针对经济发展程度与母公司所在国相当的东道国来说的，中国是人均国民收入较低的国家，使用发达国家或地区的人员所支付的工资可能要高出中国母公司使用外派人员的费用，但这也不能成为阻碍人员本土化战略的原因。发达国家人力成本固然高，但人员的素质也相对较高，聘用当地人员不仅可以学习其先进的管理经验和技术，同时也有利于企业在当地树立良好的形象使中国企业与当地企业站在同一个起跑线上。所以，虽然发

达国家人员成本高,但实行人员本土化战略仍然利大于弊。

中国海尔集团在发达国家的本土化战略堪称典型。海尔国际化经营的模式是采取"先难后易"的策略,即将海外发展的目标一开始就定位于发达国家或地区,一旦在发达国家或地区站稳脚跟,便可以较容易地进入并占领发展中国家市场。1999 年 4 月,海尔就在美国南卡罗来纳州建立生产基地,当时便确立了人员本土化战略,海尔美国生产公司除青岛总部派去的财务总监外,其余基本上都是当地美国人,美国的海尔基本实现了由美国人生产再卖给美国人,达到就近生产、就近销售的目标。海尔本土化战略的另一个环节是营销人员本土化。海尔通常采取合资合作的方式,利用海外本土经销商原有的网络来销售产品。例如,海尔美国贸易公司就是海尔同美国家电公司(ACA)的合资公司,海尔持有多数股权,公司聘用当地具有产业经验和开拓能力的美国经理管理,美国管理人员得到很大的自主权,他们负责推广品牌和争取新客户。目前,海尔在全球已经拥有数万个销售网点和数百名销售经理。这些经理人每年都举行年会,从青岛到意大利再到纽约,海尔全球年会已经成为经销商交流和总结营销经验的聚会。

3. 海外华人华侨众多,是中国企业本土化战略可利用的资源

根据 2003 年第七届世界华商大会文献资料,分布在全球各地区的华人共计 4000 多万人,他们为中国企业海外的投资经营提供了充足的人才储备,这些人员处于中西方文化的结合点上,对于中国文化有一定的了解和认同,同时又熟悉东道国的情况,有的还具备当地企业多年的管理工作经验,他们可以帮助中国企业了解国外市场信息,在当地寻找合作伙伴,因此聘用海外华人华侨是中国企业人员本土化战略的首选,也是中国企业海外经营难得的宝贵资源。

另外,分布在海外的大量中国留学生,也应该是中国企业本土化研究的范畴。海外留学生可分为两类,一类是尚未取得海外国籍的人员,另一类是已经获得海外国籍的人员。对于国际化经营的中国企业来说,聘用未获得东道国国籍的海外留学生严格来说不能算人员本土化。但考虑到这一类人比较了解东道国文化,在东道国已经有一定的生活经验,因此中国企业聘用海外留学生也应视为人员本土化战略的一部分。

此外,还有在中国留过学的外籍人员,由于他们在中国生活了几年,

对中国的文化有所了解和认同,同时又熟悉当地东道国环境,因此中国企业国际化经营人员本土化战略也应充分利用这一类人力资源。

第三节 中国企业跨国经营人力资源培训和绩效管理

一、中国企业跨国经营人力资源培训

为了获得全球竞争优势,越来越多的跨国企业将人力资源战略作为其核心竞争力的关键和竞争优势的源泉。而对一家跨国企业来说,如何发挥其人力资源的效力,使其成员始终保持生命力,离不开适当的培训。培训是改变员工的态度、行为以实现组织目标的过程。这种培训对即将派遣到海外工作的员工尤为重要,因为培训能够确保全面开发、利用他们的潜能,以使他们熟悉海外工作环境、风俗、文化和工作习惯。目前,国外许多跨国企业对员工培训工作相当重视,已经建立了自己的培训体系。而中国企业这方面还做得不够,因此这里首先分析跨国企业人力资源培训的必要性,然后分析中国企业跨国经营人力资源培训的具体操作内容。

(一)跨国企业人力资源培训的必要性

图 12－5 表明了跨国企业人力资源招聘、甄选和培训活动之间的联系。从中可以看出,培训对跨国企业构建国际团队是必不可少的。

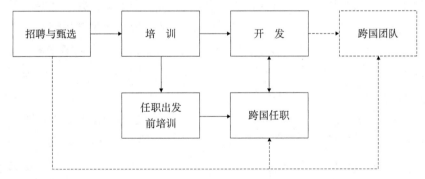

图 12－5 跨国管理培训和开发

首先,这是跨国企业组织的需要。培训首先是帮助管理者克服母国中心主义的观念,因为拥有这种观念的员工常常认为自己的办事方式比他人的办事方式更优越,因而外派人员常会犯将母国的管理方式原封不动的搬到东道国的错误。培训能够帮助母国管理者理解其他国家的价值观和风俗习惯,这样他们被派往海外时,能够更好地理解如何与当地人交流,这对中国企业外派人员的成功起着非常重要的作用。培训的另一个主要目的是提高母公司、海外子公司及其分支机构之间的信息沟通。当海外管理者是第三国人员或东道国人员时,这一点显得尤其重要,培训可以使海外管理者了解母公司所需要的信息,了解母公司究竟期望他们做什么,为母公司与子公司之间进行有效沟通提供保障。

其次,从员工个人角度看,也是跨国企业员工个人胜任工作的需要。从员工来源来看,母国外派人员、东道国人员和第三国人员三类员工均有必要进行培训,而不同类型的员工具有不同的特点,因此培训的侧重点也不同。

对母国外派人员来说,往往由于某一方面或几方面突出而被甄选,但由于个人不可能完美,加上参考的甄选标准也不全面,因此外派人员往往会存在一定的缺陷。例如,外派人员技术能力突出,语言能力可能需要培训,或语言能力突出,技术能力方面需要培训。更普遍的是,外派人员在文化适应能力方面的培训,尤其在外派人员出发之前,对东道国的文化、风土人情方面知识的培训。中国企业国际化人才短缺,外派人员综合素质不高,因此对其进行外派前的培训就显得更加重要。

对东道国员工来说,让东道国员工认同母公司的文化也非常重要。中国海尔集团海外经营过程中就非常注重这一点,在实行本土化的同时,还注重海外人员对海尔文化的认同。海尔认为,企业不在于拥有多少人才,而在于整合了多少人才。海尔的具体做法,一是与国外人才充分沟通,让他们接受海尔的理念,如创新和"日清"的价值观;二是建立海尔大学,大量培训国外海尔科技与经营人才,使企业国际化水平不断提高。

对第三国员工来说,则存在双重的培训要求。既要使其认同母公司的文化,也要使其熟悉东道国的文化。对于全球化的跨国企业来说,建立跨文化的国际团队、开设全球领导课程、举办国际研讨交流会、实行冒险活动训练将有利于公司的发展。

（二）中国企业跨国经营人力资源培训内容

按照国际跨国企业经验，国际人力资源培训内容包括：跨文化培训、语言培训以及日常事务处理等。

1. 跨文化培训

文化差异对国际企业跨国经营管理有着重要的影响，有时甚至是决定性的影响。跨文化培训是解决国际文化差异问题的基本方法。如果跨国企业在甄选外派人员时将语言、专业技能作为考虑因素，那么文化差异因素显然是跨国企业国际化经营首先要克服的障碍。此时，跨国文化培训就成为跨国企业培训的主要内容。

跨文化培训之所以重要，还因为其具有以下功效：首先，跨文化培训可以使管理者能够自觉地进行角色转换，更恰当地理解另一种文化中的价值观、需求和处事方式，从而可为不同文化背景的员工实行差异化管理；其次，跨国企业的管理人员往往拥有不同的文化背景，有效的跨文化培训可以使不同文化的管理人员顺畅地进行沟通、交流和合作。同时，对来自东道国和第三国员工进行母公司文化的培训也有利于总公司的发展。

跨文化培训的内容主要包括两方面：一是使员工了解企业的文化背景和文化本质，二是培养员工对东道国或母国文化特征的理解和感性分析能力；包括政治、经济、商业和法律以及气候、生活环境、风俗、交通状况和住房状况等。对女性人员还要专门培训，使她们了解长驻海外会遇到一些特殊的、与性别有关的问题，减少在国外工作可能遇到的麻烦。

跨国企业可以根据培训的目标选择不同的培训方式和培训强度，如图 12－6 所示。另外，海外任职条件对外派人员的培训强度和方式也有影响，任职时间越长，母国与东道国之间的文化差异越大，要求与东道国员工接触和沟通越多，工作越复杂，要求的跨文化培训强度越大，培训时间也越长。

中国企业国际化经营要重视跨文化培训，否则往往会引起许多不必要的麻烦。例如，浙江省送变电工程公司 2003 年在菲律宾承担 0309 电建工程时，双方人员就因文化差异而遇到了麻烦。从文化渊源上来看，虽说菲律宾有一定的儒家文化渊源，但其受过西班牙、日本和美国的统治和侵略，从整体上来说它受西方文明影响较深，又加上受到天主教义的影

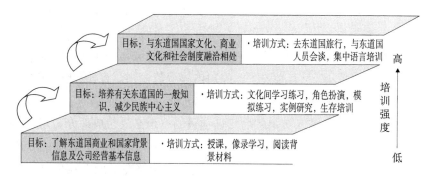

图 12 - 6 跨文化培训目标和方式

响,使菲律宾人身上既有西班牙人的懒散,又兼有美国人的骄傲和菲律宾人特有的死板、反应缓慢、缺少变通的特点。由于文化方面的差异,使中国分包商在管理过程中遇到一系列的问题:在线路的基础分坑阶段,中国的技术人员按照约定的时间到现场与菲律宾分包商碰面时,却找不到分包商,足足等了1个小时,菲律宾分包商才姗姗到来。与这些分包商进行现场交谈时,发现这些分包商好像什么都不懂,反应迟缓,连基本概念都没有,就是有很多劳动力。晚上收工后,大部分中国技术人员向项目领导提意见要换这些分包商。项目经理通过调查后才发现,这是由于两国文化差异导致的,在菲律宾迟到半个小时是很正常的,不迟到反倒被认为是没礼貌,菲律宾人把这称为菲律宾时间。知道这一情况后,中国项目组很快采取了一系列培训措施:首先,组织学习菲律宾文化,加强中国技术人员对菲律宾风俗习惯的了解,并组织英语培训;其次,加强与菲律宾人的沟通,要求他们与中国技术人员打交道时必须守时,不得迟到,以使中国技术人员不必浪费不必要的等待时间;最后,针对菲律宾人反应慢、学习能力差的特点,项目部技术人员加强菲方分包商的技术管理,细致耐心地指导培训,努力提高他们的技术水平,并尽量减少分包商的技术工作由本方来完成。经过跨文化培训后,项目最终取得了圆满的成功。

2. 语言培训

语言是人与人之间沟通的工具。有良好的语言技能的管理者,会更好地运用他们的技术和管理技能,在与同事、下属和顾客打交道的过程中会获得更大的成功。懂得东道国语言,也会增进对当地文化的了解,减轻适应一种新文化的压力,因此能使用东道国语言已经成为外派人员甄选的一个重要标准。但是,跨国企业在选外派人员时,往往语言和技术不能兼得,懂技术但不一定懂东道国语言,加上语言与文化存在一定联系增加了语言的复杂性,以及有必要了解公司内部交流惯用语言,因此语言培训成为跨国企业国际化经营培训的另一项重要内容。

语言培训是外派人员出发前培训项目的一个必要组成部分。东道国语言培训主要是加强口语和听力训练,这种训练可以请大学教师或东道国语言专家对跨国企业人员进行培训,使他们能够在短期内强化语言教育,提高口语和听力水平。如果该名外派人员曾经学过东道国的语言,则在赴外任职前进行强化训练,使其短期内达到合格水平。如果该名员工没有接触过东道国语言,可以进行入门训练,帮助其掌握一些基本的日常交际用语,并达到可以自学的程度。

中国是非英语系国家,在企业未国际化经营之前或国际化经营初级阶段,企业的信息和报告通常还没有使用标准化的国际语言,这给企业国际化经营的信息传播带来很多不便。目前英语已经成为国际商务语言,国际商务信息包括商务文件、报告一般以英语的形式传播,因此中国企业国际化经营对公司语言进行规范标准化十分重要。企业的语言培训不仅要包括东道国语言的培训,同时还应包括公司语言的培训。

当前,中国企业在甄选外派人员时已经十分重视语言技能的培训,驻外人员通常至少掌握一门外语。例如,中国路桥集团总公司主要投标承建由世界银行、亚洲开发银行等提供援助的公路、桥梁建设项目,并在非洲、中东以及东南亚等地区设有20多家子公司。该公司的外派人员以管理人员为主,也有一部分技术人员。公司每年均向外派人员提供广泛的出发前培训,培训内容包括业务、语言、文化、政策等。尤其在语言方面,该公司有着非常高的要求。所有外派人员在出国之前都要参加为期半年的外语强化训练,主要在北京外国语大学、北京第二外国语学院和对外经济贸易大学等院校进行正规的培训。

3. 日常相关事宜培训

与外派人员日常相关事宜方面的培训常常被企业所忽视。例如,在外派人员赴任之前,中国企业母公司需要向外派人员详细介绍工作住所、期限、工作性质、任务,同时也要介绍公司薪酬政策,包括工资、津贴、福利、奖金制度、所得税的交纳、回国后的待遇等,使他们了解自己在工作中处于何种地位,应发挥何种作用。

除了与工作任务相关的培训外,使外派人员了解他们将要面临的工作和生活环境也是必要的。这包括东道国的住房、交通环境、购物环境、学校教育等。通常有两种做法:一是通过该国的回派人员介绍东道国环境、条件以及需要注意的问题;二是在正式任命前让他们到东道国进行一次短期的实地考察或采取师父带徒弟的方式,让外派人员先有一个适应的过程,然后慢慢进入工作。

如果外派人员携带家属,对其配偶和孩子进行培训也很重要。外派人员海外任职能否取得成功,其配偶因素有时候起着非常重要的作用,配偶能否适应海外生活直接影响着外派人员的工作热情和效率。所以,为外派人员家属提供必要的培训,如提供东道国当地生活习惯、购物环境、学校情况、物业管理、生活技巧等相关信息非常必要。

对外派人员回国进行召回培训也是必要的。外派人员在国外任职积累了难得的国际工作经验,但由于长期在外工作,国内的工作环境、人员委任已经与当初有所区别,因此有必要对其回国工作进行相关培训,否则,如果这方面做得不好,很可能使外派人员离职,这样对公司也是个损失,即使前期外派工作做得很好,如果最后导致外派人员离职,那么整个外派工作也不能算成功。

二、中国企业跨国经营人力资源绩效管理

绩效管理是一种提高组织员工的工作效率、开发团队和个体的潜能,使组织不断获得成功的管理思想和具有战略意义整合的管理方法。"绩效管理"的概念产生于20世纪70年代后期,到20世纪80年代后半期90年代初期,随着人们对人力资源管理理论和实践的重视和深化,绩效管理逐渐成为一个被人们广泛认可的人力资源管理概念,并开始为企业,特别是跨国企业所认识和应用。

跨国企业需要一个科学、合理的制度来管理其绩效,如何对海外子公司进行有效的绩效管理是国际企业跨国经营过程中具有挑战性的工作之一,随着跨国企业地域的扩张、生产运作模式的变化、人力资源构成的多样化、管理内容的增加等问题的产生,跨国企业绩效管理呈现日益复杂的

447

趋势。跨国企业绩效管理的难点在于对海外子公司中来自母国和其他国的外派员工的绩效考核,文化差异、工作环境的复杂性、战略目标的不一致等都增加了对外派人员的考核难度。

中国跨国企业国际化经营已开始应用"绩效管理"的手段来强化企业的管理,并取得了一定的成果。但大多数中国企业,或者还没有树立绩效管理的意识,或者绩效管理还处于初级阶段,或者只是停留在其中的某个环节,如把绩效管理仅仅视为年初制定的目标或只是到年末评比才考虑到,或者将绩效管理纯粹视为提高企业的业绩目的,而毫不关注员工的感受和表现,因而不能完全发挥绩效管理的巨大作用。因此,建立一个有效的国际绩效管理系统对中国跨国企业国际化经营非常重要,而国际企业绩效管理的难点是对海外子公司员工的绩效考核。

(一)海外子公司绩效考核的影响因素

国际企业绩效管理要考虑到母公司总体战略、文化差异、复杂的国际环境和不可比的数据等因素。

1. 母公司总体战略

国内企业绩效考核一般可以将企业利润作为考核指标,但这一点不能照搬到海外子公司。国际企业常常是站在母公司总体角度考虑海外子公司的战略,有时可能会为了整体利益而牺牲某个海外子公司的短期利益。如为了争夺和打开海外市场,采取低价格策略;或为了整体税负最小化,通过转移价格将某个海外子公司的利润人为地转移到另外一个海外子公司去,从而造成业绩考核的不真实。另外,在与东道国企业建立合资企业时,为了减少东道国的利润分红比例,也可能通过技术转让费、管理费等手段,降低该子公司的利润水平。因此,海外子公司的业绩考核不能简单地看公司的利润水平,要从母公司整体利益的角度去评价。

2. 文化差异

不同文化背景下思维模式的评价体系可能会不一样。如美国人更注重实证主义,美国人一般认为只有经过实践检验后才能归纳出结论;中国人更注重演绎式思维模式,强调推理,由此及彼,倾向于认为只要逻辑推理正确就能得出结论。不同国家背景文化的差异,可能会造成不同管理者关注的绩效考核标准不一样,西方的归纳主义促使企业注重从实验中总结出结论,如泰勒的时间动作管理研究、行为科学研究中的霍桑实验等。而中国企业倾向于轻事实、重推论,轻经验、重权威等。因此,中国企业在跨国经营过程中在考核海外子公司管理人员的绩效时不能单单拿本国的绩效考核标准去考核,还必须考虑到不同文化差异所导致的绩效标准的不同。

3. 复杂的国际环境

国际环境是复杂多变的,经济及其他环境的变化通常是母公司难以预料到的,结果以前制定的合理的业绩考核目标很快脱离实际。例如,1997年东南亚金融危机、2001年美国“9·11事件”、2007年美国次级债危机等,这些事件都对相关国家的国际企业全球战略和本土战略产生了深刻的影响。由于海外子公司在这种复杂多变而且波动的国际环境中经营,他们必须将长期的目标与当地特定市场情况相结合。当国际环境发生变化时,如果公司的业绩考核目标不发生变化,这样所制定的目标和截至日期就不切实际,问题就会发生。因此,海外子公司战略目标的制定要具有一定的灵活性,以便对潜在的国际市场环境变化和威胁迅速做出反应。可以让海外子公司的经理参与总公司战略规划的制定,这样有助于克服这一因素。

4. 不可比的数据

海外子公司的绩效数据可能因为各种原因而不具有可比性。例如,东道国会计准则不同会改变财务数据的含义,进口关税不同会扭曲价格,汇率变化使数据大小发生变化,统计口径不同数据大小也会发生变化,这些因素不仅会造成海外子公司的数据与母公司的数据不可比,甚至海外子公司之间的数据也具有不可比性。例如,美国工人的生产率和墨西哥工人的生产率就不是一个层次,美国市场和墨西哥市场大小不同,这些因素导致两个市场数据不可比,就不能用同一个绩效考核标准。所以,中国跨国企业在对海外子公司进行绩效考核时,要考虑到不同公司数据的可比性问题,不能拿同一个标准去衡量。

(二)海外子公司绩效考核标准

海外子公司的绩效管理不仅要考虑到公司绩效考核影响因素,还要制定具体的考核标准,即以什么为依据来衡量海外子公司员工的业绩表现。

1. 海外子公司绩效考核标准的制定

目前,跨国企业海外子公司业绩考察标准仍以财务指标为核心,尤其是对上市企业而言,财务指标可以很好地反映上市企业的投入与产出之间的对应关系。例如,总资产回报率(ROA)可以反映一个企业在扣除非经常性损益后的赢利能力,代表市场对其未来赢利能力的预期;市盈率反映了股票价格与每股赢利的比值,也反映了企业未来的赢利信心;风险度则代表了企业风险;其他指标还有主营业务成长率、短期偿债能力等。

中国跨国企业对财务指标体系相当重视,并开始用先进信息技术的量化数据来提升绩效,相继而出现的全面质量管理、6 西格玛、企业资源计划系统(ERP)等在中国企业内已相当普及,并且电子商务平台、客户关系管理系统(CRM)等对中国企业而言也不再新鲜。但是,企业在考核海外子公司时不能仅关注公司的财务状况,过于重视财务指标带来的问题是,使企业过于重视短期赢利能力而缺乏对长期利益关注,在一味的短期赢利追逐中,没有长远的发展规划考核体系,对企业长期持续发展不利。因此,跨国企业绩效评价仍要配合一定量的非财务指标。

非财务指标是从战略管理的角度出发制定的一系列定性指标,如平衡计分卡考核法、关键业绩指标考核法、360 度绩效考核法等。另外,中国企业也可以借鉴一些国际跨国企业采用的非财务绩效考核指标,如通用电气公司的非财务指标有生产率、市场占有率、与竞争者比较的产品领先情况、个人的发展、雇员的态度以及调查评价社会责任等;飞利浦公司的非财务指标包括缺勤率、质量指数、可靠性、生产率、生产速度、销售实现率、销售增长率、存货保证率、消费者服务水平、记录准确性等。

中国跨国企业在考核海外子公司业绩时,不能单一使用某一种绩效考核指标,要将财务指标和非财务指标综合起来进行考核,并且还要考虑到影响海外子公司绩效的因素。

2. 海外员工的绩效考核方法

海外子公司员工考核包括对外派人员的考核和对其他国员工的绩效考核。其中对外派人员考核一个突出的难点是谁来担任考核人。国内管理人员的考核直接由人力资源部门或公司总经理来评价,但海外子公司外派人员由于距离原因,如果母公司只采用单一的财务指标或市场占有率等数量指标,外派人员的考核很可能因为信息的不充分或国际工作环境的变化等因素的影响而难以做出正确的评价。

如果使用东道国管理层来对外派人员进行考核,虽然他们能够每天看到外派人员在当地的表现,对外派人员的绩效也比较清楚,但他们可能持有文化偏见,也可能缺乏对外派人员在全球视野下的表现予以正确客观评价的能力。所以,考虑到外派人员考核的复杂性,大多数国际企业在考核外派人员时一般不止一个考核人。例如,采用360度绩效考核法,即全方位考核法,这种方法是将与被考核人密切相关的人,包括被考核人的上级、同事、下属和客户等,分别匿名对被考核人进行评价,被考核人自己也对自己进行评价。然后,由专业人员根据有关人员对被考核人的评价,对比其自我评价向被考核人提供反馈,以帮助被考核人提高其能力水平和业绩。360度考核法作为一种新的业绩考核方法,已经被越来越多的跨国企业所采用,中国跨国企业不妨使用这一方法来考核外派人员的业绩。

中国企业在选择海外公司员工考核方法时,还必须考虑与东道国文化的适应性。例如,在印度,基层员工希望上司为自己确定工作目标,如果母国经理试图与当地员工一起制定工作目标,当地员工不会认为是民主作风,反而被下属认为是没有工作能力的表现。所以,在印度制定绩效目标时相对比较困难,既要考虑与当地实际情况相结合,也不能过于没有主见而过多求于当地员工。而在泰国,由于泰国人多信仰佛教,而佛教教义讲究诚信,所以泰国员工一般诚信度相对别的国家来说要高一些,这样在泰国海外子公司的绩效考核相应的一些指标如收款周期、应收款项、呆坏账、不良贷款等就应与别的国家有所不同。

现在许多跨国企业在进行绩效考核时都强调对员工个体的工作绩效进行评价,这在个人主义倾向比较高的西方社会中非常适合,而在一些强调集体主义的东方社会中就显得难以适应。例如,在新加坡,当地人员主要是由华人构成,儒家等级观念和长幼尊卑思想比较浓厚,企业的薪酬和绩效考核历来都以员工的年龄和工龄为基础,如果在新加坡实行个体的工作绩效考核方法,这样可能会使年轻的员工比他们年长的同事获得更高的报酬,从而打破传统的观念,实行起来肯定会遇到一定的阻力。同样在东方社会中,对主管人员的评价也存在与欧美国家不同的标准,一般来说,在东方社会中,能够与员工维系比较好的人际关系的主管人员,要比那些单纯具有较高水平的客观工作绩效的主管人员,更容易被员工认为是好的管理者。所以,中国跨国企业在对海外子公司进行绩效考核时,必须考虑到不同国家的差异,综合考虑各种因素,灵活选择适宜的绩效考核标准和方法。

主要参考文献

1. 国务院发展研究中心企业研究课题组:《中国企业国际化战略》,人民出版社 2006 年版。

2. 赵曙明:《企业人力资源管理与开发国际比较研究》,人民出版社 1999 年版。

3. Adler, N. and Ghadar, F. : "Strategic Human Resource Management: A Global Perspective", in R. Pieper (ed.), *Human Resource Mangement in International Comparison*, 1990, Berlin: de Gruyter.

4. Fisman, C. : " The Foreign Language Needs of U. S. ", *Based Corporations*, Vol. 511, September, 1990 .

5. Cullen, John B. : *Multinational Management: A Strategic Approach, International*, Thomson Publishing 1999.

6. Shaffer, Margaret A. , Harrison, Dabid A. , Gilley, K. Matthew and Dora M. Luk, " Struggling for Balance Amid Turbulence on International Assignments: Work-Family Conflict, Support, and Commontment", *Journal of Manngement*, Vol. 27, 2001.

7. Tung, Rosalie L. : "Human Resource Planning in Japanese Multinationals: A Model for U. S. Firms?" *Journal of International Business Studies*, Fall, 1984.

8. Tung, R. L. : "Selection and Training Procedures of U. S. , European, and Japanese Multinationals", *California Management Review*, Vol. 25, No. 1, 1982.

9. Caligiuri, Paula M. : "Selecting Expatriates for Personality Characteristics: A Moderating Effects of Personality on the Relationshiip Between Host National Contact and Crosscultural Adjustment", *Management Internationan Review*, Vol. 40, No. 1, 2000.

第十三章　中国企业跨国经营的绩效评价体系

对企业跨国经营活动绩效进行全面、客观的评价有助于中国跨国经营企业自身发展和各级政府管理部门的宏观决策。然而,能否充分发挥绩效评价对中国企业跨国经营活动的指导、监督、管理、预警以及对外投资政策的制定、完善、调整功能,关键是要建立一套科学、有效和切实可行的绩效评价体系。本章将在对国内为数很少的几种评价体系进行分析评述的基础上,摒弃已有评价体系的不足,从宏观和微观两个角度建立一套系统完整的中国企业跨国经营绩效评价体系。

第一节　中国企业跨国经营绩效评价的意义

一、跨国经营绩效评价的含义

跨国经营绩效评价是指对企业从事跨国经营活动所产生的全部净收益进行科学计算,并与投资目标进行比较,以评估其实现目标程度[①]的一种评价指标体系与方法。

企业从事跨国经营活动带来的各种收益就是跨国经营绩效,它包括企业跨国经营活动为企业本身(包括境内投资主体和境外投资企业)所带来的收益、为社会带来的收益,以及国内企业跨国经营活动作为一个整体为国家带来的各种收益等。获取各种收益正是企业从事跨国经营活动目标的具体化。

---

①　这个定义参照了万丽娟关于对外直接投资绩效评价的定义。参见万丽娟:《中国对外直接投资绩效分析与发展对策》,西南大学博士学位论文 2005 年,第 49 页。

二、中国企业跨国经营绩效评价背景

改革开放以来,中国的对外直接投资活动从无到有,从少到多,从小到大,从亏损到赢利,正经历着从量变到质变的飞跃。中国企业的跨国经营活动正在从技术提升、产业结构变迁、就业增加、国际收支、增加出口、海外市场开拓、利用海外资源等方面,对中国经济发展产生着积极深远的影响。据统计,2006 年年底中国非金融类对外直接投资流量达 176.3 亿美元,同比增长 43.8%,境外企业实现销售收入达 2746 亿美元,境外纳税总额为 28.2 亿美元,境外企业就业人数达 63 万人,其中雇佣外方人员 26.8 万人,境内投资主体通过境外企业实现的进出口额为 925 亿美元。2006 年年底中国金融类对外直接投资流量达 35.3 亿美元,其中银行业为 25.08 亿美元,占 71%;金融业对外直接投资存量为 156.1 亿美元,其中银行业、保险业分别为 123.36 亿美元、7.76 亿美元,分别占到存量的 79% 和 5%。另据统计,2006 年年底中国国有商业银行共在美国、日本、英国等 29 个国家和地区设有 47 家分行、31 家附属机构和 12 家代表处,雇佣外方员工逾 2 万人,在境外设立保险业金融机构 12 家,在投资领域多元化的基础上,投资规模日益扩大。

但同时也存在着诸如对外直接投资对国内经济增长的贡献不明显、境外企业国际竞争力低下、境外企业亏损面较大等一些不容忽视的问题,从而在一定程度上降低了中国企业跨国经营的绩效。主要表现为:

一是赢利状况不容乐观。据世界银行估算,1/3 的中国对外直接投资是亏损的,1/3 赢利,1/3 持平。国务院发展研究中心专家提供的调查资料显示,1980～2003 年间中资企业境外投资不赚钱甚至赔钱的约占 67%。[1]

二是国际竞争力较低。在 2002 年世界经济论坛公布的国际竞争力评价报告中,中国境外企业的国际竞争力是低下的,几乎属于最低的 20% 之列。[2]

三是对国内经济增长贡献不明显。魏巧琴和杨大楷对中国对外直接

---

[1] 衣长军、苏梽芳:《我国企业对外直接投资的绩效评价与主体分析》,《国际经贸探索》2008 年第 1 期,第 40 页。

[2] 冉光和、李敬、万丽娟:《中国企业对外直接投资动机与绩效评价体系研究》,《世界经济研究》2006 年第 7 期,第 66 页。

投资与经济增长的关系进行了实证研究,结果发现,现阶段中国经济增长与对外直接投资的因果关系并不明显,但随着中国对外直接投资的快速发展,二者之间的因果关系将趋于明显。[①] 因此,中国目前对外直接投资的宏观绩效与微观绩效均不理想。

面对这种境况,加强对中国企业的跨国经营绩效评价,推动企业对外直接投资从事跨国经营活动,是中国扩大对外开放,全方位、深层次、宽领域参与国际竞争,全面融入经济全球化进程的重要途径和措施,也是跨国企业做大做强的关键一环。

三、中国企业跨国经营绩效评价的意义

(一)践行科学发展观

党的十七大再一次重申了科学发展观的重要地位。而且明确提出了中国特色社会主义理论体系,就是包括邓小平理论、“三个代表”重要思想以及科学发展观等重大战略思想在内的科学理论体系。科学发展观的第一要义是发展,中国的“走出去”战略是在改革开放的探索实践中发展起来的,成为国内企业参与国际竞争合作的主要方式。30 年的改革开放,使中国企业的跨国经营活动从无到有,日益走上科学规范的发展轨道。在这个特殊的发展时期,为保障中国对外经济发展的健康、有序,统一的跨国经营绩效评价体系的建立是其中的一项重要内容。

(二)进行决策与管理

企业跨国经营绩效评价体系的建立,首先将有助于中国宏观管理与政策的制定,同时,从微观层面讲,有利于科学跟踪企业成长的路径。国际市场上,跨国公司的成长,是与同业在直接竞争中的成长,走的是先借鉴再谋求发展的发展路径。竞争与合作有助于提升弱势一方、激励强势一方。跨国经营绩效评价的目的就是要做到时刻保持中国企业的健康成长。

(三)建立风险预警防范机制

随着市场经济的蓬勃发展,国内市场竞争越来越激烈,很多产业发展空间越来越小。贸易规模的不断扩大和对外贸易主体的增加,使作为世

---

① 魏巧琴、杨大楷:《对外直接投资与经济增长的关系研究》,《数量经济与技术经济研究》2003 年第 1 期,第 93~97 页。

界第三大贸易体的中国,面临着日益严峻的国际贸易风险,具体表现之一的出口业务坏账率比发达国家高出十倍之多。因此,发展跨国经营,企业将竞争触角伸向国际舞台的时候,激烈的竞争与巨大的风险是相伴而生的。进行绩效评价将有助于建立跨国经营的风险预警和防范机制。

(四)分析跨国投资竞合新趋势

20世纪80年代以来,西方跨国公司对竞争战略进行了创造性的调整,从对立竞争转向合作竞争,开始结成战略联盟组织形式。通过结成战略联盟,参与各方能够在一定程度上降低竞争风险、降低生产成本、规避市场进入障碍、获得新技术、形成行业标准等,总之,能够解决许多靠个体企业无法解决的问题,从而提高了各参与方的竞争力。跨国公司之间基于多种不同动机结成战略联盟伙伴关系,不管动机如何,互相兼容、获取自身最大利益,是每个企业战略的落脚点。绩效评价体现了每个企业的经营目标,通过它,可以研究跨国经营活动中的竞争与合作趋势。

(五)提升国内企业竞争优势

当前,跨国企业发展迅速,经济实力雄厚,科技开发能力升级迅速,成为世界经济发展、经济全球化和一体化过程中的支柱力量,成为当代国际经济活动的核心组织者。实践也已经证明,跨国公司在一国的经济增长、结构调整、产业升级、技术进步以及公司治理结构的演变等过程中正发挥着愈发突出的作用。正是在这种背景下,不断地改善投资环境、实施优惠的外资政策、吸引外国直接投资、加快对外投资步伐进而促进本国企业积极参与国际竞争与国际分工已成为众多处于不同发展阶段国家的共识。绩效评价体系的建立,有助于拓展中国经济发展空间,提高中国的经济实力和国际竞争地位。

综上所述,对中国企业跨国经营的绩效进行科学的综合评价和分析,全面掌握中国企业境外投资状况,对于加强中国境外投资活动的有效监管,促进境外投资健康发展有着重要的意义。

第二节　中国企业跨国经营绩效评价研究现状

一、《境外投资综合绩效评价办法(试行)》概述

目前,中国对企业跨国经营活动进行绩效评价的主要依据是《境外

投资综合绩效评价办法(试行)》(以下简称《办法》)。该《办法》于2002年10月由原对外贸易经济合作部发布,于2003年1月1日起开始实施并一直沿用至今。

（一）《办法》的出台

《办法》规定了境外企业（指中国企业法人在境外投资设立的企业）必须于每年的4月1日至6月30日对本企业进行绩效评价的相关工作,具体工作包括搜集具体数据、利用"境外投资综合绩效评价系统软件"对各境外企业进行评价、上报绩效评价的结果及原始材料等,并将该境外投资综合绩效评价结果作为境外企业年检的一项重要内容。

（二）《办法》中评价体系的内容

《办法》将境外企业分为服务贸易类、制造业类和资源开发类三个类别进行综合绩效评价。境外企业绩效评价的内容包括资产运营效益、资产质量、偿债能力、发展能力和社会贡献五个方面,具体指标及计算方法如下:

1. 资产运营效益指标

（1）净资产收益率 = 利润（税前）总额/平均股东权益

（2）固定资产增长率 =（本年固定资产总额 – 上一年固定资产总额）/上一年固定资产总额

（3）总资产报酬率 = 利润总额/平均资产总额

（4）销售利润率 = 利润总额/销售收入

2. 资产质量指标

（1）资产周转率 = 主营业务收入/平均资产总额

（2）流动资产周转率 = 主营业务收入/平均流动资产

（3）固定资产周转率 = 销售收入/固定资产平均值

其中,填报的固定资产应为提取折旧后的固定资产净值。

3. 偿债能力指标

（1）资产负债率 = 平均负债总额/资产平均总额

（2）流动比率 = 流动资产/流动负债

457

4. 发展能力指标

(1)市场占有率①

(2)利润增长率=(本年度利润－上年度利润)/上年度利润

(3)销售增长率=(本年度销售收入－上年度销售收入)/上年度销售收入

(4)劳动生产率=工业增加值/平均员工人数

其中,工业增加值是指工业行业在报告期内以货币表现的工业生产活动的最终结果。按生产法计算的工业增加值等于总产出减去中间投入;按收入法计算的工业增加值等于劳动者报酬、生产税净额、固定资产折旧、营业盈余之和。

5. 社会贡献指标

(1)税收(境外企业上缴税收总额)

(2)创汇(境外企业带动国内出口总额)

(3)资源获取数量及金额

(4)净资产增长率=(本年净资产－上一年净资产)/上一年净资产

(三)《办法》的应用

《办法》的出台是中国政府为全面掌握国内企业跨国经营活动,进行绩效评价所做的开创性工作。这套境外投资绩效评价体系是按市场机制对境外投资进行宏观管理的一项尝试。评价结果将用于中国对境外投资的宏观管理和监督,用于中国国际收支状况、行业状况、对外经贸关系状况的预警系统。评价体系为制定境外投资促进、保障、服务的有关政策法规提供了科学依据,并在引导企业选择投资方向和投资领域方面提供了决策参考。

然而,由于受企业跨国经营活动本身的复杂性、《办法》出台的时机以及中国对外直接投资统计工作的局限等多方面的影响,这套绩效评价体系仍然存在着一些不足,亟待进一步的改进和完善,目前这一问题已经引起一些学者的关注和研究兴趣。构建一套科学、完备、行之有效的企业跨国经营绩效评价体系的现实重要性已毋庸赘言。然而,目前关于这方

---

① 《办法》中没有给出市场占有率指标的计算方法。市场占有率,又称"市场份额",是指在一定时期内某公司的产品在某一市场区域的销售量与同期同类产品在同一市场上的总销售量之比例。某公司某种商品的市场占有率=(本公司某种商品销售量/该种商品在同一市场同期销售总量)×100%。

面的研究成果却寥寥可数。以下,将对已有成果进行综合评述,以便重构中国跨国经营企业绩效综合评价体系。

二、中国企业跨国经营绩效评价研究综述

西南大学的万丽娟在其博士毕业论文中,首次对中国对外直接投资绩效评价的内涵、中国对外直接投资绩效评价应遵循的原则以及中国对外直接投资绩效评价体系的建立进行了系统性的理论研究,并以此为基础对中国的对外直接投资活动进行了综合考评。[①] 之后,冉光和、李敬、万丽娟在一篇学术论文中又进行了有针对性的研究。[②] 他们所提出的中国对外直接投资绩效评价的一些原则、评价体系的内容、指标体系、评价方法等对重新构建中国企业跨国经营绩效评价体系具有重要的、建设性意义。此外,西安建筑科技大学的周岩在其硕士学位论文中所建立的中国企业对外直接投资绩效评价指标体系及其所采用的评价方法也有重要的参考和借鉴价值。[③] 上述研究为我们进一步研究提供了很好的基础。

(一)万丽娟及其与他人合作的研究

1. 对中国企业对外直接投资动机的研究

在万丽娟的博士论文以及与他人合作发表的学术论文中指出,投资绩效与投资动机有着内在联系,因此,中国企业对外直接投资绩效评价必须建立在对投资动机全面考察的基础之上。万丽娟等人归纳出的企业对外直接投资动机的四个特征分别是:(1)动机多元化特征,即中国企业对外直接投资的动机是比较复杂的,同一个企业对外直接投资的目标往往有多个;不同的企业在对外直接投资的动机上常常存在差别。(2)赚取利润不是最主要目标。调查结果表明,多数中国企业进行对外直接投资并不是以获取高于国内市场利润作为最主要的目标。(3)获取市场效应是第一动机,其次是总体战略目标的实现,第三动机是信息效应。万丽娟

---

① 万丽娟:《中国对外直接投资绩效分析与发展对策》,西南大学博士学位论文 2005 年,第 49~77 页。

② 冉光和、李敬、万丽娟:《中国企业对外直接投资动机与绩效评价体系研究》,《世界经济研究》2006 年第 7 期,第 66~71 页。

③ 周岩:《中国企业对外直接投资绩效评价体系与战略研究》,西安建筑科技大学硕士学位论文 2006 年,第 35~40 页。

等人认为信息获取与企业的整体战略密切相关。(4)学习型对外直接投资占有较高比例。万丽娟等人从中国企业并购国外企业、在海外设立研发机构的实践推断,这方面的动机仍在不断加强。

2. 对中国对外直接投资绩效评价基本原则的研究

基于中国企业对外直接投资动机的上述特征,万丽娟等人进一步提出了中国企业对外直接投资绩效评价的四个基本原则:

(1)差异化与一致性结合原则

鉴于中国企业对外直接投资的动机是多元化的,那么其收益(即绩效目标)也必然是多样性的。因此,在对企业进行对外直接投资绩效评价时,就不能对所有企业固守完全相同的标准和方法,必须针对不同企业的不同投资动机和目标采用不同的评价方法,或者采用相同评价方法时在不同指标上做到区别对待。同时,为了满足不同企业与企业不同时期绩效的可比性,使评价体系具有科学性,在注重评价差异性的前提下,还要考虑到评价标准的一致性问题。

(2)全面性与总体性结合原则

对于学习型的或技术寻求型的对外直接投资,由于其投资目的不在于短期经济效益,在建立评价体系时应坚持全面性原则,既要有相关经济指标,更要有企业技术获取、人力资本提升等方面的完善的非经济性指标。同时,必须坚持总体性原则,要对中国跨国公司的国内国外经营的总体绩效进行评价,即要从全局利益视角去分析企业对外直接投资的绩效。

(3)短期与长期绩效结合原则

鉴于对外直接投资收益在时间分布上存在着不均衡性与滞后性,因此绩效评价体系必须具有动态化的特征,以做到短期绩效与长期绩效评价的结合。所以有必要对远期收益通过贴现在时间上进行归一化处理。对中国企业对外直接投资绩效进行评价时,更要特别注意长期绩效的考察。

(4)微观与宏观绩效评价相结合的原则

中国企业进行对外直接投资,具有正向的外部性。在其追求自身利益的同时,也可能通过资源效应、出口效应、国际收支效应、就业效应、权势效应、信息效应、产业效应等增加国家利益。中国的对外直接投资制度事实上是政府主导型的制度,国家利益动机显得更加明显。所以,对中国企业对外直接投资进行绩效评价,不仅应重视微观绩效,更应关注宏观绩效。

3. 对中国对外直接投资绩效评价体系的研究

（1）微观绩效评价体系

万丽娟等人将微观绩效评价分成两个层次共六个方面的内容。第一个层次主要是基于境外企业财务的内容。包括国外子公司资产运营效益、国外子公司资产质量、国外子公司偿债能力、国外子公司发展能力四个方面。第二个层次包括国外子公司学习与技术获取效应、国外子公司对母公司及其他子公司的贡献两个方面。如表 13－1 所示。

表 13－1　中国企业对外直接投资微观绩效评价的主要内容

微观绩效考察的层次	指标种类
第一层次	国外子公司资产运营效益 国外子公司资产质量 国外子公司偿债能力 国外子公司发展能力
第二层次	国外子公司学习与技术获取效应 国外子公司对母公司及其他子公司的贡献

资料来源：引自冉光和、李敬、万丽娟：《中国企业对外直接投资动机与绩效评价体系研究》，《世界经济研究》2006 年第 7 期，第 69 页。

具体采用的指标如表 13－2 所示。

表 13－2　中国企业对外直接投资微观绩效评价指标体系

指标种类	具体指标
国外子公司资产运营效益	净资产收益率 固定资产增长率 总资产报酬率 销售利润率
国外子公司资产质量	资产周转率 流动资产周转率 固定资产周转率
国外子公司偿债能力	资产负债率 流动比率
国外子公司发展能力	市场占有率 利润增长率 销售增长率 劳动生产率

461

指标种类	具体指标
国外子公司学习与技术获取效应	国外子公司全要素生产率增长率 =（本期全要素生产率 – 上期全要素生产率）/ 上期全要素生产率
国外子公司对母公司及其他子公司的贡献	技术贡献率 经济贡献率

注:前 4 类 13 个指标的具体解释和计算方法与《办法》中的介绍相同。后 2 类 3 个指标需要进行估算,估算方法可参见冉光和、李敬、万丽娟:《中国企业对外直接投资动机与绩效评价体系研究》,《世界经济研究》2006 年第 7 期,第 69 页。

资料来源:引自冉光和、李敬、万丽娟:《中国企业对外直接投资动机与绩效评价体系研究》,《世界经济研究》2006 年第 7 期,第 70 页。

为体现一致性与差异性原则,万丽娟等人建议采用变权重综合法来对中国对外直接投资微观绩效进行综合评价。具体办法是基于表 13 – 2 中指标,研究出一个理想值,用实际值除以理想值再乘以 100% ,得出单项指标的百分制得分,然后根据各指标的重要性程度,确定相应各指标的权重,最后得出加权总分。理想值的设定可以根据国内同业的相关指标确定。

（2）宏观绩效评价体系

宏观绩效主要包括市场效应、资源效应、出口效应、国际收支效应、就业效应、产业效应、权势效应、信息效应。这些效应最终体现在经济增长的促进上面。综合这些效应,宏观绩效分析的主要内容包括对外直接投资对经济增长、出口、外汇储备、FDI 流入、国内投资、全要素生产率的影响六个方面。

具体采用的指标如表 13 – 3 所示。

表 13 – 3　中国对外直接投资宏观绩效评价体系

评价内容	具体指标	权重
对外直接投资对经济增长的作用	经济增长贡献率	0.40
对外直接投资对出口增长的作用	出口增长贡献率	0.15
对外直接投资对外汇增长的作用	外汇增长贡献率	0.10
对外直接投资对 FDI 流入的作用	对 FDI 流入增长的贡献率	0.10
对外直接投资对国内投资的作用	对国内投资的贡献率	0.10
对外直接投资对技术获取的作用	对全要素生产率的贡献率	0.15

资料来源:引自冉光和、李敬、万丽娟:《中国企业对外直接投资动机与绩效评价体系研究》,《世界经济研究》2006 年第 7 期,第 71 页。

对于表 13 – 3 中 6 个贡献率指标的测度,万丽娟等人建议基于时间序列首先进行因果关系检验,如果检验出对外直接投资是相关变量的原因时,以相关变量为因变量,以对外直接投资为自变量进行回归,并估计出相应的回归系数。然后根据给出的相应满意回归系数,用估计回归系数与满意回归系数对比,得出相应的贡献率。如果因果关系检验中,对外直接投资作为相关变量变动的原因不显著时,其估计回归系数取值为0。表13-3中,万丽娟等人根据中国推进对外直接投资的目标,给出了各指标相应的权重。

(二)周岩的研究

1. 绩效评价体系的内容

2006年西安建筑科技大学的周岩在其硕士学位论文中,从股东收益、企业运营、市场表现和国际化水平等四个方面构建了中国企业对外直接投资的绩效评价体系。其评价体系中的具体指标和相应计算公式如表13-4所示。

表13-4　中国企业对外直接投资绩效评价体系

指标系列	具体指标	计算公式
股东收益指标系列①	股本回报率	(净利润/年度末股东权益)×100%
	EVA回报率	[(税后净利润－资本成本)/总资本]×100%
企业运营指标系列	资产回报率	(净利润/总资产)×100%
	边际利润率	(净利润/营业额)×100%
市场表现指标系列	市场份额增长率	[(投资后市场份额－投资前市场份额)/投资前市场份额]×100%
	品牌价值增长率	[(投资后品牌价值－投资前品牌价值)/投资前品牌价值]×100%
国际化指标系列	资产国际化率	(国外资产/资产总额)×100%
	商品销售国际化率	(企业产品国外销售额/企业产品销售总额)×100%

注:①EVA,即经济增加值,用来表明一定时期股东价值增加了多少,其粗略估算方法是用税后利润减去全部成本。②股本回报率的计算公式为:股本回报率=(净利润/平均净资产)×100%,考虑到数据的可获得性,周岩在其论文中用"年度末股东权益"指标代替了"平均净资产"指标。
资料来源:周岩:《中国企业对外直接投资绩效评价体系与战略研究》,西安建筑科技大学硕士学位论文2006年,第40页。

---

① 周岩认为"股东作为企业投资者和所有者,理应成为企业经营成果的最大获益者"且"为股东谋求价值"也是企业的首要责任,因此在其构建的企业对外直接投资绩效评价体系中首推"股东收益指标系列"。

2. 绩效评价方法的主要特点

在构建了上述评价体系之后,周岩以中海油为研究对象,对其在2002~2005 年的对外直接投资活动的绩效进行了实证分析。周岩所采用的绩效评价方法有几个显著的特点:一是主要采用对比法进行绩效评价,即通过不同时期的纵向对比,及与同一行业内不同企业(即:中石化和中石油)的横向对比相结合来衡量中海油的对外投资绩效;二是在分析时采用的是单项指标的对比方法,即仅仅对四个指标系列中的每一个单项指标——进行了纵向和横向对比,而没有对各类指标进行进一步的加权或综合。

三、对现有评价体系的评析

(一)《办法》评析

《办法》中从资产运营效益、资产质量、偿债能力、发展能力和社会贡献五个方面对境外企业的经营绩效进行综合评价,涉及了 17 个具体指标,计算各评价指标所用数据主要是境外投资企业的基本财务指标,比较容易获得,因此,计算简单、操作性强是该评价体系的最大优点。但是,该评价体系的缺点也是显而易见的,如冉光和等学者所指出的那样,"方法没有考虑中国企业对外直接投资的多元化动机特征,并且也仅考虑微观企业绩效,因此不能满足绩效评价的差异性与一致性原则、总体性与全面性原则、短期与长期绩效结合评价原则、微观与宏观绩效综合评价原则"。[①] 因此,通俗地说,多数学者认为,"综合性"不强正是这套"综合"绩效评价办法的缺点。

(二)万丽娟等研究的评析

万丽娟、冉光和等的绩效评价体系正是在力图克服《办法》的缺点的基础上设计的,因此从绩效评价体系的设计思想到评价内容,从指标体系、具体指标到评价方法,无不体现了绩效评价以投资动机为基础,综合考虑了绩效评价的差异性与一致性、总体性与全面性、长期与短期绩效相结合以及微观与宏观相结合的原则。因此,从理论上看,他们的评价体系

---

① 冉光和、李敬、万丽娟:《中国企业对外直接投资动机与绩效评价体系研究》,《世界经济研究》2006 年第 7 期,第 66 页。

相比《办法》中的指标体系更加科学和完善。但是，这一体系也并非完美无缺的，缺点体现在以下几个方面：其一，该套指标体系中漏掉了一些重要的微观绩效评价指标，如几个国际化指标和市场表现中的品牌价值增长率等指标；而宏观绩效评价中也漏掉了诸如境外投资对税收、就业、产业结构调整等方面的绩效评价指标；其二，在该体系中，许多微观绩效评价指标如国外子公司全要素生产率、技术贡献率、经济贡献率和所有宏观绩效评价指标（即6个贡献率）在计算时需要借助于复杂的经济计量模型来进行，因此，一方面，绩效评价所用数据的可靠性会有一定的折扣，这无疑会影响绩效评价的效果，另一方面，某些指标计算的难度和复杂程度增加，使得整套绩效评价体系的操作性和绩效评价工作的效率也大为降低；其三，尽管建立了统一的评价体系，但并没有贯彻统一的评价方法，如进行微观绩效评价和宏观绩效评价时采用的方法便不完全相同；其四，尽管该体系包含微观和宏观绩效评价两部分内容，但是在进行评价时，这两部分仍然是分割开来单独进行的，而没有进一步"综合"在一起。

（三）周岩研究的评析

周岩在进行微观绩效评价时考虑到两个衡量企业对外直接投资绩效的重要方面，即市场表现和国际化方面，并用市场份额增长率、品牌价值增长率和资产国际化率、商品销售国际化率等具体指标来体现，这是该研究一个重要的值得借鉴之处。因为这些指标在一定程度上使该绩效评价具有了动态化和长期化的特征，且这些指标也正是《办法》和万丽娟等人的研究中所没有涉及或漏掉的地方，因而也正是使各研究得以取长补短、优势互补的地方。但是，周岩在进行企业对外直接投资绩效评价时，所用数据主要来自于相关公司的财务报告，因此其评价内容也仅限于企业的微观层面，而没有涉及产业及国家的中观与宏观层面，这是该评价的不足之处，当然这与作者的选题和研究角度有关。

本节我们对我国现行的企业跨国经营绩效评价体系（《办法》）和一些学者在此领域的研究成果进行了概括性介绍和简要评析。总体状况如前所述：一方面，中国企业跨国经营的绩效评价工作已经取得了突破性进展；另一方面，现有的成果还存在着一些问题，综合绩效评价体系有待进一步完善。在中国跨国经营企业的企业性质、企业规模、发展阶段、涉及行业以及投资动机等方方面面都存在着较大差异，对外直接投资统计工作刚刚起步,统计数据不全面的现实背景下,建立一套适用于任何评价主体、任何评价目的的统一的绩效评价体系,其难度是可想而知的。因此,客观地说,从科学性、可操作性、实用性等方面综合来看,现有的研究成果特别是《办法》中设计的综合绩效评价体系是特别值得肯定的。因此,可以推断,该套评价体系仍将在未来一段时期内继续推广和应用。

第三节　中国企业跨国经营绩效评价体系重构

本节我们将在《办法》的基础上,借鉴其他学者的研究成果,对如何进一步完善中国企业跨国经营的绩效综合评价体系,推动中国企业跨国经营的绩效评价工作提出一些新的思路和方法。

一、构建中国企业跨国经营绩效综合评价体系的基本原则

对中国企业跨国经营的绩效进行综合评价是一项复杂的工作,要设计科学的综合评价体系,进行跨国经营绩效综合评价应把握五个"相结合"原则。

（一）各层次绩效评价相结合

总的来说,企业跨国经营绩效一方面体现在跨国经营企业本身的绩效即微观绩效上,另一方面也体现在其对国家或社会的贡献即宏观绩效方面,因此,要进行绩效综合评价,就必须做到微观和宏观两个层面的绩效评价相结合。

另外,在进行微观绩效评价时应注意,我们通常所说的跨国经营企业实质上包括三个层次的含义:一是境外企业,二是境内投资主体,三是前两者的统一即企业整体,因此,我们在进行企业跨国经营绩效综合评价时,不能仅仅考虑到境外企业本身的绩效,而应该对上述三个层面的绩效进行综合评价,做到局部绩效与整体绩效评价相结合。

当然,我们在把握各个层次评价相结合、局部与整体评价相结合时并非要求各个层次的评价都整齐划一,同等对待。在进行评价时,我们可以根据评价目的的不同,对不同层次的评价赋予不同的权重,比如当跨国经营企业本身以重点监测境外企业的局部微观绩效为评价目标时,则完全可以对境外企业本身的经营绩效给予较大的权值,而相应地给境外企业对

境内投资主体和整个企业发展的贡献以相对较小的权重,从而在综合评价企业跨国经营的整体绩效时能够对境外企业进行重点监测。

在进行宏观绩效评价时应注意,宏观绩效评价也包括两个层面,即单个跨国经营企业的社会绩效和中国企业整体跨国经营活动所产生的社会绩效,因此在进行宏观绩效评价时应根据评价主体和评价目标的不同将两者有机地结合起来。

（二）长期绩效与短期绩效相结合

企业进行跨国经营,无论从微观层面还是宏观层面来看,都存在着长期利益和短期利益的区别,有时两者甚至是冲突的,因此,要客观、全面地评价企业的跨国经营绩效,就要求所设计的绩效综合评价体系必须能够体现出长期绩效与短期绩效相结合的思想。具体地说,在绩效评价指标体系中不仅要包含反映短期绩效的评价指标,还要包含一些能够反映长期绩效的评价指标。

（三）动态评价与静态评价相结合

静态评价能够说明水平,动态评价则可以反映变化趋势,两者结合才能更好地实现绩效评价的目的。这就要求我们所设计的绩效评价体系以及所采用的绩效评价方法不仅能够用于静态评价而且能够方便地用于动态评价。

（四）分类评价和综合评价相结合

如前所述,绩效评价是以企业跨国经营目标为导向的,而不同性质的跨国经营企业,其跨国经营目标也是有差异的,因此在进行绩效综合评价时,应遵循分类评价与综合评价相结合的原则,体现企业特征。具体包括以下几个方面:

1. 区分评价主体

不同的评价主体,其关注的内容不同,评价的侧重点自然也不同。因而不同的评价主体在进行企业跨国经营绩效评价时的观测点也不同。比如,如果评价主体是跨国经营企业,则其关心较多的是企业的微观绩效,进一步说,如果进行绩效评价的是进行跨国经营活动的总公司,则其除了关注境外企业本身的绩效之外,还会关注境外企业的海外经营活动对企业整体的发展贡献即整体绩效;如果评价主体是政府,则其不仅关注企业的微观绩效本身,而且还会关注企业的社会绩效及宏观绩效。这种评价主体的区别会反映在各类评价指标的权重大小上。

2. 区分企业跨国经营的目标

企业进行跨国经营的目标不同,跨国经营绩效评价的内容和方法也会有所不同。比如,若企业跨国经营的目标是开拓海外市场,则在进行绩效综合评价时,一些国际化指标如生产国际化、资产国际化、市场国际化以及品牌国际化等则应占有较大的权重;若企业跨国经营的目标是获取技术,则国外子公司学习与技术获取效应、国外子公司对母公司及其他子公司的贡献则应成为综合评价的主要内容;若企业跨国经营的目标是获取国外资源,则最核心的评价指标就是获取国外资源数量的多少,而简单的纵向和横向比较则是进行绩效评价的简单有效方法。

3. 区分跨国经营企业性质

跨国经营主体不同[①],则跨国经营绩效目标不同,绩效评价的内容和方法亦不同。比如私人境外投资的目标主要是开拓市场、赚取利润、提升自身技术等微观目标,而国有企业境外投资除了上述目标之外还肩负着较多的社会责任,如增加国家税收、创造就业、促进本国产业结构调整、促进本国经济增长以及维持有力的国际收支地位等,因此对后者的绩效评价就要比前者内容广泛得多、方法复杂得多。

4. 区分跨国经营企业所属行业性质

跨国经营企业所处行业性质也会影响企业跨国经营的绩效目标,从而影响绩效评价的内容和特点。最近几年的统计公报显示,目前中国企业对外直接投资分布最多的行业是租赁和商务服务业、金融业、批发和零售业、采矿业和制造业等,因此,《办法》对境外企业进行绩效评价时也是按照服务贸易类、制造业类和资源开发类三个类别进行的。为体现出分类评价和综合评价相结合原则,在进行绩效评价时,应该针对企业所属不同行业的性质,对不同的评价指标赋予不同的权重,或采取不同的绩效评价方法。

---

① 近年来,中国对外直接投资主体不断呈现多元化格局。2006 年度中国对外直接投资统计公报显示,2006 年有限责任公司所占比重为 33%,位于境内投资主体数量的首位;国有企业占整个境内投资主体的比重为 26%,位于境内投资主体总数的第二位;私营企业对外投资的主体数量占 12%,位于投资主体数量的第三位。

（五）定量评价与定性评价相结合

在进行企业跨国经营绩效综合评价时，一些评价指标特别是宏观绩效评价指标无法从现有的统计数据中直接获取，而通过计量模型计算不仅十分繁杂且无法完全保证其准确性，此时采用定性评价的方法则可以使复杂的评价工作大大简化。因此，在进行综合绩效评价时应注意定量评价和定性评价方法的结合。

二、中国企业跨国经营绩效综合评价体系

根据构建中国企业跨国经营绩效综合评价体系应遵循的上述基本原则，并结合本章第二节的分析，我们列出了中国企业跨国经营绩效评价所涉及的主要内容和指标体系，见图 13 - 1。

（一）评价体系框架

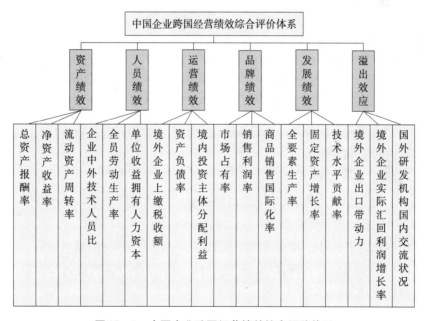

图 13 - 1　中国企业跨国经营绩效综合评价体系

（二）具体指标解析

1. 资产绩效类

（1）总资产报酬率：指中国跨国经营企业的利润总额与企业平均资

产总额比值。

(2)净资产收益率:指中国跨国经营企业税前利润总额与平均股东权益的比值。

(3)流动资产周转率:指中国跨国经营企业主营业务收入与企业平均流动资产的比值。

2. 人员绩效类

(4)企业中外技术人员比:指中国跨国经营企业技术人员中国内与国外技术人员的比例情况。

(5)全员劳动生产率:指中国跨国经营企业工业增加值与平均员工人数的比例。

(6)单位收益拥有人力资本:指中国跨国经营企业人力资本存量与企业税前利润总额的比值。

3. 运营绩效类

(7)境外企业上缴税收额:指中国跨国经营企业按照投资所在国家或地区的法律规定实际缴纳的各项税金之和。

(8)资产负债率:指中国跨国经营企业平均负债总额与资产平均总额的比值。

(9)境内投资主体分配利益:指中国跨国经营企业依据境内投资主体直接投资占有的权益份额分派给境内投资主体的利益部分,包括红利、利润再投资和利息等。

4. 品牌绩效类

(10)市场占有率:指中国跨国经营企业产品销售量与同类产品同期销售量之比。

(11)销售利润率:指中国跨国经营企业的利润总额与销售收入比值。

(12)商品销售国际化率:指中国跨国经营企业产品销售到的国家占全球国家比重。

5. 发展绩效类

(13)全要素生产率:扣除中国跨国经营企业资产和劳动力两要素后的其余所有要素对生产的贡献程度,即TFP值。

(14)固定资产增长率:指中国跨国经营企业固定资产的年增长情况。

（15）技术水平贡献率：指中国跨国经营企业除资产、劳动力和全要素之外的技术参数的变化情况，通常可用 C—D 函数中的 A 乘以企业增加值来表示。

6. 溢出效应类

（16）境外企业出口带动力：指中国跨国经营企业在报告年度内出口的各种货物价值总和同比增长率。

（17）境外企业实际汇回利润增长率：指报告期内汇回境内投资主体的当期利润同比增长情况。

（18）国外研发机构国内交流状况：指中国跨国经营企业国外设立的研发机构与境内投资主体报告期内交流情况。

（三）AHP 综合评价方法

企业经营绩效评价方法有很多种，根据前面分析的进行绩效综合评价时应把握的几个原则，我们建议采用 AHP 法对中国企业的跨国经营绩效进行评价。

1. AHP 简介①

AHP（Analytical Hierarchy Process）是美国匹兹堡大学教授萨泰（A. L. Saaty）于 20 世纪 70 年代提出的一种系统分析方法。它是一种综合定性与定量分析，模拟人的决策思维过程，以解决多因素复杂系统，特别是难以定量描述的社会系统的分析方法。该方法于 20 世纪 80 年代初引入中国后，在能源政策分析、产业结构研究、科技成果评价、发展战略规划、人才考核评价以及发展目标分析等领域广泛应用并取得了令人满意的成果。

应用 AHP 解决问题的思路是：首先，把要解决的问题分层系列化，即根据问题的性质和要达到的目标，将问题分解为不同的组成因素，按照因素之间的相互影响和隶属关系将其分层聚类组合，形成一个递阶的、有序的层次结构模型。其次，对模型中每一层次因素的相对重要性，依据人们对客观现实的判断给予定量表示，再利用数学方法确定每一层次全部因

---

① 谭跃进主编：《定量分析方法》，中国人民大学出版社 2002 年版，第 139～153 页。关于层次分析方法（AHP）更为详尽的介绍可参见许树柏：《层次分析法原理》，天津大学出版社 1998 年版。

素相对重要性次序的权值。最后,通过综合计算各层因素相对重要性的权值,得到最低层(方案层)相对于最高层(总目标)的相对重要性次序的组合权值,以此作为评价和选择方案的依据。

AHP 分析方法将人们的思维过程和主观判断数字化,不仅简化了系统分析与计算工作,而且有助于决策者保持其思维过程和决策原则的一致性。AHP 分析方法具有思路清晰、方法简便、适用面广、系统性强等特点,因而不仅便于普及推广且有助于决策的科学化,最适宜解决那些难以完全用定量方法进行分析的公共决策问题。AHP 分析方法以其系统性、灵活性、实用性等特点,成为分析多目标、多层次、多准则、多因子的复杂系统的决策和评价的有力工具。

2. AHP 法的具体应用步骤

(1)建立起层次结构模型

运用 AHP 进行系统分析,首先要将所包含的因素分组,每一组作为一个层次,按照最高层、若干有关的中间层和最低层的形式排列起来,说明层次的递阶结构与因素的隶属关系。

(2)构造判断矩阵

AHP 的信息基础主要是人们对每一层次各因素的相对重要性给出的判断, 这些判断用数值表示出来, 写成矩阵形式就是判断矩阵。判断矩阵表示针对上一层的某因素而言, 本层次与之有关的各因素之间的相对重要性次序的权值, 一般采用 1~9 的比例标度法体现重要程度。

(3)层次单排序及一致性检验

判断矩阵 A 的特征根为 $AW = \lambda_{max} W$ 的解 W, 经归一化后即为同一层次相应因素相对重要性的排序权值, 这一过程称为层次单排序。为进行层次单排序 (或判断矩阵) 的一致性检验, 需要计算一致性指标 $CI = (\lambda_{max} - n) / (n-1)$, 当随机一致性比率 $CR = CI/RI < 0.1$ 时, 认为层次单排序的结果有满意的一致性, 否则需要调整判断矩阵的元素取值。

(4)层次总排序及其一致性检验

计算同一层次所有因素对于最高层(总目标)相对重要性的排序权值,称为层次总排序。这一过程是最高层次到最低层次逐层进行的。层次总排序的一致性检验,也是从高到低逐层进行。

三、AHP 在中国企业跨国经营绩效综合评价中的运用

（一）层次构建

运用 AHP 法,对中国企业跨国经营绩效评价体系按目标层 A、中间层 B 和方案层 C 的形式排列起来。图 13 - 2 中,最高层表示本章的研究目标,即中国企业跨国经营绩效情况,用企业跨国经营绩效指数表示;中间层又称策略层、约束层或准则层等,表示增强中国企业跨国经营绩效评价指标体系的措施和政策,本章基于《办法》及相关研究成果的基础上,选择了资产绩效、人员绩效、运营绩效、品牌绩效、发展绩效和溢出效应六个方面进行研究;方案层表示提高中国企业跨国经营绩效评价体系将采取的具体指标,依此建立层次结构评价模型。

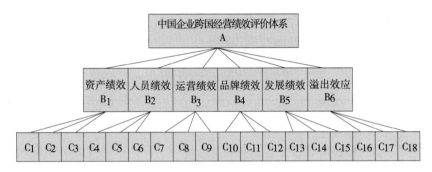

图 13 - 2　递阶的中国企业跨国经营绩效评价体系

（二）1 ~ 9 比例标度法说明

指标评价权重的确定采用层次分析方法,先构造两两比较判断矩阵,对同一层次指标进行两两比较,比较的结果以萨泰教授建议的 1 ~ 9 比例标度法表示。其依据有三:一是现有的统计资料;二是大量的社会调查;三是抽样推断技术。1 ~ 9 比例标度已完全能区分引起人们感觉差别的事物的各种属性。

表 13 - 5 中,B_{IJ} 是对于 A_K 而言,B_I 对 B_J 的相对重要性的数值表示,通常 B_{IJ} 取 1,2,3,…,9 及它们的倒数,其含义见表 13 - 6。

表 13 – 5   判断矩阵

A_K	B_1	B_2	$\cdots$	B_n
B_1	B_{11}	B_{12}	$\cdots$	B_{1n}
B_2	B_{21}	B_{22}	$\cdots$	B_{2n}
$\cdots$	$\cdots$	$\cdots$	$\cdots$	$\cdots$
B_n	B_{n1}	B_{n2}	$\cdots$	B_{nn}

表 13 – 6   判断矩阵比例标度及其含义

标度	含义
$B_{IJ} = 1$	表示 B_I 与 B_J 具有同样的重要性;
$B_{IJ} = 3$	表示 B_I 比 B_J 稍微重要;
$B_{IJ} = 5$	表示 B_I 比 B_J 明显重要;
$B_{IJ} = 7$	表示 B_I 比 B_J 强烈重要;
$B_{IJ} = 9$	表示 B_I 比 B_J 极端重要。
其中: 2、4、6、8	依次反映上述标度的中间程度值。

(三)指标权重计算

1. 判断矩阵目标层——中间层权重测算

表 13 – 7   中间层所辖一级指标的权重

指标	资产绩效	人员绩效	运营绩效	品牌绩效	发展绩效	溢出效应	权重
资产绩效	1	1/2	1/4	1/6	1/5	1/4	0.0461
人员绩效	2	1	1/2	1/4	1/3	1/2	0.0800
运营绩效	4	2	1	1/2	1/2	1/2	0.1377
品牌绩效	6	4	2	1	1/2	2	0.2599
发展绩效	5	3	2	2	2	2	0.3037
溢出效应	4	2	2	1/2	1/2	1	0.1725

$\lambda_{max} = 6.2128$ $CI = 0.0426$ $RI = 1.24$ $CR = 0.034 < 0.10$

根据和积法,作者计算出上述判断矩阵的最大特征根及其对应的特征向量,并就判断矩阵的一致性进行检验。对于六阶判断矩阵,其平均随机一致性指标 $RI = 1.24$,通过计算该判断矩阵的一致性指标 $CI = 0.0426$,因此可得该矩阵的随机一致性比例 $CR = 0.034 < 0.10$,说明该判断矩阵具有满意的一致性特征,反映出中国企业跨国经营中资产绩效、人员绩效、运营绩效、品牌绩效、发展绩效和溢出效应六个方面的重要程度次序排列为:发展绩效(0.3037)>品牌绩效(0.2599)>溢出效应(0.1725)>运营绩效(0.1377)>人员绩效(0.08)>资产绩效(0.0416)。

2. 中间层所辖各方案权重测算

表 13-8　资产绩效所辖二级指标的权重

B_1	C_1	C_2	C_3	权重
C_1	1	1/2	1/3	0.164
C_2	2	1	1/2	0.297
C_3	3	2	1	0.539

$\lambda_{max} = 3.009$　$CI = 0.0045$　$RI = 0.58$　$CR = 0.008 < 0.10$

表 13-9　人员绩效所辖二级指标的权重

B_2	C_4	C_5	C_6	权重
C_4	1	1/5	1/3	0.1268
C_5	5	1	1/2	0.3722
C_6	3	2	1	0.5010

$\lambda_{max} = 3.0577$　$CI = 0.0289$　$RI = 0.58$　$CR = 0.0497 < 0.10$

表 13-10　运营绩效所辖二级指标的权重

B_3	C_7	C_8	C_9	权重
C_7	1	2	1/3	0.2519
C_8	1/2	1	1/3	0.1592

第十三章
中国企业跨国经营的绩效评价体系

B_3	C_7	C_8	C_9	权重
C_9	3	3	1	0.5889

$\lambda_{max} = 3.0702$　$CI = 0.027$　$RI = 0.58$　$CR = 0.047 < 0.10$

表 13 – 11　品牌绩效所辖二级指标的权重

B_4	C_{10}	C_{11}	C_{12}	权重
C_{10}	1	1/3	1/2	0.1649
C_{11}	3	1	2	0.5393
C_{12}	2	1/2	1	0.2958

$\lambda_{max} = 3.009$　$CI = 0.0045$　$RI = 0.58$　$CR = 0.008 < 0.10$

表 13 – 12　发展绩效所辖二级指标的权重

B_5	C_{13}	C_{14}	C_{15}	权重
C_{13}	1	5	3	0.6333
C_{14}	1/5	1	1/3	0.1062
C_{15}	1/3	3	1	0.2605

$\lambda_{max} = 3.0388$　$CI = 0.0194$　$RI = 0.58$　$CR = 0.033 < 0.10$

表 13 – 13　溢出效应所辖二级指标的权重

B_6	C_{16}	C_{17}	C_{18}	权重
C_{16}	1	3	2	0.5393
C_{17}	1/3	1	1/2	0.1649
C_{18}	1/2	2	1	0.2958

$\lambda_{max} = 3.0134$　$CI = 0.0067$　$RI = 0.58$　$CR = 0.012 < 0.10$

　　一阶和二阶判断矩阵总是完全一致的,不需要进行随机一致性检验。

476

表 13－14　中国企业跨国经营绩效评价体系及构成指标权重

体系	中间层 B	方案层 C		方案权重	排序
		评价指标	权重		
中国企业跨国经营绩效评价体系 A	资产绩效 (0.0461)	总资产报酬率	0.164	0.008	18
		净资产收益率	0.297	0.014	16
		流动资产周转率	0.539	0.025	14
	人员绩效 (0.080)	全员劳动生产率	0.1268	0.010	17
		企业中外技术人员比例	0.3722	0.030	12
		单位收益拥有人力资本	0.5010	0.040	9
	运营绩效 (0.1377)	境外企业上缴利税额	0.2519	0.036	10
		资产负债率	0.1529	0.021	15
		境内投资主体分配收益	0.5889	0.081	4
	品牌绩效 (0.2599)	市场占有率	0.1649	0.043	8
		销售利润率	0.5393	0.140	2
		商品销售国际化率	0.2958	0.077	6
	发展绩效 (0.3037)	全要素生产率	0.6333	0.192	1
		固定资产增长率	0.1062	0.032	11
		技术水平贡献率	0.2605	0.079	5
	溢出效应 (0.1725)	境外企业出口带动力	0.5393	0.093	3
		境外企业实际汇回利润	0.1649	0.028	13
		国外研发机构国内交流情况	0.2958	0.051	7

$CI = 0.01445$　$RI = 0.58$　$CR = 0.025 < 0.10$

　　为评价各方案计算结果的一致性,我们对总排序进行了一致性检验。CI 为层次总排序一致性指标;RI 为层次总排序平均随机一致性指标;CR 为层次总排序随机一致性比例。三个指标全部通过检验,表明我们设计的中国企业跨国经营绩效评价体系具有满意的一致性,可以应用于实践工作,进行动态评价。

四、评价体系分析

（一）十八个指标优劣次序分析

以下是对中国企业跨国经营绩效评价指标中涉及的十八个指标按重

477

要程度进行的排序。结果显示如下:

1. 全要素生产率

权重为 0.192,是中国企业跨国经营绩效评价体系中最重要的因素。目前,全要素生产率作为衡量一国经济增长的重要指标,在国际上非常流行,且日益成为国家间、区域间经济比较的通用指标。该指标也是表征中国企业跨国经营绩效中发展绩效的重要指标,单纯这一个指标就已经占到评价体系的 19.2%,足以证明发展对于一个跨国经营企业来讲是非常重要的。

2. 销售利润率

权重为 0.140,是中国企业跨国经营绩效评价体系中重要性居第二位的因素。该指标作为中国企业跨国经营绩效中品牌绩效的重要指标也是一个传统指标,它仅次于全要素生产率而位居重要性的第二位。

3. 境外企业出口带动力

权重为 0.093,是中国企业跨国经营绩效评价体系中重要性居第三位的因素。对于跨国经营企业来讲,出口带动力是衡量该企业国际地位的重要表征指标,成为溢出绩效最具代表性的指标。

4. 境内投资主体分配收益

权重为 0.081,是中国企业跨国经营绩效评价体系中重要性居第四位的因素。该指标作为中国企业跨国经营绩效中运营绩效的重要指标,采用对境内投资主体分配收益,包括红利、利润再投资和利息等的高低来衡量。

5. 技术水平贡献率

权重为 0.079,是中国企业跨国经营绩效评价体系中重要性居第五位的因素,是表征中国企业跨国经营绩效中发展绩效的指标。计算方法可以采用 C—D 生产函数进行测量。

6. 商品销售国际化率

权重为 0.077,是中国企业跨国经营绩效评价体系中重要性居第六位的因素。这一指标是通过跨国经营企业建立的国际销售网络的覆盖情况来衡量的。

7. 国外研发机构国内交流情况

权重为 0.051,是中国企业跨国经营绩效评价体系中重要性居第七位的因素。跨国经营企业的研发机构的完备程度决定着该企业的未来发展，同时对境内投资主体起到正的溢出效应，即强大的技术引导与支持作用。

8. 市场占有率

权重为 0.043，是中国企业跨国经营绩效评价体系中重要性居第八位的因素。这一指标作为品牌绩效的表征指标，其重要程度低于销售利润率和商品销售的国际化率两项指标，体现了该指标的静态特征，即较高的市场占有率并不代表企业产品良好的成长性，因为一些即将退出市场的换代产品往往也会出现类似黑暗前黎明时刻的市场热销状况。

9. 单位收益拥有人力资本

权重为 0.04，是中国企业跨国经营绩效评价体系中重要性居第九位的因素。人力资本存量与水平决定着企业经营的绩效，单位收益拥有的人力资本量恰恰能表征企业的人员绩效水平。

10. 境外企业上缴利税额

权重为 0.036，是中国企业跨国经营绩效评价体系中重要性居第十位的因素。这项指标通过境外跨国经营企业对所在地国家上缴的利税额得以表现，上缴的利税越多越能体现其运营的良性状况，但相比境内投资主体分配收益指标的重要性要差一些。

11. 固定资产增长率

权重为 0.032，是中国企业跨国经营绩效评价体系中重要性居第十一位的因素。该指标是发展绩效中的评价指标，相比全要素生产率和技术水平贡献率的重要性要低一些。

12. 企业中外技术人员比例

权重为 0.030，是中国企业跨国经营绩效评价体系中重要性居第十二位的因素。该指标是人员绩效中的评价指标，此比例在拥有一定实力的跨国经营企业中一般是比较稳定的，因此权重不高也是正常现象。

13. 境外企业实际汇回利润

权重为 0.028，是中国企业跨国经营绩效评价体系中重要性居第十三位的因素。该指标是溢出绩效中的评价指标，是一个相对稳定的指标，对比境外企业出口带动力、国外研发机构国内交流情况的重要性差一些。

14. 流动资产周转率

权重为 0.025，是中国企业跨国经营绩效评价体系中重要性居第十四位的因素。该指标是资产绩效评价中的指标,是该类指标中相比总资产报酬率和净资产收益率重要一些的指标。

15. 资产负债率

权重为 0.021,是中国企业跨国经营绩效评价体系中重要性居第十五位的因素。该指标是运营绩效评价中的指标,相比境外投资主体分配收益和境外企业上缴利税额指标的重要性差一些。

16. 净资产收益率

权重为 0.014,是中国企业跨国经营绩效评价体系中重要性居第十六位的因素。该指标是资产绩效评价中的指标,是一个传统的财务指标,从净资产的角度来研究收益情况。

17. 全员劳动生产率

权重为 0.010,是中国企业跨国经营绩效评价体系中重要性居第十七位的因素。该指标是人员绩效评价中的指标,因为指标口径是全员劳动力的概念而不是人力资本和技术人员等核心人员的概念,因此,重要性相比其他两项指标要差一些。

18. 总资产报酬率

权重为 0.008,是中国企业跨国经营绩效评价体系中重要性居第十八位的因素。该指标是资产绩效评价中的指标,也是一个传统的财务指标,在知识经济时代,人力资本的作用日益突出,因此,资产类指标的作用略显逊色一些。

(二)评价体系的应用方法

1. 选定基期和报告期

对于中国企业跨国经营绩效评价指标的各项指标评价后得到的权重及各指标的优劣排序可以进行具体应用,即选择一个研究时期,作为报告期,计算评价体系综合指数。按照指数值设定分级标准,评价中国企业跨国经营绩效所处的阶段。

2. 动态评价方法

指标体系做动态评价时,要在选定基期的基础上,确定当前研究时期为报告期,在基期与报告期之间,测算出指标体系综合指数变化额,之后,在此基础上分析十八种指标的具体贡献程度,并按贡献率进行再排序。通过同一指标两个排列位置的变化,找出在研究周期时间段内,对中国企业跨国经营绩效起主要影响的。

3. 计算公式

一级指标数值是根据其所辖二级指标数值(B_i)乘以各自的权重后进行加和,其计算公式如下:

$$A = \sum W_K \cdot B_i \qquad (13.1)$$

其中:B_i为某二级指标数值;W_K为某二级指标的权重;A为一级指标计算数值。

中国企业跨国经营绩效评价综合指数是将各一级指标数值乘以各自的权重后进行加和,其计算公式如下:

$$Z_t = \sum R_t \cdot A_t \qquad (13.2)$$

其中:A_t为某一级指标数值;R_t为某一级指标的权重;Z_t为中国企业跨国经营绩效评价综合指数。

4. 标准选择

这套指标体系适合微观企业评价,也适合国家和地区的评价。

对于微观企业,各方案标准值的选择,我们建议采用中国跨国经营企业所在行业全球排位前十的企业该项指标的平均值作为标准值,与中国企业进行对比,取标准化后的数据,再乘以评价体系中测算出来的权重,来计算中国企业跨国经营绩效评价指数。

对于国家和地区,我们可以将中国跨国经营企业的各项指标进行汇总平均,然后采用全球最发达国家各项指标的平均值作为标准值,与中国数值进行对比,取标准化后的数据,再乘以评价体系中测算出来的权重,来计算中国企业跨国经营绩效评价综合指数。

这里提供的标准仅供参考。因为选择不同的标准,计算的结果是不同的。但是最终通过该评价体系反映出的问题应该是一致的。

主要参考文献

1. 对外贸易经济合作部:《外经贸部关于印发〈境外投资综合绩效评价办法(试行)〉的通知》,2004 年 10 月 24 日。

第十三章　中国企业跨国经营的绩效评价体系

2. 国家发展改革委、中国进出口银行:《关于对国家鼓励的境外投资重点项目给予信贷支持政策的通知》(发改外资〔2004〕2345号)。

3. 国务院:《国务院关于投资体制改革的决定》(国发〔2004〕20号)2004年7月16日。

4. 商务部、国家统计局:《对外直接投资统计制度》2004年12月。

5. 谭跃进:《定量分析方法》,中国人民大学出版社2002年版。

6. 魏巧琴、杨大楷:《对外直接投资与经济增长的关系研究》,《数量经济与技术经济研究》2003年第1期。

7. 万丽娟:《中国对外直接投资绩效分析与发展对策》,西南大学博士学位论文2005年。

8. 王洛林:《实施互利双赢的开放战略》,人民出版社2005年版。

9. 谢康:《跨国公司与当代中国》,立信会计出版社1997年版。

10. 许树柏:《层次分析法原理》,天津大学出版社1998年版。

11. 冉光和、李敬、万丽娟:《中国企业对外直接投资动机与绩效评价体系研究》,《世界经济研究》2006年第7期。

12. 衣长军、苏梽芳:《我国企业对外直接投资的绩效评价与主体分析》,《国际经贸探索》2008年第1期。

13. 周岩:《中国企业对外直接投资绩效评价体系与战略研究》,西安建筑科技大学硕士学位论文2006年。

14. 商务部、国家统计局、国家外汇管理局:《2003年度中国对外直接投资统计公报》。

15. 商务部、国家统计局、国家外汇管理局:《2004年度中国对外直接投资统计公报》。

16. 商务部、国家统计局、国家外汇管理局:《2005年度中国对外直接投资统计公报》。

17. 商务部、国家统计局、国家外汇管理局:《2006年度中国对外直接投资统计公报》。

18. Ye Gang: "Chinese Transnational Corporation", *Transnational Corporation*, Vol. 1, No. 2, August, 1992.

第十四章　中国企业跨国经营的风险预警和管理体系

截至 2006 年年底,中国境外直接投资(OFDI)已遍及 172 个国家和地区。一方面,随着更多的中资企业以 OFDI、对外承包工程、对外劳务合作的方式走出国门,跨国经营的风险管理也逐渐成为有关企业成功逐鹿域外的必修课。另一方面,中资企业海外风险管理失败案件频发,特别是 2004 年中航油巨亏案,使得加强跨国经营风险预警和管理显得刻不容缓。本章共分为五节:第一节介绍中国企业跨国经营风险预警和管理的现状,第二节归纳总结了发达国家跨国公司(MNCs)风险管理的经验与教训,第三节尝试构建中国企业走出去风险预警与管理体系,第四节具体探讨中国企业境外经营治理风险与政治风险的预警和管理,第五节分析了中国企业跨国经营过程中文化风险与外汇风险的预警和管理。

第一节　中国企业跨国经营风险预警和管理的现状

一、企业跨国经营面临的主要风险

企业跨国经营面临的风险很多,[①]本节将集中分析企业跨国经营过程中尤其显著的风险,即由企业的跨国经营行为直接或间接引致的主要风险。根据引致原因,企业跨国经营面临的主要风险大致包括以下两种:

(一)财务风险

企业财务风险种类很多,如利率风险、外汇风险、产品风险、信用风险

---

①　许晖:《国际企业风险管理》,对外经济贸易大学出版社 2006 年版,第 26~36 页;Miller, K. α. : "A Framework of Integrated Risk Management in International Business", *Journal of International Business Studies*, 1992, 23(2), pp. 313 – 320; Al Khattab, A., Anchor, J. and Davies E. : "Managerial Perceptions of Political Risk in International Projects", International *Journal of Project Management*, 2007, 25(7), p. 735。

等等,对于企业跨国经营的实践而言,外汇风险最为突出。因此,本节财务风险的管理主要讨论外汇风险。

(二)战略风险

主要包括以下几种:

1. 政治风险

目前尚不存在一个普遍接受的定义。在已有讨论的争议上,本节使用的"政治风险"定义如下:政治风险是指在东道国境内或境外发生的特定政治事件、活动、政府行为(如政府违约、革命),或社会事件或活动(如大规模罢工、骚乱)导致的 MNCs 海外分支机构经营环境的非预期变化,这种变化导致了这些机构经营过程中实际发生的收益和成本内容对事先的预期出现较大的偏离。

2. 文化风险

指由东道国与母国之间的文化差异,如语言、宗教、时间、民族、价值观念、风土人情、文化传统等方面的不同导致的风险。美国管理学家戴维·A. 利克斯曾说过:"大凡跨文化营销的失败,几乎都是仅仅因为忽略了文化差异基本的或微妙的理解和体会所招致的结果。"

此外,国有企业中,由于现代公司治理机制的缺失或不完善,"内部人控制"现象严重。民营企业,特别是家族企业的治理亦存在许多的不规范。随着企业走出国门,各国商业惯例、做法、运作方式等等的不同,使得治理风险在中国企业跨国经营中也不可小觑。

二、中国企业跨国经营风险管理形势的评估

中国企业跨国经营形势总体而言不容乐观。截至 2004 年,赢利的境外中资企业只占到海外中资企业总数的 1/3。[1] 商务部、国家发展与改革委员会和国家外汇管理局三机构最新发布的对 4000 多家中国企业境外投资的调查显示,我国对外 FDI 中 70% 赢利或者持平。[2] 即使最保守的估计,三成的境外中资企业也是亏损的。个中原因,不尽相同。不管是缺乏经验,事前信息收集不力,或是资金链断裂抑或是财务管理混乱,都与

---

① 商务部网站,2007,http://hunan.mofcom.gov.cn/。

② 《商务部:中国境外企业七成赢利或持平》,《第一财经日报》2007 年 9 月 17 日。

企业有效风险管理的缺失是分不开的。就目前已曝光的失败案例来看，在出事前，无不存在未经妥善管理的巨大风险敞口，有些企业，特别是国有企业，要么不存在有效的风险管理体系，要么即使存在，也往往由于公司治理机制存在致命缺陷而形同虚设。总而言之，中国企业境外投资，特别是 FDI 的风险管理形势逼人。

（一）治理风险是目前中国企业跨国经营面临的最大风险

改革开放以来，特别是 1992 年以来，包括国有企业在内的国内企业在生产运营的规范化方面已取得长足进展，但与发达经济体[①]，甚至一些新兴发展中经济体相比，中国企业，特别是国有企业的规范运作仍然任重而道远。在民营经济方面，家族式经营仍然非常普遍。对温州 112 家企业（其中 84% 为私营企业，其余为经过股份制改造的集体企业）的调查显示，朋友和家族关系在企业的跨国经营中发挥着重要作用。[②] 企业走出国门后自然而然地延续了在国内不健全的市场环境下的许多不规范，甚至非法的做法，不能很好地适应普遍接受的国际惯例和市场经济的规则，特别在市场经济比较完善的东道国。财务管理中的两本账和多本账在海外中资企业中司空见惯就是一个突出的例证。

截至 2005 年，中央企业对外直接投资额占到我国对外投资存量总额的 81.8%，是中国企业跨国经营名副其实的主力军。但以中央企业为代表的大量国有企业至今仍未建立比较完善的现代公司治理机制，或即使公司治理的框架建立起来了，也未能实现有效的运转。因此，"内部人控制"的现象未能得到有效遏制。另外与私营企业相比，国有企业的产权主体存在明显的缺位和错位，即使在 2003 年建立了国有资产监督管理体系之后。由于缺乏像私营企业那样的自然人作为终极所有者，国有产权无法对法人财产进行有效的约束和激励。另外，政府经常出于各种目的直接干预企业的跨国经营活动。国有企业现代公司治理制度的缺失或极不完善已成为中国企业跨国经营的主要风险来源。实际上，我国企业的海外经营，相当大一部分源于国家的计划，而非企业的自主选择。对 2001~2005 年的中国企业 47 项大型海外并购案例的研究显示，以石油

[①]　包括亚洲四小龙。

[②]　鲁桐：《温州民营企业海外经营调查》，《大经贸》2003 年第 1 期。

天然气为主的采掘业并购金额占到所有并购金额的 61.43%（廖云凤，2006，第 21 页），而这些并购无一不是出于国家能源安全考虑，政府部门自始至终全程介入。

公司治理制度的不完善和由此导致的"内部人控制"问题是中国企业海外经营目前面临的首要风险。例如，中国企业海外经营风险管理失败的一个典型案例就是 2003～2004 年中航油新加坡公司 5.5 亿美元的巨亏案。对此，普华永道调查报告的内容摘要（Executive Summary）最后一段赫然指出："财务上如此巨大的失误，只有当（中航油）公司在每个层次上都出现问题的情况下才可能发生。假设任何层次上的任何人曾经独立地提出更多的问题，做出稍微深入一些的探询，甚至仅仅试图更全面地了解情况，这种结局都很有可能被避免。"（王丰等，2006）

（二）发达经济体 MNCs 面临的主要风险，也是中国企业跨国经营的主要挑战

发达经济体 MNCs 在跨国经营中面临的主要风险，如汇率风险、利率风险、政治风险和文化风险等，中国企业也不能幸免，区别只在于程度、方式不同而已。以政治风险为例。2006 年以来，尼日利亚南部尼日尔河三角洲地区治安形势持续恶化，致使在该地从事经营活动的外国公司都不同程度地遭受了损失。2006 年 1 月后，至少有 1 名美国人、1 名英国人、73 名英荷壳牌石油公司的非尼日利亚籍员工、98 名意大利恩尼公司在尼的子公司阿吉普石油公司的非尼日利亚籍员工、5 名韩国大宇建筑公司的韩国雇员先后被绑架。2007 年 1 月，中国 14 名工人也先后在尼日利亚被绑架。

（三）总体而言，绝大多数境外中资企业尚未建立有效的风险管理体系，风险管理水平普遍较低

在发达经济体许多领先企业的风险管理体系已经完成或正在从传统的部门管理到 ERM（Enterprise Risk Management, or Enterprise-wide Risk Management, or integrated risk management，全面风险管理）①综合管理的转变的同时，ERM 在中国才刚刚起步。在经济的全球化使得商业竞争的

---

① 因亦有其他术语翻译成"全面风险管理"，故为区别起见，直接使用 ERM，后文对其有专门介绍。

范围从一个经济体内部迅速扩展到区域性一体化组织,进而全世界的背景下,任何风险敞口,即使很小,如果管理不善,都可能通过连锁效应,给企业的运营效果带来巨大的不确定性。与此同时,金融创新、信息技术、金融经济学和计量经济学的发展,也为企业在公司层面上进行风险管理,以改善业绩、化解危局提供了技术上的支持。随着中国加入 WTO 承诺的逐步落实,中国正在加速融入世界经济体系。中国企业即使是在国内经营,也将面临来自国外企业的激烈竞争。与国内经营相比,中国企业跨国经营需要承受或消解的风险更大。

目前,绝大多数跨国经营的中资企业尚未建立起有效的传统风险管理体系,遑论 ERM 了。这种状况的存在,在很大程度上是由于其国内母公司风险管理意识淡漠、风险管理体系的不完善造成的。最近发生在柬埔寨的龙城庄园事件就是一个典型的案例(参见本章附录2)。另外,有的企业,特别是国有企业尽管已经建立起了一套风险管理体系,但由于制度因素,在许多时候往往形同虚设,造成巨额国有资产的流失。财政部新闻发言人胡静林在 2008 年 1 月底就国有资产问题回答提问时指出,一些单位存在对外投资管理较为混乱的现象,国有资产存在流失风险。中航油(新加坡)股份有限公司的巨亏案至今想起仍令人扼腕(参见本章附录3)。

(四)企业战略与风险管理脱节现象严重

急功近利是中国企业战略目标制定中的通病,结果往往是企业在发展过程中承担了过多自身难以承受和消化的风险,加之缺乏与之匹配的风险管理策略和措施,导致企业应对市场变化能力不强,产品的生命周期大大缩短,企业发展后劲不足,甚至个别企业在重大风险事件发生之时无所适从,从而导致巨额亏损。

(五)企业风险管理多为事后控制,缺乏主动性

中国企业现有风险管理多为事后控制,对风险缺乏系统、定时的评估,缺少积极主动的风险管理机制,尤其是风险预警体系的缺失,因而不能从根本上防范重大风险的发生。如中国银行在 2002 年开平支行一案就损失达 40 亿元。更令人痛心的是,类似的重大风险管理失败事件反复上演。风险管理的被动性和滞后性可见一斑(华小宁等,2007,第 76～78页)。

第二节　中国企业走出去风险预警与
管理体系的构建

　　经济全球化和区域经济一体化使得企业跨国经营面临的竞争压力和发展机遇前所未有。能够通过有效的风险管理有选择地承担或化解各种风险以优化自身运营的企业,将在新的经济增长浪潮中发展壮大;相反,那些风险管理理念和技术落后的公司,即使曾一度引领风骚,也将由于风险管理的失败而遭受重创,甚至破产。这一点已为 20 世纪 90 年代信息革命以来无数企业的沉浮兴衰史所证实。中国企业跨国经营仍处于起步阶段,相对于发达经济体的 MNCs,中资企业实力有限,公司治理机制尚不健全,企业财务管理不够规范,风险管理意识淡薄、技术落后,加之国内相关配套政策和措施滞后,中国企业跨国经营蕴涵着巨大的风险。因此,建立和完善风险管理体系,规范风险管理机制的运作,成为中国企业逐鹿域外的一项重要挑战。国务院国资委 2006 年制定并印发的《中央企业全面风险管理指引》正是这一努力的一部分。

一、中国企业跨国经营风险管理组织架构构建的基本原则和要求

　　(一)境外中资企业风险管理的基本框架应该由国内母公司统一规划

　　作为国内母公司利润链的一部分,境外中资企业经营的成败,必然在不同程度上会对母公司的现金流、赢利能力、成长潜力,乃至海外市场布局产生影响,因此,其风险管理自然要纳入到母公司的风险管理框架之中。鉴于绝大多数境外中资企业的投资规模都在 100 万美元以下,其中不少还是贸易型企业,国内母公司更应承担更多责任。

　　(二)建立业务部门友好型风险管理部门

　　传统上,风险即意味着损失的可能性。因此,业务部门与风险管理部门处于一种对立状态(非金融公司)。业务部门经常抱怨风险管理部门过于保守,妨碍了业务部门的积极进取,而后者则指责前者的行为举止太过鲁莽,使公司面临巨大的风险敞口。ERM 认为,风险在本质上是企业经营中存在的不确定性,风险敞口未来既可能创造收益,也可能带来损

失。因此,从某种意义上说,企业的生产经营活动,本身就是对风险的管理。因此,风险管理与企业的业务拓展之间并不存在矛盾。

在此基础上,ERM 提出建立业务友好型风险管理的理念,即将传统风险管理模式下的风险管理部门分解配备到业务部门去,由业务部门与公司风险管理委员会和首席风险官(CRO,或类似的高层主管)双重领导。这种安排有以下优点:

1. 风险管理更加主动

从事风险管理的雇员在人力资源配置上编入业务部门,直接参与业务部门的决策,因而更加了解业务流程和业务开展中潜在的风险源、风险的动态变化特征、各种风险之间的互动模式和因果关系等等,因而可以大大减少风险管理与业务开拓之间的分歧和争执,也便于更加主动地实施风险管理。

2. 改善风险管理支持信息的质量、相关性和及时性

在传统模式下,风险管理员工在业务部门决策后才反馈意见,这不仅更容易引发业务部门与风险管理部门的对立,也会对业务部门的信息披露形成反向激励。为了避免业务计划被风险管理部门否决,或做出不利的修改,业务部门可能不及时披露相关的信息,甚至隐瞒重要的信息。在这种情况下,风险评估报告的质量将大打折扣。

当然,风险管理员工直接参与决策,也会带来一系列的问题,如从事风险管理的雇员以什么方式、什么时候参与业务部门的决策,他们将在多大程度上影响业务部门决策的形成,等等。由于这些问题处理不当,ERM 提供公司风险管理的能力已受到部分业界人士的批评。

绝大多数境外中资企业的规模都比较小,业务较单一,因此,建立业务友好型海外风险管理岗位或部门不失为明智之举。

(三)风险管理决策要实现权利和义务的对称

母公司或其海外分支机构,依照公司的风险特征,本着成本和效率的原则设立风险管理岗位或机构。母公司应制定《公司风险管理章程》或类似的文件,明确各岗位的职责和活动方式,以及薪酬决定规则,对于风险损失责任的归属和惩罚措施。这里的核心是风险管理激励机制的设计。克鲁格曼(2007)指出,"严重失当的公司高管激励机制"是 2001 年系列财务丑闻和 2007 年次贷危机的罪魁祸首。因此,建立适当的风险管理激励机制至关重要,总的原则是权利和义务必须对称,以避免道德风险的发生。

二、中国企业跨国经营风险管理的基本框架

根据母公司的不同,境外中资企业的风险管理架构在遵循基本原则的条件下必须因地因时制宜,分别设计。

(一)上市公司

上市公司治理有章可循,比大多数非上市公司运营比较规范,公司治理结构完整,股东大会、董事会、监事会和高管层等治理机构设置也比较齐全。问题主要在治理机制、信息披露机制等运作不规范。上市公司中的风险管理架构可以如下所示:

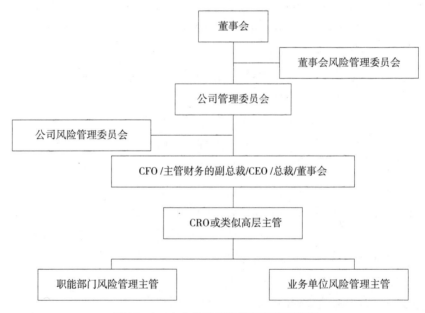

图14-1 上市公司风险管理框架示意图

在这个框架中,董事会的主要职责包括确定本公司的风险倾向与风险政策;保证公司有合理的风险管理组织框架;建立积极的企业风险文化。董事会风险管理委员会是董事会履行其风险管理职责的主要机构,任何重大的决策都需董事会批准。为了保证形成积极的企业风险文化,董事会风险管理委员会的成员应包括董事局主席或董事长、CEO 或 CFO (兼任公司董事情况)、CRO,以及若干名独立董事/外部董事。

在执行部门,公司管理委员会/总经理办公会下设公司风险管理委员会,负责参与公司风险政策的提议和执行。公司风险管理委员会根据来自各业务部门的风险信息,形成风险政策的草案,交由公司管理委员会审议通过,然后再送交董事会批准。风险政策要概述公司的风险倾向,并根据限额明确界定公司的风险容忍度。风险政策通常以《风险管理手册》的形式予以具体化,以便各部门充分了解本公司的风险政策,并在日常工作中将其付诸实施。公司的《风险管理手册》要定期审议,以便及时做出调整。出现重大事件,如系列财务丑闻或财务危机等的情况下,还应根据情况临时进行修正,以便应对不断变化的风险环境。

公司各类风险的基本信息来自嵌入业务部门的风险管理部门。在已经设立了 CRO 或类似高级职位的公司,由 CRO 对各风险管理部门汇报上来的信息进行汇总,然后,就公司的总体风险特征和风险管理方案向 CFO/CEO,或公司风险管理委员会,甚至董事会风险管理委员会提出报告,最终风险报告将送至公司管理委员会,如有必要,也应报告董事会风险管理委员会。在尚未设立 CRO 的公司,风险管理部门直接向 CEO 提交本部门的风险报告,CEO 再负责向董事会提交反映本公司特定时期总体风险特征的风险报告。

在第一种情况下,CRO 是公司 ERM 的主要建议者和组织实施者。重要的风险管理措施的实施需要得到 CFO、CEO、公司管理委员会/总经理办公会,甚至董事会的首肯。日常性的风险管理,CRO 可以酌情实施。在第二种情况下,CRO 的职责由 CEO 行使,并无二致。

一旦 CRO/CEO 就应当采取的风险管理措施做出决策后,具体的执行工作由 CRO/CEO 办公室与下面的职能风险部门和业务单位风险管理经理办公室负责落实。CRO/CEO 负责处理诸如重大的保险购买、ART 的选择和售买等重要事项。特定的风险管理措施由对应的风险管理办公室组织进行。

我国上市公司风险管理的水平普遍较低,风险管理的基本架构也不完善,因此,公司整体运营暴露在潜在或被忽视的巨大的风险敞口之下,这使得因地制宜的建立明确的风险政策,完善的风险管理组织架构,积极培育良性的风险文化,显得至关重要。对于风险密集型企业,如银行、保险公司、能源企业等,建议设立 CRO。对于其他企业,可考虑设立风险管理经理或主任,在企业科层结构中为部门经理一层,直接向 CEO 提交风险报告。

(二)非上市公司

非上市公司总体而言没有上市公司经营管理规范,其中情况也比较复杂。对于大中型企业而言,可以参照上市公司的办法进行风险管理。对于数量占中国企业总数绝大多数的中小型民营企业,由于情况各异,不好统一规划。基本的原则在上市公司的风险管理中已做了说明,关键是根据自己的经营特点和风险敞口特征,如何做到有效的风险管理与成本、效率协调起来。明确的风险政策、积极的风险文化,负责报告公司整体风险特征的岗位和机构设置,以及风险管理措施的实施和效果反馈都是非常重要的。

三、监管部门在跨国经营企业提高风险管理中的作用

(一)政府的作用

在市场经济条件下,政府在促进经济发展、实现社会公正方面愈益发挥着更为显著的作用。在中国经济发展的现阶段,政府在促进企业完善风险管理方面至少可以发挥以下作用:一是提供可预期的政策环境;二是建立廉洁高效的政府;三是提供公正、公平、透明的商业政策。

目前,政府,特别是地方政府政策的易变性,政府部门存在的腐败和低效率现象,以及政府部门(包括国有资产占垄断地位的许多产业,特别是金融业)对不同所有权特征的企业厚此薄彼的做法,使得企业源于政府的风险大大强化,在许多时候甚至超越其他各类风险成为企业的主要风险,从而大大扭曲了企业运营的风险特征,抑制了企业正常的风险管理体系的建立和风险文化的培育。因此,政府应在以上三个方面积极作为,这样才能切实落实"走出去"的宏大战略。

(二)证券交易所、会计师事务所,以及行业协会的作用

在发达经济体,证券交易所、会计师事务所,以及行业协会在促进企业完善风险管理方面发挥了积极的引导、交流和监管的作用。ERM 的提出就是一个例证。标志着 ERM 走向成熟的 *Enterprise Risk Management-A Integrated Framework*,就是由美国非政府机构——反欺诈财务报告全国委员会(National Commission of Fraudulent Financial Reporting,即 Treadway Commission)下属的 COSO(Commission of Sponsoring Organization)委托普华永道会计师事务所起草的。另外两份著名的倡导 ERM 的报告,英国的

《特恩布尔报告》(*Turnbull Report*)和加拿大的《戴易报告》(*Dey Report*)也分别是由英国的英格兰及威尔士特许会计师协会和加拿大多伦多股票交易所(TSE)资助并发布的。世界信用评级巨头标准普尔和穆迪在推动ERM的应用方面也发挥了重要作用(Roth,2006,p. 81)。中国的上海、深圳两个证券交易所、国内大量的会计师事务所以及行业协会在引导企业完善风险管理方面挥作用的空间很大。比如证券交易所可以倡导一些行之有效的风险管理技术或措施,宣传新的风险管理的理念,针对上市公司,甚至非上市公司提供风险管理方面的培训等等。

总之,风险管理虽然主要是企业的事情,但是整个国家层面企业风险管理水平的提高,需要包括政府、证券交易所、会计师事务所、行业协会或学会等相关各方的共同参与,这也有利于为企业完善自身的风险管理提供一个良好的外部环境。

第三节　中国企业跨国经营治理风险与政治风险的预警和管理

一、中国企业跨国经营治理风险的预警与防范

治理风险是中国企业,尤其是国有大型企业跨国经营过程中面临的主要风险之一。比如,20世纪80年代末和90年代初,中国在许多国家设立了中国商品分拨中心,仅非洲就有11个,每家投资300万美元,由国有企业运营。结果,这些中心几乎无一成功,国家损失严重。究其原因,主要是所有者缺位导致激励机制扭曲,使得治理风险管理失控。

（一）治理风险的来源与特点

1. 治理风险的来源

境外中资企业治理风险的根源往往在国内母公司身上。当前中国社会主义市场经济体制还有待完善,腐败现象依然比较严重,政府对市场的监管不到位、错位现象广泛存在,外资企业、国有企业和民营企业区别对待等,都使得企业运作不够规范。大中型民营企业在治理机制上往往缺乏规范,创业者由于控股地位在公司中权力往往过大,损害中小投资者利益以敛财的现象时有发生。一些已股份化的企业由于国内机构投资者较少,大量股份由散户或非法的机构投资者（即法律禁止其投资的资金管

理机构)持有,因而控股方也未受到有效的监督。

民营企业创办家族或控股方规避规范公司治理的一个重要原因就是对企业的成长与发展持有一种比较狭隘的认识,即他们对企业员工和其他利益相关方对企业发展壮大的贡献往往存在认识上的偏误,因而在运营中经常通过损害其他利益相关者利益的方式来实现企业的短期利益。另外一方面,由于中国金融改革、税收改革滞后,加之由于历史原因导致的政府部门偏见,绝大多数民营企业都存在很严重的融资障碍、过重的税负,以及面临不利的执法方式或效果,这也是民营企业往往选择逃避依法治理的重要原因。

在国有企业方面,问题也仍然比较严重,最突出的问题就是"内部人控制"。大量国有企业,特别是国有独资公司在经营业绩平平的同时,企业员工,特别是中高层管理人员的薪酬和福利却高得惊人。[①] 另一个问题就是预算上的软约束。匈牙利著名经济学家科尔内(J. Kornai)在其名著《短缺经济学》(*Economics of Shortage*)中曾指出,在计划经济条件下,企业面临的预算约束是软的,即企业的购买可以不受收入的限制,贷款的取得不同时带来还贷压力,企业最终总会得到补贴而不至于破产(科尔内,1986,第15~23页)。预算约束的软性已经成为国有企业海外许多唐突冒失投资行动的主要原因。[②] 最后,就是在内部人控制局面下,国有企

---

① 劳动和社会保障部副部长步正发在2006年5月召开的第三届薪酬管理高层论坛上承认,从2000年到2004年,收入最高的行业与收入最低的行业的平均工资差距扩大了1.6倍。目前,电力、电信、金融、保险、水电气供应、烟草等行业职工的平均工资是其他行业职工平均工资的2~3倍。而所有这些行业都是政府设立的国有企业,并以法律维持其垄断地位。

② 号称中国高科技企业"第一次海外收购案"的京东方收购韩国现代TFT—LCD业务(2002,收购价为3.8亿美元)案就是一个典型。由于事前对于收购目标评价失误,本来为"北京投产TFT—LCD第5代铺平道路"的收购活动,并购到的却是正在被淘汰的3~3.5代产品。此次收购由于涉及金额巨大,导致该公司在2003年年末时资产负债率达到72%,流动比率为0.95,进入国际公认的警戒区间。2004年京东方的经营继续滑坡。为了避免倒闭,在国家和北京市的推动下,由中国建设银行北京分行、国家开发银行等国内9家银行,联合向京东方贷款7.4亿美元(约合61亿元人民币,并购前夕京东方总资产只有64.7亿元),即使这样,也未能满足京东方的资金缺口。目前第6代TFT—LCD生产线已经开始投产的背景下,京东方何去何从发人深省。这是一起典型的"跨国并购冒险"。成功了企业和经营者得利,失败了由国家和国有商业银行承担风险(廖运凤:《中国企业海外并购》,中国经济出版社2006年版,第129~130,250~252页);《新闻聚焦:五年磨一剑京东方海外收购演绎》,新浪网2003年2月18日。

业一把手负责制未得到根本扭转(李荣融语)。这种高度集权的决策机制,加上国有资产固有的产权主体缺位,外部监控体系缺失,往往使得任何有效的风险管理体系都无法达到预期的目标。中航油(新加坡)公司就是一个典型。

2. 治理风险的特殊性

与企业面临的其他风险相比,中国跨国经营企业面临的治理风险有两个非常突出的特点:

(1)绝大多数是企业经营者或实际控制者自愿选择的结果

这里的实际控制者,在民营企业是指控股股东(股份化企业),在国有企业中,则是企业的高管层,以及部分监管部门决策者。企业的实际控制者选择非规范的公司治理,主要是出于增进自身或自身所在部门的利益或政府官员或机构的寻租。当风险敞口一旦成为实际损失时,企业实际控制者往往不用承担相关成本,至少不用承担主要责任。实际上,企业实际经营者/控制者也没有能力承担其冒险行为蕴涵的巨大风险成本,最终结果只能是国有资产买单。对于非股份化的民营企业主而言,一旦风险敞口失控导致风险显性化,他必须消化主要的风险损失。而对于股份化的民营企业主而言,企业的实际控制者只承担局部的损失,其余的损失将转嫁给公司的其他利益相关者,如非控股股东、员工、当地社区等等。

(2)大大增加了企业遭受其他风险打击的概率和强度

有效的风险管理体系和运作都有赖于高效、权责对称、透明和合法的公司治理。公司治理的失败或低效,使得不该有的风险敞口悄然产生,本可避免的风险损失必须面对,可承受的风险变得不可承受,最终甚至导致企业破产。

鉴于以上两点,治理风险的预警和管理,是中国企业跨国经营风险管理的重中之重,刻不容缓。

(二)治理风险的预警

治理风险的存在,主要表现为公司治理结构和机制的缺憾。因此,对公司治理结构是否齐全、合理,机制运转是否顺畅,进行量化的跟踪是信息采集的关键。对于上市公司,即所有权和经营权分离的公司而言,公司治理规范是否有章可循,比较容易判断,这里无须赘述。对于绝大多数的中小型企业,特别是家族企业,创业者或其家族成员既是企业所有者,也

495

是实际经营者,不存在公司制企业面临的委托—代理问题,因此,其遇到的治理风险不同于公司制企业。这类企业面临的治理风险主要是公司运营中,试图用非常规,许多时候是非法的手段来达到业务扩展目的的机会主义行为倾向。如两本账,甚至多本账在许多中小企业的境外分支机构中比较普遍。这种现象一旦被发现,企业不但要面临巨额罚单,声誉损失更是得不偿失,有的甚至被迫退出东道国市场。预警信息采集到之后,应迅速进入分析、评估和应对环节。

(三)治理风险的管理

考虑到治理风险的极大危害性,预警就成为管理的主要手段。另外,如前所述,治理风险是内生的,是企业实际控制者对现有的市场环境的一种"理性化"反应。因此,治理风险源自企业治理的缺憾,但国内市场环境较差也是一个的主要的诱导因素。因此,治理风险的管理不同于普通风险的管理,主要应从以下方面来开展:

1. 完善现代公司治理制度

治理风险源于公司治理的失败或低效,因此,完善治理制度自然成为主要举措。目前,我国上市公司的治理水平还有待进一步提高,治理行为还需要进一步的规范。20世纪90年代以来,一些重大跨国经营行为的失败,都与公司治理不无关系。鉴于国有企业,特别是中央企业,在投资金额上仍然是中国企业走出去的主力军,因此其现代公司治理制度的建设对于提高中国企业跨国经营的风险管理水平就至关重要。值得庆幸的是,目前,国资委、银监会等政府监管部门已经开始全力推进国有企业现代公司治理机构和机制的建立。

2. 建立自上而下的重视治理风险管理的企业文化

上至企业所有者,在国有企业为各级国有资产监督管理部门、在民营企业为企业主或股东,下至一线员工,都应提高对企业治理风险管理重要性的认识。国有企业治理风险问题突出,尤其需要加强防范。民营企业则需要董事会或企业主更加清楚地认识到在跨国经营中治理风险可能导致的巨大损失,提高规范化经营的水平,从而为企业的发展壮大奠定坚实的制度基础。

3. 最重要的是建立高效经济的治理风险管理激励约束机制

这一机制可分为两个层面。在第一个层面上,企业风险管理系统没有对存在重大损失的治理风险敞口及时识别并采取应对行动,或必要时向国资监管部门或企业董事会报告情况,有关人员要承担责任,严重时,应移交司法系统立案处理。在第二个层面上,违法、违反企业风险管理规章,或越权进行交易,使得企业其他风险敞口大幅增加的管理人员,或一线操作员,应该明确其承担的义务,必要时应移交司法部门立案处理。治理风险的损失一般非常巨大,重要的肇事人或机构一般很难承担相应的补偿责任,但出于权责平等的考虑,对肇事人或机构的财产采取适当的措施也是必要的。

二、中国企业跨国经营政治风险的预警与管理

国有化、征用或没收是政治风险中最明显和最极端的形式,但20世纪70年代中期之后,国有化的风险由于亚非拉国家独立运动的结束、双边投资保护协议的签订、各国海外投资保险体系的建立,以及更多的发展中国家转向外向型经济发展模式而大大降低。目前,政治风险往往以更加温和的方式表现出来。

(一)政治风险的分类

按照影响面的大小,政治风险可以分为宏观政治风险和微观政治风险;前者影响一经济体境内所有的外资企业,后者则只影响特定的企业或行业。

1. 宏观政治风险

宏观政治风险主要包括:国有化、遭受经济制裁或别国的联合抵制。最常见的是政治稳定性和法律冲突。衡量政治稳定性的指标包括:政府更迭频率(尤其是非正常的政府更迭)、国家动乱的程度(如恐怖袭击、大规模疾病的流行、每10万人中暴力死亡人数)、武装反叛的次数、与其他国家的冲突程度。这些指标可以告诉投资者,当前的政权能够维持多久,它能否为外国投资者提供必要的保障。另外通胀率、国际收支状况、人均GDP及其增长率,也是衡量一国政治稳定性的重要指标。经济发展的停滞或缓慢、以及恶性通货膨胀的发生,已成为引发国家动乱、武装叛乱和政府更迭的主要原因。一般认为,政治越稳定,一国的经济前景越好,投资环境越安全。

法律冲突主要包括两种情况:母国与东道国法律的不一致,东道国法律与国际法的不一致。这就需要对母国、东道国有关的法律和国际法做仔细比照,以避免法律冲突。

2. 微观政治风险

这类风险主要源自以下几个方面的因素：

一是东道国政府产业政策、土地政策、对特定商务活动的税收政策，以及国产化要求。如秘鲁将其铜矿开采国有化等。

二是跨国经营企业管理的难度。如果政府常常可以很容易地接手外资企业，那么，企业被国有化的风险就大，否则，国有化风险就大大降低。这也是跨国公司通常牢牢控制核心技术或销售渠道的一个重要原因。

三是报复原因。如果外资企业在当地社区影响极坏，那么遭受报复风险的几率就大大增强。如一些境外中资企业在海外展开恶性竞争就很可能面临报复风险。

（二）政治风险的根源

政治风险的根源非常复杂，因国、因时而异。鲁格曼和霍杰茨（1999）将政治风险的根源归结为9点，并指出了可能产生政治风险的集团，以及政治风险的具体形势（见表14-1）。

表14-1　政治风险的根源

政治风险的根源	可能产生政治风险的集团	政治风险的具体形式
<ul><li>变化中的或相互竞争的政治观念</li><li>变化的经济条件</li><li>社会动乱</li><li>武装冲突或恐怖主义</li><li>上升中的民族主义①</li><li>即将或最近发生的政治独立</li><li>当地商业集团的既得利益</li><li>相互竞争的宗教集团</li><li>新建立的国际联盟</li></ul>	<ul><li>当前政府及各部门、机构</li><li>政府中没有掌权但有影响力的反对派</li><li>教师、工人、退休工人等</li><li>有组织的既得利益集团</li><li>在该国行动的恐怖主义分子或无政府主义集团</li><li>世界银行或联合国等国际组织</li><li>同该国结盟或支持该国政府的外国政府</li></ul>	<ul><li>本国化法律</li><li>取消或修订合同</li><li>限制经营自由，如雇用政策和产品制造方面的自由</li><li>恐怖主义分子或暴乱分子对财产和人员的损害</li><li>丢失诸如汇入利润的金融自由</li><li>提高税率及其他形式的财务处罚</li></ul>

资料来源：艾伦·M.鲁格曼、理查德·M.霍杰茨：《国际商务：一种战略管理方法》，李克宁译，经济科学出版社1999年版，第335页。

---

① 原书为"国民主义"——笔者注。

总体来看,政治风险源可以归结为以下几种:

第一类,发生在东道国/地区境内的政治事件,如革命、政变、内战等。

第二类,东道国政府政策的非预期调整或表现,如税收优惠的突然取消、东道国政府执意修改已经签署的协议、东道国环保法令的执行突然变得异常严厉等。

第三类,东道国社会不稳定事件的出现,如罢工、骚乱、恐怖袭击、排外运动等。

第四类,东道国与外国经贸关系出现非预期的变化,如经贸往来的突然中断、国外市场的意外扩大、经济制裁、联合抵制等。

不同时期,不同地点,企业面临的政治风险可能有所不同。因此,企业在跨国经营中,必须对可能的政治风险源进行评估和判断,以便确定哪些因素导致政治风险的几率最大,并对此采取必要的管理措施。

(三)政治风险的评估

政治风险评估方法很多①,比较全面的是杰夫雷·西蒙的政治风险评估总框架。在具体的评估过程中,企业可以根据目标东道国的情况,选择有关的指标,参考 1969 年由罗伯特·斯托伯提出的投资环境等级评分法进行。后者设置了 8 个指标,每个指标又分成 4 ~ 7 级,并分别赋值 0 ~ 12 分。针对具体的东道国,对各个指标的特征进行选择,然后,将 8 个选项的赋值相加得到一个总值。总值越高,表明东道国政治风险越低。该方法的一个主要缺陷是,对各个指标同等对待。因此,企业在具体使用时,可以适当加以调整,例如可以根据跨国经营的特征,对于影响较大的事项,赋予较高的权重;各个指标的赋值的区间也可根据情况调整。

在实践中,企业需要对预警结果和实际的状况进行对照,并对模型的实用性不断加以修正。对照修正的时间间隔因企业而异。在经过一段时间的评估和修正后,企业可以设立一定的等级区间,以便更好地从总体上把握风险的特征。

另外,不少东道国政府经常采用抽样法来评估本国的投资环境,以便有所改善,增强本国在吸引外来投资方面的竞争力。企业也可以参考这

① 参见熊小奇:《海外直接投资风险防范》,经济科学出版社 2004 年版,第 130 ~ 137 页。

第十四章

中国企业跨国经营的风险预警和管理体系

类评估结果。当然,在使用东道国政府的抽样评估结果时,一定要小心谨慎,因为一些国家政府,尤其是一些发展中国家出于吸引外资的考虑,可能会隐瞒某些不利的信息。

表14-2 杰夫雷·西蒙的政治风险评估总框架

	宏观		微观	
	社会面	政府面	社会面	政府面
国内	革命 政变 内战 派系冲突 民族或宗教骚乱 大范围闹事或恐怖主义 全国罢工、抗议、抵制 舆论转向 联合行动主义	国有化或征用 逐渐国有化 资本与利润汇出限制 领导人斗争 政体剧变 高通货膨胀 高利率 官僚政治	选择性恐怖主义 选择性罢工 选择性抗议 国际企业抵制	选择性国有化或征用 选择性当地化 合资经营压力 差别税收 地方要求或雇佣法律 某种产业管制 违约 地方竞争补贴 价格控制
国外	跨国游击战争 国际恐怖主义 世界舆论 撤资压力	核战争 常规战争 边界冲突 联盟变化 禁运与国际抵制 高外债偿还比率 国际经济不稳定性	国际行动集团 外国跨国公司竞争 选择性国际恐怖主义 国际企业抵制	母国与东道国外交紧张 双边贸易协定 多边贸易协定 进口或出口限制 外国政府干预

资料来源:转引自王超主编:《跨国战略——国际工商管理》,中国对外经济贸易出版社1999年版,第201页。

对于企业而言,仅仅进行总体的政治风险评估是不够的。产品政治敏感度的测定也很重要。理查德·罗宾森提出了一套产品政治敏感性测定方法,简单实用。这套方法的逻辑是:不同产品具有不同的政治敏感性,这取决于东道国对该产品重要性的认识。政治敏感性低的产品,政治风险相对较小,但得到东道国政治鼓励的可能性也小。相反,政治敏感度高的产品,政治风险相对较大,但得到东道国政府政治鼓励的可能性也大。具体而言,罗宾森将影响一种产品政治敏感性的因素分为12类,并根据其特征进行评分(见表14-3)。对于各要素的打分介于1~10之间,绝对否定的为10,绝对肯定的为1,介于两者之间的酌情赋值。12个

中国企业跨国经营环境与战略研究

因素累计评分值越小,该产品的政治敏感性越强,否则越小。

表 14 - 3　产品政治敏感性评分表

产品评价要素	举例	评分
产品供应是否要政府慎重讨论而决定	糖、盐、汽油、药品、食品及公共设施	
是否有其他产业依赖本产品	水泥、电力、钢铁、建筑机械及机械工具等	
是否社会和经济上的基本需求品	图书馆设备、主要药品	
对于农业生产是否很重要	农业工具、机械、肥料、各种谷物及种子	
是否影响东道国国防力量	交通工业、电信设备	
是否必须利用当地资源才能有效生产经营	利用当地劳动力、技术及原料的产品	
近期内当地是否会出现与本产品竞争的产业	各种小型或投资额少的制造业	
是否与大众宣传媒介有关	印刷业、电视、收音机	
产品是否是劳务形态		
设计或使用是否基于若干法律上的需要		
对使用者是否有潜在危险		
产品的行销是否会减少东道国的外汇		

资料来源:曾忠禄主编:《中国企来跨国经营:决策、管理与案例分析》,广东经济出版社 2003 年版,第 323 页。

　　企业在建立自身的政治风险预测评估方法和机制的同时,可以充分利用外部资源,如当地媒体、互联网、政策白皮书,特别是许多著名媒体、咨询公司或国际机构发布的相关报告。外部资源不但可以为企业政治风险的评估提供重要的信息和参照体系,而且,本身也可以为企业了解东道国潜在的政治风险提供重要的指南。有关政治风险方面的重要评估机构包括以下五类:

　　第一类是政府间国际组织,如世界银行、IMF、WTO、OECD、世界卫生组织(WHO)、联合国有关的各机构(如联合国贸发会议、工业发展组织、计划开发署等)、巴黎俱乐部、亚洲开发银行(ADB)、多边担保机构(MI-

GA)等。其中世界银行、OECD、IMF、巴黎俱乐部和 MIGA 尤为重要。

第二类是官方或半官方机构,一般由各国官方支持的出口信用机构(ECAs)完成,如中国的进出口信用保险公司,但该类评级一般不予公开,因此,用处不大。

第三类是非政府组织(NGOs),如透明国际组织(TI)、人权国际组织、绿色和平组织、大赦国际组织、反腐国际组织、世界经济论坛(WEF)等。

第四类是私人组织,如 EIU、《机构投资者》(Institutional Investor)、《欧洲货币》(Euromoney)、政治风险集团(PRS)的《国际国别风险指南》(ICRG)、瑞士商业环境风险调查公司(BERI)、穆迪、标准普尔、邓白氏(D&B)、惠誉公司控制风险集团(CRG)、香港政治风险顾问公司(PERC)、Doing Business 和普华永道会计师事务所等。许多跨国金融公司和跨国投资公司也因为业务需要进行国家风险评估。这些机构的评估结果往往发布在其出版的刊物或报告中,详细内容的提供需要付费。

第五类是学术研究机构,主要分布在发达国家,如美国的外交学会、兰德公司、国际金融研究所、银行家协会。在中国,中国社会科学院、一些国际问题研究院所和大学也进行相关的评估,但不进行评估排名。比较著名的是美国传统基金会(Heritage Foundation)(参见本章附录5)。

目前,国内可资利用的境外投资政治风险信息包括:商务部从 2004年年底开始建立的国别投资经营障碍报告系统、商务部投资促进局发布的《中国对外投资促进国别/地区报告》和国别投资指南,以及中国出口信用保险公司发布的国别风险报告等。

(四)政治风险的预警与管理

在风险评估和预测的基础上,就可以根据需要选择适当的风险预警方式和管理措施。

1. 政治风险的预警

在风险预警体系建立之后,预警的关键就是确定可能造成重大损失的风险事件,并据此对相应暴露的风险敞口进行监控。中国从事跨国经营的企业,应当根据自身和其他类似公司的经验和教训,首先确定潜藏着重大损失的风险事件,然而再确定适当的量化指标作为监控的目标。同时,风险预警系统也应随时检查对该事件非常敏感的风险敞口的规模是否合适。举例来说,资本外逃是度量政治风险的一个重要指标,尤其在重大的政治风险可能出现的情况下,比如独裁政府的政府法规、管制、税收的大幅调整,或者政局动荡、恶性通货膨胀。选用资本外逃作为政治风险预警的指标时,应该注意,根据以往的数据或研究成果,确定适当的临界值,包括规模以及持续时间。这样,资本外逃数据才会为公司政治风险的管理提供有价值的预警信息。

2. 政治风险的管理

为了避免政治风险对企业的经营业绩造成较大的负面影响,中国企业可以采用多种策略予以应对。

(1)投资前的可行性评估

鉴于某些国家的政治风险,比如一些发展中国家的政局动荡,难以在短期内有明显的改善,因此,中国企业,尤其是民营企业在进入这类东道国或地区时一定要思之再三。注重投资前的风险评估是发达国家 MNCs 控制风险的一个重要特点。对于中国企业,特别是国有独资公司而言,风险管理意识淡薄,事前可行性研究报告中很少提及政治风险,或只是做一些笼统的描述,这为以后的风险管理埋下了巨大的隐患。如首钢在秘鲁的投资(参见李福胜,2006,第 315 页)。

对于大型企业而言,如果有条件,可以考虑建立自己的政治风险信息评估体系。对于中小企业,可以选择委托专业的风险评估机构进行评估。值得注意的是,有一些评估报告可以免费获取,中国企业,无论大小,应该注重利用这类评估信息改进自己的判断。

企业应在专业的评估基础上,选择适当的事前措施,化解部分发生概率较大或损失特大的潜在风险。通常采用的措施包括:

- 如果政治风险超过企业的承受能力,就选择放弃投资。
- 多样化策略。在政治风险可接受的范围内,根据投资的目的、本公司的资源特征,通过投资布局的分散化、与当地企业或政府建立适当的合作关系(如建立合资或合营企业),以及选择适当的投资方式(如 FDI、M&A、证券投资等)来降低政治风险。
- 投保。由于中国绝大多数从事境外投资的企业都是中小企业,境外投资收益对于企业的整体利润水平影响有限,而投保是一项代价较高的事前防范措施,因此,中小企业由于普遍存在融资障碍需要认真权衡。国有企业不存在资金瓶颈,因此,可以考虑投保。

- 敦促政府与目标东道国签订双边投资保护协议。截至 2007 年 7 月底,我国已分别签订了 121 个《双边投资保护协议》和 89 个《避免双重征税协议》(其中 84 个已经生效)。作为鼓励我国企业"走出去"战略的重要组成部分,商务部可能会与更多的国家在保护我国海外投资方面达成谅解。这是政府在协助企业化解政治风险的一个主要途径。

一般而言,政局稳定、市场经济比较成熟的国家,如发达经济体,政治风险要小一些。另外,对华友好的国家或地区,如巴基斯坦、中亚国家,以及大多数的非洲国家,相对而言,源于政府不利的政策变动的风险也要小一些。但这种简单笼统的概念对于企业而言远远不够,因此,必须结合东道国具体国情,认真分析,积极应对。

(2)投资期间的政治风险管理

仅仅事先的评估是不够的。企业一旦投产后,可能会遇到许多事先未预期到的风险。另外,一国的政治风险也是处于动态变化之中的,特别是许多发展中国家,政治风险经常会由于一次刺杀,或领导人换届等政治事件而发生很大变化。另外,各国政府也不时会根据政治、经济形势的需要对双边投资协议和避免双重征税的协议进行有利于本国的重新解释或修正,等等。

尽管发达国家的 MNCs 在政治风险的期中管理方面积累了丰富的经验,如牢牢控制关键技术或工序、控制市场、控制品牌和商标、多元化融资渠道以及其他的契约性安排,但这些措施对境外中资企业及其母公司而言,大多都不适用。比如,控制关键技术和工序是发达国家 MNCs 化解政治风险的一项主要举措,但对中国企业并不适用。60% 以上的境外中资企业是贸易型企业,生产型企业中大多数也是中小企业,其竞争优势主要表现在成本方面。具有核心技术的企业凤毛麟角,绝大多数从事跨国经营的中国企业本身就不存在关键技术和工序,因此,也就无所谓控制关键技术和工序的问题。而市场渠道、强势品牌和商标、国际资本市场上良好的信用纪录,以及充分的国际化人才储备也都是中国从事跨国经营的企业所缺乏的竞争优势。因此,中国企业控制政治风险可资利用的工具少之又少。

比较可行的措施就是经营的本土化,这也是目前的趋势。如果具备条件,中国企业应适当增加在当地的采购,特别是零部件采购,和当地员工的聘用,这有助于中资企业更好地融入当地经济体系,满足东道国,特别是发展中东道国的本地化要求,密切与当地政府的关系,从而降低政治风险。如海尔集团在美国的本土化战略就比较成功。为表彰海尔对南卡罗来纳州(South Carolina)投资和对当地发展所做的贡献,该州卡姆登市(Camden,海尔美国的生产基地)所在的 Kershaw 县政府在 2001 年、2002年先后授予海尔"社区贡献奖"和"创造就业奖"。卡姆登市政府还无偿将市里的一条大路命名为"海尔大道",这是美国国内第一条以中国企业命名的道路。

(3)政治风险的事后处理

尽管企业进行了成功的事先和期中风险管理,但商业环境变幻莫测的本质使得某些政治风险的发生仍然不可避免。因此,完善的风险管理体系还应该包括对政治风险的善后处理。事后处理的要旨是尽可能地缓解风险带来的负面影响;这种影响不仅仅限于可见的财务损失。这些措施包括:

- 与当地政府、政党、社会团体等积极沟通,以寻求减少负面影响的最优方案。
- 及时向中国驻东道国使领馆、商务部和相关行业协会通报情况,通过政府间的双边对话或其他机制,寻求减少负面影响的可能性。

以上方案中可包括企业可以接受的权益让步。如果各种谈判均未能达到预期目标,企业应考虑:

- 有计划地撤资,以避免损失的进一步扩大。
- 根据当地有关法律、法规,或者国际条件,或国际公认的投资规则,寻求通过中国法庭、东道国法庭,或国际仲裁法庭争取最大限度地获得补偿。
- 要求中国政府处置东道国政府或相关利益团体在本国境内的资产,以补偿公司的损失。

第四节　中国企业跨国经营文化风险与
外汇风险的预警和管理

一、文化风险的预警与管理

中国企业国际化经营不可避免地要经受文化差异带来的冲击。文化学的奠基者泰勒(Edward. B. Tylor)认为,"所谓文化,就其广泛的民族的意义上来说,是知识、信仰、艺术、道德、法律、风俗及任何人作为社会成员而获得的所有能力和习惯的复合的总体"(Tylor,1958[1871],p.1)可见,文化渗入到了社会的方方面面。文化的演进和变化是一个徐缓的过程,因而具有相当的稳定性。

(一)文化风险的主要来源

尽管文化是一个几乎无所不包、无处不在的概念,但对于境外中资企业而言,目前下列文化现象或元素值得特别的关注:

1.语言

语言是文化的主要载体之一,也是企业跨国经营必须迈过的第一道坎。各种文化的核心特征一般都会在语言中得以体现。

2.宗教

宗教是一种特殊的文化现象。具有国际影响的宗教主要有基督教、伊斯兰教、佛教、印度教等,各宗教中又分出许多宗派,如伊斯兰教中的什叶派和逊尼派之分。宗教信仰、仪式、习惯等往往是当地文化最核心的构成部分之一。中国自1949年后在大力倡导无神论,使得无神论的观念成为大多数国民的基本取向。这使得中国企业在一个宗教信仰极为普遍的"有神"世界中从事跨国经营需要特别的注意。

3.更一般的价值观和行为准则

这既可能表现在法律或规章之中,但更多时候包含在人们的衣食起居和为人处世之中。比较重要的如工作观和成就观、职业观、时间观、变革观、合作观。再比如时间观的不同是企业跨国经营时产生误解的一个主要原因。

(二)文化风险影响企业跨国经营的两种途径

1.外部经营环境

标准化战略是跨国公司兴起之初一度占主导的国际营销战略,这是一种典型的供给导向战略,其特点是在全球市场上推出统一的产品,而不太考虑各国市场的差异。但这一战略很快就由于在许多市场遭遇冷遇或引发争议而让步于差异化战略。差异化战略强调各国市场环境差异,特别是文化差异对市场环境的影响,主张产品的设计和营销要充分考虑到各地市场的不同,特别是文化差异对消费观念和消费产品的影响。因此,这是一种兼顾供给与需求的市场战略。

文化风险在企业的商务谈判、营销调研、产品的定位、定价、促销与宣传、分销方式和分销渠道的选择、售后服务等环节广泛存在,必须给予高度重视,特别是在母国和东道国存在巨大的文化差异时。

2. 内部经营管理

文化差异,对从事跨国经营的公司——特别是推行本土化战略的公司——本身的经营管理提出了严峻的挑战。这种挑战主要体现在管理观念、管理风格、管理行为,以及员工中多种可能导致的"民族文化中心"方面的冲突(见表14-4)。此处仅举一例予以说明。如在发表意见时,日本人比较含蓄,当他说"很难时",实际上是说"不"。在第二次世界大战后初期,美国帮助日本重建经济时,这种文化的差异曾经一度成为双方沟通的一个主要障碍。

(三)文化风险有多大?

"文化风险到底有多大?"是从事跨国经营的公司很感兴趣一个的命题。一般而言,企业面临的文化风险主要受三个因素制约:

表14-4　跨国公司中多元文化的优点和缺点

优点	缺点
意义扩大: 　　多种观点 　　易于产生新观点、新主意 　　更多的解释 　　更多的选择 增加创造性 增加弹性 增加解决问题的技巧	差异增加工作中的: 　　意义的不明确性 　　复杂性 　　工作中的混乱 意见集中的困难: 　　交流失误 　　难以达成一致协议 统一行动的困难: 　　难以达成统一的行动方案

资料来源:曾忠禄主编:《中国企业跨国经营:决策、管理与案例分析》,广东经济出版社2003年版,第420页。

首先,就企业进入东道国经营的方式和深度而言,单纯从事出口、授权特许经营、国际租赁、国际工程承包的企业,需要克服的文化风险较小,而进行 FDI 的企业则要大得多。在进行 FDI 的企业中,那些委托当地分销商进行营销、利用当地广告公司进行宣传、聘请当地法律顾问处理法律事务的公司面临的文化风险较小,而那些直接进行营销、广告和法律事务的公司面临的文化风险就比较大。

其次,企业内不同部门面临的文化风险也有所不同。如财务和会计部门受影响小一些,营销、人力资源管理等部门受到的冲击可能最大。

最后,受到企业自身的实力方面,主要是竞争优势的影响。竞争力强、业绩良好、资金实力雄厚的公司,对当地劳动者的吸引力就强。企业就可以利用培训减少文化风险的发生,尤其是文化差异对内部经营管理的负面影响所带来的风险。另外,发达国家的跨国公司通常在文化与价值观上对发展中国家和地区具有强烈的示范效应,特别是对青年一代,这在一定程度上有利于前者降低文化风险。中国从事跨国经营的企业,特别是规模较大的企业,以国有企业居多,而各国政府和东道国国内的利益集团出于种种考虑,对国有企业持有警惕和防范态度(如 2002 年中国石油化工集团公司收购俄罗斯斯拉夫石油公司失败案),这在一定程度上削弱了中国企业总体上驾驭文化差异的能力。

(四)文化风险的预警与管理

1. 文化风险的预警

尽管文化风险对于企业跨国经营的成败至关重要,但由于其发生作用的形式比较隐蔽,因此,迄今为止,对于文化风险尚没有很好的量化指标。目前,对于文化差异的诊断有两种模型,即 1961 年由 Kluckhohm 和 Strodtbeck 小组提出的价值取向文化模型和 1980 年、1988 年和 1991 年由荷兰科学家 Geert Hofstede 和 Bond 提出的国家文化模型。前者从五个方面来把握不同文化之间的差异,即人的本性、人与自然的关系、时间的观念、行为方式、人际关系;后者从运用基本文化价值观的五个方面因素,即权力化程度、个人主义、男性主义、不确定性规避和长期取向。[①] 但这些

---

① 转引自曾忠禄主编:《中国企业跨国经营:决策、管理与案例分析》,广东经济出版社 2003 年版,第 424~435 页。

模型只能给出文化差异是否悬殊,而确定那些因素更为重要,需要企业特别关注。

文化风险预警的第一步就是识别文化风险源,然后对其进行分析。将分析结果与根据已有经验确立的临界值或状态进行对比。如果风险信息超过了引发文化风险的临界值,就发出预警信号,否则,不发送预警信号。由于文化风险源存在极大的不可量化特征,因此,经验和直觉在风险信息的评价方面极为重要。

2. 文化风险的管理

文化风险与文化差异之间存在正向关联,但仅仅知道这一点是不够的。企业需要的是能够准确地识别文化风险发生的各种可能情况,并在这种可能达到危险境地之前采取行动。由于文化风险的跟踪在量化方面比较困难,因此,进行事先的跨文化管理是应对文化风险的主要方法。

(1)培养员工的跨文化意识。

在跨文化背景下,每一个人都存在着某种程度的自我优越感。当这种优越感为一个群体,比如一个民族大多数成员所分享时,这种个人的自我优越感就上升为民族优越感。正如种族优越感会给持有这种观念的民族和世界带来灾难一样,自我优越感也会给其持有者和他/她所在组织带来危害。从事跨国经营的企业对于跨文化意识的需求主要取决于四个因素:一是进入海外市场的深度。进入海外市场越深,企业对于跨文化意识的需求就越高。二是进入海外市场的广度。企业从事跨国经营的东道国越多,对跨文化意识的需求就业强。三是东道国文化与母国文化的差异性。差异性越大,企业对跨文化意识的需求就越旺盛。四是海外业务的运作方式。独立开展业务的企业就比合作经营的企业对跨文化意识的需求高。

根据以上四个特征,企业确定自身跨文化意识的需求强度,然后据此决定具体的跨文化培训的方式和强度。

(2)跨文化培训

企业的跨文化培训根据其外部环境分为两类,即国内的强化培训和在东道国当地的体验式培训。

• 国内强化培训

有经验的跨国公司都会对准备赴国外开展业务的员工提供这种短期

509

的强化培训。培训难度和时间一般取决于目标员工在海外分/子公司中担任的角色和滞留时间的长短。通常,培训的时间在 1~3 个月之间。培训的内容通常包括五个方面(见表 14-5)。

表 14-5　跨文化强化培训的内容

项　　目	内　　容	举　　例
语言训练	听力和日常口语训练	打招呼、点菜、旅馆登记、打电话
文化介绍	居民的一些基本文化活动	习惯、风俗、节日、礼仪
文化学习	文化制度、价值体系	宗教
环境介绍	自然地理知识	气候、地理、学校、住房
敏感性训练	了解自己行为对他人的影响	

　　近年来,一种被称为"文化学习者"的方法比较流行。这是一套专门为了解特定国家或地区而编写的教材。该教材由一篇一篇的短文构成,每篇短文后面附有习题,以加深学生的理解。通常,一本书 50~100 个小事件。此类习题的编制费用很高,但对于跨文化培训很有用。中国企业可以借鉴这一做法。

　　● 体验式培训

　　体验式培训通常都与强化培训一起使用。目标员工在经过国内强化培训后,还要在东道国进行一段时间的亲身体验和零距离的观察与学习,使得强化培训的内容与东道国的具体国情对应起来。目前许多走出去的中资企业已经开始体验式培训,但重点仍然局限在语言方面,过于狭窄,需要拓展内容,并因时因地探索行之有效的方式。

　　跨文化培训的成效在很大程度上取决于目标员工能否放弃自我优越的先入之见,以一种尊重和合作的态度来看待东道国的文化,这样才能更好地理解对方的想法和行为,为未来的有效沟通奠定基础。鉴于许多中国企业在经济比较落后的亚洲、非洲和拉丁美洲工作,以及义务教育阶段对文明形态的人为的高低优劣之分,因此,克服对当地文化的贬斥心态至关重要。现代人类学认为,文化/文明之间是不存在高低优劣之分的,各种文化/文明都是当地社群在积极应对复杂的自然和人文背景的情况下产生的,简单地以经济发展的高低来对不同文明/文化厚此薄彼是不恰

510

当的。

另外,注意比较母国文化与东道国文化的差异。任何两种文化都有一些共同的地方,如对诚实的赞赏,这将为跨文化沟通提供必要的媒介。对于两种文化的不同之处,一定要格外注意,至少必须铭记对方文化中禁忌和一些主要的风俗习惯、礼仪、节日等。

跨文化培训只是企业跨文化学习的主要方式,而且是一个很漫长的探索和体验的过程。跨文化培训通常围绕语言训练进行,因此,中国企业往往将外语好的人视为具有跨文化管理或工作才能的人,结果,学习商科的"海归"成为众人关注的香饽饽。这种对跨文化培训的曲解或狭隘的认识,导致企业驻外员工经常缺乏必要的培训或培训不得力,严重地制约了中国企业国际储备人才库的建设和在跨文化背景下实现预定经营目标的能力。

(3)充分发挥文化的协同作用

跨文化管理是企业从国内经营迈向国际经营无法回避的重大问题,许多"明星"跨国公司都曾因对其重视不够而遭受挫折。但是,跨文化管理不是企业走向国际市场后的无奈之举,相反,跨文化管理的理念最初在于克服文化差异给企业跨国经营带来的障碍。随着经济全球化的不断深入,跨文化管理不再局限于克服障碍的被动界定,而更多地表现为一种积极的国际化战略。这种战略不但承认文化差异的存在给企业的国际化经营构成了挑战,同时也意识到这种差异所潜在的整合优势,即协同作用。成功的组织内文化协同使得领先的国际化经营公司,能够创造出一种更加适应全球化经营环境的管理和组织模式,从而实现企业管理方式上的革命,为企业在全球竞争中取得优势创造了条件。发达国家MNCs正在通过员工的本地化和经营的本土化策略来收割跨文化管理的丰硕成果。对于中国企业而言,具备条件的大中型企业,特别是国有企业,宜大胆地选择实现员工的本地化和经营的本土化,来实现跨文化管理战略的潜在优势。对不具备条件的中小企业而言,跨文化培训仍然是管理文化风险的主要途径;这也将为企业未来的进一步成长储备可贵的国际化人才。大中型企业也应该加大跨文化培训的力度,特别是高管层,这将成为企业获得优秀的国际化人才的一条重要途径。

中国企业跨国经营环境与战略研究

二、外汇风险的预警与管理

自 1994 年起,人民币实行管理浮动制度。东南亚金融危机爆发后,为了避免在东亚区域发生竞争性贬值,人民币汇率制度事实上变成盯住美元的固定汇率制,直到 2005 年中期。从 2005 年 7 月 21 日起,中国名义汇率调整为以市场供求为基础,参考一篮子货币进行调节、有管理的浮动汇率制度,实际上,仍然主要盯住美元,在保持较小波动幅度的情况下,逐渐实现对美元的单边持续小幅升值。因此,2000 年以来,人民币汇率主要是盯住美元。而在这一时期,美元汇率与许多经济体货币始终处于波动之中,因此,人民币对美元的被动盯住,加大了中国企业走出去的外汇风险。

(一)什么是外汇风险

外汇风险有广义和狭义之分:广义的外汇风险是指由于汇率的变化以及交易者到期违约和外国政府实行外汇管制等给外汇交易者与外汇持有者带来收益或损失的可能性。狭义的外汇风险仅指由于汇率的变化给外汇交易者和外汇持有者带来财务不确定性的可能性。为了避免与政治风险管理的重叠,这里使用对外汇风险的狭义解释。

(二)外汇风险的分类

根据风险源的不同,外汇风险可以分为三类:

1. 折算风险

折算风险指跨国经营企业在编制财务报表时将海外分支机构财务报表中的东道国货币(LC)转化成本国货币(HC)时产生的损益变化。会计风险对资产负债表中的资产、负债以及收益表中的相关项目发生影响。但折算风险只是账面的,由母国的会计准则确定,一般不涉及现金流,因此也称会计风险。

2. 交易风险(Transaction Exposure)

交易风险指由汇率变动引起的以外币表示的未履行合约价值的变化,即合约带来的外币现金流的变化。与折算风险不同,交易风险是实际发生的损益变化,对未来现金有实际影响。具体而言,已列在资产负债表上的合约会引发会计风险,而未列上去的合约隐含着交易风险。

3. 经营风险(Operating Exposure)

经营风险度量的是汇率波动对一个公司未来经营现金流量的,即未

512

来收入和成本发生变动的程度。

交易风险和经营风险合称经济风险(Economic Exposure),即以汇率变化导致的公司预期现金流量的现值度量的公司价值的变化程度。

(三)外汇风险的预警和管理①

1. 会计风险的预警和管理

(1)会计风险的度量

由于会计风险的确定有赖于母国的会计准则,因此,在不同的会计准则下,会得到不同的会计风险。通常,有四种方法将以外币表示的资产负债表和收益表中的项目折算成本币,它们分别是:英国的现行汇率法、美国的流动/非流动法、货币/非货币法,以及时态法。根据中国《企业会计准则第 19 号——外币折算》(2006)第 12 条规定,中国企业在对境外经营的财务报告进行折算时,资产负债表中的资产和负债项目采用资产负债表日的即期汇率,所有者权益项目(未分配利润除外)和利润表中的项目,均采用发生时的即期汇率,即历史汇率折算;利润表中的项目也可采用与发生时即期汇率近似的汇率折算。

会计风险的大小一般通过境外经营单位已选用的本位币,通常为东道国货币表示的净负债(即总资产减去总负债的差额)来度量。如果企业在两个或两个以上的国家经营,那么,会计风险的大小还需要选用适当的方法对各种货币的会计风险敞口进行加总。一般来说,可以采用即期汇率将所有的风险敞口换算成统一的货币(如本币),或主要的国际储备货币(如美元),然后再进行加总。

(2)会计风险的预警

会计风险的发生主要受东道国宏观经济形势和经济政策的影响,特别是东道国出现比较严重的通胀,或当地货币对母国货币较大幅度贬值。因此,对会计风险的预警,主要在于持续跟踪东道国的各种物价指数,以及汇率的运行轨迹。一旦这两类主要指标超过了公司事先确定的合理区间,预警执行系统和监督系统就应当立即发布预警信息,并及时采取必要

① 参见[英]布莱恩·科伊尔:《货币风险管理》(上),亓丕华主译,中信出版社 2002年版;[美]卡伦·A. 霍契:《财务风险管理最佳实务》,孙庆红译,经济科学出版社 2006 年版。

的管理措施。在具体的实施中,可以采用模型法来进行预警。

(3)会计风险的管理

应对会计风险的基本策略是调整资产—负债的货币构成,增加硬通货(币值稳中有升)的资产和软通货(贬值,或预计会贬值的货币)的负债,减少软通货资产和硬通货负债。具体来说,有三种方法可用于企业会计风险的管理:

- 资金调整

企业可以通过调整自身或海外分支机构的预计现金流的数量和币种,或者两者同时调整,来减少后者的会计风险。具体而言,如果 LC 贬值,直接资金调整方法包括以硬通货标价出口、以 LC 标价进口,投资于硬通货证券、以当地融资代替硬通货融资;间接调整方法包括调整两个子公司之间货物买卖的转移价格,提前支付股利、费用和特许权使用费,提前或延后子公司账户之间的结汇。如果 LC 升值,操作方向正好相反。

- 签订远期合约

签订远期合约是最常用的套期保值工具,实践证明也是非常有效的工具。比如中国某企业在菲律宾的经营产生了 20 万菲律宾比索的折算风险。考虑人民币持续升值的因素,为了消除比索贬值对公司整体财务的负面影响,该公司就可以通过签一个出售 20 万比索的远期合约来完全消除它的折算风险。

- 风险对冲

如果母公司拥有多种外币头寸,或者在同一货币上拥有可以互相抵消的头寸,那么,它就可以通过不同货币头寸或同一货币不同方向的头寸来抵消暴露的会计风险。

对于中国跨国经营的企业而言,资金调整可能是目前最可行的办法。对远期合约等金融衍生工具的使用需要非常专业的风险管理人才,而频繁的跨国交易是风险对冲战略实施的前提。目前,中国从事跨国经营的企业大多仍然是中小企业,其拥有的外币头寸和种类不多,缺乏参与国际资本市场交易的经验,加之中国资本市场的深度和广度仍然有待提高,使得对冲和远期合同的使用空间有限。另外,更多的管理工具的使用还有待企业实力的进一步增长和人力资源的进一步优化。

2. 交易风险的预警和管理

（1）交易风险的度量

交易风险通过已经完成实物的交割，但在未来的某个时期结算的合约涉及的金额来度量。对于在多国从事经营的企业，交易风险总敞口等于未来一段时期内各种货币现金的净流出或流入量的加总；在加总时，一般选用即期汇率进行处理，将所有的货币种类的交易风险敞口转化一种货币，如本币，或主要的国际储备货币（如美元或欧元）。

（2）交易风险的预警

交易风险预警的主要关注点应放在对东道国宏观经济形势和经济政策的跟踪上，比如通货膨胀、利率、国际收支盈余或赤字；如果资本项目管制宽松，跨国资本流动也应受到跟踪。在发展中东道国，金融和政治的稳定性、中央银行的独立性、东道国的债务水平（特别是短期负债水平），以及其他经济层面的信息，也应予以关注。一旦这些主要指标超过了公司事先确定的合理区间，预警执行系统和监督系统就应当立即发布预警信息，并及时采取必要的管理措施。在具体实施中，可以考虑采用模型预警方法。

（3）交易风险的管理

企业出于平稳生产经营的目的，一般会对交易风险潜在的损失进行防范。通常备选的措施包括：

• 套期保值

在条件许可的情况下，企业可以通过远期市场和货币市场进行套期保值。简言之，如果企业在未来有一笔现金流，那么它在远期市场和货币市场通过签订一份金额相同、方向相反的交易合同，就可以基本消除汇率风险。

• 风险转移

如果可能，公司应寻求以硬通货标价产品，而以软通货标价原料、半成品等投入品，这种方法一般不存在获利的机会。因为，任何获利机会都只能以另一方利益让渡的形式出现，在竞争环境下，这几乎是不可能的。这时，双方往往将以远期汇率为基准，来确定具体的售价。

• 风险对冲

在实践中，风险对冲的形式通常包括三种形式，即同种货币的头寸互相冲抵;两种汇率波动呈现正相关的货币,可以用一种货币的多头(空头)冲抵另一种货币的空头(多头);对于两种币值变化负相关的货币,可以用一种货币的多头(空头)冲抵另一种货币的多头(空头)。对于中国公司而言,由于大多数从事海外经营企业的规模和涉足国家或地区有限,因此,通过对冲管理风险的操作难度较大;不过在一定程度上可以通过母公司集中的风险管理予以弥补。

- 风险分担

风险分担通常是在双方已达成的基础交易合同中,增加一个价格修正条款。该条款一般会对交易货币的汇率设定一个中性区。如果结算时的即期汇率落在这个区间,则双方按照约定的汇率进行支付;如果汇率偏离中性区,则汇率偏离中性区边界的部分由双方分担。风险分担通常发生在具有长期良好合作关系的企业之间,通过分担来管理风险,目的在于降低由一方单独承担管理风险的义务,从而巩固双方之间的合作关系。

- 期权

在汇率波幅较大时,企业为了降低套期保值的成本,可以采用封顶保底期权(Foreign Exchange Options of Collar)[1]来降低管理风险;这种期权通常都是欧式期权(European Style),即只在到期日才被执行的期权。具体做法是:企业在期权市场购入一份看涨期权的同时,卖出一份到期日和目标货币及其数量相同的看跌期权。一买一卖,两张期权的期权费互相抵消。期权到期日,公司选择有利的期权执行,就可以将汇率波动的风险大大降低。

- 交叉套期保值(Cross-Hedging)

公司无法找到合适的远期合约以实现套期保值时,可以选择使用交叉套期保值的措施。所谓交叉保值,就是选择一种具有相同利息、相关的另一种货币的期货合约来对风险进行套期保值。

- 外币期权(Foreign Currency Options)

外币期权适用于参加海外项目竞标的公司对参加竞标到竞标结果发布期间的外汇风险管理。譬如,中国某公司在法国的子公司 F 计划参加

---

① 也称货币双限、范围远期(Range Forward)、柱形期权(Cylinder Option)和隧道期权(Tunnel Option)。

一家以英镑标价的项目 G。如果提交标书在 7 月 5 日,而最终的中标结果在 10 月 5 日才公布。那么中间的三个月,F 就面临着英镑相对欧元升值的风险。如果最初 F 的出价是 100 万英镑,兑换成欧元是 148 万(1 英镑 = 1.48 欧元),10 月 5 日时,英镑升值,1 英镑现在可以兑 1.60 欧元。此时,F 的欧元报价就升至 160 万。因此,如果中标,F 就面临着英镑升值造成的 12 万欧元的损失。但采用前述各种套期保值措施,一旦竞标失败,则面临着平仓的压力。外币期权的优势在于实现套期保值的同时,消除了平仓压力。具体的操作是,F 在提交标书时,即买入一份在 10 月 5 日出售 100 万英镑的期权。到开标之日,如果中标,则 F 可以以 1.60 的汇率出售 100 万英镑,获得 160 万欧元,从而避免了英镑升值带来的风险。如果竞标失败,则 F 可以不行使期权,代价只是期权费而已。同样,外币期权也可用于消除产品报价和下订单之间汇率波动的影响。

3. 经营风险的预警和管理

(1)经营风险的度量

经营风险产生于实际汇率的变动,这一点与交易风险和名义风险不同。一个企业面临的经营风险的大小不但取决于实际汇率变动的幅度,而且还受到企业其他经济因素的影响,如公司跨国经营的方式(完全出口型还是进口竞争型)、公司生产原料的来源构成(进口型、东道国当地贸易,或非贸易商品型)。经济风险对跨国经营企业的典型影响如表 14 - 6:

表 14 - 6　实际汇率变动对跨国经营企业的典型经济影响

现金流类型		相关经济因素	贬值的影响	升值的影响
收入	出口销售	对价格敏感的需求	+ +	- -
		对价格不敏感的需求	+	-
	本地销售	预先较弱的进口竞争	- -	+ +
		预先较强的进口竞争	-	+
成本	国内投入	低进口成分	- -	+ +
		高进口成分/用于出口或进口竞争部门的投入		+
	进口投入	当地市场规模小	0	0
		当地市场规模大	-	+

现金流类型		相关经济因素	贬值的影响	升值的影响
折旧	固定资产	不调整资产价值	− −	+ +
		调整资产价值	−	+

注:以上的影响,均以母国货币表示。

"+ +"、"+"、"− −"、"−"分别表示增加、略有增加、减少和略有减少。

资料来源:[美]艾伦·C. 夏皮罗:《跨国公司财务管理基础》(第五版),蒋屏、浦军译,中国人民大学出版社 2006 年版,第 362 ~363 页,有改动。

因此,经营风险的大小是一个比较复杂的问题,需要各个企业根据自己的实际情况,确定适当的度量方式。

(2)经营风险的预警

由于经营风险对企业经营业绩的冲击受到多种因素的影响,因此,经营风险的预警不仅要跟踪实际汇率的波动幅度,而且,还要捕捉许多其他的经济信息,深刻理解这些信息对潜在的实际汇率变化的反应方式和时间。对表 14 − 7 问题的回答可能有助于这一目标的实现:

表 14 − 7　有助于公司经营风险识别的几个问题

- 公司产品或服务的主要需求是来自国内,还是海外? 如果来自海外,是来自发达国家,还是发展中国家?
- 公司的主要竞争对手是谁? 在国内,还是海外?
- 产品需求对价格是否敏感?
- 公司主要在国内生产,还是在国外生产?
- 公司的投入,包括原料和员工,主要来自国内,还是海外?
- 公司的产品或服务是如何定价的? 受到世界市场影响是否显著?
- 公司产品的价格取决于标价货币(Currency of Denomination),还是另有决定货币(Currency of Determination)?

资料来源:[美]艾伦·C. 夏皮罗:《跨国公司财务管理基础》(第五版),蒋屏、浦军译,中国人民大学出版社 2006 年版,第 467 页。

预警临界值的确定,需要企业根据以往的运营经验,或同类企业的经历最终确立,这是成功预警的前提。在具体操作中,可以将模型预警和分析评估结合起来。

(3)经营风险的管理

如前所述,经营风险虽然起于实际汇率的变化,但它的强弱却取决于公司其他实质性特征。因此,在管理方式上,与会计风险和交易风险不同,经营风险的管理主要着眼于提高公司长期获利能力,注重长期应对方案的实施,而不是精巧的套期保值计划的设计。

- 汇率管理

汇率管理的目的,主要是提前对汇率可能发生的变化,拟定应对方案,以免遭受重大损失。美国柯达公司在20世纪80年代初由于对外汇经营风险的认识不够,结果导致富士公司大举侵占其市场份额。1985年后,柯达任命了戴维·菲德尔为新的外汇计划部经理,此后事先的外汇经营风险的评估成为公司安排业务的一个重要方面。1988年,由于外汇风险评估未通过,柯达放弃了在墨西哥设厂的计划。

汇率规划的主要内容包括:对未来一段时间内相关汇率走向趋势的判断,对每一种汇率趋势变化对企业生产运营的影响的评估,并相应地提出针对性的建议,比如分配不同货币管辖区下工厂的产量。

中国跨国经营的企业大多规模有限,因此,进行大规模的汇率评判和规划是不现实的,各企业应根据自身海外业务的特点,有选择地对重大的负面的汇率变化提出事先的应对预案。对于大中型国有企业,出于国有资产保值增值的需要,应当制定出详尽的风险规划方案,包括后面将要论及的营销管理、生产管理和融资管理,以防患于未然。

- 营销管理

营销管理主要包括三个方面的内容,即市场选择、定价策略和产品策略。所谓市场选择,是指企业产品在国内市场和国际市场上的销售份额。对于一家同时向海内外市场供应产品的企业,在产品价格不做相应调整的情况下,本币坚挺,会削弱本国产品在国际市场上的竞争力,因而宜降低其在国际市场的销售份额;反之,则会增强本国产品的国际竞争力,宜提高产品在国外市场上的占有率。

如果企业可以对产品价格进行调整,本币升值就不一定对公司产生负面影响。定价策略的调整主要受三个因素的制约:第一,企业优先考虑的是市场份额还是利润率;第二,企业提供的产品或服务的需求价格弹性有多大;第三,企业的生产是否具有显著的规模效应。以下我们逐一予以说明。

如果企业优先考虑的是市场份额,那么,在本币升值的情况下,下调产品价格,消化成本上升是必要的,否则,海外竞争者会逐渐侵蚀企业在国内外的市场份额。如果这是一家利润导向型企业,那么,价格的下调幅度可能很小,不足以弥补本币升值的负面影响,但却能保证利润率的平稳。此外,对于需求富有弹性的产品,比如中低档的鞋、纺织品、家用小电器,在本币升值的情况下,企业不进行大幅度的价格调整,可能会遭受严重的市场挫折;反之,则企业可以把大部分的升值成本转移给消费者,从而维持自己的利润。规模经济效应的影响与需求弹性类似。假如企业有显著规模经济,那么在本币升值时,通过降低价格,以维持市场份额,对于稳定企业的生产成本至关重要。尽管存在需求价格弹性和规模经济效应,通常,在本币升值时,企业还是会适当地下调价格,以维持竞争力。

另一项积极的应对外汇经营风险的措施是积极的产品策略。在本币升值时,中低端的产品由于附加值较低,因而面临着巨大的竞争压力。这时,企业可以在条件允许的情况下,通过产品的升级换代,转向生产主要面向中高端市场的产品,通过产品品种的变化,降低产品的需求价格弹性,从而增强企业的市场势力,在继续维持较高价位的同时,提高自身的竞争力。

- 生产管理

仅仅依靠营销策略,有时仍然无法管理经营风险时,生产环节的调节就显得很有必要。生产环节的调整包括投入搭配、生产转移、厂址选择和提高生产力等方式。

A. 投入组合战略

外币升值时,企业可以通过增加国内采购,减少原料进口,来降低生产成本;反之,则减少国内采购,增加国外进口。

B. 产量区域配置策略

那些在两个或两个以上国家从事生产的公司比单独从事出口的公司在应付经营风险方面拥有明显的优势。当出现不利的汇率变化时,企业可以通过增加软通货管辖区工厂的产量,减少硬通货管辖区工厂的产量,来化解汇率变动的负面影响。

C. 厂址选择

本币的升值会打击本国出口企业的经营业绩。当有明显迹象表明,这种升值可能将长期存在时,企业就有必要考虑通过海外设厂来积极应对这一挑战。20 世纪 80 年代后期,日本汽车公司在美国的 FDI 在很大程度上就归因于日元升值。

D. 效率提高策略

关闭低效率的生产企业、采取更先进技术以提高生产力、提高生产的自动化程度、与工会就降低工资、福利或劳动标准进行协商等,都是企业应对持续不利的本币升值的重要举措。另外,产品策略也是提高效率的重要途径。主要是削减那些出于巩固市场份额,但获利能力较差的产品,将公司的主要研发能力和财力用于增强公司主流产品的竞争力方面。

- 融资管理

由于公司调整营销策略和生产布局需要一定的时间,这就使得公司的经营业绩在这段时间内充分暴露在汇率变动风险之下。对此,公司可以通过融资管理予以应对。融资管理的基本原理是,在其他非财务的策略调整期间,公司资产收益的较低与债务成本的下降相匹配。与套期保值相比,融资管理的优势在于,无须对汇率变动的特定现金流量的影响进行预测;另外,只有预期汇率变动的影响比较显著时,套期保值才更为有利。

融资管理的基本做法是:融资全部或局部的本土化,或者部分创造出口利润的资产以出口目的国货币融资。这样,东道国货币汇率的不利变化对公司未来现金流的影响将被当地货币负债现金流出的减少部分地抵消。

主要参考文献

1. 安永中国营运委员会主席:《企业全面风险管理》(PPT),2005年4月9日,北京。

2. 曾忠禄主编:《中国企业跨国经营:决策、管理与案例分析》,广东经济出版社2003年版。

3. 华小宁:《整合进行时——企业全面风险管理路线图》,复旦大学出版社2007年版。

4. [美]卡伦·A.霍契:《财务风险管理最佳实务》,孙庆红译,经济科学出版社2006年版。

5. ［匈］科尔内·亚诺什：《短期经济学》，张晓光等译，经济科学出版社 1986 年版。

6. ［美］克鲁格曼：《贪婪足以毁掉华尔街》，谦石译，新浪财经网，2007 年 11 月 30 日。

7. ［英］布赖恩·科伊尔编：《货币风险管理》（上），亓丕华主译，中信出版社 2002 年版。

8. 李福胜：《国家风险分析·评估·监控》，社会科学文献出版社 2006 年版。

9. 廖运凤：《中国企业海外并购》，中国经济出版社 2006 年版。

10. ［美］詹姆斯·林：《企业全面风险管理从激励到控制》，黄长全译，中国金融出版社 2006 年版。

11. ［加］艾伦·M.鲁格曼、［美］理查德·M.霍杰茨：《国际商务：一种战略管理方法》，李克宁译，经济科学出版社 1999 年版。

12. 鲁桐：《温州民营企业海外经营调查》，《大经贸》2003 年第 1 期。

13. 王超主编：《跨国战略——国际工商管理》，中国对外经济贸易出版社 1999 年版。

14. ［美］艾伦·C.夏皮罗：《跨国公司财务管理基础》（第五版），蒋屏、浦军译，中国人民大学出版社 2006 年版。

15. 熊小奇：《海外直接投资风险防范》，经济科学出版社 2004 年版。

16. 卓志：《风险管理理论研究》，中国金融出版社 2006 年版。

17. COSO："Enterprise Risk Management-Integrated Framework：Executive Summary"，September，2004.

18. Deloitte："The Convergence of Physical and Information Security in the Context of Enterprise Risk Management"，http://www.aesrm.org/2007.

19. Roth，J.："An Enterprise Risk Catalyst"，*Internal Auditor*，Feb.，2006.

第十五章　中国企业跨国经营政策制度和法律体系设计

第一节　引述

以提升企业跨国经营绩效为目标的国内政策和法律体系的建立是中国企业在跨国经营道路上健康发展的重要保证。

我国企业进行跨国经营起步晚,规模小;以国有企业为主,而且在一定程度上存在产权不清、经营体制不活、管理机制不灵,应对东道国市场风险能力弱,严重影响了我国跨国经营的后续发展。究其主要原因,国内的跨国经营法律制度建设严重滞后是问题的症结所在。

中国加入 WTO 后,经济学和法学界对相关法律问题的研究主要集中在中国的外资法如何修改以与 WTO 相关法律规则接轨的问题上,即配合履行 WTO 关于国际投资领域的义务,而对于如何从国内立法体系建设角度充分考虑 WTO 国际投资领域立法所规定的权利的分享,以及对中国企业跨国经营发展所带来的机遇问题的研究极度缺乏。特别值得关注的是,WTO 协议对国际直接投资关系的调整是以牺牲东道国对外资的管辖权为代价的。尽管包括中国在内的发展中国家对本国的外资活动立法相对完备,但在发达国家奉行投资自由化而不对外资专门立法的条件下,对发展中国家很不利,但是,从国际经济发展环境来看,投资自由化的法律原则有利于改善国际直接投资的法制环境。我国作为发展中的大国,应该在履行 WTO 法律原则施加的相关义务的同时,充分利用国际法律原则规定的权利,为中国企业的跨国经营积极创造良好的国内和国际投资法律环境。这就需要在借鉴发达国家成功立法经验的基础上,建构符合中国发展特征的跨国经营法律体系,使中国的跨国企业获得预期的经营绩效,进而使中国的经济更进一步融入世界经济一体化进程中,分享投资自由化带来的全球经济资源最优配置的成果。

本章运用实证分析和规范分析相结合、历史研究与比较研究相结合等研究方法，从中国跨国经营实践特点和立法现状入手，关注中国加入WTO对跨国经营法制建设的影响，借鉴世界典型国家和地区，如美国、德国、日本、欧盟等的成功立法经验，探讨中国的跨国经营法制建设问题。重点结合中国企业跨国经营法律环境现状，揭示问题症结，提出建构国内法与国际法相结合，程序法与实体法相配套，法律、法规与行政规章相互补充的跨国经营法律体系以及相应的政策和制度建设思路。

第二节　中国现阶段跨国经营法律和政策制度上的不足

跨国经营需要一个能够有效影响国际资本的运行与经营效益的外部政策和法律制度环境。中国企业走出去实行跨国经营的国外和国内投资环境是否优良是应最先考虑的问题。中国政府鼓励企业走出去,需要准备好相应的政策制度和法律规范作为指引,我国企业走出去进行跨国经营的实际发展状况仍处在初期尝试阶段,国内政策制度缺陷和法律不配套现象是客观存在的。为帮助我国跨国经营的法律和政策制度的完善,本章试图根据我们对实际情况的了解和对相关实践与理论的分析研究,提出我们的观点。

我国企业跨国经营管理体制经过多次改革,已基本形成了一套包括境外企业审批、外汇管理、财务管理、税收管理及优惠、国有资产管理、统计、年检与绩效评价等内容的管理体系。该体系的建立,有效地提高了我国企业跨国经营的管理水平,在一定程度上促进了我国企业跨国经营的发展。然而,我国企业在跨国经营方面仍然面临法律体系的不健全以及政策制度的不完善这两个现实问题。没有健全的法律体系的保障以及优良的政策制度的支持,我国企业的跨国经营行为不会有顺畅健康的发展,跨国经营的效率和效益也会处于比较低的水平。根据我们对国内跨国经营政策和法律现状的了解和分析,归纳总结了以下制约中国企业进行跨国经营拓展和良好绩效释放的主要瓶颈。

一、法律上的不足

(一)国内立法方面

1. 企业跨国经营立法滞后,企业国际投资的法律体系欠缺

发达国家,如日本,早在20世纪60年代末,在其经济处于成长期时就积极制定促进企业跨国经营的法律。与发达国家相比,中国的企业跨国经营立法几乎空白。尽管中国自对外开放以来,经济腾飞,海外直接投资也有大幅增长,一些大型企业纷纷走出国门,但到目前为止,中国尚没有一部专门规范海外投资的法律,企业跨国经营实践基本上处于无法可依的状态,中国海外直接投资的国内立法严重滞后于企业跨国经营的发展。中国加入WTO后,随着越来越多的中国企业走出国门,这一问题显得尤其突出。

目前的现状是,在中国企业走向国际化的时候,现行有关中国企业海外投资和企业跨国经营的政策与法律依据仅仅表现为国务院各部门内部的规范性文件,没有上升为法律和行政法规。尽管这些政策和条例对管理我国海外投资起到了重要作用,但是由于没有上升到立法高度,政策缺乏系统性、长期性和稳定性,且有关政策缺乏规范性、透明度、连续性和完整性。而且,现有的海外投资方面的规范性文件对中小企业跨国经营发展的重视不够,对现有企业的跨国经营行为的管制越来越多,而执行效率低,导致遵守规则成本高、违规成本非常低的局面,从而制约了我国海外投资的进一步发展。

从理论层面看中国企业跨国经营的立法环境,法律规范的完整性无从体现。从规范企业跨国经营实践的法律制度来看,企业跨国经营所依赖的法律环境起码应包括:具有私法属性的实体法规范——以规范海外投资(包括跨国经营)活动的法律《海外投资法》为代表;具有公法属性的行政法律内容的实体法规范——以《海外投资监管法》为核心;程序法规范——如《企业跨国经营争端解决》等。然而,在全球跨国投资风起云涌、形式多样和我国实施"走出去"战略,对外投资快速发展的背景下,我国海外投资尚没有有效的法律依据进行投资促进、投资保护和投资管理。我国跨国经营的立法已严重滞后于国内外投资形势的发展和需要。

一个能够帮助企业跨国经营获得良好绩效的好的法律环境,必须要达

第十五章 中国企业跨国经营政策制度和法律体系设计

到把遵守规则的成本和风险降低而加强违规的成本的目的。目前的关键就在于：理顺统一立法的思路，合理架构法律内容，确保法律的有效实施。

2. 监管法规欠科学

对企业跨国经营的监管法规欠缺科学性主要表现为对投资主体的规定简单化、法规欠缺对全球经营战略的通盘考虑等方面。目前的监管法规对投资主体的规定单一，仅规定了享有国际经济合作权的法人成为跨国投资主体，已经与我国的各类型企业发展不相适应。而且，监管法规内容过于笼统，缺乏对跨国投资者的资信状况、经营业绩、投资规模、控股情况、投资产业、投资区域等方面的规定。现有的监管法规对全球经营战略问题缺乏考虑，具体规定内容没有体现国家海外投资的产业结构，也没有根据不同的产业划分相应的投资区位，没能从全球经济一体化和区域经济贸易集团化的发展趋势出发，鼓励我国的优势产业和具有竞争实力的公司组建集团跨国公司、引导那些在我国产业结构调整处于劣势的产业向发展中国家投资。因为，这样的鼓励和引导可以使跨国经营企业利用企业自身优势与相对区位优势，追求海外投资的规模效益与市场利润。

3. 国内立法与国际立法缺乏协调

国内、国际立法的协调性是一国法律体系完备发达的重要标志。我国关于企业跨国经营的立法在国际与国内立法协调一致方面存在问题，如对投资者的规定过于狭窄①，而我国签订的《中法保护投资协定》对投资者的规定是宽泛的。而且，我国与其他国家签署的大多数双边条约都将投资主体扩大为具有或不具有法人资格的经济组织或我国公民，包括我国经济组织或公民直接或间接控制的经济实体。使我国的立法在国际与国内立法协调方面不仅存在实体规范的不一致，同时也存在着程序法上的不协调。

(二)双边协定方面：与其他国家间的投资保护机制有待完善

企业跨国经营往往会上升到国与国之间的利益关系的博弈。不论企业的背景如何，都会因为自己的国别身份而遇到各种各样的问题。这样的问题往往不是企业自己所能解决的。所以，不同国家之间往往要建立

---

① 商务部 2004 年发布的《关于境外投资开办企业核准事项的规定》第二条："国家支持和鼓励有比较优势的各种所有制企业赴境外投资开办企业。"依据该规定，只有"企业"才可以成为投资者。而下文中提到了"具有或不具有法人资格的经济组织或公民"。

某种投资保护机制,来互相保障本国企业在他国的利益。

截至2007年年底,我国已与123个国家签订了双边投资保护协定,这些协定保证海外投资获得公正待遇。投资保护协定通过两个"相对标准"和一个"绝对标准"较好地保证了投资者所能享受的待遇。前者指国民待遇和最惠国待遇,这两个待遇条款保证投资者的投资在东道国不会受到歧视性的对待,享受的待遇不低于东道国本国国民和其他第三方;后者指公正公平待遇条款,它确保外国投资者的投资所享受的待遇至少应符合国际公认的最低标准。国内企业在决策海外投资时,应该把投资保护协定作为东道国法制环境的一部分来考虑,如果东道国采取歧视性措施,可以此为依据进行交涉。

然而,目前我国签署的双边投资保护协定基本只适用于投资准入后的阶段,而不涉及准入阶段,即投资的设立和取得。但目前越来越多的投资保护协定,有将国民待遇延伸至准入阶段的趋势,这直接涉及东道国的产业开放政策。这将对我国企业"走出去"产生积极影响。我国企业海外投资逐年增加,有一些投资领域往往受到东道国在准入方面的限制,与这些国家签订的投资保护协定中如果规定准入阶段的国民待遇,可以以国际条约的形式锁定东道国投资准入的条件和待遇,从而改善我国企业海外投资所面临的法律环境。

二、政策和管理制度上的不足

企业跨国经营会面临政治、经济、政策、法律、社会等多方面的外部环境的影响。其中政府制定的政策通常是企业进行跨国经营所依赖的基础,好的政策指引,会使企业能够走出国门进行跨国经营,而且能引导企业规避一些跨国经营所面临的国际风险。正因为如此,任何国家的企业进行跨国经营都需要有来自本国政府的政策支持。

从我国的企业发展状况来看,我国的跨国经营企业数目较少,同时由于我国经济发展水平比较低,政府一直专注于国内的经济建设,使得我国对企业跨国经营的政策支持很不到位。政策支持的缺失一方面使得我国企业在走出国门进行跨国经营的开始阶段就处于竞争劣势状态,它们不得不靠自己来应对各方面的巨大风险。另一方面,在企业跨国经营的过程中,一旦遇到困难或者问题,它们往往面临自身难以克服的障碍。比如,遇到同国外企业或者政府机构的纠纷时,缺少明确的政策支持将会使它们无所适从,导致不必要的损失。

尽管 2004 年以来,我国在鼓励和支持企业"走出去"进行跨国经营方面,在政策和制度上都提供了更为积极的发展环境,从总体上初步形成了我国企业"走出去"的政策和制度支持体系,涉及境外投资的鼓励性政策①、境外投资项目管理②、境外设立企业审批制③、境外投资外汇管理④、境外投资财务管理与税收管理、境外投资国有资产管理⑤、境外投资统计及年检和绩效评价、境外加工装配鼓励政策、对外承包工程管理制度、对外劳务合作、人员进出境管理⑥等方面。另外,对我国企业的境外资源开发合作与利用以及边境地区对外经济技术合作,国家也制定了相关政策。然而,在经济全球化不断深入发展和我国入世后的整体经济形势出现巨大变化的情况下,现有"走出去"的相关政策和制度仍显示出了不尽完善的一面。

(一)国家对企业跨国经营缺乏一体化机制的宏观调控政策和制度,政策性文件缺乏规范性和完整性

从宏观角度讲,我国对跨国经营缺乏一个独立的综合协调管理机构

---

① 如 2003 年,商务部等六部门发布了《关于对国家鼓励的境外投资重点项目给予信贷支持的通知》;2005 年 9 月,国家发展改革委员会、国家开发银行发布了《关于进一步加强对境外投资重点项目融资支持有关问题的通知》;2005 年 8 月,国家外汇管理局发布了《关于调整境内银行为境外投资企业提供融资性对外担保管理方式的通知》。

② 如 2004 年 12 月,商务部先后发布了《境外投资项目核准暂行管理办法》、《关于境外投资开办企业核准事项的规定》;2004 年 7 月,国务院发布了《国务院关于投资体制改革的决定》;2002 年,国务院发布了《国务院关于取消第一批行政审批项目的决定》、2003 年的《国务院关于取消第二批行政审批项目和改变一批行政审批项目管理方式的决定》、2004 年的《国务院对确需保留的行政审批项目设定行政许可的决定》等。

③ 2004 年 10 月,商务部发布了《关于境外投资开办企业核准事项的规定》。

④ 2005 年 8 月,国家外汇管理局发布了《国家外汇管理局关于调整境内银行为境外投资企业提供融资性对外担保管理方式的通知》、2005 年 5 月的《关于扩大境外投资外汇管理改革试点有关问题的通知》、2003 年的《国家外汇管理局关于跨国公司外汇资金内部运营管理有关问题的通知》等。

⑤ 如 2005 年 1 月 1 日,中华人民共和国国务院国有资产监督管理委员会(国务院国有资产监督管理委员会令第 10 号)发布了《中央企业发展战略和规划管理办法》。

⑥ 如 2002 年 3 月 12 日,由商务部、外交部、公安部联合发布了《办理劳务人员出国手续办法》。

进行统一规划和合理布局。而且,由于对境外投资管理涉及多个部门,各个部门公布的一些政策文件难免有出入,还有些政策文件的制定较为仓促,存在条文含混问题,令人费解。这种状况使"走出去"的境外投资企业面对相互缺乏协调性的不同政令和不同条款规定而陷入困惑,对外投资的发展也相对呈现出一种无序性和随机性,极大地影响了企业在境外发展的整体竞争优势的形成。

(二)跨国投资审批管理部门和审批环节多,审批标准不一

从我国对企业跨国经营的管理层面来看,我国企业跨国投资的主管机构是商务部。然而商务部内也没有专门的机构专门管理企业跨国经营,而是分散在对外经济合作司等几个下属司局。同时,除商务部为归口管理部门外,企业跨国投资还需要受财政部、银行、外汇管理局等机构在它们各自职责范围内的管理。各专业部门从各自管辖权限和部门目的出发,制定各自的管理办法,很容易出现多头管理的混乱局面。由于缺乏一个权威机构来负责统一协调,导致重复管理和遗漏管理并存的局面。

从对企业跨国经营的审批程序等具体管理实践来看,与境外投资审批部门过多相对应的是,境外投资项目审批程序过于繁琐和复杂,严重影响企业海外发展的积极性。有关部门审批跨国企业所需文件较多,除合同、章程、可行性研究报告、对方资信证明,有时还需要有外汇管理局、国有资产管理委员会等部门的审批意见。另外,财政部、商务部、国有资产管理委员会、国家外汇管理局对企业的海外投资都有自己的规定,政出多门,互相制约,有时各部门之间发生了"撞车",也没有一个权威的机构进行协调和裁决。这样的外部条件使得中国的跨国企业在诞生之前就面临各种困难,这不仅不能促进我国企业跨国经营的健康发展,相反,还会限制企业跨国经营的发展。

也就是说,当前,我国企业的跨国经营受商务部、财政部、国有资产管理委员会等部门多重管理,各管理部门的政策和制度上的不协调,缺乏统一的、权威的宏观协调管理机构,导致政令不一、多头管理、标准不一。而且由于各个部门之间缺乏协调,企业在跨国投资和经营过程中遇到问题后往往受制于各部门之间的说法不一,甚至相互推诿的现象,使得中国企业在走出国门跨国经营时步履维艰。这样的状况不利于符合国家总体利益的宏观引导措施的正确实施。

另外,审批制度不适应社会主义市场经济发展要求主要表现在:审批内容有一些不符合市场经济的成分,如项目的可行性分析是企业行为,政府部门不应审批过细的内容;投资限额的规定限制了企业的投资决策权;审批手续复杂,时间过长,导致一些项目因贻误了最佳投资时间而亏损;外汇管理制度不够灵活,不利于企业扩大生产规模和再投资;对民营企业和"三资"企业的海外投资按国有企业的管理办法层层报批,不利于其开展海外投资活动。结果一些企业为避免麻烦,索性避开政府审批,或私自在海外投资,或利用海外投资申报数字与实际投资数的差额转移资产,或将国外投资收入截留用于再投资,而现行的政策却难以管理和避免上述问题。

(三)外汇管理制度不适应当前形势的需要

由于我国尚未实行资本项目下的自由兑换,企业难以开展大规模的海外投资,而现行的外汇管理政策规定也限制了企业的海外投资活动。如国家规定,只有具有进出口权的企业才能对外付汇,而实际上,目前一些地方在现代企业制度改革以后形成的企业集团作为企业的资产管理机构,不经营进出口业务,其经营职能由下属企业承担,而集团作为公司的投资中心,其对外投资却遭遇因没有进出口经营权而不能对外付汇的难堪。

(四)政府事前监管中的缺乏疏导和协调等问题导致的投资区域过于集中

前置监管,是我国对外投资管理体制中的重要环节。我国对外直接投资中的监管工作,对于事前审批一直十分重视。在对外投资的审批中,既有宏观内容的审查,又有投资立项建议书和可行性研究报告等微观内容的审查。但是,复杂的事前监管仍然存在一些问题,如对我国企业的对外投资缺乏协调与疏导,并最终导致我国对外投资出现不合理的现象,如投资区域过于集中等问题。从境外企业数量的国家(地区)分布看,截至2006年年末,中国香港、美国、俄罗斯、日本、阿拉伯联合酋长国、越南、澳大利亚、德国的聚集程度最高,集中了境外企业的48%;其中在香港的境外企业占15.7%,美国占10.1%,俄罗斯占5.4%,日本占3.6%,越南、阿拉伯联合酋长国各占3.4%,德国占3.1%,澳大利亚占2.9%。[①] 投资

---

① 商务部、国家统计局、国家外汇管理局:《2006年度中国对外直接投资统计公报》。

区域集中于这些国家(地区)既有利于国内企业利用这些地区环境宽松、政治稳定等一些长期以来存在的区位优势,有效地回避投资风险;也有利于国内海外企业之间信息的沟通和经验的共享。但我们不能忽视跨境投资经营的区域集中可能带来的负面效应。如,投资区域过于集中,跨国经营的企业面临的风险也相对集中。一旦出现任何不利因素或风险,对我国的对外投资健康发展就会产生威胁。而且,投资区域过于集中,不利于利用世界其他国家(地区)的丰富资源,也不利于我们更好地开拓世界市场。

(五)政府对企业跨国投资经营的事后监管相对缺位

长期以来,我国对企业进行跨国投资经营的事后监管基本处于缺位状态,这种缺位表现在多个方面。最明显的一个例子就是关于我国对外直接投资的基本情况,政府缺乏统一和准确的了解。长期以来,就我国对外直接投资的基本情况而言,没有准确的数据信息,尽管商务部从 2003 年起对境外投资实行了统计、年检和绩效评价等制度,但由于少数投资主体对联合年检重视程度不够,落实不到位,导致部分境外企业没有参加联合年检;加之许多根本没有经过批准而私自进行对外投资的国有企业、民营企业的存在,更使政府管理部门进行统计的准确性与全面性大打折扣。准确数据资料的长期缺乏和不足,导致政府管理部门难以对我国对外直接投资进行全面的分析和评价,进而制定我国对外投资的整体战略和规划,制定有利于我国对外投资发展的各项政策和制度。这样的状况也给我国企业进行跨国投资经营带来了不利影响。

究其原因,我们认为,并不只是缺乏完善的规章制度,而是虽有一些规章制度,但现有规章制度缺乏操作性。这样,即使一些监管部门,如财政部门、驻外使馆经商处想监管也缺乏必要的监管手段,导致出现了海外子公司管理混乱等状况。虽然公司管理问题是企业的内部问题,不应是监管的任务。但由于国有企业在我国对外投资中占据相当大的比重,而国有企业由于产权等一些长期存在的制约因素,在海外管理中存在许多问题。如人事管理中缺乏一套科学的选人、用人和轮换制度;财务管理不规范、不严格、缺乏一套科学有效的风险防范制度;经营上无风险控制,违规操作、业务程序失控、市场开拓不力;投资失控;融资失控;母公司对海外企业的管理控制、监督体制不健全等,再加上外部环境缺乏相应的监督,使很多海外企业处于无管理、无控制、无监督的三无状态,最终产生亏了国家、肥了个人的现象。因此,加强对外投资中的跨国经营企业,特别是国有企业的事后监管,对于促进这些企业海外经营的健康发展,保障国有资产的保值增值都具有重要的意义。

(六)跨国投资保护制度缺乏

投资保护制度指的是国家为保护跨国经营企业的合法权益而建立的一整套政策制度。该项制度在发达国家已经有很长的发展历史,在促进其本国跨国投资方面发挥了重要的作用。

美国最早于1948年开始实施"马歇尔计划"时,率先创立了这一制度。奖励、促进和保护私人海外投资的安全与利益是美国政府始终如一的基本政策。1961年,美国国会通过新的《对外援助法》修订案,同年设立国际开发署接管投资保证业务。从这一年起,美国政府规定海外投资保证制度仅适用于发展中国家和地区,到1964年已认可的海外投资保证总额增至15亿美元,1967年5月,同美国签订投资保证协定的国家达79个。1969年,美国再次修订《对外援助法》,设立海外私人投资公司(OPIC),它是联邦行政部门中的一个独立机构,不隶属于任何行政部门,承担大部分国际开发署的对外投资活动,现已成为主管美国私人海外投资保证和保险的专门机构。

1964年,日本设立了海外投资亏损准备金制度,对海外投资采取了种种优惠、资助措施,其中包括税制优惠。对于向政治、经济方面不稳定的发展中国家或地区投资的企业,首先考虑在税制方面弥补投资风险,促进海外投资。1970年新设了石油开发投资亏损准备金;1971年,将资源对象扩大到石油以外,设立了资源开发投资亏损准备金制度。该制度旨在给予为谋求稳定地获取海外基础资源而进行投资的支持。1973年统一合并海外投资亏损准备金制度和资源投资亏损准备金制度,设立了海外投资等亏损准备金制度。

另外,对企业进行海外投资活动的保护还可以表现在本国与东道国签署双边投资保护协定。我国虽与发达国家和少数发展中国家签订了双边投资保护协定,但就其目的而言主要在于扩大引进外资。但是,由于我国国内没有相应的海外投资保险制度,从而使得相关协定对保护我国海外投资的规定仅限于形式,未能发挥真正的作用。

三、中小企业拓展跨国经营的基础条件缺乏

（一）金融支持缺乏

企业跨国经营需要大量的资金，单独靠企业自身的力量积累资本，速度缓慢，而且不适应国际贸易快速发展的需要。有了金融支持，企业才不会过多地为资金来源发愁，才能够在海外瞬息万变的市场中抓住投资机会，更加专注于企业的经营。因此，企业跨国经营中的金融支持起着很大的作用。然而，目前我国中小企业在走出国门的过程中却难以得到足够的金融支持，限制了它们投资国外的能力。有些企业看到了海外的良好发展机会，却苦于没有足够的资金进行投资，而银行等一些金融机构却往往对此无动于衷。而一旦这些企业积累了足够的资金后，投资机会可能已经消失了或者被其他竞争对手抢走了。

另外，企业跨国经营还存在融资难的问题。我国企业在跨国经营中可以获得的资金来源主要有银行融资、财政融资、证券融资、商业融资和国际融资五类。但资金短缺一直是制约我国跨国企业发展的一大瓶颈。

（二）政府的服务功能明显不足，公共信息服务体系缺乏

在企业进行跨国投资经营实践中，有关国外一般性商务信息和政策法规的情报搜集与传递方面，还未建立起一个有效的渠道。而且，跨国经营需要的信息获取和传递不灵，由于国内企业对外直接接触较少，加之我国的公共信息服务体系有待健全，许多企业想对外投资，但是苦于信息不灵，不知道应向哪里发展。而企业如果要对外投资所需了解的信息是很广泛的，既包括宏观的国外经济发展趋势、产业总体规划、有关法律法规、政府投资政策、金融外汇市场状况、海关政策、税收政策等，也包括微观的产品供需状况、价格市场周期、合作伙伴的资信、行业市场准入、人员进入情况等。对于企业来说，确实存在诸多的困难，由于信息不全面而导致项目不理想的情况时有发生，也使一些企业，特别是中小企业望而却步，成为跨国经营的一个制约因素。

四、跨国投资经营企业自身存在劣根现象

政策和制度上的欠缺或不足会直接影响企业发展跨国经营实现预期经营绩效。然而，从跨国经营的企业角度，我们认为，如果经营者习惯于

依赖特殊政策来发展,经营者在存在普遍机会主义倾向的投机环境下成长,在一种发育不良的法律环境下进行经营活动,自身又习惯于不接受法律的约束,不善于利用有效的法律来维护自己的权益,这样的企业出去之后还是会遇到对政策和法律制度不适应的问题。这就是从事跨国投资经营的企业自身存在的劣根现象之一,如果不加扭转,会从根本上制约企业跨国经营能力和实力的提高。

第三节　企业跨国经营的政策制度和法律体系设计

一、政策和法律制度设计的基本原则和思路

政策和法律制度作为企业跨国经营的环境和规范指引,会直接影响企业的跨国经营活动及其优良绩效的实现。我们需要基于对影响企业跨国经营绩效诸因素,特别是政治、法律和政策制度因素的了解,探讨有利于企业跨国经营获得良好绩效的政策和法律制度的设计问题。

(一)基本原则

1. 有利于我国企业的跨国经营和本国经济发展

提升我国企业跨国经营绩效的政策制度和法律体系设计的核心原则就是要有利于我国企业的跨国经营,同时也能促进本国经济的发展。所有的制度设计以及立法工作都必须围绕着这个目标来进行。如政府应根据本国现阶段经济发展计划和长期发展战略,考虑世界产业分化和分工趋势对本国经济发展的要求,把国家现实利益与国际化发展趋势有机结合,从而制定出本国的海外投资产业立法,确定一定时期的海外投资经营产业和区位重点与相关法律和政策支持。

2. 顺应国际发展趋势

当今世界是一个开放的世界,也是各个国家相互影响的世界,每个国家都或多或少地受着国际发展趋势的影响。"世界潮流浩浩荡荡,顺之者昌,逆之者亡。"孙中山先生的这句话,对于一个置身于全球化之内的国家来讲也是适合的。纵观企业跨国经营的发展历程,从无到有,从少到多,无不反映了国际交往的发展趋势。

近年来,发达国家通过世界贸易组织(WTO)、国际货币基金组织(IMF)、世界银行等采取了一系列的行动和政策,确立了新的世界贸易格

局,加快了全球贸易自由化的进程。关贸总协定(GATT)向世界贸易组织的转换,将协定从单纯产品贸易转向涵盖了服务贸易,扩展了跨国投资者的权益,增强了对知识产权的保护,削弱了新兴工业化国家和发展中国家建立贸易壁垒的能力。外国直接投资(FDI)在20世纪90年代以年均20%的速度增长,总量从1980年的5000亿美元增加到了2000年的6万亿美元。中国加入WTO后,开始接受这种新格局下的经济竞争规则。面对大批国外跨国公司的进入,我们必须深化"走出去"战略,通过我国企业的跨国投资经营,实现经济资源的跨国双向良性互动。

3. 与国际跨国经营法律体系相适应

虽然我国企业跨国经营的时间还比较短,但从国际上看,企业跨国经营已经经历了很长的时间,积累了不少经验,并且形成了与企业跨国经营相适应的法律体系以及统一的规则。我国企业在跨国经营的过程中必须以负责任的态度加入到跨国经营的大家庭中去,遵守必要的行为准则以及国际法律体系。我们的相关立法也必须充分考虑与国际跨国经营法律体系和制度发展趋势相适应。

4. 确保国家经济安全

确立企业跨国经营立法的国家经济安全原则,主要考虑的因素一是海外投资实践本身具有国家风险性特征,二是以金融全球化为核心的世界经济一体化趋势加重了各国经济安全的压力。中国随着经济开放程度的扩大,参与国际经济机制的步伐不断加快,国内经济对外的依赖性也必然随之加大,在客观上对中国的经济安全产生了一定的潜在威胁。2007年年末以来由美国次贷危机引发的全球金融危机对我国企业跨国投资经营产生的威胁就是一个鲜活例证。因此,针对企业跨国经营的立法,应该始终贯穿与渗透国家经济安全的观念和原则,正确把握中国海外投资规模与国内经济承受能力和发展阶段的关系,加强对海外投资资金来源审查和海外利润汇回的监管以及海外投资政治风险保险立法和援助立法,努力将海外投资的负面影响和相关风险进行有效控制。

5. 注意长期规划与短期计划的结合

国际政治格局变化与经济环境的转变时刻影响着我国的对外经济政策,也决定了对企业跨国经营的立法活动必须具备灵活性和可变性,能够在基本法律原则不变的前提下,对一些具体操作事项做出灵活的适应性调整。因此,对企业跨国经营活动的立法规范,可以以制定基本法为主,单行法为辅,并配合相应的实施细则和管理规章,与国家的相关政策保持一致。

6. 强化政府服务于企业跨国经营的功能定位

在企业跨国投资经营的过程中,政府部门专一为企业培育优良的政策和法律制度环境。企业跨国经营的主体是企业,企业的盈与亏、企业到哪里投资、投资哪个行业等方面在不违反国家法律的前提下都应该由企业自主决定。政府在这个过程中主要是根据跨国经营性质和特点及国际国内经济发展环境,为企业跨国投资经营提供一个良好的内部与外部政策和法律环境,提供一个有利于企业跨国经营的平台。在此基础上,由政府主管机构具体实施宏观监管。因此,在企业跨国经营的法律制度规范中,应以立法形式界定政府主管机构的功能、职权和义务,理顺企业从事跨国经营涉及的各方主体间的关系。

7. 互利共赢

我国企业的跨国经营应该建立在与东道国互利共赢的基础之上,我国的相关政策和法律制度的制定也应该遵循这个原则。这也是与我国对外交往的"五项基本原则"相一致的。

(二)基本思路

1. 借鉴发达国家和发展中国家的经验

我国企业跨国经营近些年才开始越来越多地进入人们的视野,而许多发达国家和发展中国家早已在促进本国企业跨国经营方面积累了丰富的经验,他们的有益的探索以及失败的教训对我们有很好的借鉴意义。西方发达国家如美国、英国、德国、法国企业跨国经营的发展过程也有值得借鉴的地方。我们的亚洲近邻如日本和韩国也是最近几十年经历了海外投资的初级阶段向成熟阶段的转换。他们的经验对我们更是有着重要的参考价值。

在经济全球化背景下,国内企业走出去或将外国企业吸引进来,各国之间存在着激烈的竞争,竞争的关键因素是投资者权益的法律保障。这种竞争在发达国家之间也是非常激烈的,那些被认为是对投资者保护较弱的国家,如德国、法国等目前都在向那些在投资保护力度强的国家,如美国和英国等国家学习,学习它们的长处。比如,欧洲大陆许多国家过去都不禁止内部交易,自 1989 年后,普遍都制定反内部交易的立法,各国公司法和证券法等都更加亲善投资者。在公司治理上,怎么创造亲善投资者的法律环境是留住资本和企业家的关键。我们的政策和法律制定应借鉴国际成功经验,关注对投资者利益的保护,为它们的跨国经营发展构筑优良的政策和制度平台。

2. 立足中国的现实,兼顾国有企业和民营中小企业不同发展特点

虽然其他国家在促进企业跨国经营方面有着多方面的共性,但仔细观察也是各有不同的。外国的经验虽然必不可少,但在设计我国的政策、法律制度时还需要立足于中国的现实。现今企业跨国经营环境的变化、中国的人口特点、自然资源等方面的特点决定了中国必须在借鉴其他国家发展经验的基础之上,走自己的路,寻找最适合自己的发展方式。

我们目前的法律对企业行为的管制越来越多,而执行效率低,这就导致遵守规则成本高,而违规成本却很低的现象。一个好的法律环境,必须要做到把遵守规则的成本和风险降低,而加强违规的成本,目前的关键在于如何确保法律得以有效实施。

从我国目前的情况看,关于海外投资的立法应该从两个方面考虑:一是政府如何做好鼓励和促进海外投资;二是对国有企业和民营企业的法律规定应根据两类具有不同发展特点的企业进行区分,以利于国家利益和企业的发展。

从立法内容来看,应该分公有和私有财产区别对待。公有财产采取何种途径到国外投资经营,需要通过一定的制度和程序加以明确,以保证监管到位。如果允许公有制企业像私人企业一样,随意到海外投资,限于中国当前一些公有财产的经营管理水平,会放纵犯罪和洗钱等不法行为。对于私人和私营企业的跨境投资本身,原则上不宜限制过多,但外汇管理、出入境管理、国籍管理等是必要的,其他方面遵从跨国投资经营的东道国法律。而对于公有制企事业机关团体、对拿着公家财产出国投资经营的,则不能不管。

国内公司走出国门面临的主要问题,一方面是政府审批的问题,另一方面是融资的问题,我们现行的金融监管制度是严格限制资本项目下的跨国流动,有外汇额度的企业申请外汇汇出的条件是很严格的,没有外汇额度的企业进行跨国经营的困难就更大了。如果再没有风险投资基金的

支持,实际上严重制约了海外投资项目的发展。

3. 对中小企业进行跨国经营的政策和立法上的支持

国外在中小企业立法方面,对中小企业扶助主要包括以下几个方面:一是提供信息和技术支持,帮助进行投资和技术上的辅导;二是财务上的支持,包括优惠贷款、信用担保和创业阶段税收优惠等安排;三是海外投资提供特别帮助,尤其是在信息、投资安全保障方面。企业跨国经营是以市场为导向的,而市场信息相对于经济个体而言是不完全的。根据我们的了解,我国目前的企业在跨国经营中大多依赖于海外华侨提供信息或者是企业之间的信息传递,欠缺调整产业导向的法律规范。

4. 循序渐进,逐步完善

任何事物的发展都不是一步到位的。我国跨国经营的政策、制度和法律环境的构建也不是一朝一夕之功。有些学者在探讨构建我国企业跨国经营法律环境时,主张中国应该构建完善的法律体系,并且列出了他们觉得应该有的一系列的法律。我们认为,在跨国经营的政策和法律制度建设中不可能毕其功于一役,也不可能凭空兴建许多主管部门以及法律文件。我们必须在现有机构基础、法律基础和政策基础之上,整合各种资源,逐步统一对跨国经营事务的管理,逐步建立起一套完善、协调、高效的体制。

二、法律制度设计架构

(一)企业跨国经营的立法特点

企业跨国经营立法体制和内容制定的基本特征主要从综合性、跨国性和国家风险性三方面考虑。

1. 综合性

跨境经营不单涉及资本的跨国流动,而且包括资本、劳动力、技术、管理、信息知识等生产要素伴随着企业经营控制权的国际移动,是一种较复杂的高层次的国际经济合作形式。可以说,企业跨国经营从本国资本汇出到海外利润汇回的整个流程,涉及一个国家经济生活的方方面面,诸如外汇管理、技术输出、货物进出口、产业政策、涉外税收、国有资产管理、财务会计制度、银行货币政策、企业组织法规以及国家宏观调控和司法主权等等。这种综合性特征决定了中国的企业跨国经营活动必然产生一系列的法律关系,也因此决定了企业跨国经营立法必将是一个复杂而庞大的系统工程。因此,根据综合性特征确立立法指导思想和原则,应做好立法规划,合理安排跨国经营立法系统内部的整体有序及系统环境的和谐统一,合理安排企业跨国经营立法的效力层次,减少或避免产生法律内容和效力上的冲突。

2. 跨国性

企业跨国经营对本国经济发展诸如国际市场份额、国内就业、外汇管理以及国家经济安全会产生重要影响。而且,一些企业跨国经营活动涉及海外投资办厂,企业的经营管理活动中心位于东道国,根据国际条约和国际惯例,海外投资与海外经营者必须服从东道国法律的管辖,从而产生资本输出国基于属人管辖权与东道国基于属地管辖权的司法管辖与法律适用的冲突。因此,企业跨国经营活动的跨国性要求立法者需要通过与东道国签订双边条约和参加或缔结多边条约正确处理东道国与资本输出国的利益冲突,需要通过国内的海外投资审批、监管、外汇、银行、保险等方面的立法协调企业跨国投资经营对本国经济发展所带来的正面和负面影响。这必然对企业跨国经营立法原则和体制的确立提出要求。

3. 国家风险性

企业跨国经营面临风云变幻的国际政治与经济环境,是一种挑战与机遇并存、风险与利润共生的高风险投资活动。从表面上看,这种高风险的承担者是跨国经营企业,而实质上却直接影响或损害一国的经济利益和市场经济秩序,也就是说,企业跨国经营风险会转嫁或转化为国家风险,威胁一国的经济安全。因此,企业跨国经营的立法应重视国家宏观调控和海外投资的监管,预防风险,消除国家经济安全隐患。另外,由于企业跨国经营活动自身具有的综合性和跨国性特征,及其面临的国际政治、经济环境的复杂多变,决定了企业跨国经营的立法体系建构必须遵循一定的标准,如系统性、动态性和国际性。

中国的企业跨国经营立法体系应该是一项系统工程,需要由母法(基本法)和多个子系统——单行法构成。各子系统之间相互独立、又彼此联系、功能互补,与企业跨国经营的双边和多边条约共同构成企业跨国经营法律体系。受国际动态环境影响,我国的企业跨国经营立法也必须具备灵活性和可变性,而且立法体系的构建必须借鉴世界各国先进的立法经验和模式,结合我国特点和国情,注重与国际接轨。

(二)法律制度设计

我们提出的企业跨国经营法律制度设计主要针对法律架构的搭建和基本法律内容的设计,提出的内容是设计思路。

本国的企业跨国经营法律体系是企业跨国经营的基石,对于促进企业的跨国经营以及保障企业跨国经营的合法权益得到保护至关重要。企业跨国经营主要指的就是企业进行海外投资的过程,所以,本国的企业跨国经营法律体系也就是规范和调整企业进行海外投资的所有法律法规制度的总和。

由于企业跨国经营涉及的行业众多,而且主管部门也不止一个,所以其法律体系应该选择基本法与单行法并行的立法模式。具体来讲,应该构建以《海外投资法》为基本法,《海外投资产业法》、《海外投资外汇管理法》、《海外投资保险法》、《海外投资监管法》等诸多单行法为补充,国内法与国际条约和双边协定相协调,程序法与实体法相结合,包括法律、法规、相应实施细则等法律内容及监管规章在内的法律体系。

从立法顺序来看,程宗璋(2002)认为我国海外投资的立法应该走"先单行法后基本法"、"单行法与基本法并行"的立法道路。认为这样的立法模式可以迅速改变我国海外投资无法可依的状态,也有利于不断地积累立法经验制定出高质量的海外投资基本法。

我们认为,我国应该走"先基本法后单行法"的立法道路。俗话说"纲举目张",只有首先确定基本法,然后在基本法的基础上才更容易确定各个单行法。如果先确定各个单行法,那么我们在单行法立法过程中就可能会出现许多相互重合或冲突的情况,造成立法和法律执行的混乱。先通过基本法确定基本法则可以对各个单行法立法价值取向与内容的确定起到良好的指导和引导作用。当然,由于我国海外投资立法经验的缺乏,基本法的确立不是一步到位,更不是一劳永逸的,需要随着时间以及情况的变化而不断做出调整,直到形成比较完善、成熟的基本法典。因此,当前,应对我国企业跨国经营所依赖的本国法律欠缺状况,基本法的立法"宜粗不宜细",可以先对企业跨国经营涉及的主要方面的问题做概括性、原则性的规定,具体内容由实施细则、单行法与法规、监管规章等来规定,以便在国际政治和经济环境发生变化的情况下,对有关具体法律规定做出相应的调整。

1. 关于海外投资基本法的设计

为保证我国海外投资政策的系统性、长期性和稳定性,并适应世贸组织的法律要求,制定调整包括企业跨国经营活动在内的《海外投资法》,将现有的对外投资的政策和条例纳入法制化的轨道,规范和管理我国的海外投资,同时增加透明度。

作为我国企业跨国经营活动所依赖的基本法,应总揽全局,对海外投资理论与实践经验进行及时概括和总结,从宏观上对海外投资的发展及其他相关立法做出导向性的规定,体现出海外投资法律体系的稳定性。借鉴发达国家的立法经验,并根据我国的具体情况,《海外投资法》的内容应包括海外投资法调整的对象;立法宗旨和依据;海外投资的主体及其行为;审批与监管;援助和保险规定;海外投资企业章程与合同的规定;海外投资方向、重点、行业导向和地区分布;海外投资跨国经营人才的教育、培训管理及工资待遇;海外投资技术外流的限制等方面。

立法应注意协调各相关主体之间的关系以及海外投资市场的经营秩序。一方面体现切实维护投资者的利益,另一方面要体现监管定位和价值,保证国有资产的保值和增值。同时,立法应具有前瞻性,对于海外上市、兼并、收购等国际通行投资方式应有明确的说明。

2. 海外投资单行法的架构和设计思路

海外投资单行法是指在海外投资基本法的原则下,专门规范企业进行跨国投资所涉及的各相关方面问题的法律内容。根据企业进行跨国投资经营的实践,海外投资单行法的设计架构可以包括:《海外投资产业法》、《海外投资企业法》、《海外投资外汇管理法》、《海外投资税收法》、《海外投资保险法》、《海外投资银行法》、《海外投资援助法》、《海外投资监管法》等法律法规。

(1)海外投资产业法

国家应结合国内产业结构调整情况,确定海外投资的产业结构和区位结构,制定《海外投资产业法》。从区位结构上,立法者应结合我国科学技术发展水平和技术优势以及世界产业潮流发展趋势,具体确定产业类型,如技术开发型或技术转让型等。从产业结构上,应根据全球经营战略和有利于本国经济发展原则,从立法上要求国家明确优先发展的产业,

541

并划分不同的产业类型,确定鼓励、控制、限制或禁止跨国经营的产业类型,体现国家对海外投资实现鼓励与限制的有机结合。

(2)海外投资企业法

该法调整的对象是跨国设立企业,在东道国从事生产或经营活动的跨国公司。《海外投资企业法》也可称为《跨国公司法》,专门针对我国的跨国企业,涉及对其申请和设立的指导与监督、跨国公司治理制度、对跨国公司的行为或活动进行有效监督等法律问题。

(3)海外投资外汇管理法

为了规范本国对外投资中对外汇的管理及使用,许多国家政府都制定了相关的法令。日本20世纪50年代就根据其《外汇法》和《外资法》制定了《外资法实施细则》、《关于根据外资法实行特殊许可标准等的证令》、《根据外资法确定日本银行处理事务范围的政令》。后来,为了促进其对外投资的发展,日本曾经于1979年和1998年两次对其《外汇法》分别进行了大范围的修改。韩国对外汇管理的基本依据则是《外汇交易法》和施行令、《外汇交易规定》以及《外汇交易业务处理指南》。

目前,我国对企业进行海外投资外汇管理的依据主要是2003年国家外汇管理局发布的《关于简化境外投资外汇资金来源审查有关问题的通知》(简化了对境外投资外汇资金来源的审查,有利于企业更方便地使用外汇)和2006年国家外汇管理局发布的《关于调整部分境外投资外汇管理政策的通知》(进一步完善鼓励境外投资的配套外汇政策,以便于境内投资者开展跨国经营)等。然而,这些依据并不能从根本上改善已经与当前的发展形式不相适应的外汇管理体制。

近几年来,我国外汇储备急速增加。截至2007年年末,我国外汇储备总额已经达到了15282.49亿美元,居世界第一位。在新形势下,有必要重新审视我国的境外投资外汇管理办法,根据变化了的经济形势以及我国外汇方面的新情况制定相应的外汇管理办法。

作为外汇管制重要内容的海外投资外汇管理具有其自身特点,其在执行维持国际收支平衡义务的同时,更注重鼓励和发展本国海外投资事业。因此,《海外投资外汇管理法》的主要内容可以包括:外汇风险和外汇资金来源及用途审查;办理外汇资金登记和汇出的手续;海外投资收益的支配、调回和留成等法律问题;海外投资企业变更资本,转让股份和停业或解散的监管及有关利润、资本汇回的规定；外汇鼓励和优惠措施；有关国内银行、企业单位的外汇担保等。

(4)海外投资税收法

税收是国家用以调节和引导海外投资的重要手段，以立法形式规定海外投资税收征管，可以切实保护投资者的利益。税收涉及企业跨国经营中的纳税问题，在国际竞争日益激烈的今天，企业跨国经营的利润率不断降低，对税收的管理起着越来越重要的作用。税收已经成为了国家调节和引导海外投资的重要手段。对海外投资税收的立法，在企业跨国经营的决策以及经营方面会起到引导和保障作用，有利于坚定企业投资信心，保证企业的合法权益。

《海外投资税收法》可以在以下一些方面做出具体的规定：遵循国际惯例，避免双重征税；海外投资的减免税规定；实现投资产业导向的税收政策，对国家规定鼓励海外投资的产业实现特殊的税收优惠政策等。

(5)海外投资保险法

海外投资是一项高风险的投资行为。企业在海外投资过程中会遇到来自经济、政治、法律等各方面的风险，许多风险是企业自身难以承受的。所以海外投资保险就成为了许多企业跨国经营的护身符。我国的海外投资保险正处于起步阶段，目前，中国出口信用保险公司开办了部分海外投资保险项目。然而，由于缺少立法的支持与保护，海外投资保险的发展也面临一定的发展困难。基于这种情况，我们有必要建立海外投资保险制度，并以立法的形式将这项制度固定下来。

关于《海外投资保险法》的制定，我们有以下具体设想：

①海外投资保险法律关系的主体

在我国，海外投资保险法律关系的主体包括海外投资企业、海外投资保险的经营机构以及海外投资保险审批机构。审批业务可以由商务部、财政部、外汇管理局等机构负责，具体的海外投资保险业务可以授权中国出口信用保险公司承办。这种分离建制有助于审批机构和保险业务机构各发挥其职能，各尽所长。商务部是我国主管对外经济贸易关系和活动的政府部门，它对我国海外投资无论在业务指导上还是在行政管理上，都有丰富的经验。财政部作为审批机构可以从国家财政计划上对每一项海外投资保险的潜在赔偿金额做出安排，这与海外投资保险由国家财政作保证的特性相吻合。从中国出口信用保险公司来看,其在承办出口信用保险及海外投资保险业务方面已积累了几年的经验,并在许多国家和地区设立了办事机构。由其经办海外投资保险业务也符合我国国情。

②海外投资保险的范围

参照国外发达国家海外投资保险法律内容,海外投资保险的保障范围可以确定为:外汇险、征用险、战乱险等政治风险。此外,其他因政治原因直接产生的风险如政府违约风险、恐怖主义风险、延迟或停止支付风险,以及因政治风险而产生的间接政治风险,如营业中断风险、货币贬值风险,也应将其作为特殊风险纳入海外投资保险所承保的风险范围。

③合格投资的项目和形式

在《海外投资保险法》的立法中,应该对海外投资保险承保的投资项目和形式进行限定。我国海外投资保险承保的海外投资项目应该与我国发展规划相适应,鼓励有利于我国国际收支平衡的投资,有利于引进先进技术或利用外国自然资源的投资,有利于返回国际高新尖技术产品的投资,有利于促进东道国经济发展的投资。

《海外投资保险法》可以限定海外投资保险的保险标的为动产、不动产及其他物权;股票、股份;债权、债券或具有经济价值的请求权,版权、工业产权、工艺流程、专有技术、商名、商誉;海外投资所在地法律允许的根据合同赋予的特权等。

④合格的投资者

《海外投资保险法》可以对海外投资保险的投保人——投资者进行限定。投保人应该是合格的投资者,应为具有中国国籍的自然人、法人和其他经济组织,以及95%以上资产为具有中国国籍的自然人、法人或其他经济组织所有或控制的外国法人和企业。具有中国国籍的法人是指依据中国法律设立的在中国境内的企业法人,包括国有公司、集体公司、私人公司和混合公司。具有中国国籍的其他经济组织是指集团化企业或松散性的联营组织、合伙组织等未取得法人资格的经济实体。

⑤合格的东道国

我国海外投资保险所担保的合格的东道国不应该只限于发展中国家,可以将所担保投资的合格东道国扩展到世界范围之内,而不必有发达国家和发展中国家之分。地域广阔有助于分散风险。但在投资担保业务开展初期,可以将担保投资的合格东道国局限于与我国政府签订有相互促进和保护投资双边条约的国家,这样,一方面可以相对降低投资风险。另一方面,由于有双边条约代位权条款①,处理有关事项会更加顺利一些。

⑥保险费、保险期限、保险金额

保险费率、保险期限、保险金额应由保险公司根据承保的行业、险别及范围的不同而科学制定。

(6)海外投资银行法

为落实中国海外投资企业的自主融资权,实施金融集团与海外企业相互联合、相互支持的发展战略,国家应成立海外投资银行,并制定《海外投资银行法》,限定海外投资银行的业务范围,如:办理海外投资的国家政策性优惠贷款;在中国人民银行及中国海外投资管理委员会的双重领导下开展海外投资的普通贷款及担保;审批各项海外投资贷款的数量、用途及企业的资信情况;对海外投资贷款项目实施监管等。

(7)海外投资援助法

中国的海外投资企业起步晚,存在经验不足、资金有限、人才缺乏等问题,导致中国的海外投资企业规模小,利润低,缺乏国际竞争力。国家可以通过立法,加大对符合条件的海外投资企业的援助。《海外投资援助法》的立法内容可以包括:规定国家应该设立专门机构研究国际投资环境和项目可行性等问题,为海外投资者提供技术服务和咨询;规定国家对中小企业海外投资的援助制度;规定各级政府为海外投资提供综合服务的内容;可以规定成立中小企业海外投资基金,为中小海外投资者提供资金援助,并成立损失救济工作组等;规定国家鼓励海外投资者自愿成立各种形式的协会等,方便中国海外投资者的信息沟通与交流。

(8)海外投资监管法

有效防范和控制企业跨国经营面临的风险,是提高经营效益的一个

---

① 代位权条款,即缔约国双方同意,缔约一方政府对投资者在他方国内因政治风险所受的损失,基于保险契约予以赔偿后,缔约他方应承认对方政府有权代位取得该投资者所取得或应取得的一切权利,同时也应承担该投资者所应承担的一切义务。

重要手段。对海外投资进行审批监管是各国通行做法,也是防范跨国经营风险的第一道防线。

《海外投资监管法》的立法内容可以包括以下方面:

①监管原则

对海外投资监管的原则应体现依法监管的原则;有利于本国经济发展的原则;企业跨国经营与我国国家总体战略一致的原则;全球经营一体化原则和鼓励与限制相结合的原则等。

②监管体制和监管机构

目前,我国企业跨国经营是由多个政府部门共同监管的,这是由企业跨国经营的复杂性决定的,也是有效监管企业跨国经营的需要。但是,为了监管一致性和有效性的体现,有必要成立我国对企业跨国经营的专门监管机构,由其统一负责和协调我国企业跨国经营的监管工作。应赋予该统一监管机构对海外投资的审批权、调查权、处罚权等权力。该机构的主要职责可以包括:从宏观上对我国企业对外投资的产业与地区进行协调和指导;对我国对外直接投资企业进行事前和事后的监督与管理;修改和制定关于对外投资的政策、法规;统一协调我国银行、驻当地使领馆对东道国子公司进行管理。

③监管内容

对海外投资活动的监管内容总体上可以分为审批阶段的事前监管和企业跨国经营阶段的事后监管。在审批阶段,监管的主要内容可以包括:投资主体的范围、资信条件、外汇资金来源、海外投资出资方式或投资形式、投资项目的可行性检查等方面。经营阶段监管的主要内容可以包括:企业经营的守法情况、利润处置方式、跨国经营的定期报告制度、统计制度和统计方法、责任追究制度等。

另外,从《海外投资监管法》立法结构上,还应该包括审批程序与权限划分、海外投资违法处罚或制裁等内容。在制定《海外投资监管法》的同时,还可以通过颁布或发布相应的监管规章和规范性文件等形式完善对海外投资活动的有效监管机制。图15-1显示的是我国海外投资法律体系架构图。

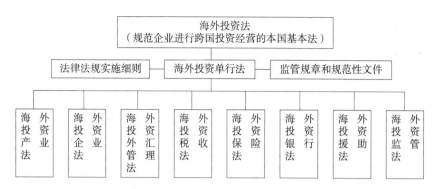

图 15 - 1　海外投资法律体系架构

三、政策和制度上的规划思路

企业跨国投资经营涉及产业政策,涉及人力、资本及货物跨境流动的便利化,涉及金融支持和监管,涉及外汇管理和税收政策、涉及产业指导和信息服务等多方面。政府在政策制定和制度安排等方面需要体现支持和有效监管的有机配合,体现对投资便利化的推进。

鉴于前述指出的我国在企业跨国经营政策制度上存在的问题,我们提出,利于推进跨境投资便利化、企业跨国经营绩效提升的政策和制度设计需要确定主管与监管的关系、确定监管和主管部门、界定各相关部门间的各自分工及协调与合作关系,以确保海外投资经营者及其跨国经营活动的规范性和赢利性。

我们认为,在企业跨国经营实践中,应明确谁是主角,谁是服务者,如何实现所有者与管理者利益在公司价值最大化基础上的一致。目前,我国对经营者激励机制是不完善的,与发达国家相比,在平衡所有者和经营者的权益的法律机制上,我们的差距很大。从观念上和理念上,我们的政策导向并没有把股东价值放在首位,法律也没有为它们提供充分的救济管道和确实的保障。因此,我们应该明确:从政府角度,包括行政、司法等方面,需要转变职能,对企业跨国经营的合法权益提供有效保护,防止监管过度或监督不足等问题的出现;同时,政府对企业提供所有的公共服务应该向全社会开放,以体现充分透明度,营造一个优良的政策制度环境和社会环境。

针对政策和相关制度上的设计问题,我们提出以下观点:

（一）审批体制改革

审批体制是政府管理企业跨国经营的第一阶段的工作。既完善又有效率的审批体制有助于企业及时抓住商机，而且可以提高跨国经营效率。同时，通过审批过程挑选有条件的公司进行跨国经营也可以提高我国企业跨国经营的总体水平和质量，在国际上展示良好的国家形象。因此，我们需要不断地改革和创新，目标应该是简化审批体制，明确各部门权责，提高监管效率。在此基础上，建立合理的、宽松的、灵活多样的审批制度。

1. 针对企业所有制性质不同而采用不同的审批方式

我国在对企业跨国经营审批的过程中，应该根据企业所有制性质的不同而采用不同的审批方式。以法国为例，20 世纪 80 年代以前，国有企业是法国政府对外投资管制的主要对象，其限额以上（500 万法郎）的对外投资实行行政审批；而对广大私营企业的对外投资基本实行自由化。不过，私营企业超过 500 万法郎的项目必须报送经济和财政部备案，作为政府进行经济统计和经济分析的资料依据。到 1989 年，除对涉及敏感领域和敏感国家的投资实施管制外，法国政府取消了外汇管制和对外投资的项目审批。对我国来说，国有企业的对外投资需要更多考虑国家的利益以及国有资产的保值和增值。而私营企业的跨国经营则更多的是为私营企业在合法经营的基础上提供一个良好的经营环境。

2. 审批标准的多样化

从国际情况来看，国外政府在审批时按照最低限度、项目规模、产业导向和国别地区等四个标准中的一个或不同的组合来进行审批。

①按最低限度审批：即根据海外投资企业必须具备的最低要求来审查。如韩国规定，对外投资企业至少必须是韩国银行行长认定拥有对外投资必须资本的企业或个人以及不是金融部门限制的不良交易对象。

②按项目规模审批：多数国家的对外投资采用这个标准。如法国针对企业投资额不同而采取是否需要审批和备案。日本在对外直接投资政策的演变过程中也曾就企业对外投资额度采取不同对待：1969 年，企业对外投资在 20 万美元以下的项目实行自动许可，而到了 1970 年，这一标准则提高到 100 万美元。

③按产业导向审批：韩国政府按照鼓励对外投资的行业、一般投资行

业和禁止投资的行业对企业的对外投资进行审批。

④按国别地区审批:即根据投资流向国不同而受到不同对待。如葡萄牙根据投资国是否属于欧盟成员国而采取不同程度的自由化政策。

我国可以根据企业跨国经营的发展特点和发展状况,确定一个适合不同类型企业和不同经营内容等实践的多样化审批标准。

3. 审批内容的合理性

可借鉴韩国的经验:韩国政府为了加强对海外投资的管理,形成了较为完善的审批制度。首先,从其审批的范围来看,既有产业方面的要求,又有对海外投资者资格的认定,既保证了投资企业具备一定的竞争力,又使企业投资能较好地符合国家的产业政策;其次,针对拟投资项目的行业、规模等,划分拟投资项目属于一般准许投资项目、受理申报投资项目还是海外投资审议委员会审议投资项目。不同类型项目在审批中要求提供的材料、经由的程序也有所不同,既达到了审批监管的目的,又在一定程度上减轻了审批的工作量,缩短了审批时间。

(二)外汇体制改革

企业进行跨国经营不可避免地会涉及使用外汇问题。20 世纪 80 年代中期以来,随着经济全球化的发展,无论是发达国家还是发展中国家,都加快了促进对外投资政策的外汇体制改革。到 20 世纪 90 年代初期,几乎所有发达国家的外汇限制实质上都取消了,如英国在 1979 年、法国在 1989 年都分别取消了外汇管制,对外投资基本实现自由化。

我国外汇储备比较丰富,家电业等某些行业的国内市场已经或渐趋饱和,企业生产经营能力不断提高。这些因素决定了我国有必要也有条件向国外投资,进行产业转移。随着更多的企业"走出去"对外直接投资,我国企业也需要更加宽松的外汇政策环境。政府需要顺应"走出去"战略要求,对企业跨国经营实行科学的外汇管理制度,改革现行外汇管理体制中与市场经济和"走出去"开放战略不相适应的做法和规定,给予企业海外投资外汇使用与结汇方面更多的自由和方便。同时,政府还需要加强外汇监管,与金融部门合作,全面搜集用汇企业的信息,建立用户资料库,鼓励有信誉、效益好的企业使用外汇,促进外汇增值,科学管理外汇的使用和回收,做到既方便企业用汇,又利于我国的外汇储备的有效利用。

（三）税收管理制度

1. 基本情况

税收是对企业跨国经营产生重要影响的因素。良好的税收体制可以鼓励企业积极进行跨国经营活动,保障其经营利益。对税收的管理,一是要建立公平、完善的税收制度;二是要通过一定程度的税收减免促进企业的跨国经营活动。从税收政策的角度看,与我国吸引外资的税收优惠政策和其他国家鼓励对外直接投资的税收政策相比,我国对外直接投资的税收激励还不完善且效率较低。

改革开放以来,我国为了吸引外资,对外商投资企业和外国企业实行了广泛的税收优惠措施。如专门制定了《中华人民共和国外商投资企业和外国企业所得税法》,对来华投资的外商的税收优惠做了明确而详细的规定和解释;而对于我国企业进行对外直接投资的税收优惠仅在《中华人民共和国企业所得税暂行条例》中通过几个条款的规定反映出来。另外,从具体的税收优惠条款来看,给予外资企业名目繁多、方式各异的优厚待遇;而反观我国企业对外投资的税收优惠,只是因避免对企业双重征税和企业在国外遇到某些风险时给予一定保护时才涉及,鼓励企业进行对外投资的相关措施也较少。显然,我国在对外直接投资和吸引外资的税收激励上,两者反差较大。

从国际上看,随着世界经济一体化的发展,各国都运用税收优惠政策对本国企业对外直接投资进行支持和鼓励。美国政府早在 20 世纪初就开始对私人对外直接投资实行纳税优惠。后虽经多次修改,但仍是政府支持和鼓励美国私人海外直接投资的重要工具。税收优惠措施主要包括所得税方面的优惠,主要是税收减免、税收抵免、税收延付、税款亏损结算和亏损退回等等,以及关税方面的优惠,主要是通过实施"附加价值征税制"来实现。1962 年后,日本开始对海外投资收入实行税收抵免,并逐步扩大作为税收抵免对象的种类。表 15 - 1 列举了部分发达国家和发展中国家促进对外直接投资的税收政策措施,通过对比,不难发现:我国对外直接投资的税收优惠条件较为苛刻,手段比较单一,覆盖面较窄,而且虽有保护措施,激励作用却较小。

表 15-1　中国对外直接投资税收激励与国外对外直接投资税收激励的比较

国家	促进本国企业对外直接投资的税收措施
美国	所得税减免、抵免、延付,赋税亏损退回,赋税亏损结转,关税优惠
法国	海外子公司所得税减免,海外子公司股息不计入母公司征税范围。在与东道国存在双重征税的情况下,法国公司在得到政府允许以后,可扣除所欠税款及其海外子公司已向东道国政府缴纳的税款
德国	通过国内立法和多双边税收协定,实行免税法,对能够促进德国就业和出口的大型公司的境外投资项目实行税收优惠,给予德国企业在发展中国家投资所得一定的税收抵免
日本	实行对外直接投资亏损准备金制度,资源开发投资亏损准备金制度,特定海外工程合同的亏损准备金制度,扣除外国税额制度
韩国	海外投资损失准备金制度,国外纳税额减免、扣除,对海外资源开发投资免除红利所得税
新加坡	海外投资亏损注销,免除某些海外投资收入、红利和管理金收益的税收,海外投资业务所得税减免。在发展中国家的投资开发享受双重减税优惠
中国	纳税人在与中国缔结避免双重征税协定的国家所纳税收给予抵免,对承担援助项目的企业实行税收饶让,对在境外遇到不可抗风险而造成损失的企业给予所得税优惠

2. 发展我国对外直接投资的税收政策安排

通过以上对我国现行对外直接投资税收政策的纵横向比较,制定我国税收激励政策应主要从以下几个方面入手:

第一,与《中华人民共和国外商投资企业和外国企业所得税法》相对应,尽快制定完整的对外直接投资税收法律条例,明确规定各项涉及对外直接投资的税收政策,以显示政府目前重视发展对外直接投资的政策倾向,同时也能够让企业在面对对外直接投资的涉税问题时有法可依,从而给予企业充分的法律保障。

第二,适当处理税收优惠与政府税收收入的关系,权衡近期利益和远期利益。一方面要控制税收优惠的适度规模,将政府收入的减少控制在财政能够接受的限度之内;另一方面要使税收激励政策所促进的对外直接投资能够最大程度地节约国内资源,利用国际资源和技术,使经济得以长期增长和可持续发展,以远期税源的扩大,补偿近期政府收入的损失。

第三,依据产业政策,制定体现国家对外直接投资区位导向和产业导向的税收优惠政策。适应我国经济从传统的低层次、粗放型平面扩张发展模式向集约化高度化的发展模式跃迁的趋势,一方面引导企业对发展中国家和转轨经济进行直接投资,实现我国某些产业逐渐向国外转移;另一方面重视对发达国家高科技产业的学习型投资,引导企业瞄准对我国产业结构高度化发展具有直接助长作用的投资方向,将对外投资重心放在技术密集型产业,特别是那些高新技术含量大,产品附加值高的产业类型。根据这一产业选择原则,在税收政策的安排上,就应该对那些促进我国产业结构优化和高度化,从事技术密集型产业投资的企业给予更多的优惠政策,营造一个良好的可持续发展的国内外环境。如给予它们特别的企业所得税优惠税率。同时,对于那些通过购并国外高新技术企业,以控股方式获取了先进技术,并将先进设备运回国内以提高国内技术水平的企业,可以对它们的设备进口免征进口税。

第四,要充分借鉴其他国家的税收优惠方式和国际惯例,使各项税收激励措施能够切实发挥作用,并且节约政策的执行成本。例如,目前国际上对于对外直接投资的税收抵免通常是采用综合限额抵免办法,而我国现行的企业所得税法中却采用分国不分项的抵免办法。这种抵免办法在操作上比较繁琐,而且难以起到很好的促进企业对外直接投资的效果。所以,将税收抵免办法从分国限额抵免法逐渐转变成综合限额抵免法,应该是我国促进企业对外直接投资的一项很好的税收激励措施。又例如,目前国际上大多数国家都实行了间接抵免办法,同时,在我国目前和其他国家签订的税收协议中,多数协议也规定可以运用间接抵免消除双重征税,但我国现行国内税法中却只有对直接抵免的规定,没有涉及间接抵免的具体操作方法,这就给对外投资企业在进行税收缴纳和抵免时造成无章可循的局面。而且一旦我国的对外直接投资逐步发展起来,就必定会产生多种投资方式。因此,这就要求我国尽快在税法中补充对间接抵免办法的规定,使国内税法和国际税收协定有很好的衔接。

第五,必须重视对外直接投资可能带来的产业空心化和就业机会流失现象。我国的生产力状况是劳动力数量多、成本低,而生产技术相对于发达国家落后。因此,税收激励政策应处理好承接和转移的关系,鼓励企业一方面充分运用国内充足廉价的劳动力资源,另一方面充分利用国外的先进技术。如引导企业在国内生产劳动力消耗大的产品和部件,同时在国外建立高技术的全自动装配线,这样的内外分工既可以使企业绕开贸易壁垒,扩大对外直接投资规模,有效利用国际资源,又可以避免国内生产的停滞和就业机会的流失。

第六,要注意政策制定的科学性和严格性,并与其他经济、税收政策有机结合起来,防止对外直接投资引起的国有资产流失。一是应当与我国现行对外资的税收优惠政策结合起来考虑,研究和设计相应条款,以避免国内资金利用税收优惠而外逃;二是明确对可以享受税收优惠的税源的界定,并在执行税收优惠政策时加强对税源的审核,保证只有真正符合税收优惠条件的税源才能得到税收优惠。此外,我们还应该重视国际间的税收协调和合作,打击跨国偷逃税,促进世界经济的共同健康发展。

(四)投资保护制度

如前所述,我国应该借鉴美国和日本等国家建立投资保护制度模式的经验,对企业跨国经营活动根据其发展需要建立相应的投资保护制度。包括我国对跨国经营企业在某些方面的政策指导、政策优惠、法律和制度导向等方式;包括促进我国政府与跨国经营企业所在东道国政府签署和完善相关双边协定,保护我国的海外投资活动安全运营。

(五)加快金融服务体系建设,加大对海外投资的金融支持

我国可以借鉴发达国家海外投资的促进与管理经验,在加强对海外投资的保护的基础上,加大投资促进力度,特别是要加快和完善国内金融服务体系的建设,为我国企业"走出去"开展海外投资和工程承包项目提供优惠贷款、担保及保险等更多的服务。对于有实力的企业,政府应允许其带资承包项目,积极探索 BOT 等融资方式,帮助企业拓展市场,提高竞争力。政府需要加强金融服务和监管功能,重要的是要将商业银行纳入我国政府对海外投资、境外资源开发、境外加工贸易及对外工程承包项目商业贷款的审批管理过程,由相关的商业银行部门负责审查项目的风险并进行可行性评估,提高商业银行的积极性,改变普遍存在的"惜贷"现象。

政府可以通过专门的进出口银行推行政策性金融支持,进出口银行的主要目的是为了促进商品的进出口而设立的政策性金融机构。进出口银行在企业跨国经营过程中起着越来越重要的作用,美国和日本都通过进出口银行促进本国企业的跨国投资和经营。随着企业跨国经营的不断发展,企业在跨国投资过程中也会不可避免地发生商品的跨国流动(进

口或出口等),原来以国际贸易为基础的跨国商品流动模式,逐步向以跨国经营为基础的模式转变,进出口银行的视角也应该逐渐从促进商品的进出口向服务于企业的跨国经营转变。

例如,美国进出口银行的宗旨主要是促进美国产品在海外的销售,为外国大规模经济开发项目购买美国设备、原料和劳务提供买方信贷与卖方信贷。在对外贷款业务中,有两项贷款是专门支持跨国公司向外直接投资的:一项是开发资源贷款,用于某个国家的资源开发,特别是战略物资资源;一项是对外私人直接投资贷款,即对国外的跨国公司给予贷款,帮助它们扩展业务,提高在国外的竞争力。

再如,成立于1950年的日本进出口银行在为日本跨国公司提供直接资金支持方面最具有代表性。起初,该银行主要是为日本工业化出口提供贷款同时为进口融资。自1957年起,日本进出口银行开始为日本企业的投资活动或海外经营项目提供海外投资贷款。贷款可直接提供给国外合资经营企业或外国政府,可与日本金融企业一道提供联合贷款与贷款担保,也可对在日本境外从事带有公共性质项目经营的企业进行股权投资。

日本进出口银行的职能包括:为日本企业在国外企业中参股投资提供贷款;为日本企业对外国政府或企业提供贷款而给予贷款支持,并为企业在日本境外进行风险经营提供长期资金;为日本企业向欲参股日本持股企业的外国政府或企业提供贷款准备金;为日本企业参股设立在日本境内的对海外投资企业提供贷款;为日本企业在海外经营项目所需资金提供贷款等。1957~1967年,日本进出口银行为143个项目提供了贷款支持,约占日本制造业和非矿产、能源资源开采业对外直接投资的1/5。而1992财政年度和1993财政年度,该银行为日本企业海外投资提供的贷款约占其融资总额的40%。

尤为值得一提的是,日本进出口银行设立了海外投资研究所,与通商产业省所属的亚洲经济研究所相同,是根据特别法设立的专为境外投资企业提供情报和促进投资活动的信息机构,不仅为境外投资者提供从项目考察论证、施工组织设计到组织实施全过程的信息咨询和操作服务,而且还提供项目投产后所需最新、最可靠的市场动态信息和产品销售网络渠道等。

中国的进出口银行应该是我国外经贸支持体系的重要力量和金融体系的重要组成部分,是我国机电产品、成套设备和高新技术产品出口和对外承包工程及各类境外投资的政策性融资主渠道、外国政府贷款的主要转贷行和中国政府援外优惠贷款的承贷行,为促进我国开放型经济的发展发挥着越来越重要的作用。中国进出口银行的主要职责应该是贯彻执行国家产业政策、外经贸政策、金融政策和外交政策,为扩大我国机电产品、成套设备和高新技术产品出口,推动有比较优势的企业开展对外承包工程和境外投资,促进对外关系发展和国际经贸合作,提供政策性金融支持。

我国政府也可以借鉴日本经验,通过其他政策性银行对企业跨国投资经营提供金融支持。例如,日本国际协力银行是在原日本发展银行和东北金融公司的基础上,吸纳日本地区发展公司和日本环境公司的借贷功能而于1999年10月1日成立起来的。原日本国际协力银行成立于1951年,其业务内容定位于以"引进来"为导向,是为国内开发服务的。再如,日本国际协力银行近年来为日本积极扩大海外投资发挥了更重要的积极作用,其前身是日本进出口银行和海外经济合作基金。这一政策性金融机构的目标是在不与商业性金融机构展开竞争的前提和不以赢利为目标的原则下,通过发放借贷和其他金融活动,致力于促进日本的进出口和海外经济活动,稳定国际金融秩序,促进发展中地区的社会发展和经济稳定。其主要业务包括两大部分,一是国际金融合作,二是海外经济合作。政府为银行提供了充足的资本金和稳固的业务融资渠道;资本金、准备金和营运资金主要来源于政府,低成本的资金来源既规避了有关补贴的国际规则,又有利于防范风险,而且该行还可享受免税优惠(法律规定免征登记税、执照税、不动产购置税、汽车购置税以及部分特种土地税),确保了政策性银行的低成本运营,便于为本国企业提供优惠利率贷款。它在成立之初,主要通过财政资金为船舶、车辆、成套设备等出口项目提供长期信贷,随着日本的经济重点逐步由单纯出口导向转向海外投资,日本政府综合采用出口信贷与对外发展援助相协调的方式,为日本培植海外市场。

从其产生发展过程看,日本的上述银行在每一个历史阶段的业务演变都充分体现并配合了日本经济和政治发展的需要,将出口信贷和开发援助、支持进口和海外投资充分结合。通过与其他国家的发展银行合作，为私营企业的资本投资提供中长期资金支持。国内私人投资项目在走出国境之时，其项目往往具有高风险，利润前景不佳，难以从私人金融机构获得支持，日本发展银行提供股权和贷款两种形式对这种行为予以支持。在接洽海外政府项目贷款时，主动为国内企业寻求业务。

除金融支持之外，日本国际协力银行每年还对海外直接投资的当前和未来发展趋势（尤其是三年期的发展趋势）加以预测，提供一些有价值的信息，引导、帮助 FDI 活动。就其自身业务而言，日本国际协力银行每三年修订一次中期发展战略（三年期），让国内企业了解其发展取向。当前，日本国际协力银行的机构设置充分显示了服务为导向的理念，如：项目发展部进行项目识别、建设和监控；项目融资部管理项目风险；开发项目分析部负责项目技术方面的审查；公司分析部负责公司信用审查；国家经济分析部对国家主权信用等级进行广泛分析；环境和社会发展部处理环境和社会事宜。

我们可以借鉴美国、日本等国家的经验，建设专业化的跨国经营服务银行和相关金融服务体系，强化对企业跨国投资经营的金融支持。

（六）跨国投资保险与跨国投资经营保护

由于跨国经营风险的多样性和复杂性，单独的企业往往没有能力对各种风险做出自己的判断，遇到风险之时，在处理风险方面也面临很大的困难。从跨国企业的发展历程来看，企业跨国经营的保险制度是一种行之有效的方式。跨国经营保险制度主要体现在海外投资保险制度的构建。

还以日本发展经验为例，1956 年，日本继美国之后在世界上第二个创设了海外投资保险制度，并于 1957 年追加了海外投资利润保险，1972年 1 月，创设了旨在开发进口海外矿物资源的投资保险制度。此外，日本政府积极签订了投资保护协定，以改善对外投资环境。企业对外投资需要保险时，可申请使用"海外投资保险制度"，对海外投资的本金和利益进行保险。中小企业因对外投资而从金融机构贷款时，可向各都道府县的信用保证协会申请使用"海外投资关系信用保证制度"，享受担保服务。

我国的海外投资保险制度还处于起始阶段。目前中国出口信用保险公司(以下简称中信保)作为我国目前唯一承办政策性出口信用保险业务的专业保险公司,开办了海外投资保险业务。海外投资保险是中信保开办的一项政策性保险,目的是鼓励中国企业进行海外投资。与一般商业保险不同,海外投资保险有着鲜明的政策性,不以营利为目的。

目前,海外投资保险产品包括股权保险和贷款保险两类产品。海外投资保险承保的风险为征收、汇兑限制、战争以及政府违约。征收指投资所在国政府采取、批准、授权或同意的对投资实行的强行征用、没收、国有化、扣押等行为。这些行为需持续一段时间,且使投资者无法建立或经营项目企业,或者剥夺、妨碍投资者的权益。战争指投资所在国发生的战争、内战、恐怖行为以及其他类似战争的行为。战争风险项下的保障包括战争造成的项目企业有形财产的损失和因战争行为导致项目企业不能正常经营所造成的损失。汇兑限制风险指投资所在国政府实施的阻碍、限制投资者把当地货币兑换为可自由兑换货币并/或汇出投资所在国的措施,或者使投资者必须以远高于市场汇率的价格才能将当地货币兑换为可自由兑换货币并/或汇出投资所在国的措施。政府违约风险指投资所在国政府非法地或者不合理地取消、违反、不履行或者拒绝承认其出具、签订的与投资相关的特定担保、保证或特许权协议等。

有了海外投资保险制度的支持,企业进行跨国投资经营活动会减轻一定的风险压力,专心经营。因此,我国的海外投资保险还应该在保障内容和服务领域等方面逐步完善和创新。

另外,在国际市场风云变幻的形势下,从经济的长远发展规划和现实利益出发,政府还可以通过积极参与多边和双边谈判,提出对我国有利的规则,比如在投资问题上,应根据我国比较优势选择具有优势的产业(如纺织服装、轻工、电子、家电等)和有竞争力的贸易方式;我们还可以通过签署投资保护协定,保护我国对外投资者,使其免受因发生战争、没收、汇款限制等非常风险而带来的损失,促进同缔约国之间互利的投资合作,从外部环境方面,为企业跨国投资经营提供良好的保护。

美国和日本都采取类似的方式促进本国的海外投资发展。如,美国政府通过与其他国家签订双边或多边条约以及利用国际经济组织,对本国私人海外直接投资进行外交方面的支持与保护。第二次世界大战后,美国制定了许多旨在保护美国私人对外直接投资利益的法律,其中重要的有《美英贸易和金融协定》、《经济合作法》、《对外援助法》、《肯希卢伯修正案》及 1974 年贸易法中的限制条款。此外,美国还广泛利用它所发起和参与的国际组织为本国海外私人投资服务。为保证海外企业的权益,确保最惠国待遇以及促进与缔约国的资金、技术交流,日本也与一些国家和地区签订了双边投资保护协定。①

(七)海外投资的信息服务

近几年,我国对企业跨国经营的信息服务明显增强。商务部和外交部联合发布《对外投资国别产业导向目录》,增加了我国企业海外投资的目的性,商务部发布的《国别贸易投资环境报告》对投资不同国家所存在的风险以及需要注意的事项做了比较详细的说明,出口信用保险公司从 2005 年开始发布的《国家风险分析报告》,对世界上大部分国家的风险情况进行了详尽的说明。但从长远发展来看,还应在公共信息平台建设上下工夫,使跨国经营企业,无论国有还是私有企业,无论大型企业还是中小企业,都能享用公共信息服务平台,获取相关投资信息和咨询服务信息,确保跨国经营战略的制定贴近发展环境变化实际需要。

(八)对资源性企业的特殊支持

我国是一个幅员辽阔的大国,然而相对于庞大的人口数量,我国也属于自然资源比较缺乏的国家(尤其是石油、天然气、矿产等各种资源)。随着我国经济的快速发展,对各种自然资源的需求持续不断增长,如何保证重要资源的不间断供应就成了我国经济是否可以持续发展的重要问题。鉴于我国的资源情况,有必要对海外资源开发类企业的跨国经营提供相应的政策方面的支持。在这方面,美国和日本积累了很丰富的经验。我们可以从他们的经验中探索我国对海外资源开发的支持政策的设计。

美国法律在对一般性企业和国内产业限制垄断的同时,对资源性行业和外向型行业网开一面。例如,《谢尔曼反托拉斯法》允许美国资源性行业实行行业垄断,培育资源性企业主体的规模,争取根本的竞争优势;《经济合作法》、《对外援助法》、《共同安全法》等则扩大了对本国跨国企

① 截至 2000 年,日本已与埃及、斯里兰卡、中国、土耳其、中国香港、孟加拉国、巴基斯坦、俄罗斯 8 个国家和地区签订了双边投资保护协定。

业在海外矿产资源开发中的保护范围，此外还通过签订各种双边、多边协议保护企业多种权利，免受歧视性待遇。

对资源性企业，除提供常见的融资支持、贷款保证和投资保险之外，美国还针对资源开发的不确定性，由政府出面，建立和维护全球矿产资源信息系统，利用地质勘查技术优势，向跨国企业提供信息服务；针对资源的日渐耗竭性，美国早在1913年在税则中就正式将资源耗竭补贴制度化，允许企业在税后净利润中扣除一定比例，用于寻找新资源；而在企业自身能力不能涉及的领域，政府还会采取非经济手段予以协助，尤其在油气资源方面表现最为突出。

日本是个资源十分贫乏的国家，迅速完成了工业化后本国的资源也消耗殆尽。第二次世界大战后，日本所用资源基本上依靠进口。为保证对矿物原料的需求，日本政府很早就制定了完善的全球资源战略。除长期大量进口并进行有计划的储备外，日本积极推行海外矿产勘查补贴计划，鼓励境外开矿。由于国外资源对于日本的极端重要性，除其他类型企业可以获取的融资、保证和保险之外，资源性企业还可以获得更多的支持。

日本政府还积极开展"资源外交"，改善和加强与资源国和国际大型资源企业的关系；在海外独立或者与资源国联合进行地质调查，承担资源开发的前期风险，为本国企业申请矿业权铺路架桥；成立海外风险勘查基金（韩国、德国、英国等也有类似的做法），对资源勘查进行事前的补贴，如若项目失败，由基金提供的补贴无需偿还（一般都在50%以上，有些项目甚至可以达到100%），若项目成功，则必须偿还基金提供的补贴，有时还要给出一定的溢价。

四、相关建议

（一）对于政府相关部门的建议

1. 政府应制定中国海外企业本土化的总体规划和战略指导

政府应根据我国各产业经济发展的总体水平，在了解世界各主要投资地区的产业分布、投资环境、自然资源以及与我国的政治经济关系的基础上，定期发布我国海外投资的战略规划和重点投资地区、行业的指导意见。指导不同产业的企业到有不同比较优势的地区投资，利用当地的资源、人才和市场，从而顺利实施本土化，占领当地市场。

2. 完善跨国企业服务体系建设,为海外企业本土化做好后勤服务

首先,政府要充分发挥其对企业的服务功能,成立"海外投资信息中心",提供相关的投资信息服务。其次,在海外投资相对较多的国家集中设立"海外投资服务中心",提供信息咨询、代办申报等服务,把贸易、银行、保险、航运等机构和律师事务所、会计事务所集中到一起,使中国厂商在当地投资的全部手续可以在短时间内办妥,以提高效率。在这方面,台湾地区在海外设立的"台湾贸易中心"值得我们借鉴。最后,由于我国的商业协会大多是半官方的机构,所以还可以由政府牵头,协会定期组织行业内的海外投资经验交流会,从而提供给企业一个相互学习,互通信息的平台。另外,通过建立海外投资经营方面的知识产权制度和争端解决机制,帮助跨国经营企业规避法律风险,提高经营绩效。

(二)进一步加快海外投资的几点建议

当前,全球范围的产业结构调整、中国加入WTO和我国产业升级都给我国带来新的发展机遇,也对我国企业"走出去"提出了更高的要求;同时全球性的经济衰退和投资风险加大也对我国"走出去"战略提出了严峻的挑战。在国内外环境机遇与压力并存的情况下,我国必须要从战略高度考虑,明确"走出去"战略是企业发展战略的一部分,是需要服从和服务于国家总体发展战略的。"走出去"战略的实施,不能脱离其他战略的配合和呼应,必须和其他战略有机结合起来,否则,就无法确保对外投资的成功。为此,政府应从加快立法、完善宏观管理和产业引导、从争取有利的国际环境、加大对企业的服务与支持等方面进行考虑,为企业"走出去"创造更好的条件。

1. 使"走出去"战略与国家其他发展战略有机衔接,为"走出去"企业提供行业协调和中介服务

"走出去"是我国参与经济全球化的必然选择,是一项长期的对外开放战略,与我国的产业发展战略密切相关。许多发达国家都是随着工业化的不断发展,逐步将国内的优势产业推向国际市场,进而推动国内产业结构调整。我国"走出去"的中长期开放战略应是利用国外资源和开拓国际市场,即支持实力雄厚的企业到资源质量优良、比较成本较低的国家和地区合作开发国内短缺的资源;鼓励有比较优势的企业到市场环境良好的国家和地区投资设厂,进行生产经营,并带动产品、服务和技术出口,

鼓励发展中国的跨国公司。

实施"走出去"战略的前提是要与其他发展战略有机衔接。"走出去"战略是企业发展战略的一部分,因而要服从和服务于国家总体发展战略。它的实施不能脱离其他战略的配合和呼应,必须和其他战略(如科技兴贸战略、市场多元化战略、以质取胜战略、国有经济调整战略、经济结构调整战略、环境战略、资源战略、西部开发战略等)有机结合起来。否则,就无法确保对外投资的成功。

国家有关部委可考虑组建全国性的跨国投资统一管理与协调机构,成立一个将外贸、外资、外汇、计划、管理等集于一身的类似于"中国对外投资促进委员会"的机构,作为国家宏观管理的政府代表,负责行业间的协调;负责海外经营战略的制定和经营目标的开拓;负责提供跨国投资经营信息和咨询服务;防止跨国公司之间、国内企业与跨国公司之间为地区或企业的利润而恶性竞争等,为企业创造更多更好的国际投资机会和相关服务。而且,除了要充分发挥驻外使馆经商处的第一线作用,加强对驻在国经贸信息的收集及反馈外,还要充分调动各类涉外中介组织的积极性,发挥其专业性强、联系面广、信息灵通等方面的优势,为企业"走出去"提供行业协调和中介服务。

2. 建立风险保障管理体系

企业进行跨国投资经营,需要借助国家建立的风险保障管理服务体系。在风险保障方面,主要是通过海外投资保险制度以及海外投资保护制度(如与东道国政府签订双边经济合作协议、避免双重征税协定等),而且,还应该建立对境外中资企业机构和人员在生命和财产方面的安全保障机制。在管理方面,主要是指政府的宏观管理。在市场经济条件下,政府主要是通过统计制度、境外绩效评价和联合导向制度等等来把握在企业"走出去"后各项业务发展的状况和存在的问题,并在政策导向上及时采取一些措施。在服务方面,应该要设立为企业、为社会服务的网站,提供外国招商项目和信息服务,提供外国有信誉的中介咨询机构的名单,提供外国的投资环境、自然禀赋、产业结构,以及能够和企业"走出去"很好结合的一些信息。

商务部作为国内的牵头主管单位,需要和其他相关部门紧密配合,构建宏观管理的架构,并且延伸到中国驻各国的大使馆及其所领导下的经济参赞机构。这样,政府管理机构和前方结合起来,才能够为中国企业进行跨国投资经营提供有力保障。

3. 加强对海外投资的引导和促进

在明确"走出去"中长期开放战略的基础上,政府应加强对海外投资的引导和促进,制定具体的行业发展战略和市场开发战略。如选择资源丰富、经济运行相对较好的重点国家和地区,并充分利用当地吸引外资的优惠政策,进一步明确境外发展的重点,积极稳妥地推动有条件的企业开展海外投资;对于资源开发型项目,应立足在非洲、拉美、中亚及其他友好国家和地区,重点投资国家建设急需的能源、矿产等战略资源和人民生活必需的农牧渔业资源;对于境外生产型项目,重点应放在东南亚、南非、北非、拉美和欧美等经济环境较好的国家和地区,以兴办投资少、见效快的境外加工贸易项目为主,引导企业将过剩的生产能力向外转移。另外,我国还应该加强与东盟国家的区域经济合作,尽量消除它们的疑虑,减少部分产品直接出口对当地的冲击,加大对这些国家的投资力度,以加工贸易方式在当地生产,其中部分在当地销售、部分销往第三国,帮助其提升产业结构,解决部分就业问题并促进出口。这样,双方在互补和互惠的基础上共同促进本地区贸易自由化和经济增长,从而达到"双赢"的目的。

4. 鼓励民营和中小企业"走出去"发展

目前,大型工业企业集团已成为我国"走出去"的带头兵,我们还应加大对民营企业、中小企业的重点支持,一方面鼓励有实力、管理好、拥有自主品牌的重点生产企业、大中型企业集团、上市公司拓展海外投资,开展境外加工贸易、资源开发和对外承包工程业务,并给予贷款和保险等方面支持。另一方面鼓励资信高、经济效益好、经营灵活的中小企业和民营企业到海外投资经营,并在贷款贴息、信息服务、海外投资保险等方面给予帮助和扶持。同时,积极引导和规范民营企业的海外投资和经营活动,确保经营安全,促进中小企业提高跨国经营绩效。

主要参考文献

1. 博阳、魏昕:《中国企业跨国发展研究报告》,中国社会科学出版社

2006 年版。

2. 程宗璋：《对构建我国海外投资法律体系的探讨》，《贵州财经学院学报》2002 年第 6 期。

3. 杜文中：《论跨国投资——新经济结构中的国家和企业》，中国财政经济出版社 2005 年版。

4. 国务院发展研究中心企业研究所课题组：《中国企业国际化战略》，人民出版社 2006 年版。

5. 李桂芳：《中国企业对外直接投资分析报告》，中国经济出版社 2007 年版。

6. 李宇：《境外投资和境外投资保护制度的法律思考》，《淮海工学院学报（社会科学版）》2006 年第 3 期。

7. 李庚寅、胡音：《我国发展对外直接投资的税收政策》，《改革》2005 年第 4 期。

8. 梁开银：《WTO 协议背景下中国海外投资法律问题研究》，湖北人民出版社 2004 年版。

9. 王增涛：《我国对外直接投资的监督与管理》，《改革》2005 年第 3 期。

10. 吴伟央、贺亮、狄智源：《跨国公司并购法律实务》，法律出版社 2007 年版。

第十五章

中国企业跨国经营政策制度和法律体系设计

后　记

在本课题组全体成员的共同努力下,教育部人文社会科学重点研究基地跨国公司研究中心重大项目《中国企业跨国经营环境与战略研究》终于完成,本书即该项目研究的最终成果。本书是集体研究的成果,参加本书写作的作者(排名不分先后)按各章顺序排列为:

导论:陈漓高;第一章和第十三章:杨新房、任丽君;第二章:邢成;第三章:刘玮、黄培、沈梦鹏;第四章:赵海波;第五章:齐俊妍;第六章:郑春霞;第七章:张燕;第八章:张丽;第九章:赵晓晨、庄磊;第十章:邹玉娟;第十一章:钟俊亮;第十二章:黄武俊;第十四章:韦军亮;第十五章:刘玮、柏学行。

全书由陈漓高构思设计总体框架和结构(杨新房辅助设计),并由陈漓高对全书进行总纂、修改和定稿。

由于中国企业跨国经营还处于起步发展阶段,许多问题还有待根据实践的进展深入探索和总结;加上作者水平有限,因此书中难免有不足或谬误之处,希望读者不吝赐教。

人民出版社对本书的出版给予了大力支持,该社郑海燕女士为本书出版付出了大量心血,在此表示衷心感谢!

作　者

2009 年 2 月 28 日于南开园

策划编辑:郑海燕

封扉设计:曹　春

图书在版编目(CIP)数据

中国企业跨国经营环境与战略研究/陈漓高　等著.
-北京:人民出版社,2009.9
ISBN 978－7－01－008022－2

Ⅰ.中…　Ⅱ.陈…　Ⅲ.跨国公司-企业管理-研究-中国
Ⅳ.F279.247

中国版本图书馆 CIP 数据核字(2009)第 107737 号

中国企业跨国经营环境与战略研究
ZHONGGUO QIYE KUAGUO JINGYING HUANJING YU ZHANLÜE YANJIU

陈漓高　等著

人 民 出 版 社 出版发行
(100706　北京朝阳门内大街 166 号)

北京新魏印刷厂印刷　　新华书店经销

2009 年 9 月第 1 版　2009 年 9 月北京第 1 次印刷
开本:710 毫米×1000 毫米 1/16　印张:35.75
字数:542 千字　印数:0,001－3,000 册

ISBN 978－7－01－008022－2　定价:65.00 元

邮购地址 100706　北京朝阳门内大街 166 号
人民东方图书销售中心　电话 (010)65250042　65289539